COLLECTED PAPERS IN CELEBRATION OF THE 50TH ANNIVERSA[RY OF HN]CDI

湖南省交通规划勘察设计院
院庆50周年论文集
2000-2010

湖南省交通规划勘察设计院 编

内 容 提 要

该文集由本院职工自2000年以来在各类专业期刊发表或学术会议上交流的705篇论文中精选汇编而成,内容涉及公路与市政工程、桥梁与隧道工程、水运工程、建筑与景观工程、岩土与测绘工程、管理与综合等专业类别。

图书在版编目(CIP)数据

湖南省交通规划勘察设计院院庆50周年论文集 2000—2010/湖南省交通规划勘察设计院 编.—北京:人民交通出版社,2010.4

ISBN 978-7-114-08343-3

Ⅰ.①湖… Ⅱ.①湖… Ⅲ.①交通工程-文集 Ⅳ.①U491-53

中国版本图书馆CIP数据核字(2010)第055973号

书　　名:湖南省交通规划勘察设计院院庆50周年论文集 2000—2010
著 作 者:湖南省交通规划勘察设计院
责任编辑:赵瑞琴
出版发行:人民交通出版社
地　　址:(100011)北京市朝阳区安定门外外馆斜街3号
网　　址:http://www.ccpress.com.cn
销售电话:(010)59757969　59757973
总 经 销:人民交通出版社发行部
经　　销:各地新华书店
印　　刷:北京凯鑫彩色印刷有限公司
开　　本:880×1230　1/16
印　　张:23.5
字　　数:683千
版　　次:2010年4月　第1版
印　　次:2010年4月　第1次印刷
书　　号:ISBN 978-7-114-08343-3
定　　价:65.00元

湖南省交通规划勘察设计院院庆50周年论文集
（2000—2010）

编　委　会

前　言

伴随着共和国前进的步伐，沐浴着改革开放的春风，湖南省交通规划勘察设计院走过了50年的成长历程，而今满怀喜悦地迎来了50周年华诞。

五十年风雨兼程，五十载春华秋实。回首半个世纪的历程，我院秉承“追求卓越设计，打造精品工程，竭诚服务客户，共创美好未来”的企业宗旨，依靠全院几代职工的励精图治、奋力拼搏，在道路、桥梁、隧道、水运、建筑、岩土工程、试验检测等专业的勘察、设计和科技研发领域积累了丰富的实践经验，主持完成了长沙湘江大桥、岳阳洞庭湖大桥、广东平胜大桥、湘耒高速、临长高速、常张高速、湘江大源渡航电枢纽等一大批勘察设计经典工程，获得国家科技进步一等奖、国家勘察设计金质奖、詹天佑土木工程大奖、国家环境友好工程奖等国家级、部省级优秀工程勘察、设计、咨询、科技进步奖220余项，为构筑我省公路主骨架网，促进全省乃至全国交通运输事业的跨越式发展作出了积极的贡献。50年来，我们在大江南北，国门内外，竖起了一座又一座丰碑，实现了一个又一个辉煌。

“合抱之木，生于毫末；九层之台，起于累土”。在交通勘察设计领域持之以恒的工程实践和科研攻关，奠定了我院创新设计和自主研发的雄厚实力。在院庆50周年之际编辑出版的这本《论文集》收录论文70篇，是由近10年来我院职工在各类专业期刊发表或重要学术会议交流的700多篇论文中精选汇编而成的，涉及公路与市政工程、桥梁与隧道工程、水运工程、岩土与测绘工程、建筑与景观工程、管理与综合等六大专业门类，内容丰富，屡见创新。这些成果充分展示了我院通过理念创新、科技创新、管理创新所取得的累累硕果，折射出全院职工严谨务实、积极进取、包容并蓄、不断探索的时代风貌，它既是对全院技术研究成果的一次检阅，也是我院不断成长进步的一个历史缩影。

在本次《论文集》的征稿、评审、汇编过程中，得到了全院广大科技工作者和评审委员会专家的积极参与和大力支持，借此，对他们的无私奉献和辛勤劳动特致以最诚挚的感谢！同时也向每一位作者表示祝贺，因为每一篇论文都是他们辛勤劳动的成果与智慧的结晶，期盼他们能进一步勤奋学习，善于思考，努力工作，在工程建设实践中能遍开实践之花，广结丰硕之果，为我国的交通运输事业作出更大的贡献。

由于论文数量多、时间紧，且编者水平有限，编写过程中难免有疏漏和不足之处，敬请作者和读者指正。

《论文集》编委会

2010年4月

目　录

第一篇　公路与市政工程

第二篇　桥梁与隧道工程

第三篇 水运工程

第四篇 建筑与景观工程

第五篇 岩土与测绘工程

第六篇　管理与综合

第一篇

公路与市政工程

重力模型在交通分布预测中的应用

詹　燕　李　硕

摘　要:本文研究了公路建设工可研究中的交通分布预测方法问题,介绍了重力模型法的原理及其在交通分布预测中的应用前景,并通过实例比较了Furness法和重力模型改进法的运用差别,有助于目前应用较多的工可研究中交通预测方法的正确使用。

关键词:交通分布预测　重力模型　应用

交通运输业作为经济建设中一个重要的物质生产部门,其重要性已为越来越多的人们所认识。在经济建设中,交通运输业超前发展,并有一定的储备能力是市场经济高度发展和社会化大生产的客观要求,是社会经济规律的体现。交通建设的目的究其根本是满足人们出行及货物空间位移的需求,因此其规模应取决于需求量。"四阶段交通量预测法"是将交通量预测的全过程划分成交通发生与集中、交通分布、交通方式分担及交通分配等四个阶段进行预测的一种方法,它客观地反映了路段交通量的生成规律,是目前我国公路可行性研究中广泛应用的预测方法。"四阶段"法中的"交通分布预测"是指根据"交通发生与集中"预测中获得的各小区交通量发生、吸引总量推算出各区之间的 *OD* 量(*OD* 矩阵),其预测方法目前主要有现在状态法和重力模型法两大类。

1　"重力模型法"原理及应用前景

1.1　概述

目前,在公路可行性研究的交通分布预测中采用较多的是现在状态法(也称增长系数法),这是一种使未来 *OD* 分布结构与基年 *OD* 分布结构尽可能保持一致的方法。它的基本假设是:交通小区之间的出行量与路网结构的变化无关,或在预测年份内路网无太大的改变。该法因直观简单而被广泛采用,并已逐渐演变成均一增长率法、平均增长率法、底特律法、Fratar 法等多种,如:北京至珠海国道主干线湘境临湘至长沙高速公路、长沙至湘潭高速公路、耒阳至宜章高速公路等项目的工程可行性研究报告中,均采用了现在状态法(Fratar 法)进行趋势型基本交通量的未来分布预测。其分析依据是:调查地区目前的经济格局及产业结构已基本定型,预计今后20年左右的时期内将不会发生根本性的变化。尽管如此,现在状态法还是有一个避免不了的明显缺陷,即:仅用增长率这种唯一指标来实现未来交通量,而没有考虑到网络中影响交通分布的诸多因素,因而在新的交通方式、新的道路、新的收费政策或新的小区生成时无法描述交通分布的变化。此外,现在状态法对基年出行矩阵精度的依赖性较大,换句话说,未来年出行矩阵的可信度不可能超过基年,而任何出现在基年出行矩阵中的误差均将在计算过程中被放大;同时,如基年矩阵的部分数据没有观测到,那么现在状态法便无能为力。为此,必须由一种新的预测方法来取代或补充。

"重力模型"法又称为"综合模型"法。该模型认为区与区之间的交通分布受到地区间距离、运行时间、费用等所有交通阻抗的影响,即区与区之间的出行分布同各区对出行的吸引成正比,而同区之间的交通阻抗成反比(该模型与牛顿万有引力公式相类似,并因此而得名)。

本文曾刊登于《湖南交通科技》2000 年第 2 期。

1.2 重力模型形式

主要形式有基本重力模型、修正重力模型和美国公路局重力模型等3种。经典公式如下：

$$X_v = A_i \times O_j \times B_j \times D_j \times f(T_{ij})$$

式中：X_v——i,j区域间未来分布交通量的预测值；

O_i——i区未来年生成交通量预测值；

D_j——j区未来年集中交通量预测值；

T_{ij}——i,j区域间阻抗值(距离、时间或费用)；

A_i,B_j——平衡因子，$A_i = [\Sigma(B_j \times D_j/t_v^r)]^{-1}$；

$B_j = [\Sigma(A_i \times O_i/t_v^r)]^{-1}$；

$f(T_{ij})$——i,j区域间阻抗函数，主要形式如下：

①幂函数$f(T_{ij}) = T_{ij}^{-3}$；

②指数函数$f(T_{ij}) = e_{ij}^{-st}$；

③Gamma 函数$f(T_{ij}) = a \times e^{-st} T_v^{-2}$

④多项式函数$f(T_{ij}) = \alpha_0 + \alpha_1 \times T_a + a_2 \times T_{tr}^2 + a_3 \times T_v^2 + \cdots$

a,β,γ为常数，可利用基年OD表，采用最小二乘法求得。

注意：为使应用简便，多数情况下阻抗函数设为幂函数。

由上述公式可以看出，“重力模型法”充分考虑了土地利用或路网结构变化对交通发生或吸引的影响，能敏感地反映地区间交通所需时间的变化，模型结构简单易懂，且在预测未来年的出行矩阵时可不直接使用基年观测矩阵，任何地区都能适用，因此是一种能较好地满足精度要求的比较实用的交通分布预测方法。当然，与现在状态法相比，重力模型中阻抗函数的确定及系数的标定较复杂，这也是此法至今尚不够普及的主要因素。

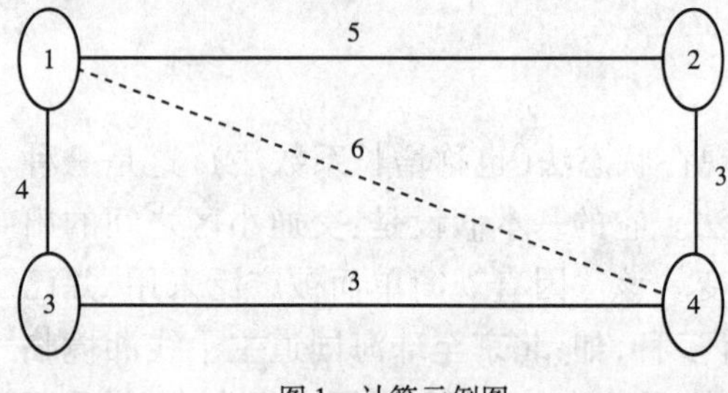

图1 计算示例图

2 计算实例

某调查区域现有路网及拟建公路布局如图1所示(图中，虚线部分为拟建路段，路段上标数字为区间行程时间)。

据调查，该区域现状OD矩阵及预测年发生、集中交通量如表1所示，试进行交通分布预测。

区域现状 OD 矩阵及预测年发生，集中交通量表 表1

O	D					目标年 O
	1区	2区	3区	4区	Σ_j	
1区	0	50	100	200	350	400
2区	50	0	100	300	450	460
3区	50	100	0	100	250	400
4区	100	200	250	0	550	700
Σ_i	200	350	450	600	1 600	
目标年 D	260	400	500	800		1 960

2.1　用现在状态法(Furness 法)预测

Furness 法是现在状态法的代表之一,预测公式为:$X_v = x_v \cdot a_t \cdot b_r$,其中 a_t 和 b_r 分别表示小区未来出行发生和集中的合成增长率。

根据表 1 各值,在进行行、列 10 次迭代后,预测未来年交通出行分布矩阵如表 2 所示。

拟建项目对表 2 结果无影响,即:无论 1 区与 4 区之间是否有直接通道,上述各区之间的交通分布都不会发生改变,显然这是与实际不相符的。

预测未来年交通出行分布矩阵表　　表 2

O	D					目标年 O
	1 区	2 区	3 区	4 区	Σ_j	
1 区	0	41.97	94.2	264.38	400.55	400
2 区	43.25	0	80.13	337.45	460.83	460
3 区	76.18	125.84	0	198.17	400.19	400
4 区	140.58	232.0	325.66	0	698.44	700
Σ_i	260.01	400.01	499.99	800	1 960.01	
目标年 D	260	400	500	800		1 960

2.2　用重力模型法预测

2.2.1　无拟建公路时

根据区间行程时间及未来各区交通发生、吸引值,经多次迭代(设阻抗函数为幂函数,$\gamma = 1$),标定各平衡因子值为:$A_1 = 0.003\,31$,$A_2 = 0.002\,16$,$A_3 = 0.002\,12$,$A_4 = 0.003\,52$;$B_1 = 1.311\,1$,$B_2 = 0.814\,69$,$B_3 = 0.758\,76$,$B_4 = 1.245\,32$。

据此,按经典公式预测该调查区域未来年交通出行分布矩阵见表 3。

调查区域未来年交通出行分布矩阵表　　表 3

O	D					目标年 O
	1 区	2 区	3 区	4 区	Σ_j	
1 区	0	86.29	125.57	188.43	400.3	400
2 区	67.74	0	62.83	329.96	460.53	460
3 区	72.27	46.06	0	281.61	399.93	400
4 区	119.99	267.65	311.6	0	699.24	700
Σ_i	260	400	500	800	1 960	
目标年 D	260	400	500	800		1 960

2.2.2　有拟建项目时

拟建项目的实施将使路网的行程时间发生改变,即:1 区与 4 区之间的行程时间将由原来的 7 降为 6,此时需重新标定各平衡因子值,标定结果如下:

$A_1 = 0.003\,06$,$A_2 = 0.002\,24$,$A_3 = 0.002\,2$,$A_4 = 0.003\,33$,$B_1 = 1.227\,63$,$B_2 = 0.855\,82$,$B_3 = 0.796\,98$,$B_4 = 1.189\,34$。

据此,预测有项目时各区间交通分布如表 4 所示。

拟建项目时各区间交通分布预测表 表4

O	D					目标年 O
	1区	2区	3区	4区	Σ_j	
1区	0	83.8	121.94	194.1	399.84	400
2区	65.78	0	68.43	326.8	461.01	460
3区	70.22	50.21	0	279.1	399.62	400
4区	124	265.99	309.63	0	699.62	700
Σ_i	260	400	500	800	1 960	
目标年 D	260	400	500	800		1 960

从上述预测结果可以看出,有项目时1区与4区间的交通分布明显增加,而与原需承担中转任务的2、3区之间的分布则有所减少,其他地区之间的分布也有相应的调整,这说明重力模型确能敏感地反映区之间行程时间的变化,与实际相符。

3 结语

与现在状态法相比,重力模型法交通分布预测考虑因素较全面,尤其是此法强调了局部与整体之间的相互作用,因此能较客观地反映实际。当前,我们正处于一个变革时期,各项基本建设日新月异,作为国民经济基础产业的交通建设更首当其冲。由于受自然条件、经济地理环境和经济发展水平等多种因素的影响,我国的交通建设发展极不平衡。且各项交通设施建设总体上仍处于滞后状态。“十五”及2010年将是我国交通逐步由“滞后型”向“适应型”转变的关键时期,公路建设的规模、等级、结构及装备都将发生根本性的变化,这势必会引起区域交通分布格局的变化。因此,笔者以为,为使预测值更接近实际,在进行交通分布预测时应尽可能采用“重力模型法”。

参考文献

[1] 杨兆升,何显慈. 交通运输系统规划——有关理论与方法. 北京:人民交通出版社,1998.
[2] 王炜,徐吉谦. 城市交通规划理论与方法. 南京:东南大学出版社,1996.

规划法优化单个交叉口配时

刘 瑛 李跃武

摘 要:对单个交叉口配时方法进行分析、比较,提出了用规划法求解 Webster 延误模型进行交叉口配时的方法。

关键词:交叉口配时 TRLL 法 规范法优化配时

1 问题的提出

合理的交叉口配时方案应在满足一定的约束条件下,尽量使延误减少、通行能力增大,目前比较常用的是英国的 TRLL 法。它是通过使延误最小来定出最佳周期,采用 Webster 延误模型:

$$d=0.9\times\{c(1-\lambda)^2/[2(1-\lambda x)]+x^2/[2q/(1-x)]\}$$

式中:d——每辆车的平均延误;

c——周期时间;

λ——绿信比;

q——流量;

x——饱和度,即实际流量 q 与通行能力 N 的比值;为简便起见将 0.9 去掉。

交叉口总延误:$D=\sum d_i q_i$,其中,d_i 为第 i 个相位每辆车的平均延误;q_i 为第 i 个相位的平均交通量。

TRLL 法认为只要赋予每个相位的关键车流以足够的绿灯时间,该相位的通行要求将无疑得到满足,因此,只选择一个关键进口道上的车流作为计算依据。

则交叉口各关键进口道延误之和:

$$D^{t}=\sum_{i}^{n}\left(\frac{cy_r S_r(1-\lambda_r)^2}{2(1-y_r)}+\frac{y_r^2}{2\lambda_r(\lambda_r-y_r)}\right)/q_r$$

式中,y_r,S_r、q_r、λ_r 分别为各相位关键进口道的流量比(q/S)、饱和流量、平均到达流量和绿信比。

令 $dD'/dc=0$,求出最佳周期 c_o:

$$c_o=(KL+5)/(1-Y) \tag{1}$$

式中:K——系数;

L——周期内各相位损失时间之和;

Y——最大流量比之和。

实际应用中只要定出 K 值或取经验值 $K=1.5$ 即可求得 c_c,再按各相位的 Y_{max} 进行绿时分配,十分方便。

但 TRLL 法也存在明显的不足之处。从其推导的 c_o 的过程来看,此法得出的周期时间虽可满足通行要求,但没有考虑次要道路的延误,如果同一个相位中各进口道的 y 值相差悬殊,而其他相位的各进口道 y 值相差不大,如仍按"Y_{max}原则"分配绿时,就必然造成次要进口道绿灯时间的浪费而使其他相位的延误

本文曾刊登于《湖南交通科技》2002 年第 1 期。

增大。本次观测的交叉口正是这种类型，纬一路北口高峰小时流量 $q=408$ 辆/h，$y=0.498$；纬一路南口 $q=175$ 辆/h，$y=0.171$；经一路西口 $q=298$ 辆/h，$y=0.338$；经一路东口 $q=298$ 辆/h，$y=0.391$。如按"$Y_{\max}$原则"，2个相位的绿灯时间之比为0.498:0.391，这样就可能使经一路的延误时间过多而使整个交叉口的总延误增大。

另外从式(1)中可看出，如果 Y 值太大，甚至接近或大于1，则求出的 c_0 显然不切实际。

由于实际情况的不同，必然还会对不同交叉口的配时提出不同的约束条件。

综上所述，在上述情况下仍然用TRLL法进行配时就会产生诸多不合理因素，本文的目的也就在于探求可解决上述问题的更合理的配时方法。

2 规划法优化配时

2.1 延误模型

该方法是利用Webster延误模型进行非线性规划，寻出满足约束条件的最优解。总延误取高峰小时内4个进口道的延误之和：

$$D=0.9q_r\sum_{1}^{4}\left[\frac{c(1-\lambda_r)^2}{2(1-y_r)}+\frac{y_r^2}{2\lambda_r q_r(\lambda_r-y_r)}\right] \tag{2}$$

为简便起见，将系数0.9省去，不影响最优解。

1）北进口：

$$y_1=0.498, q_1=408\text{ 辆/h}=0.113\text{ 辆/s}$$

代入式(2)，得：

$$D_{北}=406.4g_1^2/c+447.7c^2/[g_1(g_1-0.498c)]$$

式中：g_1——南北向有效绿灯时间；

c——周期时间，$c\approx g_1+g_2$，其中 g_2 为东西向有效绿灯时间。

2）南进口：

$$y_2=0.171, q_2=175\text{ 辆/h}=0.049\text{ 辆/s}$$

代入式(2)，得：

$$D_{南}=105.5g_1^2/c+52.2c^2/[g_1(g_1-0.171c)]$$

3）东进口：

$$y_3=0.391, q_3=298\text{ 辆/h}=0.083\text{ 辆/s}$$

代入式(2)，得：

$$D_{东}=244.7g_2^2/c+274c^2/[g_2(g_2-0.391c)]$$

4）西进口：

$$y_4=0.338, q_4=298\text{ 辆/h}=0.083\text{ 辆/s}$$

代入式(2)，得：

$$D_{西}=225.1g_2^2/c+205.1c^2/[g_2(g_2-0.338c)]$$

$$\begin{aligned}D&=D_{北}+D_{南}+D_{东}+D_{西}\\&=511.9g_1^2/c+469.8g_2^2/c+447.7c^2/[g_1(g_1-0.498c)]+52.2c^2/[g_1(g_1-0.171c)]+\\&\quad 274c^2/[g_2(g_2-0.391c)]+205.1c^2/[g_2(g_2-0.338c)]\end{aligned} \tag{3}$$

2.2 约束条件

2.2.1 疏散时间 $t_{疏}$

$t_{疏}$ 是为保证每周期到达的车辆以一定的保证率可疏散而不致多次排队所确定的最小有效绿灯时间。

1)纬一路北口：

假设车辆到达符合泊松分布,周期时间取100s,本次观测情况见表1。

平均到达率：

$$\lambda = 408 \times 100/3\ 600 = 11.33$$

纬一路北口观测结果 表1

到车数 x	$P(x)$	$\Sigma \leqslant P(x)$	到车数 x	$P(x)$	$\Sigma \leqslant P(x)$
1	0.000 14		10	0.115 34	0.420 57
2	0.000 77	0.000 91	11	0.118 8	0.539 37
3	0.002 91	0.003 82	12	0.112 17	0.651 54
4	0.008 24	0.012 06	13	0.097 76	0.749 3
5	0.018 68	0.030 74	14	0.079 12	0.828 42
6	0.034 72	0.065 46	15	0.059 75	0.888 17
7	0.057 10	0.122 56	16	0.042 32	0.930 49
8	0.080 87	0.203 43	17	0.028 2	0.958 69
9	0.101 8	0.305 23			

$t_{疏} = N/S$,其中 N 取保证率为82.842%时的到车数14;S 为饱和流量 $S = 820$ 辆/h。$t_{疏} = 14/820 \times 3\ 600 = 61.5$s。

2)经一路东口。本次观测情况见表2。

$$\lambda = 298 \times 100/3\ 600 = 8.28$$

取保证率为78.7%,$N = 10$,$t_{疏} = N/S = 10/762 \times 3\ 600 = 47$s。

经一路东口观测结果 表2

到车数 x	$P(x)$	$\Sigma \leqslant P(x)$	到车数 x	$P(x)$	$\Sigma \leqslant P(x)$
0	0.000 25	0.000 25	7	0 134 22	0.414 6
1	0.002 1	0.002 35	8	0.138 92	0.553 52
2	0.008 69	0.011 04	9	0.127 81	0.681 33
3	0.023 99	0.035 03	10	0.105 82	0.787 15
4	0.049 65	0.084 68	11	0.079 66	0.866 81
5	0.082 23	0.166 91	12	0.054 96	0.921 77
6	0.113 47	0.280 38	13	0.035	0.956 77

2.2.2　最大周期时间

对于使用定时信号交叉口的任何车流状况,周期的持续时间必会影响通过交叉口车辆的平均延误。周期时间很短时绿灯间隔时间中的损失时间和起动延误的损失占周期时间的比例就高,使信号控制低效,并引起延误过长。另一方面,周期时间过长,待行车辆在绿灯前期就可以从停车线驶完,而在绿灯后期通过停车线的少数车辆将是那些在后面以稀疏车距到达的车辆。这样,尽管在进口道上有待行车辆排队时,通过停车线的驶出率或饱和流量是最大的,但同样导致通车低效。而且随着周期 c 的增大,绿间隔损失和起动损失占周期时间的比例的减小率已逐渐减小,增加周期时间减少此二项延误的效率也降低。

一般认为：

$$25\text{s} < c < 120\text{s}$$

2.3　直接搜索法寻求最优解

目标函数:见式(3)。

约束条件：

$$F_1(\vec{g}) = 120 - g_1 - g_2 \geqslant 0$$

$$F_2(\vec{g}) = g_1 - 57 \geqslant 0$$

$$F_3(\vec{g}) = g_2 - 47 \geqslant 0$$

$$c = g_1 + g_2$$

为简化起见,将目标函数中的6项分别表示为X、Y、Z、A、B、C,即:

$$D = X + Y + Z + A + B + C$$

参照文献[2]、[3]对目标函数求最优解。

得最优解:

$$g_1 = 58.04\text{s}$$

$$g_2 = 46.95\text{s}$$

取:

$$g_1 = 58\text{s}$$

$$g_2 = 47\text{s}$$

则:

$$D = 47\ 923\text{s}$$

高峰小时内各进口道观测的延误如下:

北:3 952 ×10s;南:337 ×10s;西:1 184 ×10s;东:1 421 ×10s。

现状总延误:

$$D' = 68\ 940\text{s}$$

优化后总延误减少:

$$(D' - D)/D' = 30.5\%$$

参考文献

[1] 周商吾. 交通工程[M]. 上海:同济大学出版社,1987.
[2] [美]阿弗里耳. 非线性规划[M]. 北京:科学技术出版社,1979.
[3] [美]希梅尔布劳. 实用非线性规划[M]. 北京:科学出版社,1981.

和谐型公路设计思想及其实现方法

彭　立

摘　要:该文介绍了交通部勘察设计典型示范工程项目——湖南省吉(首)—茶(洞)高速公路的规划设计情况,结合资源节约型、环境友好型社会建设要求,创造性地提出了和谐型设计思想,同时分析了和谐型设计思想的社会背景、思想内涵及其在公路建设实践中的实现方法。

关键词:高速公路　和谐　设计　环境保护

1　工程概况

1.1　项目背景与建设意义

湖南省吉(首)—茶(洞)高速公路是国家重点规划的8条西部公路大通道中长(沙)—重(庆)公路通道的重要组成部分,也是国务院批准的包(头)—茂(名)国家高速公路在湖南省境内最为西部,也最为复杂的一段,由于项目所在区域独特的自然地理位置、丰富的社会文化背景和艰巨的工程建设条件,2004年交通部将其纳入全国首批公路勘察设计典型示范工程项目。

吉茶高速公路起于湘西土家族、苗族自治州首府——吉首市,路线沿湘川公路(G319)走向,途经矮寨公路奇观、德夯风景名胜区、排碧金钉子地质公园、古苗河地质公园,终于湘黔渝三省(市)交界处的"边城"——茶洞镇,沿线聚山水之灵秀,扼湘川之险要,揽苗土之奇风,处处山势跌宕、绝壁高耸、溪瀑交错,伴随筒车、水辗、古渡、小舟和苗家吊脚楼,满目充盈的是一幅幅山乡画卷,到处洋溢的是一派派田园诗情。

始建于1935年的湘川公路,在8年抗战期间曾担负过伟大的历史使命,公路在崇山峻岭中盘旋俯仰,其惊险程度超出人们的想象,驰名中外的"矮寨公路奇观"、"湘西能滩吊桥"尤其令人叹为观止。"公路奇观"位于吉首市西,全长约6km,修筑在水平距离不足100m、垂直高度440m的陡崖之上,特定的空间条件迫使公路一会儿绕"8"字攀缘,一会儿跨天桥飞越,13道回头拐宛若一条折褶的带子、一根压缩的弹簧、一道陡峭的天梯,其地势之险峻、设计之巧妙居全国公路之冠。"能滩吊桥"位于吉首市东,是昔日湘川公路上的咽喉之地,抗日战争时期有重兵把守,1949年刘邓大军挺进西南、1950年湘西剿匪部队都从此经过,该桥主跨80m,采用空心圆柱式铸钢桥塔、铸钢链条吊索,是中国公路史上第一座近代公路悬索桥。

1.2　建设规模与技术标准

吉茶高速公路采用设计速度80km/h的双向四车道高速公路标准,路线全长64.31km。全线设桥梁19 676m/40座(其中矮寨悬索桥长1 133m)、隧道6 070m/13座、互通4处、服务区1处、停车区2处,工程总投资(静态)约47亿元,其中亚洲开发银行提供2亿美元贷款。

1.3　规划构思与设计特色

美国设计师普罗斯曾说过:"人们总以为设计有三维:美学、技术和经济,然而更重要的是第四维:

本文曾刊登于《中外公路》2007年第3期。

人性。”

吉茶高速公路的建设条件异常复杂。面对德夯大峡谷高差达500m的悬崖绝壁和横亘其身后绵延数十公里的排碧台地，一度让人们认为长9.4km、平均纵坡2.5%的隧道方案是项目的唯一选择，但是在岩溶高度发育地带修建超长隧道时存在的工程、环境和安全问题又让每个人心存隐忧，为了进一步寻求可替代方案，设计师们经过4年的漫长探索，终于寻求到一桥飞跨德夯大峡谷的明线方案，使路线避开了不良地质影响、改善了行车安全性能、增强了公路景观效果、提升了服务社会能力，而且明线方案可缩短路线长度11km，设计速度从局部60km/h提高到全线80km/h，在工程造价大幅降低的同时还大大节约了汽车运输成本和管理养护费用，降低了工程的全寿命周期成本。

路线方案的研究和决策过程是艰苦的，而明线方案的控制性工程——主跨1 146m、全长1 015m的矮寨悬索桥也倾注了无数工程技术人员的心血，为使这一世界上最大的跨越峡谷桥梁做到技术上可靠、经济上合理，设计阶段结合两大桥位研究了8个路线方案，针对桥型选择、主塔位置、锚碇方式、主梁结构、桥面宽度、桥面铺装、施工方案及桥梁抗风、抗震性能等展开了10余项专题分析和研究。由于桥梁两端均为悬崖绝壁，而且隧道、主塔和锚碇的相互作用使山体的受力条件变得异常复杂，为研究直立陡崖的稳定性、隧塔锚的共同受力特征，矮寨悬索桥的勘察设计使用了目前世界上最为先进的地质勘察方法和岩土分析理论。

面对复杂多变的建设条件，可以通过提升技术水平来解决，但公路作为一项社会产品，它首先是为人服务的，随着时代的发展和社会的进步，人们逐渐意识到，它除了要满足生产生活的最基本需求——出行需求外，如何进一步满足保障行车安全、保护自然环境、保存社会价值等方面的需求、如何实现“资源节约、环境友好”的设计目标就显得尤为重要。面对灵秀隽美的湘西风光、源远流长的苗疆文化，广大工程技术人员深刻感受并逐步理解了存在于设计中的这种人文精神。吉茶路的总体构思和设计实践，以和谐型设计思想为指导，在不断改善行车舒适性和安全性的同时，着力提升高速公路的服务社会能力和社会公众形象，凸显高速公路的人文关怀，通过先进的设计理念与具体工程实践相结合，为今后我国高速公路建设水平的不断提高进行了有益的探索。

2　和谐型设计思想介绍

2.1　和谐型设计的社会背景

从国际背景看，美国在完成了州际公路网建设后，公路建设重点转向改善交通条件和更新交通设施，社会公众也开始关心起工程建设与周边自然环境和居住条件的协调问题，在这种背景下，公路设计和管理人员也在不断反思，“在州际公路建设时代，修建了世界上最伟大的高速公路网，但美学思想和环境保护尚未完成使命，现在，需要进行改革，要在新的理念下改变自己的行为”（Tom Warne，犹他州运输厅厅长），于是《超越道路的思考：公路建设在保证安全、功能需求的同时整合社会、环境资源》、《公路灵活性设计指南》等一系列和谐型建设思想开始萌芽和发展。

从国内实践看，近十几年我国公路建设投资数额不断增加、建设规模不断扩大，全国高速公路通车里程从最初1988年的沪嘉高速公路（上海—嘉定，15.9km）到2006年超过4.5万km、全国公路通车里程从1990年的102.83万km到2006年348万km，公路建设实现了跨越式发展，也带动了国家的经济发展与社会进步。但与国外先进水平相比、与人民群众对公路交通的期望和需求相比，还存在不小的差距。如设计理念还不能适应时代发展的要求，考虑工程本身、专业内部要求较多，从全社会角度考虑较少，环保意识、服务意识、安全意识、资源忧患意识不足，在技术标准指标掌握上不能因地制宜，在新技术、新方法、新工艺应用上缺乏内在动力等。

2.2　和谐型设计的思想内涵

当前正是我国公路设计思想的转型时期，设计理念从强调经济、快捷等实用主义要素逐步发展到注重环境保护、资源节约、安全舒适等人文要素。面对这一系列重大转折，通过认真分析各方面的经验和教训，以吉茶高速公路为依托，积极稳妥地从外业勘察、各专业设计及征地拆迁、环境保护、交通安全等各个方面探索了“和谐型设计”的思想内涵和实现方法。

所谓和谐型设计，即要求“交通基础设施在满足出行需求与安全需求的同时，更适合周边的自然环境和社会环境，更有利于自然风景、人文历史、美学因素和其他社会价值的保护；强调创新精神，主张灵活性设计；提倡多学科参与、多部门协同、多方案比较”。通过倡导和谐型设计思想，做到：

(1)项目既要满足功能要求，又要满足公众需求，且有关需求应提前得到识别。

(2)项目既要保证行车安全，又要满足周边群众出行安全，满足动植物繁衍生息的需要。

(3)项目既要与社会环境协调，又要保护好既有环境、风景、美学、历史和资源的价值。

(4)项目应有效、高效地利用各种资源(包括时间资源、土地资源和工程造价、管养成本等)。

(5)项目的设计、施工和运营期间对社会、环境的影响应尽可能减小。

(6)项目应超越设计者本身和社会公众的期望，在人们心目中获得一定程度的好评。

(7)项目对社会应有附加的、持久的价值。

3 和谐型设计思想的实现方法研究

3.1 总体设计——识别需求应优先于确定原则

山区高速公路的建设条件复杂，其复杂不仅仅因为地形、地质和地物条件的制约，更因为醇厚的民风需要保护、古朴的文化需要弘扬；而吉茶高速公路的设计过程更是艰苦的，其艰苦不仅仅因为技术难度大、投资控制严、工期要求紧，更因为要发挥好典型示范工程的作用、要转变好工程建设人员的观念、要倡导好浓厚的创作意识和创新精神。

为将吉茶路设计成一条可持续发展的具有“安全、环保、舒适、和谐”崭新理念的高速公路，设计者摈弃了以往首先统一设计原则、设计界面和各专业设计要求的做法，而是强调提前踏勘、各专业共同识别项目的出行需求、安全需求及保护自然环境、保存社会价值等方面的需求，让大家在矮寨公路奇观、湘西能滩吊桥中体味70年前公路建设的辉煌，在德夯大峡谷、蚩尤大峡谷里寻找几千年苗疆文化的灿烂，在自然的、地理的、历史的、文化的冲击中锤炼吉首至茶洞高速公路的设计方案。通过一次次集体踏勘，做到了在外业进场之前编制了《路线工程地质选线》、《路线踏勘及方案研究》、《桥隧选址及方案研究报告》、《环保选线及景观分析》、《安全选线及灾害防治》、《投资分析及经济评价》等一系列专题分析报告，提炼出“古道·边城·新高速”的设计主题和“和谐型设计”的总体思想，确定了“承载历史、关注人生、留下记忆；热爱生命、尊重自然、珍惜资源”的总体目标和“和谐型设计”的7项具体要求，通过将各项设计目标分解到各专业、落实到各典型路段，统一了大家的思想认识，协调了各专业的设计风格，探索出了一种“以需求确定主题、以主题制定目标、以目标寻求对策、以对策统一行动”的总体设计方法。

3.2 路线设计——从面向过程到面向对象

如何保持公路自身线形、公路线形与结构物、公路线形与环境之间的相互和谐，既体现了路线设计的水平，也决定了项目总体设计意图贯彻的成败。传统的面向过程的定线方法，一般是先拟定平面线位，然后拉坡、检查横断面，接着根据纵横断面情况对平纵面进行优化调整，最后确定沿线设施总体布局，形成路线方案，这种定线方法在地形条件复杂时难以获得和谐的线形。吉茶路采用了面向对象的定线方法：首先分段分析对象的特点和控制条件，接着根据对象寻求定线方法，最后进行接口剖析与对象封装。以路线起点至矮寨段定线为例：

(1)对象。本路段特色是连续升坡，公路和地形保持和谐是设计关键，也是对“边城·古道·新高速”的最好注解。与此同时，连续长大下坡的安全问题值得重点关注。再次，沿线丰富的自然景观、古朴的人文环境如何利用、复杂的地质条件如何回避也应充分考虑。

(2)方法。要使路线和谐舒顺，最好的方法是在较宽走廊内确定线位"走势图"，由于高速公路线形指标较高，经常出现换岸、桥隧等处理手段，可用"走势图分析法"取代传统的"追逐等高线法"选线，定线过程按照"先综合选线并拟定沿线设施布局、然后根据控制要素拟定横断面构成、再依据地形确定各路段设计纵坡、最后根据纵横断面展开平面定线"的程序进行；对于安全性检查，可采用"运行车速检验法"，逐步改善不安全路段的几何线形；对于平纵面指标的均衡性检查，可绘制"$1/R+I$ 指标检验图"优化设计；对于沿线设施，通过绘制"沿线设施总体布局图"使沿线服务设施、观景设施、紧急停靠与避险设施等得到综合体现，确保设计特色、张扬设计个性。

(3)接口剖析与对象封装。综合检查路线方案，进一步确认设计目标实现情况，完成定线过程。

老子曰："无名天地之始，有名万物之母"，所谓面向对象定线，如何从"无名"中识别和定义对象、从"有名"中构造和封装对象十分重要。上述路段由于定线方法改变，最大纵坡由5%降到4%、最小平曲线半径由400m 提高到600m、最高桥墩由135m 降低到100m，同时完整地保留了特色苗寨述耳古村、绕避了旅游景点问天台，取得了极佳的社会效益和环境效益。

3.3 路基设计——从强调绿化到崇尚自然

吉茶高速公路采用了面向对象的定线方法后，路线更加贴近自然，对控制点的把握更加量化到位，在桥梁、隧道工程量大幅度减少的同时，路基也有效地克服了高填深切现象(表1)，最大限度地减少了公路对自然环境的破坏。

吉茶高速公路切方边坡防护遵循"土质边坡追求自然、石质边坡崇尚简约"的原则进行，对于稳定的硬质岩石边坡不强求短期的、人工痕迹明显的"绿化"效果，结合沿线灰岩一般呈水平产状、纹路清晰、边坡稳定的特色，采用独特的分台阶的直立边坡坡形，充分展示了大自然所赋予的美感，同时减少了路基开挖、边坡防护工程量，工程施工也更为简便快捷。

路线方案优化情况对照表 表1

设计时间	路线长度 (km)	桥梁 (m·座$^{-1}$)	隧道 (m·座$^{-1}$)	路基 (km)	路基土石方 (万 m^3)	每公里土石方 (万 m^3)
2003.10 工可	75.30	26 751/63	14 673/14	33.88	758.3	22.4
2004.05 工可修订	72.62	29 199/65	12 248/14	29.18	751.7	25.8
2004.12 初勘	64.59	20 577/52	6 325/12	37.69	683.6	18.1
2005.10 初设	64.31	19 842/40	6 071/13	38.40	584.7	15.2

3.4 环境保护——从用地红线到环保绿线

为最大限度地保护公路周边的自然环境，吉茶路还大胆提出了"环保绿线"计划，设计单位在绘制用地红线的同时提供了环保绿线。所谓环保绿线，即指填方不考虑排水沟和坡脚平台、挖方不考虑截水沟和圆弧边坡、桥梁高度大于10m 时不考虑桥底场地、隧道不考虑洞口开挖面以外的砍树、挖根、清淤、清表的周界线。要求征地拆迁开始的同时对用地红线与环保绿线之间的土地、植物实施保护，但施工过程中可依据需要在红线范围内有限度地使用。吉茶路共需征用土地 375hm^2，经分析计算，通过实施环保绿线计划，其中约 74hm^2 土地可以采取措施得到更好的保护，尽可能保持原生态景观，同时也为排水沟、截水沟处于视线之外创造了条件。

吉茶高速公路的和谐型设计，不仅表现在路线、路基上，沿线桥梁、隧道、建筑、景观和交通工程设施等各专业均进行了有益探索并开展了协同设计，本文限于篇幅，不再一一赘述。

4 结语

在吉茶高速公路规划设计过程中，提出了"和谐型设计"理论并结合项目具体情况进行了坚持不懈的探索，在满足公众期望、提升公路价值、保护自然环境等方面进行了初步尝试，取得了明显的经济效益和社会效益。在自动化设计日益普及的今天，如何使设计作品更好地满足人性化需求、更好地融入到周边环境之中，值得大家在今后的工作中认真思考和进一步研究。

参 考 文 献

[1]肖鹏，施伟，施秋香．从审美角度看道路设计[J]．中外公路，2006(4)．

(本文已在第三届全国公路科技创新高层论坛交流，依托的湖南省吉首至茶洞高速公路为交通运输部首批勘察设计典型示范工程、四川省雅安至西昌高速公路为交通运输部勘察设计典型示范工程和科技示范项目。)

潭衡西高速公路设计新理念探索

王　维

摘要:该文阐述了在湖南省湘潭至衡阳西线高速公路的设计过程中,为实现"生态、环保、景观、旅游"于一体的新型高速公路目标,对高速公路建设面向原生态、全寿命、本土化等先进理念进行的一系列探索、研究和应用。

关键词:高速公路　原生态　全寿命　本土文化　设计理念

湖南省湘潭至衡阳西高速公路(以下简称潭衡西高速公路)是湖南省"十五"期间里程最长、投资最大的BOT项目,同时也是一条串起湖南省大洞庭旅游圈、大长沙旅游圈、大南岳旅游圈,展示湖湘文化及风土人情的精品旅游线路。在设计过程中,考虑到上述因素,设计人员转变设计理念,树立环保意识、服务意识、安全意识、资源忧患意识,通过新技术、新方法、新工艺的大量应用,使公路工程贴近自然、融入自然,基本实现了把潭衡西高速公路设计成为"生态、环保、景观、旅游"于一体的和谐型高速公路目标。

潭衡西高速公路采用设计速度100km/h的双向四车道高速公路标准,路基宽度26m,全长141.364km。全线设桥梁6 147.78m/26座、互通10处(其中枢纽互通3处)、服务区3处、停车区3处、收费站7个;连接线4条共计30.5km,工程总投资56.7亿元(工可)。

1　设计新理念综述

既具有高度技术性、又具有文化价值和品质的公路,才是真正意义上的现代高速公路;高速公路是文明的设施,如果不具备舒适性、美的价值,就不会作为社会文明的成果积累下来;完美的公路设计应该把各种功能综合在造型上,优美地表现出来,给人提供舒适的移动空间。

2　设计理念的具体体现

如何全面提升勘察设计理念,保持我国公路建设的良好发展势头,是广大公路勘察设计工作者肩负的重要使命。一面是复杂多变的地形条件,一面是优美灵秀的自然景观和源远流长的湖湘文化,如何让设计既能有效地融入到当前的自然和人文环境,充分满足"保障行车安全、保护自然环境、保存社会价值"等方面的需求,又能实现"安全、环保、舒适、和谐"的设计目标,设计中重点考虑了以下几个方面的问题。

2.1　总体设计

1)设计原则

(1)充分把握本项目工程特点,合理运用技术指标、控制建设规模、节约投资。

(2)依据地质、地形、生态环保选线的原则选出有价值的路线方案,逐步筛选淘汰,推荐最佳方案。

(3)构造物的形式遵循结构安全、适用、美观的原则,与景观协调,便于施工。

(4)路线交叉及沿线设施、交通工程等布置应与环境充分协调、适用、简洁且与地域文化相融。

(5)结合沿线自然环境和人文环境特点,全面规划好公路沿线景观环境,营造具有特色的景观公路。

本文曾刊登于《中外公路》2006年第3期。

(6)勘察设计中重视工程建设的可实施性，引入动态设计、信息设计的概念，将施工中依据反馈信息进行的动态设计看作设计工作不可分割的组成部分。

2)路线布设原则

树立和落实科学发展观，结合沿线地形、地质、水文等条件，合理运用技术指标，加强立体线形设计，从影响本项目路线布设的控制因素出发，拟定合理的有价值的路线方案。

(1)地质选线：影响本线路的地质构造断裂大多具有压扭性，北东向断裂构造走向与路线走向多为15°以上夹角，受断层影响，基岩风化破碎严重。路线展布尽量以大角度与构造走向相交，降低构造对路线的影响，如K92+300~K98+600段选线时远离断裂区域，公路不受其影响；K74+600~K80+200段路线走廊两侧为低矮山丘，中央为山沟水田，山沟宽约20~50m，相对高差为40~60m，覆盖层薄，基岩大面积外露，为砂砾岩，产状平缓，山体左右两侧边坡稳定性较好，设计选择了走山岭线方案。

(2)地形选线：线路所经地区地形起伏较大，选线时应采用合理的技术指标，利用地形，尽量选择地势稍高位置布线，减少地下水对公路的影响，从而达到公路路基基本干燥的目的。

(3)安全选线：本路线设计平纵面指标均大于一般性指标要求，可供车辆安全行驶。设计中仍然注意改善相邻路段指标的组合及循序过渡，避免前后段路线指标相差悬殊，降低容许速度差，消除安全隐患。

(4)环保选线：公路随地形变化自然起伏，避免高填深切路段，与自然景观有机融合；合理调配土石方，树立“欠方”观念；避免直接穿越大的居民聚居区或大的城镇。本线路经过南岳后山及衡阳市雨母山风景名胜区，为保证行车舒适、与景观和谐，先后8次在K74~K81、K83~K101、K125~K130段进行了方案比较、线位调整。

(5)资源选线：土地是关系国计民生的重要战略资源，耕地是广大农民赖以生存的基础。故公路选线时应尽量利用荒地、劣地，少占用耕地，尽量绕避基本农田，在满足排水、立交净空的前提下，尽量降低路堤高度，减少占地宽度，节约用地。

(6)避免与其他设施相互干扰：本项目所经地段管线密集，分布着多组11万V、22万V高压电力线，路线布设时采用合理的交叉、避让方式。另外，如何使路线尽可能地绕避居民点、减少拆迁量，如何最大可能地降低大填大挖现象，在本项目设计中也进行了重点考虑。

3)打造原生态高速公路

自然界是包括人类在内的一切生物的摇篮，是人类赖以生存和发展的基本条件。统筹人与自然和谐发展，实质是处理好经济建设与资源利用、生态环境保护的关系，推动整个社会走上生产发展、生活富裕、生态良好的文明发展道路。

(1)环保绿线计划：本公路设计过程中，为最大限度地保护公路周边的自然环境，提出了“环保绿线”计划，即设计单位在绘制用地红线的同时提供了环保绿线。所谓环保绿线，即指填方不考虑排水沟和坡脚平台、挖方不考虑截水沟和圆弧边坡、桥梁高度大于10m时不考虑桥底场地、隧道不考虑洞口开挖面以外时，砍树、挖根、清淤、清表的周界线。

(2)种植土利用计划：地表腐殖土经过数万年的物理化学作用才得以形成，是一种有限的自然资源。本项目对路基范围内清理出来的草皮、表土集中堆放，用作中央分隔带、边坡、互通立交、服务区绿化回填土。

2.2　路基路面

1)路基

在路基防护理念方面，加强了生态防护的设计，摒弃了与本项目环境保护不协调的桩板墙、窗式护面墙等防护形式。在红砂岩填筑高路堤及弃土场等地段采用国内红砂岩地区高速公路首创的MSE挡墙，其结构整体性强，防护与生态结合效果好。

路基边坡防护设计坚持“生态防护为主、生态防护与结构防护并举”的方针。在保证路基边坡稳定的前提下，尽可能地协调周围环境、美化道路景观，因地制宜地选用经济适用、形式各异的防护类型。

2）全寿命周期成本理念

要树立全寿命周期成本的理念，不但应注重项目初期建设成本，还要注重后期维护和养护成本，不但要看到项目自身成本，还要看到社会成本和环境成本。在可能的情况下，宁肯先期投入大一些，以减少后期费用，延长使用寿命，为社会积累财富；宁可项目投资多一些，也要降低对社会和环境的影响，提高综合服务能力。具体的设计实践体现在如下3个方面：

（1）红砂岩填料：红砂岩地段土石混填高路堤处置采用“包饺子”的填筑方法，同时采取强夯、加筋等措施。全线利用红砂岩近200万 m^3，虽增加了一定的工程投资，但有效减少取土、弃土区约900亩。

（2）新沥青路面：本公路交通量大，超载现象严重，局部地段地形起伏相对较大，有些地段存在高填路堤，且沿线填筑红砂岩路段，因填料本身的原因，预计今后路基工后沉降量较大，从而影响到路面的耐久性。通过引入10cm黑色沥青碎石基层，在路面底基层及路基精加工层之间加设20cm厚的碎砾石垫层，优化了路面结构，提高了路面使用性能。

（3）高架桥方案：K120＋400～K123＋230段位于衡阳市呆鹰岭镇，最初设计采用路堤方案，最大填土高度11.28m，平均填土高度为9.75m，路基填筑共需借土84万 m^3。若采用路堤方案，本路段共需设各类涵洞、通道21道，拆迁建筑物6 232m^2，此外借土需临时征地约30亩，取土易造成植被破坏、水土流失，对当地人民群众生产、生活等影响较大；而高架桥方案少拆迁建筑物1 900m^2，少占用水田4.4hm^2（合66.6亩），减少借土48万 m^3，虽然建安费多了6 017万元，但有利于保护农田，最终采用了高架桥方案。

2.3 沿线设施

（1）房屋建筑突出本土文化氛围：潭衡西线高速公路在房屋建筑形式上，不断探索湖湘文化的精髓，力求高速与本土自然的和谐，通过黛色的青砖、白色的墙线，飞檐翘角、屋宇相连，渲染出气势壮阔，凝重浑厚的湘南民居风格，让乘客感受到沿线环境的魅力和深厚的历史文化底蕴。

（2）互通式立体交叉：本线路共设互通10处，其中枢纽互通3处。互通式立体交叉在公路设计中占地面积最大、立体条件最好、景观设置可塑性最强，因此是高速公路景观建设最重要的部分之一，做好互通式立体交叉景观建设能提升公路的景观质量，起到画龙点睛之效。为了更好地诠释设计工作者们的设计思想和设计理念，在互通式立体交叉的景观设计上分别采用了规则式设计、自然式设计、混合式设计、苗圃式设计等多种表现手法。

2.4 景观设计

景观设计内容主要包括中央分隔带、收费站、互通式立体交叉、分离式立体交叉、路基边坡及边沟外侧的绿化、美化及防护；敏感点的噪声防护；弃土场、公路沿线设施的环保措施等。

（1）整体风格：公路景观绿化作为大环境的组成部分之一，在设计中应追求“虽为人作，宛若天开”的境界，使整个景观富有野趣。让行驶其间的人们既享受舒适便捷的交通，又能陶醉于喧嚣的城市中缺乏的自然风光之中。潭衡西线高速公路景观设计的主题为“不染、不妖、不雕琢”。

（2）设计思路：在满足交通功能的前提下，设计人员在植物选种上以绿为主，配以彩色、落叶乔灌木；在设计上采用简单、明快、活泼的手法，最终达到保护环境，减少水土流失，与周围景观相协调的目的。

2.5 提高高速公路的科技含量

（1）本线路采用交通部“十五”科研项目——《红砂岩地带路基修筑技术研究》课题的研究成果，解决了泥质砂岩、砂质泥岩、泥质页岩路基开挖与路基填筑的稳定性这一世界性技术难题，对高速公路沿线的植被保护和生态系统的平衡做了大量研究。同时，设计者们针对超载现象进行了定量分析研究，在国内率先在路面设计中考虑超载影响，根据研究成果对沥青路面的面层、基层进行了特殊设计，有效地提高了路基、路面的强度，为高速公路设计、养护提供了经验。

（2）本项目结合国家西部交通科研项目——《山区高速公路水土保持新技术》开展研究，全面总结了近10年我国高速公路水土保持的发展状况，深入分析了山区高速公路水土保持的基本要素、调查方法、预测模型、工程措施、投资与效益计算等方法，组织编写了《山区高速公路水土保持设计指南》、《文件编制办法》和《通用图》，开发了相关分析计算软件。为促进本项目向环境友好型、资源节约型迈进提供了技术保障和管理支持。

(3)本项目大量采用GPS(全球定位系统)测量技术、航空摄影测量技术、数字地面模型，利用湖南省交通规划勘察设计院与中南大学联合开发的数字化地形图处理系统(公路路线平、纵、横一体化设计系统)，运用三维动态透视图(动画)进行线形检验，优化设计。

3　结语

本项目设计中坚持"以人为本"的思想，坚持资源节约型、环境友好型思想，对原生态高速公路、公路全寿命周期成本、房屋建筑突出本土文化氛围等设计新理念作了一些有益的尝试，也为湖南乃至全国的公路工程建设积累了宝贵的经验。

参考文献

[1] 湖南省交通规划勘察设计院. 潭衡西线高速公路两阶段初步设计文件[Z],2005.
[2] 交通部. 公路勘察设计典型示范工程咨询示范要点[Z],2004.
[3] 冯正霖. 树立和落实科学发展观 提升设计理念提高设计水平[Z],2004.
[4] 彭立. 在美的环境中添加美的因素——湖南省吉首至茶洞高速公路的美学意义[J]. 公路,2005(9).
[5] 彭立,高元柳,等. 山区高速公路水土保持新技术研究报告[R],2005.

“以桥代路　以桥代隧”设计新思路探讨

刘利群

摘　要:从地形地质、工程造价、土地资源、安全性能、环境保护以及全寿命周期成本理念等6个方面入手,结合多条高速公路设计实例,阐述了高速公路“以桥代路　以桥代隧”设计思路。

关键词:高速公路　以桥代路　以桥代隧

过去20多年间,我国开展了世界上最大规模的高速公路建设,高速公路逐渐向山区延伸,据初步统计,在建及已建的高速公路桥隧比大部分在30%~70%左右,如已建的重庆至湛江高速公路遵崇段桥隧比为38%(桥梁比为22%),在建的湖南常德至吉首高速公路湘西段桥隧比例为40%(桥梁比为13%),在建的沪蓉西高速公路湖北省宜昌至恩施段桥隧比约63%(桥梁比为37%),正在设计的北京至昆明高速公路四川境雅安至泸沽项目石棉段路线长60km,桥隧比例为69%,桥梁比为50%。在现阶段,处理好公路大发展与环境相和谐、资源有效利用的关系,是公路建设者面临的重要课题,在此背景下,思考以桥代路、以桥代隧条件及其决策,具有十分重要的意义。

1　主要控制因素分析

1.1　地形地质

公路是线形构造物,而山区地形地质条件复杂,地质环境脆弱。高速公路建设不可避免要破坏原有环境,诱发和加剧各种地质灾害,增加公路建设投资,影响工期,甚至给运营阶段带来严重的安全隐患。相对而言高填深切路基对地质环境的破坏最严重,其次为隧道洞口及洞身的开挖,而桥梁作为架空构造物,对地质灾害的破坏最小,因此适应不良地质条件的能力最强。在适当的地形地质条件下考虑以桥代隧,造价相当甚至稍便宜;在地质灾害严重的条件下以桥代路,即使增加工程造价也是值得的。

在山区,当设计中发现有或潜在有重大的地质病害时,应尽量绕避,或者根据实际情况采用以桥代路方案,通过调整线位,设置适当的高架桥或半幅桥,以达到减少高填深挖路段,减少对地质环境的破坏,提高工程结构的可靠度。在路线无法绕避的湖区、滨海软土地区、高原冻土地区,若岩土性质差、厚度大,加固措施无法满足路基变形要求时,则可考虑选择以桥代路方案;在降雨量大,易发山洪及诱发泥石流的山涧谷地,可考虑以桥代路方案;在野生动物迁徙地段,可考虑以桥代路或增设动物通道。

隧道作为线状构造物穿越山体,遭遇地质灾害的概率较大;而桥墩作为点状构造物遭遇地质灾害的概率较小,地质病害也相对容易查明,且处理费用也相对较小。

1.2　工程造价

路基工程造价是选择以桥代路方案的一个重要控制因素。路基工程造价包括土地占用、地基处理、路堤填筑以及路堤边坡防护等。地基处理工程主要与软土地基深度和路堤高度有关系,土地占用、路堤填筑以及路堤边坡防护工程主要与路堤高度有关。

软土路基工程造价受路堤高度、软土地基深度以及填料来源影响较大,如软土路堤高度大于10m,软土厚度大于12m,软土路基工程造价已与桥接近,当软土路基工程造价较高,与桥接近时,综合考虑施工

本文曾刊登于《公路工程》2008年第2期。

工期、路基工程后期养护维修、土地资源占用、环境保护等因素，一般宜以桥代路；又如筑路材料缺乏需大量取土或远运时，应结合其他制约因素考虑以桥代路。如常德市汉寿沅水大桥接线工程，路基填土受到洪水位影响最少需填12m，而取土距离达30km以上，最终综合考虑节约土地、防洪等因素后，决定采取高架桥方案。

1.3　土地资源

对于公路建设项目而言，节约资源首先就体现在节约用地上，特别是适于耕作的田地更应作为重点保护对象。当路堤较高时，以桥代路是节约土地资源的最好方法。保护土地资源是我国的基本国策。实行最严格的耕地保护制度，是由我国的基本国情决定的，我国人均土地面积只有世界人均的1/3，人均耕地面积不足世界人均的43%，据2004年的统计资料中国现有耕地仅占国土面积的13.5%，而且近年耕地面积正以年均1 666.5km^2以上的速度减少，对于山区高速公路所在地区，其人均耕地，特别是良田拥有量就更少。要从保证中国社会全面协调可持续发展和维护社会稳定的高度来看待土地问题，千方百计的节约用地是工程建设中必须首先考虑的第一问题。路堤越高，占地越宽。按一般填土路堤1:1.5边坡坡率计算，当路堤高度大于7m时，路堤占地面积将是桥梁占地面积的2倍以上。

土地资源是一种不可再生的稀缺资源，目前土地占用补偿价格未完全反映土地资源的不可再生这一特性。也未考虑土地占用的机会成本，在大中城市建设用地占用补偿价格每亩可高达上百万。因此，当公路通过高效经济作物区或城市近郊时，在路桥方案决策分析中应从社会效益角度充分考虑土地占用的机会成本，控制填土高度，合理确定路桥方案。在城郊区域尤其是设置大型立交时，采用以桥代路，除减少占地外，桥下可建设下穿道路、人行通道、仓库、停车场或其他城市公用设施；在乡村与山区采用以桥代路，桥下可为人行通道或野生动物通道等。当路基填料缺乏需大量取土或远运时，平原及丘陵区宽缓谷地路堤高度一般不宜超过10m，丘陵区不超过12m，山区一般不宜超过15m，并以20m为限，否则应与桥梁方案比选。

1.4　环境保护

尽量减少对自然植被、生态环境的破坏，减少水土流失，尽量做到填挖土石方平衡，减少取弃土，是公路建设环境保护的重要内容之一。合理选择桥路方案，可减少取弃土场地，有利于保护环境。合理设置隧道可缩短行车里程，提高交通便捷，同时也可保护环境、防治地质病害，改善行车安全、节约用地。当路线沿沟（河）布线时，要特别注意路、桥、隧方案的选择。

隧道作为线状构造物，一方面弃渣量大，不利于环保，另一方面隧道在通过岩溶发育区、浅埋区、岩层节理裂隙发育地段时，易造成地面水下渗流失，改变原有水文地质环境，造成山体开裂，植被死亡，破坏原有生态系统。桥梁在山坡间一般采用桩式支撑结构，占地少，不需进行大的开挖，对环境破坏少。

1.5　设置条件及安全舒适性能

除特大桥外，路线布设自由度较大，桥梁具有对路线平纵面指标要求低，如桥梁上最大纵坡可达4%，隧道内最大纵坡不大于3%；隧道洞口内外有平纵面各3s线形一致的要求，而桥梁上平纵面没有此项规定；位于小半径曲线内的隧道，隧道内视距要求隧道内轮廓采用变截面，设计和施工十分复杂，位于小半径曲线内桥梁加宽施工工艺及设计均相对较易；对于山区分离式隧道，其洞口路线合并为整体式时处理较为困难，而桥梁就容易多了；桥梁的运营条件好，如设计速度为80km/h的四车道高速公路，桥梁桥面净宽度可达11m，而隧道内行车道净宽只有9.0m，行车道面积差值达22%。桥梁行车舒适性好、视野开阔，乘客可欣赏沿线自然景观，减少旅途疲劳，同时也有利于交通工程、安保设施等的设置，隧道内行车舒适性差，尤其是特长和长隧道抗不可预计的自然灾害及交通事故能力差，灾后救援困难。山区高速公路地形起伏大，隧道多位于长大下坡路段，行车安全性差；因设置间距的原因，不利于互通、服务区、停车场等沿线设施的布置。此外，进出隧道时因光线的明暗变化，也是导致交通事故的因素之一。

桥梁后期营运阶段费用较低，隧道后勤营运含有通风照明及监控费用较高；修建桥梁对自然环境破坏较小，修建隧道产生大量的弃渣，对生态环境和地下水资源破坏较大。不良的地质如断层，滑坡等对隧道的修建影响较大，施工中的地质灾害在设计中难于完全控制，隧道施工中后期不可预见费用较大，而桥梁影响因素较小。高填深切路段若地质条件恶劣，不管采用何种手段进行处治其边坡仍将有一定的安全隐患。

综上所述，从行车安全性的角度出发，在可能的条件下，采取以桥代路或以桥代隧，减少高填深挖路段、取消有安全隐患的、不利于环保的高边坡，可提高运营期行车安全，减少地质灾害和交通事故。

1.6 全寿命周期成本

路基的初期建设成本一般而言相对最便宜，但后期运营阶段可能导致发生处理费用的情况有：路基沉降导致路面的破坏；路基边坡失稳或破坏；因超载等原因造成路面翻修、大修等；除上述直接处理费用外，尚不包括由此引起的诸如行车舒适性差、交通事故增加、塞车堵车等间接损失。

隧道施工复杂，初期建设成本高；特长隧道往往成为项目的控制性工程，施工周期长，不利于项目还贷；长隧道，尤其是特长隧道运营阶段的通风、照明等养护管理成本高；抗不可预计的自然灾害及交通事故能力差。

桥梁的初期建设成本高，但一般略低于隧道，相对而言其后期的养护管理成本最小，特别是高速公路建设中大量使用的标准跨径的梁桥。

2 设计实例

2.1 桥路比较

湖南省湘潭至衡阳西线高速公路 K120 +400 ~ K123 +230 段从衡阳市蒸湘区呆鹰岭镇通过，距衡阳市华新开发区约 4km，路段先后跨越了原 S1814（路面标高 65.20m）、蒸阳大道（路面标高 56.8m）和蒸水堤岸（河堤高 60.60m），其间穿越约 3km 良田的地面标高为 55.0m 左右，同时蒸水洪水位 SW（1%）= 62.60m，基于以上控制点的制约，平均路堤高度达 11m，最高达 13m 左右。

若采用路堤方案，本路段共需设各类涵洞、通道 21 道，拆迁建筑物 6 232m^2，此外借土需临时征地约 2 万 m^2，易造成植被破坏、水土流失，对当地群众生产、生活等影响较大，也不利于城镇的规划和发展。

高架桥方案减少拆迁建筑物 1 900m^2，减少占用水田 4.439 万 m^2，减少 47.536 万 m^2 借土，虽然建安费多了 6 017 万元，但有利于节约土地资源，有利于当地经济可持续发展，为地方城镇的发展规划预留了空间，得到了当地政府和人民群众的支持。

2.2 桥隧比较

厦成线湖南省汝城至郴州段 K0 ~ K13 地形起伏较大，原工可线位路线顺直，均从山体中间穿过，设置隧道群共计 6 940m，优化路线位于工可线北侧约 0.5 ~ 1.6km 处的山体坡脚，沿益将河布线，沿线总体地势较工可线大为降低，虽里程略长且增加高架桥 3 230m，但隧道共计减少 3 895m，建设期可利用地方道路作为施工便道，施工建设条件显著改善，同时有利于益将互通的设置，对益将镇的发展也留下了空间，不仅建设初始成本大大降低，对隧道后期运营阶段的通风、照明等管理费用初步测算可节约600 万元/年，全寿命周期成本大大降低。

2.3 综合应用

山西省闻喜至济源高速公路闻喜东镇至垣曲蒲掌段在 K20 ~ K35 路段经过中条山，境内山高坡陡，沟壑纵横，地表切割强烈，复杂的地形是制约选线的最主要因素，沿线需设置大量桥隧。

路线从 K18 ~ K28 沿涑水河南岸山坡顶布线，工可中设有 2 820m/12 座大桥，3 055m/7 座隧道，桥隧总长为 5 875m。中条山地形地质条件复杂，初设时采用以桥代路、以桥代隧的设计思路，按立体线形（平纵横）综合设计，在严格控制路基切方填方边坡高度的情况下，调整路线线位，从坡顶山脊线改为沿河线，在不占用河道面积并取得水利部门书面同意意见的情况下，对不能取消的大虎峪 1#、2#、3#三个连续的短隧道由连拱隧道改为小间距隧道，延长桥梁长度或增加桥梁高度取代路基和隧道，在平纵面指标相当的条件下，初设时设桥梁 3 870m/10 座大桥，925m/3 座隧道，桥隧总长为 4 795m。节约造价 5 000 余万元。

路线以特长隧道穿越中条山后，沿十八河沟谷布线，工可方案采用桥隧结合的高线位，设有2 160m/7座大桥，1 040m/4 座连拱隧道，桥隧总长为 3 200m，按照以桥代路、以桥代隧的设计思路，在不降低平纵面指标的情况下，取消全部隧道，共设置高架桥 3 800m/11 座，节约造价 1 500 余万元。

本项目按照以桥代路、以桥代隧的设计思路，将工可的桥隧总长由 13 134m 改变成桥隧总长 14 100m，尽管总长度增长了 966m，但将 2 790m 隧道改由桥梁代替，还节约造价 6 000 余万元。

以桥代路、以桥代隧后，建设条件大为改善，用桥隧取代高填深切路基，是减少地质灾害、减少对自然环境的破坏和减少占用土地的有效途径，取得了经济和环保的同步效益，其设计理念和思路得到了各级领导和专家们的充分肯定。

3　结语

(1)山区、湖区、滨海高速公路自然条件较差，维护成本相对高。其设计应充分考虑地形、地质、工程造价、土地资源、安全性能、环境保护、全寿命周期成本，并作为决策的重要因素。设计理念上必须与时俱进，具有创新意识。“以桥代路、以桥代隧”就是在此基础上提出的新思路。

(2)路相对于桥隧来说，造价要低，养护也较容易，桥隧的建设需要消耗大量的钢材、水泥等不可再生资源，钢材、水泥在生产过程中需破坏大量的植被，消耗大量的能源，同时也排放大量的“三废”，其产生过程本身并不环保。在何种情况下采用路还是桥及隧，需要综合比较，择优选用。

(3)软土路基工程造价受路堤高度、软土深度，以及填料来源影响较大，就目前工程造价体系，路基工程造价一般比桥便宜，综合考虑施工工期、路基工程后期养护维修、土地资源占用、环境保护等因素，当软土路基工程造价较高，与桥接近时，一般宜以桥代路。

(4)土地资源是一种不可再生的稀缺资源，在路桥方案决策分析中应放在首位考虑。当线路通过高效经济作物区或城市、城市近郊时，宜选择以桥代路。

(5)桥梁造价与隧道相当甚至略低，但后期运营养护费用大为降低，同时在环保、行车安全性及舒适性更好，因此，只要路线布设可行，应尽量以桥代隧。

参 考 文 献

[1] 中华人民共和国交通部．公路路线设计规范(JTJ 011—94)[S]．北京：人民交通出版社，1994.
[2] 中华人民共和国交通部．公路桥涵设计通用规范(JTJ 021—89)[S]．北京：人民交通出版社，1989.

(本文依托的山东省马站至莱芜高速公路为交通运输部首批勘察设计典型示范工程、荣获 **2009** 年度湖南省优秀工程设计一等奖，厦门至成都国家高速公路湖南段工可荣获 **2008** 年度全国优秀工程咨询成果二等奖和湖南省优秀工程咨询成果一等奖。)

吉茶高速公路安全设计新理念

李永汉　徐柳青

摘　要:本文主要介绍吉茶高速公路在初步设计阶段,如何从安全第一、人性化、融合环保、介入方案比选、引入运行速度、引入设计安全审核等六个角度贯彻实施交通部要求的"安全"新理念。

关键词:安全新理念　长大下坡　运行速度　安全审核

1　引言

吉首至茶洞高速公路是长沙至重庆公路通道湖南境内一段,起于吉首市,经花垣终于湘渝交界的"边城"——茶洞镇,项目全长64.23km,设计车速80km/h,双向四车道,路基宽24.5m。本项目地形、地质独特,最大落差达600m。早在2002年,我院即对该项目的路线及控制性构造物进行细致研究,2004年4月开始初勘,2005年8月完成初步设计。

2004年5月,交通部发布《公路勘察设计典型示范工程咨询示范要点》(以下简称《要点》),提出"安全、环保、舒适、和谐"的设计新理念。吉茶高速是交通部直接选定的首批典型示范工程,为此,设计中我们对新理念做了重点考虑,并贯彻项目设计之始终。本文仅就"安全"新理念在本项目中如何构思,如何体现,分层次阐述,供同行分享。

2　安全第一的安全新理念

《要点》五大总体原则中第一条"安全性原则"规定:"应把安全放在首位,采取一切有效办法和措施,保证公路设施自身安全、运行车辆行驶安全及行人等的安全"。针对项目的特点,本设计在以下方面加强了安全防范。

2.1　长大下坡路段

资料显示,目前国内高速公路长大下坡路段多为事故多发路段,比较典型的如北京八达岭高速进京方向K55～K50段、京珠粤北高速南行K39～K51段、漳州—龙岩高速和溪段,其通车以来的事故情况见表1。

典型长大下坡的事故情况　　表1

路段	平均纵坡(%)	总坡长(km)	坡降(m)	通车时间	死亡人数(人数/期间)	死亡率(人/km·年)
八达岭	3.56	6.6	234	1998.11	36人/6月	1.0 治理前后
京珠粤北	2.97	11.8	352	2003.4	30人/9月	3.39 治理前
漳龙	3.35	14.5	486	2002.1	5人/2月	2.07 治理前

本项目推荐线K3+419～K17+500段,长达14.207km的连续下坡,落差394m,平均纵坡2.77%。虽然本项目的平均纵坡并不大,为防患于未然,在借鉴国内高速公路长大下坡的安全措施治理经验的同

本文曾刊登于《中国公路》2006年第16期。

时，充分发挥设计者的主观能动性，重点采取如下措施：

①在复杂的地形条件下，强力设置两处紧急避险车道（K6+500、K8+020）；

②桥隧比高达80%左右的该区段，开辟一个停车区（K11+700），为上、下坡车辆提供一个良好的安全港湾；

③采用新材料（彩色减速涂料）设置减速标线，通过增加摩擦力、强制减速来防止事故；

④半幅高速公路（下坡侧）的超高对应规范增加一个1%；

⑤沿线设置可变情报板，平时提示、警告驾驶员，事故时指示驾驶员；

⑥全坡段设置球形摄像机，实时监控；

⑦设置限速标志、长下坡提示标志、陡坡警告标志等；

⑧设置雷达测速设备，严格限制超速行驶。

以上措施仍具有一定的局限性，为此我们编写了《高速公路长大下坡强制制动设施开发研究》的可行性研究报告上报省交通厅立项，拟通过科研攻关，在下坡段路侧设置一种新型防撞功能护栏来解决行车安全问题。

2.2　安全设施

在以往高速公路设计的基础上，安全设施增加了以下新的内容：

在服务区前增设下一服务区预告标志，便于驾驶员做行车或休息的选择，并且在车辆进入服务区发现过于拥挤后，便于做走还是留的再次抉择。

山区高速公路因设置中央分隔带护栏，可能导致超车道、行车道不能满足停车视距要求，在此对标志、标线做特殊处理。

做好紧急避险车道、爬坡车道、观景台等标志、标线的预告、指示设计。

2.3　其他措施

低切方路段采用浅碟形边沟，并放缓边坡；高切方路段（>25m）与隧道进行比较，特别是地质不良地段，尽量以短隧道取代高切方。

低填方路段放缓边坡至1:5或6，保证出事车辆能平稳过渡，同时取消护栏，以增加安全系数；高填方路段（>20m）与桥梁进行比较，避免不稳定的高填方及过长的涵洞、通道。

3　人性化的安全新理念

本项目在设计中增加了一些规范中未做要求的内容，给予驾驶员温馨提示，体现人性关怀。

观景台：本项目是一条旅游高速，路周边景色绝佳，美不胜收，比如：K14+625矮寨悬索桥横跨闻名中外的公路奇观——矮寨天险，K18+120高架桥桥侧是德夯民俗风景园的问天台。为避免车辆随意停车观景而产生安全问题，本项目特意增加观景台设计。观景台布设时，兼顾工程规模与沿线的如画山水，全线共设置6处（双侧）。在观景台还设有环保厕所。

陡下坡警告标志及减速标线：依据规范，纵坡>7%设置陡下坡警告标志。在高速公路，≥3%的纵坡对车辆行车速度即会产生较大影响，因此，我们在≥3%的下坡段起点设置陡下坡警告标志，并在整个陡坡区段设置减速标线。

长下坡提示标志（见图1）：本项目长下坡区段比较多，坡度虽不陡，但距离长，我们认为仍具安全隐患。为此，>2km的长下坡在坡顶增加设置长下坡提示标志；对于坡长>4km的坡段，每隔2~3km又增设一块标志指示下坡段尚余多少公里，提醒驾驶员注意。如长下坡区段前较近距离内有服务区或停车区，则将二者组合预告，提醒长途汽车、车况不良车辆在进入长下坡区段之前，先进入服务区降温“休息”或车辆维护。

雨雾冰雪提示标志（见图2）：恶劣天气行车危险较大，特别是大桥。为安全起见，我们在大桥桥头增设雨雾冰雪提示标志，提醒驾驶员谨慎驾驶。

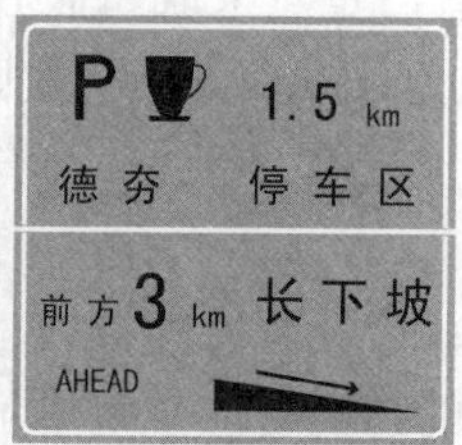

图1 长、下坡提示标志

图2 雨雾冰雪提示标志

辅助标志(见图3):众所周知,高速公路行车枯燥乏味。为此,我们在标志比较稀少的路段(比如5km无标志),设置辅助标志,既增加趣味性,又适当地提示注意事项,比如:禁止酒后驾车、请系好安全带、高速公路禁止乱扔废弃物等。

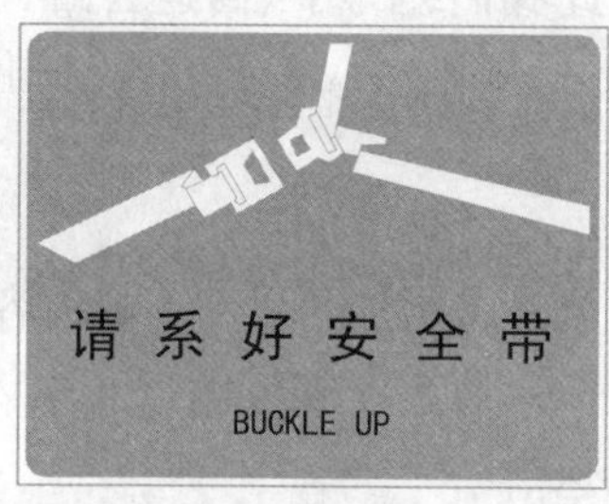

图3 辅助标志

新型标志板材料:高速公路标志板因采用铝合金材料而导致小型标志经常被盗,直接影响行车安全。本项目将单柱标志及附着式标志的标志板改用由化学增稠的不饱和聚酯树脂填料、玻璃纤维增强材料组成的复合材料,因其材料回收无利可图可间接防盗。

防盗设计:本项目针对安全设施盗窃频繁的社会现象,进行了专门的防盗设计,采用了一种新型专利产品:扭滑式防松防卸螺母。使用该产品几乎可以不增加费用,却又能彻底杜绝以拧开螺栓的途径进行偷盗的行为。该产品使用范围极广,凡有螺栓的位置均可防盗,比如护栏、标志、隔离栅、防落物网、防眩板等。该产品的安装与普通螺母没有两样,但必须使用专用工具才能开启,并且开启后可以重复使用。

中央分隔带活动护栏:中央分隔带开口部采用一种专利产品:高速公路双向推拉型活动护栏,该产品既具有高强的防撞性能,又可快速推开以解决车辆掉头及变换车道等问题。

4 融合环保的安全新理念

本项目位于湖南省西部、云贵高原前沿,沿线聚山水之灵秀,扼湘川之险要,揽苗土之奇风,处处山势奇峻、绝壁高耸、溪瀑交错。为避免破坏沿途景致,体现“环保”新理念,本项目采用新产品:生物防护隔离栅取代焊接网或刺铁丝隔离栅。使用该隔离栅,符合高速公路生态、环保的总体原则,同时具有效果好、寿命长、易维护、成本低、景观效果好等优点。

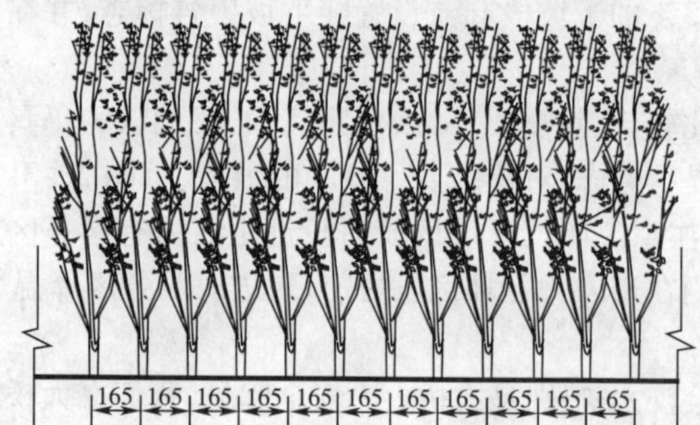

图4 火棘树

5　介入方案比选的安全新理念

云贵高原在本项目的控制点——矮寨(约 K15 处)升起它第一级台阶,导致大地隆起,壁立般竖起一道高达500余米的屏障。如何穿越或跨越矮寨边的排碧台地,我院做了两个大的比较方案:明线方案、隧道方案。

明线方案:K0～K41+071.196段,路线在起点附近即开始爬坡,沿山脊展线,在矮寨以悬索桥方式横跨德夯大峡谷。

隧道方案:AK0～AK42+309.104段,路线先沿峒河布线,在矮寨以8km特长隧道(排碧隧道)穿越排碧台地。

图5　矮寨悬索特大桥效果图

《要点》规定:"应把安全放在首位,采取一切有效办法和措施,保证公路设施自身安全、运行车辆行驶安全及行人等的安全"。为此,我们从上述三个方面对方案进行安全比较,为项目决策服务。这是我们从安全角度进行方案论证的一种尝试。

5.1　公路设施自身安全

隧道方案:安全重点是排碧隧道。遥感解译、地质勘探表明,排碧隧道所在区域岩溶发育,大规模的溶洞、漏斗、落水洞、地下暗河等现象随处可见。洞顶有两个水库,在岩溶地区地表水与地下水贯通的可能性大,施工和营运期间可能导致大规模高水头涌水(或突泥)等环境地质灾害。在高水头作用下,隧道顶的水库、河流极有可能击穿溶洞,导致岩溶、洼地的地面水水源枯竭,从而造成不可恢复的生态灾害。据区域资料和遥感调查,排碧隧道进口段标高350m左右,也是该区岩溶地下水强烈的水平发育标高(350～450m)。岩溶地下水汇水面积大,构造发育,地表垂向岩溶发育,洞身部分已育有多条暗河,隧道穿越的水田河——地所坪逆断层亦为含水断层,将产生巨大的涌水,不但对隧道不利,也将破坏整个场地水文地质条件,对当地居民的生活与生产造成极大的影响。

明线方案:安全焦点是矮寨悬索桥。该桥横跨德夯大峡谷,为钢桁架悬索桥,跨径1300m,桥高360m。我院已委托湖南大学、长江科学院基岩研究所做矮寨悬索桥抗风研究、矮寨悬索桥抗震研究、隧道锚碇研究,经专题研究后技术应不成问题。

5.2　运行车辆行驶安全

重点是长下坡地段。明线方案14.207km连续下坡,落差394m,平均纵坡为2.77%,其纵坡与对应的长度分别为2.4%/1 940.7、3.6%/820、2.6%/480、3.8%/960、2.71%/680、3.9%/820、1.81%/600、3.0%/935.83、2.01%/1 089.71、3.5%/632.55、2.5%/3 670、3.9%/751.8、2.3%/826.79。隧道方案则是8km长2.5%的长下坡隧道。

在国内，北京八达岭高速“死亡之谷”长下坡危害比较严重，该段长约6.6km，高差234m，平均纵坡3.56%，纵坡与对应坡长分别为2.70%/438、1.37%/400、3.99%/1 400、4.99%/400、4.27%/360、5.50%/380、5%/390、2.7%/530、5%/340、3.45%/340、4.56%/560、0.49%/190、3%/450、0.5%/400。对比“死亡之谷”，本项目下坡长度虽然偏长，但不论是最大纵坡还是平均纵坡，均远小于“死亡之谷”的指标。研究证明，长陡坡才是罪魁祸首。因此明线方案的长下坡，在采取足够的措施后，完全可以保证车辆行驶安全。相反，隧道方案的长下坡却有安全隐患。

隧道方案其横断面（见图6）没有硬路肩，安全性能打了折扣。虽然，隧道可采取设置摄像机实时监控，满铺新型沥青路面增加路面摩擦力等措施，却不能设置紧急避险车道、停车区等关键设施。在8km隧道内，随意一个地方出现小事故，既会堵塞交通；大事故则会瘫痪交通，并且不便于救援；如出现化学品泄漏、爆炸、失火、地震等灾难性事故，其损伤将无法估计。可见，明线方案对比隧道方案，具有一定的安全优越性。

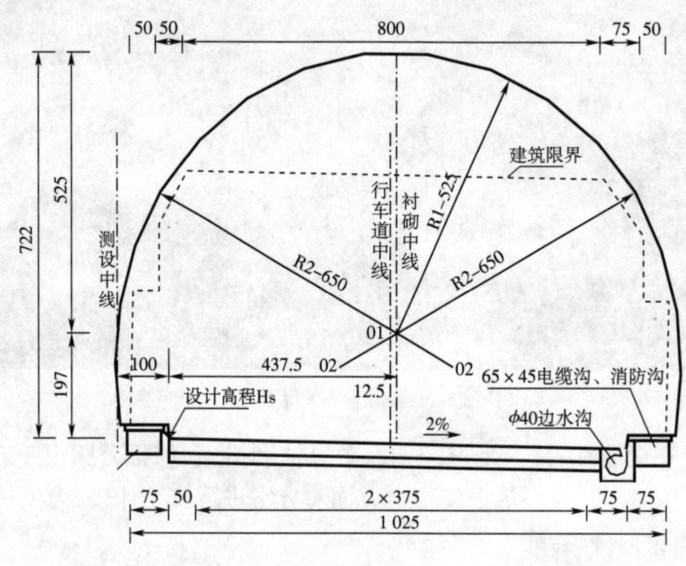

图6 隧道净空断面（cm）

5.3 行人等的安全

运营阶段，明线方案与隧道方案均不存在行人的安全问题，但施工阶段，施工人员的安全却值得研究。明线方案虽然在高边坡、高桥墩、悬索桥等施工存在一定的安全隐患，但对比全国的施工案例，只要设计合理、管理得当、安全措施到位，施工人员的安全可以得到保证。

隧道方案就技术而言，已日趋成熟，没有不能解决的安全问题，但由于排碧隧道所处台地地质复杂，不可预料因素较多，却给施工人员带来不可预见的安全隐患。

结论：从安全的角度，明线方案优于隧道方案。

6 引入运行速度的安全新理念

为保证行车安全，充分考虑驾驶员实际运行速度，力争线形的协调均衡性、连续性，使相邻路段的平、纵面线形衔接顺畅，增加道路的安全性和协调性。依据《公路项目安全性评价指南》JTG/T B05—2004，我院首次引入运行速度来检验路线。

6.1 运行速度预测

根据设计资料，以小客车和大货车为代表计算双向车辆运行速度，限于篇幅，本文仅示意（见表2）。

长沙—重庆方向车辆运行速度预测结果 表2

序号	起点桩号	终点桩号	距离	半径	坡度	运行车速（km/h）		运行车速与设计速度差		相邻路段速度差（km/h）	
	（m）	（m）	（m）	（m）	（%）	小客车	大货车	小客车	大货车	小客车	大货车
13	6 660	6 944.82	284.82	1 000	3.800	104.85	58.52	24.85	-21.48	-1.94	-6.76
14	6 944.82	7 620	675.18	1 000	3.800	102.54	58.18	22.54	-21.82	-2.31	-0.35
15	7 620	8 037.81	417.81	1 000	2.710	101.53	53.24	21.53	-26.76	-1.01	-4.94
16	8 037.81	8 300	262.19	700	2.710	99.21	53.07	19.21	-26.93	-2.31	-0.17
17	8 300	8 833.06	533.06	700	3.900	97.79	49.39	17.79	-30.61	-1.42	-3.68
18	8 833.06	9 120	286.94	830	3.900	96.35	49.11	16.35	-30.89	-1.45	-0.28
19	9 120	9 505.88	385.88	830	1.810	99.43	50.69	19.43	-29.31	3.08	1.58
20	9 505.88	9 883.75	377.87		1.810	111.94	62.78	31.94	-17.22	12.51	12.08

6.2 设计速度与运行速度协调性评价

从预测结果可知：长重方向小客车运行速度介于94.71～120km/h之间，划分的141个路段平均运行速度为113.23km/h，大货车介于49.11～75km/h之间，平均71.12km/h；长重方向小客车介于93.53～120km/h之间，平均111.95km/h，大货车介于53.89～75km/h之间，平均69.98km/h。

小客车：多数路段小客车运行速度均超过设计速度20km/h以上，原则上这些路段设计速度与运行速度间的协调性不满足车辆安全运行的要求。

大货车：个别大纵坡路段大货车运行速度低于设计车速20km/h以上。具体为：长重方向K5+360～K9+505①，K10+160～K12+930②，重长方向K35+630～K32+080③，K53+080～K52+170④，K48+074～K47+720⑤。绝大多数路段设计速度与运行车速的差值在安全行车允许的范围内。因此大货车的协调评价合格。

6.3 相邻路段运行速度协调性评价

根据《公路项目安全性评价指南》，评价指标采用相邻路段运行速度的差值ΔV85。

|ΔV85|<10km/h，运行速度协调性好；|ΔV85|为10～20km/h，协调性较好，条件允许时应调整相邻路段的技术指标，使差值≤10km/h；|ΔV85|>20km/h，协调性不良，相邻路段需重做平、纵面设计。

根据模型预测双向的小客车和大货车路段运行速度，共分析560个路段，相邻路段运行速度差的情况如下：

①两方向、两种车型均未出现大于20km/h路段，相邻路段运行速度协调性较好。

②介于10～20km/h的路段共16处，其中加速路段10处，减速路段6处。

分析认为10处加速路段平纵面线形较好，是驾驶员主动加速造成的，因此不直接对车辆运行产生不利影响。6处减速路段，其中1处为4%上坡减速，不需要驾驶员主动减速即可完成减速过程，因此对车辆运行不会产生较大影响；另5处为小半径曲线进口路段（半径分别为500m、600m各两处、550m一处），对行车安全可能构成影响，宜适当调整设计参数。

7 引入设计安全审核的安全新理念

为保证设计满足行车安全的要求，本项目在初设阶段引入设计安全审核（RSA），对整个设计文件从安全的角度进行审查，使设计不仅技术经济合理，而且交通安全可靠。审核依据是湖南省交通工程学会2000年10月编制的《公路设计交通安全审查手册》，并参考了美国2004年版《Road Safety Audits：State of the Practice》。

审核程序详见交通安全检查表（本文末附）。由表2可知，本项目在隧道设计一章中，出现两个需引起注意的问题:①全线18处隧道需设置超高,最大超高4%;②隧道纵坡>3%的有1处,为3.5%,长105m。该问题已要求施工图设计时尽量改正。其他各章设计没有明显的问题。

审核结论:本项目初步设计基本满足安全设计的要求。

8 结语

通过以上七个方面的探讨,不仅加强了设计人员的安全设计意识,同时也增加了吉茶高速的安全系数。但是,"安全"新理念在设计中的运用,对我们而言还是第一次,由于理解与能力的限制,许多方面未能到位。本文的目的是抛砖引玉,掀起对交通部设计新理念的探讨,促进整体提高。(有关安全选线的内容限于篇幅未予介绍)

参考文献

[1] 湖南省交通规划勘察设计院.吉茶高速公路两阶段初步设计文件,2005.
[2] 交通部办公厅.公路勘察设计典型示范工程咨询示范要点,2004.
[3] 冯正霖.树立和落实科学发展观 提升设计理念 提高设计水平,2004.

(本文入选交通部国际公路安全论坛论文集(2005),依托的湖南省吉首至茶洞高速公路为交通运输部首批勘察设计典型示范工程。)

浅谈岩溶区公路设计地质选线

杨　明　刘新奇

摘　要:以二连浩特至广州国家高速公路湖南永州至蓝山段路线设计为例,强调岩溶区地质调查的重要性,结合路线方案的选取,提出了岩溶区路线设计中应注意的问题。

关键词:公路设计　岩溶区　地质选线

1　前言

岩溶,指可溶性的碳酸盐类、石膏等岩石受到地下水和地表水的溶蚀作用和机械破坏作用所形成的一系列地质和地貌现象。我国是世界上岩溶发育最广泛的国家之一,贵州、广西、云南、四川、湖南等省或自治区内均有较大面积岩溶出露分布面积高达130万 km^2,尤其以黔桂为中心毗连湘西、川东南、滇东等面积达56万 km^2[1]。二连浩特至广州国家高速公路湖南永州至蓝山段(下文简称永蓝高速公路)项目位于湖南省西南部,项目区域岩溶发育,尤其该项目宁远段,具有岩溶区高速公路的典型性。本文就永蓝高速公路为例,浅析岩溶区公路设计中地质选线理念的贯彻。

2　重视地质调查

公路地质勘察中,存在这样的误区,轻调查而重钻探,调查工作不够细致,只靠钻孔来揭示工程地质,作者认为这是值得改进的。公路作为带状构造物,绵延漫长,详细认真的地质调查能够使公路设计师对于沿线地质情况有较为清楚的了解,从而布设出更为合理的公路路线。对于岩溶区公路工程,地质调查显得更为重要。

2.1　注重岩性调查,掌握不同碳酸盐岩组合(如纯灰岩、泥灰岩、白云岩)岩溶发育的差异。

永蓝高速公路宁远段主要出露泥盆系(D)、石炭系(C)以及第四系(Q)地层,泥盆系主要有中统和上统地层,未见下统地层出露。可见石英砂岩、粉砂岩、砂质页岩分布,而灰黑色厚层结晶白云岩、白云质灰岩及隐晶质灰岩,夹薄层状泥质灰岩在项目区域主要分布。石炭系为下统出露,深灰色厚层隐晶质灰岩夹中厚层泥质灰岩和粉砂质页岩主要分布。第四系主要为冲洪积层,分布于较大的洼地谷地中。

2.2　调查各种岩溶形态,重点调查洼地、溶洞、落水洞、岩溶泉、地下河等。

永蓝高速公路宁远段调查各种表面岩溶形态数量见表1。

永蓝高速公路宁远段表面岩溶形态调查统计(单位:处)　　表1

岩溶洼地	溶洞	落水洞	岩溶泉
19	39	73	49

针对调查所得成果,勘测人员将其一一勾绘于地形图上,部分岩溶形态实测其坐标,以利于路线布设控制。

2.3　加强路线设计师和地勘工程师的配合。

通常情况下,路线设计师对于工程地质的把握和专业的地勘工程师相比,尚有一定的差距,目前,较

本文曾刊登于《湖南交通科技》2008年第2期。

多的勘察设计单位均为这样的现状，即路线设计和地质勘察分别由2个相对独立的主体完成，这就要求进一步加强路线设计师和地勘工程师的配合协调。由湖南省交通规划勘察设计院承担勘察设计任务的永蓝高速公路宁远段，从地质到路线，从路线到地质，再从地质到路线的不断反复过程达20余次。地质调查和路线勘测的里程均为路线实际里程的5倍之上。

3 贯彻地质选线

3.1 绕避溶蚀洼地

溶蚀洼地是周围被灰岩山丘包围的盆状洼地，其底部常附生有漏斗、落水洞等地表岩溶形态，溶蚀洼地底部一般覆盖有红土，厚度可达2～3m，溶蚀洼地一般为圆形或者椭圆形，直径可达500m以上。

一般而言，溶蚀洼地是由许多相邻漏斗经流水溶蚀不断扩大汇合而成，路线若从溶蚀洼地正中通过，可能堵塞原有地表水和地下水径流系统，严重危害路基安全。如图1，永蓝高速公路K51～K55段，路线大致为南北方向（图中左侧为北），工程可行性研究阶段，路线从一溶蚀洼地经过（图1中西侧路线，图中十字形区域为溶蚀洼地），经过地质调查和勘探，设计人员发现路线覆压该溶蚀洼地东南部正是洼地最低处，若路基覆压其上，将堵塞地表水及排泄通道，对地下水径流也产生影响。设计方将路线东移，彻底避开该溶蚀洼地。

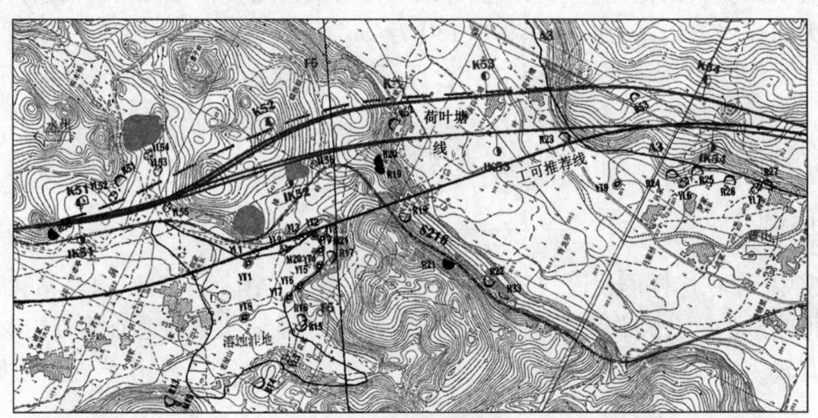

图1 路线绕避溶蚀洼地

3.2 绕避土洞发育区

土洞是埋藏在岩溶地区可溶岩的上覆红土中的空洞。它可由地表水下渗过程中对土体侵蚀掏空而成，也可由地下水的潜蚀作用而成，如地下水位在基岩顶面的升降变化。地下水上升，土体湿化崩解，在基岩顶面附近形成松软土；地下水位下降，水对松软土潜蚀、搬运从而在岩土交界面附近土体中形成土洞。土洞常具有埋藏浅、分布密、发育快、顶板强度低等特点。[2]

从上述土洞的形成过程可知，土洞对工程危害巨大，路线布设中应尽量绕避土洞发育区，永蓝高速公路K90～K93段，路线经过一岩溶谷地，该谷地第四系覆盖层较薄，表层土洞发育，设计中将线位尽量移至谷地边缘靠山侧，因为路线位于岩溶谷地边缘，覆盖层变厚，尽可能减轻土洞对公路工程的影响。

3.3 路线选择从难溶岩分布区通过

在可溶岩分布区常夹有非可溶岩和弱可溶岩，路线应选择从难溶岩分布区通过。如图2，永蓝高速公路K74+100～K79+400段路线方案，该路段为断裂带影响区，断裂带左侧为灰岩区、右侧为砂岩区，灰岩区岩溶较为发育，岩溶漏斗、地下河均有出露。图中位于下方的路线方案产生于前，该方案K76之前位于灰岩区，K77之后位于砂岩区，但K76+000～K77+000段顺F15断层布设，路堑边坡稳定性差，经过地质勘察和论证，设计中新增U线（图中位于上方的路线方案），与F15断层大角度交叉，尽可能避开溶岩区，改走砂岩区，减缓了岩溶影响。

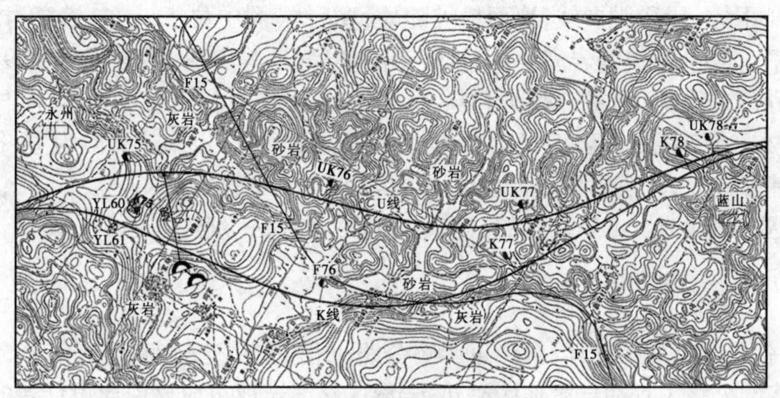

图2　路线从难溶岩分布区通过

3.4　线路尽量避开大断层破碎带，无法避开应使线路与其大角度相交

由于断裂带岩石破碎，岩体更容易被水侵蚀，故岩溶区断裂带一般也是岩溶强烈发育区，岩溶水也更加丰富，这些都对公路工程造成威胁。在线路无法避开断裂带时，应尽量使线路与其大角度相交。如图3，K69 + 860 ~ K84 + 400 段路线方案。

图3　线路避开断裂带

图中位于下方的路线方案 N 位于山间谷地，岩溶异常发育，尤其是和断层 F_{11}、F_{12}并行布设的 K70 ~ K75 段，岩石破碎，断裂密集，其方案形成时间在前，经过地质勘察和论证，设计中舍弃了该方案，在其东边另寻路线走廊带（如图上方路线方案），该方案岩溶分布集中且易查明，避开了 F_{13}断裂带影响，与 F_{12}断裂带也大角度交叉，将断裂对公路工程的影响尽量减少。

3.5　线路必须穿越大型岩溶谷地时，宜在其周边山坡下部通过

在大型槽谷周边山坡下部通过，可以少占农田，避免路基遭受水淹和发生基底变形，如图4。

图4　线路穿越岩溶谷地

W 线(图中位于下方)沿山脚展线,地面横坡陡峻;W2 线(图中位于上方)横穿岩溶谷地,地势平缓,地形条件较 W 线好。但是 W 线基岩完整,山脚落水洞、岩溶泉等出露,易查明;W2K91 + 500 ~ W2K92 + 000 段地下河位于路线左下侧,埋置于谷地下方,而 W 线位于谷地右侧山坡上,纵向与地下河高差大,地下河对公路影响较小。W2 线处于岩溶谷地内,地质勘察揭示:该段以隐伏岩溶为主,谷地内岩溶泉、土洞等较为发育,对路基影响较大,地质隐患大。设计中采用 W 线方案。

最后还有一点要强调的是,不易搞清的岩溶地区应尽量设法绕避。

4 结语

岩溶所引起的各种地基变形破坏,会严重影响公路工程的施工安全和运营安全,给工程造成巨大的危害,随着越来越多的公路工程在岩溶地区兴建,岩溶区路线选取更应该引起设计者的重视和思考。

岩溶区选线,必须认真进行线路地质调查和勘测,按照综合分析、全面比较的原则,首先要从地质条件上弄清岩溶的发展规律和分布规律,在选线中进行认真的方案比选,慎重地确定线路的布设。更为合适的路线方案将极大降低岩溶地基处理工程量,经济意义极为显著。

参考文献

[1] 龚晓南. 高等级公路地基处理设计指南[M]. 北京:人民交通出版社,2005.
[2] 黄生文. 公路工程地基处理手册[M]. 北京:人民交通出版社,2005.
[3] 胡利娥. 运行速度对某高速公路线形设计安全性的分析评价[J]. 湖南交通科技,2006,32(2):37-40.

关于山区高速公路线形设计的几个问题

陈先义　姚　翔

摘　要:针对山区地形复杂、公路线形设计困难,对工程造价、交通安全、施工难度等方面影响大的特点,提出了山区高速公路线形设计应注意的几个问题,并通过邵阳至怀化高速公路的具体实例,阐述了平面线形设计在山区高速公路建设中的运用。

关键词:山岭区　高速公路　线形设计　工程地质　环境保护

随着我国实施西部大开发战略,高速公路建设向西部延伸,西部地区多以山岭重丘区为主,山高谷深坡陡,地形复杂,地质、气候条件变化多端,路线平纵横受到约束,一般设计指标偏低,交通安全隐患较多,工程造价较高,工程实施困难。

线形设计是控制高速公路工程质量、工程造价、工程实施的主要因素,好的线形设计方案不但可以降低项目的工程造价、施工难度,还可以提高工程质量,改善行车条件,保障交通安全,同时将公路建设对环境的影响降低到最小,有利于水土保持,保护、美化环境,使高速公路建成后成为山岭区的一道美丽的人文风景线。

1　几个关键问题

线形设计是公路整个勘察设计的关键,综合考虑因素较多,山岭区路线不是顺山沿水,就是横山越岭,路线平、纵、横三方面均受到约束。山区高速公路线形设计更应重点注意以下几个方面的问题。

1.1　灵活运用曲线定线

直线定线法是根据路线走向先确定直线,然后再定适当的曲线。这样确定的线形无法适应山区变化多端的地形。

曲线定线法首先根据地形等条件设置合适的圆曲线,而直线仅作为圆曲线的一种特例($R=\infty$),然后再把这些圆曲线用适当的缓和曲线连接起来,形成一条以曲线为主的连续线形。曲线比直线更具有灵活性,柔和的几何形态更能够顺应各种地形变化,不仅可以获得良好的线形,而且可以降低工程造价。但曲线定线法只适应纸上定线。

在地形特别复杂的地段,可根据地形、地物、自然环境等多方面条件,利用上下行车道分离的特点,合理采用分离路基进行线形设计。

1.2　地质选线

根据《公路路线设计规范》要求,选线时应对工程地质和水文地质进行勘测,查清其对工程的影响。对于滑坡、崩塌、岩堆、泥石流、岩溶、软土、泥沼等严重不良地质段和沙漠、多年冻土等特殊地区,应慎重对待。一般情况下路线应设法绕避。当必须穿过时,应选择合适的位置,缩小穿越范围,并采取必要的工程措施。对大型构造物(如桥梁、隧道、立交)等重点工程应选定在工程地质条件相对较好的区间内。

工程地质条件对公路线形方案起决定性的作用。区域稳定条件差,有不良地质现象和特殊性岩土存

本文曾刊登于《湖南交通科技》2003年第1期。

在,山体或基底有可能失稳时,更应衡量地质条件对工程稳定、施工条件和安全以及营运养护的长期影响,合理选择路线方案。

1.3 环境保护

公路线形设计在考虑地形、地物、水文、地质、工程造价、施工工艺等多方面因素的同时,还应特别重视环境保护方面的影响因素。尽量减少公路建设对环境的破坏,减少水土流失和噪音污染,减少对自然景观和资源产生破坏,减少对地方路网和灌溉系统的破坏,尽量与周围环境、景观相协调。

尽可能与原地形相配合,减少开挖面、开挖量,并注意填挖平衡,深挖路段应做路堑与隧道方案进行比较,深填方路段应做高路堤与高架桥方案进行比较,山体自然横坡较陡时,应适当取用分离式路基,避免高填深,减少对自然植被的破坏,减少诱发地质灾害的可能性,防止水土流失,如果需要取土、弃土,一定要调查到合适的取、弃土场(如荒地、荒山),并应对取、弃土场做好防护设计,以避免成为新的水土流失源。

2 工程设计实例

邵阳至怀化高速公路是上瑞国道主干线中的一段,是我国中西部地区交通运输的大通道,全长158.959km。其中洞口至江口段,全长28.14km,地形尤为复杂,是全线最困难的一段,设计车速为80km/h,整体式路基宽度为24.5m,分离式路基宽为2×12.5m。工程量巨大,为典型的两山夹一河地形,最高海拔为雪峰山主峰1 934m,山势陡峻,溪沟纵横,沟内滚石众多,最大直径达2~3m,山坡覆盖层浅薄,基岩大部分裸露,岩性主要为硅化板岩和变质砂岩,地质条件较差。

2.1 灵活运用线形指标

1)曲线定线法的运用

洞口至江口段为典型的两山夹一河地形,为了使路线更好地适应地形变化,降低工程造价和减少对河道的影响、减少水土流失,设计时采用安全的曲线定线方法(线元法和圆控法)定线,平曲线形使用了对称型、不对称型、S形、卵形(双心卵、多心卵)等多种曲线组合,全线无凸形、C形等线形。辅以平纵横综合设计,经透视图检查,全线线形流畅自然,技术经济效果显著。

三心卵形曲线的运用:路线经过塘家洞至撞脑岩段,河岸既不顺直又不成单一圆形(见图1),平溪江的左岸为320国道,右岸有一台阶,设计沿平溪江布线,采取三心卵形曲线,充分利用河岸台阶,既减少了工程量,又避免了深挖对河道的影响,有利于环境保护。线形指标也完全符合规范要求,$R_1:R_2:R_3=280:750:300$,$A_1:A_2:A_3:A_4=175:250:500:300$。与采用单曲线方案比较,桥梁长度减少125m,土石方量减少35 685m^3。

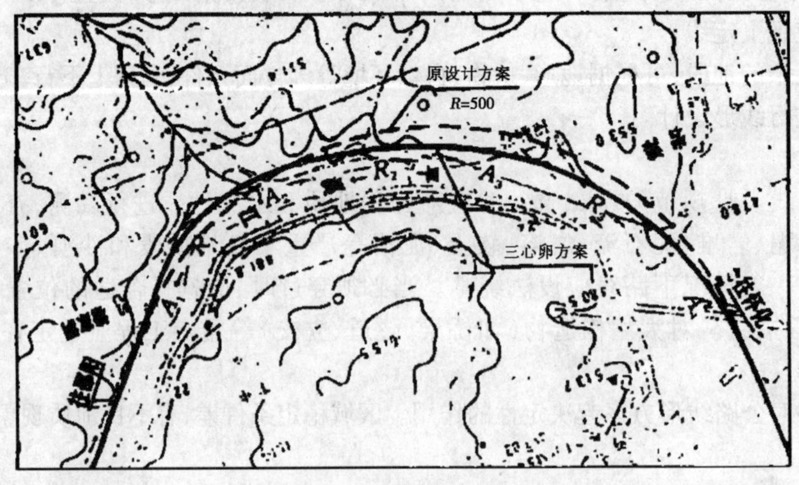

图1 塘家洞至撞脑岩段曲线定线图示

2）分离式路基

在地形条件好的路段，高速公路一般不采用分离式路基，原因是这样会增加工程量，多占用土地。但在山岭重丘区则应灵活地运用分离式路基，一方面，部分困难路段无法按整体式路基布线；另一方面，分离式路基可以很大程度上减少工程量。避免高填深挖，利于水土保持。洞口至江口段，全长28.14km，其中分离式路基15.23km（单幅），占64.12%。该路段多处采用多种形式的分离式路基，如左右分离、上下分离、半路半桥、半桥半隧、半路半隧等多种分离式路基形式（见图2）。

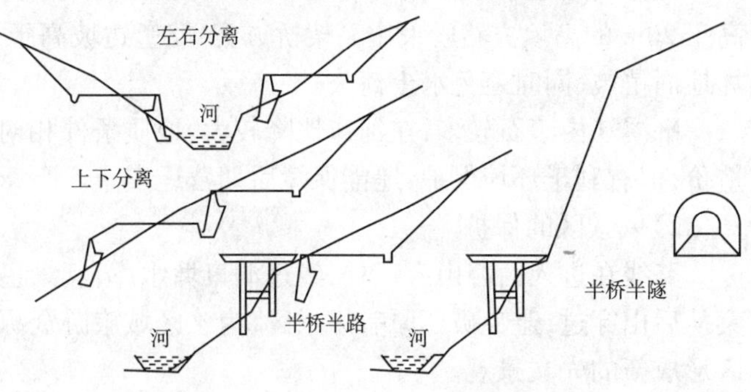

图2　采用的几种分离式路基形式

图3　一狭窄走廊的优化设计图示

路线经过洪溪进入月溪镇前，经过一个较窄的走廊（见图3），优化设计采用左、右线交错跨线2次，形成一个锁链型，既有效地结合了地形，又减少了左线的一座长隧道（单洞，后期养护费用较高）。较原方案比较，路线长1 235.56m，隧道缩短2 586m，桥梁增加456.32m，土石方减少15 256m^3。

2.2　地质选线

地质条件是影响平溪江段布线的重要因素，当区域稳定条件差，有不良地质现象和特殊性岩土存在，山体或基底有可能失稳时，尤应衡量地质条件对工程稳定、施工条件和安全营运养护的长期影响，合理选定路线方案。

（1）滑坡：路线经过洞口塘处，存在一处大的坡积岩滑坡体，设计时高线位方案走山顶，将山顶切掉，低线位方案走山底，采用填方路堤。均未形成高挖方边坡。

（2）断层、崩塌：平溪江黄金洞电站沿路线左侧由于一横向断层，致使山体岩石特别破碎，河床漂石较多，且粒径较大，设计最后选用右山双隧道方案，避开了此地质不良地段。

（3）岩层走向：路线经过林家溪，岩层走向发育，对路堑边坡十分不利，形成顺层边坡，路线通过两跨平溪江，路线布设在逆倾向一岸。如图4，左山布线比右山布线挖方量要少得多。

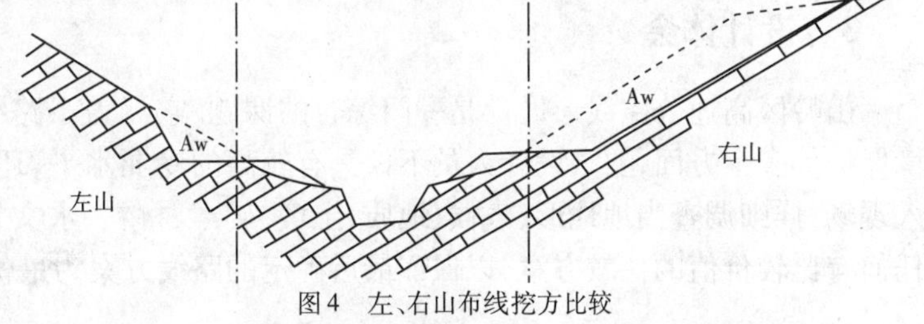

图4　左、右山布线挖方比较

由于地质条件的影响，有时不得不选用工程量大、造价高的路线方案。如路线经过黄金洞电站拱坝段，平溪江河床比降较大，漂石较多，两岸山势陡峭，岩性以风化、破碎的板岩为主，河右岸山体存在断层，左岸又有320国道通过。设计中该段共做了9个组合方案进行比较，其中有全桥、半桥半隧、左山隧道、右山隧道、左右山分离隧道等多种方案，最后推荐采用河左岸双隧道方案。该方案虽然工程量较大，比造价最低的方案高出2 976万元，但因为减少了诱发性地质灾害，且有利于环境保护，所以获得了审查专家的一致认可。

2.3　环境保护

1）水土流失

充分利用地形,适当采用小半径布线,结合地质条件,采用分离式路基,避免高填深挖,一般路堤边坡高于20m的高填方路段采用高架桥方案,路堑边坡高于40m的深挖方路段采用隧道方案,以免大面积破坏地面植被,同时避免水土流失。

平溪江内滚石较多,在河床比降较大、地质条件相对较差的拱坝路段,采用全隧道方案,虽然增加了造价,但有利于环境保护,还能保障后期营运安全。

2)风景区的保护

路线在进入雪峰山入口处,经过洞口塘水库,其景色优美,现旅游开发初具规模,采用隧道(连拱)方案从后山穿过,避免破坏原有风景区,为该区域旅游资源提供新的发展机会,并且高速公路的建成对风景区形成新的人文景观。

3)防护与绿化

设计一方面在线形设计时避免大面积对原植被的破坏,另一方面加强公路边坡防护和绿化建设也是一个很重要的因素,在可能发生诱发地质灾害路段加强防护工程建设,切实做好水土保持;注意保护原有绿色植物,最大限度地利用区域内原有林木,同时使用人工栽培办法,在沿线重建绿色生态环境。并对居民聚集区根据防噪要求设置必要的隔音墙、防护林等措施以降低噪音和振动对环境的影响。

4)合理选用弃土场

路线经过平溪江走廊布线时,发现弃土成了第一难题。一方面,因为山体自然边坡较陡、隧道出碴等因素造成弃方工程量较大,公路土石方又不能远距离调配,河流(桥梁)和山体(隧道)成为了天然屏障;另一方面,山岭区山沟较小,多为耕地,又不利于水土保持,且离路线较远,不易修筑便道、便桥,临时工程量大。

设计中,结合路线设计非常巧妙地通过改河找到了2处较理想的弃土场,其中1处见图3,在左线切断山腰处将河道改直,原河湾则作为弃土场,弃方量超过50万 m^3,两侧进行防护设计,即可做到防止水土流失。这样合理选用弃土场,一方面治理了河道,于水利有利;另一方面又不占用耕地,而且弃方容量也较大,运距较近。

2.4 施工组织

山岭区高速公路建设,施工组织显得尤为重要,在选择路线方案的时候,必须要考虑各项工程施工方案、施工工艺。一条无法施工的公路,设计得再美观也只是海市蜃楼。

邵阳至怀化高速公路在线形设计的同时,对施工进场道路、便道便桥、施工场地、施工工艺、隧道弃碴、环保措施以及后期养护等多方面均进行了较为详细的考虑和设计。

3 设计体会

山岭区高速公路线形设计是一门综合的课题,它涵盖了路线、路基、防护、排水、桥梁、隧道、地质、环境保护等多个方面,要求设计人员不仅具有较高的专业水平,还应具有良好的工作作风,能吃苦耐劳,深入现场,详细调查当地地形、气候、地质、土壤、矿产、材料、水文等自然条件。多做方案进行比较,不遗漏任何有比较价值的比较方案,以保证最后确定的路线方案为最优方案。

参考文献

[1] 中华人民共和国交通部. 公路路线设计规范(JTJ 011—94)[S]. 北京:人民交通出版社,1994.
[2] 中华人民共和国交通部. 公路工程地质勘察规范(JTJ 064—98)[S]. 北京:人民交通出版社,1998.
[3] 中华人民共和国交通部. 公路环境保护设计规范(JTJ/T006—98)[S]. 北京:人民交通出版社,1998.

(本文依托的湖南省邵阳至怀化高速公路荣获**2008**年度湖南省优秀工程设计一等奖。)

谈公路平纵组合的灵活性

黄仁基　沈苏平　谢承安

摘　要:针对目前某些路线设计存在的问题,从理论上阐述了公路路线平纵组合的原则,使路线设计更加符合时代的要求。

关键词:公路　线形设计　合成坡度　视距　线形均衡

我国公路平纵组合的概念是随着高速公路从日本引进的,到目前逾20年的历史,现在不仅高速公路的平纵组合有严格的规定,就是一般公路的平纵组合也得到高度重视,这无疑是公路勘察设计上的一个进步。但是通过多年的实践,笔者也深深感到目前公路平纵组合的某些习惯做法较为呆板,例如《公路路线设计规范》JTJ011－94规定平纵组合得当的是平曲线与竖曲线应相互重合,且平曲线应稍长于竖曲线,也就是变坡点应在平曲线QZ附近,如图1所示。因此有相当一部分设计人员认为只有这样的组合才是最好的,其他的组合,例如一个平曲线内有多个变坡点,或变坡点的位置在HY或YH附近的组合被认为是较差的组合而受到非议,对变坡点位于平曲线起讫点附近或位于S形曲线拐点附近的组合则被认为是最差组合而被禁止采用。平曲线与竖曲线的组合形式就非常单调,在相当多的情况下难以适应环境。由于地形条件千变万化,在实际工作中都要按图1的组合进行设计是非常困难的,也是不必要的。

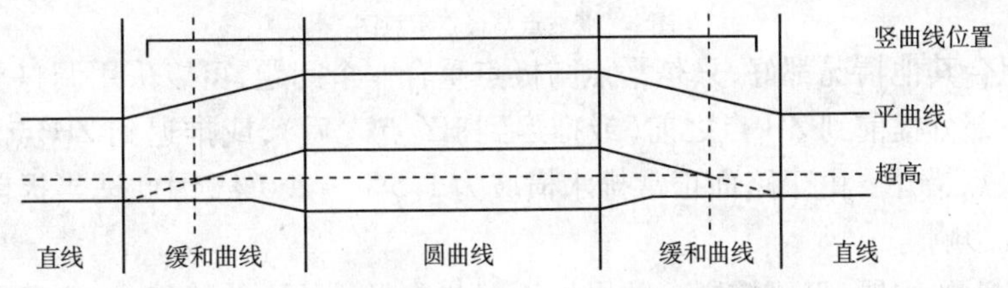

图1　平纵组合示意图

笔者认为,路线设计人员要从理论上搞清楚公路平纵组合,哪些组合是应避免的,哪些非理想的组合可采用的补救措施。只有灵活应用路线平纵组合的原则,才能使路线与地形更加协调,更加有利于环境保护,有利于可持续发展的基本国策。本文试图从这个角度,对路线平纵组合中的几个问题发表意见,以期与同行们共同探讨。

1　路线平纵组合要使合成坡度组合得当

所谓合成坡度组合得当,就是合成坡度既不能过小也不能过大,合成坡度过小将导致路面排水不畅会引发交通事故;合成坡度过大,在冰雪条件下会导致车辆横向滑移,同样会引发交通事故。

要搞清合成坡度过小的问题,先要交代两个概念:一是平曲线在超高过渡段中,围绕旋转轴旋转的路面横坡为平坡的位置,以下简称平点;二是竖曲线的极值点,也就是凸形竖曲线顶点和凹形竖曲线底点,在数学称为极大值和极小值,以下简称极点。极点的特征就是纵坡为0%。只有纵坡和横坡同时都小,

本文曾刊登于《湖南交通科技》2005年第1期。

其合成坡度才会小,纵坡和横坡均为0%,其合成坡度才会为0%。要使路面排水通畅,路面合成坡度至少要大于0.3%,最好要大于0.5%,也就是在平纵组合中要避免平点设在极点附近,尤其是平点要避免与极点重合。当然平点也应避免与小于0.3%(0.5%)直坡组合。除此之外,其他的组合都不可能造成路面排水困难,例如平坡与不设超高的平曲线组合,或平点与大于0.3%(0.5%)的纵坡组合其路面排水都不存在问题。

有相当一部分设计人员习惯于用变坡点设在平曲线的相对位置来衡量平纵组合是否合理,而上文提到的是用极点来衡量,那么变坡点和极点有何联系和区别?变坡点是相邻纵坡的虚交点,位于竖曲线中间,变坡点对于计算路线设计高起控制作用,在建成的公路上是很难找出其位置;而极点是竖曲线的顶(底)部,纵坡为0%,是很容易找到其位置的。如图2所示:①当相邻纵坡 i_1、i_2 坡值相等方向相反时,变坡点才会与竖曲线的极点重合;②当两坡 i_1、i_2 绝对值不相等,极点会向坡缓的一端移动;③当 i_1 或 i_2 为平坡时,极点就移到了竖曲线的端头;④当 i_1、i_2 为同方向的纵坡时,竖曲线就没有极点了。在大多数情况下,变坡点与极点不重合,也就是说,即使变坡点与HY(YH)或ZH(HZ)点重合,也未必造成路面排水困难,换句话说,即使按照图1形式进行平纵组合,也不能免除平点与极点重合或靠得很近的可能性,一旦两点重合或靠得很近,也就不能称之为组合得当了。没有极点的竖曲线,其坡度介于两相邻坡度之间,若相邻最小坡度大于0.3%,竖曲线内就没有路面排水困难的问题。因此就路面排水问题,笔者认为以竖曲线的极点处在平曲线的平点位置来评价更为合理。极点和平点重合或靠得很近,都会引起路面积水,只不过是凹形竖曲线底部比凸形竖曲线顶部积水更为严重。

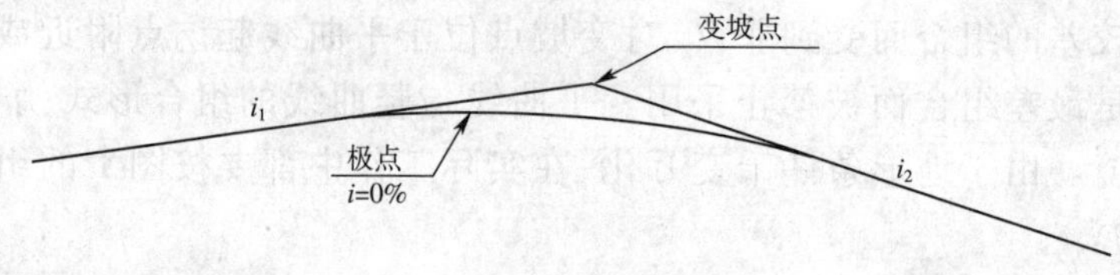

图2　变坡点与极点示意图

如果路线平纵组合其他情况都好,只是平点与极点重合一个问题,可以采用调整平点的位置来解决,即将超高过渡段的一部分提前到ZH点之前(或推迟到HZ点之后),或推迟到ZH点之后(或提前到HZ点之前),使平点与极点错开。由于路面正常排水横坡为1.5%~2.0%,因此适当提前或推迟超高过渡,对行车安全不会造成影响。

关于合成坡度过大的问题,只要控制大的纵坡不要与小半径的平曲线组合,便可得到解决,规范对最大合成坡已作规定,这里就不多说了。

2　平纵组合应保证一定的通视距离

公路是通过直线、缓和曲线、圆曲线三种线形相互衔接的连续带状结构物。驾驶员首先关心的是公路的平面,因为通过方向盘将车正确地驾驶在车道内,尤其是纵坡较平缓的情况下;其次才是公路的纵坡,因为较大的纵坡影响到是否要换档。要让汽车在公路上安全行驶,就要保证驾驶员有一定通视距离,使其能了解前面一段路的线形、路况和交通情况,从而正确驾驶。

纵面直坡与平面直线、缓和曲线、圆曲线组合,驾驶员的视线是平行直坡面的,除受地形的遮挡外没有视线障碍;纵面凹形竖曲线与直坡相比,其路面是向上翘曲,驾驶员视线要往上方移动,通视条件比直坡更好,因此凹形竖曲线与平面直线、缓和曲线、圆曲线组合,除受地形的遮挡外,这样的组合同样没有视线障碍;纵面凸形竖曲线与直坡相比,其路面是向下翘曲,驾驶员的视线要往下方移动,有可能受到凸起的路面遮挡而受到影响,特别是竖曲线足够长,而半径小的情况下,这种影响更突出,这种对视线的遮挡,不同于直坡或凹形竖曲线,不是公路两侧的地形,而是公路本身,是无法通过挖视距台来解决的,下面重点谈谈这个问题。

如果凸形竖曲线足够长,其极限最小半径是刚好满足停车视距的最小半径。停车视距规定物高0.1m,眼高为1.2m,停车视距计算公式为:$S_{停}=[(R+1.2)^2-R^2]^{1/2}+[(R+0.1)^2-R^2]^{1/2}$,式中$R$为竖曲线半径。在凸形竖曲线上,只满足停车视距是不够的,因为驾驶员所能见到的是0.1m高的物体顶面,看不到物体所在的路面情况(如路面的坑槽)和路线的方向,对行车仍有一定影响。本文设定一个新概念:即能切实见到路面的视距S_0,也就是物高为0。$S_0=[(R+1.2)^2-R^2]^{1/2}$。对于是货车,眼高为2.0m,公式中1.2相应要改为2.0。现将凸形竖曲线在不同半径情况下的S_0列入表1。

凸形竖曲线的视距　　表1

设计速度 $(km\cdot h)^{-1}$	停车视距 $S_{停}$ (m)	S_0 (m)		
		极限最小 R	一般最小 R	视觉所需最小 R
120	210(245)	162(210)	202(261)	219(283)
100	160(180)	125(161)	155(200)	196(253)
80	110(125)	85(110)	104(134)	170(219)
60	75(85)	58(75)	69(89)	147(190)
40	40(50)	33(42)	41(52)	85(110)

注:表中括号内的数据为货车的视距。

从表1可以看出,如不考虑下坡的影响,货车视距不作为控制因素;一般最小凸形竖曲线半径的S_0非常接近$S_{停}$;而视觉所需要最小的凸形竖曲线半径所设曲线S_0大于$S_{停}$。虽然驾驶员在极限最小半径的凸形竖曲线的视距对行车有一定影响,但规范并未禁止使用,一般在平面为直线或圆曲线时,即曲率不变.驾驶员可不动方向盘的情况下采用,这类似隧道进出口对路线的要求。如果平面线形曲率是变化的,就应要求凸形竖曲线有更大的半径,以保证有足够的视距。从表1看出,采用视距所需要的最小半径所设的凸形竖曲线对行车安全是有保障的。如果要求设计采用更高的指标,想获得更远的视距,让驾驶员更从容操作,可以要求将S_0进一步加大为停车视距长度加上驾驶员操作3S汽车行驶的距离($V/1.2$)m,这样对于设计速度为120、100、80km/h的S_0分别为310、243、176m,汽车按设计速度行驶的时间分别为9.3、8.8、8.0S,对应的凸形竖曲线半径分别为40 000、28 000、13 000m。

S形平面曲线的拐点位于凸形竖曲线内的组合,应该说不是一个好的组合,如果驾驶员的视距受到限制,不能正确预测道路的方向,有可能导致事故。但是好与差是比较而存在,有时限于地形条件,要么使路适应地形,需要在拐点附近设变坡点;要么在拐点不变坡而产生较大的填切。从保护环境,使公路与地形更加协调来看,大填大切是应该避免或否定的。因此不能简单地否定拐点位于凸形竖曲线的组合,如果能将凸形竖曲线的半径加大到视距所需要的最小半径以上,或者要求视距大于停车视距再加3S的操作时间所行驶的距离,对于驾驶员来说,视距已不成问题,这样的组合应该是允许的。

从某种意义上说,事物的各种因素互相制约,在一定条件下,会此长彼消,过分强调某一种要求(如线形组合),就可能使另一要求(如与地形协调)变差。公路设计是一个综合性的设计,为了适应某些特定条件,形线组合不好的也可通过其他设计来弥补,不能因线形组合不理想就一票否定,如拐点位于凸形竖曲线内,而竖曲线半径也不足够大,可以通过交通标志、标线以及视线诱导栽植等设计,对驾驶员进行方向引导。当然这不是说平纵组合可以随意,而是说平纵组合要综合考虑地形、地质条件,即使采用图1的组合也不一定就是好方案,因此要权衡各种组合利弊,不能过于呆板。

夜晚行车视距是依靠车灯的照射来实现的,汽车在曲线上行驶,灯光是沿汽车所在位置的切线方向照射的,视距的长短受到曲线半径和车灯扩散角大小的控制,因此要得到夜晚较大的视距,应尽可能加大曲线的半径。

有时路线平纵组合能使驾驶员看到两个以上的平纵线形,一种观点认为驾驶员因此会紧张,应避免这种组合。笔者也对此进行调查,所调查的驾驶员对此并不感到紧张,只是视距不够或担心其他物体突然横路而紧张。笔者认为有些紧张并非坏事,它可以促使驾驶员谨慎驾驶,对安全有好处。

3 平纵组合要使线形均衡

驾驶员驾车在某一路段上行驶会有均匀驾驶的要求,希望道路路况良好,线形均衡,对于路线的突然变化可能缺乏心理准备,从而引发事故,因此要求路线的设计其平面和纵面的曲线平径大小、曲线长度较均衡;直线、缓和曲线、圆曲线比值较均衡;指标不要变化过大,即使地形、地质或者技术标准不同需要路线有较大的变化,也应设置一个过渡段,如高指标向低指标过渡,可以将高指标适当降低或将低指标适当提高,以适应路线指标的逐渐变化,尽可能满足驾驶员的驾驶习惯,避免突变。

综上所述,衡量路线平纵组合除要考虑其合成坡度、视距、线形均衡,能够引导驾驶员正确安全地行驶外,还要使路线适应地形,避免高填深切,避开不良地质地段等因素,把握“安全、环保、舒适、和谐”的公路设计新理念,不过分追求某种定式,才能使路线设计灵活,使设计更加符合时代的要求。

参 考 文 献

[1] 中华人民共和国交通部.公路路线设计规范(JTJ 011—94)[S].北京:人民交通出版社,1994.

(本文被评为湖南省第11届自然科学三等优秀学术论文。)

双绞合钢丝网加筋格宾挡土墙设计方法研究

黄向京　王　维　刘　泽　VicariM.

摘　要：采用六边形双绞合金属网面，经工厂化生产形成面墙，面墙与金属网面无节点整体连接形成一种新的加筋结构——加筋格宾结构，目前国内工程应用较少，相应的计算理论与设计方法滞后，难以满足工程需要。研究表明，双绞合钢丝网加筋格宾挡土墙比传统的条带式加筋、土工格栅挡土墙的稳定性好得多，适合于修筑高大及高等级公路的挡土墙。本文在吸收国外先进加筋技术的基础上，通过拉伸、拉拔试验合理确定了相关设计参数，采用室内大型模型试验，确定了加筋格宾结构的滑动破裂面形状，提出了一整套该新型结构的计算与设计方法。

关键词：公路　网状　加筋格宾　拉伸试验　拉拔试验　破裂面　设计方法

加筋格宾是加筋土工程的新结构、新技术，目前国内尚无相关的规范、规程指导设计与施工。本文结合国内第一座高速公路加筋格宾挡土墙的科研成果，全面阐述了这种结构的计算理论与设计方法，供工程技术人员参考。

1　加筋格宾结构及其工程特点

1.1　加筋格宾结构

加筋格宾单元的基本元素为镀锌或镀高尔凡并覆塑的低碳钢丝经机器编织而成的六边形双绞合金属网面。其面墙为格宾结构，拉筋为钢丝网面，拉筋与面墙网面为同一网面的无节点连接。在工点现场格宾网箱中直接充填石块填料构成面墙，在加筋网面上分层填土、压实，网面与压实填土共同作用的受拉体系一起组成加筋土挡墙结构。一般单元规格为幅宽2m，高0.5或1m（见图1），加筋网面长度根据设计确定。加筋格宾单元间通过绞合钢丝连接，其挡墙墙面形式一般为阶梯式，也可设计为直立式，并可设置分级平台。

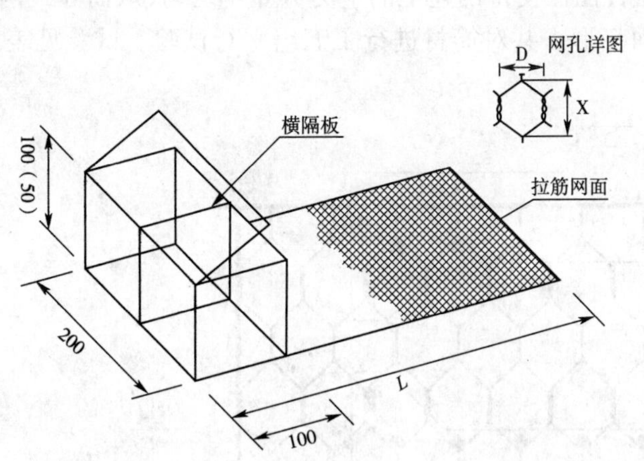

图1　加筋格宾单元及路堤加筋方案示意图

本文曾刊登于《公路工程》2009年第2期。

1.2 加筋格宾结构工程特点

加筋挡土墙结构的发展主要指面层系统的不断丰富与加筋材料的不断更新,面板与加筋的连接方式的变化也是一个重要的发展方向。加筋格宾即是这一思想下的新技术。加筋格宾结构属于柔性支挡结构,与传统的加筋土结构相比,具有如下特点。

(1)整体安全性:格宾网箱面板和加筋网面均为工厂化无缝连接生产,弥补了传统加筋土挡墙筋材和面板连接点为结构薄弱环节的不足。此外,低碳钢丝六边形双绞合金属网面可以有效提高结构的整体性与牢固性,防止各种外力破坏。

(2)渗透性:格宾网箱充填石料形成的面板属于多孔隙结构,具有良好的排水性能,避免了预制混凝土块面板加筋土结构由于排水不畅而变形破坏的风险,降低了排水处理费用。

(3)生态性:格宾网箱面板可采用插枝、植藤等手段进行绿化,真正做到结构与周围自然环境的和谐统一。

(4)耐久性:(1)采用六边形双绞合钢丝网能有效防止结构松散、解体等破坏;(2)采用高尔凡(5%铝-锌合金+稀土元素)可达到50~60年的结构设计寿命,采用高尔凡并覆塑可达到100年以上的结构

图2 MTS系统

2 双绞合钢丝网材的力学性能

2.1 筋材试验设备与标准

试验在中南大学土木安全工程重点实验室进行,以美国MTS五通道拟动力试验系统为平台。该平台具有2个1 000kN静态作动缸、2个500kN动态疲劳级作动缸、1套5站台5通道数字控制系统FlexTest GT Controller,其6kHz闭环控制速率和高达42.5kHz的数采率保证了试验的高精度和可重复性。实验筋材采用钢丝直径为2.7mm、网孔为8×10cm的六边形双绞合钢丝网面。因目前国内尚无双绞合金属网的行业标准[1],也无相应的试验检测标准,故本次主要参考美国国家标准ASTM A975、ASTM D4595[2],土工合成材料试验规程[3,4]的基础上进行改进试验(见图2)。

2.2 筋材拉伸试验

考虑在侧向无限制拉伸测试中典型的颈缩现象,往往使得网丝上的应力分布不均匀,从而导致网片过早破坏,试验设计了专门夹具(见图3)防止网面变形。共对筋材进行了五组平行试验。试验见表1、图4。

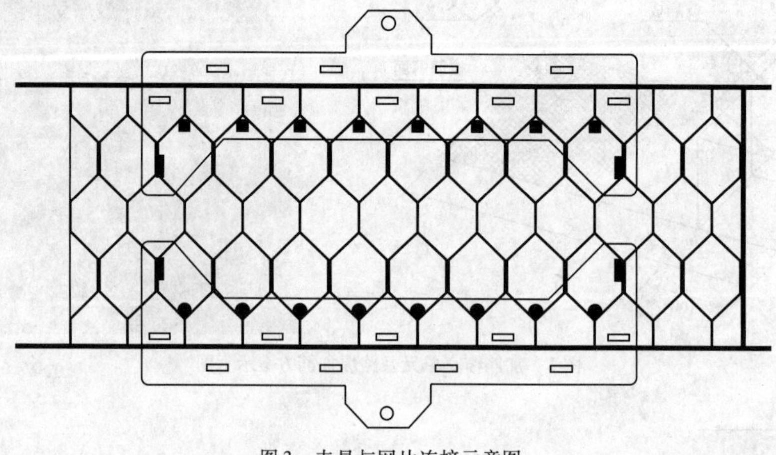

图3 夹具与网片连接示意图

筋材拉伸试验结果　表1

筋材直径	2.2mm	2.7mm
2%伸长率的拉伸强度(kN/m)	15.8	18.1
5%伸长率的拉伸强度(kN/m)	19.9	25.9
断裂时的拉伸强度(kN/m)	35.4	50.2
最大负荷下伸长率(%)	12.5	16.3

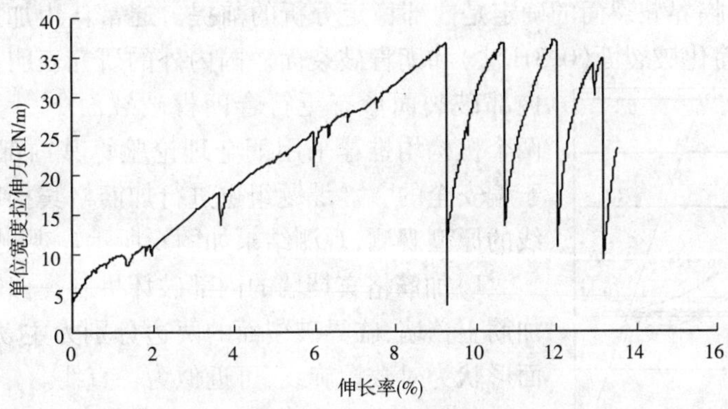

图4　典型的单位宽度拉伸力与伸长率关系曲线(φ=2.7mm)

2.3　筋土界面特性试验

双绞合金属网面与填土间的界面摩擦特性，国外学者有一定研究，在国内这方面的研究尚未开始。试验在模型箱内进行，模型尺寸为3.00m×0.86m×2.00m(见图5)，用槽钢、钢板焊接，以保持证足够刚度需要。拉拔试验用钢丝网尺寸为80cm×68cm，采用图3所示夹具。填料为施工现场所用红砂岩填料，其拉拔试验的结果见表2，主要物理性能指标见表3。

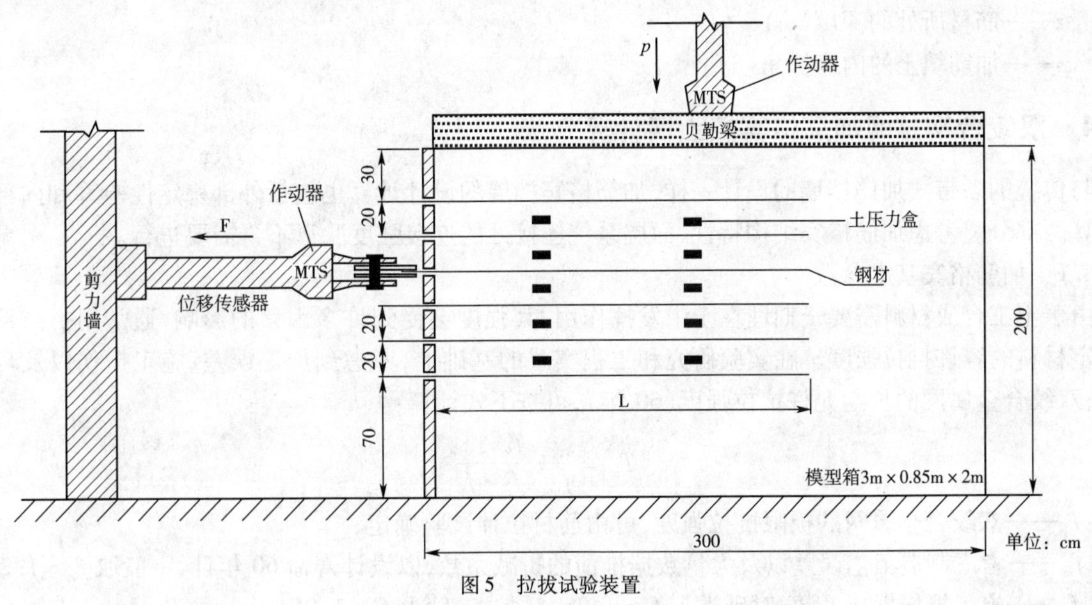

图5　拉拔试验装置

拉拔试验结果(φ=2.7mm，红砂岩填料)　表2

钢丝直径	2.2mm	2.7mm
黏聚力 kPa	10.9	9.3
摩擦角(°)	25.3	16.4
似摩擦系数f'	≥0.47	≥0.29

红砂岩的主要物理性能指标　　表3

填筑时含水率 w (%)	比重 G_s	液限 w_L (%)	塑限 w_p (%)	塑性指数 I_p	黏聚力 C (kPa)	内摩擦角 φ (°)	最优含水率 (%)	最大干密度 (g/cm^3)
14.65	2.74	41.75	25.14	16.65	25	21	18.13	1.73

3　双绞合钢丝网加筋格宾挡土墙内部破裂面的类型

加筋土挡墙的内部临界破裂面的确定是内部稳定分析的前提。通常认为加筋挡墙的内部临界破裂面的类型主要有两种:简化破裂面(0.3H 法)和朗肯破裂面。国内外的研究表明柔性筋材加筋土挡墙的内部破裂面形态更符合朗肯破裂面[5,6,7]。如 FHWA 和 AASHTO 两个机构均推荐采用朗金理论验算其内部稳定性,这样的假定属于偏安全的[8]。课题组也进行加筋格宾挡墙内部筋材上最大应力线的原型观测,观测结果如图6所示。观测结果表明[9]:

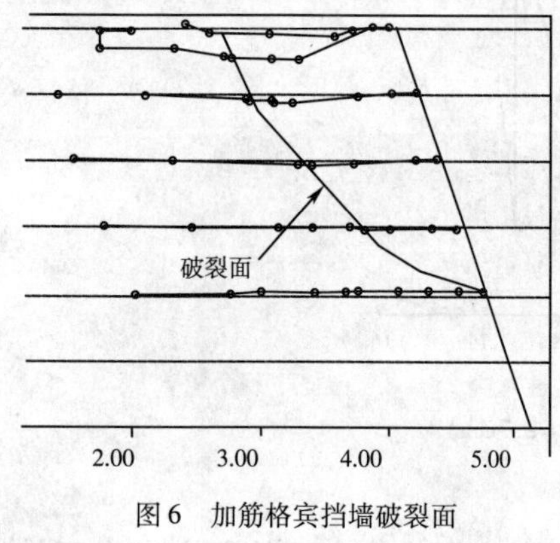

图6　加筋格宾挡墙破裂面

1)加筋格宾挡墙的内部破坏机制类似于常规的土工合成材料加筋土挡墙,临界破裂面的两边分别为主动区和稳定区,内部破裂面形状为对数螺旋线,可近似为一直线。

2)对于直立式面墙的加筋格宾挡墙,其内部临界破裂面可以简化为朗肯破裂面,可由式(1)确定:

$$X_P = (H - z)\tan\left(45° - \frac{\varphi}{2}\right) \tag{1}$$

式中:X_p——临界破裂面距面墙的距离(m);

H——挡墙高度(m);

z——筋材所处的深度(m);

φ——加筋填土的内摩擦角(°)。

4　双绞合钢丝网加筋格宾挡土墙计算方法

与传统的条带式加筋挡墙的设计一样,加筋格宾挡墙的设计计算也包括外部稳定性验算和内部稳定性验算两部分。考虑加筋格宾结构特性,面层系统连接处的连接强度验算不再需要进行。

4.1　加筋格宾基本参数

由于土工合成材料需要长期埋在土中发挥作用,其强度会受到许多因素的影响,通常用折减系数法来确定材料的容许抗拉强度。在实验研究和工程实践的基础上,考虑到加工误差、施工损伤以及环境影响后,双绞合金属网的长期允许抗拉强度(60年),可按下式计算:

$$T_a = \frac{T_c}{f_m \cdot f_d \cdot f_e} \tag{2}$$

式中:T_c——双绞合金属网的极限抗拉强度,可由筋材拉伸试验确定;

f_m——考虑制造工艺误差以及大量数据推演的折减系数,以设计寿命60年计,一般取 $f_m = 1.20$;

f_d——施工损伤折减系数;对砾类土 $f_d = 1.25$,对黏土、砂土 $f_d = 1.05$;

f_e——环境影响折减系数(考虑老化,生物降解,腐蚀等因素),一般取1.10。

4.2　双绞合钢丝网加筋格宾挡土墙计算模型

本文在 NCMA 法[10]基础上结合国内相关规范,采用库仑土压力理论进行分析。为方便推广应用,在考虑倾斜墙面、倾斜填土的情况下,分别建立了双绞合钢丝网外部和内部稳定性分析模型,如图7和图8所示。其他如垂直墙面、水平或倾斜填土均为本形式的特殊情况。模型中的 q_1 为活动荷载;q_d 为永久荷载。

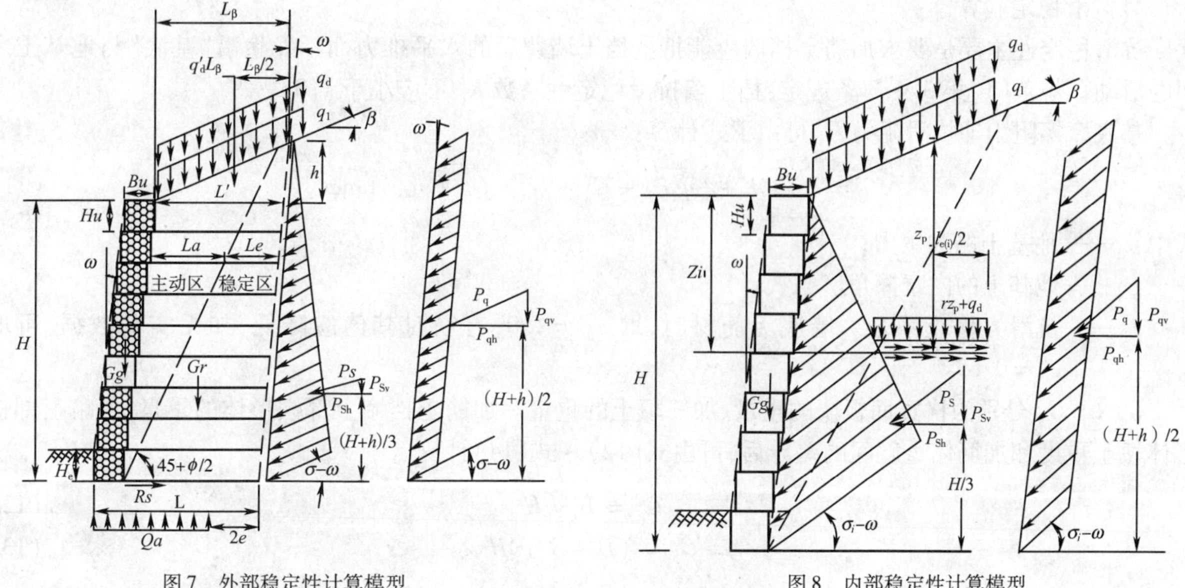

图7　外部稳定性计算模型

图8　内部稳定性计算模型

4.3　外部稳定性计算分析

外部稳定性计算是假定加筋范围内的土体为刚性体,进行抗滑稳定验算、抗倾覆稳定验算、地基承载力验算和整体稳定验算。

1)土压力计算

根据库仑土压力理论,作用在挡土墙墙背的主动土压力可以由式(3)计算。

$$P_s = 0.5K_a\gamma'(H+h)^2 \tag{3}$$

K_a 为验算外部稳定性时的主动土压力系数,由式(4)计算:

$$K_a = \frac{\cos^2(\omega+\varphi')}{\cos^2\omega\cos(\omega-\delta)} \times \left(1+\sqrt{\frac{\sin(\varphi'+\delta)\sin(\varphi'-\beta)}{\cos(\omega-\delta)\cos(\omega+\beta)}}\right)^{-2} \tag{4}$$

上两式中:γ'——墙后填土的单位重度(kN/m^3);

φ'——墙后填土的内摩擦角(°);

ω——为墙背与竖直线的夹角(°);

β——填土表面坡角(°);

δ——加筋墙背与墙后土体之间的摩擦角(°),$\delta=\min(\varphi,\varphi')$。

则,主动土压力的水平分量和竖直分量:

$$P_{sh} = 0.5K_a\gamma'(H+h)^2\cos(\delta-\omega) \tag{5}$$

$$P_{sv} = 0.5K_a\gamma'(H+h)^2\sin(\delta-\omega) \tag{6}$$

挡土墙上部附加荷载引起的土压力为:

$$P_q = (q_1+q_d)K_a(H+h) \tag{7}$$

其水平分量和竖直分量分别为:

$$P_{qh} = (q_1+q_d)K_a(H+h)\cos(\delta-\omega) \tag{8}$$

$$P_{qv} = (q_1+q_d)K_a(H+h)\sin(\delta-\omega) \tag{9}$$

所以,挡土墙背后土压力的水平分量为:

$$P_{ah} = P_{sh}+P_{qh} \tag{10}$$

2）抗滑稳定验算

抗滑稳定性主要是要求加筋土挡墙应能抵抗挡土墙背后的水平推力而不发生沿“基底”与地基土之间的滑动。规范[1]第3.4.3条规定：挡土墙抗滑稳定性系数K_c不应小于1.3。

基底摩擦阻力即抗滑阻力R_s可由下式计算：

$$R_s = c_{ds}[c_f L + (q_d L_\beta + G_g + G_r + G_\beta + P_{sv})\tan\varphi_f] \tag{11}$$

式中：c_f——地基土的黏聚力；

φ_f——地基土的内摩擦角（°）；

c_{ds}——抗滑力修正系数。墙底无筋材时，取$c_{ds}=1.0$，有筋时其值应降低，如无实测数据，可取$c_{ds}=0.65$。

G_g、G_r、G_β分别为格宾面板墙的重量、加筋填土的重量和加筋土挡墙上部锲形体的重量，忽略上部锲形体填土重度和加筋体重度间的差异后，可由式(12)～式(14)计算。

$$G_g = B_u \gamma_g H \tag{12}$$

$$G_r = (L - B_u)\gamma H \tag{13}$$

$$G_\beta = \frac{1}{2}L'\gamma H = \frac{1}{2}L'\gamma L_\beta \tan\beta \tag{14}$$

式中：γ_g——格宾面板墙的重度（kN/m^3）；

γ——加筋体填土重度（kN/m^3）。

基底抗滑稳定系数K_c按下式计算：

$$K_c = \frac{R_s}{P_{ah}} \tag{15}$$

如果不能满足要规范要求，筋材的长度就要增加，然后重新验算。

3）抗倾覆稳定验算

抗倾覆稳定验算要求加筋体不能绕墙趾发生旋转倾覆。规范[1]要求Ⅰ、Ⅱ类荷载组合时抗倾覆稳定系数K_o不小于1.5，Ⅲ类荷载组合时不小1.3。

抗倾覆稳定系数K_o按下式计算：

$$K_0 = \frac{M_r}{M_0} \tag{16}$$

式中：M_r——稳定力系对加筋体墙趾的力矩（kN・m）；

M_0——倾覆力系对加筋体墙趾的力矩（kN・m）。

其中：

$$M_r = G_g X_g + G_r X_r + G_\beta X_\beta + q_d L_\beta X_\beta \tag{17}$$

$$X_r = \frac{1}{2}(L + B_u + H\tan\omega) \tag{18}$$

$$X_g = \frac{1}{2}(B_u + H\tan\omega) \tag{19}$$

$$X_\beta = \frac{2}{3}L' + B_u + H\tan\omega \tag{20}$$

$$X_q = L + (H + h)\tan\omega - \frac{1}{2}L_\beta \tag{21}$$

$$M_0 = P_{sh}Y_{sh} + P_{qh}Y_s \tag{22}$$

$$Y_s = \frac{1}{3}(H + h) \tag{23}$$

$$Y_q = \frac{1}{2}(H + h) \tag{24}$$

4)地基承载力验算

传统的承载力验算分析考虑了加筋土体的宽度,加筋土体被看作带状连续体,必须有足够的长度以防止地基受力过大而产生剪切破坏或过大的下沉量。NCMA 法采用梅耶霍夫理论(Meyerhof)估计地基的承载力。

根据梅耶霍夫理论,地基的承载能力可以由下式估计:

$$Q_{ult} = C_f N_c + 0.5\gamma_f B N_f + \gamma_f H_e N_q \tag{25}$$

式中: H_e——墙趾埋入深度(m);

N_c、N_f、N_q——由地基土内摩擦角查取的承载力因子;

C_f、γ_f——地基土的黏聚力和重度;

B——等效地基宽度;

$$B = L - 2e \tag{26}$$

e——承载力合力到墙体中心的心距(偏心距)可由式(27)计算得到。

$$e = \frac{1}{G_g + G_r + G_\beta + q_d L_\beta}[P_{sh}Y_s + P_{qh}Y_q - G_g(L - X_g) - G_r(X_r - L/2) - G_\beta(X_\beta - L/2) - q_d L_\beta(X_q - L/2)] \tag{27}$$

则等效地基宽度上 B 的荷载 Q_a:

$$Q_a = \frac{1}{B}[G_g + G_r + G_\beta + (q_1 + q_d)L_\beta] \tag{28}$$

则,为防止地基整体剪切破坏,荷载 Q_a 应符合以下条件,即:

$$\sigma_a \leqslant \frac{Q_{ult}}{K_b} \tag{29}$$

式中:K_b——安全系数,要求 $K_b \geqslant 2.0$。

同时规范[1]对偏心距 e 有一定的要求:

土质地基

$$e \leqslant \frac{L}{6}$$

岩质地基

$$e \leqslant \frac{L}{4}$$

5)整体稳定验算

将加筋复合体视为一刚体按传统方法计算,安全系数应符合 $K_s \geqslant 1.5$。如果不满足,应加长筋材或进行地基处理。一般采用简化毕肖普法和简化简布法进行计算。

4.4　内部稳定性计算分析

内部稳定性计算是根据加筋体内部的两种破坏模式进行,包括网材的抗拉强度验算与网材抗拔出验算两部分。

1)网材抗拉强度验算

图 8 所示的双绞合钢丝网加筋格宾挡墙筋材长度为 L,等长布置。第 i 层筋材水平拉力 T_i 等于该层的土压力(包括水平附加荷载)与筋材间距之积,即:

$$T_i = \left[\left(rz_i + \frac{1}{2}rh + q_d + q_l\right)K_{a(int)}\right]S_v \tag{30}$$

式中：S_v——筋材的垂直间距(m)；

z_i——第 i 层加筋网到加筋体顶面的垂直距离；

$K_{a(int)}$——内部稳定性验算的主动土压力。当采用式(4)计算时，δ 为了加筋体与格宾面板墙间的摩擦角，$\delta = \frac{2}{3}\varphi$。

筋材强度条件应符合式(31)的要求。

$$T_{imax} \leqslant T_a \tag{31}$$

式中：T_{imax}——各层筋材中最大水平力(kN/m)；

T_a——筋材的允许抗拉强度(kN/m)。

筋材间距由式(30)和式(31)计算后确定，一般等间距布置，也可沿墙高划分几个等间距区，靠近墙底的区域，间距小些。

2)网材抗拔出验算

考虑到筋材上下两面都承受摩擦力，抗拔安全稳定符合式(30)的要求，即：

$$T_i \leqslant 2(rz_p + q_d)L_e f' \frac{1}{F_b} \tag{32}$$

式中：L_e——筋材有效长度，即超出填土破裂面的筋材锚固长度(m)；

z_p——筋材锚固段中点上覆土层深度(m)；

f'——双绞合金属网—土似摩擦系数，由试验或经验取得；

F_b——要求的抗拔安全系数，$F_b \geqslant 1.5$。

3)筋材长度

筋材总长度按式(33)确定，即：

$$L = L_e + L_a \tag{33}$$

式中：L_e——筋材锚固长度(m)；

L_a——筋材在主动区的长度(m)；

L_e 和 L_a 分别按式(32)和式(33)计算，即：

$$L_e = \frac{1}{2}F_b \frac{T_i}{(rz_p + q_d)f'} \tag{34}$$

$$L_a = (H - z_i)\tan\left(45° - \frac{\phi}{2}\right) \tag{35}$$

筋材的有效长度 L_e 应不小于1m。为施工方便，不同层的筋材应按要求的最大长度等长度铺设。如从内部稳定性的要求出发，亦可以分段采用不等长度，底部较短，顶部较长。

图9 实例工程

5 加筋格宾结构工程应用

潭衡高速第12合同段K124+300~K124+895路段填高为9~12m，位于衡阳市城市发展规划区域大面积良田地区。采用桥梁方案、浆砌片石挡墙造价高，经济上不容许；采用路堤方案填方多达23.5万m^3,无优质黏土可借,须用红砂岩填筑。基于上述原因与桥梁、浆砌片石挡墙综合比选,并经多次专家评审后最终路堤下部8m采用加筋格宾作为主体支挡结构,8m以上采用绿色加筋格宾结构。采用本文所述方法进行了设计并组织了施工,工程效果良好。

6　结语

双绞合钢丝网加筋格宾挡土墙在国内应用较少。本文利用MTS试验设备,提出了有关试验参数测试方法,在大量实验研究的基础上,系统研究了双绞合钢丝网加筋格宾挡土墙的设计方法,并在潭衡高速公路上进行了应用,填补了国内公路工程与岩土工程加筋土有关规范空白。

参考文献

[1] 中华人民共和国交通部. 公路路基设计规范(JTG D30－2004). 北京:人民交通出版社,2004.

[2] 中交第二公路勘察设计研究院有限公司. 公路挡土墙设计与施工技术细则[M]. 北京:人民交通出版社,2008.

[3] 美国国家材料标准协会. Standard Specification for Double-twisted Hexagonal Mesh Gabions and Revet Mattresses (Metallic-Coated Steel Wire or Metallic-Coated Steel Wire With PVC Coating) [D]. 美国, 2003.

[4] 中华人民共和国交通部. 公路土工合成材料应用技术规范(JTJ/T 019－98). 北京:人民交通出版社,1999.

[5] 国家质量技术监督局. 中华人民共和国建设部. 土工合成材料应用技术规范(GB 50290－98). 北京:中国计划出版社. 1998.

[6] 王钊主编. 国外土工合成材料的应用研究[M]. 香港:现代知识出版社,2002.

[7] Geotechnical Engineering Office Civil Engineering Department of the Hong Kong. Guide to reinforced fill structure and slope design, Hong Kong: The Government of the Hong Kong Special Administrative Region, 2002.

[8] Koerner R M. Designing with Geosynthesis (4th edition) [M]. Prentice-Hall. Inc. EnglewoodCliffis, NJ, 1998.

[9] D. T. Bergado and C. Treerawattanasuk. Analytical Models for Predicting the Pullout Capacity and Interaction Between Hexagonal Wire Mesh and Silty Sand Bacfill[J]. Tamkang Journal of science and Engineering, 2001.

[10] James G. Collin, Ph. D. P. E. Design Manual for Segmental Retaining Walls[M]. National Concrete Masonry Association. 1997.

(本文结合"高速公路新型加筋土结构技术研究与示范工程"建成了国内第一座高速公路加筋格宾组合式挡土墙。)

公路膨胀土加筋地基承载力计算方法研究

刘义虎

摘　要：结合公路膨胀土加筋地基的受力特点和作用机理及其破坏形式，对国内外常用的公路膨胀土加筋地基承载力的计算方法进行了深入分析，在此基础上，筛选出了适宜于我国公路膨胀土加筋地基承载力计算的宾奎特法和改进的太沙基法及深基础效应法，这对公路膨胀土加筋地基的设计具有重要的指导作用。

关键词：膨胀土　加筋地基　作用机理　破坏形式　承载力　计算方法

1　公路膨胀土加筋地基的受力特性分析[1]

(1)路堤填料的水平推力。对路基来说，由于路堤填料是松散材料，路堤填料的荷载，一方面表现为竖向的柔性荷载；另一方面还表现为由轴线向两侧的水平推力。路堤同一般大面积柔性堆载不同之处，正是在于这两个侧向的水平推力的存在，水平推力有时对路堤的稳定性起着决定性的作用。

(2)膨胀土地基的胀缩力。由于膨胀土地区受大气影响，地基中含水量的变化，使膨胀土地基由于湿胀干缩变化而引起的竖向和水平方向的膨胀、收缩力。

(3)加筋膨胀土地基受到筋材的约束作用力。膨胀土地基受到路堤填料竖向荷载的作用，必定要产生侧向变形，特别是膨胀土地基与路堤交界面的土，所受到的竖向附加应力最大，同时所受到的侧向力又最小，产生显著的侧向变形。在膨胀土地基未加筋的路堤中，由于路堤填料为散粒材料，不能提供有效的拉力，堤底的侧向变形得不到约束；而在膨胀土地基加筋路堤中，由于筋体的存在，通过筋体与路基土之间的界面作用，路堤底的侧向变形受到加筋体的约束，同时相应的在筋体中会由此产生一个附加的拉力。

(4)拱效应的作用力。筋体受力机理是在填料填筑的瞬间产生的，当路基在填料竖向荷载长期作用下，产生固结变形，就会产生显著的固结沉降，在未加筋路堤中，堤底将产生“锅底状”的沉降变形，于是路堤在横断面上将产生受弯的效应，但由于路堤填料不能提供拉力，拱的效应不能很好的发挥，堤底将产生张拉裂缝；在加筋地基中，由于加筋体是良好的受拉材料，使得土拱能够得到足够的拱脚水平力，可以形成有效的土拱效应，路堤在横截面上就像一根受弯的梁。加筋体在其中就发挥着类似于钢筋混凝土梁中钢筋的作用，承担了较大的拉力，这样就充分利用了路堤填料本身的刚度，调整了路基的沉降变形，在加筋地基中一般能将“锅底状”沉降调整成“碟形”沉降，显著减小最大沉降量。

2　公路膨胀土加筋地基的作用机理[1,2]

(1)降低荷载水平，提高地基土承载力。对于膨胀土地基来说，最主要的荷载是竖向荷载和膨胀土的膨胀力。竖向荷载即路堤填料的自重；膨胀力即膨胀土地基因含水量的变化而引起的竖向和水平方向的膨胀力和收缩力。另一个重要的荷载是路堤填料由轴线向两侧的水平推力，由于这两个水平推力，使得路基承受竖向荷载的能力下降，竖向承载力由于水平向荷载的存在大幅度下降，最大降幅可达50%，因而，水平荷载的存在对于膨胀土地基竖向承载力的充分发挥是十分不利的，在膨胀土加筋地基中，利用

本文曾刊登于《中南公路工程》2005 年第 3 期。

一层或几层土工合成材料加筋体来承担水平荷载,就能显著地提高地基承载力。

(2)增强膨胀土地基土的约束,提高竖向承载力。对于未加筋膨胀土地基上的路堤,由于路堤填料是松散材料,无法承担拉应力,于是就不能约束路堤传来的竖向荷载所产生的侧向变形。约束堤底膨胀土地基土的侧向变形,能提高膨胀土地基土的竖向承载力,是否对堤底膨胀土地基土有约束作用,相当于基底粗糙或基底光滑两种极端情况下的基础。

(3)增强路堤填料土拱效应,调整不均匀沉降。工程实践证明,加筋体协调路堤沉降的能力是很强的,在膨胀土地基上能明显地将路堤横断面上的"锅底状"沉降调整成"平底碟状",显著减小最大沉降,这在深厚膨胀土地区尤为明显,但目前对于拱效应及调整沉降的定量计算还没有一个普遍认可的算法。

(4)作为地基表层的排水垫层[3]。由于土工合成材料具有较强的渗透性能,把它铺在膨胀土地基之上,其本身形成一个良好的排水面,在路基填土荷载作用下,软土中的水分将沿着这一通道排出,促使软土固结,于是地基承载力提高。

(5)阻隔路堤体拉力破坏区和地基剪切破坏区的贯通。在堤体和地基间以抗拉强度较高的土工合成材料分隔,一方面约束堤体向外侧变形,使堤体由于受拉力而破坏的可能性减小;另一方面,缩小地基塑性区范围,从而提高堤体的整体性和稳定性。

3 公路膨胀土加筋地基的破坏形式[4]

在一定厚度的膨胀土地基上建造路堤,堤底铺设土工合成材料,随着填土荷载的加大,将出现4种可能的破坏情况,分别是水平滑动、侧向挤出、圆弧滑动和过量沉降。若土工合成材料与路堤的界面抗剪强度不足,可能发生路堤沿土工合成材料的顶面水平滑动破坏;若土工合成材料与膨胀土地基界面抗剪强度不足,就会导致膨胀土地基的侧向挤出破坏。在路堤荷载作用下,土工合成材料以其与土的界面强度约束堤底伸长,限制浅层膨胀土的侧向位移。而土工合成材料由于与其上下土体变形协调,产生了一定的拉伸应变,即土工合成材料承受了堤底的部分应力。若拉应力超过土工合成材料与界面的抗剪强度,土工合成材料受力就会被拔出;若拉应力超过土工合成材料的抗剪强度,土工合成材料就会被拉断;一旦土工合成材料拔出或拉断,堤坝就会发生整体圆弧滑动破坏。若软土地基压缩量过大,则会发生堤坝过量沉降。

影响加筋路堤破坏形式的因素很多:①筋材的抗拉强度和延伸率,控制潜在的滑动面发展的位置;②加筋垫层的刚度和完整性,影响分析模型的建立;③膨胀土层的厚度及强度和变形性质,影响潜在滑动面的形态。

4 公路膨胀土加筋地基承载力计算方法

建筑工程浅基础下加筋地基的设计方法有很多,现结合膨胀土加筋复合地基承载力的计算方法研究和公路工程特点着重介绍在湖南常德至张家界、广西南宁至友谊关高速公路等工程实际具体应用到的宾奎特法、改进的太沙基法和"深基础效应"法等方法来有效地解决公路膨胀土加筋复合地基承载力的计算问题,实践证明,路基稳定可靠且运行效果良好。

4.1 宾奎特法(Binquet J. Lee K. L)[5]

条形基础下加筋垫层其破坏形式有3种,加筋层以上土体的破坏、筋材的拔出和筋材的拉断。第一种破坏形式发生在第一层筋材距基底面值较大的情况。筋材的拔出破坏是因为筋材的层数较少,例如,1~2层,且筋材长度不足,致使破坏面在外侧的筋材锚固失效。筋材的拉断发生在层数较多,如不少于3层,且长度足够的情况[5]。

为了获得较好的加筋效果,筋材的布置深度范围$z(z_1 \leqslant z \leqslant z_n)$,应符合下列条件:

$$z_1 \leqslant \frac{2}{3}b, z_n \leqslant 2b, \text{且 } z_n \text{ 不宜大于 } 3\text{m}$$

在此范围内均匀布置N层,则间距$s_v = (z_n - z_1)/(N-1)$。如果各层筋材足够长,则破坏形式为筋材的断裂。

1)计算假设[5]。

①膨胀土地基为均匀各向同性体,在基底压力作用下,地基内应力分布符合布辛奈斯克解;

②膨胀土地基中破坏面发生在同一深度处剪应力 τ_{xz} 为最大的点;

③筋材在破坏面处的拉力铅直向上。

2)计算公式和图表。

根据上述假设可推导出加筋膨胀土垫层的计算公式和图表,可参考文献[5]。

(1)破坏面形状可参考文献[5],如图1,不同深度 z 处各层的值 X_0 表示,值可由参考文献[5]如图2(a)查得。

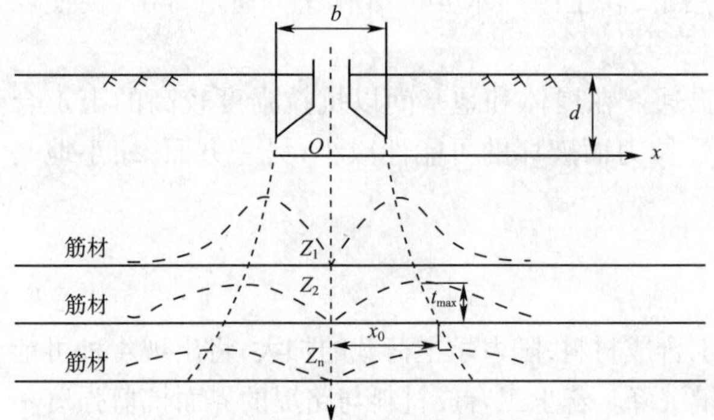

图1 加筋垫层的破坏

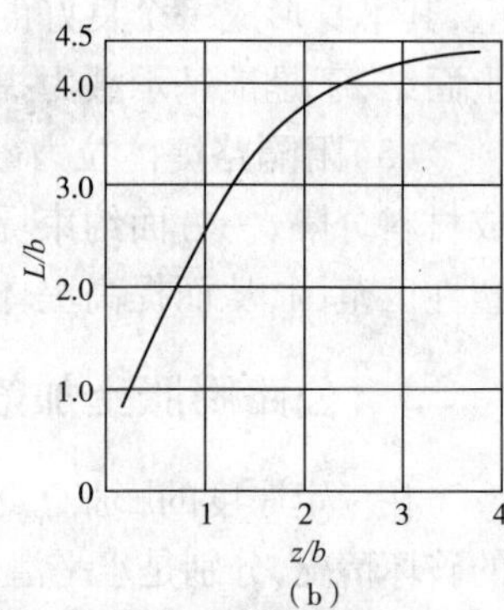

图2 不同深度 Z 处破坏面位置 X_0 和 L

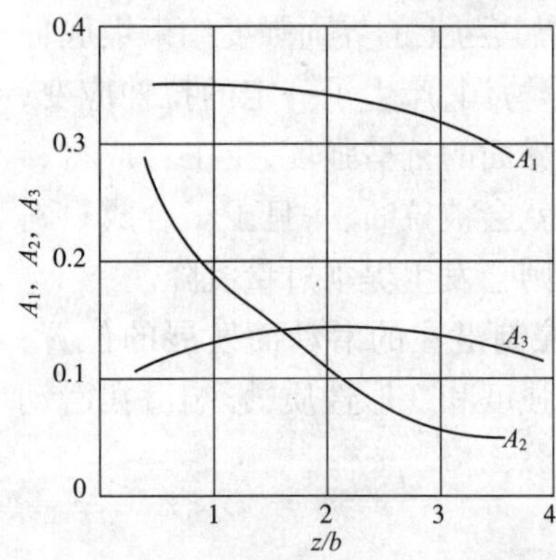

图3 不同深度 Z 处的 A_1、A_2 和 A_3

(2)各层筋材的拉力由式(1)计算。

$$T_i = \frac{1}{N}(f_R - f)(A_1 b - A_2 S_v) \tag{1}$$

式中:T_i——第1层筋材的拉力设计值,kN/m;

f_R——加筋膨胀土垫层的地基承载力设计值,kPa;

f——原膨胀土地基承载力设计值,kPa;

A_1,A_2——无量纲系数,可由参考文献[5],见图3。

(3)筋材的抗拔出安全系数 F_{sp}。用式(2)计算各层筋材抗拔安全系数:

$$F_{sp} = 2f_p\alpha(A_3 bf_R + \gamma(L_0 - X_0)(Z_i + d))/T_i \tag{2}$$

式中:f_p——筋材抗拔摩擦系数,应由试验确定,无试验资料时,土工织物可采用0.67tanϕ,土工格栅0.80tanϕ,采用土工条带视表面粗糙情况,介于土工织物和土工格栅之间,表面粗糙者取大值;

α——加筋率,当土工织物或土工格栅满铺时,$\alpha = 1$,当用宽度为 ω 的条带时,如每米铺设 n 条,则 $\alpha = \omega \cdot n$;

A_3——无量纲系数,参见参考文献[5],如图3;

γ——膨胀土地基土容重,kN/m;

L_0——筋材总长度的一半,即在距基础中心线 L_0 处,筋材上正应力减少至 $0.1f_R$;L_0 可根据各筋材的深度 Z_i 可查参考文献[5],如图2(b);

d——基础的埋深,m。式(2)中括号内2项是作用于筋材上的法向正应力,第一项是基底压力引起的,第二项为上覆土的自重应力主生的。要求各筋材抗拔出安全系数 $F_{sp} \geqslant 2.5$。

(4)筋材的抗断裂安全系数 F_{sb}[5]。各层筋材抗断裂的安全系数可由式(3)求得:

$$F_{sb} = T_\alpha / T_i \tag{3}$$

式中：T——筋材的抗拉强度，对土工织物或土工格栅，kN/m，对土工条带，kN。要求抗断裂安全系数$F_{sb}\geqslant 2.5$。

4.2　改进的太沙基法[5]

对于条形浅基础，可用太沙基(Yamanouch and Gotoh)[5]公式计算地基的极限承载力：

$$P_u = \frac{b\gamma}{2}N_\gamma + cH_c + \gamma dN_q \tag{4}$$

式中：N_γ，N_c，N_q 为承载力系数，由地基土的内摩擦角 φ 查有关图表，其中 N_q 可用式(5)计算：

$$N_q = \exp(\pi\tan\varphi)\tan^2\left(45° + \frac{\varphi}{2}\right) \tag{5}$$

当用一层筋材布置在基础下方时，应对式(4)进行修正，假设筋材的变形可参考文献[5]。并在筋材中产生拉力 T_a。筋材增加的膨胀土地基承载力 Δf 可用式(6)计算：

$$\Delta f = \left(\left(r \cdot S + \frac{T_a}{2R}\right) + \frac{2T_a}{b}\sin\alpha\right)/F_s \tag{6}$$

式中：T_a——筋材的容许抗拉强度(kN/m)；

S——基础的最终沉降(m)；

R——基础两侧地基上隆起的假想圆半径，一般可到 $R=3.0$m，对厚度小于6m的软土地基；

R——采用厚度的一半；

α——筋材拉力与水平面的夹角，可假设由主动破坏面确定，即 $\alpha=45^\circ+\dfrac{\varphi}{2}$；

F_s——地基承载力安全系数，$F_s=2.5$。

在式(6)中，$\gamma \cdot s+\dfrac{T_a}{2R}$为增加的旁侧荷载，其中 $q=\dfrac{T_a}{2R}$为薄壁圆筒压力容量公式内压力 $q=T_a/R$ 的一半，它代表了一侧的薄膜拉力产生的镇压作用；$T_a \cdot \sin\alpha$ 为筋材拉力的向上分力。

4.3　膨胀土加筋垫层的“深基础效应”法[6]

日本东京大学黄景川等人[6]将基础埋深为 D_f 未知加筋地基，与加筋深度为 D_r 的加筋地基的试验结果进行比较，发现无埋深地基的加筋地基与埋深为 D_f 无加筋地基的承载力相当，见图4。即在基础下的地基中加筋，相当于增加基础的埋值深度，即 $D_r=D_f$ 从而使地基承载力得以提高。因此这种加筋下效果称为“深基础效应”，根据试验结果，黄景川等人提出，加筋地基承载力的增加是由于“深基础效应”所致。

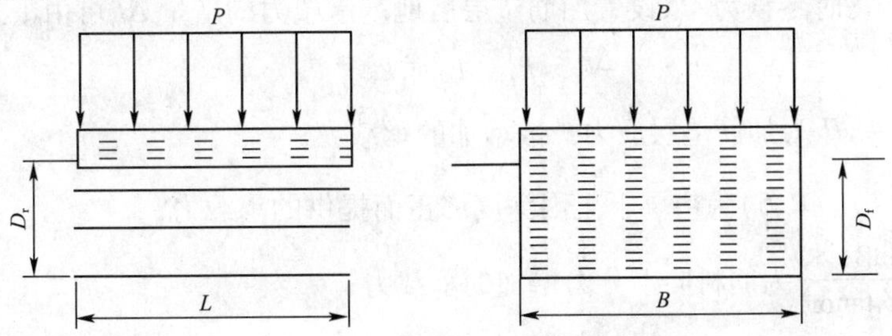

图4　深基础效应示意

根据黄景川等人的试验结果，应用太沙基的极限承载力公式，对未加筋地基，当条形基础的埋置深度为零时，太沙基公式为：

$$P_u = cN_c + 0.5\gamma BN_\gamma \tag{7}$$

根据深基础效应原理，设置厚度为 H 的加筋垫层后，相当于基础增加了厚度为 H 的埋置深度。于是可将假想的基础底面移至加筋垫层底面，而基础两侧的加筋垫层，便可视为超载，见图5。可以看出，由于加筋垫层的扩散作用，使基础的深度由 B 扩散为 B_m。

此时太沙基的极限承载力公式为：

$$P_u = cN_c + \gamma_m HN_q + 0.5\gamma B_m N_\gamma \tag{8}$$

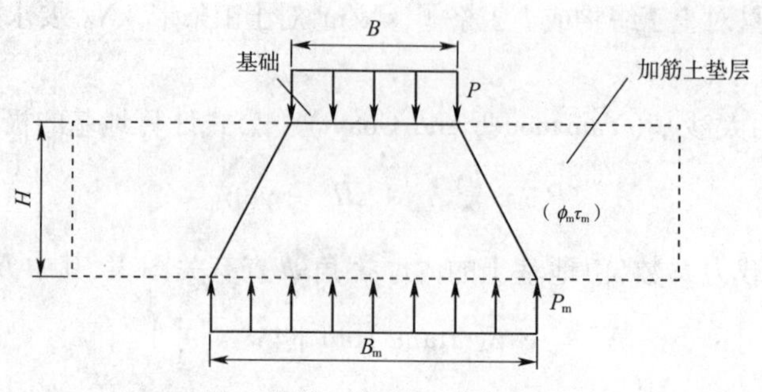

图5 加筋土垫层极限荷载计算

两式相减,得加筋垫层增加得极限承载力:

$$\Delta P_u = \gamma_m H N_q + 0.5\gamma(B_m - B)N_\gamma \tag{9}$$

式中:γ_m——垫层土重度(kN/m^3);

H——垫层厚度(m);

$B_m = B + 2H\tan\theta$;θ为加筋垫层扩散角,(°)。

将$B_m = B + 2H\tan\theta$代入式(9)得:

$$\Delta P_u = \gamma_m H N_q + \gamma H\tan\theta N_\gamma \tag{10}$$

对于方形基础,可导出:

$$\Delta P_u = \gamma_m H N_q + 0.8\gamma H\tan\theta N_\gamma \tag{11}$$

对于圆形基础,可导出:

$$\Delta P_u = \gamma_m H N_q + 0.12\gamma H\tan\theta N_\gamma \tag{12}$$

考虑局部剪切破坏时用N_c、N_q代替上式中的N_c、N_q计算地基的极限承载力增加值:

$$\Delta f = \Delta P_u / K \tag{13}$$

式中:$K = 2 \sim 3$。据有关文献报道,加筋砂垫层的应力扩散角约为70°;建议用机织土工织物加筋垫层,取$\theta = 40° \sim 45°$;对土工网加筋垫层取$\theta = 45° \sim 50°$;对土工格栅加筋垫层取$\theta = 50° \sim 55°$。从式(6)可看出,加筋垫层增加的承载力与垫层的厚度H,扩散角θ,垫层的重度γ_m等因素有关。

4.4 其他方法

华侨大学施有志、马时冬认为[7],设置加筋垫层后地基承载力的增量Δf可由下式表示:

$$\Delta f = p_1 + p_2 + p_3 + p_4$$

式中:$p_1 = \frac{2qH\tan\alpha}{B + 2H\tan\alpha} - \gamma H$为加筋垫层应力扩散增加的承载力;

$p_2 = \eta_d \cdot \gamma \cdot (d + H - 0.5)$为垫层下土因深度修正而提供的承载力;

$p_3 = \sum_{i=1}^{n} \frac{2T_i \sin\beta}{K(B + 2Z_i \tan\alpha)}$为筋材向上分力增加的承载力;

$p_4 = \frac{nT\cos\beta}{K \cdot H}\tan^2\left(\frac{\pi}{4} + \frac{\phi}{2}\right) \cdot \frac{1}{1 + B/L}$为筋材拉力的水平分力的反力拉加的承载力。

由上式可见,除p_2以外,其他3个分量都与垫层宽度B有关,而且位于分母,即B值越大,地基承载力增量减小[8]。

5 结论

(1)公路膨胀土加筋地基受力主要有:路堤填料的水平推力;膨胀土地基的胀缩力;加筋膨胀土地基受到筋材的约束作用力;拱效应的作用力。

(2)公路膨胀土加筋地基的作用机理:降低荷载水平,提高地基土承载力;增强膨胀土地基土的约束,提高竖向承载力;增强路堤填料土拱效应,调整不均匀沉降;作地基表层的排水垫层;阻隔路堤体拉力破坏区和地基剪切破坏区的贯通。

(3)公路膨胀土加筋地基的破坏形式:在一定厚度的膨胀土地基上建造路堤,堤底铺设土工合成材料,随着填土荷载的加大,将出现四种可能的破坏情况:水平滑动、侧向挤出、圆弧滑动和过量沉降。

(4)根据加筋地基的承载力计算方法,可以借鉴用于公路膨胀土加筋地基承载力的计算方法有:宾奎特法(Binquet J. Lee K. L);改进的太沙基法(Yamanouch and Gotoh);深基础效应法。

参 考 文 献

[1] 杨晓军,施晓春,温晓贵,等. 土工合成材料加筋路堤软基的机理[A]. 第八届土力学与岩土工程学术会议论文集[C]. 北京:万国学术出版社,1999,437-440.

[2] 赵可,张宝华. 用土工合成材料加固浅层软土地基[A]. 我国第四届土工合成材料学术会议论文集[C]. 北京:中国土工合成材料协会,1996,172-176.

[3] 刘义虎,彭立,黄向京,等. 膨胀土地区路基水损害机理及防治对策[A]. 2004 年全国膨胀土学术研讨会论文集——膨胀土处治理论、技术与实践[C]. 北京:人民交通出版社,2004,376-381.

[4] 陈洪江. 堤坝软基土工合成材料加筋稳定分析方法的探讨[A]. 2002 年全国加筋土工程学术研讨会会后论文集[C]. 北京:现代知识出版社,2002,130-137.

[5] 王钊. 国外土工合成材料的应用研究[M]. 北京:现代知识出版社,2002,234-244.

[6] 苏嵌森. 土工合成材料加筋垫层的设计应用初探[A]. 2002 年全国加筋土工程学术研讨会会后论文集[C]. 北京:现代知识出版社,2002,147-151.

[7] 施有志. 土工格栅的工程特性与加筋垫层应用研究[D]. 泉州:华侨大学出版社,2002.

[8] 徐少曼. 土工织物加筋垫层的工程应用问题[A]. 全国第六届土工合成材料学术会议论文集[C]. 北京:现代知识出版社,1996,172-185.

[9] 陈昌富,袁玲红,赵明华. 软弱土地基上加筋路堤稳定性分析[J]. 中南公路工程,2003,28(3):23-26.

[10] 曹净,欧都夺,周东,等. 南宁膨胀土胀缩性模糊评判分析[J]. 中南公路工程,2004,29(3):15-18.

(本文依托的《膨胀土地区公路建设成套技术》荣获 **2009** 年度国家科技进步一等奖、《膨胀土地区公路修筑成套技术研究》荣获 **2008** 年度中国公路学会科学技术特等奖。)

膨胀土地区路基水损害作用机理研究及防治对策

黄向京　刘义虎　彭　立　李宏泉

摘　要：本文通过对我国膨胀土地区水损害机理进行了深入研究，归纳总结了膨胀土路基水损害对策措施。

关键词：膨胀土路基　水损害机理　防治对策

1　前言

膨胀土是在自然地质过程中形成的一种多裂隙并具有显著胀缩性的地质体，黏粒成分主要由亲水性矿物蒙脱石与伊利石组成。膨胀土是吸水急剧膨胀软化和失水显著收缩开裂，并能反复胀缩变形的高塑性黏土。

膨胀土地区路基病害的产生与水极为密切，通过《膨胀土地区公路排水设计的研究》课题组近两年的努力，在对国内外文献资料进行查询、整理分析、理论分析；对中西部五个省进行膨胀土调研；对常张路慈利东互通路段膨胀土、南友路宁明地段膨胀土进行室内、外试验；现场补充勘察试验；修筑膨胀土试验路段；室内九组模型试验等的基础上得出水对膨胀土路基损害作用机理研究。

此外，课题组通过湖南省常德至张家界高速公路、南宁至友谊关高速公路等有关典型实例探索，因地制宜，提出了膨胀土地区水损害防治对策。

2　水损害作用机理研究

2002 年 6 月至 2004 年 10 月，课题组分别在湖南省常德至张家界高速公路、南宁至友谊关高速公路采取膨胀土样 20t、30t，历时 29 个月，先后完成了两地段膨胀土的常规试验、模型试验，通过数据整理分析，对路基水损害机理进行了深入研究，并取得了阶段性成果。

2.1　研究模型

模型尺寸为 3m（长）×3m（高）×1m（宽），模型有两个临空面：一个顶面临空，一个是 3m（高）×1m（宽）的临空面作为路堤边坡临空面。观测面：下部 0.6m（高）×3m（宽）采用 1cm 后竹胶板，上部为 2.4m（高）×3m（宽）×1cm 厚的有机玻璃，竖向每隔 30cm 用钢管作横向支挡，以保证有机玻璃不发生侧向的变形。

试验采用的仪器是江苏中天精密仪器公司生产的 MG－2 型高精度测墒仪和 MS－2 型 FDR 土壤水分探测器等仪器进行试验研究。

2.2　研究内容及过程

模型试验分别采用南友路宁明段“中膨胀土”、常张路慈利段“弱膨胀土”作为模型试验用填料，模拟膨胀土路基压实度在 90% 时，边坡坡度分别为 1∶0.75、1∶1、1∶1.5、1∶2.0 四种不同坡度情形下，分别模拟坡顶积水、阴天、日照、降雨四种不同气候条件下，每种气候条件历时 7 天。研究路基在干湿循环作用下

本文曾刊登于《中南公路工程》2005 年第 3 期。

水的入渗、蒸发,土的含水量、温度、胀缩变形、土压力沿不同深度的变化规律等,对膨胀土路基的损害作用机理及膨胀土路基的破坏类型进行研究。

主要研究过程有以下几个阶段:

2003年9月~11月,首先完成了常张路慈利段和宁明盆地的液塑限、自由膨胀率、压缩与抗剪强度等试验,同时完成了第一组模型试验本试验主要是测试地表水在土中的入渗速度和浸润线变化规律,并且也是为了摸索经验和验证模型箱的强度作用。

2003年11月~2004年2月完成了第二、三组试验。本组试验在路堤边坡为1:0.75和1:1的情况下,模拟路堤面积水、模拟无降雨无日照、模拟降雨、模拟日照等四种情况下,研究路基在干湿循环作用下水的入渗,蒸发,土中含水量、温度、涨缩变形、土压力沿不同深度的变化规律。研究膨胀土破坏类型和破坏过程。

2004年2月~3月完成了第四组模型试验,本试验是在边坡为1:1.5和1:2.0的情况下研究水对膨胀土路堤边坡的冲刷破坏。

2004年3月~7月完成了第六、七、八、九组试验,本次试验是在边坡比为1:0.75、1:1.0、1:1.5、1:2.0的情况下测试不同位置点的含水量、土压力温度不同测点的竖向变形、侧向变形情况及雨水冲刷路堤的破坏情况。

2.3　研究结论

通过上面9组在不同的外部条件(积水、阴天、降雨、日照等四个阶段)和不同的自身条件情况下进行试验,我们认为,干湿循环作用下膨胀土路基中含水量的改变,使膨胀土强度特性发生变化,膨胀土路基破坏的原因由膨胀土自身的结构及其强度特性所决定,由自然因素所造成。其破坏作用机理有:

1)膨胀土的湿化性破坏作用机理

湿化是亲水性黏土矿物吸水崩解过程,它的结果是在无约束的情况下块体湿化解体成碎粒状散体,是一个不可逆过程。膨胀土的失水干燥使其吸湿压力提高,大量裂隙、孔隙中充满空气,当干燥膨胀土浸水后,由于吸湿压力的作用,水很快沿裂隙通道渗入,土块内空气被挤压到内部而被压缩。随着外部水入渗量的增加,内部空气压力上升,导致矿物骨架沿最弱面发生破裂而崩解散体。膨胀土的湿化性是由其矿物成分、粒度组成、结构特性及其胶结物决定的。黏粒含量愈多,比表面积愈大,表面张力也大,亲水性愈强。片状或扁平状黏土颗粒形成的叠聚体是膨胀土的主要结构单元,又由于各种微孔隙和微裂隙的存在,有利于水的渗入与渗出,为膨胀土的湿化创造了水分迁移的必要条件。各种胶结物的胶结作用,使膨胀土叠聚体之间产生了一种不可逆的联结强度,其数值的大小将直接控制膨胀土遇水湿化的难易程度。亲水性矿物和微裂隙的存在是湿化的前提条件,吸湿压力是湿化的动力,它克服胶结联结强度的时间也就反映出膨胀土湿化的难易性。

2)膨胀土的风化性破坏作用机理

开挖后形成的路堑,出现了新的临空面。新填筑的路堤,若坡面不加防护,也将暴露于大气中,这些坡面,在长期的温度、湿度变化的干湿循环作用下,破坏了土体表面的粒间连接,形成了风化带。风化带的出现对边坡产生剥落浸蚀,改变了边坡的外形。在干旱季节,坡面出现裂缝,裂缝结构面上强度降低及至消失。而在降雨季节,由于粒间联结减弱,体积膨胀,使坡面成为泥泞状态,大大降低了抗剪强度,使膨胀土路基边坡发生失稳等破坏。

3)地表水径流与侵蚀破坏作用机理

坡面流是指降雨形成的沿坡面向下的薄层水流。破面流是坡面发育的主要外营力,坡面以降雨径流为主要侵蚀动力,使坡面产生动力侵蚀,通过物质和能量的转移使坡地形态不断发生变化。坡面流滚动波的波谷与坡面相交接处,由于坡面流的动能全部转化为势能,加之水层薄,降雨溅蚀作用力影响也大,使该点受侵蚀强而首先形成小侵蚀穴;而后这些串珠状的小侵蚀穴相连而成细沟。目前普遍认为,降雨较大时产生片流,但因坡面凹凸不平而难以形成大面积的片状水流。大暴雨是产生径流和侵蚀的主要降雨,坡度越大,坡面径流的重力顺坡分力就越大。若不考虑流动摩擦阻力,则径流在坡面以加速度的方式流动,其动能与流量的一次方和流速的二次方成正比。径流以加速流动,故径流冲刷力以等比级数增加,坡度增加,流速增加,牵引剪切力也增大,导致径流更大的挟带和输移能力。

综上所述,膨胀土具有蒙脱石、伊利石黏土矿物含量高,亲水性强和强度低等特点,是边坡失稳的内在因素。外因则是环境平衡的变化,在边坡开挖成形过程中,上覆土层重量卸除,引起土体结构松弛和应力状态改变,而应力重分布导致软弱结构面剪应力增大;由于干湿循环作用,引起膨胀土路基的湿化、风化破坏作用;地表水的径流和侵蚀破坏作用也是导致膨胀土路基破坏的主要外因。同时,雨水下渗促使结构面强度软化并产生动水压力,致使坡脚部位剪应力超过土体抗剪强度,土体局部破坏,并进而使坡腰受拉而开裂,随后雨水直接渗入裂隙中,两端剪损处浸水软化,开裂和滑动继续向坡顶发展面形成边坡破坏。

3 典型工程实例

1)膨胀土工程特性

常德至张家界高速公路是交通部规划的国家重点干线公路泉州至毕节线的一段,全长160.78km,采用双向四车道高速公路标准修建,全线路基土石方3064万m^3,其中各类膨胀土150万m^3,工程总投资68亿元。南宁至友谊关公路是国家"五纵七横"国道主干线衡阳至昆明公路的一个重要路段,全长179.2km,总投资37.14亿元人民币。常德至张家界高速公路慈利段膨胀土综合测试结果见表1、表2、表3。

常张路慈利地段膨胀土综合测试结果(1) 表1

分析号	原号	取样深度(m)	重度(kN/m^3)	含水量(%)	干重度(kN/m^3)	比重	孔隙比	饱和度(%)	液限(%)	塑限(%)	液性指数(%)	塑性指数(%)	线缩(%)
3651	5号	3.10~3.30	16.75	54.36	10.85	2.79	1.57	96.60	96.45	40.36	56.18	0.25	10.24
3652	7号	3.80~3.95	17.04	52.59	11.17	2.79	1.50	97.82	92.54	39.82	52.72	0.24	12.00
3653	8号	4.20~4.40	17.08	51.54	11.27	2.78	1.47	97.47	89.88	40.39	49.49	0.23	14.30

常张路慈利地段膨胀土综合测试结果(2) 表2

分析号	原号	体缩(%)	自由膨胀率(%)	膨胀量(%)	膨胀力(kPa)	颗粒组成(mm.%)				
						>0.075	0.075~0.010	0.010~0.005	<0.005	<0.002
3651	5号	29.78	85	0.65	—	1.49	18.32	0.76	79.44	78.28
3652	7号	35.89	85	1.38	65	0.72	18.80	0.92	79.56	78.00
3653	8号	36.89	88	1.18	65	1.33	17.71	0.48	80.48	77.04

常张路慈利地段膨胀土综合测试结果(3) 表3

分析号	原号	活性指标(A)	pH值	膨胀势判别结果		有效蒙脱石含量
				国标法	国标法	
3651	5号	3.10~3.30	16.75	中等膨胀	High expansion	28.55
3652	7号	3.80~3.95	17.04	中等膨胀	High expansion	27.81
3653	8号	4.20~4.40	17.08	中等膨胀	High expansion	27.08

南宁至友谊关高速公路宁明地段膨胀土综合测试结果见表4、表5、表6。

南友路宁明段膨胀土的基本性质指标试验结果(1)　　表4

自由膨胀率(%)	液限(%)	塑限(%)	塑性指数(%)	最佳含水量(%)	最大干密度(g/cm)	比重
67	75.2	34.0	41.2	15.2	1.81	2.76

南友路宁明段膨胀土的基本性质指标试验结果(2)　　表5

剪切试验记录(4r/min, $k=1.923$kPa/0.01mm)							
100kPa		200kPa		300kPa		400kPa	
剪切变形	剪应力	剪切变形	剪应力	剪切变形	剪应力	剪切变形	剪应力
0.01mm	kPa	0.01mm	kPa	0.01mm	Pa	0.01mm	kPa
169	325	199.5	383.6	233	448.1	264	507.7
$C=262$kPa				$\varphi=31.4°$			

南友路宁明段膨胀土的基本性质指标试验结果(3)　　表6

项　目	无荷载膨胀量试验(%)		有荷载膨胀量试验(%)		收缩试验(%)	
次数	试验1	试验2	50kPa	100kPa	试验1	试验2
测试结果	19.31	19.73	7.98	6.22	1.785	1.835

2)路基病害

上述两地段,边坡开挖暴露后在雨季和雨季后均出现多处边坡变形和滑坍,较多发生在岩土交界处,观察发现变形坍滑处往往是在地下水较丰富的位置,山坡多有地表裂隙。

4　膨胀土路基水损害对策措施

膨胀土所表现出的胀缩变形等特性主要决定于组成它的黏土矿物成分,物理化学特性和结构类型;同时受含水量和干密度以及水文、气候、地质、地貌、地理等外部条件的影响。无论采用物理方法或化学方法来改良,处治膨胀土,其关键是保湿防渗,即尽可能使边坡土体保持其湿度不发生大幅度变化。因为膨胀土路基边坡发生破坏的重要原因是土体的干缩湿胀、表层风化,以致抗剪强度大大降低,所以对所有坡面需快速有效地封闭。

4.1　排水措施

应有完善的排水设施使地面水、地下水顺畅排走。

(1)边沟应较一般地区加宽、加深。路堑边沟外侧应设平台。

(2)台阶形高边坡。每一级平台内侧应设排水沟以排除上部坡面水(在截水沟与坡脚间宜设一定宽度的平台以利坡脚稳定)。

(3)堑顶设截水沟。堑顶截水沟距堑缘5m以外,截水沟纵坡应利于排水。

(4)地面排水沟渠,特别是近路沟渠均应铺砌、加固,以防冲、防渗。已出现纵向裂缝的路堤应采用非膨胀土或浆砌片石封闭堤身(包盖法),用非膨胀土包盖时厚度不少于1m。同时灌浆封闭裂缝。有条件的地方则换填石灰土改良。

(5)边坡坡顶至截水沟之间应封闭,不得让雨水渗入。交界处和已采用了膨胀土作路堤填料的路段需增设盲沟排水。

4.2 支挡措施

在常张路慈利地段等弱、中膨胀土地区，课题组采取以下防治对策。

(1)采用浆砌片石满铺护面墙代替浆砌片石骨架草皮护坡，对于弱、中膨胀土边坡，这是最安全的路堑边坡防护方式，但一定要注意做好墙后排水设施，但因其呆板，可配合以爬壁藤绿化美化。

(2)根据地质情况，局部可采用钢筋混凝土框架加预应力锚杆的防护形式，其整体性好，不会被土的胀缩作用所破坏，缺点是造价较高。

(3)包盖法处理路堤，是路堤外包一定厚度的好土。这层好土(非膨胀土)主要起着三个方面的作用。一是保湿防渗，减少膨胀土湿胀干缩变化；二是利用好土的自重，减小膨胀土的膨胀量；三是汽车动载大，膨胀土强度(CBR 值)低，路床铺一定厚度的好土，即可防止膨胀土强度低的路面破坏，还可以减轻膨胀土胀缩变形对路面的影响。要起到这三个方面的作用，外包好土就必须有足够的厚度。

在南友路宁明段等中、强膨胀土地区，课题组除上述措施外补充采取了以下综合防治对策。

(4)土工格栅柔性挡墙(土工格栅包土支挡)，将路堑边坡超挖3.5m左右(边坡坡比1∶1.5)，再主要回填膨胀土，并分层铺土工格栅将土包起来支挡膨胀土边坡。为引排膨胀土边坡渗出的地下水，在挡墙下部和墙背铺碎石土透水层，在坡脚和墙踵处设0.5m×0.5m碎石渗沟，为截排山坡地下水，在坡顶截水沟下设0.8m×1.0m碎石渗沟。为防止土工格栅暴露在大气中，柔性挡墙外坡面铺0.3m厚种植土，植草绿化边坡，较高柔性挡墙外坡面现浇混凝土截水型骨架护坡，防止雨水冲刷。

(5)树根桩路堑边坡防护，边坡坡比为1∶2。主要采用树根桩稳定边坡；矮挡墙稳定坡脚；挡墙墙踵设渗沟引排地下水；坡面和坡顶采用 DAH 液、种植土、二布一膜保湿防渗；浆砌片石和现浇混凝土骨架护坡防止地表水冲刷边坡的综合设计方案。

(6)支承渗沟路堑边坡防护，边坡坡比为1∶2。支承渗沟稳定边坡和引排坡面下的地下水；矮挡墙稳定坡脚；挡墙墙踵设渗沟引排地下水；坡面和坡顶采用二布一膜和种植土保湿防渗；浆砌片石骨架防止坡面地表水冲刷。

4.3 生物工程措施

(1)做好工程建设区的地质环境保护工作，特别是工程活动强烈的部位，应采取植树、植草方法，恢复良好的生态环境，达到保持水、土的目的。

(2)对于切坡区及一些路堤段，应在护坡、护堤的同时，实施绿色植被的覆盖措施，以期达到防护边坡及保护路堤、减弱膨胀土危害的目的。

(3)对于坡度较陡的地段，可选择水保作用较好的草坡进行防护，同时，要做好地表水的疏、排工作。

4.4 避让措施

(1)工程建设过程中，应尽量避开大的地表水体；避开地表水易汇集的部位(地形对较低洼的地段)，以避免水体的影响而加剧膨胀土的危害。

(2)尽量避开回填膨胀土区的工程建设。

5 结语

对于膨胀土路基病害尤其是路堑边坡病害，应充分注意地表水、地下水的危害性，通过对水等的防治措施，改变滑坡内在的物理力学性质，顺其自然，以柔克刚，实践证明，常常能收到事半功倍的效果。

参考文献

[1] 中华人民共和国交通部．公路路基设计规范(JTJ 013—95)．北京：人民交通出版社，1995.

[2] 中华人民共和国交通部．公路路基施工技术规范(JTJ 033—95)．北京：人民交通出版社，1995.

[3] 中华人民共和国交通部．公路土工试验规程(JTJ 051—93)．北京:人民交通出版社,1993.
[4] 杨和平．膨胀土公路路基病害及破坏原因分析．中南公路工程,1995(1).
[5] 秦禄生,郑健龙．膨胀土路基边坡雨季失稳破坏机理的应力应变分析．中国公路学报,2001(1).

（本文被评为湖南省第11届自然科学三等优秀学术论文,依托的《膨胀土地区公路建设成套技术》荣获2009年度国家科技进步一等奖、《膨胀土路基设计、加固与施工技术研究》荣获2008年度湖南省科技进步一等奖。）

A Prediction Method for Skid Resistance Performance

Xu Yang Guan HongXin Zhang QiSen Zhang ChongLu

Abstract-Skid: Resistance of the new pavement generally meet the requirement of the traffic, but will gradually deteriorate in traffic service, the rehabilitation is acquired when the skid numbers lower than the typical threshold, To predicate accurately the deteriorating skid resistance of the pavement on the entire design life cycle, the friction deteriorating test of the asphalt mixture was performed firstly at different tire pressure; and then bring forward the prediction method for the new pavement based on the friction deteriorating equation of the asphalt mixture taking into account the affection of axis and wheel; based on the actual traffic volume data the deteriorating skid resistance performance versus the time was predicted , It shows a good agreement to the actual test data comparison ,It demonstrate that the method can be used to predict skid resistance performance.

Keywords-Skid: Resistance Deteriorate Asphalt pavement

1 INTRODUCTION

Skid resistance plays an important role in the design of wearing courses of Hot Mix Asphalt Concrete pavement. Without sufficient skid resistance, necessary friction can not be mobilized between the vehicle tire and wet pavement and this could lead to hydroplaning. When the tire hydroplanes the vehicle is no longer under the driver's control and such a situation can result in an accident. It is the responsibility of the pavement engineer to ensure that skid resistance of the pavement surface is maintained at an adequate level during the design life of the pavement. Nevertheless there is no systematic design methodology of skid resistance for the asphalt pavement currently, the new pavement design only require the wearing course has the value of friction not less than the recommended standard, without taking into account the durability of the skid resistance performance, it can not reflect how skid resistance and other surfacing properties changed with trafficking. Commonly, the changing process of skid resistance are based on the test data in maintenance and with it to predict skid resistance developing trend, butthis prediction method can not be applied to new asphalt pavement design.

A great deal of skid resistance deterioration tests were performed and get a number of valuable conclusions, for example with the increase of traffic volume, the skid resistance reduce. However, with different natural climate, traffic characteristics, testing equipment with different countries or regions, many skid resistance research was limited to the advantages and disadvantages of various asphalt mixture.

The effect of repeated loading are taken into account for the flexible pavement structural design, for example the fatigue effect of asphalt mixture under repeated loading was introduced to pavement design, in fact, the durability of cracking resistance is considered in this way. By this idea, new asphalt pavement's skid resistance prediction model is based on the friction deterioration test of the asphalt mixtures.

2 THE DETERIORATING FRIVTION FOR ASPHALT MIXTURE AT DIFFERENT TIRE PRESSURE

Skid resistance plays an important role in the design of wearing courses of Hot Mix Asphalt Concrete pave-

本文曾刊登于《第二届 IEEE 检测技术与机电自动化国际会议(ICMTMA)论文集(2010)》。

ment. Without sufficient skid resistance, necessary friction can not be mobilized between the vehicle tire and wet pavement and this could lead to hydroplaning. When the tire hydroplanes the vehicle is no longer under the driver's control and such a situation can result in an accident. It is the responsibility of the pavement engineer to ensure that skid resistance of the pavement surface is maintained at an adequate level during the design life of the pavement. Nevertheless there is no systematic design methodology of skid resistance for the asphalt pavement currently, the new pavement design only require the wearing course has the value of friction not less than the recommended standard, without taking into account the durability of the skid resistance performance, it can not reflect how skid resistance and other surfacing properties changed with trafficking. commonly, the changing process of skid resistance are based on the test data in maintenance and with it to predict skid resistance developing trend, but this prediction method can not be applied to new asphalt pavement design.

A great deal of skid resistance deterioration tests were performed and get a number of valuable conclusions, for example with the increase of traffic volume, the skid resistance reduce. However, with different natural climate, traffic characteristics, testing equipment with different countries or regions, many skid resistance research was limited to the advantages and disadvantages of various asphalt mixture.

The effect of repeated loading are taken into account for the flexible pavement structural design, for example the fatigue effect of asphalt mixture under repeated loading was introduced to pavement design, in fact, the durability of cracking resistance is considered in this way. By this idea, new asphalt pavement's skid resistance prediction model is based on the friction deterioration test of the asphalt mixtures.

3 THE DETERIORATING FRICTION FOR ASPHALT MIXTURE AT DIFFERENT TIRE PRESSURE

There are three friction indices to assess the skid resistance performance, that is surface Texture Depth (TD), British Pendulum Number (BPN), Sideway Force Coefficient (SFC), in this study British pendulum number (BPN) was used to assess the performance of skid resistance of the asphalt mixture.

Repeated loading was imposed to HMA sample (300mm × 300mm × 50mm) by the Loaded Wheel Tester, and the surface had been periodically measured. The load frequency is 42 cycles per minute, test temperature set to 21 ℃.

For the need of skid resistance design of the pavement, the skid resistance deterioration test was performed on the SMA – 16 specimen firstly under different tire pressure respectively, 0.7MPa, 0.9MPa, 1.1MPa, 1.2MPa and 1.4MPa. Change the friction between the test wheel and surface of the specimen by changing the vertical loads imposed to the wheel, the test results shown as figure 1.

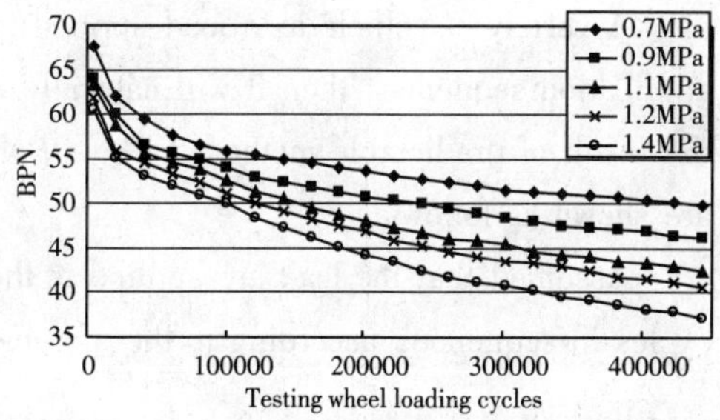

Figure 1 the deterioration result of the skid resistance

The BPN changes over the testing wheel loading cycles, the regression equation shown as follows:

$$BPN(\sigma, n) = 69.88419 - 0.66697 n^{0.28084} \sigma^{0.70655} \quad (1)$$

4 THE PREDICTION METHOD OF SKID RESISTANCE

It is convenient to predict friction trend of the asphalt mixture in a single axle load with the regression equation. However, the actual vehicles axle load on asphalt pavement is not constant load, but alternate load, how the skid resistance performance of the pavement deteriorate still need to be analyzed. The specific analyses are as follows.

①The BPN equation with different tire pressure and load number can be represented by follow equation:

$$BPN(\sigma,n) = a_1\sigma_1^b n_1^c + d_1 \tag{2}$$

Where:

$BPN(\sigma,n)$ = The British pendulum number of pavement.

σ = Tire pressure.

n = The number of load applied to the pavement.

a_1, b_1, c_1, d_1 = the regression constant dependent on the characteristic of the pavement.

②Assume that initial skid resistance performance of asphalt pavement to be BPN_0;

③After n1 cycles load under the tire pressure σ_1 the BPN would be $BPN_1 = a_1\sigma_1^{b1} n^{C_1} + d_1$;

④Then, n_2 cycles load under the pressure σ_2 was applied to the pavement, assuming the BPN would deteriorate in accordance with the corresponding BPN deteriorating curve under the tire pressure σ_2.

First of all, get the equivalent axle load applied number $n_{1,0}$ corresponding to BPN_1 in the BPN deteriorating curve; that is $BPN_1 = BPN(\sigma_2, n_{1,0})$, from the above equation, can get $n_{1,0} = \left[\frac{\sigma_1}{\sigma_2}\right]^{b_1/c_1} n_1$; then assume under the tire pressure σ_2 the load was applied n_2 cycles again to the pavement after the applied cycles $n_{1,0}$, then the BPN under tire pressure σ_2 after $(n_{1,0}+n_2)$ cycles application of load in the deteriorating curve is the final BPN, that is

$$BPN_2 = BPN(\sigma_2, n_{1,0}+n_2) = a_1\sigma_2^{b_1}(n_2+n_{1,0})^{c_1} + d_1$$

⑤Repeat steps ④, can get the BPN_i which means the BPN under the serial number i tire pressure with n_i cycles load applied to the pavement, shown as follows:

$$BPN_i = a_1\sigma_1^{b_1}(n_i + n_{i-1,0})^{c_1} + d_1 \tag{3}$$

Where:

$$n_{i-1,0} = \sum_{k=1}^{i-1}\left(\frac{\sigma_k}{\sigma_i}\right)^{b_1/c_1} n_k$$

⑥Compare the BPN_i to the threshold BPN_c in the specification, if $BPN_i < BPN_c$, the cumulative time correspond to the cycles of load application to the pavement is the moment to carry out rehabilitation.

5 THE ANALYSIS OF LOAD APPLIICATION SEQUENCE

A variety of vehicle axle load applied to the pavement, it is difficult to accurately survey and forecast the application sequence, then it will naturally wonder whether the load application operation sequence could affect the result of predictable methods? The BPN analyzed in two different application sequence of load application are shown as follows.

Assumed that the load are applied to the pavement under the tire pressure $\sigma_1, \sigma_2, \cdots, \sigma_n$ with $n_1, n_2, \cdots, n_n$ cycles in sequence, according to the aforementioned method the calculated result of BPN_i show as follows:

$$BPN_i = a_1\sigma_1^{b_1}\left[\sum_{k=1}^{i}\left[\frac{\sigma_k}{\sigma_i}\right]^{b_1/c_1}\right]^{c_1} + d_1$$

Now change the load application sequence, the last load was applied under tire pressure σ_m with n_m cycles, the BPN_m is shown as follows:

$$BPN_m = a_1\sigma_m^{b_1}\left[\sum_{k=1}^{i}\left[\frac{\sigma_k}{\sigma_m}\right]^{b_1/c_1}\right]^{c_1} + d_1$$

$$= a_1\sigma_i^{b1}\left[\left[\frac{\sigma_m}{\sigma_i}\right]^{b_1/c_1}\right]^{c_1}\left[\sum_{k=1}^{i}\left[\frac{\sigma_k}{\sigma_m}\right]^{b_1/c_1}\right]^{c_1} + d_1$$

$$= a_1 \sigma_i^{b_1} \left[\sum_{k=1}^{i} \left[\frac{\sigma_k}{\sigma_1} \right]^{b_1/c_1} \right]^{c_1} + d_1 = BPN_i$$

Obviously, it demonstrate the load application sequence does not affect the deteriorating process of *BPN*. With above conclusions, we can investigate the traffic volume and composition of axle load without consideration of the sequence of load application.

6 THE IMPACT OF AXLE TYPE AND WHEELSET

The foregoing analysis are based on tire pressure, but axle load are generally the investigated data, then replace the tire pressure to axle load is needed with the aforementioned method, which need to take account of vehicle axle and wheelsets.

Friction is in connection with the pressure between the pavement and vehicle tire, and have no connection with the strained condition in pavement. Because the surface of pavement automatically satisfy stress boundary condition, in this study the coefficient of the axle is equal to the number of axle, that is each axle will be considered separately from each other. As the wheelset coefficient , this article directly linked it with the tire pressure embodied in the wheel load . Assume that the tire pressure distributed uniformly in the contact surface, for example that the tire pressure of single-axle load and double-axle load calculated as below:

$$\sigma_i = P_i/(2A)$$

$$\sigma_j = P_j/(2A)$$

Where:

σ_i = the tire pressure of single-axle load

σ_j = the tire pressure of double-axle load

A = the tire contact area

Put the tire pressure into the formula 3, the deteriorating friction of the pavement can be calculated; the example was shown as below.

7 EXAMPLE

The initial year of one-lane traffic and represented vehicle type for a highway shown as Table 1. The average annual traffic growth rate is 6%.

TRAFFIC VOLUME OF THE FIRST YEAR Table 1

represented vehicle type	Beijing - 130	Yuejing - 130	Dongfeng EQ - 140	Huanghe - 150
Annual average daily traffic(pcu/d)	789	676	564	226

If the highway surface course is SMA16 used in the experiment, follow the steps mentioned above, the predicted BPN figure shown in Figure 2.

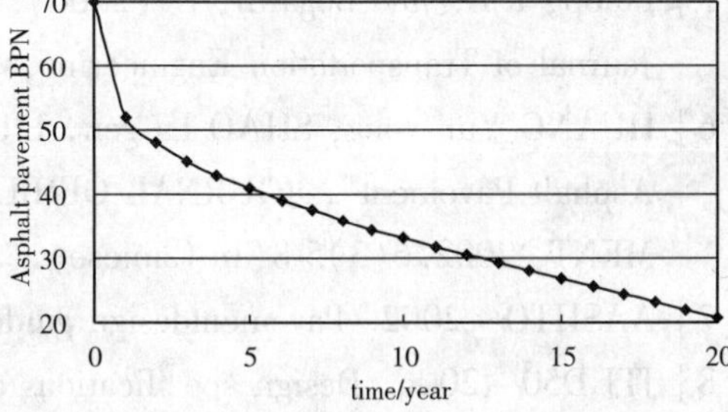

Figure 2 The predicted BPN value versus opening traffic time

Highway Asphalt Pavement Maintenance technical specifications (JTJ 073. 2-2001) set standards for the skid resistance performance shown as Table 2. From Figure 1 it can be found that the skid resistance state of the pavement is excellent from the open traffic to four years and 160 days , it is in good condition from 4 years and 161 days to 7 years and 120 days, it is moderate from 7 years and 121 days to 10 years and 300 days , it is in inferior condition from 10 years and 301 days to 14 years and 290 days, it is in worse condition after 14 years and 290 days.

SKID RESISTANCE STANDARDS OF THE PAVEMENT FOR BPN Table 2

	excellent	good	moderate	inferior	worse
BPN	≥42	37 ~42	32 ~37	27 ~32	≤27

The actual *BPN* of the highway is 40.5 after the 4 years, while the predicting value of BPN is 42.9, but the error is still acceptable. Because the traffic volume and axle load have some difference with the actual situation, it result in the inaccurate predictions.

8 CONCLUSIONS

(1) Proposed skid resistance prediction method of the flexible pavement based on the friction performance deteriorating equation.

(2) The load application sequence does not affect the deteriorating result of BPN. we can investigate the traffic volume and composition of axle load without consideration of the sequence of load application.

(3) Every axle will be considered separately from each other, Skid resistance is in connection with the pressure between the pavement and vehicle tire.

As the prediction method proposed in this paper based on the friction deteriorating equation of asphalt mixtures, prediction accuracy depends on the test data, and such test is time consumed, it need to accumulate data frequently; laboratory test load wheel is different from the actual vehicle wheel, and the frequency of laboratory testing is different from the actual conditions, all these are the need for further study.

REFERENCES

[1] Guo, Zhongyin, Yang Qun and Liu Benmin(2009). "Mixture design of pavement surface course considering the performance of skid resistance and disaster proof in road tunnels." Journal of Materials in Civil Engineering, v21, n4, p. 186-190.

[2] Jackson, N. Mike and Choubane, Bouzid(2007). "Measuring pavement friction characteristics at variable speeds for added safety." ASTM Special Technical Publication, v 1486 STP, p. 59-72, 2007, Pavement Surface Condition/Performance Assessment: Reliability and Relevancy of Procedures and Technologies.

[3] Ibrahim M. Asi(2005). "Evaluating skid resistance of different asphalt concrete mixes". Building and Environment, v 42, n 1, p. 325-329.

[4] Richter Elk(2004). "A new approach to skid resistance prediction of pavement surfaces." Bitumen, v 66, n 4, p. 144-149.

[5] Fulop, I. A. and Bogardi, I. (2000). "Use of Friction and Texture in Pavement Performance Modeling". Journal of Transportation Engineering, Vol. 126, No. 3, P. 243-248.

[6] HUANG Yun-yong, SHAO La-gen, LIUZhao-hu(2002). "Laboratory Test Study on Antiskid Property of Asphalt Pavement". JOURNAL OFHIGHWAY AND TRANSPORTATION RESEARCH AND DEVELOPMENT, 2002.6(3)5-8(in Chinese).

[7] AASHTO -2002. Pavementdesign guide[S].

[8] JTJ D50 -2006. Design specifications of highway asphalt pavement[S]. Beijing: China Communications Press, 2006(in Chinese).

(本文已被 EI 检索，依托的四川省雅安至西昌高速公路为交通运输部勘察设计典型示范工程和科技示范项目。)

山区高速公路水泥混凝土路面适应性探讨

王　维

摘　要:通过对山区修建水泥路面和沥青路面的对比分析以及经济评价,提出在山区高速公路上大力发展水泥混凝土路面。

关键词:山区高速公路　水泥路面　沥青路面

1　引言

根据全国各省交通建设目标,在“十一五”期间我国新建的高速公路将达到40 000多km,全国高速公路总里程将超过80 000km。经过近10年的高速公路大规模建设,我国大部分省份的高速公路建设将进入攻坚阶段——建设山区高速公路。

山区高速公路交通量一般不大,受地形限制,平纵指标均不是很高,边坡陡峻,长大纵坡较多,桥隧和石方路基比例较高,总的建设成本一般都超过平原微丘区的一倍。

近年来,我国高速公路的路面绝大部分采用的是沥青路面,沥青路面的设计寿命为15年,国外路面的实际使用寿命大多为10~12年,我国的许多沥青路面在建成后两三年迅速发生大面积损坏,这种现象在已修建的山区高速公路复杂地形上表现得更为突出。

2006年,普通重交通沥青由2005年的3 000元/t上涨至4 000多元/t,改性沥青价格接近5 600多元/t,沥青7 300元/t,上涨幅度超过了2倍。如此高昂的沥青价格对我国主要依托进口沥青进行高速公路路面建设带来了极为不利的影响。相对应的是,山区高速公路交通量远远小于平原微丘区高速公路,而造价大大高于后者。在这种情况下,让我们再一次想到了水泥混凝土路面。

2　山区水泥混凝土路面优越性分析

2.1　陡坡路段路面性能

在大纵坡或连续山坡路段行驶的汽车要保持其动力性能,务必加大油门,而进入发动机的燃油经排气管排出后散落在路面上,特别是技术状况较差或超载的汽车,其情况更为严重。而燃油(汽、柴油)能溶解稀释沥青,使沥青混凝土路面软化,被软化的沥青混凝土路面在汽车行驶时产生的水平推力作用下发生推移,形成车辙、壅包等路面病害。在垂直作用下,沥青混凝土路面表面被轮胎碾压后变得光滑。

由于汽车行驶的连续上坡路段长,发动机过热,动力性能下降,加上部分汽车超载,往往容易发生故障而抛锚。抛锚车辆除部分被施救车辆拖走以外,还有部分不能拖行的车辆只能就地修理。修理过程中,机件的拆卸、清洗时的清洗剂、润滑油污染路面,使沥青混凝土路面产生前述相同病害。

超载运输虽明文禁止,但因经济利益驱动难以杜绝。超载汽车在大纵坡或连续上坡路段行驶,克服上坡阻力的能力要比没有超载的汽车、小型汽车差,因此造成纵坡愈大,汽车克服上坡阻力的水平推力愈大,壅包更严重、车辙更深,并使路面表面愈光滑。而超车道和下坡车道这种现象却明显减少,有的路段几乎不存在路面病害。

本文曾刊登于《中南公路工程》2006年第6期。

水泥路面相比沥青路面而言，强度高出很多，稳定性强，虽然它也会被油污污染、磨光，但它可以清洗、清理并重新拉毛。

2.2 排水问题

水是路面的天敌，无论是水泥路面和沥青路面均存在水损害的问题，差别在于损害的方式不一样。在山区修建水泥路面相较沥青路面更利于解决路面排水问题，山区高速公路纵坡一般都比较大，从横向接缝渗入路面内部的雨水较易沿纵坡方向迅速排除。

2.3 安全性能

在山区高速公路上由于地形限制，常常存在几公里以上的长陡坡路段，该路段对路面的抗滑性能要求较高，沥青路面在高温季节，容易软化，级配不合理时，还容易出现泛油的现象，降低路面的抗滑性能。相比而言，水泥路面的抗滑性能就高得多，而且在需要的路段，可以重新拉毛处理。

不少山区高速公路还存在着冰冻、浓雾的影响，水泥混凝土的路面高抗滑性能有助于减少气候环境造成的安全事故。

2.4 路面养护

在路面养护时，沥青路面局部修复需要的机械较多，局部修复养护费用较高。水泥路面局部换板可用小型机具施工，动用的机械设备少而轻巧，便于施工。虽然沥青路面养护工程通车较快，但目前我国沥青路面的养护费用却是水泥路面的3倍多。

沥青路面局部修复或加铺时，需要的机械多而全，必须动用沥青搅拌楼、摊铺机和压路机，沥青路面振动压实能耗高施工中，沥青路面需要振动、碾压、密实成形，而水泥路面只需要振捣棒振捣密实成形。沥青路面的振动、碾压需要振动压路机压实、胶轮压路机精平，比水泥路面振捣成形需要的振动压实施工能耗高5~8倍。其局部修复养护费用比新建费用大致高4~5倍，而水泥路面局部换板可使用三辊轴机组或小型机具施工，动用的机械设备少而轻巧，其局部修复的养护费用是建造费用的2~3倍。

从原材料角度来看，水泥路面所需材料均可在附近就地采购或取用。

2.5 经济比较

(1)进口沥青单价是国产水泥单价的15倍，其平均价格为4 500元/t，是水泥单价300元/t的15倍，大大超过了我们所计算的6倍这个等投资平衡点。

(2)沥青路面集料的投资是水泥路面集料的2~3倍。粗集料：沥青路面是裸露粗集料路面，对集料的抗磨光、抗滑性、黏附性要求很高，要求使用玄武岩、辉绿岩等碱性集料，其价格视运距远近为水泥路面粗集料的3~6倍。

细集料：沥青路面级配由粗集料、细集料、矿粉三级原材料构成，比水泥路面不仅多矿粉这种一级原材料，一般还不允许使用天然砂，必须用机制碎石砂。在造价上，沥青路面使用的碎石砂价格是水泥路面的2~3倍，而且矿粉是额外需要投入的原材料。

(3)水泥路面的能耗优势也很突出，与沥青混合料为热拌和相比，水泥混凝土为冷拌和，可以节约大量能源。在高速公路施工过程中，铺筑沥青路面需要7~9道工序，而水泥路面一般只要3道工序。水泥路面的施工速度更快，工序更简洁，施工动用的机械更少，施工费用也更节省。

综合上述各种因素，水泥路面的建造费用比沥青路面节省一半。按每1 m^3 混合料测算，沥青混合料需要1 000~1 200元，而水泥路面仅需要500~600元。按厚度计算，18cm厚沥青路面高速公路每1m^2造价180~240元，而28cm厚的水泥路面每1m^2 只需要90~120元。

相同设计、施工水平下两种路面的使用年限比较在相同设计、施工水平下，水泥路面到大修的使用年限比沥青路面长一倍，与路面设计使用的基准期相当：水泥路面30年，沥青路面15年。

此外，水泥混凝土是无机硅酸盐材料，相对沥青混合料来说更环保。众所周知，沥青路面对公路周围的土地、地下水等会造成污染，沥青的自然分解与降解需要几十年，这也是国际上绿色环保组织反对大量建造沥青路面的重要原因之一。

3　山区修建水泥路面要解决的问题

路面的行车舒适性是一种车辆与路面联合作用的综合结果或驾乘人员的感觉效果，在车辆和平整度相同的条件下，水泥混凝土刚性路面的舒适性一般不及沥青柔性路面，沥青柔性路面的舒适性来源于车辆和路面的双重减振。客观地讲，水泥混凝土路面是一种刚性路面，缺乏沥青柔性路面的路面减振缓冲效果，因此，在相同平整度情况下，刚性路面几乎是完全弹性体，它引起的车辆颠簸和振动有所放大。且山区高速公路由于填切变化频繁，路基沉降不均，不采取措施，一般会造成路面错台现象严重，影响行车的舒适性和安全性。

4　解决措施

4.1　路基补强

对高速公路水泥混凝土路面路基进行全线观测，对沉降较大的路段进行全线沉降观测，对沉降较大的路段进行施工图阶段的细化补强设计，提出摊铺永久行水泥混凝土路面的不均匀沉降临界值。

根据水泥混凝土路面比沥青路面对路基稳定更为敏感的特性，在山区高速公路建设中，对路基的压实提高一级标准。对于粒料土、砂土采用兰派压路机强行重型压实；对塑性指数较高的黏性土，使用路床石灰改善土稳定技术。

在填切交错及特殊路段采用特殊处理。

4.2　选择合适的路面基层

水泥路面采用的基层类型很多，主要有水泥稳定基层，沥青稳定基层，石灰稳定基层，贫混凝土基层，以及级配碎石基层等。

1990 年，美国联邦公路局（FHWA）曾针对不同气候区的 95 个路面段，就基层类型对刚性路面性能的影响进行了认真的分析，得出的结论是：

（1）性能最差的基层类型是水泥稳定基层或水泥土基层，路面最易出现唧泥、错台和开裂。可能的原因是由于基层不透水，汇集了水分，且易于断裂，板下颗粒发生唧浆。我国现有高速公路水泥路面中采用最多的是水泥稳定碎石类基层，其先天缺陷导致水泥路面的现有不足，妨碍了水泥路面的推广。

（2）贫混凝土基层一般工作性能差。可能的原因是贫混凝土基层的混凝土面板翘曲应力大，导致横向、纵向裂缝；另一个可能的原因是水分留在路面板与基层之间的脱空层中。

（3）密级配沥青稳定基层，性能从好到坏都有。可能的原因是不合理的盆状设计导致严重的开裂、错台、唧泥。

（4）不设基层，直接铺筑在土基上的厚板路面勉强合格，这种路面对错台特别敏感，交通量不大时也是如此。

（5）建筑在集料基层上的路面性能从良好到很好，空隙越多（开级配）性能越好。集料基层的优点是使路面板翘曲应力小，即使集料基层是密级配的，也比稳定基层透水性好，摩擦系数低。

路面性能最好的基层是透水基层，典型基层渗透率小于 0.3m/d，好的透水基层渗透率达到 305m/d。透水基层需要特别关注的是路面板角挠度大，传荷能力低，这可能影响路面的长期性能，所以要求接缝设置传力杆。透水基层的另一个优点是有利于减少路面的耐久性裂缝。

在水泥路面结构设计中，基层采用开级配基层（排水基层），以便为迅速排除进入路面结构的水提供排水系统，保证路面的使用性能，防止唧泥、冒浆及其引起的错台等病害，延长路面的使用寿命。

4.3　选择合适的面层厚度和结构

1）提高面层厚度

我国以往设计的水泥路面厚度平均厚度较薄，适应不了特重、重交通量和超重轴载，现有高速公路水泥混凝土面层一般为 26cm，很少超过 28cm。大部分满足工可研究的交通量要求。但工程可行性研究和工程设计对我国高速公路的超载问题估计不足，缺乏足够的调查数据。有不少的路面由于路面厚度不够，在运营一段时间后就出现结构性破坏。

以26m宽四车道高速公路为例，路面厚度从26cm增加到30cm，每1km造价增加很少，但路面承载能力成倍数增加。从道路的绩效成本角度来说，增加的这一部分造价很划算。高速公路路面厚度可根据交通量及超重车情况提高30cm甚至32.5cm。

2)改变面层结构

(1)我国早期建设的绝大部分水泥路面横向均设置传力杆，不设的主要原因是施工不便。湖南省在水泥混凝土路面的设计和施工中发现在纵、横向接缝中设置传力杆，在胀缝中设置钢筋笼，能有效提高接缝的传荷能力，减少唧泥和错台等病害，并总结出一套完整的施工工艺。

(2)采用钢筋混凝土路面。钢筋混凝土路面是一种舒适性更好的水泥混凝土路面新结构。我国采用的配筋混凝土路面主要有预应力钢筋混凝土路面、连续钢筋混凝土路面和间断钢筋混凝土路面三种路面结构。

从湖南2000年完成的耒宜高速公路60km连续钢筋混凝土路面以及100余km超重载高等级公路的使用状况来看，它是所有高级路面中承载能力最强、使用年限最长的重载路面结构。

(3)钢纤维混凝土路面。钢纤维混凝土路面与普通混凝土路面相比，有很多优越性：①钢纤维在接缝中未切割部位与传力杆相似起到错台限制作用；②钢纤维混凝土路面的缩缝间距为10m左右，比普通水泥混凝土路面大，引起错台颠簸的横向缩缝减少一半，明显减少了错台。

4.4 水泥路面的"双掺"

在路面中掺加外加剂和掺和料，提高路面性能。随着公路建设技术的不断进步，对水泥混凝土的要求越来越高，水泥混凝土外加剂和掺和料起着不可或缺的作用。

在水泥混凝土中掺加适当的纤维，也有利于提高路面的韧性，提高路面使用性能。

参考文献

[1] 中华人民共和国交通部．公路水泥混凝土路面设计规范(JTG D40—2002)[S]．北京：人民交通出版社，2002

[2] 傅智．如何改善水泥混凝土路面的舒适性[J]．公路，2007(7)．

[3] 黄立葵．美国路面结构与性能[J]．中南公路工程，2005(9)．

[4] 赵军辉，沈晓海，张璎，等．山区高速公路上坡路段路线路面设计探讨[J]．公路，2004(12)．

长潭高速公路旧水泥混凝土路面上补强层的设计与方案比较

胡　伟　黄仁基　陈小波

摘　要：结合湖南长沙至湘潭高速公路旧水泥混凝土路面改造工程，分析在旧水泥混凝土路面上加铺补强层的必要性及补强层材料性能比选，并介绍最终的结构设计方案，以及连续配筋混凝土补强层的配筋设计。

关键词：旧水泥混凝土路面　补强层　连续配筋混凝土　配筋设计

连续配筋混凝土路面是一种高性能混凝土路面结构，在国外应用较早，美国、英国、法国、比利时、澳大利亚、日本和泰国等国家都铺筑了大量的连续配筋混凝土路面，有些路面虽已经历了数十年的运营，至今性能良好[1]。我国修筑连续配筋混凝土路面开始于20世纪80年代末期，至今已修筑了多条连续配筋混凝土路面，如湖南省的耒宜高速公路就修建了40多公里。2003年6月1日起执行的《公路水泥混凝土路面设计规范》（JTG D40—2002）已将其纳入其中。

连续配筋混凝土作为表面层自然是一种高品质的路面结构，但作为补强层而非表面层使用在我国还不多见。由于连续配筋混凝土路面仅产生微裂缝（<1mm）而无横向接缝，因此作为补强层使用就无需担心给上部沥青混凝土路面造成反射裂缝，这是其作为补强层的显著优点。

1　工程概况

长潭高速公路路面改造工程起始于长潭高速公路牛角冲互通，终点为马家河互通，全长44.833km。全线有4个互通式立体交叉，路基宽27.5m，原路面厚度为45cm，即25cm水泥混凝土路面层+20cm水稳基层。

沿线区域属于亚热带大陆型气候，具有气候温和，雨水充沛，四季变化明显等特征。年降雨量为1 500mm左右，4月至7月降雨量占年降雨量的60%~70%。1月份气候较冷，平均4℃左右，7月份气温最高，平均30℃左右，年平均气温17℃左右，高温气候长达四五个月之久，冰雪天少，无霜期为260~310天，雨季是影响本路段施工的主要因素。

长潭高速公路是京珠国道主干线的一段，长潭高速公路2001年年交通量为7 240 900辆（绝对数），日平均交通量为19 838辆/日（绝对数）。其中轴重大于10吨的车占37.6%，而轴重大于13吨的超重车有22.98%。根据《公路水泥混凝土路面设计规范》（JTG D40—2002）进行轴载换算，通车6年来标准轴载累计作用次数为10 746 920次，相当于原设计使用年限内标准轴载累计作用次数11 217 638次的95.8%，已接近使用寿命。

全线仍按四车道高速公路设计，计算行车速度为120km/h，路基宽度为27.5m，设计荷载标准为汽—超20，挂—120。路面按可靠度设计标准进行设计，设计基准期30年，设计基准期内设计车道标准荷载累计作用次数为8.18×10^9次。

本文曾刊登于《湖南交通科技》2004年第1期。

2 基础资料调查

2.1 路基路面状况调查

本次改造工程设计的重点是路面结构设计。为了提出安全合理可靠的路面加铺方案,首先要彻底弄清原路基路面的强度、弯沉值等各项技术指标。为此对全线进行了路况调查、路面雷达测试、弯沉及承载板测试以及平整度检测。

根据调查,长潭高速公路主线的破损率达到27.6%,互通的破损率也达到11.8%。依据规范JTG D40—2002第8.2.2条的评定标准,主线路面损坏状况已属于"差"等级。通过路面雷达的无损检测,长潭高速公路混凝土板脱空率也相当高,其中,行车道的脱空率超过70%,超车道和硬路肩的脱空率也超过50%。

弯沉与弯沉差测试结果为:左幅弯沉平均值24.7(0.01mm),弯沉差21.8;右幅弯沉平均值45.5,弯沉差33.6。平均弯沉值大于42比例:左幅13.2%,右幅39.6%;弯沉差大于6的比例:左幅66.7%,右幅80%。

水泥混凝土钻芯试件强度及模量试验结果:抗折强度平均值:5.84MPa;抗折强度标准差:0.28MPa;抗折强度代表值:5.55MPa;抗弯模量:37 734MPa。

平整度测试结果如表1。

长潭路平整度统计表 表1

序号	路幅 项目	右幅 行车道	左幅 行车道	右幅 超车道	左幅 超车道
1	平均超差次数	27.2	19.9	23.8	24.5
2	位移平均值(mm)	2.21	1.39	2.57	3.42
3	平均平整度	3.57	3.67	2.51	2.87

2.2 交通量与轴重调查

采取24小时连续观测2天,调查交通量大小、轴重情况及其分布、交通量组成。轴重采用轴重仪测试有代表性车辆的后轴重,详见表2、表3。

现有交通量调查分析表 表2

小型客车	大型客车	小型货车	中型货车	大型货车	大型双后轴货车	中型货车加挂车	大型货车加挂车	合计
7 748	631	501	641	4 067	1 526	1 461	2	16 577
46.74%	3.81%	3.02%	3.87%	24.53%	9.21%	8.81%	0.01%	100%

现有交通量轴载分析表 表3

轴载分级(kN)	20~80	80~100	100~120	120~140	140~160	160~180	180~200	>200
轴数(次)	10 094	1 208	1 589	2 151	2 328	663	71	8
轴次比重(%)	55.73	6.67	8.77	11.88	12.85	3.66	0.4	0.04

2.3 路基路面排水与桥涵调查

现场调查路基路面排水方式,及边沟、排水沟、路肩沟及中央分隔带超高段排水设施的完善程度。上跨桥桥下最小净高测量,桥梁、涵洞、通道的安全状况、工作状况(包括结构性破损、非结构性破损、排水等各个方面)调查,对各种加铺方案下的桥梁结构安全进行验算,在调查和验算的基础上对安全状况不良的桥梁进行静载试验检测(全线有8座桥做了静载检测),以最终确定每座桥的允许加铺层厚度。

3 设置补强层的必要性与补强层材料结构选型

表面层无论采用何种材料与路面结构,都要求基层有足够的强度,能承受从面层传递下来的车辆荷载。而根据前节所描述的对老路的调查情况来看,脱空率高、弯沉值大、平整度差,即将成为"基层"的旧路面结构层强度严重不足,必须进行处治与补强。

旧路面结构层的处治的方法目前在国内用的较多的无非两种,一种为换板、灌浆、灌缝综合处治;另一种为破碎稳固法处治，这两种方法都有大量的应用事例。而补强层目前大多采用各种类型的混凝土材料，下面着重介绍几种常见的设计中曾详细比较过的补强层材料。

3.1　纤维混凝土

常应用的加筋纤维有钢纤维和软纤维两大类。

钢纤维具有高强度、耐高温、高弯曲弹性和高取向等路用性能[2]。在混凝土机体中掺入少量钢纤维，可使混凝土物理力学性能产生质的变化，大大提高混凝土抗裂性、抗冲击性及韧性等，使混凝土从传统的低抗拉脆性材料变为高强度韧性材料，而且可减少板块厚度，增加接缝间距，节省施工时间和工程投资。

软纤维即合成纤维，是继钢纤维混凝土后发展起来的，如聚丙烯纤维。由于软纤维呈惰性，不受混凝土酸碱性环境影响而衰变，也不吸收湿气，换言之，它不随时间的增长而损失，还具有高强度、高延伸率、高取向性、易拌和等路用性能[2]。

3.2　连续配筋混凝土

连续配筋混凝土路面(简称 CRCP)是在路面纵向连续配置足够数量的钢筋，施工时完全不设胀、缩缝的一种混凝土路面结构。在降温和混凝土干缩变形作用下，CRCP 会产生细小的横向随机裂缝，但由于纵向连续钢筋的约束，这些裂缝保持紧密接触，裂缝宽度极微小，相对于素混凝土而言，CRCP 作为补强层具有以下优点：

①消除了普通混凝土路面的横向接缝，无需担心引起沥青面层的反射裂缝；

②纵向连续配筋提高了混凝土板的传荷能力；

③CRCP 耐久性好，使用寿命长；

④养护工作量少，基本上是一种“零养护”路面；

⑤路面平整度和行车舒适性好。

但连续配筋混凝土应用于补强层也有它的弱点，主要是造价较素混凝土要高，其施工工艺较素混凝土要复杂，而且施工速度也要慢一些。

3.3　素混凝土

素混凝土作为补强层或半刚性基层应用于旧水泥混凝土路面的加铺层的事例很多，特别是旧路采用破碎稳固法处理后，一般都采用 2 层素混凝土进行补强。优点是造价便宜且施工简便，它的主要弱点在于有较多的横向接缝，作为补强层容易而使面层引起反射裂缝，因此需进行防反射裂缝的结构处理。同时，韧性差、接缝处的传荷能力差也是其不足之处。

4　补强层结构设计方案

4.1　补强层结构的技术经济比较

长潭高速公路路面改造工程的工期紧，政府要求年内完工，同时又是省门第一路，质量要求高，因此在旧路面结构层的修复处治的诸多方案中，我们选择了换板、灌浆灌缝这种成熟、施工简便快速的方案。并将修复后的 25cm 旧混凝土板作为新路面结构中的基层参与受力计算来进行补强层的结构设计。下面是钢纤维混凝土、纤维网混凝土、素混凝土以及连续配筋水泥混凝土(CRCP)4 种补强层结构的技术经济比较表(见表 4)。

各被强层结构技术经济比较表　　表 4

	钢纤维混凝土	纤维网混凝土	素混凝土	CRCP
厚度	15cm	15cm	22cm	18cm
优点	高强度、抗冲击性好	高强度、施工快	易搅拌，施工快	接缝少，使用寿命长
缺点	搅拌较困难，造价较高	—	横向接缝多	施工速度稍慢
造价	102.0 元/m^3	80.2 元/m^3	70.3 元/m^3	92.8 元/m^3

由于 CRCP 具有横向接缝少,使用寿命长的显著优点,对减少沥青面层的反射裂缝有不可替代的作用,因此我们最终采用了 18cm 连续配筋混凝土作为补强层。

4.2 连续配筋补强层计算分析及结构设计

4.2.1 补强层厚度的计算分析

依据《公路水泥混凝土路面设计规范》(JTJ D40—2002),按分离式双层混凝土板结构进行计算,计算参数为:改性沥青混凝土面层厚度为 10cm;连续配筋混凝土板强度值 5.0MPa,模量 31 000MPa;旧水泥混凝土路面板厚度 25cm,强度值 4.5MPa,模量 27 000MPa;旧水泥稳定砂砾基层顶面当量回弹模量 130MPa。

经过 3 次试算得到连续配筋混凝土板的最小厚度为 18cm。

4.2.2 补强层配筋计算

计算参数:水泥混凝土强度等级为 C35,弯拉弹性模量 31GPa,厚度 0.18m,混凝土抗拉强度标准值 $f_t = 3.2$(MPa),黏结刚度系数 $k_s = 32$(MPa/mm),连续配筋混凝土干缩应变 $\varepsilon_{sh} = 0.0003$。选用 HRB335 螺纹钢筋,纵向钢筋直径 $d_s = 18$mm,弹性模量 $E_s = 200$GPa、屈服强度 $f_{sy} = 335$MPa。

初拟配筋率 $\rho = 0.6\%$,验算横向裂缝间距为 $L_d = 1.51$m 满足 1.0 ~ 2.5m 的要求;根据钢筋刚度贡献率取 $\phi = 0.04$ 和 $b = 4.6$,验算裂缝宽度 $b_j = (a_c \Delta T + \varepsilon_{sh})\lambda_b L_d = 0.93 < 1$mm;验算钢筋应力 $\sigma_s = E_s(\alpha_c \Delta T \lambda_{st} + \alpha_s \Delta T) = 312\text{MPa} < f_{sy} = 335\text{MPa}$。

上述验算结果均满足规范要求,证明初拟的纵向钢筋配筋率是合适的。钢筋间距为:

$$\frac{\pi d_s^2}{4\rho h} = \frac{\pi \times 0.018^2}{4 \times 0.006 \times 0.18} = 240(\text{mm})$$

横向钢筋的配筋量 $A_s = 127.67\text{mm}^2$,钢筋间距为 800mm。横向钢筋采用 HRB335 螺纹钢筋,直径 $d_s = 16$mm。

5 结语

旧水泥混凝土路面改造工程中补强层的方案选择与设计应综合考虑旧路的状况、工期、造价以及表面层的技术要求等各种复杂因素,应在各种基础资料调查详实的基础上,进行充分的论证。本工程采用连续配筋混凝土补强层再加铺改性沥青混凝土表面层,在结构上是可行的。通过计算,补强层厚度采用规范的最小值 18cm 即可满足结构受力的要求。

参考文献

[1] 查旭东,张起森,等. 高速公路连续配筋混凝土路面施工技术研究. 中外公路,2003.
[2] 刘中林,等编著. 高等级公路沥青混凝土路面新技术. 北京:人民交通出版社,2002.
[3] 谢源生,等. 广深高速公路沥青路面维修工程方案设计. 中外公路,2003.
[4] 中华人民共和国交通部. 公路养护技术规范(JTJ 073 - 96)[S]. 北京:人民交通出版社,1996.
[5] 曹东伟,等. 连续配筋混凝土路面的配筋设计方法. 公路,2001.12
[6] 中华人民共和国交通部. 公路水泥混凝土路面设计规范(JTG D40 - 2002). 北京:人民交通出版社,2002.12

(本文依托的《连续配筋混凝土复合式路面应用技术研究》荣获 **2007** 年度湖南省科技进步三等奖,湖南省长沙至湘潭高速公路路面改造工程荣获 **2007** 年度公路交通优秀设计二等奖、国家优秀测绘工程银奖。)

水泥混凝土路面快速修复技术展望

张重禄 肖秋明

摘 要:文中从混凝土材料组成、配合比设计、施工设备和技术等方面介绍了国内外水泥混凝土路面的快速修复的新技术,并对未来快速修复技术进行了展望。

关键词:水泥混凝土路面 快速修复 混合料 外加剂 配合比

1 引言

我国高等级公路的路面主要采用沥青混凝土和水泥混凝土路面,其中,南方地区由于气候湿热,降水量大,一般倾向于修筑水泥混凝土路面,许多省市的干线公路已逐步实行"硬化"。然而,现有的许多水泥混凝土路面,特别是20世纪80年代和90年代初修筑的水泥混凝土路面,由于设计、材料、施工技术、施工管理和质量控制等方面的不足,以及自然灾害的破坏等原因,投入使用3~5年后就出现了大量的早期破坏。

同时,由于现有道路网的交通需求,不可能长时间关闭交通来进行修复,需要修复的路面应在尽可能短的时间内投入使用。因此,水泥混凝土路面的快速修复技术是未来急需研究的发展方向,本文就快速修复技术,从材料和施工两方面介绍国内外的新技术,并对未来的发展趋势进行展望。

2 水泥混凝土路面的快速修复技术

目前,我国混凝土路面快速修复技术通常是在不改变施工工艺的前提下,选用优质的水泥基材,或者选用合适种类的外加剂,降低混凝土的水灰比,调整混凝土的配合比,从而提高混凝土的密实度,增加水泥与骨料间的界面黏结作用,以达到施工后3~7天通车。但是,许多实际的修复工程中,尤其是高速公路,3~7天的中断交通是难以接受的。因此,修复到通车的时间间隔应该更短,下面对水泥混凝土路面快速修复的一些新技术进行介绍与展望。

2.1 混凝土混合料

1)水泥

水泥是混凝土中最具活性的组成材料,水泥的选择与合理的使用是获得高质量混凝土的关键所在。对于快速修复工程,国外常用快凝或快硬水泥,除了常规的早强水泥和掺外加剂的水泥以外,新型水泥也得到开发。日本广泛地应用调凝水泥(或称喷射水泥),这种喷射水泥的终凝时间为15min,而普通硅酸盐水泥为190min。由喷射水泥拌制的砾石混凝土掺入0.3%的缓凝剂后,初凝时间约为40min,而普通混凝土需要5h,一天龄期的喷射水泥混凝土的抗弯强度可达到4.1MPa,抗拉强度可达到2.5MPa。采用喷射水泥进行路面维修可在12h以内完成,并恢复交通。

美国开发了一种称为"派拉蒙特"(Pyrament)的混合水泥,这种混合水泥拌制的混凝土,24h抗压强度达到13.4MPa以上,而28天抗压强度可达82.7MPa,4h抗弯强度约为3.4MPa。纽约州采用派拉蒙特混合水泥,12h完成一座桥梁接缝的修复。肯塔基州的巴克利地方机场,在寒冷气候条件下,5h内重建了

本文曾刊登于《国外公路》2000年第1期。

7.6m×18.3m 的机场跑道。

对于快速修复工程,要在尽可能短的时间内修复路面并恢复交通,以及降低工程造价,开发和使用新型的快硬或快凝水泥是未来工程材料发展的一个研究方向。

2)集料

随着我国全民"环保"意识的增强与大力提倡"可持续性发展",选择开山劈石的质量好的集料,不仅对自然生态环境的破坏大,而且需要消耗大量的能源。因此,对于公路工程,未来应该开发新的集料资源,以利于保护环境,节约能源,同时为快速修复提供充足的集料。开拓集料来源可以从以下几个方面来考虑:

(1)通过机械处理、混合、盖层和浸渍等方法,改良工程性质不满足规范要求的边次集料与低质量集料,并通过经济分析加以比较选择。

(2)降低规范与规程中对集料的标准要求较高的条目,允许采用更多类型和品种的集料。

(3)利用固体垃圾或废料,包括高炉矿渣、钢渣、粉煤灰、底积粉煤灰、锅炉矿渣、废玻璃、煤渣、橡胶轮胎、焚化炉矿渣和尾矿渣等。

(4)采用合成集料,胀性土或页岩通过热处理可生产轻集料,这种轻集料具有多孔的结构与磨损后保持尖锐外露孔壁(细胞壁结构)的性质,由此拌制的混凝土具有理想的抗滑性能,使之成为路面工程中具有良好性质的材料。磷酸盐黏土或煤矿尾矿渣等副产品或废料,经热处理后,可成为其他原材料的资源。陶瓷集料是另一种合成集料,经过制陶技术处理,可作为抗滑集料使用。由于合成集料的费用高,广泛应用于路面工程应研究降低其生产成本的新技术。

(5)采用再生集料,通过再生技术,回收利用旧混凝土路面或沥青混凝土路面,作为再生集料,在一些地区,利用再生集料比处理这些废料更为经济,对环境也更为有利。

通过以上这些技术,可大大地扩大集料来源,在水泥混凝土路面的快速修复技术中,利用路面再生集料与固体垃圾或废料等将是未来研究的方向。

3)外加剂

为了提高水泥混凝土的质量,加速或延缓凝结时间,提高抗冻和抗硫酸盐的侵蚀,控制强度的增长,以及提高和易性和修整性等,通常在拌制混凝土期间,或者之前在混凝土配料中掺加一种以上的化学外加剂、粉煤灰和其他矿物混合料。混凝土外加剂有数百种之多,但是,新型的外加剂仍然在研究开发。在路面工程中,许多种类的外加剂得到了广泛的应用。

在快速修复工程中,较多采用促凝剂或早强剂,以加快混凝土早期强度增长,缩短凝结时间,其中最常用的促凝剂是氯化钙。但是,氯化钙容易造成混凝土中的钢筋腐蚀,因此,不含氯化物的促凝剂引起人们越来越多的关注,硫酸盐、甲酸盐、硝酸盐和三乙醇胺等已成功地应用于混凝土。三乙醇胺是一种油质、水溶性、鱼腥味的液体,是氨和乙烯氧化物反应的产物,可加速 C_3A 水化成六方铝酸盐的过程,并加速六方铝酸盐转化成立方铝酸盐的过程,但不会加速水泥中硅酸盐的水化过程。甲酸钙、亚硝酸钙和硫代硫酸钙等也可加快混凝土的凝结。

通过在混凝土中掺加钢材、木材、碳、纤维素、碳铅合成纤维和聚丙烯纤维等纤维材料,可有效地控制混凝土开裂,减少收缩和渗透,以及提高抗冲击力,这些纤维增强混凝土得到广泛的研究与应用。同时,纤维也可作为维修材料使用,提高材料的力学和物理性能。在快凝水泥中,加入聚丙烯纤维,可提高水泥的性能。SHRP 计划中的一项创造性的研究项目表明,在混凝土中掺加碳纤维可拌制阴极保护的导电混凝土。在碾压混凝土中掺加钢纤维,可提高碾压混凝土开裂后的强度和耐久性。

4)配合比设计

混凝土混合料配合比设计,是按比例地选择水泥、集料、水、外加剂或其他成分,以最低成本生产符合工程性质要求的混合料的过程。我国多采用体积配合比设计方法,先确定集料级配,水泥:细集料:粗集料的比例,再按照水灰比加入水使混凝土达到所需的和易性与标号要求。

随着工程技术的要求与计算机技术的发展，混凝土配合比设计领域的发展集中在以下几个方面：①通过发展计算机辅助技术来简化标准设计程序；②在混合料配合比设计中应越来越多地使用外加剂与矿物混合料；③研究开发混合料配合比新理论，重点研究集料级配和性能的影响。开发混合料配合比的专家系统是未来的重要发展方向，专家系统应建立在成功的经验与粒径分布和流变理论模型的基础上，能更准确地预测和易性、强度和耐久性，根据用户输入的材料特性、环境和荷载条件及设计的使用寿命，专家系统会自动地选择合适的材料和配合比，以确定费用最经济而且符合所有输入条件的混合料。

2.2　施工技术

1）施工设备

随着滑模摊铺技术的推广应用，新建技术得到较为完善的发展，未来除了滑模摊铺机的自动化程度和自动控制的革新以外，不会有太大的变革，新型的施工设备在修复技术中将得到积极的开发和研究。

美国提出了一种新型的摊铺机设想，称为零侧距摊铺机（ZCP），这种零侧距摊铺机在修复与重建工程中，具有特殊的意义，其目的是将摊铺机限制在需维修的车道上，而让相邻车道的交通正常开放，这样，避免维修时关闭交通或者严重干扰交通。美国混凝土机械学会采用了一种方法，可以初步实现这个目的，通过对普通的混凝土摊铺机进行改进，去掉一组履带，而把另一组履带加长向前伸出。这种方法要求机架足够坚固并能保持重量平衡，其效果确实是一侧的零侧距摊铺机。另外，美国还采用了一种称为"最小侧距的轻型牵引机"，其位于履带车之后，施工中，路面的绝大部分宽度由滑模摊铺，留下的条状空由螺旋布料机送到履带车的后面，然后采用轻型牵引机进行摊铺并振捣。目前这种技术得到的平整度难以满足高等级公路的要求，主要应用于城市的街道。当然，绝对的零侧距与真正对交通无干扰是不可能的，因为，无论如何都需要在车道的一侧，为摊铺机后续工序的所用设备和整平设备提供一些空间。随着技术的改进和革新，该项技术具有广阔的应用前景。

在修复技术中，对于振捣、整修与养生等设备，其趋势将是随着新建工程的施工设备的发展而发展。

2）抗滑处理

许多水泥混凝土路面在未达到使用寿命以前，虽然未产生任何结构性损坏，但往往因表面砂浆的磨损，以及集料的磨光，路面的抗滑性能难以满足正常行车的需要。因此，路面的抗滑处理是未来水泥混凝土路面快速修复技术的重要研究方向。

通常对于硬结的混凝土路面，一般都是采用金刚石研磨、刻槽、喷砂、喷水，或化学处理的方法制作纹理，来增加抗滑性能。加铺薄层的沥青混凝土罩面与防滑层也能达到相同的目的。对于快速修复工程，在不降低原有路面的强度与耐久性的前提下，如何选择与确定较为经济且快速的方法，有待进一步的研究。

3　结语

本文针对水泥混凝土路面的快速修复技术，对国内外的混凝土材料组成与施工技术进行了简要的介绍，重点介绍了水泥、集料、外加剂、配合比设计、新型的施工设备与抗滑处理等方面，并对未来的发展趋势进行了展望。随着我国公路水泥混凝土路面里程的增加，未来的快速修复技术显得尤为重要，因此，我国在积极开发研究新技术的同时，加强快速修复技术的研究，以利于提高整个公路网的水泥混凝土路面的服务能力。

参 考 文 献

[1] 交通部水泥混凝土路面推广组．水泥混凝土路面研究[M]．北京：人民交通出版社，1997.

[2] American Research Council. Synthesis of Current and Projected Concrete Highway Technology (SHRP - C - 345) [R]. 1993. 8.

[3] National Research Council. Strategic Highway Research Program. 1990. Carbon fiber reinforced concrete. Contract no. SHRP - 87 - iDol2 ; Quarterly progress report [R]. Washington: SHRP, National Research Council.

[4] Guntert. R. M. 1989. New Developments in Concrete Slipform Paving Equipment for the 21st Century. In Engineeing 21st Century Highways: Proceedings of Conference April 24 ~ 26. 1988. ed. T. A. Hall. 232-246 [R]. New York: American Society of Civil Engineers.

（本文依托的《水泥混凝土路面快速修复技术研究》荣获2007年度湖南省科技进步三等奖。）

新老高速公路交叉时互通立交设计的几个问题

张浩平

摘　要:高速公路网的建设是一个层次分明、循序渐进的过程,随着国民经济和高速公路的迅猛发展,大部分新建的高速公路将与原有的高速公路相交,该类型互通式立交由于受到节点规划、原有高速公路的平纵指标、运营安全等因素的制约,互通的选址、选型和设计具有其既定的特点和要求。以湖南省多个新老高速公路交叉的枢纽互通为例,总结了新老高速公路交叉时该类互通式立交的特点和设计要点。

关键词:高速公路网　互通式立交　特点　设计要点

1　引言

从1988年上海至嘉定高速公路建成通车至今,在《国家高速公路网规划》"7918"网国道主干线系统规划的指导下,我国高速公路从无到有,总体上实现了持续、快速和有序的发展,到2006年底,我国高速公路通车里程超过4.54万km,继续保持世界第二位。以湖南省为例,1994年湖南第一条高速公路——长永公路建成通车;2002年11月临长高速公路通车(这标志着京珠国道主干线湖南段全线贯通);2002年12月,上瑞国道主干线潭邵高速公路通车(湖南高速公路里程突破1 000km);至2006年底,湖南省高速公路通车里程达到1 406km,在建里程达到1 200km。湖南省高速公路网形态,从早期最初的单线单向逐步过渡到网络化阶段,如早期的长常、衡枣、京珠等高速公路因起步较早,建设过程中极少碰到与高等级公路相交的情况,反之后期如在建的邵永、潭衡西等高速公路,均与已建成通车的潭邵、衡枣等高速公路交叉,该类型互通式立交由于受到节点规划、既有高速公路的平纵指标、运营安全等因素的制约,互通的选址、选型和设计具有其既定的特点和要求,本文以湖南省多个新老高速公路交叉的枢纽互通为例,初步总结了新老高速公路交叉时互通式立交的既定特点和设计要点。

2　新老高速公路交叉时互通式立交的既定特点和要求

新建高速公路与既有高速公路相交,由于建设时间的差异性,同时受到节点规划、既有高速公路的平纵指标、运营安全等因素的制约,互通的选型和设计具有如下既定的特点和要求:

(1)受路线规划走向的影响,交叉节点选址受限大。高速公路走廊带与社会经济和产业布局、其他运输方式等制约因素密切相关,而一旦走廊带确定以后,为保证路线顺畅快捷,在与既有高速公路相交时,往往交叉节点只能在既有高速公路某个特定区段内"滑动",因此,互通的设置往往与互通周边的地形、地物匹配较困难,既有高速公路的平纵面指标可能偏低或不能满足互通设置的几何条件。

(2)均为枢纽型立交,转换的交通量大,主次流交通一般分化明显。由于高速公路本身承担的交通量极大,加之作为一个网络化的节点,往往各转向交通流较大且存在主次之分。就目前全国已建成的高速公路枢纽互通立交形式来看,对于十字交叉,一般以定向+部分苜蓿叶形式较为常见,丁字交叉一般为定向Y形为主;全定向及全苜蓿叶形式相对少见,另外由于高速公路绝大部分已经实行联网收费,十字交叉时不宜采取双喇叭方案。

(3)互通范围内既有高速公路的平纵面指标相对于设置互通的线形条件要求可能偏低。由于前期

本文曾刊登于《公路工程》2008年第3期。

路网规划的不确定性和新建公路的滞后性,往往既有高速公路的设计没有考虑到枢纽互通的设置条件,其平纵面指标可能只满足正常路段标准(正常路段与互通范围内的平纵指标值相比差别非常大,见表1),或仅满足互通式立交范围内的主线平纵面指标的极限值要求,不能满足互通式立交范围内主线平纵面指标的一般值要求,尤其是在山区高速公路中平纵面因地形限制,极易出现该情况。

高速公路互通范围与正常路段平纵指标对比 表1

设计速度($km \cdot h^{-1}$)			120	100	80	60
最小圆曲线半径(m)		一般值	2 000(1 000)	1 500(700)	1 100(400)	500(200)
		极限值	1 500(650)	1 000(400)	700(250)	350(125)
最小竖曲线半径(m)	凸形	一般值	45 000(17 000)	25 000(10 000)	12 000(4 500)	6 000(2 000)
		极限值	23 000(11 000)	15 000(6 500)	6 000(3 000)	3 000(1 400)
	凹形	一般值	16 000(6 000)	12 000(4 500)	8 000(3 000)	4 000(1 500)
		极限值	12 000(4 000)	8 000(3 000)	4 000(2 000)	2 000(1 000)
最大纵坡(%)		一般值	2	2	3	4.5
		最大值	2(3)	2(4)	4(5)	5.5(6)

注:括号内数字为正常路段规定的一般值和极限值。

(4)施工阶段对老路行车安全存在不利影响和干扰。新建高速公路主线和匝道跨线桥,以及变速车道部分在施工阶段将对老路行车安全存在不利影响和干扰;一般而言,既有的高速公路既不能开挖破坏,更不能中断交通,因此,新建高速公路主线和匝道均只能上跨老路,与地形不匹配时将不利于互通方案的层次组合设计。

(5)立交节点主线前后路段设计速度及设计标准有可能不同。(如厦蓉线与京珠线相交的水龙枢纽互通,厦蓉线汝郴段设计速度为80km/h,郴宁段设计速度为100km/h),并将在互通范围内过渡。

(6)分期、分段实施的可操作性。高速公路一般是分段分期实施的,且其分界点很可能就是以既有的高速公路为分界线(如二广线邵永路—永蓝路与衡枣路相交的接履桥互通),为确保投资效益的最大化,互通的设置一般会按分期实施的原则修建。当然对于同一个业主最好是采取一次性设计和施工;但对于不同的业主,尤其是大量民营资本进军高速公路资本市场的情况下,互通的设计必须保证分期、分段实施的可操作性。

(7)考虑高速公路改建扩容的可行性。我国目前大部分高速公路系按双向四车道高速公路修建的,随着社会经济和交通运输的迅猛发展,部分高速公路(如京珠线湖南段)在可预计的将来很有可能进行改扩建以增加通行能力,以及路面的改造,因此立交设计必须考虑改建扩容的可行性,为以后的主线及互通改造留有余地。

3 新老高速公路交叉时互通式立交的设计要点

由于新老高速公路交叉时具有其既定的特点和要求,因此该类型互通的设置相应的具有如下特点:

(1)互通设置位置应符合高速公路网规划和路线方案总体走向。新老高速公路交叉时互通式立交位置的确定,首先应符合高速公路网规划,在保证新建高速公路顺畅快捷及交通功能正常的前提下,兼顾立交位置的地形、地物条件,立交周围道路的衔接,设置间距、主线平纵指标等条件。此外,若转向主次流交通量分化明显需采用(半)定向互通形式时,可有意识地将新建高速公路与被交路采用斜交,以便于互通匝道布设(如图1所示的某互通方案设计,2条主线斜交时更有利于3条半定向匝道的布设及纵面设计)。在与规划的高速公路相交时,应对互通位置及方案进行预留设计。

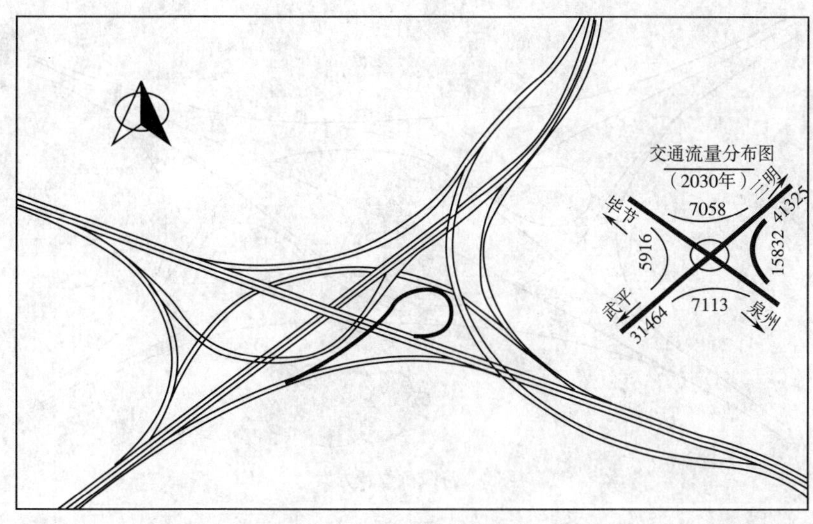

图1　某互通方案设计

(2)对于互通范围内老路(既有高速公路)平纵线形指标偏低的情况,关键是从交通安全性和行车方向易辨别性两个角度出发,判断是否需对老路改造或采取其他处理措施。互通式立交范围内的主线平纵面指标应高于主线正常路段标准,尤其是在主线的分(合)流部位,应有良好的视距及较缓的纵坡,尽量避免较大的横坡,其本质是确保交通安全和行车方向(包括出入口)的易辨别性,若一味追求高指标,则必然导致老路大范围的平纵调整,增加工程造价。在具体的设计中,对于既有高速公路平纵指标偏低的情况,如果是属于大于极限值而小于一般值的情况可以尽量不改,通过加强交通标志等安全设施确保交通安全;如果是属于小于极限值的情况,则可根据实际情况采取如下处理措施和设计手段:以书面的形式报请业主或被交路所属管理者批准,对互通范围内的老路实行改造;避开老路指标低的部位,将匝道提前(或滞后)与老路在指标高的部位分(合)流,或结合互通选型进行其他特殊的设计;指标小于极限值的位置若避开分(合)流部位时可以尽量不改,但要保证在分(合)流部位具有良好的视距及较缓的纵坡、横坡,同时对安全性进行必要的评价,设置限速等交通管制措施,以及尽量提高分(合)流部位匝道的平纵面设计指标。

(3)尽量减少对老路行车安全的不利影响和干扰。为保证老路直行车辆的连续性和行车安全,减少施工和运营阶段对老路的干扰和破坏,可采取以下措施和设计手段:①若无特殊限制,最好是新建公路和匝道均上跨老路。②有条件时尽量不要在老路中央分隔带设墩,以确保行车安全、减少行车干扰、避免破坏光缆。③尽量减少跨线桥对老路的影响,如将跨线次数少、跨线桥位置集中的方案作为选型方案的比较因素之一,当两座匝道跨线桥相近时,可考虑匝道桥合并跨越(如图2所示,跨线桥位置集中且可能合并)。④尽量减少既有高速公路主线分(合)流部位个数和路段长度,将交通量从主线流出后再进行左右转弯匝道的分配。⑤结合互通方案设置集散车道。⑥进行合理可行的施工组织设计、施工期间临时交通组织和安全设施设计。

(4)关于分期、分段实施的可操作性。对互通按分期实施的情况,从统筹考虑的角度出发,必须按一次性设计、分期施工的原则进行,同时为避免二期施工中再次对既有高速公路的运营管理及运营安全造成不利影响,原则上应将与老路搭接部分和匝道跨线桥一并修建,具体界面一般划分至匝道与主线分(合)流端的锲形端处或在此基础上再适当延伸。

(5)考虑高速公路改建扩容的可行性。首先应对被交路的交通量增长资料、发展趋势、服务水平、改扩建计划等进行充分的收集和分析,在此前提下对跨线桥的净宽净高留有余地,一般情况下,互通范围内被交路净宽按双向6~8车道预留,为利于路面改造,净高宜按不小于5.2m预留。除此以外,因老路扩建时锲形端会内移,从而缩短了匝道拉坡长度,因此在分(合)流部的匝道纵坡应平缓,缓坡段长度相应适

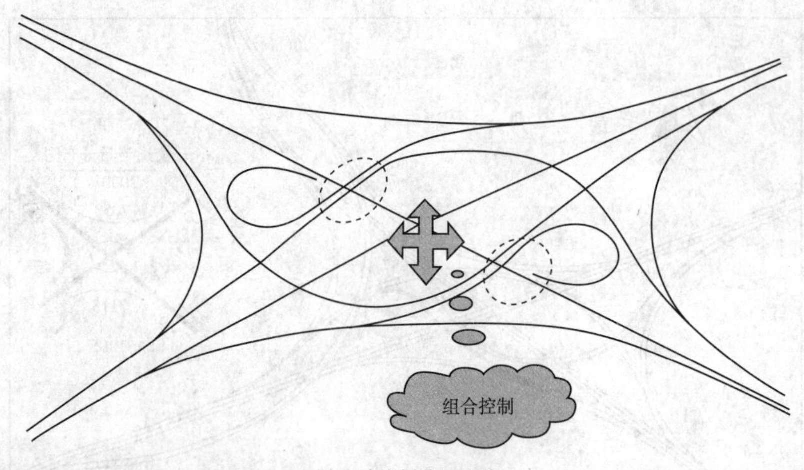

图2 跨线桥位置方案

当留长，则后期互通本身的改造工程量及规模就会大幅减少，同时也利于行车安全。

另外，随着主线交通量增长，匝道承担的转弯交通量亦会增大，单车道匝道可能要改造成双车道，因此对于单车道匝道跨线桥，若预计交通量有较大增长时，桥面宽度宜按10.5m预留。

(6)关于互通方案设计的其他若干问题。关于匝道通行能力及匝道类型的选择：该类互通为两条高速公路交叉的枢纽型互通，转换的交通量大，在立交整体运行中只要有一条匝道的通行能力不能满足该方向交通量的要求时，就会干扰或影响整个立交的正常运行，因此该类互通的交通量预测应充分，在决定匝道的类型(定向、半定向、环圈)、车道数、平纵指标时适当留有余地，以确保匝道通行能力。如对于一般互通而言，环圈型匝道的适应交通量控制在6 000Pcu/d内(小客车)，大于6 000Pcu/d可考虑定向或半定向，而对于新老高速公路相交的该类互通，环圈型匝道的适应交通量可适当保守，按5 000~6 000Pcu/d以内考虑。

关于层次设计：一般而言，新建高速公路主线和匝道均只能上跨老路，因此不利于互通方案的层次组合设计，另外从互通的简洁性和通透性来讲层次也不宜太多，以2层—2层半—3层较为适宜，从目前已建及在建的枢纽互通来看，以2层半为主，超过3层后将造成互通规模和造价剧增，同时层次繁杂增加了互通的整体识别性以及驾驶员心理负担。

关于平纵组合：由于规范未强调互通匝道的平纵组合和具体控制指标，使得纵面设计过于自由，导致可能出现平纵组合极不合理的情况，加之该类互通匝道的设计速度较一般互通大得多(如全定向匝道可能达到80km/h)，承担的转向交通量非常大，从而留下安全隐患。因此，在设计过程中应加强平纵组合设计(如变坡点不得与反向平曲线的拐点重合、直线段内不能插入短的竖曲线等)，反复优化平纵线位。

关于车道数平衡：当出入口采用双车道变速车道时，为满足车道数平衡，原则上应设置辅助车道，但在实际设计过程中，往往为片面节约老路加宽改造的工程量，将本应设置或可能需要设置双车道的出入口设计为单车道出入口，从而可能导致运营后期的出入口通行能力不足，对这个问题互通设计人员应在核实交通量后慎重考虑。

4 设计案例分析

拟建的厦蓉高速公路与已建的京珠高速公路相交，设置水龙枢纽互通式立交，该互通具有如下特点：

(1)受厦蓉高速公路总体路线方案影响，互通选址受限大，互通范围内地形条件复杂，地势起伏大，东南侧与西南侧均有一座11万V高压铁塔；

(2)互通范围内已建的京珠线(设计速度100km/h)存在3%坡段，不满足100km/h主线互通纵坡的要求，同时互通范围内厦蓉高速主线位于长大下坡的坡底端，交叉点两条高速公路高差约20m；

(3)厦蓉线汝郴段设计速度为80km/h,郴宁段设计速度为100km/h,而该互通正好位于郴宁段起点;

(4)京珠高速公路是湖南省目前最繁忙的高速公路,施工期间不能对其正常运营造成较大影响;

(5)京珠高速公路的扩容改建已进入相关议程。

针对以上特点,互通方案选择应根据厦蓉线走向结合地形进行布设,尽量避免深挖方,并远离高压铁塔影响范围;由于该段地形及京珠线纵面指标的限制,同时为便于厦蓉线汝郴段和郴宁段的衔接,避免京珠高速大范围的平纵调整,降低造价,经多次方案论证及评审,互通范围内厦蓉线与被交道京珠线均按设计车速80km/h进行设计,互通范围内京珠线设置限速等交通管制措施。

互通方案设计:设计单位根据转向交通量、地形条件、2条主线走向等因素,经论证和比较后推荐混合苜蓿叶形双层互通(见图3)。该方案充分利用地形,西侧只布置一个右转匝道,由此避开西侧深挖路段,并将左转匝道通过东侧象限进行布设,合理避开高压铁塔的影响范围;整体为非对称布置,平纵面线形顺畅,占地和拆迁较少,为尽量减少施工期间对京珠线的干扰,跨线桥设置位置集中、布局紧凑;每个方向右转匝道均从左转匝道上分流,减少主线进出口数量,避免多个连续的出口,利于转向车流的交通组织;考虑到京珠线扩容改建的可能性,跨京珠线的主线和匝道跨线桥均考虑预留;为克服新老高速公路的高差,将匝道与主线提前分离展线。

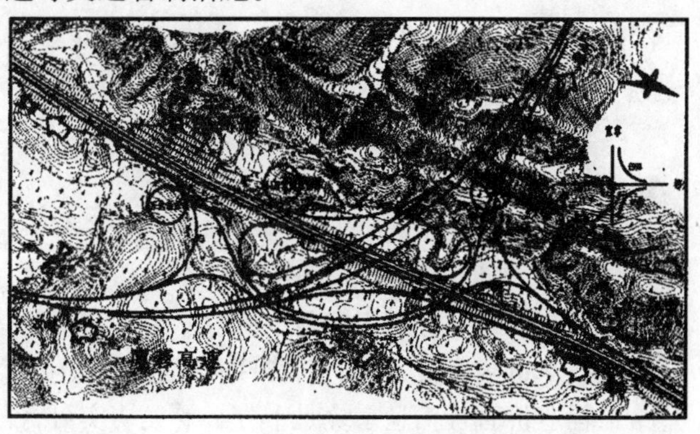

图3　水龙枢纽互通方案

5　结语

对于一座互通设计方案的确定并不是一个简单的过程,它同时要涉及许多制约因素,且需要协调这些因素的相互关系。对新老高速公路交叉时的互通式立交的既定特点和要求进行了一些初步总结和分析,并对其设计特点和要点进行了相应的探讨。

参考文献

[1] 聂蓉,王俊.高速公路网互通式立交布局规划影响因素分析[J].交通科技,2005,(4).

[2] 丁静声.高速公路枢纽互通式立交规划、选型与设置[J].公路交通技术,2006,(6).

[3] 铁道部第四勘察设计院.《厦门至成都国家高速公路湖南省汝城至郴州公路初步设计文件》.2007.

[4] 杨智勇.互通式立交设计探讨[J].中南公路工程,2005,30(2):63-65.

[5] 刘新强.浅析互通式立交设计中的几个问题[J].湖南交通科技,2004,30(1):20-21.

公路工程造价管理信息系统的构想与实现

陈　政　周景阳

摘　要:从造价管理信息系统的构想及技术手段入手,提出建设地区性造价管理信息系统的整体解决方案。

关键词:公路工程　造价管理　信息系统　解决方案　构想

在交通建设大发展时期,要确保政府投资产生最大的经济效益,控制工程造价是“三控”中重要一环。多年来,各地公路造价管理部门、企业积累了大量的公路工程造价资料,但如何对其进行存储、整理、分析、审核,如何充分利用资料中所蕴涵的大量造价信息,已成为各造价主管部门面临的重要议题。随着计算机技术迅猛发展,特别是宽带网络的普及,为公路工程造价管理提供了全新的解决思路。因此建设公路工程造价管理信息系统是十分必要又切实可行的,这有助于加强项目的造价动态管理,提高工作效率,提高投资效益,增强工作透明度,进一步适应 WTO 的要求。

1　公路工程造价管理信息系统的构想

目前,信息化建设过程中,普遍存在只重视应用系统的研发,缺乏对数据环境建设的认识,造成数据环境混乱,缺乏统一的数据标准和规范,影响应用系统的整合应用,更难以进行数据挖掘、决策分析等高层应用,严重制约信息化发展,因此,应按照“统一标准,独立建设”的原则来构建公路工程造价管理信息系统。

公路工程造价管理信息系统不只是一个简单的分析系统,而应是着眼于数据标准化与系统应用整合的关系,消除信息孤岛、资源整合的整体解决方案;应规划为一个解决公路造价管理和控制过程中资料的输入、存储、查询、统计分析的信息数据库整体解决方案;应兼备“管理部门的宏观调控需求”与“公众数据信息服务需求”,采用 B/S(浏览器/服务器)模式,通过权限管理,兼顾系统资料的安全性及易用性。规划由以下 4 大部分构成:

(1)数据接口标准制定:基于国际标准的 XML 可扩展标记语言,是标准化、公开的、开放性的接口数据标准。

(2)基础数据编制采集器:公路工程造价软件,工具级单机应用软件,基础数据采集器。

(3)核心分析应用系统:公路工程造价信息数据库系统,接收基础数据,进行分析,产生内部、公众两类数据。

(4)数据增值服务:造价信息服务网,服务于广大造价工作者,用于接收基础数据及发布公众类数据分析结果。

解决方案各部分关系图见图 1。

2　公路工程造价管理信息系统的实现

2.1　制定数据接口标准

(1)公路工程造价信息数据库遵循标准性、开放性原则,提供一个基于 XML(可扩展标记语言)的标

本文曾刊登于《湖南交通科技》2005 年第 1 期。

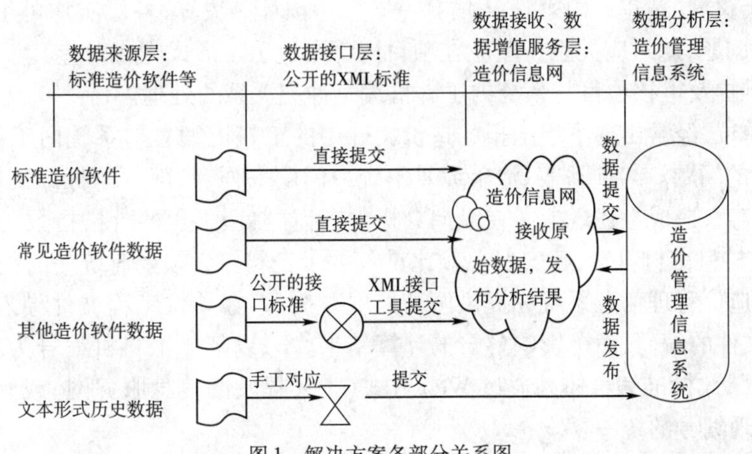

图1　解决方案各部分关系图

准化、公开的、开放性的接口数据标准，即任何软件的数据结果，只要符合此"公开的数据标准"，造价管理信息系统均可识别，进而对数据进行分析。

(2)数据接口形式。基于上述数据标准，对造价管理信息系统建设前后的基础数据类型进行归纳，主要有四大类：

①专用基础数据编制及采集器：造价管理信息系统配备一标准造价软件(公路工程造价软件)，含估、概、预算及招投标清单报价编制功能，所编制造价数据完全符合上述XML标准，直接与数据库实现无缝连接，保证造价基础数据的不断积累的同时，作为符合XML数据标准的范例，引导市场其他造价软件。

②使用常用造价软件编制的数据(造价管理信息系统的数据接口标准制定前)：对于在此数据标准公布以前，用常见计算机软件编制的造价文件，造价管理信息系统直接读取其数据，确保造价管理信息系统能获得最大的可分析数据来源，确保基本数据来源。

③使用任一造价软件编制的数据(造价管理信息系统的数据接口标准制定后)：任何软件的数据结果，只要符合造价管理信息系统发布的"公开的数据标准"，造价管理信息系统均可识别，进而对数据进行分析。

④文本形式的历史造价数据：这些历史造价数据的表现形式，一般基于交通部概预算编制办法进行编制，有共同的编制基础，因此，可根据造价管理信息系统的分析需要，编制标准表格格式，组织人力，使用Excel电子表格软件，将文本形式数据提炼成造价管理信息系统可分析的数据。在国内其他造价管理信息系统的实现过程中经常采用。

造价软件市场已相当成熟，但共同数据标准仍未见探索，其直接的结果，就是导致造价数据不能进行有效积累及分析，更无法实现各区域造价数据库的联合分析应用。应该指出，数据标准的制定，应由行业主管部门或行业协会进行，只有行业共同遵守的标准，才有更强的生命力。

(3)与数据标准有关的部分数据接口分析。

①估概预算项目表编号、清单范本编号字典维护及审核项目与之的对应关系。

建议编制强制性标准时，针对现状，造价管理信息系统可提供两种处理方式：a)以部颁项目表、清单编号为基础(1999年及2003年2套招标文件范本)，建立一套可维护的"标准编号体系"，此标准编号体系通过Web方式(信息服务网)或刊物形式不断更新补充，在一定范围内实现编号的统一；b)对不规范的单项工程编号、清单编号，在导入系统时，采取智能识别与手工对应两种方式与系统内"标准编号体系"实现对应。智能识别即分析单项工程名称与标准编号名称间的相近性，减轻手工对应的工作量。

②估概预算各阶段单项工程编码对应关系维护。

要纵向分析建设项目在不同阶段的造价，进行各项费用比例比较、工程量比较、技术经济指标比较分析等，就必须要对各阶段编码进行对应。对应的基本原理是估算项目表的涵盖面要大于概预算，概预算项目表的涵盖面大于决算(清单)。因此,从估算→概算→预算→决算,各层次均可生成一对多的对应关系(由于编号不统一问题,此对应关系一般应在项目内部通过手工形式完成对应)。

③工料机字典维护及审核项目与系统内工料机编号冲突关系的处理。

作为造价审核单位,经常出现下级上报的造价文件中的工料机编号与系统内工料机编号重复(事实上不是同一个材料)的问题。与项目表、清单编号不统一问题一样,除部颁的标准工料机编号外,新增工料机的编号随意性较大,造成上述现象。在纵向分析中"计算典型工程的价格指数"及"计算主要材料权重系数","计算主要材料占材料费、建安费总额比重",要求工料机必须要有统一的编码。

针对上述现象,造价管理信息系统亦提供两种处理办法:a)在单位工程文件导入过程中将提示修改系统内编码或导入文件的编码,而不影响各自的计算结果。b)以部颁工料机编号为基础,建立一套可维护的"标准编号体系",此标准编号体系通过 Web 方式(上述提及的信息服务网)或刊物形式不断更新补充,在一定范围内实现编号的统一。

④工料机价格信息调查、计算、价格信息发布。

通过各地市、各单位大量单项工程造价文件的积累,其中的工料机价格信息均在系统内进行分析、统计,进而可计算出某月份的全省加权平均价,某地市的全年平均价格,全省全年平均价格。与造价站自行进行的信息价调查,形成公路工程价格信息,服务于公路工程造价编制。

2.2 基础数据编制采集器

作为造价管理信息系统的基础数据采集终端,配备公路工程造价软件工具级单机应用软件,此软件应完全符合上述 XML 数据标准格式。

2.3 造价信息服务网

造价信息服务网是一个公众数据服务网站,在整个造价管理信息系统内起"接收基础数据"及"发布公众类数据服务"的双重功能。造价信息服务网见图2。

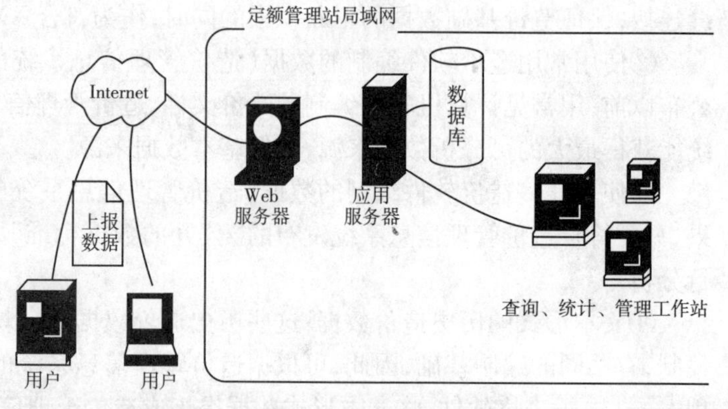

图2 造价信息服务网

(1)数据接收。系统采用 B/S 结构,各地市、各相关单位准备需上报的数据,通过"造价信息服务网"以远程方式上传至 Web 服务器;造价管理信息系统服务器定时从 Web 服务器内获取上报的数据,参与分析。提高造价数据积累的易用性及效率,减轻各单位上报数据的难度,同时以信息增值服务鼓励各单位上报数据。

除可远程上报数据外,作为补充系统提供软件等其他数据载体形式的数据导入。

(2)数据发布。造价信息服务网,以会员制方式提供造价信息,服务于广大造价工作者,实现"以库养库"的良性循环:①常规信息:"工料机价格信息服务"、"造价文件发布"、"编办定额信息"、"建设项目信息";②由造价管理信息系统分析产生的可公布信息:"单项工程价格指数"等。

2.4 核心分析应用系统

1)造价分析及审核

通过造价管理信息系统标准的数据接口获取基本分析数据;通过项目编码、工料机编码的对应维护。数据环境已成功建立,系统已完全获得进行造价数据分析的一切基础,即可进行数据挖掘、决策分析等高层应用。本文只提及各部分分析要点。

(1)价格指数计算。①计算典型工程工料机价格指数;②计算单项工程的建安工程价格指数;③计算某年度某类工程的综合价格指数。

(2)纵向分析。①各阶段造价比较分析;②阶段造价增长率和超支率;③估概预算各项费用比例比较;④估概预算工程量比较;⑤估概预算技术经济指标分析;⑥合同价、结算价对比分析;⑦工程三算(概算、预算、决算)对比分析;⑧概预算费用汇总分析;⑨造价构成权重分析。

(3)横向分析。①横向对比分析,包括技术经济指标对比,预算单价对比;②动态指标计算,以技术经济指标为分析指标,计算具有可比性的连续不同年代编制的造价数据的各种动态发展指标,包括:平均值、标准偏差、发展水平、逐期增长量、累积增长量、环比发展速度、定基发展速度、环比增长速度、定基增长速度、平均发展速度;③造价趋势预测,在收集并整理了大量的工程造价基础资料数据基础上,运用合理的数学模型,如一次线性模型、二次抛物线模型、三次曲线、指数曲线、成长曲线、龚柏资曲线等,对不同建设年代、不同建设项目的技术经济指标进行分析比较,得到未来年份的发展趋势。

2)各类报表

除《编办》规定的报表及上述纵、横向分析产生的各项分析报表外,系统还将生成的报表有:建设项目竣工财务决算表(部批、省批);建设项目竣工结算汇总表(部批、省批);建设项目竣工决算汇总表(省批);工程造价与概算执行情况对比表(部批、省批);比较表和分析表。

3)造价审核

造价审核通过与造价管理信息系统同时发布的公路工程造价软件完成,导入上报的数据后,产生审核前后的单价(技术经济指标)、金额对照表。

4)造价数据查询及存储备份

(1)数据查询。可通过多重组合查询获取所需要的数据,项目特征数据如项目类型、路线长度、编制范围等信息在导入时已保存在系统内,更多详细可查询字段信息可自行设定、输入项目的其他信息,如新技术应用、新补充定额说明等资料,采取文本形式与项目关联,可进行数据查询。可手工添加建设项目至查询结果内。对查询的结果可直接进行造价分析。

(2)数据备份。为使系统长期稳定地运行,减少因数据丢失、意外修改带来的损失,系统采用数据库完全备份和恢复功能。

根据设置,系统执行定时或手动完全备份操作,完全备份数据库。在意外情况下,需要恢复所备份的数据时,执行恢复命令,找到所备份的数据即可。数据备份及恢复操作均只能在服务器上进行。

2.5　权限管理及系统维护

1)用户管理

用户管理主要完成用户、用户组信息的增加、删除、修改功能;设定用户的系统模块使用权限、密码,管理用户可调用模块功能以及是否具有增加、修改、删除、浏览打印、导入、导出、审核等使用权限。

2)建设项目管理

主要负责建设项目各阶段、项目范围、项目特征信息的维护管理。采用树状目录结构。建设项目,下挂建设项目各阶段(估、概、预、决、清单合同预算)造价文件,造价文件下挂各阶段编制范围报表。

(1)建设项目文件管理。通过从造价软件中直接导入,其所属的单位工程分别为路线工程、独立桥梁工程、独立隧道工程,分别进行标识。建设项目所属单位工程可随时进行维护,修改。

(2)建设项目特征信息。根据建设项目类型区别;通过从造价软件中直接导入基本信息,可根据造价分析、便于查询统计的需要添加新字段,导入后自行填写。

对关于建设项目、单位工程实施过程中新技术应用、经验教训、新补充定额说明等资料,采取文本形式与项目关联,并可实现搜索查询。可由上报单位撰写,并可由汇总单位填写、编辑。

(3)编制范围。报表的编制范围或合同段信息。

2.6　系统架构、软件平台及配套工具与标准

(1)架构。数据采集采用B/S架构;核心分析应用采用C/S(工作站/服务器)模式。

(2)软件平台。服务器端:Microsoft Windows advanced;客户端:Microsoft Windows98以上的各个版本;数据库:SQL Server2000。

3 结论

公路工程造价管理信息系统是一套“造价管理信息系统的整体解决方案”,由“数据接口标准、基础数据编制采集器、核心分析应用系统、数据增值服务”四大部分组成;解决“数据兼容性、数据输入、数据分析、数据输出”四大要点;是一套标准化、开放性、可扩展的造价管理信息系统。能对控制项目的投资提供有力的决策支持的同时,又为公众提供广泛的数据服务,使公路工程造价管理工作迈入新里程。

参 考 文 献

[1] 唐清明.公路建设工程招投标管理信息系统探讨[J].湖南交通科技,2003,(2).
[2] 高幸.公路工程施工项目管理信息系统的规划[J].中南公路工程,2001,(1).

山区高速公路施工组织设计研究

周 旭 刘义虎 傅 波

摘 要:从山区高速公路的特点入手,提出了山区高速公路施工组织设计的方法,重点讨论了常德至张家界高速公路第20合同段的施工组织设计。

关键词:山区 高速公路 施工组织 设计 研究

常张高速公路是湖南省省会长沙通往世界著名风景区张家界的高速公路的一段,该路在岩汨渡至终点段长约50km的路段,路线沿澧水河岸布设,沿线两岸狭窄,地形陡峭,全路段处于暴雨集中区,河水陡涨陡落,芝柳铁路沿南岸通过,高速公路沿北侧布线,工程量在个别合同段特别集中,施工场地回旋余地小,如16、19、20、21合同段,其中尤以位于七里潭、狗子滩段(K150+900~K156+000)的第20合同段最为突出。该合同段有高架桥9座共长5 440m,废方95万m^3,大部分为平面和纵面分离式路基和高架桥,内部干扰大,施工极为困难,是常张高速公路的关键性和控制性工程。

1 施工组织设计需要解决的问题

(1)合理选择路线、路基以及各种构筑物的方案,方案的选择往往考虑的因素很多,它是一个综合的、复杂的过程,但在山区特别是地形、地质条件复杂的山区,施工组织尤其应作为一个非常重要的因素予以注意。

(2)选择合适的预制场、拌和场、弃土场位置,合理地划分合同段以方便工程施工。

(3)山区地形横坡陡峻,修建桥梁所需的预制场、拌和场的场地选址困难。

(4)山区高速公路虽大量采用桥梁隧道,但仍避免不了高填深切、土石方量大,受地形条件限制弃土场选址困难。

(5)山区地形复杂,往往原有铁路、公路网络非常落后,加之山区河流极不规则,河床纵坡陡、落差大,且近年来地方的非法开发(如沿河随意筑坝),种种因素造成施工所需的设备、材料进场十分困难。

(6)合理安排各项工程的施工顺序,避免各项工程的施工干扰,如路基和桥梁、隧道的施工干扰,桥梁与隧道之间的施工干扰,分离式路基路段上路基和下路基的施工干扰等,施工过程中务必加强安全管理。

(7)路基施工应尽可能选择多个工作面进行,全面推进,有序进行。

(8)施工场内设备材料运输,山区高速公路常常由于场地狭小,施工设备、材料在场地内周转运输拥挤,因此场内施工便道、便桥等临时设施应予以充分考虑。

(9)构筑物基础和下部构件混凝土的供应方案,根据场地的条件和有可能的施工能力,混凝土采用何种拌和方式,混凝土采用什么运输方式等问题要解决。

(10)桥梁上部构造的预制与安装方案:大型预制场集中预制一般在施工现场及附近很难寻找,因而存在构件运距远、需要专用运梁车来解决运输问题、安装时数量大等问题,施工进度很难满足施工工期要求。

本文曾刊登于《中南公路工程》2005年第1期。

(11) 施工期间的环境保护要密切注意,施工组织设计要防止水土流失,减少噪声和废气污染,杜绝人员伤亡,切实保护环境。

2 常张高速公路第20合同段施工组织设计

2.1 场地条件和设计概况

常德高速公路第20合同段位于慈利县境,全长5.1km,路线沿澧水河北岸布设,为两山夹一河地形,地面横坡陡峭,交通极不方便,以分离式路基为主,主要以高架桥及隧道通过,见图1,图1中主要构筑物见表1。本合同段合计有9座高架桥,单幅长5 440m共198孔,隧道单幅259m/座,路基切石方94.8万m^3,填方9.5万m^3,隧道出碴2.8万m^3,填切抵消后,废方96.3万m^3。合同段内按地理位置分为七里潭区和狗子滩区:k150+900~k153+200七里潭高架桥工程:5座,132孔,钻孔桩,187根,3717m^3,混凝土11 710 m^3,结构钢材1 410t;下部构造混凝土15 760m^3,结构钢材729t;20m空心板453片,混凝土5 465m^3,结构钢材1 729t;T梁444片,混凝土10 238m^3,结构钢材2 328t。k153+200~k156+000狗子滩段高架桥工程:4座,66孔,钻孔灌注桩63根,585m,混凝土2 967m^3,结构钢材209t;下部构造混凝土8 195m^3,结构钢材363t;T梁396片,混凝土9 131m^3,钢材2 091t。

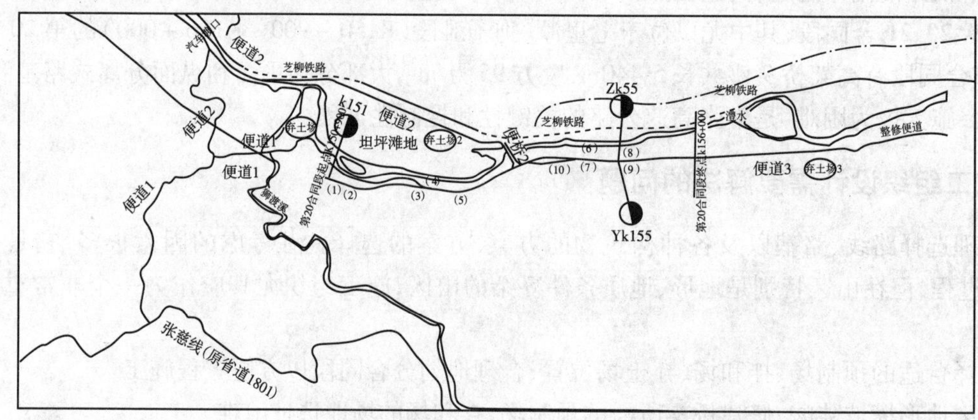

图1 主要工程及施工组织示意图

主要构筑物表 表1

序 号	构筑物名称
1	k151+180左半幅高架桥,长526.11,连续空心板
2	k151+050右半幅高架桥,长223.9,连续空心板
3	Zk152+400高架桥,长1 567.01,连续T梁
4	Yk152+155高架桥,长151.6,连续T梁
5	Yk152+710高架桥,长928.28,连续T梁
6	Zk154+363高架桥,长1 146.5,连续T梁
7	Yk154+550高架桥,长549,连续T梁
8	Zk155+095高架桥,长166,连续T梁
9	Yk155+090高架桥,长166,连续T梁
10	Yk154+146.5隧道,长259

由此可见,由于20合同段地势陡峭,交通不便,公路、桥梁、隧道交错,左右两幅路基分离等,造成工程规模大,施工难度、施工干扰大,该合同段施工组织具有以下难点:设备材料进场的场外运输;设备材料

的场内运输;基础和下部构造混凝土拌和浇筑;空心板和T梁预制,混凝土拌和场的选择;路、桥施工的协调配合。

2.2　合同段的划分

原第20合同段为K150+900~K156+000,但为施工预制场地考虑,将合同段终点由K156+000移至K156+400。

2.3　大型设备及材料进场

大型设备及材料进场交通,设“三路两桥”保证畅通。

便道1:利用张慈线(原省道1801)在阳河新修便道进狮渡溪架便桥1(长约30m)过溪,沿河至K151+450处(长约8km)进整幅路基,解决①、②、③、④高架桥下部构造、材料、设备进场问题,在151+450处,若确有便道无法施工时,可建临时性沿河栈桥,保证便道进场。该便道材料设备进场距离短,可以避开河中洪水威胁,避免便道要求利用车渡过河等优点。

便道2:接便道1过“汽车渡口”跨澧水、沿原铁路施工便道、架设一座长约200m的便桥2回跨澧水至北岸K153+400处(便道长约11km),为避免水位对便桥威胁,便桥采用“组合式钢浮箱组合浮桥”方案,两岸设中、低水位码头与之配套,该方案可满足河水聚涨时,便桥随时解体靠岸。本便道用以满足⑤、⑥、⑦、⑧高架桥的材料和设备进场要求以及大部废方运输。

便道3:利用张家界至K158地方道路,延长至K156新建4km便道。整修现有便道约8km,解决⑧、⑨高架桥和狗子滩段路基材料设备以及废方运输,并且解决预制场材料的运输问题。

另外增建临时码头3个:狗子滩便桥两端各1个,K151+700下河码头1个。同时也不排除水路材料运输方案。对场外汽车便道要适当拓宽,增设避车台,适当硬化,确保畅通。便桥要满足320推土机和25t载重汽车通行。

2.4　场内运输

本合同段施工场内运输十分困难,比场外运输更难解决。

(1)采用便道和栈桥相结合的方案。在场内开辟约3~4km汽车便道,用便道和栈桥全段贯通,供汽车、吊车通行,转运设备和材料。能修建便道处就修便道,修便道十分困难处则搭设钢栈桥。

(2)部分便道和浮吊相结合的方案,将狮渡溪便道延伸到K152+000,狗子滩便桥端,将便道延伸到ZK153+000和ZK154+778,桥位末端和起点,在七里潭段和狗子滩段分别设一台浮吊,解决无便道地段的设备转运。浮吊船可采用钢浮箱或舟桥船组。

(3)充分利用现有沿河小路进行改造,建一条宽度1.5m左右的小便道,供场内人力运输用。

2.5　路基施工

路基施工按进场便道作为主线施工切入点多点铺开,在保证安全的前提下先上幅后下幅,向前推进。通过上述设置的便桥、便道,可以采取3个切入点:K151+600、K153+400、K156+000,由此3点进入路线打开场面,逐步铺开。

(1)K151+600。左幅路基172m,右幅路基913m,称为七里潭路基施工区,打开场面后,分为2个工作面,一面前进,一面向后开进;除去利用方后,剩余的13万m^3土石方,通过狮渡溪便道1、便桥1运往阳和乡废方造田地段(弃土场1)。

(2)K153+400。左幅590m,右幅845m,称为狗子滩路基施工区,两幅路基高差较大,平面位置上随着路线前进方向,两幅路基拉开距离逐渐增加。路基设备经过狗子滩便桥进入现场,待左幅路基(下路基)开挖至一定场面后,斜向修筑场内便道进入右幅路基,形成4个工作面,分别向前和向后推进,该区域内多余土石方19万m^3,一部分石碴可用于维修便道,剩余部分可通过狗子滩便桥运出,拟废于对岸外滩边缘弃土场弃土场3。如不被接受,只有再经过汽车渡口及老便道2转便道1,废于弃土场1。由于运距加长,渡船很慢,势必要增加运输车辆或在渡口再架便桥。

(3)K155+170~K156+000,称为木榔溪路基施工区,土石方比较集中,多余51万m^3(上下两幅路基,高差不大),该区段关系到预制场运梁的通道问题,需集中力量进行抢工,预制场可以用去土石方8万~10万 m^3,剩余40余万 m^3 土石方,通过便道3运往K158附近的弃土场3。至于K155+000处左右两幅不太长的路基废方1万多 m^3,也运至弃土场3。

2.6 废方处置

本合同段共废方约96万 m^3,如何消化是工程难点。以运路外就近废土场为主堆放,平整压实,防护好后复土变可耕地。分3个弃土场处理,各弃土场必须做好防护、排水、整形,最后复土变可耕地,达到环保要求。其他不排除桥下废方,在不妨碍水土保持的基础处设小型废土场。

废土场1:狮渡溪滩地,上下滩头开阔地,砌好围堤可容纳20、19两合同段废方约30万 m^3。

废土场2:K153+400前后地段尽量利用地形解决本区路基隧道废方,确有困难时通过k153+400处便桥卸澧水南岸沿河带,可为居民起防洪堤作用,并可在宽堤上造地。

废土场3:K158大型山谷弃土场,运距3km,可容50万 m^3。

2.7 桥梁施工

1)预制场

所有上部构造空心板和T梁全部集中于K156+000~K156+400预制场预制,共计T梁840片,空心板453片,总体积2.5万 m^3,分批预制,用专用运梁车运至现场,整个预制15个月完成。在K156+000~K156+400处设置一大型预制场集中预制主要考虑以下因素:

(1)该处400m路段大都为路堤,地势较平缓、宽阔,考虑路堤右侧加宽,可建成12 000~15 000 m^2 的大型预制场,能满足840片T梁和453片空心板梁预制场地的要求。

(2)汽车可从张家界通K158附近。从K158至K156+000修建便道容易,因此,预制场、拌和站的设备和材料,便于从张家界运到预制场,运距较短,不受洪水和枯水期的影响。

(3)T梁和空心板同时预制,预制工期能满足要求。

(4)仅使用一套拌和预制场设备,可提高模板利用率,节省拌和设备和龙门吊等设备,并可合理调配用电。

(5)集中拌和、预制,便于管理,确保质量。

(6)场地建设可为本合同段消化8万~10万 m^3 弃方,为将来路面施工提供一座大型拌和场地。

(7)节约出有限的地方为基础和下部构造施工提供拌和场地,减少预制与其他施工环节的干扰。

2)拌和场

高架桥下部构造混凝土总体积4.5万 m^3,比上部构造量多一倍。在构造物中,下部构造施工进度影响整个工期,应尽量多开工作面,挖孔桩与机械成孔桩相结合,在枯水期抢做基础,对单幅桥应先路后桥,对双幅桥应先左后右。施工考虑以中、小型拌和场配合使用,混凝土运输以泵送为主,配合普通提升设备。主要拌和场有:

(1)K156+000~400处,为预制场服务。

(2)K151+500长150m整幅路基先期施工并拓宽作为拌和场,供应500m范围内部分基础、下部构造的混凝土。

(3)部分桥梁基础和下部构造的施工,建议沿河选择适当地形,在七里潭段和狗子滩段各设一座移动式水上拌和站,为其他各墩基础、下部构造供应泵送混凝土,解决施工盲点供应问题。

(4)利用K153+600~900段隧道弃方和本段路基弃方,填平附近小山谷作辅助拌和场,供应前后500m范围内基础和下部构造及隧道混凝土。

3)T梁和空心板安装

T梁和空心板考虑用40t、70t架桥机安装,先安装左幅T梁,再安装右幅T梁,在安装右幅T梁的同时安装左右幅空心板梁。上部构造安装在K155+200~K156+400路基初步成型后开始架梁,整个上部构造18个月完成。

2.8 隧道施工

狗子滩隧道259m,属小型隧道,从施工顺序和排除干扰及土石出渣等问题,施工由下游向上游推进,此隧道一般工期需要3~4个月时间,考虑其他因素,整个开工到完工预计7个月时间。可等K153+400至隧道进口段路基初步成型后,迅速组织设备进场,展开隧道施工工作。利用隧道弃方和本段路基弃方,填平附近小山丘作辅助拌和场作为隧道衬砌混凝土拌石场。

2.9 施工干扰

施工方案注意减少路桥施工干扰,达到紧密的协调一致。尊重自然和客观,尽量在枯水期间抢基础工程,单幅桥先路后桥,路基施工到一定程度后才开工桥梁工程;双幅桥梁,则先左后右,上下配合施工。在双幅道路施工中,可采取如下措施:由上至下先切除危险原始部分土石方,当形成平台后停工;在上方形成平台,确不影响本方安全情况下,可进行挡土墙工作;当挡土墙工作不影响下方安全情况下,可进行下幅桥下部工程;可根据实际情况纵向错位施工。

2.10 其他事项

本合同段不宜分包,否则协调、配合十分困难;弃土场和便道等场地,均属重要环节,业主要提前与地方政府和水利等有关部门做好协调工作,并及时办理各种手续;本合同段施工干扰大,安全应放首位,确保工程顺利进行;本合同段的废方进入21合同段k158附近,21合同段应予配合,不得设卡或采取其他人为阻工行为。

3 结语

山区高速公路施工方案设计是一个系统的、庞大的工程,牵涉面广,需要考虑的因素多,为此本文结合工程分析,提出了山区高速公路施工组织的方法,以供我国西部高速公路建设借鉴。

参考文献

[1] 廖金德. 莞深高速公路路面施工经验[J]. 中南公路工程,2002,(1).
[2] 丁清. 浅谈西部地区公路工程项目可行性研究[J]. 中南公路工程,2002,(1).

(本文依托的湖南省常德至张家界高速公路**2008**年度全国优秀工程设计金质奖、第二届国家环境友好工程奖、建国六十周年**60**项公路交通勘察设计经典工程及**2007**年度湖南省优秀工程设计一等奖。)

公路路基压实质量PDCA循环控制法

张重禄

摘　要:根据路基压实质量控制过程中重结果轻过程的现状及对施工过程控制进一步加强的趋势,提出采用PDCA循环加强对公路路基压实质量进行过程管理的办法,该方法能够实现对路基压实质量的动态控制及制度化管理,特别适用于解决新型路基填料的压实问题。

关键词:压实　PDCA循环　动态控制　制度化管理

路基压实是公路路堤填筑施工中一个非常重要的环节,压实质量的好坏往往关系到路基的强度、稳定性和承载能力。然而,由于路基压实质量较差而导致的堤身不均匀沉降、基底滑动、基面开裂等路基病害的工程问题时有报道[1,2],其结果往往需要进行返工,这不仅造成了工程浪费,而且影响了工程进度安排,增加了工程成本。此外,随着高等级公路的修建及新型填料的应用,如何高标准、高质量地完成路堤压实施工任务,已成为工程管理人员迫切需要解决的一项问题。因此有必要加强对公路路基压实质量控制方法的研究。

为了保证路基工程施工质量达到规定的合格质量标准,一般要求进行施工质量初步控制、实施控制和合格控制[3],这对于路基压实也不例外。然而,我国公路工程建设项目中对压实工程施工质量的初步控制和实施控制还不够健全和完善,而主要依靠合格控制,这造成压实施工质量检验评定过程中,存在着只重结果不重过程的现象,其表现形式就是经过质量检验评定后取得优良等级的工程经受不住时间的考验,而出现了大量的早期损坏问题[4]。因此,在《公路工程质量检验与评定》(JTG F80/1—2004)[5]中,重新选取了一些施工过程的关键技术指标进行评定。进一步说,公路路基工程压实质量检验评定标准的定位应重点放在施工过程的质量控制上,只有在施工过程中加强对过程指标的检验评定,才能保证工程质量能有一个好的结果。

评定成绩高但工程质量差的情况,并不是现行的质量评定标准过低或总体框架出现问题,而主要是人为的因素造成的,这可以归结为管理问题。如何把公路路基压实质量管理将事后检验转移到事前、过程、事后控制和检验,并形成一套切实可行的质量管理制度,是解决目前公路路基压实质量问题的出路。科学的工作程序法PDCA循环法是一个强调动态控制,不断循环,不断提高的方法,应用到路基压实,能很好地管理工程质量[6]。

1　PDCA循环的原理

PDCA循环的概念最早是由美国质量管理专家戴明提出来的[7],故又称"戴明环",其4个英文字母所代表的意义分别是:P(Plan)-计划、D(Do)-执行、C(Check)-检查和A(Act)-处理。

PDCA循环实际上是有效进行任何一项工作的合乎逻辑的工作程序。之所以将其称之为PDCA循环,是因为这4个过程不是运行一次就完结,而是要周而复始地进行。一个循环完了,解决了一部分的问题,可能还有其他问题尚未解决,或者又出现了新的问题,再进行下一次循环,其基本模型见图1。

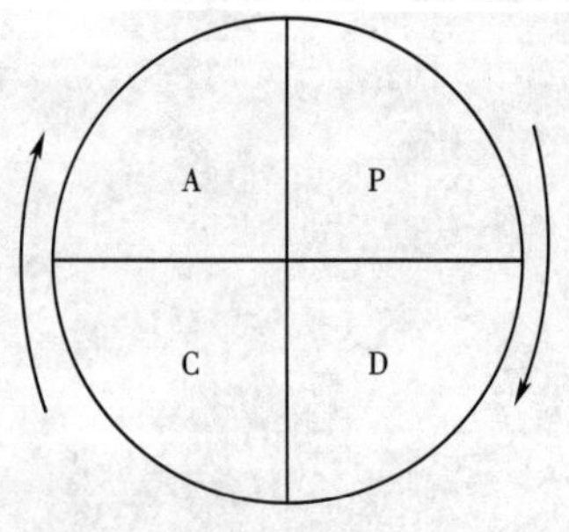

图1　PDCA循环的基本模型

本文曾刊登于《公路工程》2007年第4期。

2　路基压实施工质量管理和控制要点

公路路基压实工艺由多道工序组成，压实质量由多种因素共同影响，针对这些问题，工程界逐渐形成了一套路基压实质量控制方法[3]（见图2）。从图2可以看出，各道工序之间环环相扣，互相制约。对于关键工序，要求完成之后立即进行质量检查。路基压实质量的主要影响因素包括填料类型、填料含水率、碾压机械类型、填料松铺厚度和碾压遍数。

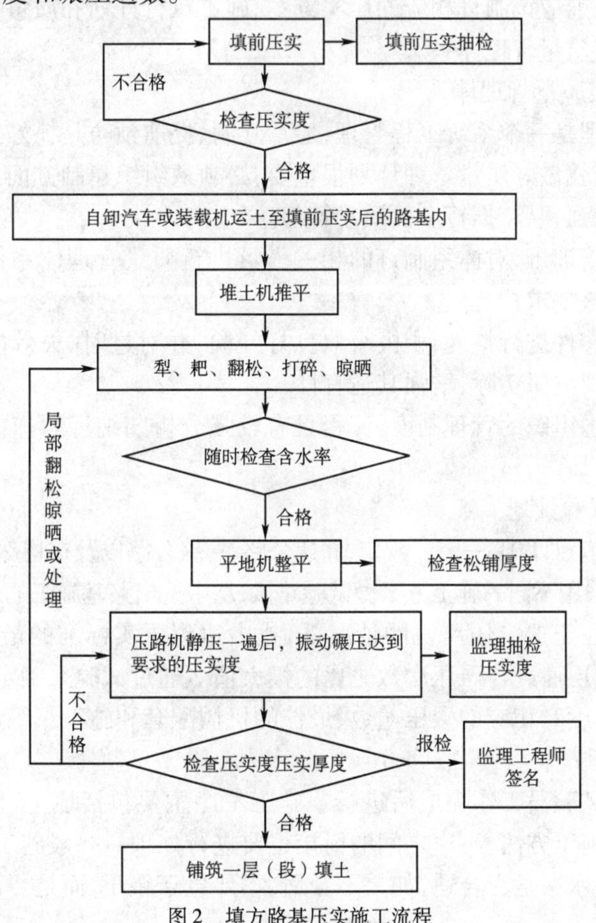

图2　填方路基压实施工流程

3　路基压实质量PDCA循环四阶段控制与管理

路基的填筑压实从一定的意义上来说是一个大环套小环、循环递进的过程。压实施工由多道工序组成，为确保每道工序特别是关键工序能够符合质量检验与评定的标准，应该事先制订实施方案，并在执行过程中进行检查与考核，最终确定对整体质量进行检验与评定，这是一个PDCA的过程（见图3）。就单层填筑压实过程，实施方案的制订需要根据工程质量目标，组织相关人员进行讨论与论证，最终确定方案，这是计划过程的PDCA。同理，执行、检查与反馈也同样存在PDCA过程。此外，上一层压实出现的问题在下一层压实过程中可能出现，而上一层压实解决问题的办法可以尝试沿用到下一层填筑压实过程中。通过该层压实执行经验的反馈，实现下一层压实计划的前进。

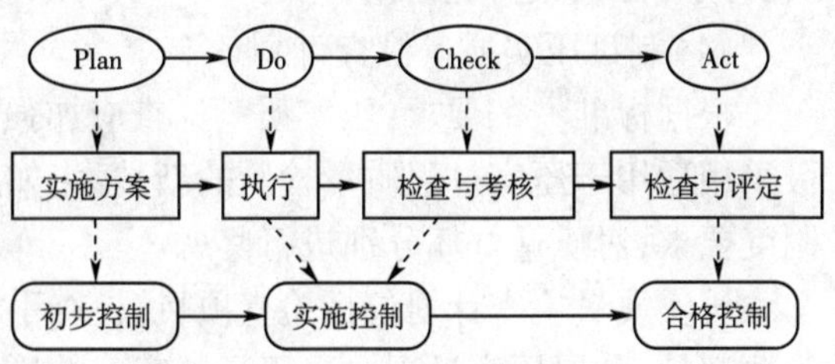

图3　路基压实质量PDCA循环四阶段控制与管理原理

在明确了路基压实施工质量控制与管理要点后，应针对性地制订计划，并在执行过程中及时进行效果的检验；若执行过程中出现了问题，一方面可以查看是否有该问题的应急处理计划，另一方面也可对照计划查看哪个环节或工序出现了毛病导致该问题的发生，通过这个过程逐渐实现质量管理的制度化。按照 PDCA 循环管理的这些理念，现提出路基压实质量四阶段控制与管理。

3.1 计划(P)阶段

路基压实质量管理在制订实施计划的阶段，应该着重形成一套质量管理的制度。路基压实施工应该在完善的压实方案的指导下，依靠专业的施工队伍进行，并由监理工程师保障质量目标的实现，三者缺一不可。据此，路基压实实施前应该制订相应的压实方案、施工执行计划和质量保障计划，并根据全面质量管理的要求，形成路基压实质量管理体系。

(1)策划制订路基压实质量管理体系

路基压实施工质量管理是一个系统工程管理，建章立制、提前预防是抓好工程质量，降低工程造价的关键性工作，在施工实施前就做好质量管理计划很重要，必须从组织建制方面入手，建立健全各级质量管理体系，从组织管理方面加强领导，推行全面质量管理。

①举办质量管理体系培训班，对体系制订的相关人员进行质量管理体系标准知识和审核知识培训，便于其掌握标准条款和审核要求；

②对以往的质量管理文件进行整理，积极吸取良好经验，并对过时、失效的文件进行作废处理，使质量管理体系文件有限地体现组织实际，增强其适宜性；

③抽调经过培训并熟悉组织的管理制度、流程且有较强分析归纳和写作能力的管理骨干，进行文件的编写。

(2)制订路基压实的试验计划

《公路路基施工技术规范》JTJ 033—95[8]规定，高速公路、一级公路以及在特殊地区或采用新技术、新工艺、新材料进行路基施工时，应采用不同的施工方案做试验路段，从中选出路基施工的最佳方案指导全线施工。

制订试验方案的目的在于选定压路机的情况下，找出达到压实标准的最经济的铺层厚度和碾压次数。确切地说，就是寻求铺层厚度与碾压次数之比的极大值。通过试验来确定不同机具压实不同填料的最佳含水率、适宜的松铺厚度和相应的碾压遍数、最佳的机械配套和施工组织。

(3)制订路基压实施工方案

施工方案的确定应在试验段工作完成后进行。施工工序主要包括填土、推平、松铺、整平、碾压。各个工序均需要选择合理的施工方法，工序之间的衔接也要进行处理。一般施工的基本要点如下：

①碾压前，检查土的含水率是否合适，如果不合适，不要急于碾压，而是要采取处理措施，过湿就摊铺晾晒，过干则洒水润湿。

②开始时宜用慢速，最大速度不宜超过 4km/h。

③碾压时直线段由两边向中间，小半径曲线段由内侧向外侧，纵向进退式进行。

④横向接头对振动压路机一般重叠 1.4～1.5m，对三轮压路机一般重叠后轮宽的 1/2，前后相邻两区段宜纵向重叠 10～1.5m。应保证无漏压、无死角，确保碾压均匀。

⑤采用振动压路机碾压时，第一遍应不振动静压，然后先慢后快，由弱振至强振。

施工方案的制订应根据试验段得出的结论，并综合考虑这些施工要点进行。当然，方案的好坏还需要实践的检验，这就需要实施过程中，及时反馈实施效果，以便于进一步优化施工方案。

(4)制订压实质量检查计划

根据标准[5]的要求，压实质量检查应加强施工过程关键指标的检查。为满足这一要求，一方面，应积极采用适用于压实过程质量检验的新技术，如压实度仪[4]；另一方面，对关键工序实施重点检查，并辅于制度要求，对质量好坏分别进行奖惩。

压实质量检查计划包括检查项目、检查手段、检查周期等。我国现行公路路基压实质量检测主要分为两部分，分层压实过程中采用了压实度的检测方法，填筑碾压完成后增加了路床顶面回弹模量或弯沉值的检测用以测试路基整体强度。压实度检测通常分为环刀法、灌砂法、灌水法、核子密度仪法等，由于土基回弹模量的测试操作比较复杂,故强度检测通常采用弯沉值测试。

同一种检查手段对于不同压实土的检查效果会有所差别,检查手段的适用情况往往影响到检查的效果,并进一步影响到对压实效果的判断。若检查手段应用不当,可能导致路基压实出现隐患,并最终造成严重的路基质量问题。因此,压实度检测手段的选用主要依据填料类型,其中,细粒土现场压实度检查可以采用灌砂法或环刀法;粗粒土及路面结构层压实度检查可以采用灌砂法、水袋法或钻孔取样蜡封法[5]。应用核子密度仪时,须经对比试验检验,确认其可靠性。

检查的项目还包括对施工单位、工程监理单位提交的质量保证资料,这些资料的审核同样需要引起重视。对于压实过程中出现的非正常情况记录及其对工程质量影响分析书、压实过程中出现质量事故经处理补救后达到设计要求的认可证明文件、质量指标控制的试验机理和质量检验汇总图表等,均需要进行严格考核,避免出现随意应付的情况。

3.2　执行(D)阶段

编制好质量管理计划只是进行质量控制的第一步,如何把设计图纸变成具体的、符合设计要求和质量标准的工程实体,才是质量管理的目的和最关键的环节。

(1)以人的工作质量确保工程质量

工程质量是人(包括参与工程建设的组织者、指挥者和操作者)所创造的,因此人的业务能力、学识水平、事业心和责任感均直接影响工程质量。工程质量的控制应避免人的失误造成工程质量事故或质量隐患。

路基压实施工已有不少成功的经验可以借鉴,但实际施工过程仍然会出现不少新问题,特别是应用新型填料进行填筑时。这时应该具体问题具体分析,决不可单凭经验做事。项目管理人员一定要集思广益、广泛论证,切不可独断专行、意气用事;施工人员在严格执行决策者的指令或决定时,要结合实际,发现问题在自己权限内能解决的,及时就地解决,不能解决或超出权限的要及时书面向上级反映,努力把质量问题消灭在萌芽状态。监理工程师必须按合同、按国家法律、法规开展监理工作,对于关键工序应加强监理力度,对于质量管理计划中针对可能出现的新问题提出的监理方案应切实执行,并及时发现问题按规定进行方案调整。

(2)全面控制施工过程,重点控制工序质量

压实施工正式开展前,除了检查与其他环节的衔接情况外,还应该对施工管理、民工队伍进行技术、质量、安全交底,以先进良好的施工机械和熟练的操作工人作为主体力量开展工程施工。

路基压实工作工序较多,个别工序如含水率控制、松铺等对压实质量起着关键作用。因此搞好工程质量就必须控制好工序质量特别是关键工序的质量。每一道工序施工都要认真按施工规范要求进行,每道工序完成后严格进行检查验收,合格后经监理工程师签认,才能进行下道工序施工。每一道工序的质量都经过严格控制、符合要求,那么整个工程项目的质量就能得到最基本的保证。

(3)做好充分准备,应付可能出现的压实质量问题

工程施工过程中不可避免可会出现工程问题,这些问题的解决关键是要找到问题的根源,对症下药。因此,总结分析路基压实施工出现常见问题的形成原因和防治措施,对加快工程施工进度,提高工程质量,节约建设投资,具有十分重要的意义。现总结路基工程压实施工中常见问题处治办法(见表1)。

路基工程压实施工中常见问题处治　　表1

常见问题	形成原因	防治措施
路基碾压出现"弹簧"	碾压时土的含水率超过最佳含水率较多 高塑性黏性土"砂化"未达到应有的效果 翻晒,拌和不均匀 碾压层存在软弱层	低塑性高含水率的土应翻晒到规定含水率方可碾压 高塑性黏性土的粉碎,应进行两次拌灰并存放一段时间,使其充分"砂化" 对产生"弹簧"的部位翻挖掺灰后重新碾压

续上表

常见问题	形成原因	防治措施
路基压实度不够	碾压遍数不够 压路机质量偏小 松铺厚度过大 碾压不均匀,局部漏压 含水率偏高最佳含水率超过规定值	确保压路机的质量及碾压遍数符合规定 采用振动压路机配合三轮压路机碾压,保证碾压均匀 压路机应进退有序,前后应有重叠 应在路基土接近最佳含水率时进行碾压
路基压实度超百	未认真进行标准击实试验,最大干密度误差较大 路基填料不均匀 采用重型压实机械,压实功偏大	在取土坑取具有代表性的土样认真进行标准击实试验,不同土样应分别进行标准击实试验 选择均匀的填料
路基边缘压实度不够	压实机具未走到边缘 路基按设计要求超宽填筑	控制碾压工艺,压路机一定要行驶到路基边缘

3.3　检查(C)阶段

检查阶段应该按计划要求对路基压实施工的执行情况及路基的压实质量进行检查。

(1)压实度与弯沉值的检测应遵照下列要求

①每一压实层均应检测压实度,合格后方可填筑其上一层。

②弯沉值在考虑季节影响支护应符合设计要求。当设计仅提供路基回弹模量时,则应采用设计规范规定的换算公式,计算设计要求的弯沉值。

③对填石及土石路堤如设计规定需在路床顶面进行强度试验时,应按设计规定办理。

(2)路基整体强度检测

填筑碾压完成的路基,其路床顶面的回弹模量应满足设计的要求。但实测土基回弹模量操作比较复杂,费时较多,可采用弯沉值测试,并根据相关规范的要求进行弯沉值与回弹模量的换算。

弯沉值反映路基工程的整体强度,而压实度反映路基每一层的密实状态,只有弯沉值和压实度两者都合格,路基的整体强度、稳定性和耐久性才能符合要求。

(3)自检和抽检的要求

路基达到碾压遍数后,均由承包人按上述规定自己检测,检测不合格时,自行补压。若检测合格,应填写工序报验单,附上检测记录,报监理工程师进行抽检,或者在碾压到规定遍数后,承包人会同监理工程师到施工现场,进行监理工程师旁站检测。旁站检测合格时即可签订认可,不合格时承包人无条件进行补压或返工。

3.4　处理(A)阶段

处理阶段应该对路基每一层压实施工完毕后及时地对压实质量进行检验与评定,并在中期总结报告中反映压实施工过程中出现的问题及解决的情况。处理阶段的实施可采用纠正/预防机制,原理见图4。

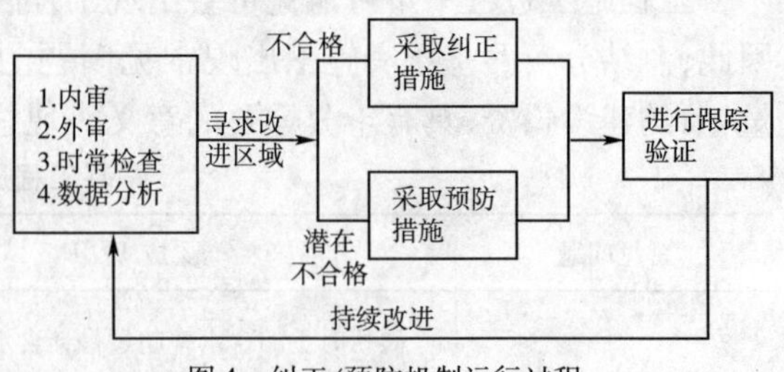

图4　纠正/预防机制运行过程

现行质量检验评定总体框架不变,仍然沿用评分和合格率双指标控制的方法,但另增加确定分项工程关键实测项目及其最低合格率和极限低值的内容[5]。对于常规工程应该根据规范或标准的要求进行评定,但对于特殊工程(如新填料的使用、超高填土高度)等,还应该在处理阶段对关键实测项目影响因素进行科学总结,争取对该类型工程的压实指标标准的确定提供依据。

4　结语

路基填筑是个动态过程,其质量控制也应该采用动态的方法。鉴于我国公路工程建设项目中对压实工程施工质量的初步控制和实施控制还不够健全和完善,而主要依靠合格控制的现状,本文提出采用PDCA循环加强对公路路基压实质量进行实施管理的办法。对于单层填筑压实的质量控制,PDCA循环控制法能够严格通过控制多道工序的质量做到防患于未然;对于逐层压实,PDCA循环可以从源头上进行质量改进,防止下次再出现同样的问题,使得质量管理工作不断提高到新的水平,使工程质量不断得到改进和提高并相对稳定。采用PDCA循环法能够实现对路基压实质量的动态控制及制度化管理。本文在简要介绍PDCA循环质量管理和控制原理的基础上,提出了其在路基压实质量控制方面的应用,希望对同行的研究能起到抛砖引玉的作用。

参考文献

[1] 安丰利.土质路基压实问题的再探讨[J].辽宁省交通高等专科学校学报,2005,7(4):29-31.

[2] 吴亚中,万智,李跃军.新压实度标准下路基修筑中的几个问题[J].湖南交通科技,2005,31(1):1-3.

[3] 徐培华,郑南翔,徐玮.高等级公路路基路面施工质量控制技术[M].北京:人民交通出版社,2005.

[4] 李丽荣.路基压实质量控制的探讨[J].山西建筑,2003,29(4):239-240.

[5] 中华人民共和国交通部.公路工程质量检验与评定标准(JTGF 80/1—2004)[S].

[6] 郭鹤兰.PDCA循环法在工程质量控制中的应用[J].中国市政工程,2002,(3):78-80.

[7] 刘丽文.生产与运作管理[M].北京:清华大学出版社,2002.

[8] 中华人民共和国交通部.公路路基施工技术规范(JTJ 033－95)[S].北京:人民交通出版社.1995.

(本文依托的四川省雅安至西昌高速公路为交通运输部勘察设计典型示范工程和科技示范项目。)

公路设计的安全评价

许第慧

摘要:公路建设坚持以人为本的理念,遵循安全、舒适、环保、和谐的方针,安全问题日益引起重视。该文针对原有老路改建成二级公路的情况,如何确保行车安全,从公路技术的角度作了一些探讨,供同行参考。

关键词:公路设计　安全评价　旧路改建

改革开放以来,我国在高速公路建设方面取得举世瞩目成就的同时,也完成了大量二级公路的改建。但是受资源、资金、环境、理念等众多因素的制约,老路改建在快速增长的同时,也存在大量的安全隐患,严重制约了社会和国民经济的发展。公路线形指标采用不当、公路路基及边坡的失稳、路面、构造物的质量、安全防护设施设置不合理导致交通事故的频发,无法满足公众的安全期望和构建和谐社会的要求。为全面提高我国公路设施的服务水平,保障行车安全,有必要对公路的安全进行评价。

1　公路线形的安全评价

为保证汽车的行驶安全,路线的线形指标采用应严格执行公路线形规范,不能突破强制性条文要求,在公路的工可阶段应完成防洪安全性评价、地震安全性评价、地质灾害安全性评价,然后才进行初步设计及施工图设计。在满足规范的前提下,结合沿线地形、地质条件设计良好的平面线形、纵向线形、良好的平纵组合及视距、合成纵坡等将会为汽车的行驶安全提供有利的保障。

出于行车安全的考虑,平面设计应尽可能采用曲线选线法、避免长直线与小半径曲线的结合,曲线段长占总路线的百分率最好能大于50%;全线平曲线半径的取值要均衡,$(R_{平均}-R_{最小})/R_{最小}$最好大于0.5;路线最小转角宜大于7°;平曲线的长度、缓和曲线的长度、停车视距及超车视距的长度均从安全的角度考虑采用大值;对于设计速度小于80km/h(含80km/h)的高等级公路,或设计速度小于40km/h(含40km/h)的低等级公路,从安全的角度建议平曲线的超高值采用提高一级的指标控制。

急弯坡段平纵组合的处置;陡坡段的最大纵坡、最长坡长、大纵坡累计占总坡长的百分率、合成纵坡;连续下坡的平均纵坡及纵面的视距不良等都是影响安全行车的重要因素,纵面设计在这些段落应慎用规范的最小值,对于极限最小值应经过充分论证方可采用,必要时增设爬坡车道和紧急避险车道以保安全。公路的纵面设计还应考虑洪水位的影响,路肩的高程应大于规范规定洪水位0.5m以上,路线在经过蓄洪区时不仅要考虑洪水位路基高度的安全,同时要考虑抗洪抢险船只下穿高速公路桥梁的宽度和高度,确保抗洪抢险、当地撤离人员的安全出入。

对于相邻段落的公路线形指标要用汽车的运行速度进行检验,运行车速相差太大易导致交通事故,一般两相邻均匀路段小客车运行车速差按不超过20km/h控制。

2　路基路面的安全评价

2.1　路基的安全评价

路基的安全评价包含:路基强度评价、边坡稳定评价、排水结构物评价与支挡结构评价。

本文曾刊登于《中外公路》2007年第3期。

路基强度影响路基的稳定性、承载力、路面使用功能，进而影响行车安全。路基的原始地面承载力强度小于150kPa要进行处理，存在软基、岩溶等不良地质要采用换填、袋装砂井、碎石桩、灌浆等方法进行处治。路基填料要通过试验后选用，不能土石混填，以保证路基的压实度。对于膨胀土作为路基填料应进行掺石灰、固化材料处理，同时进行防水处治。

路基边坡安全评价主要考虑边坡的稳定性。近几年因路基边坡失稳造成的安全事故越来越多，因此路基的高填深切边坡均应经过稳定性验算，不满足稳定性要求的需采用防护及加固措施；边坡存在崩塌、滑坡的可能要采用卸载、挡墙、抗滑桩、综合排水等措施一次处理到位，不留隐患。对于山区山体横坡较陡地段的高填深切应与桥隧构造物进行比较，填方大于20m宜改填为桥梁，切方大于30m宜改切为隧道。对于高大边坡要加强施工观测，采用信息化跟踪设计确保安全。

排水结构物评价：路基的排水不畅影响路基的稳定性。边沟、排水沟、渗沟、暗沟的设置位置、断面尺寸、防冲刷能力影响排水的使用功能，每条路都应进行计算，不能照搬照抄。渗沟、暗沟本身应有足够的强度，不能影响路基的整体稳定性。

支挡结构物评价：挡墙本身强度、抗滑移能力、抗倾覆能力、抗剪能力、地基承载力都是安全评价的重要指标，应满足规范要求。从安全、经济的角度考虑重力式挡墙的高度宜控制在12m以内，超过12m，则可采用板桩墙、锚杆式挡墙、加筋挡墙等形式。挡墙的基底埋置深度应经计算确定，一般在可能的滑动面或冲刷以下至少1m，板桩墙桩的埋置深度对于岩石地基宜嵌岩1/3桩长，对于土质地基应嵌岩1/2桩长。

2.2　公路路面的安全评价

公路路面的安全应从路面的强度、路面的抗滑、路面的排水、路面的平整度等方面进行评价。

路面强度的安全评价：因路面承受的轴载吨位以及轴载通行次数高，行车速度快，故对路面的强度要求就高，而路面强度低，产生安全隐患的几率就高。影响沥青路面强度的主要因素为沥青质量、石料的性质、粒料的级配。造成水泥混凝土路面破坏的主要原因是路基的不均匀沉降和汽车超载，设计时应充分考虑。

路面的抗滑安全评价：抗滑性能是保证雨天高速行车安全的重要技术指标，摩擦系数是直接影响抗滑安全的控制指标，摩擦系数越高，抗滑性能就越好。石料磨光值是保证路面防滑的基本指标，磨光值高才能获得高的摩擦系数。

路面的排水安全评价：高速公路因其路幅宽，降到路面上的雨水量较多，排水不畅将形成积水，高速行车会使积水雾化，迷雾遮挡驾驶员视线，增加行车事故。同时积水会降低路面的抗滑性能，使车轮产生液面滑移，增加行车的危险性。某段公路发生16起交通事故，因路面排水不及时、积水造成事故11起，占总事故的68.7%。因此公路路面要采用系统排水的方法进行设计，确保路面水的流畅。

路面的平整度评价：路面不平整易使汽车产生颠簸，司机驾驶困难，导致安全事故。平整度的影响除了路基不均匀沉降的原因外，摊铺机的性能及操作对摊铺平整度影响很大，另外面层摊铺材料的质量对平整度有影响，碾压对平整度有影响，接缝处理不好容易产生缺陷以及由于接缝压实度不够和结合强度不足而产生裂纹甚至松散。

3　桥隧结构的安全评价

3.1　桥梁的安全评价

桥梁是公路十分重要的组成部分，它的安全影响整个公路的安全。

桥位安全的选择应从地质、水文、通航的角度来考虑，同时兼顾桥位处高压电铁塔、建筑物的安全。地质、水文条件考虑不足将会导致桥梁墩台的失稳，带来安全问题。桥位与水流轴线交角太大容易产生船撞墩的现象。桥位处铁塔、建筑物因地震或本身的失稳倒塌可能损坏桥梁。

桥梁墩台基础的埋置深度应进行防冲刷计算,埋深不够基础被掏空将导致安全事故。

桥梁的长度及桥孔的布置应考虑防洪、泄洪的安全;桥梁的结构应考虑强度、变形、稳定、抗震、耐久性的安全;通航桥梁应进行防撞安全性评价。

对于大跨径桥梁应考虑风振、自振的安全。

桥梁附属构造应考虑防撞栏杆的侧向余宽和自身强度的安全;考虑伸缩缝处的跳车和台背回填刚柔过渡的跳车安全问题。

3.2 隧道的安全评价

隧道的设计要考虑通风、照明、排水、防火、抢险等问题,施工组织设计要考虑施工时可能的垮塌、涌水等不良地质问题所带来的安全隐患。要对隧道的弃渣妥善处置,防止诱发泥石流灾害。做好隧道洞口光线明暗过渡的设计,防止司机眩目导致交通事故。

运行速度计算方法及相关软件的编制

张作刚　陈先义

摘　要:探讨了运行速度计算方法和运行速度断面图绘制方法,编制了相应软件。

关键词:运行速度　计算方法　软件

1　前言

为进一步保障和提高我国公路的行车安全,交通部颁发了《公路项目安全性评价指南》,初步提出了对我国公路进行安全性评价的内容、方法和标准,从行车安全性的角度要求高速公路和一级公路需进行公路安全性评价,以达到减少交通事故,降低交通事故危害程度的目的。按照指南要求,评价的内容较多,车辆的运行速度计算是其中一项重要的基础工作,它是相邻路段运行速度协调性、设计速度与运行速度协调性的检验标准,也是公路平纵横设计指标选取合理与否的判断依据,运行速度断面图是车辆运行速度计算的成果。《公路项目安全性评价指南》中对运行速度计算方法进行了介绍,但由于作为一种规范标准,其介绍不够详细,没有算例分析,不便于理解,规范中公式也有错误之处,分析路段划分情况较多且有组合情况,未描叙清楚;相关介绍的书籍很少;每条公路进行分析时如采用手工计算比较费时费力且容易出错;由于需查图又存在人为读数误差,每个人计算出来的结果不能完全一致。因此很有必要探讨运行速度的计算方法以及运行速度断面图绘制方法及进行相关软件的编制。

2　运行速度计算方法探讨

2.1　分析路段的划分及各类路段的计算方法

运行速度的计算的第一步即收集路线设计相关资料,主要为设计路段有哪几段、每段的设计车速是多少、每段的平纵横及超高设计资料等。然后进行运行速度分析路段的划分,分析路段的划分点一般是指线形特征点,包括平曲线的起点、曲中点、终点,纵断面变坡点及横断面宽度变化点等。经分析归纳综合后,总共可划分为如下10种情形:

1)平直缓坡段

平面半径大于1 000m或直线,纵面纵坡小于3% 的情况可划为该种类型,其典型情形见图1。

运行速度计算方法:当进入此段的运行速度 V_0 小于平直路段的期望车速 V_s 时,按变加速过程加速至 V_s 后,再按 V_s 匀速行驶至此段终点。加速距离 S 计算如下:

$$S=\frac{(V_s^2-V_0^2)}{2a_0}$$

当此段的长度 $L>S$,前 S 距离内由 V_0 加速至 V_s, 剩下的长度内按 V_s 匀速行驶。当此段的长度 $L<S$,前 L 距离内由 V_0 加速至 $V=\sqrt{V_0^2+2a_0L}$。

平直路段上期望的运行车速 V_s 对小客车取120km/h,对大货车取75km/h。推荐加速度值 a_0 对小客车范围为0.15 ~0.50m/s,对大货车范围为0.2 ~ 0.25m/s^2,一般取中间值即可。

2)平直陡坡段

本文曾刊登于《中南公路工程》2005年第3期。

平面半径大于1 000m或直线，纵面纵坡大于3%的情况可划为该种类型其典型情形见图2。运行速度计算方法，按照下述方法进行运行速度的修正。

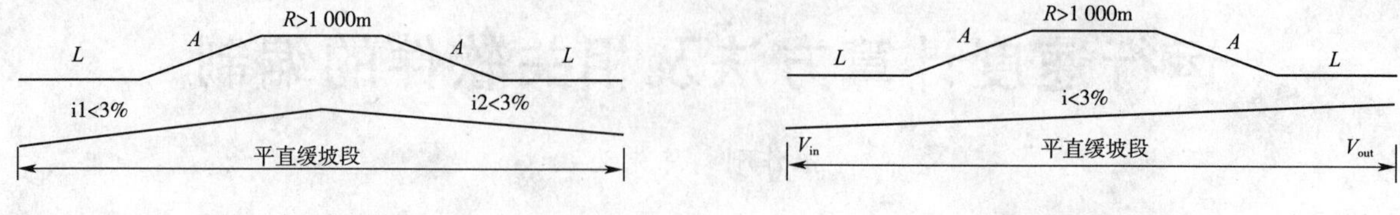

图1　分析路段情形1

图2　分析路段情形2

对小客车：

当$i\in[3\%,4\%]$，$V_{out}=V_{in}-5L/1\ 000$；当$i>4\%$，$V_{out}=V_{in}-8L/1\ 000$；当$i\in[-4\%,-3\%]$，$V_{out}=V_{in}+10L/500$，至V_s后匀速；当$i<-4\%$，$V_{out}=V_{in}+10L/500$，至V_s后匀速；

对大货车：

当$i\geqslant3\%$，据坡度及坡长查图3得运行速度折减量；当$i\in[-4\%,-3\%]$，$V_{out}=V_{in}+10L/500$，至后匀速；当$i<-4\%$，$V_{out}=V_{in}+15L/500$，至V_s后匀速。

3）弯曲缓坡段

平面半径小于等于1 000m，纵面纵坡小于3%的情况可划为该种类型。又分以下4小类：

①入口直线-曲线弯曲缓坡段。其典型情形见图4。运行速度计算方法：

对小客车：

$$V_{middle}=-24.212+0.834V_{in}+5.729\ln R_{now}$$

对大货车：

$$V_{middle}=-9.432+0.936V_{in}+1.522\ln R_{now}$$

式中：V_{middle}——曲线中部运行速度；

V_{in}——入口运行速度；

R_{now}——平曲线半径。

②入口曲线-曲线弯曲缓坡段。其典型情形见图5。运行速度计算方法：

对小客车：

$$V_{middle}=1.277+0.924V_{in}+6.19\ln R_{now}-5.959\ln R_{back}$$

对大货车：

$$V_{middle}=-24.472+0.990V_{in}+3.629\ln R_{now}$$

式中：V_{middle}、V_{in}含义同前；

R_{now}、R_{back}——平曲线半径。

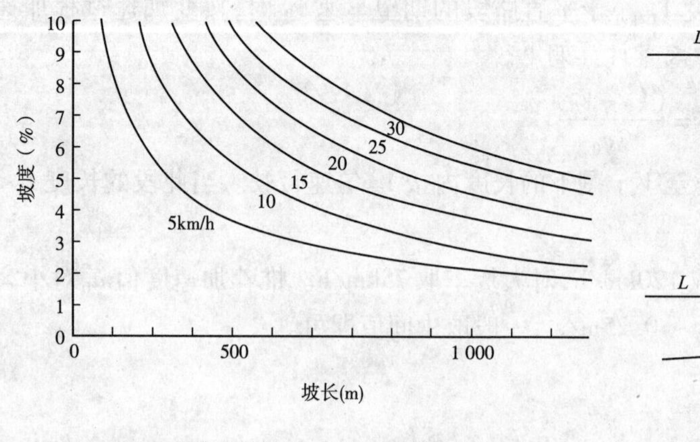

图3　大货车速度折减量与坡长关系曲线

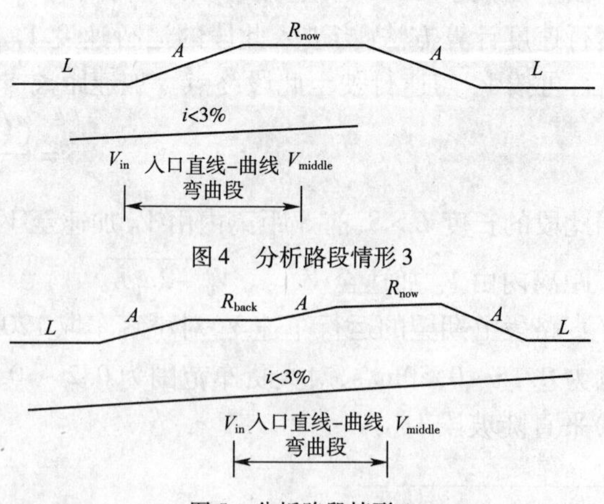

图4　分析路段情形3

图5　分析路段情形4

③出口曲线 - 直线弯曲缓坡段。其典型情形见图6。运行速度计算方法：

对小客车：

$$V_{out}=11.946+0.908V_{middle}$$

对大货车：

$$V_{out}=5.217+0.926V_{middle}$$

式中：V_{middle}、V_{out}、R_{now} 含义同前。

④出口曲线 - 曲线弯曲缓坡段。其典型情形见图7。运行速度计算方法：

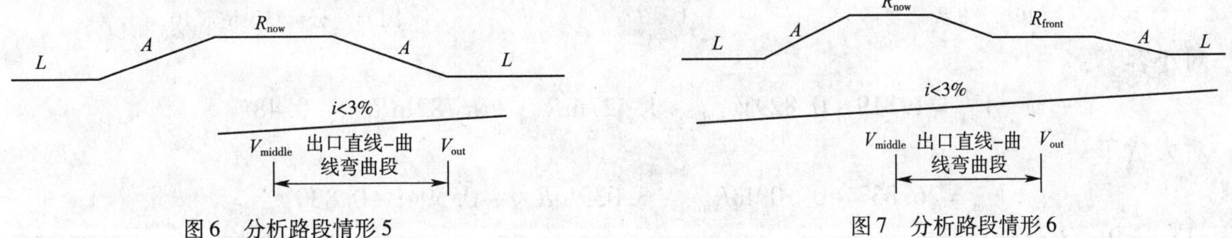

图6　分析路段情形5　　　　图7　分析路段情形6

对小客车：

$$V_{out}=-11.299+0.936V_{middle}-2.0601\ln R_{now}+5.203\ln R_{from}$$

对大货车：

$$V_{out}=5.899+0.925V_{middle}-1.005\ln R_{now}+0.329\ln R_{from}$$

式中：V_{middle}、V_{out}、R_{now}、R_{from} 含义同前。

4）弯曲陡坡段

平面半径小于等于1 000m，纵面纵坡大于3%的情况可划为该种类型。又分以下4小类：

①入口直线 - 曲线弯曲陡坡段。其典型情形见图8。运行速度计算方法：

对小客车：

$$V_{middle}=-31.669+0.574V_{in}+11.714\ln R_{now}+0.176i$$

对大货车：

$$V_{middle}=1.782+0.859V_{in}+1.196\ln R_{now}-0.51i$$

式中：V_{middle}、V_{in}、R_{now} 含义同前。

②入口曲线 - 曲线弯曲陡坡段。其典型情形见图9。运行速度计算方法：

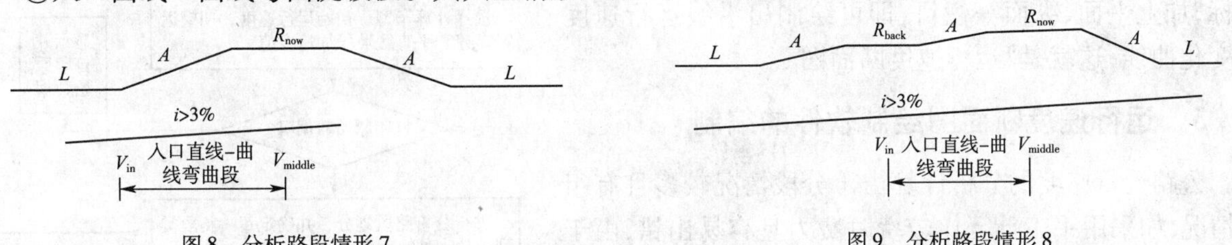

图8　分析路段情形7　　　　图9　分析路段情形8

对小客车：

$$V_{middle}=0.750+0.802V_{in}+2.717\ln R_{now}-0.281i$$

对大货车：

$$V_{middle}=-1.798+0.977V_{in}+0.248\ln R_{now}-0.133i+0.23\ln R_{back}$$

式中：V_{middle}、V_{in}、R_{now} 含义同前。

③出口曲线 - 直线弯曲陡坡段。其典型情形见图10。运行速度计算方法：

对小客车：

$$V_{out}=27.294+0.720V_{middle}-1.444i$$

对大客车：

$$V_{out}=13.490+0.797V_{middle}-0.697i$$

式中：V_{middle}、V_{in}、R_{now} 含义同前。

④出口曲线－曲线弯曲缓坡段。其典型情形见图 11。运行速度计算方法：

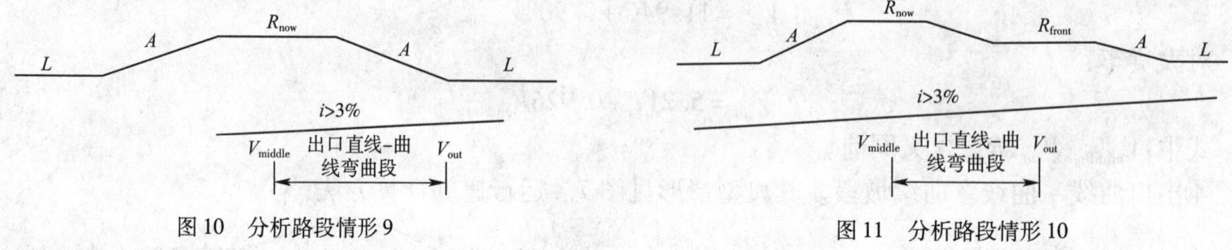

图 10　分析路段情形 9　　　　图 11　分析路段情形 10

对小客车：

$$V_{out} = 1.819 + 0.829V_{middle} + 1.427\ln R_{now} + 0.782\ln R_{front} - 0.48i$$

对大货车：

$$V_{out} = 26.837 + 0.109\ln R_{front} - 3.039\ln R_{now} - 0.594i + 0.830V_{middle}$$

式中：V_{middle}、V_{in}、R_{now} 含义同前。

2.2　关于初始运行速度 V_0

初始运行速度 V_0 指路线起点运行速度，作为运算速度计算的起算点，一般根据设计车速的不同按表 1 取用。

初始运行速度与设计速度对应关系　　表 1

设计速度（$km \cdot h^{-1}$）	初始运行速度 V_0	
	小客车	大货车
60	80	55
80	95	65
100	110	75
120	120	75

2.3　运行速度断面图的绘制

根据路线设计资料，进行分析路段的划分，并对各分析路段进行运行速度的计算，将分析计算结果按图形方式表现出来，以路线里程桩号为横坐标，以运行速度为纵坐标，加上平面、纵面等栏目，即可绘制出沿线运行速度的变化曲线，这就是“运行速度断面图”。

3　运行速度断面图绘制软件的编制

公路运行速度的分析计算由于分段情况较多且有组合情况，如采用手工计算比较费时费力且容易出错，由于需查图又使得存在人为读数误差，使每个人计算出来的结果不能完全一致。因此很有必要探讨运行速度断面图绘制方法及进行相关软件的编制。本人按照上述方法编制了相应程序。本程序可作为公路项目安全性评价系统的一个重要的支撑模块。本程序运行于 windows 中文版（98/NT/2000/Me/XP/2003）环境之下，绘图支撑软件采用 AutoCAD 中文版（R14/R2000/R2002/R2004），采用 Visual Basic. net 面向对象编程。程序流程见图 12；软件运行主要界面见图 13、图 14、图 15；对长沙至重庆公路通道湖南吉首至茶洞段高速公路运行速度的分析结果见图 16。

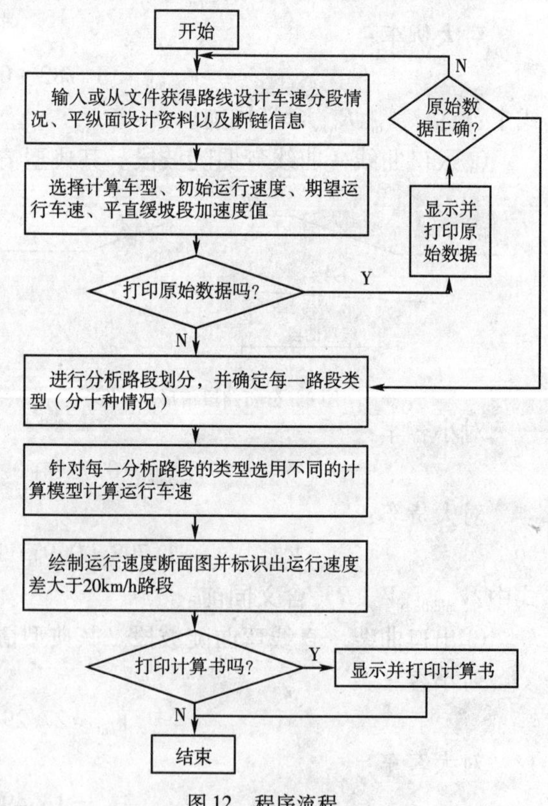

图 12　程序流程

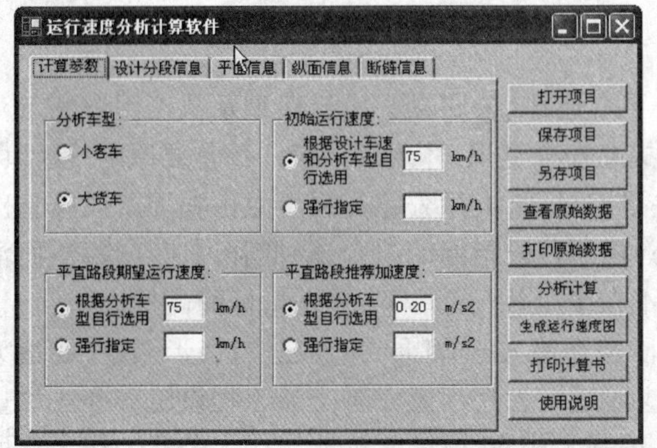

图 13　软件主要运行界面 1

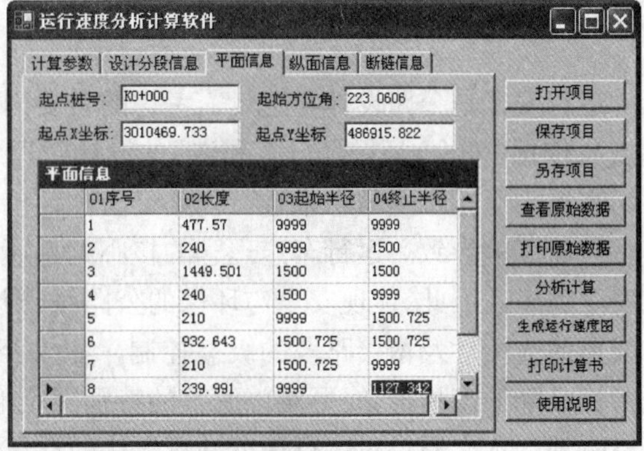

01序号	02长度	03起始半径	04终止半径
1	477.57	9999	9999
2	240	9999	1500
3	1449.501	1500	1500
4	240	1500	9999
5	210	9999	1500.725
6	932.643	1500.725	1500.725
7	210	1500.725	9999
8	239.991	9999	1127.342

图 14　软件主要运行界面 2

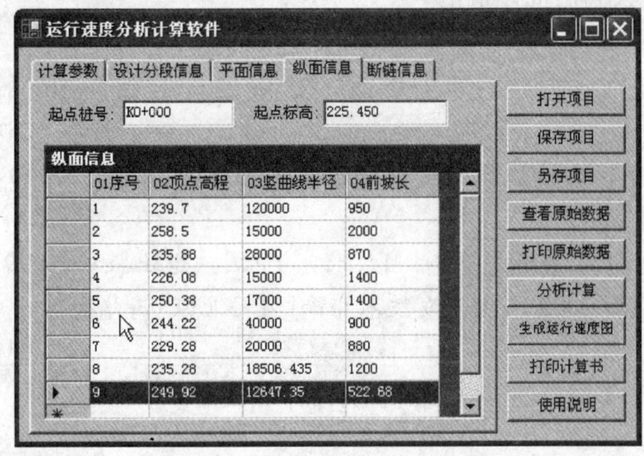

01序号	02顶点高程	03竖曲线半径	04前坡长
1	239.7	120000	950
2	258.5	15000	2000
3	235.88	28000	870
4	226.08	15000	1400
5	250.38	17000	1400
6	244.22	40000	900
7	229.28	20000	880
8	235.28	18506.435	1200
9	249.92	12647.35	522.68

图 15　软件主要运行界面 3

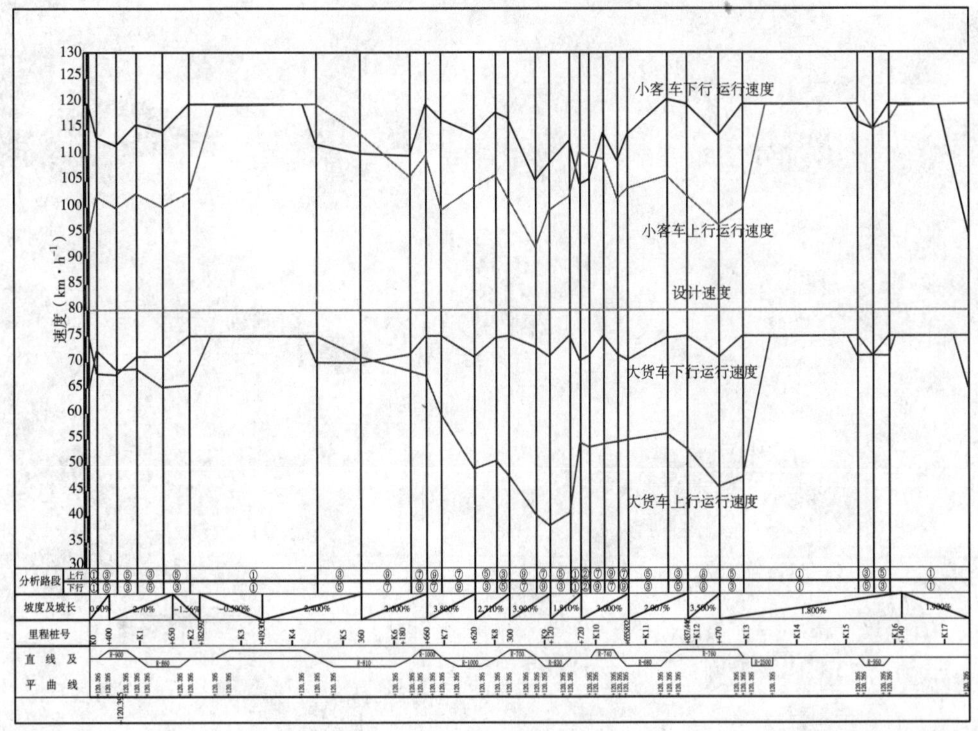

图 16　程度算例输出

（湖南省吉首至茶洞段高速公路运行速度断面图）

4 结语

运行安全是公路设计与建设需考虑的首要因素，按照交通部《公路勘察设计典型示范工程咨询示范要点》，依据"安全、环保、舒适、和谐"的设计新理念，为提高安全意识，体现安全第一的首要原则，设计中要切实运用运行车速理念来进行公路安全性评价，有关研究显示，大量公路交通事故由相邻路段较悬殊的行驶速度差导致。运行车速理念的核心就是通过改善相邻路段指标的组合，降低容许速度差，从而消除安全隐患。因此，体现安全与环保的公路线形设计，不在于全线（或局部）平纵指标的高低，而在于整体线形的连续性及衔接路段的级差控制。如果相邻路段速度差大于 20 km/h，应进行线形调整，或增大低指标或降低高指标，线形难以调整的特别困难地段，应通过增大超高及完善交通工程设施等办法尽量予以弥补。本文通过对运行速度计算方法的学习研究，编制了相应软件，希望能对广大公路工作者有所帮助，不正不当之处还请广大同仁批评指正。

参考文献

[1] 中华人民共和国交通部. 公路项目安全性评价指南(JTG/T B05—2004)[S]. 北京：人民交通出版社，2004.
[2] 银华强. Visual Basic. NET 经典开发案例[M]. 北京：中国铁道出版社，1999.
[3] 梁雪春，宋德民. AutoCAD 2002 二次开发技术指南[M]. 北京：清华大学出版社，2001.

（本文被评为湖南省第 11 届自然科学二等优秀学术论文。）

第二篇

桥梁与遂道工程

平胜大桥独塔自锚式悬索桥设计与关键技术

胡建华 向建军 刘 榕 廖建宏 张贵明

摘 要:本文介绍了世界第一座独塔自锚式悬索桥平胜大桥的建设条件、方案构思以及桥型总体设计,综述了自锚式悬索桥设计的关键和创新技术。

关键词:桥梁工程 自锚式悬索桥 桥梁设计 设计方法 混合梁 调索

1 项目概况

平胜大桥是广东省佛山市快速环线上的一座特大型桥梁,全长 2 475.60m。桥梁宽度为 2×26.1m,双向 10 车道,中央分隔带宽 8m,两侧各设 2.75m 人行道。桥梁跨越西江航运干线平洲水道,桥轴线与河流交角约为 68°,通航净空要求为 150×18m。

桥址位于珠江三角洲,属台风影响区,设计基准风速 U_{10} = 34m/s;地震动参数 50 年 10% 超越概率峰值加速度 0.113g。桥位区覆盖层以中细砂、粉质黏土、砾砂夹卵石等为主,厚约 10~18m;下伏基岩为粉砂质泥岩,强风化层厚 2~4m,其下为弱风化、微风化岩;微风化岩岩石较坚硬,饱和单轴极限抗压强度大于 12MPa。

2 桥型总体设计

主桥独塔悬索桥桥跨总体布置:39.64m+5×40m+30m(混凝土加劲梁及锚跨)+350m(钢加劲梁)+30m+29.60m(混凝土锚跨)。桥型总体布置见图 1。

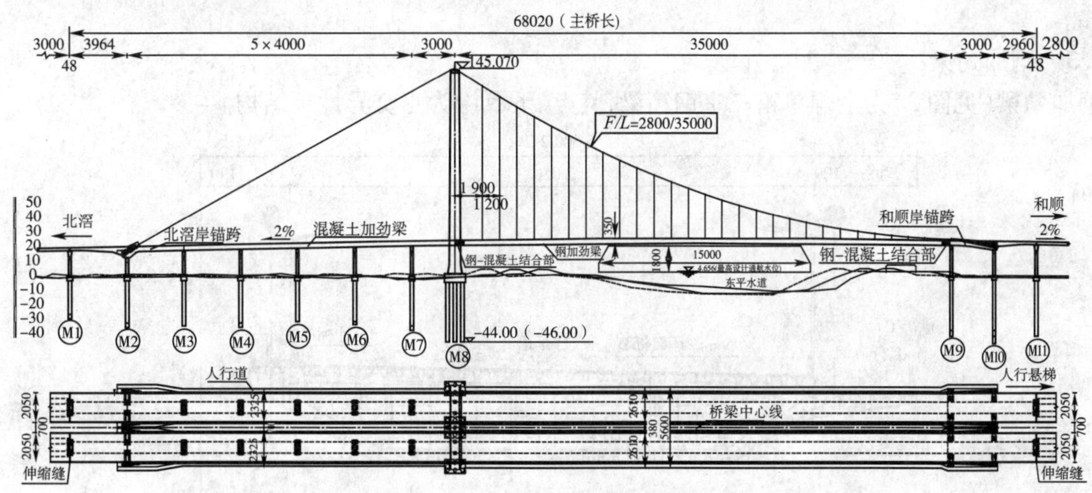

图 1 独塔自锚式悬索桥总体布置图(尺寸单位:cm)

3 结构设计

3.1 基础与索塔

索塔采用分离式群桩基础,桩径 D250cm,桩长 43m。索塔为三柱门式塔柱,采用 50 号混凝土,自承

本文曾刊登于《公路》2006 第 5 期。

台以上高146.37m,仅设上、下两道横梁。索塔布置见图2。

塔柱中心距为2×26.75m,边塔柱横桥向等宽4.5m,中塔柱横桥向等宽6.0m,顺桥向宽均由塔顶6.0m渐变为8.0m,索塔底部6m范围由8.0m变为10.0m。

塔柱上设有四氟滑板横向抗风支座,下横梁上设置4×1500t摩擦系数0.07的双曲面球型减隔震支座。

3.2 缆吊系统

主缆采用预制平行钢丝索股逐根架设的施工方法(PPWS),全桥共4根,每根由48股每股127ϕ5.1的镀锌高强钢丝组成,每根主缆共6096丝。索股锚头直接锚固在锚跨的锚固面上,采用套筒式热铸锚。

吊索分柔性和刚性吊索,标准间距12m。柔性吊索采用73ϕ5.1高强镀锌平行钢丝为索体,刚性吊索采用材质40CrNiMoA的钢棒。柔性吊索的上接头采用铰销接头,以减少吊索的弯折,下接头采用锚头直接锚固在加劲梁的锚箱上,并设有球面锚垫板,以适应吊索的变形。刚性吊索分两节,上节上下端均采用铰销接头,下节上端为叉形耳板与上节连接,下端采用螺母锚固在锚垫板上,并设置球面锚垫板。吊索上下锚头均采用冷铸锚,上锚头由锚杯与连接板螺纹连接,下锚头采用张拉端锚具与加劲梁锚箱连接。

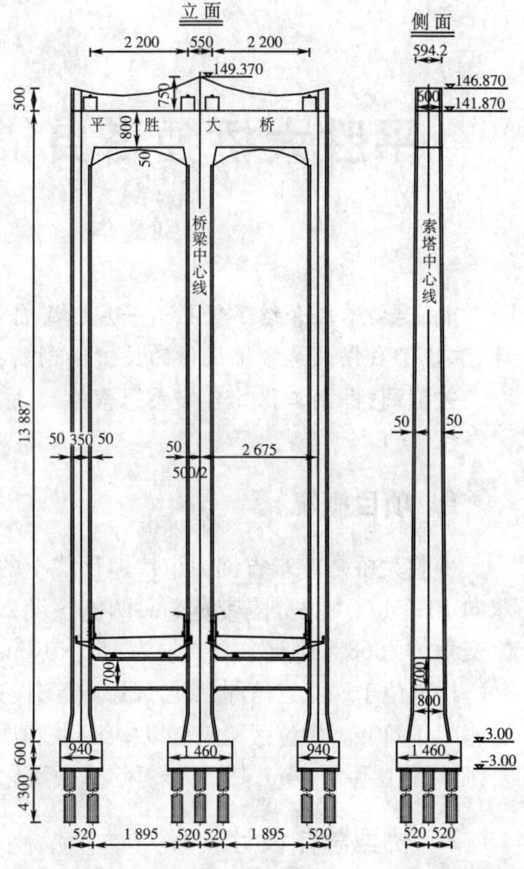

图2 索塔布置图(尺寸单位:cm)

主索鞍采用全铸型结构,分前后两半。散索套的作用是将主缆由一根整体索股分散成48股单束,其上下套体均采用全铸结构,下套体与底座板间设不锈钢滑板副以适用施工中的滑移和成桥后主缆在活载作用下的微量滑移。

3.3 钢加劲梁

钢加劲梁(见图3)为全焊单箱三室钢箱梁,其上、下翼缘为正交异性板结构。

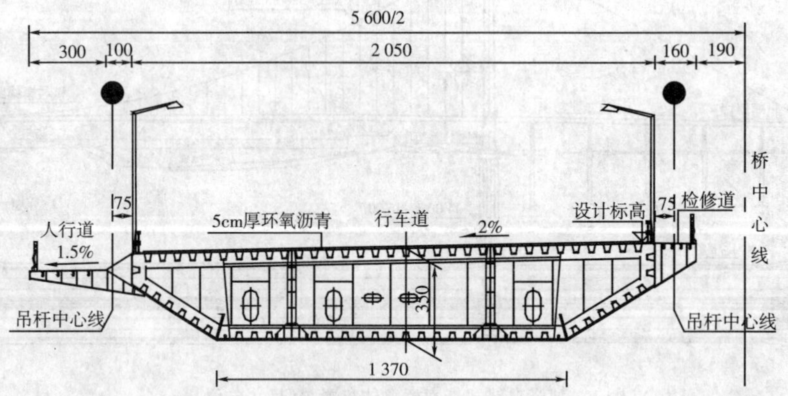

图3 单幅钢加劲梁断面(尺寸单位:cm)

加劲梁高3.50m,单向2%横坡,顶板宽20.5m,底板宽13.7m,人行道宽3.0m,风嘴宽1.0m,检修道宽1.6m,总宽26.1m。标准梁段顶板厚16mm,底板厚14mm,两端局部梁段顶底板加厚至20mm,钢混结合段顶底板加厚至28mm。标准梁段腹板厚16mm,两端局部梁段和钢混结合段20mm。顶、底板U形加劲肋厚10mm,高280mm,间距600mm;加劲扁钢厚10mm,高200mm。横隔板间距3.0m,板厚为10mm(无吊索处)和12mm(吊索处及钢混结合段);纵隔板采用实体式,厚16mm。

3.4　混凝土加劲梁

混凝土加劲梁(见图4)采用50号混凝土,其外形与主跨钢加劲梁一致,梁高3.50m。半幅桥标准断面采用单箱三室,顶板全宽2325cm,底板全宽1370cm,腹板厚45cm,顶底板厚均为26cm,为方便混凝土加劲梁与钢混结合段的连接,在距索塔中心线10m的范围内顶底板加厚至50cm。

混凝土加劲梁承受了约160MN的水平轴向力,从而使其上下缘有较大的压应力储备,在成桥和运营阶段均不出现拉应力,这样便省掉了大量预应力束的布置,仅需在顶板厚度为26cm的区域布置有少量横向预应力束。

3.5　钢混结合段

钢混结合段的作用是保证钢加劲梁和混凝土加劲梁之间刚度过渡的匀顺性和力传递的顺畅性。钢－混结合面设在主跨距M8和M9号墩中心线各250cm处。结构设计见图5。

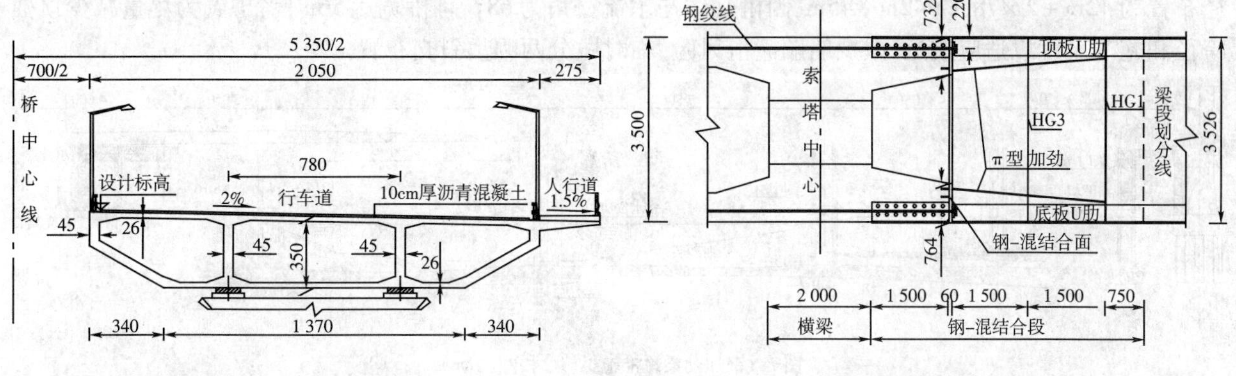

图4　单幅混凝土加劲梁断面(尺寸单位:cm)　　图5　钢混结合段构造(尺寸单位:cm)

过渡段钢箱梁采用U肋上Π型加劲的方式,长3 750mm;顶、底板厚28mm,纵隔板及外腹板厚16mm;结合段内设两道横隔板,间距1 500mm;顶底板和腹板带肋条,都伸入混凝土梁,在肋条上开孔,穿钢筋形成PBL剪力键,通过PBL剪力键和混凝土梁连接;此外钢梁和混凝土梁间设厚60mm钢板作为承压板,并通过剪力钉和纵向预应力与混凝土梁连接。

3.6　锚跨

本桥设计巧妙利用两岸的混凝土加劲梁作为锚碇,且称之为锚跨。

北滘岸锚跨(见图6)跨径布置为39.64m＋40m,除考虑承受强大的水平力外,还需承受较大的上拔力,因此在主缆的锚固位置,锚跨梁高由3.5m渐变至7.5m,再由7.5m渐变至2.0m与引桥顺畅连接。考虑到主缆锚固所需空间,半幅桥桥宽由23.25m渐变至29.25m,由此增加的恒载自重足以抵抗主缆所产生的上拔力。

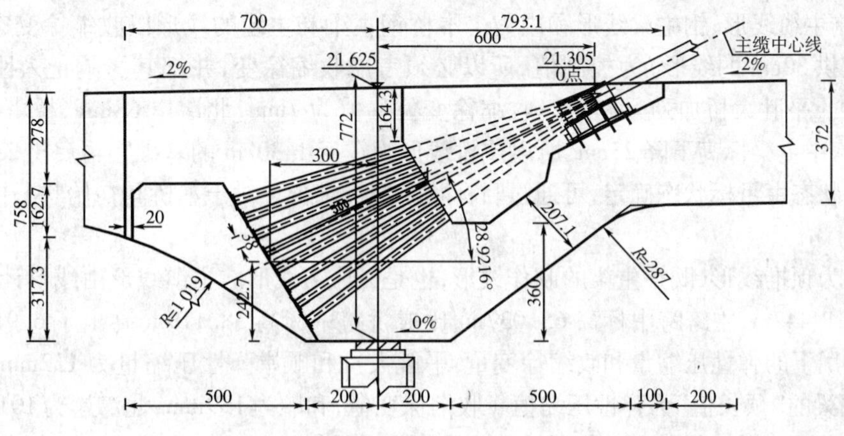

图6　北滘岸锚体(尺寸单位:cm)

和顺岸锚跨跨径布置为30m + 29.60m,同样锚跨的中心梁高由3.5m渐变至6.0m,再由6.0m渐变至2m与引桥顺畅连接,半幅桥桥宽由23.25m渐变至29.25m。

4 施工

自锚式悬索桥由于需要由加劲梁来承担主缆的拉力,因此决定其与常规地锚式悬索桥不同,施工时必须先架设好主梁,然后架设主缆,安装吊索再逐步进行吊索张拉(使加劲梁自重逐步传递至主缆主跨主梁)从而形成悬吊结构,特有的结构特性决定其有着独特的施工方法。

4.1 顶推法架设加劲梁

混凝土梁顶推法施工工艺自20世纪70年代发展到今天已经相当成熟,但钢箱梁的顶推法架设目前国内尚无先例。本桥鉴于桥位处通航要求,决定采用多点顶推法架设加劲梁(见图7)。顶推临时墩的跨径布置为42m + 2 × 78m + 42m + 45m;因桥轴线与水流交角为68°,且桥宽达56m,考虑到为尽量减少顶推跨径和施工难度以适应航运,减少船舶撞击风险,临时墩分两幅呈斜交布置。

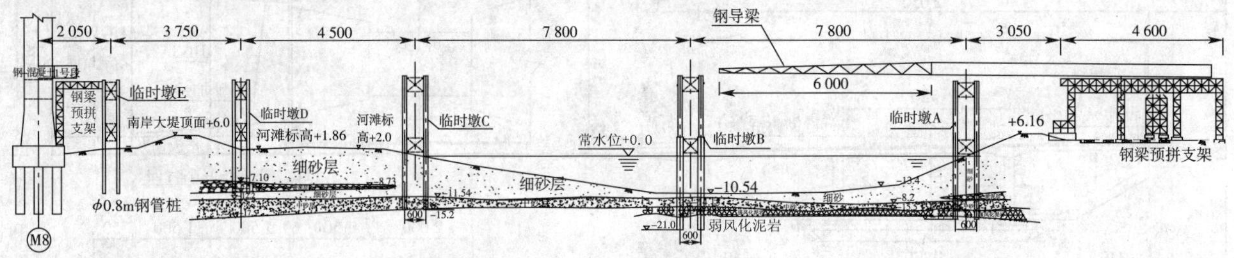

图7 钢加劲梁顶推施工(尺寸单位:cm)

由于航运要求临时墩最大跨径为78m,从而使得临时墩顶反力达1500t,这对钢箱梁的局部受力提出了严峻考验;顶推设计时在尽量减少一期恒载的前提下,还对钢箱梁进行局部加劲处理,并对滑道设计进行了重点研究,一方面尽量加大滑道尺寸,增加接触面以减少面荷载;另一方面根据钢箱梁的允许变形设计了能适应这一变形的滑道副。计算结果和现场施工均验证以上措施到达了设计目标。

4.2 自锚式悬索桥的调索

自锚式悬索桥主缆属柔性结构,主梁又是弹性结构,因此在吊索的张拉过程中,由于主缆的非线性变形和梁的弹性变形,以及结构体系的改变(支架支承逐渐改变为悬索支承),梁、塔、缆和吊索力在施工过程中将发生重分配,这种内力重分配将对最终的结构状态产生影响。

与斜拉桥类似,自锚式悬索桥的设计也是以合理成桥状态为目标的,平胜大桥的主梁目标线形是反拱30cm,主缆目标线形是垂度28m。自锚式悬索桥的巨大缆力全部由主梁承担,而平胜大桥的边跨是混凝土结构,在轴力作用下的收缩徐变效应不可忽视,桥塔也是如此。收缩徐变造成主梁梁段缩短、桥塔塔顶标高降低,影响主缆线形、钢主梁线形和内力。本桥钢主梁和主缆的线形以收缩徐变完成以后的线形(即设计线形,反拱30cm的线形)为控制值,所以必须考虑收缩徐变,并把其影响记入刚成桥时的线形(即成桥线形)中。平胜大桥加劲梁和顺岸收缩徐变位移值为7mm,北滘岸68mm,桥塔42mm。计算表明,收缩徐变使跨中主梁标高下降23cm,所以成桥线形为在反拱30cm的基础上再反拱23cm,共53cm。

调索的初始状态由目标状态确定,可通过目标状态倒拆求得。对于本桥其初始状态控制值有以下几个方面:

主梁线形即为顶推线形,既是主梁的制作线形,也是无应力线形。主缆线形由线形计算程序计算,主索鞍的预偏量为1.447m,主跨跨中标高65.037m,比成桥跨中标高58.119m高出了6.918m。主梁长度必须考虑轴力作用下的弹性压缩量和收缩徐变量,平胜大桥和顺岸弹性压缩量为132mm,北滘岸弹性压缩量为33mm,主梁的"预长值"为弹性压缩值 + 收缩徐变值,和顺为139mm,北滘岸为101mm,共240mm。塔顶标高与主梁长度一样必须考虑弹性压缩和收缩徐变,桥塔最后的"预高值"为70mm。

5　关键技术研究

平胜大桥是世界上首座独塔单跨自锚式混合梁悬索桥，350m 的跨度规模令世人瞩目。该桥所采用的整体索塔分离式加劲梁桥型结构、框架式钢加劲梁、钢—混结合段构造型式、钢箱顶推技术、吊索调索方案等均为原创性技术成果，结合设计研究，本项目开展了以下关键技术试验研究。

5.1　全桥模型试验研究

通过结构的静力特性试验、结构稳定性和超载试验研究、吊索张拉施工方法与张拉过程模型试验研究和推荐施工方案的验证性试验研究，得到以下主要结论：

对于自锚式悬索桥，在活载作用下迭加原理是成立的。自锚式悬索桥主缆锚固在加劲梁上，短吊索处主缆与加劲梁的相对纵向位移比较小，因此短吊索的疲劳问题比地锚式悬索桥小。自锚式悬索桥有吊索的悬吊跨在面内不存在整体失稳的问题，结构的极限状态正常情况下是在吊索应力达到极限强度后发生。不管采用何种吊索张拉过程，结构的最终状态是一致的。

5.2　钢混结合段研究

钢 - 混结合段作用是保证钢箱梁与混凝土箱梁之间刚度过渡的匀顺和力传递的顺畅，不产生过大的应力集中和折角，确保桥面经久耐用和车辆行驶平稳舒适。通过 PBL 键和栓钉的对比推出试验与钢混结合段 1∶4 缩尺模型试验，可以得出以下主要结论：

PBL 剪力键承载力受孔洞直径、PBL 筋直径、混凝土强度及其箍筋强度影响较大，而 PBL 筋的角度误差、钢板开坡口与否、钢板厚度（需保证在达到极限承载力时钢板不屈曲）等对 PBL 键的承载力影响不大。钢混结合段采用 PBL 连接或采用栓钉连接都是可行的，PBL 剪力键的延性较好。钢—混结合段试验和破坏试验中，试验测得和有限元分析结果都表明钢箱梁和混凝土箱梁顶底板正应力横桥向分布不均匀，剪滞效应明显。

5.3　钢箱梁局部稳定研究

平胜大桥加劲梁在最不利荷载作用下承受强大轴力，$N_{max} \approx 165MN$。由于我国规范均未对钢箱梁承压翼板的局部稳定计算作出明确的规定，通过模型试验研究，对局部稳定承载能力和极限承载能力作出评价是最直接有效的方法。

钢箱梁原型的局部屈曲应力（未考虑安全系数）高于 235MPa。模型试验显示应特别注意在各板件交界处采取相应的构造措施，以减小应力集中。试验证明残余应力对局部稳定性能影响较大，模型及实桥钢箱梁的制作需严格控制加工质量，减小残余应力和初始缺陷。

5.4　抗风性能研究

平胜大桥设计为整体索塔，分离式加劲梁，四索面缆吊系统，其净距仅为 3.8m 的两幅加劲梁之间的遮挡效应也有可能影响桥梁的整体抗风性能，因此有必要开展抗风性能研究。

（1）节段模型颤振试验表明：单幅桥面和双幅桥面的颤振临界风速远大于颤振检验风速，但双幅桥面的颤振临界风速小于单幅桥面的颤振临界风速。

（2）节段模型涡激共振试验表明：单幅桥面没有出现竖向及扭转涡激共振现象；在 +3°攻角时，桥位处桥面风速为 8m/s 左右时，双幅桥面的上游桥面发生竖向涡激振动，其他攻角未发生竖向及扭转涡激共振现象。在不发生涡激共振时，下游桥面的振动响应明显大于上游桥面的振动响应。

（3）全桥模型风洞试验表明：在 0°和 +3°攻角状态下，对应实桥桥面处风速为 123.5m/s 时，结构未发生发散性振动，具有较好的颤振稳定性；在设计基准风速下，平胜大桥的抖振振幅较小；随风速的增大，抖振位移响应也逐渐增大，且上、下游桥面抖振位移响应不一致。

（4）串列双桥面颤振稳定性试验表明：在一定的 D/B（D 两桥面净距，B 单幅桥宽）范围内，串列双桥面之间会存在明显的气动相互作用，它将使双桥面的颤振临界风速与单桥面相比有所降低，且双桥面的颤振临界风速随 D/B 值的增大而增大，表明串列双桥面之间的气动相互作用将随两桥面距离 D 的增加而减弱;同时,双桥面之间的气动相互作用会对单幅桥面的颤振导数有影响,可能明显改变单幅桥面的颤振导数,而且颤振导数的变化与 D/B 值有关系。

(5)串列双主缆弛振稳定性试验表明:当 W/D(W 为两缆索中心距,D 为缆索直径)较小时,下游缆索会出现明显的尾流弛振现象,且随着 W/D 值的减小,发生尾流弛振的临界风速会降低,而上游缆索受气动干扰影响较小;当风偏角 $\beta=0°$(气流垂直于缆索)时,下游缆索发生尾流弛振的临界风速最低,是相同索间距下的最不利情形。

5.5 抗震性能研究

根据桥址场地安全评估报告中相应设防标准的地震动参数,采用100年超越概率10%、100年超越概率2%两种地震动水平,对平胜大桥主桥进行了反应谱及时程分析。

在比较、评价主梁与桥塔、桥墩之间各种边界与连接条件的优化参数分析后,确定平胜大桥主桥采用摆式滑动支座+滑动支座+拉力索方案,有效地控制了塔、梁在地震作用下的响应值。在此情况下,又对桥梁结构的抗震性能进行了非线性时程分析,结果表明:桥塔、加劲梁在设计地震和罕遇地震作用下,其纵桥向、横桥向的抗震性能满足抗震设防要求。

6 结语

平胜大桥作为世界第一座独塔单跨四索面自锚式悬索桥,且第一次在悬索桥上采用混合加劲梁,这是桥梁建设史上富挑战性的一次尝试。大桥的建成将使我们全面认识自锚式悬索桥的力学行为、构造特性以及施工工艺等,该桥型必将随着人们认识的加深得到快速发展。

参考文献

[1] J F Klein. 瑞士日内瓦湖上的新型悬索桥方案. 哥本哈根IABSE学术会议论文集[M]. 1996.
[2] 尼尔斯J. 吉姆辛(原著). 缆索支承桥梁[M]. 北京:人民交通出版社,2002.

(本文依托的广东佛山平胜大桥荣获**2008**年度湖南省优秀工程设计一等奖、**2009**年度全国勘察设计行业优秀工程设计二等奖,《大跨度自锚式悬索桥设计理论与关键技术研究》荣获**2007**年度湖南省科技进步一等奖。)

佛山平胜大桥全桥模型试验研究

胡建华　沈锐利　张贵明　唐茂林　王忠彬

摘　要：广东佛山平胜大桥是世界首座跨度达350m的独塔、单跨悬吊钢混结合梁的自锚式悬索桥。本文利用全桥模型研究这种新型结构的体系转换过程和结构在荷载作用下的响应，重点介绍了该桥全桥静动力试验模型的结构设计及关键技术、试验过程和试验研究结果。自锚式悬索桥的试验模型在满足相似条件方面需要考虑加劲梁压缩变形的影响；在结构体系转换过程中，虽然主缆等的变形是几何非线性的，但由于结构的成桥内力状态与吊索张拉顺序无关，因此各种体系转换过程都能实现要求的线形。无应力长度控制法是确定自锚式悬索桥体系转换过程中的张拉力和结构状态较好的方法；在活载作用下，自锚式悬索桥的受力特性表现为线性的，自锚式悬索桥与地锚式悬索桥力学特性上既有一些相同的地方，又有较大的差异。

关键词：自锚式悬索桥　全桥模型试验　力学特性　吊索无应力长度　结构体系转换

平胜大桥是广东佛山市和顺至北滘一级公路跨东平水道的一座特大型公路桥梁，也是世界上第一座独塔单跨自锚式悬索桥。加劲梁采用钢和混凝土的混合结构，桥塔为三柱式门式塔。该桥属于一种新的结构体系，国内外还没有对这种体系的结构进行过静动力特性及力学行为研究，该桥的设计和建设在国内外均无现成经验和资料可借鉴，因此需要通过模型试验来验证设计理论，通过试验确定合理的施工阶段结构体系转换过程，检验施工方案的可行性。本文介绍了该桥全桥模型试验的模型设计、吊索体系转换过程模型试验和结构静力特性模型试验。

1　试验模型的设计

平胜大桥模型试验要模拟施工过程，应选用合适的缩尺比。在综合考虑试验内容、模型材料、制作精度及试验场地基础上，确定模型的几何缩尺比为1:20，力的缩尺比为1:10。

结构模型试验应满足几何、边界和刚度等相似条件[1,2]。自锚式悬索桥在主缆安装、结构体系转换过程中，加劲梁将发生压缩变形，这种变形对主缆的线形和结构的整体内力都将产生较大的影响，设计模型时一定要保证主缆、加劲梁等在轴向力作用下的应变与实际结构相同，这是自锚式悬索桥与地锚式悬索桥模型设计的不同。

图1为平胜大桥试验模型的总体构造示意图。整个试验模型由2根主缆、54根吊索、加劲梁、桥塔、锚箱、桥墩、临时墩以及静动力测试系统等组成。

1.1　加劲梁的结构设计

自锚式悬索桥加劲梁在受力特性上属于压弯组合体系。根据相似原理，模型和原型的面积、竖弯和扭转惯性矩等几何特性必须满足相似关系。模型所选用材料的弹性模量越大，其几何特性的相关量值就越小。考虑到模型加工制作和安装的实际情况，模型主跨加劲梁选用铝合金为主要材料，钢材为辅助材料，分14段进行加工制作，通过机加工校准几何尺寸。为了使模型能拼装达到设计要求的竖曲线，先在

本文曾刊登于《土木工程学报》2007，Vol,40(5)。

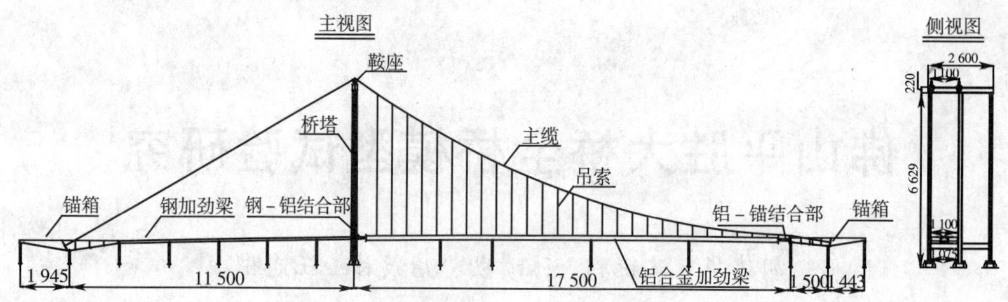

图1　佛山平胜大桥试验模型的总体构造示意图(尺寸单位:mm)

试验台座上通过粘连、铆接、焊接把模型主跨加劲梁拼装成4大段,然后再通过天车将其吊装到临时墩上安装成一体。

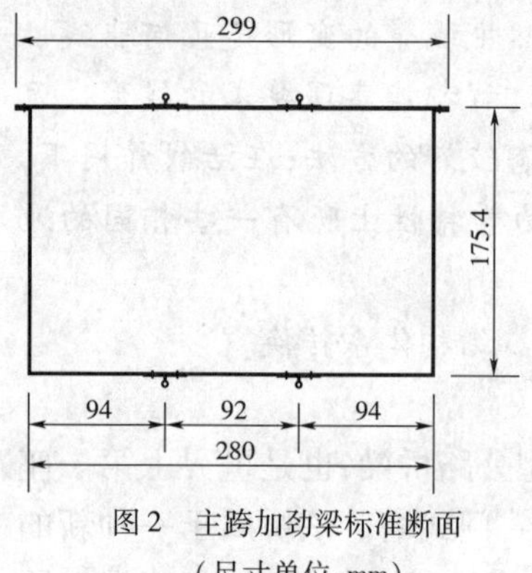

图2　主跨加劲梁标准断面(尺寸单位:mm)

模型主跨加劲梁的标准断面由槽型铝板和顶板组成箱形形状,顶板和槽板分别采用1.4mm和1mm的铝合金。此截面轴向刚度、竖弯刚度和扭转刚度严格满足相似关系。由于模型加劲梁要承受主缆锚固传递的强大轴向力,考虑到箱梁的局部稳定性问题,在箱梁的顶面和底面各设有两条铝合金球形加劲肋,如图2所示。

图2中的模型只在高度方向满足相似关系,宽度方向并不满足。为了能完全模拟吊索和加劲梁相对位置的几何相似关系,在吊点处加劲梁的两侧面伸出刚臂,在刚臂上设置锚板,以便吊索与加劲梁连接。刚臂选用钢材。刚臂与箱梁通过角铝连接件由半圆头铆钉连接成整体。主跨吊点处加劲梁的断面如图3所示。

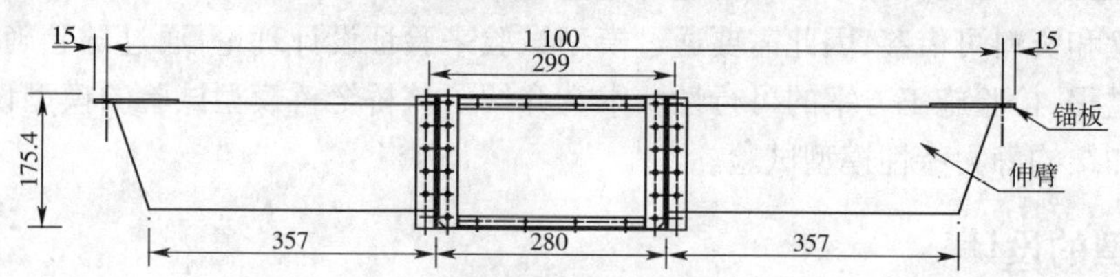

图3　主跨加劲梁吊点处截面(尺寸单位:mm)

按几何相似,主跨模型加劲梁每隔15cm设有一块横隔板。从制作和安装方面考虑,标准断面处的横隔板为木板,通过木螺丝与铝合金箱梁连接。吊点处的横隔板为钢板通过半圆头铆钉与箱梁连接。模型与原型应满足质量相似,故模型主跨加劲梁需要配重。换算的原型钢箱梁的自重,采用在模型梁顶面摊铺配重和箱梁横隔板处悬挂配重的方法施加在模型梁上。为配合质量惯性矩的设计和动力特性试验,将二期恒载换算为集中质量悬吊作用在吊索锚固点处。

原型的边跨梁为混凝土箱梁,截面几何特性的相关量比较大,模型采用薄壁槽钢和钢板焊接组合截面进行模拟。按轴向、竖向刚度相似的原则,设计的模型边跨加劲梁的截面如图4所示。采用厚钢块均布在加劲梁顶面来满足模型配重要求。

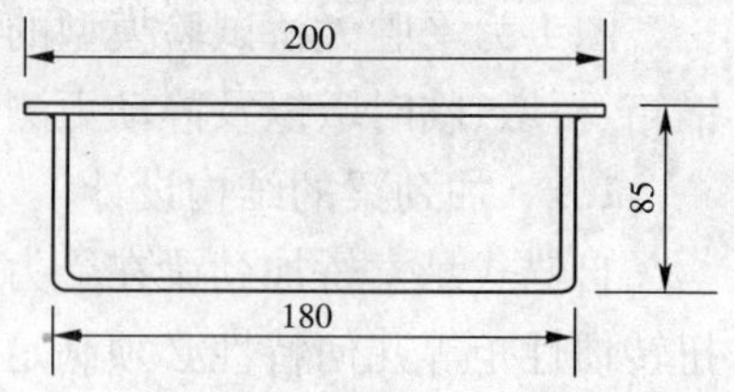

图4　模型边跨断面(尺寸单位:mm)

实桥在桥塔处和主跨侧锚碇处设有两个结合段,试验模型在上述两处也设有结合段,以便准确模拟原型独塔自锚式悬索桥的力学性能。两结合段均采用钢板组合焊接成的箱梁截面,通过改变梁高和底板宽度来调整箱梁截面的几何特性,以便满足模型与原型结合段在几何特性上的相似关系。结合段通过焊接和铆接分别与边跨钢箱梁和主跨铝合金箱梁连接。

1.2　主缆和吊索的结构设计

模型的主缆采用高强度弹簧钢丝制作，按相似比计算，每根主缆选用40根直径为1mm的高强度弹簧钢丝。将弹簧钢丝进行预张拉消除可能存在的非弹性变形和不平度后，将40根钢丝平行排列，按所需长度下料后，根据配重数量将配重圆柱块均匀穿挂于主缆上，穿心式测力传感器穿挂于主缆的两端。然后将钢丝固定在锚头的分丝板上，灌注冷铸锚填料，制作好带锚头的模型主缆。在加劲梁的两端设有锚箱，模型主缆锚固在锚箱后面的锚垫板上，用不同厚度的带槽口的垫板来调节主缆的制作长度误差。锚箱上用混凝土块压重以模拟实桥的锚箱重量。

模型的吊索采用直径为1mm的单根弹簧钢丝，以保证与原型吊索的面积相似。模型的每根吊索上连接一个测力传感器，再通过全螺纹锚杆与主跨加劲梁伸臂处的锚板用螺母连接在一起。

1.3　模型桥塔和桥墩的设计

试验模型的桥塔采用三柱式门式塔。桥塔的中塔柱和边塔柱的主截面采用矩形冷弯薄壁型钢材料，以抗弯刚度的模拟为主，在矩形型钢的侧面焊接宽度沿竖向变化的钢板来模拟原型桥塔塔柱截面的变化。模型桥塔的上下横梁为热轧工字形钢，通过焊接与桥塔柱连接在一起。桥塔基础采用混凝土地梁，通过钢板和预埋的地角螺栓把桥塔柱柱脚与基础连接成一体。

桥墩和临时墩及其基础采用混凝土结构，桥墩与临时墩顶部设置钢板作支承，精确测量控制钢板的高度和水平度。在支承钢板上设置高度调节装置，顶上置钢板，荷载传感器设置于梁底。

1.4　模型的安装调试

模型的安装调试步骤如下：

(1)施工桥塔基础混凝土地梁、桥墩和临时墩。

(2)安装桥塔。通过测量仪器和桥塔底座下的调整垫片保证模型桥塔柱的安装精度。

(3)安装加劲梁和锚箱。先将各桥墩墩顶压力传感器与模型梁接触点的标高通过精密测量仪器调到设计位置，然后用吊车把已预制好的钢加劲梁和已在试验台座上分段拼接保证竖曲线的铝合金加劲梁以及已预制好的结合段、锚箱等吊装就位，通过铆接形成模型梁结构。安装完成的结构要确保加劲梁及连接部件线形准确、连接可靠。

(4)按计算的主缆线形、各鞍座的预偏量安装主缆、索夹和悬挂吊索，形成试验模型。

(5)安装和调试测试系统。

2　结构体系转换过程模型试验研究

2.1　体系转换过程模拟试验方法

平胜大桥由于边跨不悬吊，主鞍座的预偏量在架缆时接近1.4m，主跨跨中主缆标高空缆状态与成桥状态相差近7m，这些数据远大于国内外其他自锚式悬索桥。自锚式悬索桥施工时需要先在支架上或临时结构上架设加劲梁，然后架设主缆，在加劲梁重量未转换到主缆上前，主缆弹性伸长没有发生，空缆线形与成桥线形高程相差较大，必须通过一定的施工手段，才能将主缆与加劲梁通过吊索连接起来，使结构达到设计的线形和内力。吊索的这一安装过程可称为自锚式悬索桥的体系转换过程。施工中如何实现结构体系的转换、如何优化施工方案，是建设、设计和施工关心的问题，本文模型试验研究的主要目的之一就是解决结构体系转换的关键技术问题。

模型试验中研究和试验了多种吊索张拉过程，限于篇幅，本文仅介绍其中的一种：辅助压重单根一次张拉安装法。

“辅助压重单根一次张拉安装法”是指每一试验工况按计算的吊索无应力长度锚固一根吊索，但是锚固的力不能超过该吊索的允许张力值。如果直接按无应力长度锚固某根吊索时的张力超过了允许值，则在尚未张拉的吊索上压重，需要压重的吊索数量和压重量根据计算确定，原则是张拉和压重的吊索的张力都不超过允许值。

模型试验采用此种体系转换方法来模拟实际施工中利用接长杆和超前辅助张拉法一次性直接安装吊索的过程,这种张拉方法每根吊索理论上只需一次调整长度就可进行锚固,其他张拉只需控制张力;这种吊索安装过程张拉次数少,接长杆可反复使用,因此需要的数量少,可缩短施工工期,减少施工费用和临时施工材料。这是一种典型的无应力长度控制法。

采用文献[3、4]所介绍的方法和开发的程序进行模型线形的计算和结构静力分析。

2.2 试验过程

按实桥吊索设计截面,施工时各吊点吊索力应不超过2000kN。根据相似比关系,模型试验时每吊点的最大张拉力应不超过500N。

模型试验过程如下:将吊索从桥塔至锚碇按1~27顺序编号。从1号吊索开始依次按无应力长度控制进行张拉锚固;如果该工况安装的吊索直接按无应力长度张拉锚固,其张力不超过500N,则按计算力张拉到位后直接锚固;如果张拉力超过500N,则在尚未张拉的前端吊索上悬挂砝码,然后按压重后的计算锚固力进行张拉锚固。前端有几对吊索悬挂砝码、每对悬挂多少根据计算确定。

计算结果表明:1~5号和27号吊索可以直接张拉锚固;6~8号吊索张拉锚固时需要分别在其前端一根吊索上悬挂0.2kN的砝码;张拉锚固9、10号吊索需要在其前端两根吊索上分别悬挂0.2kN的砝码;张拉11号吊索时,需要在12号吊索上悬挂0.2kN、13号吊索上悬挂0.3kN砝码;张拉12号吊索时,需要在13号吊索上悬挂0.3kN、14号吊索上悬挂0.4kN砝码;张拉13~16号吊索时,需要在各自的前端三根吊索上分别悬挂0.4kN的砝码;张拉17号吊索时,需要在18、19号吊索上悬挂0.4kN、20号吊索上悬挂0.3kN砝码;张拉18号吊索时,需要在19号吊索上悬挂0.4kN、20、21号吊索上悬挂0.3kN砝码;张拉19~23号吊索时,需要在各自的前端三根吊索上分别悬挂0.3kN的砝码;张拉24号吊索时,需要在25、26号吊索上悬挂0.3kN、27号吊索上悬挂0.2kN砝码;张拉25号吊索时,需要在26号吊索上悬挂0.3kN、27号吊索上悬挂0.2kN砝码;张拉26号吊索时,需要在27号吊索上悬挂0.2kN砝码。

2.3 模型试验结果

图5是1~5号、图6是6~11号吊索在体系转换中索力的变化曲线。由图可见吊索张拉及锚固后索力变化的一个共同特点是:锚固时需要的力比较大,张拉锚固下一根索时对邻近已锚固索的力影响较大,特别是最初张拉的索;对于某一根索,只要在其后面再锚固了一根索以后,索力的变化就不是很激烈了,随着后面张拉索的增多,索力逐渐增大,张拉吊索超过一半以后,除了锚固时需要较大的张力外,张拉下一根吊索后,已锚固索的索力变化比较小,基本接近一期恒载的最终值,这与文献[5]的研究结论基本一致。

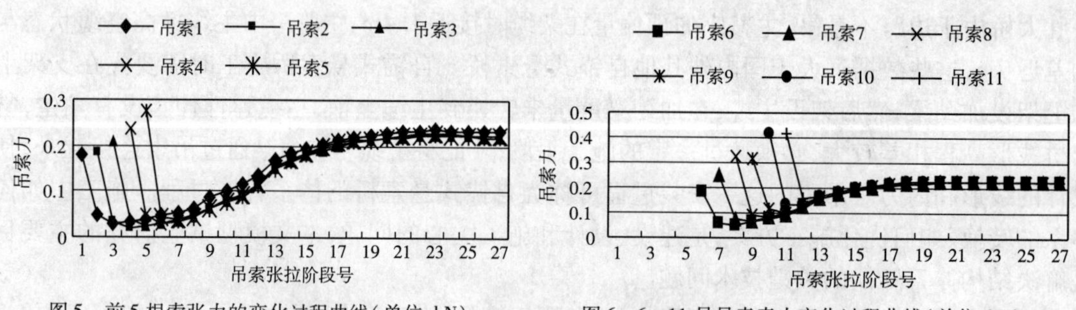

图5 前5根索张力的变化过程曲线(单位:kN)

图6 6~11号吊索索力变化过程曲线(单位:kN)

根据计算的数据进行模型试验,试验中可测得各吊索在张拉锚固后的实际索力。图7~图9是张拉完第10对、22对和全部吊索后,已张拉吊索中的索力实测与计算值的比较。

从图7~图9的结果可见,由于各种因素的影响,吊索力在开始张拉的几个阶段,计算与实测比较接近,但随着张拉吊索的增多,特别是有临时支座脱空以后,吊索力计算值与测试值有差异,一次张拉锚固完成的吊索力分布均匀性稍差。

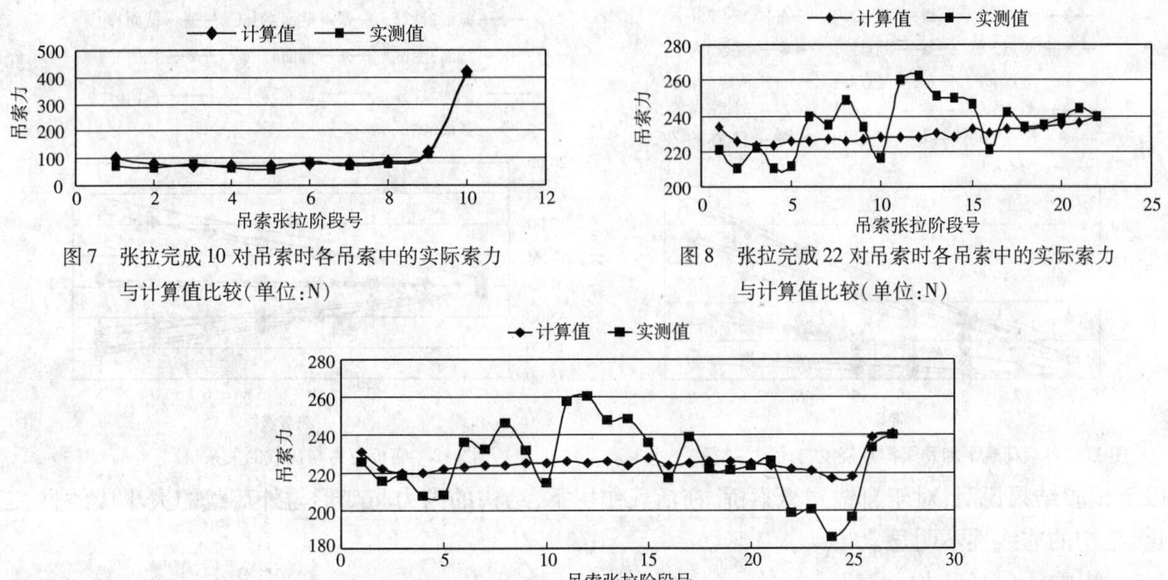

图 7　张拉完成 10 对吊索时各吊索中的实际索力与计算值比较(单位:N)

图 8　张拉完成 22 对吊索时各吊索中的实际索力与计算值比较(单位:N)

图 9　张拉完成时各吊索中的测试索力与计算值(单位:N)

图 10 是主缆边跨与中跨位移测点试验过程中测量与计算的位移比较图。这两图显示在吊索张拉过程中,主缆的竖向位移测试与计算的在变化规律上相当一致,数值上非常接近,说明本项研究所建立的计算方法和结构体系转换吊索力控制方法是可靠的,可以在实际中使用。

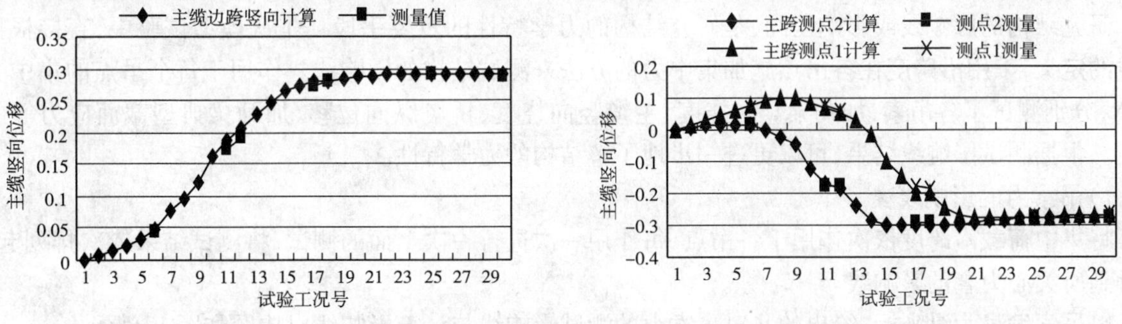

图 10　主缆竖向位移随吊索张拉过程的变化(单位:m)

以上结果说明,总的来说,按无应力长度控制张拉吊索,理论计算与实际测试总的趋势是完全一致的,实际的吊索力和结构线形变化是一致的;由于误差的存在,无应力长度控制与张力控制总是会存在不能完全一致的情况,由于模型比例尺小,实测长度精度达不到实际工程同样精度,因此实际工程中的控制精度会比模型试验更高。

3　结构静力特性试验研究

试验内容包括:结构上荷载分级加载试验、结构影响线(范围)试验和典型截面最不利加载试验。

3.1　分级加载试验

为考查结构随着荷载的增加,结构变形、内力(应力)等与作用荷载的关系,检验结构的非线性程度,进行了一组分级加载试验。试验采用 3 个集中荷载分别作用于加劲梁上三个点。三个点的位置分别距桥塔中心 7.55m、8.75m 和 9.95m 处,每个集中力的最大值为 400N,等分为 8 级施加,每级施加 50N。

图 11 是各级荷载下加劲梁测点挠度与荷载的关系曲线,该图结果说明:结构的竖向变形与作用荷载基本上是线性关系,同时左右测点的挠度基本是一样的。卸载后结构恢复到初始状态,基本不存在残余变形。图 12 为各测试断面的应力测试值与加载分级的关系曲线,从这些测试的结果可见,测试与计算的规律性完全一致,数据上也相当接近。

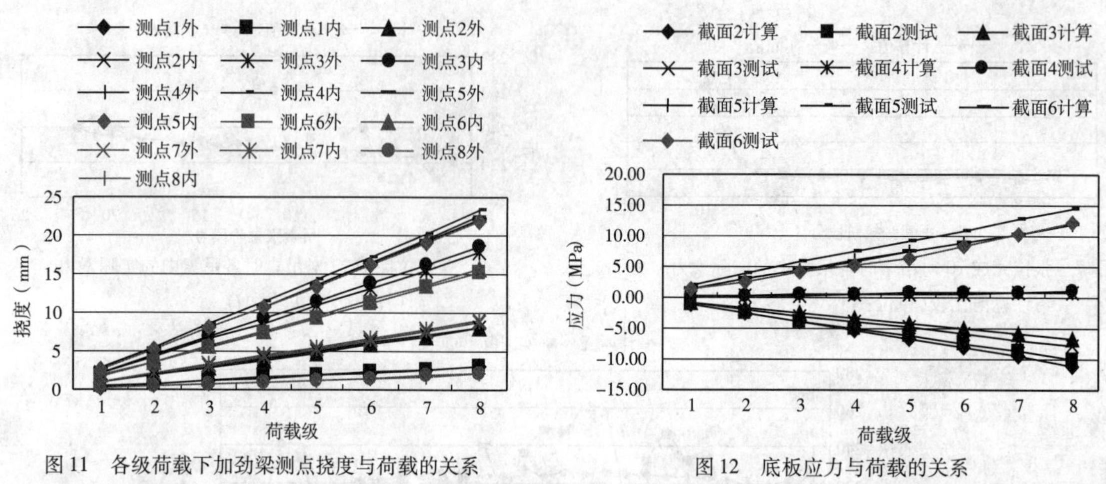

图11 各级荷载下加劲梁测点挠度与荷载的关系

图12 底板应力与荷载的关系

以上试验结果说明，对于自锚式悬索桥，在活载作用下，结构的内力与变形与外荷载的大小成线性关系变化，结构的非线性不明显。

3.2 影响线（区间）加载试验

从理论上说，对于几何非线性结构讨论影响线没有意义，但是将挠度理论引用到自锚式悬索桥中，推导出的解析解方程可以发现，自锚式悬索桥加劲梁内力及变形与外荷载的关系几乎就是线性的；另外，从工程应用角度考虑，桥梁设计多采用影响线或影响区间进行最不利加载，因此需要研究影响线的方法在自锚式悬索桥的内力与变形计算中能否使用的问题。

研究结构的影响线或影响区间，是研究结构的力学特性的重要手段。本次模型试验中，直接根据影响线的定义，采用沿跨度在各吊点施加集中力的方法来测试结构的影响线。作用于每个吊点的集中力为400N，分别测试了各吊索、加劲梁竖向挠度、主缆竖向挠度、桥塔纵向位移、加劲梁典型截面应力等的影响线。根据测试影响线结果，可以更进一步地了解结构的力学特性。

1）吊索力的影响线

将集中荷载沿跨度依次作用于各吊点，每作用一次进行一次全面的测试，将测试结果依次排列起来，就得到所关心力素的影响线。

以吊索编号为纵坐标，绘出的几对吊索力的测试影响线与计算影响线对比图如图13所示。

从模型试验的数据可以得出以下几点结论：

（1）对于平胜大桥，除两端的1号和27号吊索外，在竖向荷载作用下，各吊索力都是增大的，即在使用过程中，大部分吊索力不会小于恒载值；

（2）试验值与按试验模型计算的值所反映的吊索力影响线趋势是完全一样的，数据上只在最大值点和靠近两端处有较小的差异，这说明计算模型能比较准确地反映结构的力学特性；

（3）试验时作用于结构上的集中力为400N，如果加劲梁很柔，作用集中力处的单根（侧）吊索力最大值可达到200N，实际测试最大值仅略大于20N，这表明加劲梁通过剪力的传递，将作用于桥上的集中力分散到各吊索，因此这种结构对集中力的作用不敏感，集中力的分配效应比较明显；

（4）测试的最大值大于计算值，这可能与试验时集中荷载直接作用于吊点处有关，实际结构上的荷载是通过加劲梁的横向传递到吊索上的，与计算模时更接近。

2）加劲梁竖向挠度的影响线

加劲梁上典型测点的竖向挠度影响线如图14所示。从图14可见，平胜桥结构主跨作用荷载时的变形以下挠为主，只有靠近两端处有较小的反挠度；测试与计算的挠度影响线变形趋势完全一致，数值上靠近两端误差要大一些。作用于节点的集中荷载是400N，换算为实桥是作用1600kN的集中荷载，模型结构的竖向挠度小于10mm，换算为实桥是小于200mm，因此结构的刚度比较大；结构影响线曲线比较平

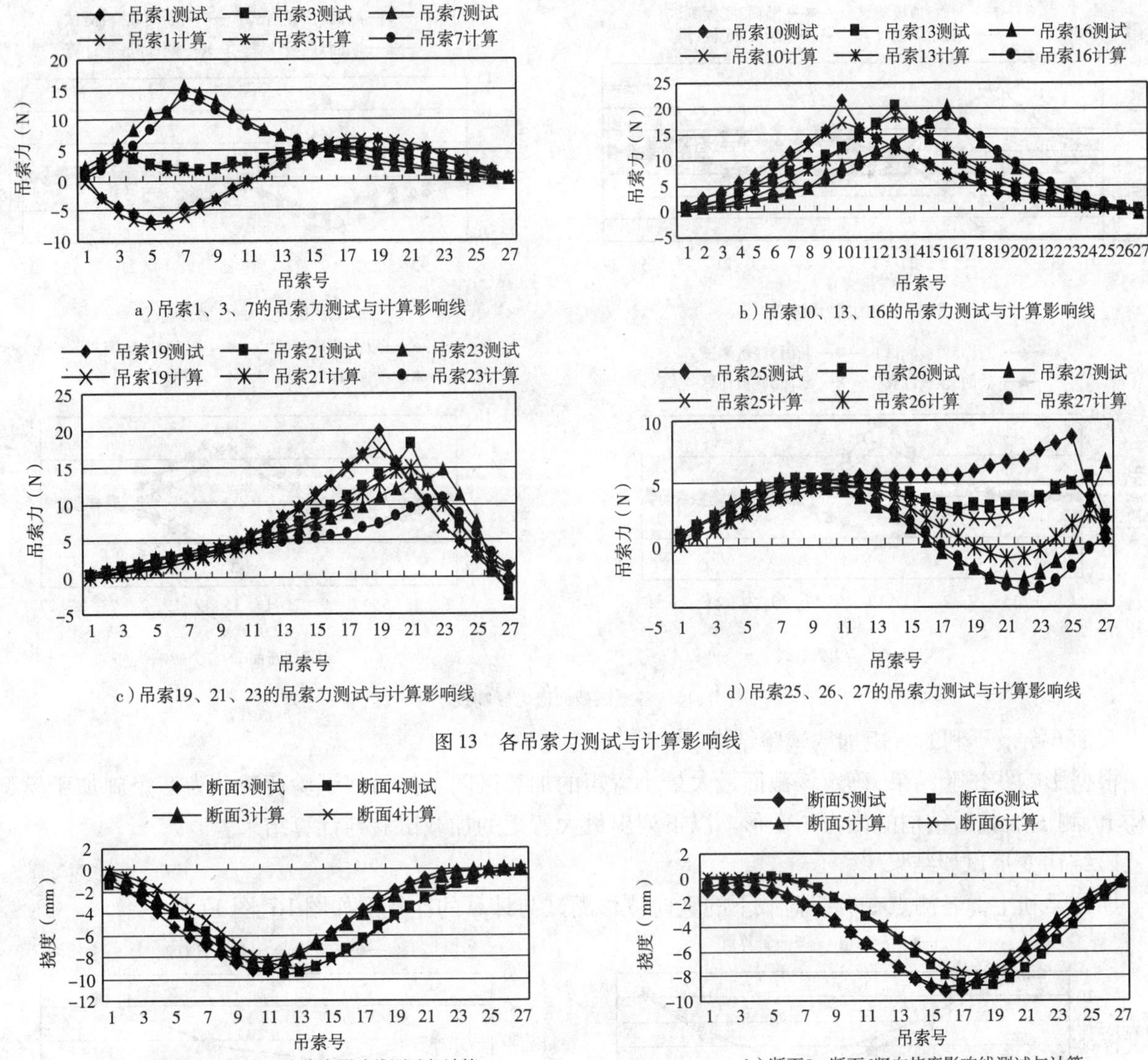

图13　各吊索力测试与计算影响线

图14　加劲梁各测点的挠度影响线

缓，说明结构整体受力性能比较好，作用于加劲梁上的力通过加劲梁比较均匀地传给了吊索。

3）加劲梁典型截面应力的影响线

图15是主跨几个测试断面的应力影响线。应力影响线反映出模型结构除两端的测试断面外，其余位置截面应力受外荷载的影响趋势基本是一致的。从计算与测试的对比看，测试值普遍大于计算值，但相差不多；靠近两端部测试截面，计算值大于测试值，数值相差比较大，这说明模型加劲梁过渡段的应力可能受局部应力的影响教大。

结构内力与变形影响线的模型试验表明，结构变形、吊索力、主缆力等总体力素的影响区间是比较长的，特别是吊索力、加劲梁与主缆跨中的挠度，最不利加载区间几乎是全跨；对于加劲梁的弯矩，则是短段荷载的影响很大，这些力学特性又与地锚式悬索桥有相同之处。根据这些特点可以看出，自锚式悬索桥的结构变形和结构内力方面与地锚式悬索桥有许多相同之处，不同处在于自锚式悬索桥在活载作用下非线性特点不明显，只要能正确地模拟结构的恒载状态，不考虑几何非线性进行计算，结果也能满足设计精度要求。

3.3　加劲梁上典型测试截面最不利弯矩加载试验

对于测试了影响线的典型截面对应的各种力素，试验中进行了最不利的加载试验，限于篇幅本文仅

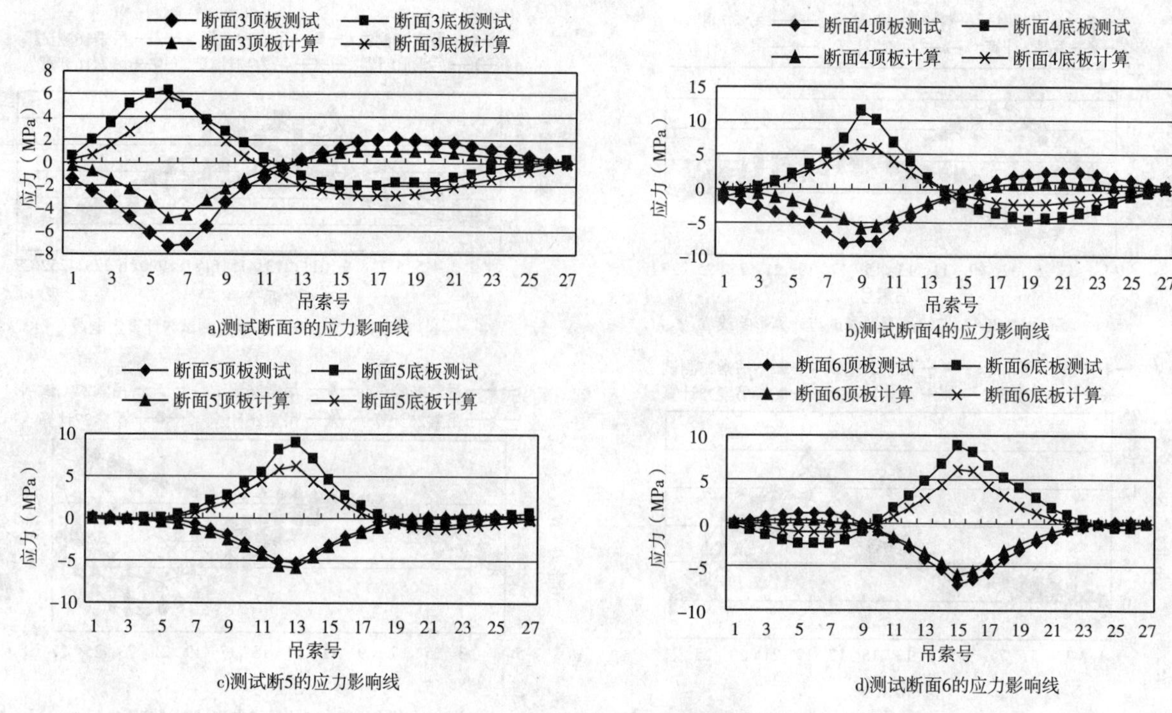

图15　各测试截面应力影响线

列出截面6-6最不利的弯矩加载试验结果。

根据影响线试验结果，确定该截面最大最小弯矩的加载区间。然后将试验荷载分为三级施加于模型结构上，测试加载后结构的内力与变形。以下列出最大弯矩的加载试验与计算结果。

1）结构变形试验结果

加劲梁和主缆各测点在分级荷载下的竖向位移测试与计算的比较图如图16、图17所示。

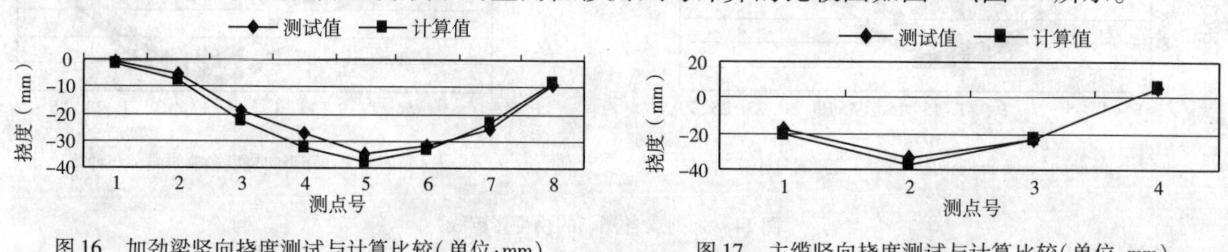

图16　加劲梁竖向挠度测试与计算比较（单位：mm）　　图17　主缆竖向挠度测试与计算比较（单位：mm）

2）吊索力

试验荷载下各吊索测试拉力增量及完成状态测试与计算结果的对比见图18。

3）加劲梁应力试验结果

第三级加载后加劲梁截面顶底板应力测量与计算的对比图如图19所示。

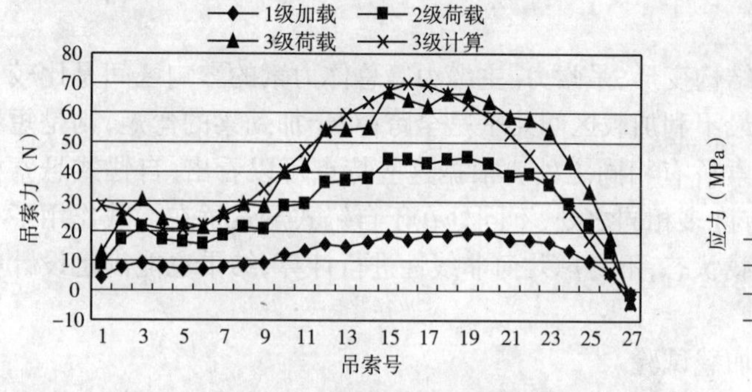

图18　吊索力的测量值与计算值（单位：N）

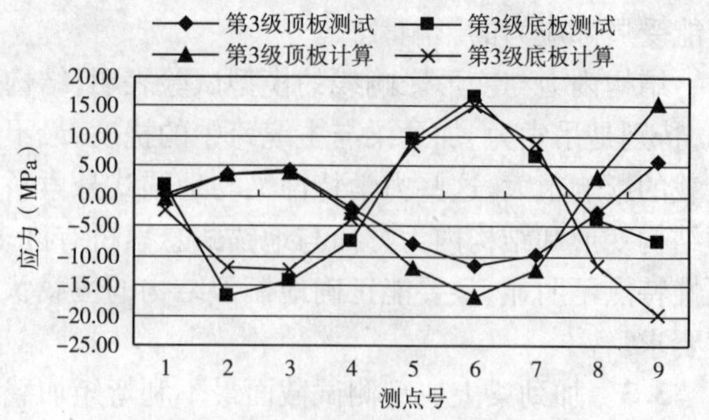

图19　加劲梁上测试应力与计算应力比较

以上试验与计算的对比结果说明，对于所研究的结构，在各截面最不利加载情况下，试验与计算的结果比较一致，两者所反映的变化规律是相同的。图 19 中测试截面 9 靠近锚固过渡段，测试结果可能受局部应力影响比较大，因此与计算结果有一定的差异。

4　结语

本文介绍了佛山平胜大桥大比例尺的自锚式悬索桥全桥模型的设计、制作和模型试验情况，利用试验模型对自锚式悬索桥结构的体系转换过程和静力特性进行了深入的研究。通过模型设计、理论分析和模型试验的测试比较，可以得到关于自锚式悬索桥结构体系转换方法和静力特性的几点结论。

(1)自锚式悬索桥试验模型设计时需要比较严格地满足加劲梁轴向刚度与主缆轴向力相似的准则；

(2)自锚式悬索桥在体系转换过程中，采用无应力长度控制法确定吊索张拉力或吊索安装状态，无论施工过程如何，理论上最终都能实现要求的设计状态。该方法对于吊索力的计算特别方便，可用于设计和优化吊索的安装过程，以提高工作效率、缩短施工工期、减少施工费用。

(3)在模型结构上的分级加载试验证明，自锚式悬索桥结构的内力和变形与外加荷载几乎是完全线性的关系，这与采用挠度理论推导的基本微分方程所给出的结论是一致的[6]，因此对于自锚式悬索桥，只要能正确地模拟结构的恒载状态，在活载作用下，叠加原理是可以应用的。

(4)结构内力与变形影响线的模型试验表明，自锚式悬索桥在结构变形和结构内力方面与地锚式悬索桥有许多相同之处，不同处在于自锚式悬索桥在活载作用下非线性特点不明显，只要能正确地模拟结构的恒载状态，不考虑几何非线性进行计算，结果也能满足设计精度要求。

(5)几个典型截面的最不利弯矩加载试验结果表明，结构变形和内力的测试结果与计算结果变化规律上完全一致，数值上比较接近，特别是结构的变形，测试与计算的数值差异在 10% 以内。

(6)根据静力特性试验研究的结果，可以看出，现在所用的计算方法和计算程序能准确地反映结构的静力学特性。

(7)试验发现，散索鞍、锚跨支座等的摩擦力过大，将影响主缆的传力和加劲梁的自由伸缩，在施工时需要给予注意。

参考文献

[1] 刘自明．桥梁结构模型试验研究[J]．桥梁建设，1999(4)；1-12.

[2] 李亚非，颜东煌，田仲初．大型三塔斜拉桥铝合金试验模型的研制[J]．长沙交通学院学报，2000，16(3)；37-4.

[3] 沈锐利，悬索桥主缆系统设计及架设计算方法研究[J]．土木工程学报，1996，29(2)；2-9.

[4] 唐茂林．大跨度悬索桥空间几何非线性分析与软件开发[D]．成都：西南交通大学，2003.

[5] 张哲，混凝土自锚式悬索桥[M]．北京：人民交通出版社，2005.

[6] 王志诚，自锚式悬索桥静动力特性挠度理论研究的[D]．西南交通大学，2005.

(本文已被 **EI** 检索，依托的广东佛山平胜大桥荣获湖南省 **2008** 年度优秀工程设计一等奖、**2009** 年度全国勘察设计行业优秀工程设计二等奖，《大跨度自锚式悬索桥设计理论与关键技术研究》荣获湖南省 **2007** 年度科技进步一等奖。)

矮寨悬索桥初步方案研究

廖建宏

摘　要:矮寨特大桥为吉茶高速公路的控制性工程。桥位距吉首市区约20km,跨越德夯大峡谷。桥位紧邻德夯苗族文化风景区,自然环境优美,地形条件复杂,桥面设计标高与地面高差达330m左右,山谷两侧悬崖距离从900m到1 300m之间变化。推荐方案为262m+1 146m+124m的钢桁加劲梁单跨悬索桥,桥梁两端直接与隧道相连,锚碇分别采用重力式锚碇和隧道式锚碇。介绍了大桥方案设计、抗风及岩石力学研究的阶段成果。

关键词:桥梁工程　方案　研究

矮寨特大桥为吉茶高速公路的控制性工程。桥位距吉首市区约20km,跨越风景秀丽的德夯大峡谷和中国著名的公路奇观——矮寨盘山公路(旧川湘公路)。桥位紧邻德夯苗族文化风景区,自然环境优美,地形条件复杂,桥面设计标高与地面高差达330m左右,山谷两侧悬崖距离从900m到1 300m之间变化。在"安全、舒适、环保、和谐"的设计原则下确定最佳的桥位及桥型方案是政府主管部门、业主和设计师共同关注的问题。

1　桥型研究

1.1　总体原则

由于矮寨特大桥独特的地形条件(桥面与谷底高差达330m,山顶与谷底的最大高差达500m,山谷两侧悬崖距离从900m到1 300m之间变化。在茶洞岸侧有一巨大的岩堆,岩堆上下高差高达270m),按照"安全、舒适、环保、和谐"的设计原则,梁桥、拱桥、斜拉桥对于本桥明显不合适。悬索桥目前的最大跨径约2 000m,在本桥桥址处修建跨径1 200m左右的悬索桥,索塔可以置于峡谷两侧的山体上,大大地降低索塔高度,同时避开茶洞岸侧的巨大岩堆。

因此,采用悬索桥为唯一可行的方案。

1.2　方案比选

根据桥位区域的自然条件,综合考虑路线的总体走向,就多个线位方案进行了深入比较,主要考虑桥梁两端接线、索塔及锚碇的布置、两岸隧道断面形式等因素。最终推荐Q线位方案(见图1)。

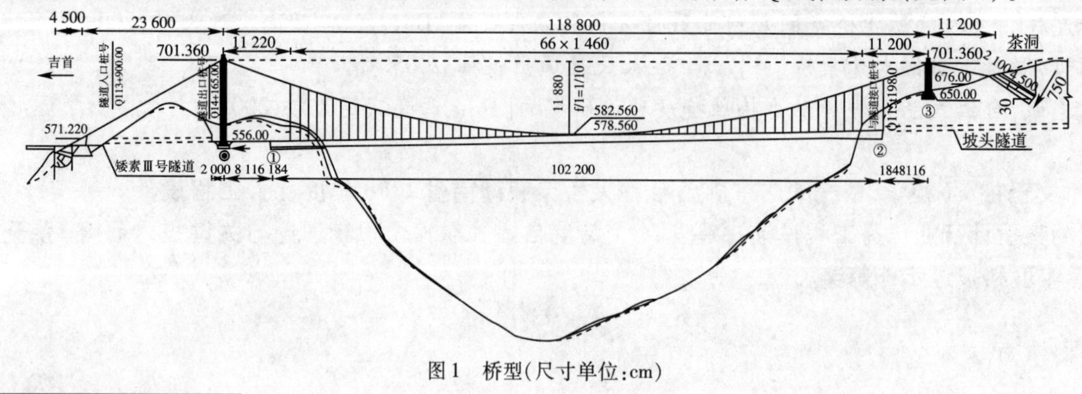

图1　桥型(尺寸单位:cm)

本文曾刊登于《中南公路工程》2006年第3期。

主缆的孔跨布置为:262m + 1146m + 124m,钢桁加劲梁全宽 27m。主索垂跨比 $F/L = 1/9.6$,全桥采用 69 对吊索,吊索标准间距为 14.5m,主跨梁高(主桁中心线处)7.5m;主梁桥台处设竖向支座、水平弹性支座及横向抗风支座。索塔均采用钢筋混凝土门式索塔;吉首岸塔高 123m,茶洞岸塔高 66m,基础采用扩大基础,底面距隧道顶部距离约 44m,以微风化灰岩作为持力层。主缆采用预制平行钢丝索股,单根主缆长度 1637.807m,单束索股由 91 丝 ϕ5.1 镀锌钢丝组成。索股束数为 234 束。吉首岸锚碇采用重力式锚碇,锚体长度 25m,水平交角 42.5°茶洞岸锚碇为隧道式锚碇,水平交角 38°,锚体长度 45m。两岸桥台均与隧道直接相连。桥台位置地势陡峭,为增强桥台与隧道山体的联系,桥台基础、背墙、侧墙均与山体岩石用预应力锚杆加强连接。

经过比较研究,Q 线线位具有非常明显的优势:①避开了吉首岸危岩体对索塔的影响;②避开了吉首岸锚碇与隧道之间的相互影响,索塔、隧道、锚碇相互独立;③吉首岸索塔、锚碇、隧道可共有一条便道,便道的长度、规模、造价均可节省;④造价最低。

弊端是:Q 线为避开吉首岸山体裂隙和危岩体对索塔的影响,土石方开挖量较大,约 20 万 m^3。可通过因地制宜地布置观景平台和对弃方采取合理环保的处理措施,避免其对环境的影响。

Q 线方案结构布置合理、施工相对方便、造价低,作为推荐方案。

1.3 加劲梁结构形式(见图 2)

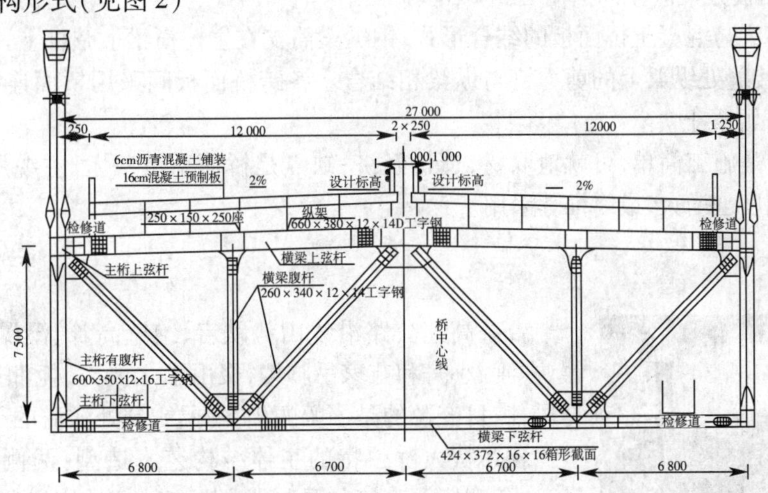

图 2　钢桁加劲梁断面(尺寸单位:mm)

因矮寨桥地处湖南西部的山岭重丘区,跨越峡谷,地形条件极其复杂,其对外联系的 G209 公路线型较差,根本无法将单一节段的钢箱梁运至现场。主梁若采用钢箱加劲梁方案,必须将钢箱梁节段化整为零,钢箱梁板单元运至工地现场加工。因此,需解决现场组拼工厂的场地、建设,设备的运输等问题。

钢箱梁拼装场应由以下几个部分组成:存梁场、整体拼装胎架、板单元存放场、涂装场地、梁段倒运通道等。基于悬索桥的大变形问题,一般悬索桥梁段间焊接是在全部梁段吊装后(或至少吊装 2/3 梁段后)进行。因此,吊梁时间是在钢箱梁段制造完成后(或完成 2/3 梁段数量后),这就要求拼装场有足够的存梁面积。根据计算,本桥需要约 6 万 m^2 的场地,而桥位处峡谷底部根本没有这么大的平整场地。即使强行建设场地,费用将非常高,且对峡谷两侧山体和周边环境造成严重破坏。

影响钢箱梁制造的另一个主要因素是大型设备,如龙门吊、场地梁段转运平车等。需场地梁段转运 320t 自行平车组 2 台,如此大型的设备根据现有的运输条件,很难到达现场。

钢桁加劲梁虽然用钢量略高于钢箱加劲梁,但其主要杆件、节点在工厂加工完成并进行试拼装后,可拆分运到施工现场,现有的运输条件能够满足要求。同时,场地及设备要求均能实现。钢桁加劲梁由主桁架、上下平联、横向桁架组成。桁高 7.5m,桁宽 27m,小节间长度 7.25m,大节间(即一个标准节段)长度 14.5m,在每小节处均设横向桁架。上下平联采用 K 形体系。主桁片上、下弦杆、横梁上、下弦杆采用箱形截面,腹杆及上、下平联均采用工字形截面。钢桁架各杆件均为工厂组焊件,为减少钢桁梁杆件的现场拼装连接,将弦杆连同一个或两个节点在工厂焊接成整体,现场用高强螺栓连接成桁架。

但钢桁梁抗扭刚度及临界风速较低,设计时应引起足够重视。

根据大桥建设条件,主梁采用钢桁加劲梁是最佳选择。

1.4 桥面系方案

悬索桥为缆索支承体系桥梁,桥面系的重量对悬索桥的主缆、吊索、索鞍的用量和锚碇、索塔的规模影响非常大。同时,桥面布置尤其是中央分隔带的宽度对于主桥两端连接的隧道形式和造价有决定性影响。因此,在规范允许和满足行车能力的前提下,选择合理的桥梁横断面布置方案对于降低主桥以及两端接线的造价至关重要。

a. 正交异性钢桥面方案。

采用纵向工字梁与正交异性桥面板的结合形式。钢纵梁简支在主桁横梁上弦杆上,横梁设置间距2.6m。桥面板采用正交异性钢桥面板,U形肋加劲。桥面铺装采用5cm厚环氧沥青。

该方案的优点是重量轻、桥面系的变形追随性好;缺点是用钢量大、对桥面铺装技术要求高,造价昂贵。

b. 混凝土桥面板方案。

采用纵向工字梁与混凝土桥面板的结合形式,钢纵梁简支在主桁横梁上弦杆上。桥面板采预制混凝土板,桥面板通过接缝处纵梁上的剪力钉与纵梁相结合。各跨桥面板间采用桥面连续结构,桥面铺装采用8cm厚改性沥青混凝土。

该方案的优点是施工简单,可就地取材,造价经济;缺点是桥面系恒载大,主缆用量增加约10%,但同时桥梁的重力刚度也增大,最终推荐采用。

2 景观研究

图3 景观效果图

吉茶高速公路沿线山势跌宕、绝壁高耸、溪瀑交错,伴随筒车、水辗、古渡、小舟和苗家吊脚楼,聚山水之灵秀,扼湘川之险要,揽苗土之奇风,满目充盈的是一幅幅山乡画卷,到处洋溢的是一派派田园诗情。

矮寨特大桥独特的主体结构艺术造型:两侧山头依势而建的索塔、加劲钢桁梁直接与悬崖上的隧道相连、依地质地形条件巧妙设计的隧道锚及重力锚均与周边秀丽的自然景观非常协调见图3。

牛头图案是当地民族的崇拜物和吉祥物,象征着人民的谦和与善良,坚强与上进。两山对峙的牛角状桥塔与张拉的弧形悬索浑然一体,形成当地的标志性建筑物。也可采用吊脚楼式的索塔建造风格。

3 抗风研究

3.1 风速统计分析

根据湘西自治州气象局专业气象台提供的《1971~2003年逐日10分钟最大风速及逐日最多风向频率资料》,采用极值Ⅰ型概率分布函数进行统计分析,得出颤振检验风速为41.4m/s;根据《规范》[1],推算出颤振检验风速为51.5m/s。为安全起见,在矮寨大桥的抗风设计研究中,取颤振检验风速为51.5m/s。

3.2 节段模型风洞试验

试验采用弹簧悬挂二元刚体节段模型试验方法,节段模型的几何缩尺比为1/50。

试验结果不能满足颤振稳定性要求,故须采取措施来提高桥梁的颤振稳定性。

从经济、有效、实用的角度考虑,决定采用中央稳定板的措施来提高桥梁的颤振稳定性。中央稳定板的顶部与混凝土桥面底部在同一高度。

增加中央稳定板的高度有利于桥梁颤振稳定性的提高。建议取中央稳定板高度为4m(实桥),稳定板上端与桥面板下缘同高。攻角 $a=0°$ 时为该方案桥梁的最低颤振临界风速工况，临界风速值为 $V_{cr}=54.2m/s$，大于颤振检验风速 $[U_{cr}]=51.5m/s$。满足颤振稳定性的要求见表1。

颤振临界风速试验结果 表1

工况	攻角/(°)	试验颤振风速/(m·s⁻¹)	风速比	实桥颤振临界风速/(m·s⁻¹)
Ⅰ	+3	11.8		40.0
Ⅱ	0	12	3.39	40.7
Ⅲ	-3	9.6		32.5

由于矮寨大桥跨越大峡谷，风致振动必须给予足够的重视。目前正进行风场模拟试验及现场风环境实测，还将开展全桥气弹模型风洞试验。

4 隧道锚碇与塔基岩体稳定性研究

矮寨大桥茶洞岸锚碇采用隧道锚的形式，设计载荷双索高达 5.8×10^5kN，由于山体地形的限制，悬索桥主塔布置在山坡浅表部位，下部有跨度达24m的公路隧道穿越；主塔和锚碇承受的巨大主缆力通过塔基和锚体与围岩接触面传递到周围岩体上，隧道锚碇、主塔与山体形成一个联合受力系统，该体系的整体稳定性是悬索桥建设中的关键技术问题之一，决定着大桥的长期运行安全。

4.1 锚碇可能的破坏模式研究

桥址区岩体结构以中厚层夹薄层状结构为主，节理裂隙发育程度一般(局部较发育)，将性质应介于结构面发育～不发育时的模式之间。

图4给出了矮寨大桥锚碇围岩可能的破坏模式。在主缆力作用下，锚碇后部围岩产生拉或拉剪破坏，破坏面可以追踪层面(尤其是层间剪切面)和陡倾角的节理裂隙而形成，因此表现为非连续岩体的变形破坏模式；锚碇后端面以外的围岩主要处于压剪应力状态，受变形空间限制，破坏面一般不易沿着结构面形成，将主要切穿岩层(可能部分追踪层面)而形成向外扩大的锥形破坏面，因此近似表现为连续岩体的破坏模式。

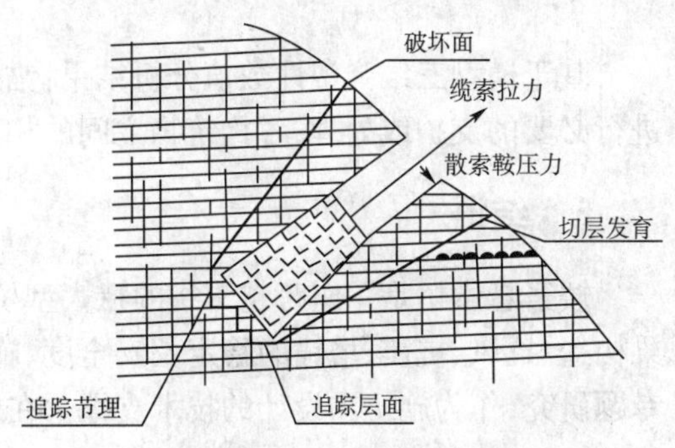

图4 锚碇围岩可能的破坏模式

4.2 隧道锚碇的长度及倾角优化

采用国际上通用的岩土工程三维显式有限差分法FLAC-3D分析软件，以隧道锚碇的变形及稳定性最优为目标，用数值分析方法对锚碇进行优化分析，合理确定锚体的设计长度和主缆倾角，使隧道锚碇能够满足桥梁系统的高承载要求。

表2给出了不同分析方案及最大位移与塑性区量值。综合考虑围岩变形、塑性区分布以及锚碇对工程长期安全稳定的重要性，建议锚体长度取40m，锚碇倾角取为40°。

不同分析方案与部分成果 表2

分析方案	锚体长度(m)	锚锭倾角(°)	结构部位	最大位移增量(mm)	塑性区体积($\times10^4m^3$)
1	30	40	左锚锭后端	0.49	9.67
2	35	40	左锚锭后端	0.48	9.85
3	40	40	左锚锭后端	0.47	9.50
4	30	30	左锚锭后端	0.48	10.31
5	35	30	左锚锭后端	0.47	10.32
6	40	30	左锚锭后端	0.47	9.66

4.3 隧道锚碇围岩、塔基等系统的整体稳定性以及相互影响关系

针对茶洞岸隧道锚碇和塔基的稳定性进行三维数值分析。根据地质资料,计算域内模拟了山体的∈2~∈3,灰岩白云岩岩层,断层F2;在岩体中划分了风化卸荷带见图5。

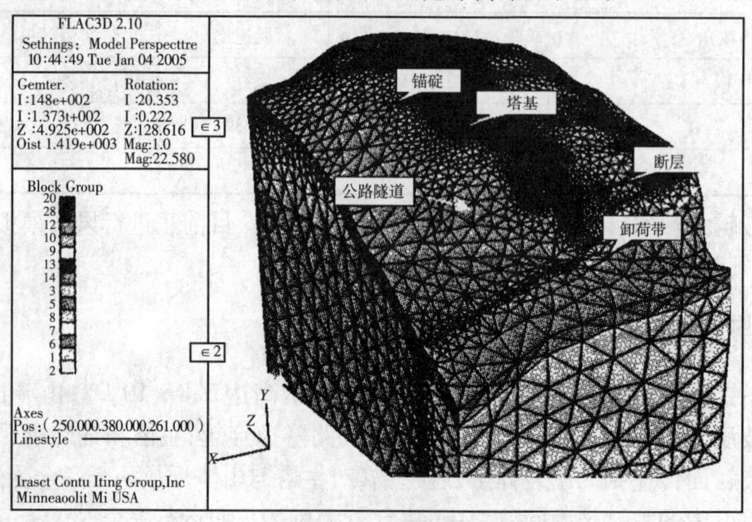

正线茶洞岸三维计算模型

图5 三维计算模型

基于模型三维弹塑性数值分析结果:锚碇与塔基岩体在设计荷载下的稳定性较好,公路隧道围岩需进行必要的支护或处理,各构筑物之间的相互作用和影响不太明显。

5 结语

矮寨悬索桥是一座跨越深谷的特大型桥梁,初步设计阶段对桥型方案进行了比较深入的研究,在桥梁构造、抗风、抗震、塔锚的稳定及安全度、施工可行性等方面均取得了阶段性成果。目前正在开展数个专题研究,作为施工图设计的技术支撑。在此对所有研究协作单位表示感谢。

参考文献

[1] 中华人民共和国交通部. 公路桥涵设计通用规范(JTG D60—2004)[S]. 北京:人民交通出版社,2004.

[2] 陈政清. 吉茶高速公路矮寨大桥悬索桥抗风与抗震初步设计阶段研究报告[D]. 湖南大学,2005.

[3] 丁秀丽. 长沙至重庆国道主干线矮寨悬索桥初设阶段隧道锚碇与塔基岩体稳定性分析[D]. 长江水利委员会长江科学院,2005.

(本文依托的湖南省吉首至茶洞高速公路为交通运输部首批勘察设计典型示范工程。)

矮寨大桥总体结构静力分析

崔剑峰　胡建华　刘　榕

摘　要：矮寨大桥为1176m的单跨简支钢桁梁悬索桥。通过对其分析，根据该桥的结构特点，确定了结构活载参数的取值计算方法及计算过程中应该注意的内容，应用结构分析程序对运营阶段进行总体结构静力分析，并论述了悬索桥单吊点下3根吊索的验算方法和中央扣验算方法，验证了结构设计的安全性。

关键词：桥梁工程　悬索桥　静力分析

1　项目概况

矮寨大桥为吉茶高速公路的控制性工程，桥位距吉首市区约20km，于k14＋571.30处跨越矮寨镇附近的山谷，德夯河流经谷底（德夯河在桥位下游800m汇入峒河），桥面设计标高与地面高差达330m左右，山谷两侧悬崖距离从900m到1 300m之间变化。

矮寨大桥为单跨简支钢桁梁悬索桥，主缆布置为（242＋1176＋116）m，主缆的矢跨比为1/9.6，2根主缆横桥向间距为27m。全桥采用68对吊索，吊索标准间距为14.5m；另外在吉首岸离第1对吊索29m处设1对吊索直接锚固在岩石上；在茶洞岸离第1对吊索29m处布置2对吊索直接锚固在岩石上，吊索间距29m；钢桁梁全长为1 000.5m，采用华伦式结构，桁高（主桁中心线处）7.5m，桁宽27.0m，节间长度7.25m。钢桁梁两端均与隧道连接，主梁桥台处设竖向支座及横向抗风支座；跨中设弹性中央扣。索塔采用门式框架结构，塔柱顶设置预应力混凝土空心横梁，索塔基础采用扩大基础，2个索塔分别位于矮寨峡谷两侧悬崖上部的山体上。吉首岸锚锭采用重力式锚锭，茶洞岸锚锭采用隧道式锚锭，隧道锚的锚塞体长43m，倾角为38°。矮寨大桥总体布置见图1。

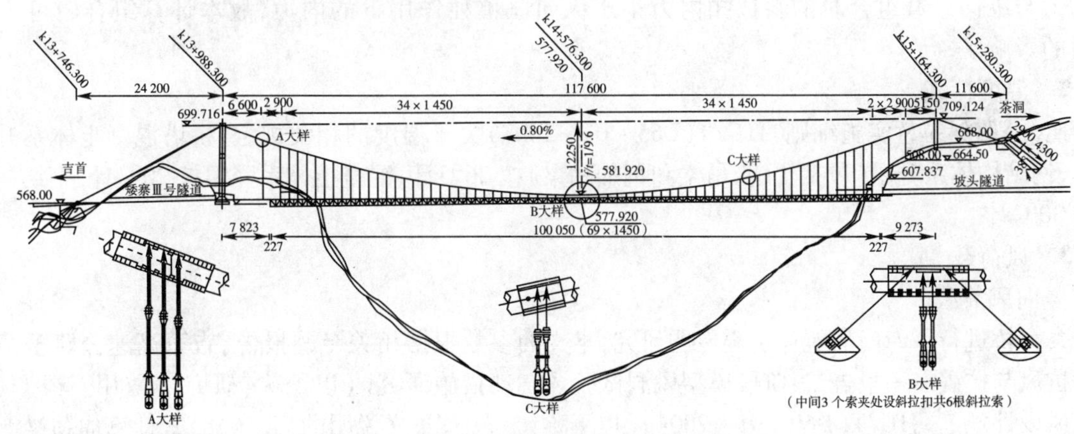

图1　矮寨大桥总体布置（尺寸单位：cm）

2　技术标准

主线全线采用双向4车道高速公路标准：设计车速为80km/h；桥面系全宽为24.5m；钢桁架梁为梁

本文曾刊登于《湖南交通科技》2008年第2期。

宽 27m，梁高 7.5m；桥而横坡为双向 2%；设计车辆荷载为公路Ⅰ级；设计基准风速为 34.9m/s；设计基准期为 100a；设计安全等级为一级；地震基本烈度为地震动峰值加速度 0.05g，地震动反应谱特征周期为 0.35s。

3 结构荷载参数计算

矮寨大桥的整体静力分析采用西南交通大学编制的软件《桥梁结构空间静动力非线性分析系统 SBS2000》进行计算。本桥结构采用平面杆系进行模拟，取一半的结构进行计算，分别对成桥状态下的恒载、公路Ⅰ级、温度、风载等活载作用进行了静力分析。

3.1 汽车活载

根据《公路桥梁设计通用规范》(JTG D60—2004)行车道宽度为 11m 时，采用 3 车道计算，故本桥虽然设计为双向 4 车道高速公路，计算汽车活载仍然采用 6 车道公路Ⅰ级计算。

偏载 6 车道计算按照最不利偏载计算，系数将增大 1.037。则单边桁架的横向分布系数为：

$$0.5185 \times 6 \times 0.55 \times 0.94 = 1.608$$

如按单幅 3 车道最不利偏载计算，则为：

$$0.759 \times 3 \times 0.78 \times 0.94 = 1.669$$

如按设计标准的 4 车道偏载，偏载距离为

$$(3.75 - 2.5) = 1.25\ \text{m}$$

则为：

$$0.5463 \times 4 \times 0.67 \times 0.94 = 1.376$$

纵向整体计算横向分布系数取以上极值 1.669。

JTG D60—2004 规范第 4.3.6 条规定加劲梁公路Ⅰ级车载产生的制动力为总重力的 10% 计算。公路Ⅰ级的车道标准荷载为 10,5kN/m，本桥纵向折减系数为 0.94，则同向行驶的 2 车道制动力为 $0.1 \times 0.94 \times 2 \times 10.5 = 1.974$kN/m。汽车制动力与纵向风载作用影响相同，并且对加劲梁内力影响不大，对斜拉扣的索力影响很大。当制动力与纵向风载(风速 25m/s)组合时，纵向荷载作用为 $1.974 + 4.198 = 6.172$kN/m，当纵向风(风速 34.9m/s)单独作用时，纵向荷载作用为 8.182kN/m，也就是说当制动力与纵向风载组合时的斜拉扣内力小于纵向风单独作用下的内力，故本计算组合中可不考虑制动力的影响。

3.2 温度荷载

参照《公路斜拉桥实施细则》JTG/T(D65-01—2007)关于温度的相关规定，桥塔混凝土体系升温按 16℃计，钢结构体系升温(包括主缆、吊索和钢加劲梁)按 26℃计；混凝土体系降温按 20℃计，钢结构体系降温按 30℃计。

3.3 风荷载

1)竖向风荷载

矮寨大桥进行了专门的抗风抗震专题研究，本文的参数根据相关专题报告《吉茶高速公路矮寨大桥悬索桥抗风与抗震——报告二：阶段模型风洞试验及气动措施研究》(以下称《研究》)取用。根据《公路桥梁抗风设计规范》JTG/T(D60-01—2004)(以下称《规范》)条文说明的(4.16)公式计算加劲梁上的竖向风载采用下式计算：

$$P_{\mathrm{V}} = 0.5\rho U_{\mathrm{d}}^2 C_{\mathrm{v}} B$$

根据《研究》的结果，取桥面高度处设计风速 $U_{\mathrm{d}} = 34.9$m/s。考虑阵风风速系数，查《规范》表 4.2.1，$G_{\mathrm{v}} = 1.22$，根据《规范》4.1.1 条，“风荷载由平均风作用、脉动风的背景作用及结构惯性动力作用叠加而成”，风荷载的计算还必须考虑惯性力的影响，此部分的影响必须经过专题研究才能考虑到，本计算通过一些近似分析，直接增大了阵风风速系数，最后取 $G_{\mathrm{v}} = 1.31$ 以考虑惯性力的影响。

最后计算得到加劲梁分别在±5°攻角、设计风速34.9m/s下的竖向风载为14.53、-2.42kN/m。如风载与汽车等组合，根据《规范》4.1.3条，则桥面高度处的风速可取25m/s。此时对应的竖向风荷载为7.46、-1.24kN/m。

2）横向风荷载

本计算书为平面计算，横向风载无法考虑，横向风载效应需空间计算才能模拟，此处计算横向风载是为了计算纵向风效应为空间分析提供准确的风荷载效应值。另外值得注意的是：对于桁架加劲梁悬索桥横向风荷载对桁架横向平联的影响作用是决定性的，对其余构件的影响相对较小。

利用《规范》的相关公式计算得到风速为34.9、25m/s时的加劲梁横向风载分别为16.34、8.40kN/m。

3）纵向风荷载

纵向风载对伸缩缝和中央扣有决定性的影响。计算过程需注意以下几点：①《规范》4.3.6规定了跨径小于200m的桥梁的顺桥向风荷载的计算方法，同时4.3.7规定了跨径大于200m的非桁架桥梁的计算方法，没有提到跨径大于200m的桁架桥的计算方法，本文采用与小于200m的桁架桥梁顺桥向的风载相同的方法，即：顺桥向风载取其横桥向风载的0.5倍。②据《公路悬索桥设计规范（试用稿）》的条文说明，主缆和吊索的纵向风载不考虑。分析中对加劲梁、桥塔的纵向风荷载进行了计算，本文不再列出详细的计算数值。

3.4　荷载组合

矮寨大桥整体结构静力分析采用的荷载组合如下：

组合Ⅰ：恒载+公路Ⅰ级+温度；

组合Ⅱ：恒载+公路Ⅰ级+温度+竖向风；

组合Ⅲ：恒载+公路Ⅰ级+温度+纵向风；

组合Ⅳ：恒载+温度+纵向风。

以上组合中温度为体系温升和体系温降的可选组合；竖向风为向下的竖向风和向上的竖向风的可选组合；纵向风为向左的纵向风和向右的纵向风的可选组合。为简化计算，风荷载加载采用节点加载，直接加载在上弦杆的节点上。

4　整体结构计算结果

4.1　主缆、吊索

主缆恒载状态最大应力为594.05MPa，最不利组合最大应力658.4MPa，安全系数2.54，大于2.5的要求。

本桥吊索为骑跨式钢丝绳吊索，钢丝绳公称抗拉强度1 870MPa，运营过程吊索索力安全系数均大于4；D88mm钢丝绳最大应力幅91.2MPa（应力幅的计算取4车道汽车）；D62mm钢丝绳最大应力幅58.4MPa，满足使用要求。

4.2　岩锚端吊索

矮寨大桥J00、C01号吊索每吊点下采用3根公称直径为88mm的钢丝绳。一般情况下，3根吊索的长度误差可能造成索力和吊索应力幅分布不均匀，而2根则不会出现这种情况。

本节对3根吊索对制作长度误差情况下的力学行为及是否存在较大的应力幅差异进行分析计算。J00、C01号吊索在成桥状态的下端的张拉力为4 000kN。计算得到的标准吊索长度各工况上端吊点内力值见表1。由表1可以看出，温度活载对3根索的影响不均匀，其余活载对3根索的影响基本相等。温度对2号索（中间索）的影响最大，模拟吊索长度误差的极端情况，如J00和C01吊索的1号（靠近桥塔的索）、3号索（靠近跨中的索）长度误差为$L/6\ 000$，2号索长度误差为$-L/6\ 000$，计算得到的各工况上端吊点内力值见表2。

标准吊索长度各工况吊索力(kN) 表1

工况	J00			C01		
	1	2	3	3	2	1
恒载	1408	1408	1408	1387	1387	1387
温升	-55	-344	-64	-60	-338	-46
温降	65	399	75	73	395	57
竖向风上	0.2	1.2	2.2	2.0	0.4	-1.1
竖向风下	-0.2	-0.3	-0.5	-0.5	-0.2	0.1
纵向风左	32	33	33	-37	-36	-35
纵向风右	-32	-32	-33	38	36	35
公路 Max	400	410	420	437	421	406
Ⅰ级 Min	-443	-459	-475	-490	-465	-440
组合 Max	1874	2218	1904	1897	2203	1850
Ⅰ Min	911	605	870	836	583	901
组合 Max	1874	2219	1907	1899	2203	1850
Ⅱ Min	911	605	869	836	583	899
组合 Max	1905	2250	1937	1935	2239	1885
Ⅲ Min	880	573	837	799	547	866
组合 Max	1535	1871	1549	1533	1852	1512
Ⅳ Min	1292	1001	1280	1254	978	1274

调整吊索长度各工况吊索力(kN) 表2

工况	J00			C01		
	1	2	3	3	2	1
恒载	1408	1408	1408	1387	1387	1387
温升	1293	1598	1293	1272	1577	1272
温降	-54	-344	-63	-60	-338	-46
竖向风上	65	399	75	73	394	57
竖向风下	0.3	1.3	2.4	2.1	0.6	-1.0
纵向风左	-0.2	-0.4	-0.5	-0.5	-0.2	0.1
纵向风右	32	32	33	-37	-36	-34
公路 Max	400	410	419	436	421	406
Ⅰ级 Min	-443	-459	-475	-491	-466	-440
组合 Max	1757	2407	1787	1781	2393	1734
Ⅰ Min	796	795	754	721	773	785
组合 Max	1758	2409	1790	1783	2393	1734
Ⅱ Min	795	794	754	721	773	784
组合 Max	1789	2440	1821	1819	2429	1769
Ⅲ Min	764	762	721	684	737	751
组合 Max	1419	2061	1433	1418	2042	1396
Ⅳ Min	400	410	419	436	421	406

由表1、表2可以看出,吊索长度误差只对恒载状态下的吊索力有影响,对活载内力无影响;极端情况下误差将使运营过程索力最大的J00吊索的2号索索力增加190kN,组合后最大索力为2 440kN,安全系数由4.45降为4.11,满足使用要求。

4.3　中央扣

中央扣斜拉索截面设计和初始拉力设计要保证最大拉力条件下的安全系数,也要维持其最小保证荷载,同时中央扣索的应力幅非常大,要保证其应力幅满足要求。经过多次调整、计算,最后确定了矮寨大桥中央扣索采用公称直径D88mm的钢丝绳,每个位置设置2根;最外侧的2对扣索成桥后的初始运营张拉力为1 500kN,内侧的4对扣索成桥时的初始运营张拉力为1 200kN。运营过程内力、应力幅见表3。

运营过程中央扣索内力、应力幅　　表3

索号	破断力(kN)	最大拉力(kN)	最小拉力(kN)	安全系数	应力幅(MPa)
1	10 020	2 418	385	4.14	91.49
2	10 020	2 310	334	4.34	82.41
3	10 020	2 011	396	4.98	47.51
4	10 020	2 016	391	4.97	46.94
5	10 020	2 297	342	4.36	80.82
6	10 020	2 422	382	4.14	91.06

运营过程扣索安全系数大于4,最小保证索力334kN,公路Ⅰ级活载下的最大应力幅91.5MPa,满足使用要求。

4.4　钢加劲梁

恒载作用下,加劲梁各杆件的应力均比较低;运营过程,在各种组合下加劲梁主桁杆件的应力均比较均匀,加劲梁上弦杆应力为128.0～－83.5MPa,下弦杆应力为91.6～－116.7MPa,斜腹杆应力为70.4～－91.9MPa,直腹杆应力为104.3～－35.8MPa。

加劲梁上弦杆最大应力幅为103MPa,下弦杆最大应力幅为125MPa,斜腹杆为76MPa,直腹杆为68MPa。

运营过程加劲梁竖向最大上挠为－2.403m,挠跨比1/416;最大下挠为1.786m,挠跨比1/560。

为了提供端部伸缩缝设计需要的详细数据,提供梁端的水平位移和转角位移见表4。吉首岸伸缩缝理论宽度要求为$390+317+8\,000\times\sin(0.802°+1.031°)=963$mm(式中8 000为支座顶面至伸缩缝顶面的距离),茶洞岸则为1 012mm,最终矮寨桥伸缩缝设计位移量为1 280mm。

梁　端　位　移　　表4

位　置	水平位移(mm)		转角位移(°)	
	最大	最小	最大	最小
吉首岸	390	－317	0.802	－1.031
茶洞岸	367	－397	1.031	－0.745

温度荷载作用下加劲梁端部杆件的内力变化很大,但是中部比较均匀。纵向风对加劲梁中部的局部杆件影响比较大,其余位置较小。

4.5　桥塔

恒载作用下,桥塔弯矩很小,吉首岸桥塔最大应力为12.0MPa,茶洞岸桥塔最大应力为8.4MPa;运营过程各组合作用下,吉首岸桥塔最大应力为15.0MPa,最小应力均在6MPa以上。茶洞岸桥塔最大应力达到了15,8MPa,出现在桥塔塔根部,塔根最小应力为1.1MPa,应力满足规范的要求。吉首岸最大水平位移18.0cm,最小水平位移11.1cm;茶洞岸最大水平位移4.6cm,最小水平位移-7.7cm 。

5 结语

本文详细地介绍了矮寨大桥整体结构分析中的汽车荷载、温度荷载、风荷载等的荷载参数取值计算方法。整体计算结果表明:桥梁主缆、吊索、斜拉扣、钢加劲梁、桥塔等结构均满足使用要求。同时本文还详细介绍了岩锚端吊索、斜拉扣、伸缩缝伸缩量的分析计算方法,给结构设计提供了必要的数据。

参 考 文 献

[1] 周孟波. 悬索桥手册[M]. 北京:人民交通出版社,2003.

[2] 湖南大学风工程研究中心. 吉茶高速公路矮寨大桥悬索桥抗风与抗震——报告二:阶段模型风洞试验及气动措施研究[Z]. 2006.

[3] 湖南省交通规划勘察设计院. 长沙至重庆公路通道湖南省吉首至茶洞高速公路k14+571.30矮寨特大桥施工图设计文件[Z]. 2006.

[4] 袁卫国. 基于静力试验的大跨钢管拱桥承载力的模糊神经网络评价[J]. 中南公路工程,2006,31(3):122-124.

[5] 赵跃宇,康厚军,周海兵. 斜拉拱桥结构的建模与静力分析[J]. 中南公路工程,2006,31(4):14-18.

[6] 李传习,夏林云,张建仁,等. 斜拉索静力分析综述[J]. 中南公路工程,2001,26(2):32-34.

[7] 罗军,周华. 大跨度钢管混凝土拱桥抗震性能分析[J]. 湖南交通科技,2007,33(1):93-97.

(本文依托的湖南省吉首至茶洞高速公路为交通运输部首批勘察设计典型示范工程。)

索结构几何非线性分析的悬链线索单元法

胡建华　王连华　赵跃宇

摘　要：基于索的基本假定和悬链线平衡方程，通过对沿索曲线均布荷载作用下的索段分析，得到了索端力和索的几何线形之间的对应关系；进一步通过索单元的柔性迭代分析，获得了内力改变和位移增量之间的关系，进而得到索单元的刚度矩阵和节点力，从而建立起了空间悬链线索单元的几何非线性有限元分析方法。经典算例结果证明了空间悬链线索单元的正确性，同时具有较高的精度，可为大跨度悬索桥、斜拉桥以及张拉结构等几何非线性较强的结构精确分析提供强有力的计算工具。

关键词：索结构　非线性分析　悬链线索单元

由于大跨度悬索桥、斜拉桥、张拉结构等悬索结构具有高柔性的特性，所以结构分析时必须考虑几何非线性的影响，而结构分析的精度主要取决于索的精确分析。

较早对索的分析采用解析法[1]，该方法仅适合于结构体系和受力较简单的场合，对于结构和荷载分布较复杂等情况，分析计算往往太烦琐。随着计算机技术的发展，有限元分析已成为大型结构最有效的计算分析方法。目前，索的有限元分析主要有杆单元法、考虑垂度效应的杆单元法、多节点曲线索单元法和抛物线索单元法[2-5]等，这些方法均存在计算精度不高或使用不便等缺点。杨孟刚等[6]利用推导的两节点悬链线索单元对自锚式悬索桥施工全过程进行了模拟分析。本文根据索的基本假定和悬链线平衡方程，采用索段分析及迭代方法，导出了两节点空间悬链线索单元切线刚度阵及节点力的迭代格式，建立起了空间悬链线索单元的几何非线性有限元方法。该索单元既克服了杆单元（考虑 Ernst 弹模修正）和抛物线索单元模拟索计算精度不高的问题，又解决了多节点曲线索单元使用不便等缺点。经典算例结果表明，本文导出的空间悬链线索单元具有较高的精度。

1　索的基本假定与索段分析

本文公式的推导主要基于以下基本假定：①索的材料符合胡克定律；②索的面积不随外荷载作用变化；③索是理想柔性的。对于一般的索结构而言，可将其离散多个索段（索单元）。对于每个索段而言，所承受的荷载有两种：一是索单元间沿弧长均布的主缆自重；二是索端力。由文献[7]可知，在沿索曲线均布荷载 q 作用下，索的水平张力 H 是常数，索的线形为悬链线。对于如图 1 所示的受均布荷载 q 作用下的柔性索段 IJ，弹性模量为 E，截面面积为 A，索段两端点跨长为 L，高差为 C，索段的无应力长度为 S_0，变形后的索长为 S，$OXZY$ 为总体坐标系，$oxyz$ 为局部坐标系，且索的水平张力 H 是常数，索的线形为悬链线。根据静力平衡条件，有：

$$T\frac{\mathrm{d}x}{\mathrm{d}r}=H,T\left(-\frac{\mathrm{d}z}{\mathrm{d}r}\right)=V-qs \tag{1}$$

其中 T 为张力。边界条件 为 $s|_{x=0,z=0}=0,s|_{s=L,z=C}=S_0$ 且张力与应变关系为 $T=EA\varepsilon=EA(\mathrm{d}r/\mathrm{d}s-1)$。由式(1)并考虑在$(0,S_0)$区间内的积分，可以得到：

$$L=x(S_0)=\frac{HS_0}{EA}+\frac{H}{q}\ln\frac{V+\sqrt{H^2+V^2}}{(V-qS_0)+\sqrt{H^2+(V-qS_0)^2}} \tag{2}$$

本文曾刊登于《湖南大学学报(自然科学版)》2007 年第 11 期。

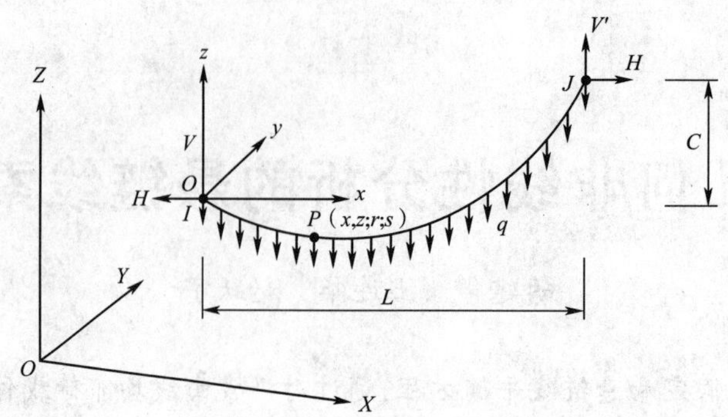

图1 沿索曲线均布荷载作用下的索段

$$C = y(S_0) = \frac{qS_0^2 - 2VS_0}{2EA} - \frac{1}{q}\left\{\sqrt{H^2 + V^2} - \sqrt{H^2 + (V + qS_0)^2}\right\} \tag{3}$$

由式(2)和式(3)可知，端点内力 H,V 与线形参数 L,C 之间形成对应关系，因此如果内力一旦确定，线形也确定下来，反之亦然。显然式(2)和式(3)可以简化成为：

$$L = -H_J\left[\frac{S_0}{EA} + \frac{1}{q}\ln\left(\frac{V_I + T_I}{T_J - V_J}\right)\right] \tag{4}$$

$$C = \frac{1}{2EAq}(T_J^2 - T_I^2) + \frac{T_J - T_I}{q} \tag{5}$$

式中：$V_J = -V_I + qS_0$；

$H_J = -H_J$；

$T_I = \sqrt{H_I^2 + V_I^2}$；

$T_J = \sqrt{H_J^2 + V_J^2}$。

2 迭代分析

如果把式(4)和式(5)看成是 H_J 和 V_I 的函数，则 L 和 C 的变化量可用对 H_I 和 V_I 的微分表示为：

$$\delta l^i = \xi_1^i \delta h_I^i + \xi_2^i \delta V_I^i \tag{6}$$

$$\delta C^i = \xi_3^i \delta h_I^i + \xi_4^i \delta V_I^i \tag{7}$$

其中 i 表示迭代步数，并且 $\xi_1^i = (\partial L/\partial H_1)_i = L^i/H_1^i + (V_j^i/T_j^i + V_I^i/T_I^i)/q$，$\xi_2^i = (\partial L/\partial V_1)_i = H_I^i(1/T_J^i - 1/T_I^i)/q$，$\xi_3^i = (\partial C/\partial H_1)_i = H^i/H_1^i + (1/T_J^i - 1/T_I^i)/q$，$\xi_4^i = (\partial C/\partial V_1)_i = -S_0/EA - (V_J^i/T_J^i + V_I^i/T_I^i)/q$。对于处于第 i 个迭代步索单元的变形情况，如图2所示。H_j^i 和 V_I^i 表示节点 I 端内力，L^i 和 C^i 根据式(6)和式(7)得到。如果 $|J^iJ|$ 超过某个允许值，继续第 $i+1$ 步迭代，此时的 H_1 和 V_I，可表示为：

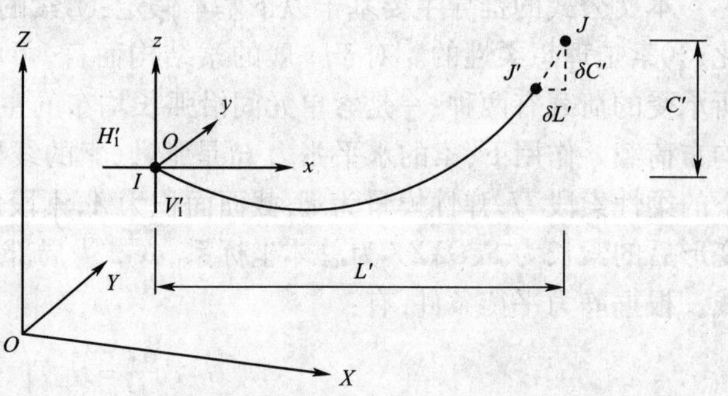

图2 第 i 迭代步索单元的参数

$$\begin{cases} H^{i+1} = H_1^i + \delta H_1^i = H_1^i + \alpha_1^i \delta L^i + \alpha_2^i \delta C^i \\ V_I^{i+1} = V_I^i + \delta V_I^i = V_I^i + \alpha_3^i \delta L^i + \alpha_4^i \delta C \end{cases} \tag{8}$$

式中：$\alpha^i 1 = \xi_4^i/d_i$；

$\alpha_2^i = -\xi_3^i/d_i$；

$\alpha_3^i = -\xi_2^i/d_i$；

$\alpha_4^i = \xi_1^i / d_i$;

$d_i = \xi_1^i \xi_4^i - \xi_2^i \xi_3^i$。

为了使得迭代过程快速收敛,H_I 和 V_I 的初始值可按如下取值:

$$H_I = -\frac{qL}{2\beta}, V_I = \frac{q}{2}\left[-C\frac{\cosh\beta}{\sinh\beta} + S_0\right], \beta = \sqrt{6\left(\sqrt{S_0^2 - C^2/L^2} - 1\right)} \tag{9}$$

迭代收敛后,即可得到 H_I 和 V_I,然后就可以得到 H_J, V_J, T_I 和 T_J。迭代计算流程如图 3 所示。

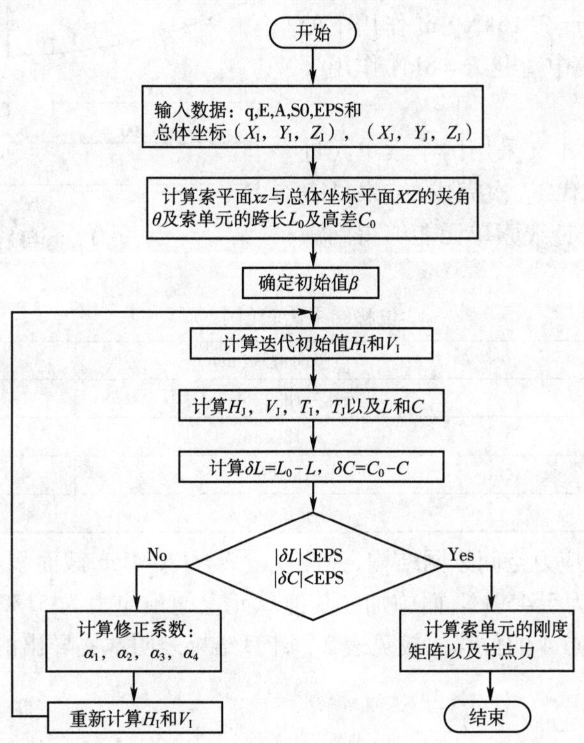

图 3　索单元的迭代计算流程

3　索单元的刚度矩阵及节点力

根据式(8),在竖直索平面 xz 内,单元的节点力与节点位移增量的关系可描述如下(注意 $\alpha_2 = \alpha_3$):

$$\{\delta F\} = [k']\{\delta u\} \tag{10}$$

式中 $\{\delta F\} = \{\delta F_x^I \quad \delta F_y^I \quad \delta F_z^I \quad \delta F_x^J \quad \delta F_y^J \quad \delta F_z^J\}^T$ 为单元力列阵;$\{\delta u\} = \{\delta u^I \quad \delta v^I \quad \delta w^I \quad \delta u^J \quad \delta v^J \quad \delta w^J\}^T$ 节点位移增量列阵;$[k']_{6\times6}$ 为局部坐标系中的单元刚度矩阵,并且非零元素为:$k_{11} = -k_{41} = k_{14} = -k_{44} = -\alpha_1$;$k_{31} = k_{13} = -k_{16} = -k_{34} = -k_{43} = k_{46} = -k_{61} = k_{64} = -\alpha_2$;$k_{34} = -k_{36} = -k_{64} = k_{66} = -\alpha_4$。如果定义索平面 xz 与总体坐标平面 XZ 之间的夹角为 θ,则转换矩阵 $[R]$ 为:

$$[R] = \begin{bmatrix} t & 0 \\ 0 & t \end{bmatrix} \tag{11}$$

其中:

$$[t] = \begin{bmatrix} \cos\theta & \sin\theta & 0 \\ -\sin\theta & \cos\theta & 0 \\ 0 & 0 & 1 \end{bmatrix} \tag{12}$$

从而总体坐标系下索单元的刚度矩阵和节点力分别可写为:

$$[k] = [R]^T[k'][R], \{F\} = [R]^T\{\Phi\} \tag{13}$$

式中：$\{\Phi\} = \{H_I \quad 0 \quad V_I \quad H_J \quad 0 \quad V_J\}^T$。

4 算例

根据以上算法，编制了相应程序，并用两个经典算例进行了验证。

例 1 图 4 所示为一单索结构（虚线为变形后的曲线），结构的弹性模量 $E = 190\text{MPa}$，截面积 $A = 0.85\text{mm}^2$，在自重均布荷载 $q = 3.16\text{kN}\cdot\text{m}$ 作用下处于初始平衡状态。计算在集中荷载 $P = 8\text{kN}$ 作用下的节点位移。

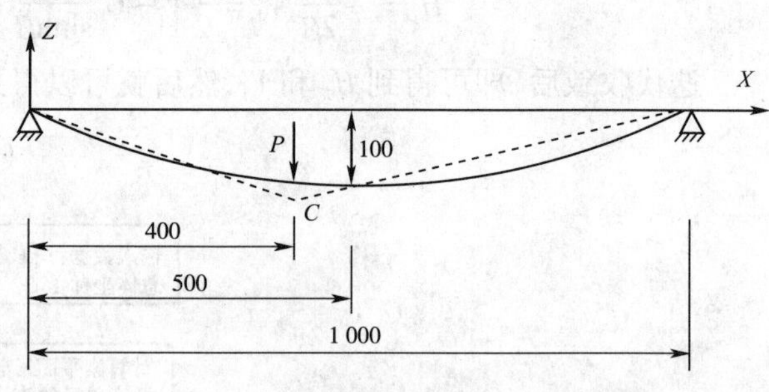

图 4 集中荷载作用下的单索

和文献[1]～[4]一样，本文采用两个索单元进行分析，计算由一步加载迭代 17 次完成，结果见表 1。可以看出，本文推导的悬链线索单元能够得到满意的结果。

位移结果比较（例 1） 表 1

	C 点竖向位移（mm）	C 点水平位移（mm）
杨孟刚[2]	−18.226	−2.804
胡松[4]	−18.486	−2.821
杨孟刚[5]	−18.458 1	2.819 3
本文	−18.449	−2.812

例 2 图 5 所示为一预应力空间索网结构，弹性模量 $E = 120\text{MPa}$，截面积 $A = 0.227\text{mm}^2$，施加在水平单元 3，4，8，11 上的预应力为 5.459kN，而施加在其他单元上的预应力为 5.325kN，在节点 4，5，8，9 上施加大小为 8kN 的集中力，节点 4 的位移比较见表 2。计算结果表明本文导出的悬链线索单元能方便地应用于空间索网结构的分析。

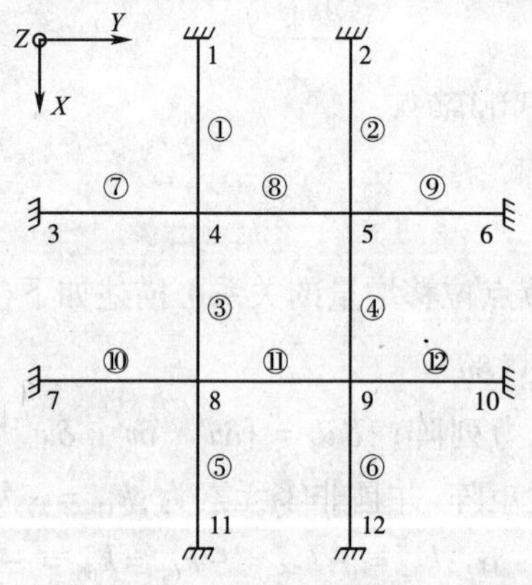

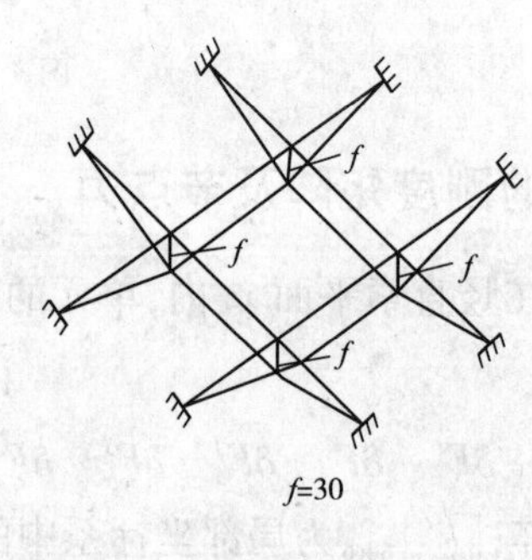

图 5 集中荷载作用下的预应力索网结构

节点 4 的位移比较（例 2）（单位：cm） 表 2

单元类型	节点 4 的位移		
	X 方向	Y 方向	Z 方向
杆单元	−0.1322	−0.1322	−1.4707
West[8]	−0.1325	−0.1324	−1.4698
沈祖炎	−0.1319	−0.1319	−1.4657
本文	−0.1329	0.1329	−1.4761

5　结语

(1)本文根据索的基本假定和悬链线平衡方程,采用索段分析及柔性迭代方法,导出了两节点空间悬链线索单元几何非线性有限元分析的全套公式及算法,并编制了相应程序。

(2)算例结果表明,本文导出的空间悬链线索单元具有较高的精度,且无需将索分成太多的单元便能达到理想的精度。

(3)本文提出的两节点空间悬链线索单元解决了多节点曲线索单元使用不便等缺点,可为大跨度悬索桥、斜拉桥及张拉结构等几何非线性较强的结构进行精确分析提供有力的计算工具。

参考文献

[1] 单圣涤,李飞云,陈洁余,等. 索曲线理论及其应用[M]. 长沙:湖南科学技术出版社,1983.

[2] 杨孟刚,陈政清. 两节点曲线索单元精确分析的非线性有限元法[J]. 工程力学,2003,20(1):42-47.

[3] 袁行飞,董石麟. 二节点曲线索单元非线性分析[J]. 工程力学. 1999,16(4):59-64.

[4] 胡松,何艳丽,王肇民. 大挠度索结构的非线性有限元分析[J]. 工程力学,2000,17(2):36-43.

[5] 杨孟刚,陈政清. 基于UL列式的两节点悬链线索元非线性有限元分析[J]. 土木工程学报,2003,36(8):63-68.

[6] 杨孟刚,陈政清. 自锚式悬索桥施工过程模拟分析[J]. 湖南大学学报:自然科学版,2006,33(2):26-30.

[7] 沈世钊,徐崇宝,赵臣. 悬索结构设计[M]. 北京:中国建筑工业出版社,1997.

[8] WESTH H,KARAK. Diseretized initial valueanalysis of cable nets[J]. International Journal of Solids and Structures,1973,9(20):1403-1420.

[9] 沈祖炎,高振锋,张其林. 索网结构几何非线性分析的增量理论[J]. 同济大学学报,1996,24(4):357-362.

(本文已被EI检索。)

茅草街大桥钢管混凝土拱桥设计与关键技术研究

李 瑜 胡建华 王 甜

摘 要：近年来，钢管混凝土拱桥发展迅速，但由于缺乏系统的理论研究和相应规范的支撑，制约了其进一步发展。该文介绍了目前同类型桥梁跨度世界第一的茅草街大桥的总体设计及结构设计，同时依托该桥，开展了西部交通建设科技项目“钢管混凝土拱桥设计、施工及养护关键技术研究”工作，取得了一系列创新性的成果，为相应规范的制定奠定了基础。

关键词：钢管混凝土拱桥 结构体系 极限承载力 施工控制

1 项目概况

茅草街大桥位于湖南省益阳市南县茅草街镇，是省道1831线跨越洞庭湖区的一座特大型公路桥梁，桥梁总长2 848.64m。大桥桥面总宽16m；设计荷载为汽车-20级，挂车-100，人群荷载3.5kN/m^2；通航等级为Ⅳ-(1)级，通航净空8m×60m；地震基本烈度6度，地震动峰值加速度0.05g；设计基准风速为26.41m/s。

桥址位于洞庭湖区，属湖相沉积而成，是典型的软土地区，覆盖层极厚，其上部为淤泥质黏土及砂层等承载力较低的地层，下部为硬塑~半坚硬黏土、亚砂土及砂卵石等承载力较高的地层，总厚度为47.7~65.5m；下卧基岩为泥岩与砂岩互层，成岩较差，节理不发育，其中强风化层厚5.2~17.7m，其下为弱风化层，岩质较硬，岩石较完整。

2 桥型总体设计

大桥桥位处于淞澧洪道卡口处，防洪考虑尤为重要，根据长江水利委员会的批复要求，在淞澧洪道主河槽内主孔孔径应不少于350m，两岸滩地尽量采用大跨度。在保证有利于泄洪的前提条件下，遵循“适用、经济、安全、美观”的原则，综合考虑桥位处自然条件、防洪要求、桥型美观、技术先进等因素，根据当前我国桥梁建设的技术条件，选择了技术经济指标较好、桥型新颖美观的中承式钢管混凝土系杆拱桥和双塔斜拉桥方案作为设计比较方案。经综合比选，最终推荐采用了中承式钢管混凝上系杆拱桥方案。

茅草街大桥主桥设计为80+368+80m三跨连续自锚中承式钢管混凝土系杆拱桥，宽跨比为1/18.5。大桥边跨、主跨拱脚均固结于拱座，在两边跨端部之间设置钢绞线系杆，通过边拱拱肋平衡主拱拱肋所产生的水平推力。主桥总体布置示意见图1。

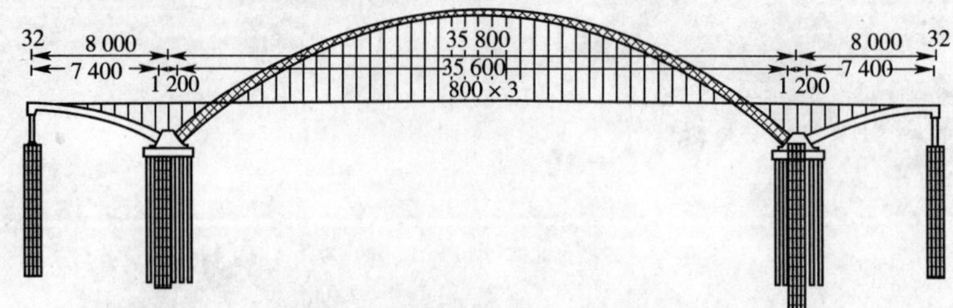

图1 茅草街大桥主桥总体布置示意(尺寸单位:cm)

本文曾刊登于《中外公路》2009年第2期。

3　结构设计

3.1　拱肋

大桥主拱拱肋采用中承式双肋悬链线无铰拱，计算跨径356.00m，计算矢高71.20m，矢跨比1/5，拱轴系数$m=1.543$，每片拱肋由4根ϕ1 000mm的Q345qc钢管组成，内灌C50混凝土作为弦杆，上弦和下弦横向两根钢管之间在拱脚至桥面处用平联钢板联结，在桥面以上用ϕ650mm平联钢管联结，在平联板内及吊杆处平联管内灌注C50混凝土，上、下弦之间用ϕ550mm钢管作为腹杆，组成桁式拱肋。拱肋采用等宽变高度截面，宽3.20m，高度在拱脚径向为8.00m，在拱顶为4.00m。大桥主拱拱肋构造见图2。

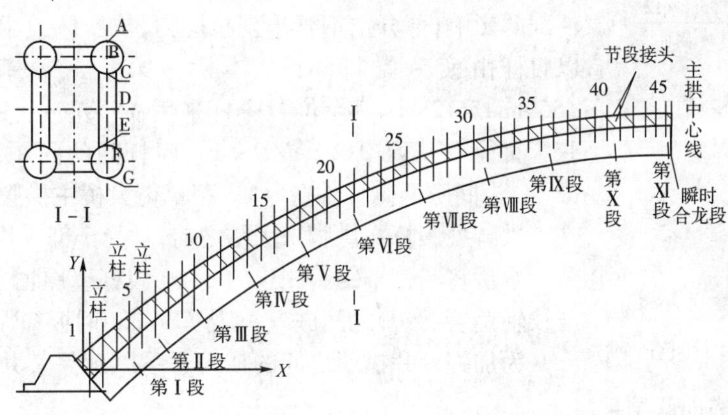

图2　主拱拱肋构造

1)拱肋截面选型

对跨径超过100m的钢管混凝土拱桥，桁式拱肋是一个比较合适的截面形式。为了选取茅草街大桥最优化的拱肋钢管数目及布置形式，运用Ansys软件建立了四管桁式、六管哑铃形和六管桁式3个全桥模型(图3)，分析了它们的静力和动力特性。拱肋、腹杆、横梁、纵梁、横撑等模拟为梁单元，钢管和管内混凝土组合在一起，等效处理成单一弹性模量和密度的梁单元，按抗弯刚度等效的原则计算组合截面的等效弹性模量。

a)四管桁式有限元模型；　　b)六管哑铃形和六管桁式有限元模型

图3　有限元模型

计算结果如下：

(1)四管桁式的系杆张拉力为33.609MN，六管横哑铃形为33.613MN，六管桁式为33.606MN，三者几乎相等。吊杆各杆长短不等，一般来说短索中的拉力比长索中的略大。四管桁式的吊杆中最大拉力为988.32kN，六管哑铃形为983.84kN，六管桁式为1018.2kN。三者内力基本相同。

(2)四管的竖弯基频为0.332Hz，低于六管的0.393Hz，说明四管的竖向抗弯刚度比六管小；另外，两种桥型的扭转频率出现得比较晚，说明结构的抗扭刚度较大，且四管的扭转和侧向弯曲的频率均高于六管，表明抗扭刚度和横向抗弯刚度均比六管大。

上述两种拱肋截面形式静动力性能差别不大。四管桁式的全桥自重为28024.59t，六管哑铃形的全桥自重为48 083.07t，六管桁式的全桥自重为28 223.48t，四管桁式截面材料最省。四管桁式截面还可以根据横向两根钢管之间的联系方式分为横哑铃形、全桁式以及组合式。在工程实践中横哑铃形截面在泵送混凝土时平联板与弦管之间的焊缝经常发生开裂，且平联板与弦管之间交角较小，焊接比较困难。六管桁式截面施工相对而言难度稍大，综合考虑，本桥最终采用四管桁式截面。

同时，为充分发挥材料性能，通过对主桥进行平面及空间计算，拱肋采用变高度、弦管采用变厚度来适应主拱肋在全桥内力、变形的变化。在拱脚处拱肋径向截面高度为 8.0m，拱顶处为 4.0m，肋高变换系数为 0.2484。上下弦管管壁厚度变化为 28、22、20mm。弦管管壁的外径与最小壁厚之比为 50，小于规范 $2.8\times\sqrt{E/F_y}$（=67）和规范规定 $100\times235/F_y$（=68）规定。

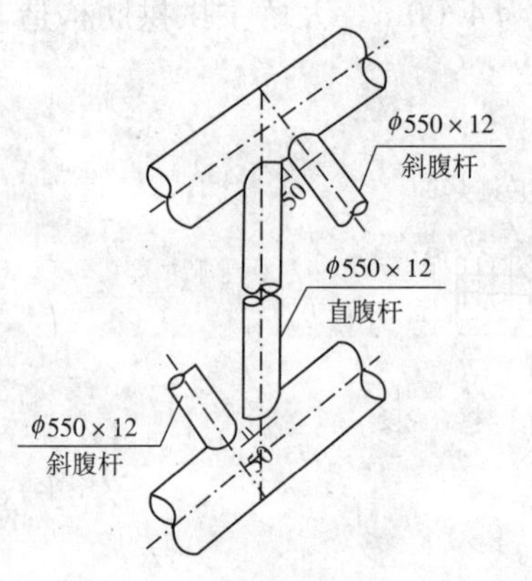

图4　主拱腹杆布置图（尺寸单位：mm）

2）腹杆

通过对主拱拱肋进行空间分析，腹杆静应力不控制设计，但考虑到活载的影响，部分空钢管出现拉应力，拉压应力幅值最大约 80MPa，所以腹杆由疲劳控制设计。本桥在第Ⅰ～Ⅴ节段直、斜腹杆采用 ϕ550mm×12mm，其余位置腹杆采用 ϕ550mm×10mm，腹杆直径 d 与弦管直径 D 满足 $0.2<d/D<1$。腹杆间的间距为 $\delta=50\text{mm}>t_1+t_2$（$t_1$、$t_2$ 为间隙两侧杆件壁厚）。茅草街大桥主拱腹杆布置见图4。

拱脚处腹杆在拱脚未固结之前，承受全部主拱肋的自重，应力较复杂。本桥将与铰轴钢管相连的 ϕ500 腹杆壁厚增至 28mm，同时在腹杆与铰轴钢管、弦管之间嵌入一块厚 36mm 钢板补强。

为加强两片拱肋之间的横向联系以确保其共同受力，在吊杆及立柱处的直腹杆间增设横向联结系。

3）节段加工

主拱圈钢管桁架的加工制造过程分为 3 个施工阶段：单元件制造；节段匹配制造；节段工地焊接。为保证工程质量，本工程制定了《茅草街大桥主桥钢管桁架拱肋制造与验收技术规定》（简称《规定》），要求施工单位严格按施工设计图、《规定》及相应的技术规范要求进行焊接工艺评定试验、切割工艺评定试验和钢管弯曲工艺评定试验，以此确定适合产品性能要求的最佳工艺参数，钢管桁架拱肋在实际制造中严格按工艺评定确定的参数作业。

3.2　横撑

本桥的稳定问题非常突出，为加强本桥横向稳定性，共设置 14 道横撑。文献研究表明，拱顶附近横撑布置成与拱轴线正交、在其他地方与拱轴线相切，对提高横向稳定效果较好。本桥充分考虑行车舒适性及桥梁美观性，在桥面系以上设置 6 道“米”字横撑，拱顶处设置 2 道“K”字横撑。在拱肋与桥面交接处各设置一道肋间横撑，此道横撑同时作为钢横梁支撑。在拱脚附近共设置 4 道强大“K”字横撑。

每道横撑均为空钢管桁架，两肋中心距为 19.30m，由 ϕ700mm×14mm 直撑和 ϕ600mm×14mm 斜撑及 ϕ299mm×8mm 腹杆组成。技术设计阶段在弦管上预留横撑接头，考虑到此处焊接接缝较多，施工图设计时取消此处接头设计，横撑在工厂整体预制，现场节段吊装完毕后将相应位置横撑起吊并直接与弦管焊接。

3.3　吊杆及系杆

吊杆的强度设计由设计容许应力及疲劳应力控制。本桥吊杆采用 73ϕ^s7mm 高强低松弛镀锌预应力钢丝，抗拉强度≥1 670MPa，两端采用 OVMLMZ（K）7—73 冷铸镦头锚。为方便施工安装，上下锚具均配置可调节横梁位置的螺母和纠偏装置。在靠近桥面系处短吊杆自由长度不足 1m，为避免吊杆刚度过大导致吊杆破坏，全桥吊杆均取消下平联管钢刀管处的防震、防水装置，在冷铸锚下锚头处采用球铰与拉杆连接，并对所有吊杆均设计为可换式。吊杆钢丝外采用彩色 HDPE 护层防护，要求护层经 2×10^6 次循环脉冲加载试验后无明显损伤。

系杆采用7ϕ5mm高强度低松弛钢绞线,抗拉强度为1 860MPa。为便于检查,并不增加自重,系杆取消传统的保护钢箱,而采用环氧喷涂钢绞线,钢绞线采用四层防护:第一层为防腐油脂,第二层为增强聚酯带,第三、四层为热挤PE防护,单边两层总厚度为13~14mm。在系杆两端均配备可换索式锚具,锚腔内灌注环氧砂浆,保护罩内灌注防腐油脂进行防护。

3.4　钢混组合桥面

茅草街大桥为自锚式系杆拱桥,桥面系的轻型化有助于减少钢管拱不平衡推力,采用钢—混凝土组合梁构造将大大降低横梁自重。

本桥桥面系由桥面板钢纵梁、预制钢筋混凝土π形板、现浇8cm厚铣削钢纤维混凝土及5cm厚细粒式沥青混凝土铺装层构成,其构造示意见图5。钢横梁为吊杆横梁,计算跨径$L=19.30$m,上翼板宽800mm、厚16mm,下翼板宽800mm、厚20~34mm,腹板厚12mm,梁高1340~1500mm,总重约13.0t。桥面板钢纵梁采用施工方便、易于维修的焊接工字钢梁,上、下翼板宽400mm,厚10mm,腹板厚10mm,梁高500mm,横向共设6组,纵向采用高强度螺栓与钢横梁连接。预制板长750cm(端预制板为710cm),全高18cm,肋宽25~30cm,翼板厚12cm,边板宽185cm,中板宽210cm,预制板通过纵、横向湿接缝与桥面板钢纵梁及钢横梁连接,湿接缝混凝土采用C40补偿收缩混凝土。8cm厚铣削钢纤维混凝土层计入受力截面。

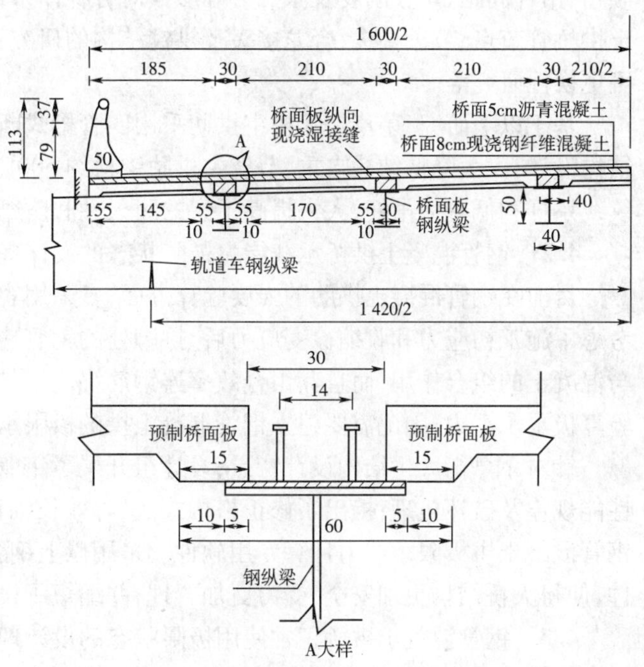

图5　钢混组合桥面系示意(尺寸单位:cm)

为加强对钢纵横梁的防腐检查,本桥增设检查车钢纵梁轨道。按构造要求和经济性考虑,轨道车钢纵梁轨道选用热轧H型钢HM400×300。在检查车的作用下,它的最大应力为$\sigma_{max}=42$MPa,总挠度为$f=5$mm,挠跨比$f/L=1/1600$,可以满足检查车的走行要求。

3.5　钢结构防腐

本桥除桥面板为混凝土构件外其余均为钢结构,结构的防腐量大,如何选择稳定可靠又便于施工的防腐方案是本桥设计的重要任务。

目前国内、外公路钢结构桥梁及海工钢结构在涂装防腐应用效果较好的有以下几种方案:纤维增强塑胶复合材料,金属喷涂防护,水性无机富锌涂料方案。纤维增强塑胶复合材料是由高分子材料基体和纤维制品复合而成,将其覆盖在钢铁表面,具有抗老化、耐化学腐蚀、耐气候等诸多特点,但此系统防腐方案相对较贵。后两种方案从原理上讲都是对钢铁提供阴极保护,但水性无机富锌涂料是靠涂料中弥散的无数锌粉粒子来对钢铁提供阴极保护。涂料中锌粉一旦被氧化成可溶性氧化锌(白锈)而从涂层中析出,后涂层将出现无数微孔,使涂层的腐蚀速率加快。金属喷涂防护方案则采用电弧热喷涂设备,对防护金属(如锌、铝等)进行加热、熔融、雾化、喷涂形成防腐涂层,在此金属涂层上,外加有封闭的长效复合防腐涂层。通过综合比较,本桥最终采用电弧喷铝金属喷涂防腐体系方案。

本桥涂装防腐设计周期为25年,涂装前钢材表面处理应达到GB8923规定的Sa3级,表面粗糙度$R_z=40\sim80\mu$m。铝层采用二次雾化电弧喷涂,其厚度为180μm。环氧云铁封闭层及中间漆厚50μm,丙烯酸聚氨酯面漆厚50μm,涂层厚度共计280μm。

4 关键技术

4.1 钢管混凝土拱桥结构体系研究

我国长期以来,受经济条件和技术条件的限制,钢桥修建相对较少,尤其在公路桥梁中。钢管混凝土拱桥为钢结构桥梁的一种,有许多结构构造方面的问题值得研究。课题组系统地对钢管混凝土结构体系进行了研究,主要包括:钢管混凝土拱桥合理的结构形式与总体布置以及技术经济指标研究;矢跨比、内倾角、吊杆间距、系杆刚度及张拉力等参数对各种体系钢管混凝土拱桥静动力性能影响的研究;钢管混凝土拱桥管节点、节段接头、合龙接头及拱铰结构的研究;钢管混凝土拱桥吊杆和系杆的安全性、耐久性及可更换性研究等。

基于以上研究,茅草街大桥主拱肋采用四管桁式断面,结构受力更加明确;桥面采用轻型的钢混组合结构设计,大大降低结构自重,节省主拱肋钢材约500t,提高了结构的安全性;采用可更换的环氧喷涂钢绞线系杆和低应力吊杆,大大提高了索的耐久性和防腐可靠性,延长其使用寿命,方便养护和维修。

4.2 钢管混凝土拱桥承载能力极限状态的设计理论与方法

目前在钢管混凝土拱肋的强度验算方面,多采用容许应力法、将钢管混凝土视为钢筋混凝土结构,在考虑了施工初应力和收缩徐变应力后,拱脚处的钢管应力往往成为控制设计的因素,不仅没有发挥钢管与混凝土的组合作用,而且其组合效率连钢筋混凝土结构都不如,因为钢筋混凝土采用的是极限状态法验算极限承载力,因此需要建立钢管混凝土拱的极限承载力计算方法。

针对茅草街大桥结构设计特点,设计组开展了钢管混凝土各种拱肋形式的试验研究,发现了其受力性能规律及破坏机理;提出了修正格构式法、等效长细比法、等效梁柱法的极限承载力计算方法,开发了钢管混凝土拱极限承载力计算专用软件。采用以上钢管混凝土拱桥实用的设计理论、计算方法及专用软件,使得大桥结构更加安全,受力更加合理,并缩短了设计周期。

4.3 钢管混凝土拱桥正常使用极限状态的设计理论与方法

钢管混凝土拱肋刚度取值问题尚未引起人们的注意,有关研究也开展得很少,设计时多数是简单地将钢管与混凝土刚度进行叠加,从已进行的初步分析看,它对于内力计算是偏于安全的,然而,对于稳定和挠度计算则是偏于不安全的,而稳定和挠度往往会成为大跨度钢管混凝土拱桥设计的主要控制因素。

设计过程中,以茅草街大桥有限元模型为基础,进行了设计刚度取值对钢管混凝土拱静动力受力性能影响的分析,并在此基础上,对钢管混凝土拱桥的设计刚度取值提出了建议。

4.4 钢管混凝土拱桥收缩、徐变研究

在长期荷载作用下,钢管混凝土由于其核心混凝土的压缩徐变与收缩,有这样两种现象发生:一是混凝土模量的降低;二是在钢管和核心混凝土之间将产生内力重分布现象,而钢管应力增加可能导致钢材应力进入塑性阶段,钢管发生局部屈曲。因此,核心混凝土的徐变、收缩现象将影响到整个钢管混凝土构件的刚度和承载力。

由此可见,研究混凝土收缩、徐变对钢管混凝土拱桥截面应力重分布和主拱肋内力重分布有着十分重要的意义。首先,考虑到钢管内膨胀混凝土收缩、徐变特征,结合室内试验结果,拟合了核心混凝土的收缩、徐变系数计算公式。然后,通过长达5年的茅草街大桥拱肋节段模型的静力试验,开展了收缩、徐变引起的钢管混凝土结构应力重分布理论研究,推导了钢管混凝土拱桥收缩、徐变自应力的计算方法以及超静定结构收缩、徐变次内力的求解算法,开发了收缩、徐变有限元计算程序。

4.5 钢管混凝土拱桥施工控制

基于茅草街大桥全桥施工控制模型试验,提出了钢管混凝土拱桥缆索吊装的索力增量比较法、预制拱段拼装的二步定位法和横梁定位的相对标高法,开发了钢管混凝土拱桥施工控制专用软件,显著提高了施工控制效率和精度,茅草街大桥最终合龙误差控制在5mm以内。

5　结语

茅草街大桥创造了同类型桥梁跨度世界第一，在大跨径钢管混凝土拱桥的合理结构体系和构造形式、设计理论和方法、施工和施工控制等方面积累了一些新的经验和成果，希望这些成果能对今后同类型桥梁的设计和建设有所帮助。

参考文献

[1] 陈宝春．钢管混凝土拱桥(第2版)[M]．北京:人民交通出版社,2008.

[2] 陈政清,李玲瑶,李瑜．钢管混凝土拱桥四管与六管拱肋之比较[J]．湖南大学学报(自然科学版),2005(5).

[3] ANSI/AWS D1.1:2000,钢结构设计规范[S].

[4] CECS28:90,钢管混凝土结构设计与施工规程[S].

[5] 李瑜,崔剑锋．空间计算在大桥设计中的应用[J]．中国公路,2002(11).

[6] 胡建华,刘榕,李瑜,等．茅草街大桥钢管混凝土主拱施工监控[C]．中国钢协钢—混凝土组合结构分会第十一次年会论文集,2007.

[7] 马必利．钢管混凝土拱肋吊装的施工控制[J]．中外公路,2004(1).

（本文依托的益阳茅草街大桥获2008年度湖南省优秀工程设计一等奖，《钢管混凝土拱桥设计、施工与养护关键技术研究》获2008年度湖南省科技进步一等奖、中国公路学会科学技术一等奖，《钢管混凝土拱桥建设成套技术》获2009年度国家科技进步二等奖。）

梁拱组合体系关键部位应力分析

李　瑜　戴小冬　伍　英

摘　要：结合某拱梁组合体系桥的建设，采用有限元程序建立该桥关键部位结构分析空间有限元模型，模拟该部位在各种荷载工况下的受力情况，得出该部位的应力状态，揭示了常规分析中不能发现的一些问题。

关键词：拱梁组合体系　关键部位　应力分析　有限元

1　引言

随着桥梁施工技术尤其是预应力技术与工艺的不断进步，越来越多新的组合体系桥梁在实际工程中得到了应用。梁拱组合体系由于同时具备拱桥跨越能力大与连续梁桥对地基适应能力强的优点，能够使拱与梁在受力方面的优点得以充分发挥，在工程中越来越多的得到了应用。但是作为一种新型结构，梁拱组合体系的构造比较复杂，结构受力性能也不同于一般的梁和拱，尤其是一些关键部位的局部应力分布情况还不是很明确。本文结合目前正在进行设计的一座梁拱组合体系桥梁，通过运用大型结构分析有限元程序 ANSYS 对该桥关键部位进行局部应力的空间三维仿真分析，得出梁拱组合体系关键部位应力分布的一般规律，定量的得到结构内的应力分布状况，并将计算所得结果与桥梁专用程序桥梁博士 V3.0 计算结果进行对比，再据此偏安全地采取加强构造措施，进一步完善该节点的构造设计，为工程设计和施工提供合理的依据。

2　工程概况

所研究桥梁是主桥为 90m + 150m + 90m 三跨梁拱组合体系，主桥桥长 330m，桥宽 33m。在边跨、中跨均设置两分离拱肋，拱肋采用内倾 3.814°的提篮钢箱拱，拱轴线均为圆曲线，主拱拱圈矢高 30m，计算跨径 120m，边拱拱圈矢高 18m，边拱计算跨径 72m，边拱横向分别设置 3 道、2 道钢箱风撑；两主墩均为半径为 R = 100m 的曲线 V 撑，V 撑双肢下端中心距离为 5m，V 撑双肢上端中心距离为 23m。V 撑为采用实体截面，撑体厚 160cm，横向宽 800cm，撑体底部 6m 长范围厚度由 160cm 变为 240cm，撑顶部 2m 长范围厚度由 160cm 变为 400cm 的加厚过渡。曲线 V 撑沿曲线设置纵向预应力。纵向预应力束根据张拉的时间不同分为长束和短束，短束在 V 撑浇筑过程中进行张拉。长束在上部 0 号块浇筑完形成“三角区”后进行张拉。长、短束采用 19ϕS15.2mm 钢绞线，张拉控制力为 3711kN，配 YM15 - 19、YMP15 - 19 锚具，均单端张拉（见图 1）。

3　关键部位应力分析

该桥曲线 V 撑结合段结构构造比较复杂，为不规则的几何体，其受力也较为复杂，容易在主拉应力方向发生开裂，同时拱脚处也是全桥受力薄弱部位之一，为确保该桥的安全性，对这个部位的受力应引起重视，有必要对该部位进行局部应力空间三维全仿真分析。

本文曾刊登于《中南公路工程》2007 年第 1 期。

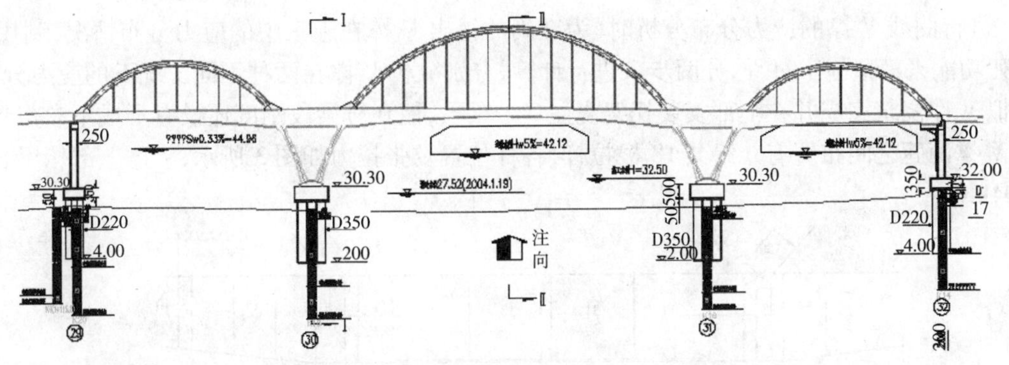

图1 主桥桥型布置图

3.1 建模过程中的计算假定及荷载处理

(1)不考虑结构材料的非线性,将结构视为均质弹性体,以弹性模量和泊松比表示结构的材料特性。

(2)由于模型中预应力的模拟采取了在锚固点节点施加等效集中力的方式来模拟,因而该部位往往应力集中十分明显,而在实际结构中锚头下有锚垫板、钢筋网片等分散应力的措施,因此在有限元分析时不考虑预应力锚固位置的应力集中现象。

3.2 结合段结构分析有限元模型

结合段的钢拱肋采用SHELL63壳单元,混凝土部分用SOLID65实体单元来模拟,对结合段混凝土内的直线预应力筋采取在预应力筋锚固点位置节点施加等效集中力的方法来进行模拟。在进行分析时只考虑弹性范围内的应力分布,令模型中的实体单元与壳单元在黏结位置公用公共节点,从而使两者共同受力。经简化后该桥主桥曲线V撑拱脚结合段有限元模型共计309052个单元,模型如图2所示。

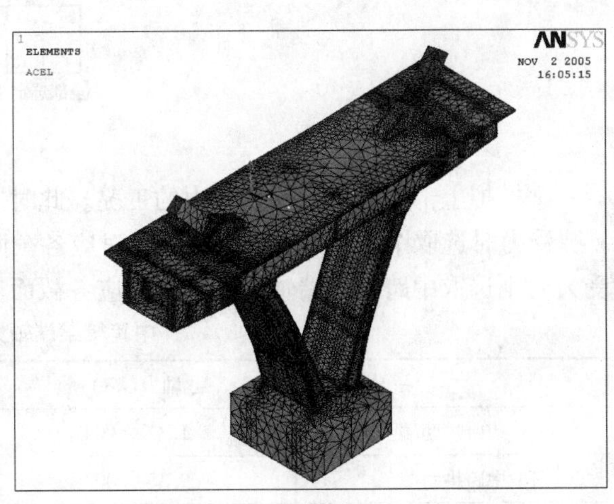

图2 曲线V撑结合段有限元模型图

在进行V撑V腿应力分析时,运用了ANSYS中的单元生死功能来模拟桥梁施工过程中的不同工况,分别计算了V撑在上部0号梁段没有形成刚度不参与受力和0号梁段参与受力两种不同工况下的力分布情况。

3.3 荷载工况

为保持局部模型与实桥受力状态相同,由桥梁博士V3.0计算得出曲线V撑结合段各截取端面的内力情况,综合考虑后选取合适的工况下的内力作为局部模型的外加力。

(1)在分析V撑结合段中上部箱梁与拱脚结合段的应力分布时,选取边跨拱肋弯矩值最小时对应的各截面的内力值作为局部模型的外加荷载,此时拱脚与箱梁结合段的受力最不利(表1所示)。

边跨拱肋端弯矩最小时对应内力值 表1

	轴力(kN)	剪力(kN)	弯矩(kN·m)
边跨拱肋端	9.78e+003	4.84e+002	-6.80e+003
中跨拱肋端	1.55e+004	1.10e+003	-2.63e+003
边跨箱梁端	2.06e+005	-1.59e+004	-9.73e+004
中跨箱梁端	1.99e+005	-1.51e+004	-4.76e+004

(2)在进行曲线V撑的应力分布分析时,为准确的得出V撑在施工中的应力分布情况,利用ANSYS的单元生死功能来模拟施工过程,分两步来进行计算,分别分析V撑在两种不同工况下的应力分布情况。

①模拟V撑浇筑完成并在上部安装托架浇注0号梁段,但0号梁段刚度还没有形成不参与受力的工况。此时V撑两腿之间布置有6组共18根拉杆,各杆位置及张拉力如图3所示,V撑上部箱梁自重 $F=1.07e+004$kN。

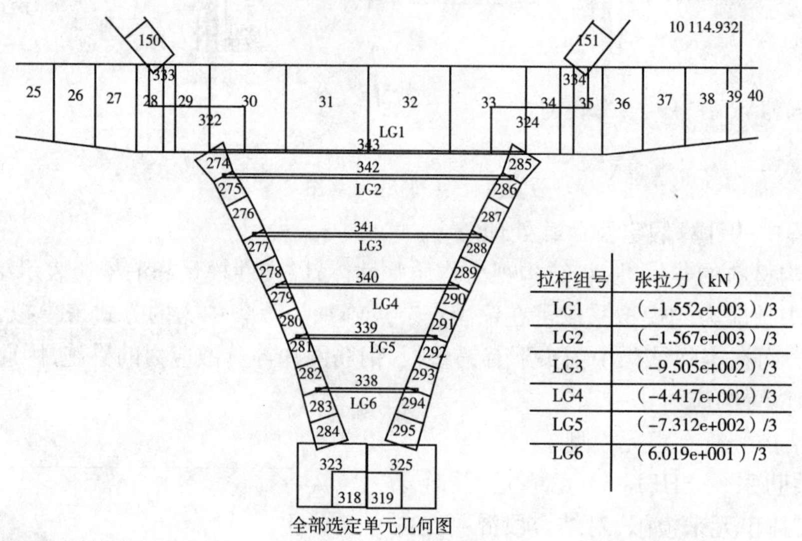

图3 V撑拉杆位置图

②模拟上部0号梁段参与受力的工况。此时拆除拉杆,同时在各截取面上施加外力。在分析中跨侧V腿受力时选取中跨箱梁端轴力最大时对应各截面上的内力值作为外加荷载(表2);在分析边跨侧V腿受力时则选取中跨箱梁端轴力最小时对应各截面上的内力值作为外加荷载(表3)。

中跨箱梁端轴力最大时对应内力值 表2

	轴力(kN)	剪力(kN)	弯矩(kN·M)
边跨拱肋端	1.31e+004	9.38e+002	-6.24e+003
中跨拱肋端	9.30e+003	4.87e+002	-3.56e+003
边跨箱梁端	2.10e+005	-1.09e+004	5.06e+004
中跨箱梁端	2.28e+005	-1.96e+004	-7.53e+004

中跨箱梁端轴力最小时对应内力值 表3

	轴力(kN)	剪力(kN)	弯矩(kN·M)
边跨拱肋端	1.02e+004	4.57e+002	-6.89e+003
中跨拱肋端	1.64e+004	1.11e+003	-2.55e+003
边跨箱梁端	2.04e+005	-1.39e+004	-6.95e+004
中跨箱梁端	1.95e+005	-1.22e+004	-1.6e+003

3.4 计算结果分析

(1)曲线V撑上部结构应力分析

计算表明,在结合段以受压为主,在拱脚段外包混凝土由于拱肋轴力与弯矩的影响,局部存在2.8MPa的横桥向拉应力。而由于下部V腿的影响在V腿上部的箱梁底板上存在达3.5MPa的横桥向拉应力。箱梁腹板在0号梁段两端挖空过渡段外侧由于箱梁截面形状变化造成局部承受竖直方向最大达1.7MPa的拉应力。箱梁边跨拱肋和中跨拱肋与箱梁结合位置受多个方向力的影响,在过人孔周围截面形状发生变化，导致局部存在最大达 3.8MPa 的竖向拉应力。箱梁内部挖空部分内壁上由于挖空导致箱梁内部形状变化，局部存在 2MPa 的横桥向拉应力，局部最大压应力达 16MPa。可以采取在以上局部受拉位置适当增加沿拉应力方向的预应力筋和普通钢筋的方法来进行处理，改善该部位的受力性能。

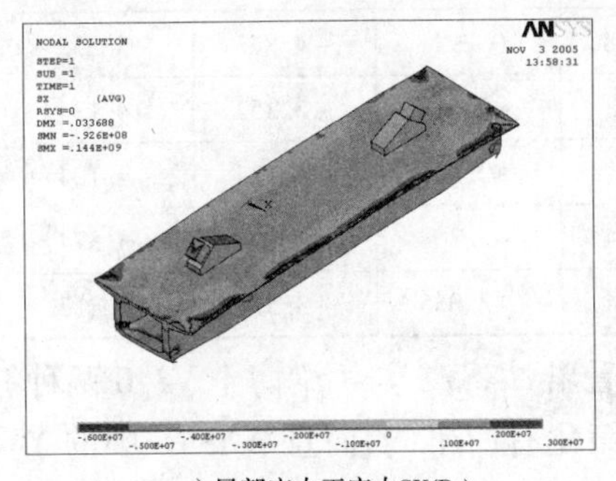
a）局部应力正应力SX(Pa)

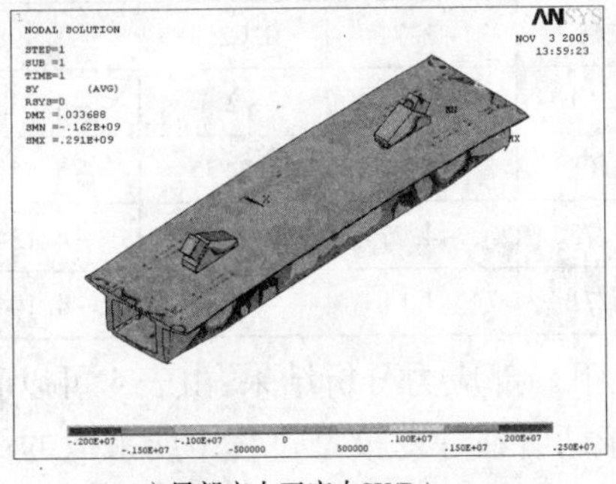
b）局部应力正应力SY(Pa)

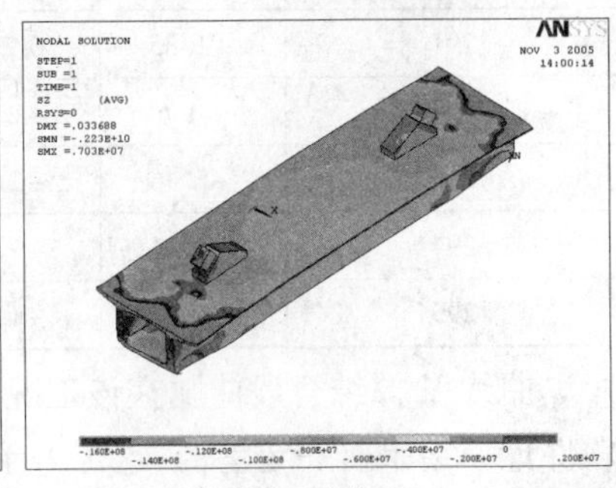
c）局部应力正应力SZ(Pa)

图4　上部结构应力等值线云图

（2）曲线 V 撑应力分析

曲线 V 撑两曲腿在各种工况下的应力分布情况是整个结合段应力分析的重点，因此在对曲腿在各种工况下的应力进行分析时将所得应力值与桥梁博士 V3.0 计算结果进行比较。桥梁博士所建模型如图 3 所示。

由于桥梁博士中应力方向是沿单元方向，为便于比较，在 ANSYS 中建立局部坐标系，将计算结果转换到局部坐标系中显示，应力等值线云图中的 Y 方向即为曲线曲腿的曲线方向，与桥梁博士中计算模型的单元方向近似一致。

工况一：曲线 V 撑结合段承受上部 0 号梁段湿重时曲腿应力分析

此时中跨侧曲腿与边跨侧曲腿受力对应，两侧应力分布规律一致，中跨侧曲腿应力分布规律见图 5。

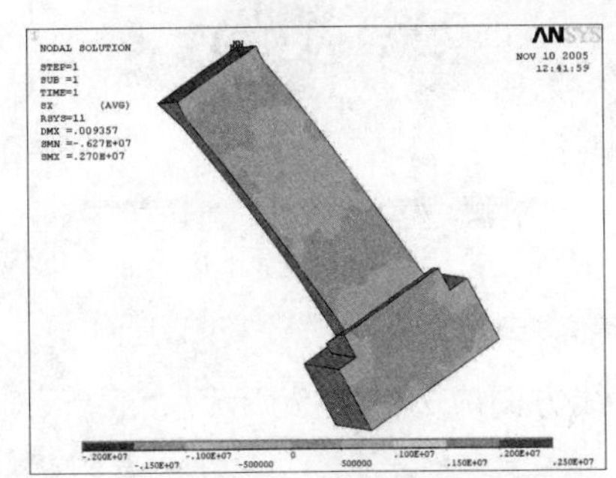
a）局部应力正应力SX(Pa)

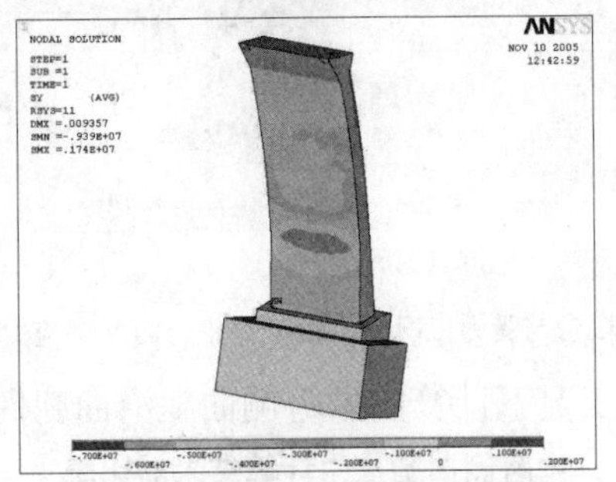
b）局部应力正应力SY(Pa)

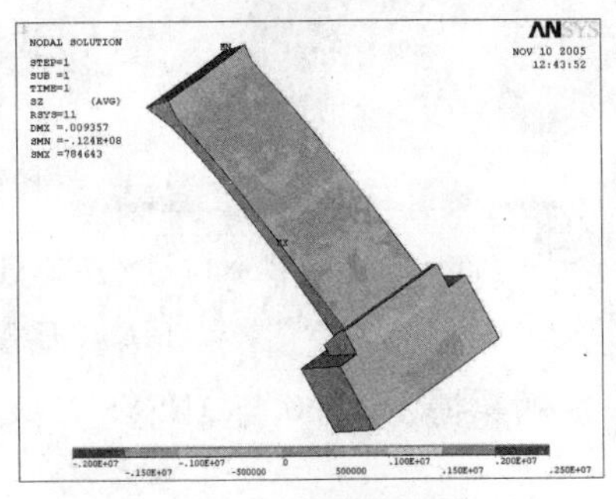
c）局部应力正应力SZ(Pa)

图5　工况一曲线 V 撑 V 腿应力等值线云图

桥梁博士 V3.0 与 ANSYS 在 V 撑上部 0 号梁段不参与受力工况下计算所得各部位沿曲腿曲线方向应力如表 4 所示。

曲腿应力计算结果对比表　　表 4

单元编号（见图 2）	桥梁博士计算结果（MPa）				ANSYS 计算结果（MPA）			
	左上缘	左下缘	右上缘	右下缘	左上缘	左下缘	右上缘	右下缘
285	-0.293	-0.247	-1.25	0.343	-0.292	-0.140	-1.387	-1.618
286	-1.34	0.333	-1.55	0.446	-1.387	0.396	-1.618	-1.989
287	-1.56	0.454	-1.98	0.758	-1.618	0.422	-1.989	-1.890
288	-2.03	0.745	-1.98	0.61	-1.989	0.615	-1.890	-2.07
289	-1.99	0.606	-1.99	0.523	-1.890	0.524	-2.07	-1.998
290	-2.01	0.522	-1.85	0.261	-2.07	0.406	-1.998	-4.833

续上表

单元编号(见图2)	桥梁博士计算结果(MPa)				ANSYS 计算结果(MPA)			
	左上缘	左下缘	右上缘	右下缘	左上缘	左下缘	右上缘	右下缘
291	-1.85	0.268	-1.71	0.0258	-1.998	0.294	-4.833	-5.352
292	-4.6	-2.81	-5.5	-2.1	-4.833	-2.612	-5.352	-4.134
293	-5.46	-2.08	-4.92	-1.75	-5.352	-2.451	-4.134	-4.104
294	-4.91	-1.73	-4.27	-1.72	-4.134	-2.308	-4.104	-3.574
295	-4.25	-1.71	-3.61	-1.87	-4.104	-2.065	-3.574	-1.817

曲线V撑结合段曲腿在该工况下局部应力分析结果：由表4可以看出ANSYS与桥梁博士V3.0两种软件计算结果有一定差值，这是由于两者在建立模型过程中所采取的简化有所不同，而且ANSYS中的Y方向只是近似的与桥梁博士计算模型的单元方向一致，两者之间实际存在一定差别。但两者计算结果可以看出曲腿受力规律基本一致。曲腿内侧局部存在0.4MPa左右的拉应力，这是由于上部0号梁段重力导致的，曲腿其他各部位均受压。从这个工况考虑，曲腿受力合理，不需要采取其他加强措施。

工况二：曲线V撑结合段0号梁段参与受力后中跨侧曲腿应力分析

选取桥梁博士计算结果中中跨箱梁轴力最大时对应的各截面内力值作为外加力加载在局部模型上，在这种工况下中跨侧曲腿受力最不利，中跨侧V腿应力分布规律见图6。

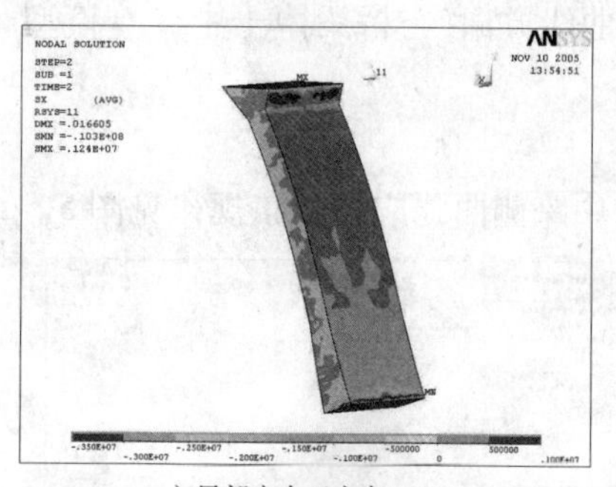

a）局部应力正应力SX(Pa)

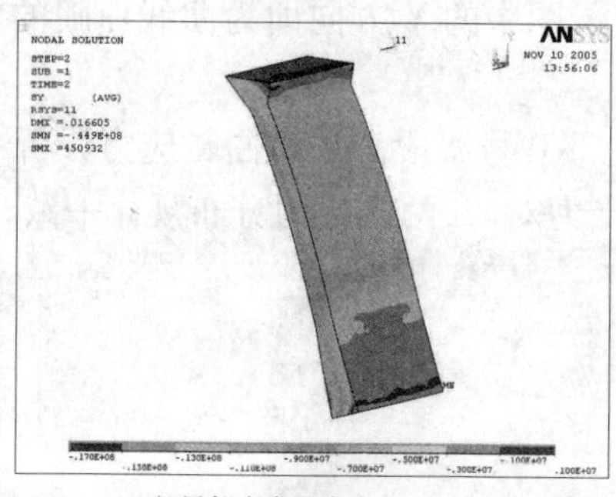

b）局部应力正应力SY(Pa)

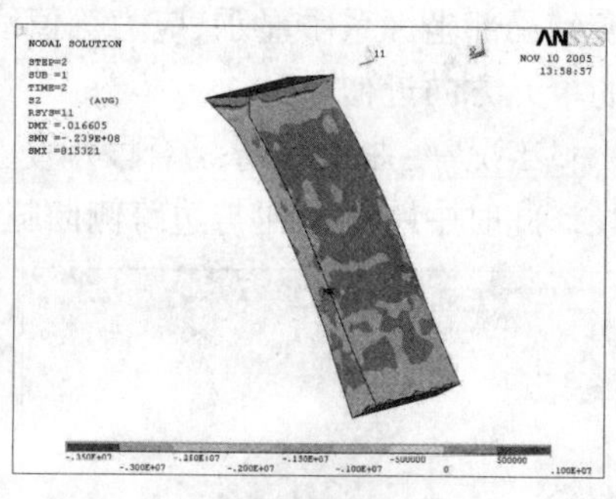

c）局部应力正应力SZ(Pa)

图6　0号梁段参与受力工况下曲线V撑中跨侧V腿应力等值线云图

桥梁博士V3.0与ANSYS在该工况下计算的中跨侧曲腿沿曲腿曲线方向应力如表5所示。

中跨侧曲腿应力计算结果对比表　　表5

单元编号(见图2)	桥梁博士计算结果(MPa)				ANSYS 计算结果(MPa)			
	左上缘	左下缘	右上缘	右下缘	左上缘	左下缘	右上缘	右下缘
285	-4.11	-5.38	-10.6	-4.01	-4.821	-4.792	-9.722	-4.449
286	-10.6	-4.01	-9.53	-5.81	-9.722	-4.449	-10.063	-4.266
287	-9.53	-5.81	-10.8	-5.07	-10.063	-4.266	-11.068	-4.187
288	-10.8	-5.07	-11	-4.78	-11.068	-4.187	-11.168	-5.034
289	-11	-4.78	-9.29	-5.77	-11.168	-5.034	-9.609	-5.863
290	-9.29	-5.77	-8.72	-6.94	-9.609	-5.863	-8.827	-7.433
291	-8.72	-6.94	-7.04	-11.4	-8.827	-7.433	-8.098	-11.304
292	-7.04	-11.4	-8.77	-12.6	-8.098	-11.304	-8.817	-12.587
293	-8.77	-12.6	-6.38	-12.3	-8.817	-12.587	-6.237	-13.846
294	-6.38	-12.3	-4.29	-12.4	-6.237	-13.846	-3.083	-13.932
295	-4.29	-12.4	-2.64	-12.6	-3.083	-13.932	-2.514	-15.373

曲线 V 撑中跨侧曲腿在最不利工况下局部应力分析结果：中跨侧曲腿在该部位的最不利工况下以受压为主，仅在两侧表面很小范围内存在不大于 0.5MPa 的横桥向拉应力。整个曲腿最大压应力出现在曲腿与下部台座连接的部位，达到 16MPa，这是由于截面形状突变造成的局部应力集中。在存在拉应力的部位可以采取适当增加普通钢筋的方法进行处理。

工况三：曲线 V 撑结合段 0 号梁段参与受力后边跨侧曲腿应力分析

选取桥梁博士计算结果中中跨箱梁轴力最小时对应的各截面内力值作为外加力加载在局部模型上，在这种工况下边跨侧曲腿受力最不利，边跨侧曲腿应力分布规律见图 7。

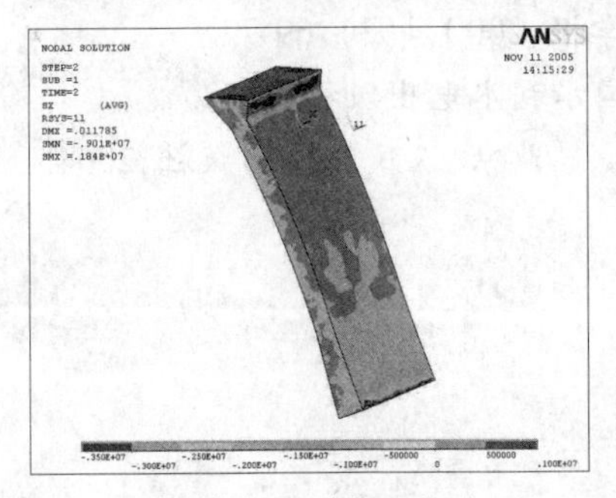

a）局部应力正应力SX（Pa）

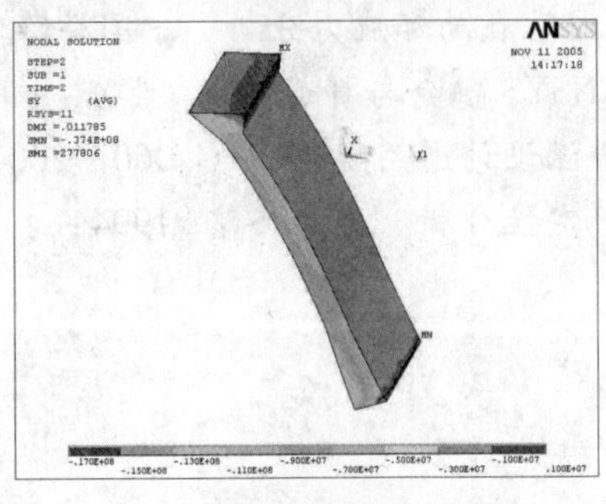

b）局部应力正应力SY（Pa）

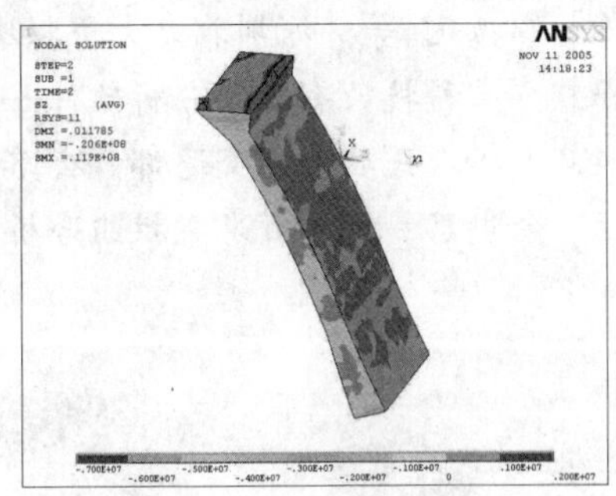

c）局部应力正应力SZ（Pa）

图 7　0 号梁段参与受力工况下曲线 V 撑边跨侧 V 腿应力等值线云图

桥梁博士 V3.0 与 ANSYS 在该工况下计算的边跨侧曲腿沿曲腿曲线方向应力如表 6 所示。

边跨侧曲腿应力计算结果对比表　　表 6

单元编号（见图 2）	桥梁博士计算结果（MPa）				ANSYS 计算结果（MPa）			
	左上缘	左下缘	右上缘	右下缘	左上缘	左下缘	右上缘	右下缘
274	-7.62	-4.26	-2.22	-9.8	-7.806	-4.987	-4.458	-7.637
275	-2.22	-9.8	-4.02	-8.54	-4.458	-7.637	-4.048	-8.297
276	-4.02	-8.54	-3.94	-9.02	-4.048	-8.297	-4.036	-8.844
277	-3.94	-9.02	-4.23	-8.95	-4.036	-8.844	-4.118	-9.355
278	-4.23	-8.95	-5.36	-8.94	-4.118	-9.355	-5.303	-9.483
279	-5.36	-8.94	-6.71	-9.97	-5.303	-9.483	-6.648	-9.184
280	-6.71	-9.97	-8.52	-7.25	-6.648	-9.184	-8.446	-7.596
281	-8.52	-7.25	-12.3	-6.36	-8.446	-7.596	-11.469	-7.360
282	-12.3	-6.36	-11.8	-4.62	-11.469	-7.360	-11.341	-5.195
283	-11.8	-4.62	-11.6	-2.96	-11.341	-5.195	-11.693	-2.583
284	-11.6	-2.96	-11.6	-1.75	-11.693	-2.583	-11.835	-1.846

曲线 V 撑边跨侧曲腿在最不利工况下局部应力分析结果：边跨侧曲腿在最不利工况下，曲腿内侧靠近下部台座位置，由于上部箱梁与拱肋内力的影响承受一顺时针方向弯矩，因而内侧靠近台座部位存在 13MPa 左右的压应力，曲腿的其他各部位基本受压，该部位受力合理，不需要采取其他加强措施。

4　结语

通过对上述拱梁刚构组合体系桥梁关键部位的应力分析证实，虽然大型复杂结构关键部位节点的构造及应力分布十分复杂,但通过对结构局部应力分布进行空间有限元精细化分析能够定量的得出该部位的应力分布情况。从而据此采取相应的措施来改善关键部位的受力性能,降低应力集中程度。提高结构物整体的安全和使用性能。

参考文献

[1] 范立础．桥梁工程(上、下册)(桥梁工程专业用)．二版,北京:人民交通出版社,2001.

[2] 郑振飞,等．深圳北站大桥拱墩固结点局部应力分析．中国公路学报,2000,4(2):69-72.

[3] 博嘉科技．有限元分析软件—ANSYS融会与贯通[M]．北京:中国水利水电出版社,2002.

[4] 中华人民共和国交通部．公路桥涵设计通用规范(JTG D60—2004)．北京:人民交通出版社,2004.

[5] 金晓思．跨度百米梁拱组合桥稳定性分析．上海公路．1994;(4).

大跨径连续梁桥大悬臂施工阶段静风荷载与静风稳定性分析

胡　虎

摘　要: 介绍了大跨连续梁桥大悬臂施工阶段进行静力风荷载与风致静力稳定性分析的必要性及计算方法。对大跨度连续梁桥刘庄冶1#大桥最大双悬臂状态的静风稳定性做出了验算。

关键词: 大跨径连续梁桥　大悬臂施工　静风荷载　静风稳定性分析

国内外统计资料表明,在所有自然灾害中,风灾造成的损失为各种灾害之首。大跨度连续梁桥在成桥运营状态具有良好的抗风性能,但连续梁桥在施工过程中一般采用墩梁固结的悬臂施工方法,由于其上部结构悬臂施工长度长、自重大,另处在高墩状态时墩体柔度纵向较大,因此其最长双悬臂状态的振动频率往往较低,在风荷载作用下将在墩的根部产生较大的内力,成为其抗风性能的最薄弱环节。因而风致振动和风致结构内力就成为了桥梁设计者和施工人员十分关心的问题。

1　刘庄冶大桥概况

山西闻喜至济源高速公路上的闻喜东镇至垣曲蒲掌段上的刘庄冶1#大桥主跨为70+110+70(m)变高度预应力混凝土连续梁桥。主梁采用单箱单室截面,中支点处梁高6.2m,端支点及跨中截面处梁高3.2m;中支点处箱梁顶板宽11.75m,顶板厚28cm;腹板厚度从墩支点处的70cm变化到跨中40cm;箱梁底板宽6.5m,底板厚度由跨中的28cm渐变到桥墩支点处的80cm。

主梁所用混凝土为C50。主墩采用单柱墩。桥墩采用C45混凝土。承台及桩采用C30混凝土。

大桥桥型布置及跨中横断面如图1、2所示。

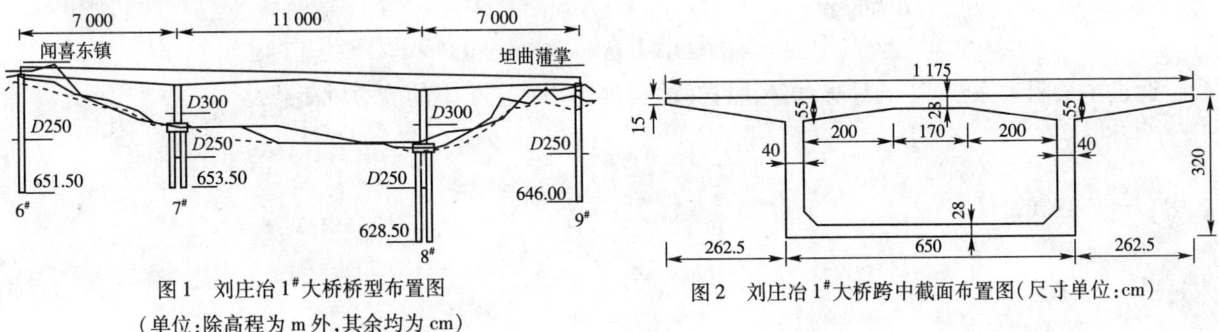

图1　刘庄冶1#大桥桥型布置图(单位:除高程为m外,其余均为cm)

图2　刘庄冶1#大桥跨中截面布置图(尺寸单位:cm)

2　设计基准风速的确定

根据"全国基本风压分布图",刘庄冶1#大桥基本风速为27.6m/s,据此可以换算出桥梁主梁高度处的风速为:

$$V_d = V_{s10}\left(\frac{Z}{10}\right)^{\alpha} \tag{1}$$

本文刊登于《中外公路》2007年第6期。

式中：Z——构件基准高度（m）；

V_{s10}——桥址处的设计风速，即地面或水面以上10m高度处，100年重现期的10min平均年最大风速（m/s）；

V_d——设计基准风速（m/s）。

刘庄冶1#大桥主梁离地面30m，因所处地区为山地，α 取0.3，计算所得主梁高度处的设计基准风速为38.37m/s。施工阶段的设计基准风速可以参照《公路桥梁抗风设计规范》（JTG/T D60—2004）的规定，一般采用10年重现期。其值为100年重现期的0.84倍，即施工阶段桥面处设计基准风速为32.23 m/s。

作用在桥墩上的力按桥梁65%高度处的风速计算，风速为33.72m/s，施工阶段取值28.33m/s。沿整个桥墩高度取相同的风速值。

对最大双悬臂施工状态，可根据最危险截面可能产生的最大风载内力，用阵风风压并同时考虑主梁截面的高度变化以及气动力系数的变化进行加载。阵风风速 $V_g = G_V \cdot V_d$，阵风风速系数 G_V 取1.38，则桥面处阵风风速为32.23m/s×1.38 = 44.48m/s，桥墩处阵风风速为28.33m/s×1.38 = 39.10m/s。

3 主梁三分力系数的确定

自然界的平均风作用在处于风场中的结构上时，会使处于风场中的结构产生一定的静力变形，气流作用等同于一个静荷载。空气静力系数，即三分力系数，是描述静态作用下的定常空气力与攻角的关系。

以大型计算软件Ansys中的计算流体力学（CFD）为模块，通过二维计算，得到刘庄冶大桥不同截面的阻力系数。其中跨中以及桥墩支点处截面在不同攻角下的阻力系数如图3所示。

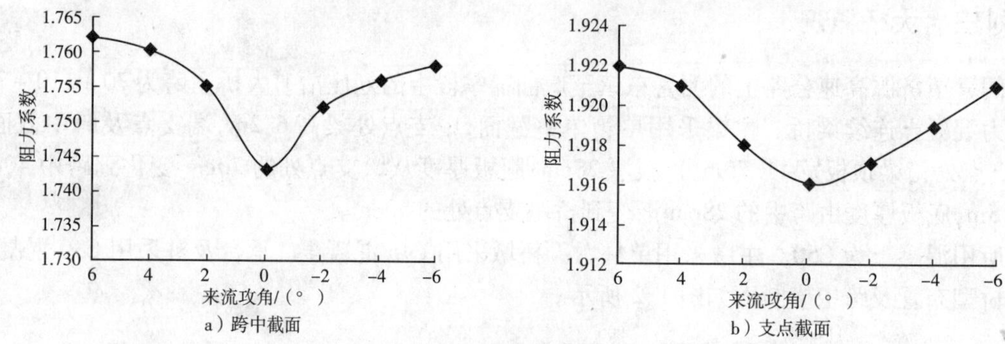

图3 截面阻力系数随来流攻角的变化情况

通过主梁阻力系数 C_H 的计算，可按照式（2）得出作用在主梁上的静力风荷载。

$$F_H = \frac{1}{2}\rho V^2 C_H H \tag{2}$$

式中：ρ——空气密度；

H——主梁高度；

V——来流风速。

4 静风荷载内力计算结果

大跨度连续梁桥在墩梁固结的悬臂施工阶段对横向的风荷载较为敏感，在初步设计阶段方便和正确地估算风荷载内力是必要的。

连续梁桥在悬臂施工时，主梁在横向风作用下将产生静的横向力、竖向力和扭转力矩，同时还将产生侧向水平抖振和竖向抖振惯性力。其中横向力将在主梁悬臂根部产生较大的内力，而由于风的不均匀性以及侧向水平抖振将在柔性墩中产生较大的扭矩。因此对悬臂施工的连续梁桥，必须计算下列风载内力：

（1）主梁悬臂根部最大的横向内力。

（2）柔性墩墩底最大横向内力。

(3)柔性墩墩底最大扭矩。

(4)柔性墩墩底最大桥轴向内力。

对悬臂施工状态下墩梁固结连续梁桥,可采用瞬时阵风风速 V_g 来计算结构中的风载内力。

为偏安全估计悬臂施工阶段的结构风荷载内力,应考虑到各种最不利的风荷载分布进行加载,以确保施工阶段的抗风安全。这些加载方式包括:

(1)在悬臂左、右两边按相同的风压加载,并考虑作用在桥墩上的横向风力,记为 $P_L/P_R=1$。

(2)考虑到风场的不均匀性,在悬臂左、右梁端分别按 1、0.6 倍的不均匀风压加载,记为 $P_L/P_R=0.6$。

(3)考虑到水平抖振力的方向是相反的,以及对有龙卷风袭击地区的桥梁,在悬臂两端都施加 100% 风荷载,不过两端施加的力方向相反,记为 $P_L/P_R=-1$。

双悬臂计算模型如图 4 所示。

表 1 列出了不同施工状态下,计算得出的相应的悬臂根部、桥墩墩底内力。

由表 1 可以看出,按 $P_L/P_R=-1$ 对双悬臂两端进行加载时,其墩底的扭矩较大。因此当施工过程中遇到风速较大的不均匀风速,不利于施工时,可考虑采用缆索或吊装系统在一定程度上增加墩的刚度,提高稳定性。

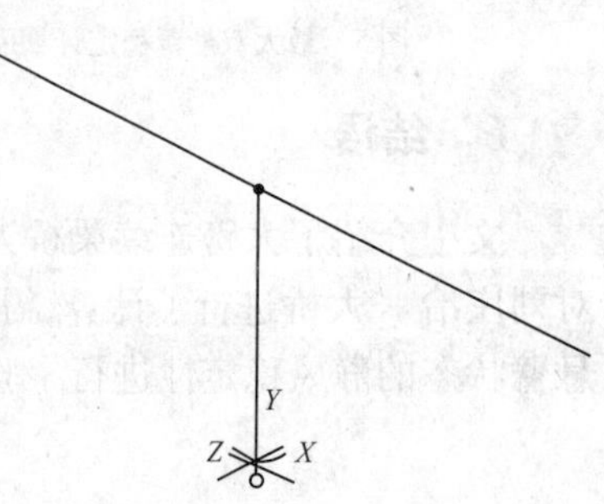

图 4　最大双悬臂状态示意图

阵风风速墩梁固结状态 54m 最大双悬臂状态主要内力　　表 1

荷载类型	内力位置	计算工况	横桥向弯矩(kN·m)	横桥向剪力(kN)	扭矩(kN·m)
主梁气动阻力响应	悬臂根部	$P_L/P_R=1$	13 529	513	261
		$P_L/P_R=0.6$	13 529	513	261
		$P_L/P_R=-1$	13 529	513	261
	控制内力		13 529	513	261
	一肢桥墩墩底	$P_L/P_R=1$	32 422	1 225	0
		$P_L/P_R=0.6$	26 438	1 015	5 669
		$P_L/P_R=-1$	2 507	175	28 341
	控制内力		32 422	1 225	28 341

5　大悬臂施工阶段结构静风稳定性分析

桥梁结构的稳定性是关系其安全与经济的主要问题之一,它与强度问题具有同等重要的意义。由于大跨度桥梁日益广泛地采用高强材料和薄壁结构,稳定问题更显重要。

刘庄治 1#大桥主桥为双悬臂施工的连续梁桥,其墩梁固结施工状态中的最大双悬臂状态为其最不稳定的状态,因此有必要验算其最大双悬臂状态下主梁的静风稳定性。最大双悬臂稳定计算风荷载示意图见图 5。

非线性计算时,给结构施加的横向风荷载为 1 000 倍设计风荷载。Ansys 非线性计算所得的临界荷载系数为 30,一般认为安全系数为 6 时,结构具有足够的安全储备。因此刘庄治 1#大桥最大双悬臂状态下有足够的安全储备。

计算所得的位移荷载关系见图 6 所示。

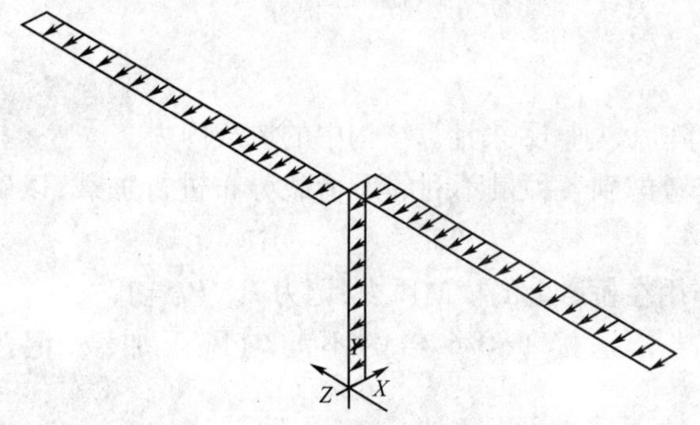

图5　最大双悬臂稳定计算风荷载示意图

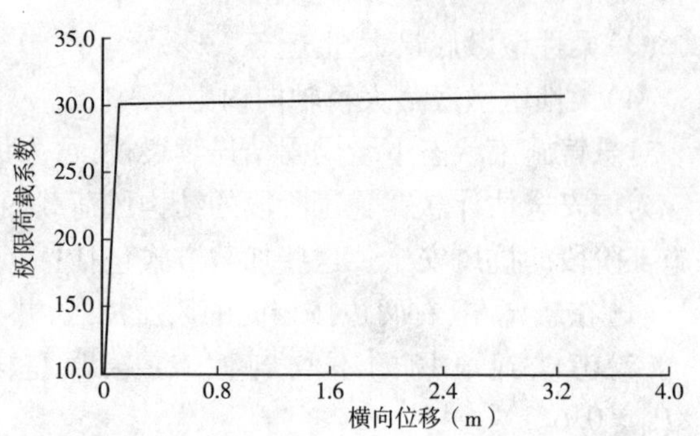

图6　位移—荷载系数变化情况示意图

6　结语

文中介绍了大跨连续梁桥大悬臂施工阶段分析静力风荷载与风致静力稳定性的必要性及计算方法。对刘庄治1#大桥进行了计算，得出了最大双悬臂施工阶段的结构控制内力，并对大跨度连续梁桥最大双悬臂状态的静风稳定性进行了验算；计算结果表明刘庄治1#大桥施工阶段具有足够的安全稳定系数。

参 考 文 献

[1] 陈英俊，于希哲．风荷载计算[M]．北京：中国铁道出版社，1998.

[2] 郑史雄，廖海黎，周述华．大跨度刚构桥悬臂施工状态的抗风性能研究[J]．西南交通大学学报，2001(1).

[3] 陈艾荣，项海帆．悬臂施工中的刚构桥梁的风荷载计算方法[J]．公路，1998(3).

[4] 中华人民共和国交通部．(JTG/T D60－01－2004)公路桥梁抗风设计规范[S]．北京：人民交通出版社，2004.

[5] 陈政清．桥梁风工程[M]．北京：人民交通出版社，2005.

板式桥梁标准化成套技术研究概论

彭立　胡琼　鲍卫刚

摘　要：综合论述了板式桥梁的历史沿革、基本范畴、设计条件、分析方法、构造要求、施工要求、与以往标准图或通用图的不同之处或改进之处，及应用中需要注意或补充的内容，以利在今后的使用过程中，各相关专业人员能更充分全面的了解板式桥梁通用图的设计。

关键词：板式桥梁　通用图　空心板　构造要求

在各级公路上，中小跨径桥梁量大面广，为保证其工程建设质量，有效控制工程投资和进度，方便运营阶段的管理和养护，大力推行标准化工作是一项极其有效的措施。

改革开放以来，我国公路建设事业迅猛发展，同时，公路建设领域的新技术、新方法、新材料、新设备、新工艺不断涌现，使得原有桥梁标准图无论是在结构形式、设计标准、材料采用，还是在施工工艺上都无法满足现代公路交通发展带来的大交通量、重荷载条件、快建设速度的需要，无法满足交通基础设施建设可持续发展的需要。鉴于此，原交通部专家委员会于2005～2007年组织了全国20多家甲级设计科研单位，全面总结了几十年来我国中小跨径公路桥梁的设计施工等方面的经验教训，对其中的关键技术问题进行了深入研究和联合攻关，依据新版桥涵规范重新编制了一套新的板式桥梁通用图。

1　板式桥梁历史回顾与应用现状

1.1　板梁历史与应用现状

梁桥外形平直，古称平桥。把木头或石梁架设在沟谷两岸，即成梁桥。梁桥构造简单，出现也最早。早在原始社会，我国就有了独木桥和数根圆木排拼而成的木梁桥。相传公元前2100年前后，“禹”治水渡越江河时，“鼋鼍以为桥梁”（见《拾遗记》），有文字记载的传说中最早的原始桥梁就是梁桥。

春秋战国时期，梁桥发展迅速，单跨和多跨木石梁桥已较为普遍。1972年在山东临淄首次发现了该时期的梁桥遗址和桥台遗迹，其跨径约8米。北魏郦道元《水经注》记录山西汾水上有座三十柱、柱径5尺的木柱木梁桥，始建于春秋晋平公，是古书记载的最早梁桥。

宋代时期，板式梁桥的建设达到了新的高度，其中仅历时150多年的南宋就建造了几十座大中型石桥，桥梁总长度达25km，2km以上的长桥就有3～4座。如安平桥，计362孔，桥长5里（2223m），又名五里桥。又如泉州万安桥，俗称洛阳桥，计47孔，桥长890m，宽3.7m。

现代预应力混凝土空心板在国外20世纪30年代已出现，并被使用到工程中，国内直到20世纪60年代才大规模使用空心板。

目前，板式桥梁是公路桥梁中最为量大、面广的常用桥型（参见表1），它构造简单、受力明确，可采用钢筋混凝土和预应力混凝土结构，可做成实心和空心，能适应各种形状的弯、坡、斜桥，因此，在高速公路、一般公路和城市桥梁中都得到十分广泛地采用。尤其是在建筑高度受到限制的条件下和平原微丘地区的中、小跨径桥梁，因其可以有效降低路堤填土高度，具有节省土方、少占耕地等优点，特别受到欢迎。

本文曾刊登于《公路》2009年第11期。

板式桥梁使用情况调查统计表 表1

国道编号	公路等级	桥梁数量(座)	板桥数量(座)	板桥比例(%)	总桥长(m)
G030	高速	110	102	92.73	6813.8
G107	二级	196	68	34.69	9901.9
G319	2~4级	175	54	30.86	8028.9
G320	2~4级	184	38	20.65	9956.2

1.2 板梁标准图历史与应用现状

1953年以前,我国的板式桥梁通用图完全是引进前苏联的设计图;1961年,我国颁布了首部《公路桥涵设计规范》,据此对以前编制的标准图进行了清理,到1972年交通部颁布《公路工程技术标准》后1972年以前的标准图在我国公路建设中退出了历史舞台;1981年交通部更新了《公路工程技术标准》,随后编制了高速公路桥涵设计图。

旧版板式桥梁通用图在使用过程中的主要问题存在以下几点:

(1)由于标准图编制年代较早,一些主要技术指标不能满足发展需要;同时,结构类型较为单一,无法适应20世纪90年代以后大规模高速公路建设需要。

(2)部分标准图采用材料老化,技术经济性差,同时由于市场采购困难,施工很不方便。

(3)此后,各设计单位根据各自的情况和需要分别编制了各自的板梁通用图。由于受设计理论、计算手段、材料技术、施工工艺等因素制约,各类通用图思路不统一,标准不一致,无论是断面形式还是结构配筋都大相径庭,设计水平也参差不齐。

反映到工程实践中,板式桥梁长期以来工程病害十分突出、管养费用居高不下(表2),难以满足交通建设持续、健康发展的需要。

板式桥梁病害调查统计表 表2

项目	结构	桥梁总数	上构病害分类				桥面铺装病害分类				
			剥落	裂缝	钢筋锈蚀	麻面蜂窝	横向裂缝	纵向裂缝	纵横裂缝	层裂松散	坑槽露骨
G050 高速公路	实心板	4	1	0	0	0	2	0	0	0	0
		%	25				50				
	混凝土空心板	52	3	4	1	0	4	7	6	2	0
		%	5.8	7.7	1.9		7.7	13.5	11.5	3.8	
	预应力空心板	162	10	30	4	0	17	29	15	4	1
		%	6.2	18.5	2.5		10.5	17.9	9.3	2.5	0.6
G075 高速公路	实心板	40	0	0	0	0	1	1	0	0	0
		%					2.5	2.5			
	混凝土空心板	278	8	48	7	3	18	17	10	18	20
		%	2.9	17.3	2.5	1.1	6.5	6.1	3.6	6.5	7.2
	预应力空心板	45	0	5	0	0	0	5	0	0	2
		%		11.1				11.1			4.4

2 板式桥梁标准化原则与主要内容

新编板式桥梁通用图遵循以下原则:

(1)安全第一的原则。结构设计应满足现行标准规范的要求,充分考虑结构物的施工安全和运营安全;结构计算应采用多种手段、多种方法;说明书应对设计参数、材料使用、施工工艺、质量检验和适应范围等进行详尽而准确的阐述;

(2)适度超前的原则。在满足国内规范基础上积极、认真地吸取国内外工程建设的成果经验和失败教训,适度超前于现行规范;施工工艺、材料选用既考虑现有施工水平、材料供应等实际状况,又适度超前于现有条件,引导相关产业技术进步;

(3)确保质量的原则。因通用图编制工程浩大,应优先选择适应面广、工程实践要求迫切、具有典型性和示范性的内容取得突破,不盲目追求覆盖面。

根据以上原则,经调研,确定新版通用图的研究范围包括513种工况,其中:

(1)跨径:包括6、8、10、13、16和20m

(2)荷载:包括公路-Ⅰ级和公路-Ⅱ级

(3)板宽:包括1.00m和1.25m

(4)交角:包括0°、15°和30°

(5)路基宽度:包括8.5、10.0、12.0m和2×11.25、2×12、2×12.75、2×13.5、2×16.5、2×16.75m。

3　板式桥梁通用图标准化关键技术

3.1　空心板合理结构尺寸研究

1)合理板高的拟定

考虑到汽车荷载重型化,同时结合结构耐久性要求,新编板桥通用图增加了空心板的截面高度,以保证空心板的安全储备和耐久性,同时可以增大刚度,减少挠度。10、13、16、20m预应力混凝土空心板的板高为600mm、700mm、800mm、950mm;6、8、10m钢筋混凝土空心板的板高为320mm、420mm、500mm。

2)顶底板及腹板合理厚度的拟定

根据有关规范规定,上缘横向受拉主筋由于有桥面铺装保护,按钢筋最小净距取值,定为2cm,下缘横向受拉主筋净距,由于内腔受外界条件干扰不大,取3cm。考虑桥梁斜向因素以及钢筋横向净距,顶底板取12cm。

经过对腹板裂缝的分析以及综合考虑新规范的荷载变化,同时兼顾经济、合理的原则,适当提高了腹板厚度。

3)空心板合理宽度的拟定

调研发现,目前国内装配式空心板宽度有990mm、1 200mm、1 240mm、1 350mm、1 440mm、1 480mm六种。本次通用图空心板的研究考虑以下因素:

(1)根据《公路桥涵设计通用规范》(JTG D60-2004)4.3.1的第6条规定,为避免单板上横向同时分配到两个车轮荷载,空心板合理的理论宽度应小于1.3m。

(2)从单辆汽车的横向布置来看,其横向轮距为1.8m,则空心板的合理宽度应小于1.8m,在相同横向分布系数的情况下实现板宽最大化。

在广泛调研的基础上,新版通用图选定1250mm作为10、13、16、20m预应力混凝土空心板的宽度。考虑到农村公路建设简化施工的需要,6、8、10m钢筋混凝土空心板的标准宽度选定为1000mm。此外,考虑到目前1000mm板宽先张法台座应用较多,保留板宽1000mm的10、13、16、20m先张法预应力空心板作为过渡。

4)铰缝结构优化

调查表明,目前装配式板桥采用各种铰缝形式均有不同程度的纵向裂缝出现。裂缝出现的频率与铰缝形式有关,总体上呈现铰缝加深、构造连接加强则开裂减少的趋势。空心板产生沿铰缝纵向开裂的原因是多方面的,经研究分析其中主要原因有:

(1)铰缝实际受力与横向分布计算基本假设差异;

(2)铰缝钢筋构造;

(3)铰缝材料;

(4)施工原因;

(5)运营阶段因素。

铰缝优化设计的基本思路就是加强横向连接,具体到本次通用图中采取以下措施:

(1)采用深铰缝;

(2)加强连接钢筋;

(3)加强预制板黏结性能;

(4)加强桥面铺装;

(5)改进铰缝材料;

(6)铰缝的施工工序改进。

3.2 板式桥梁通用图的计算方法研究

1)板式桥梁计算设计方法研究

本次板式桥梁通用图的编制拟按常规的平面杆系结构计算方法进行结构计算。为了比较新的设计标准下,通过常规计算方法的结果与模拟结构实际空间受力状况所获得的计算结果间的差异,研究中用梁格法建立了简支板梁桥的 Ansys 有限元模型,通过有限元分析,算出简支板梁的静力横向分布影响线,并与计算得到的静力横向分布影响线进行对比,以此来验证其的正确性。

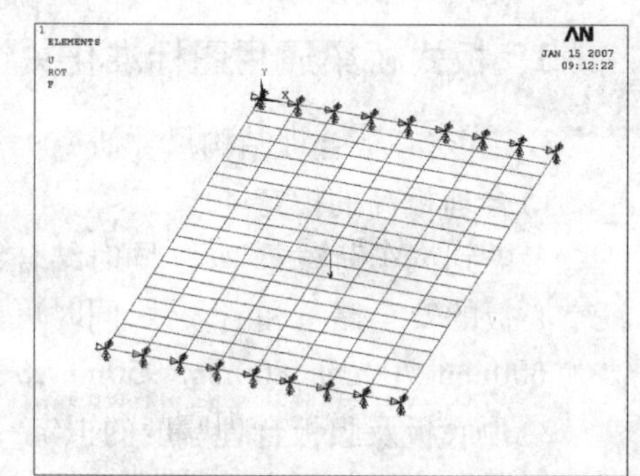

图1 板梁桥的有限元模型

板与板之间是依靠铰缝进行联系的,铰缝只传递剪力而不传递弯矩,所以有限元模拟简支板梁桥的关键是铰缝的模拟。本研究用 beam44 模拟梁,将铰缝定义为特殊的刚性连杆单位,且刚度巨大,简支板梁桥的有限元模型如图1所示。

用空间有限元法计算的影响面,取部分内力影响面如图2、图3所示。

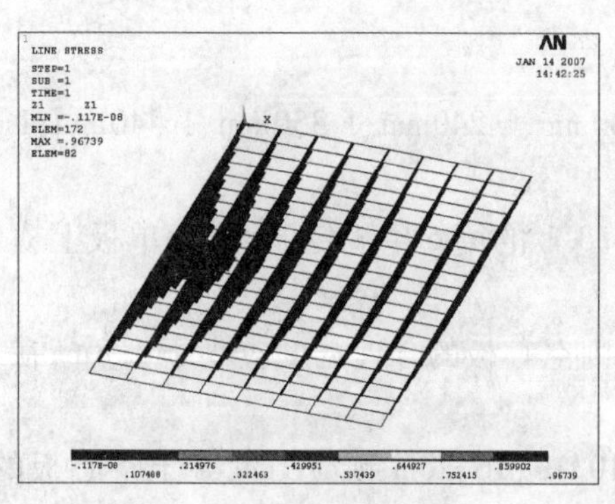

图2 1号边梁跨中弯矩影响面

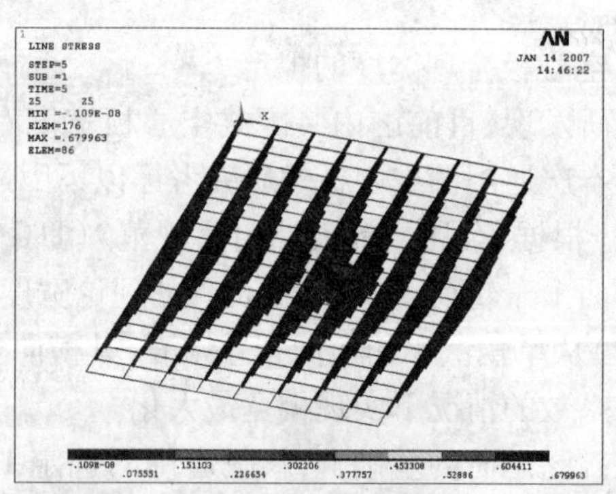

图3 5号中梁跨中弯矩影响面

将计算内力设计值与验算内力设计值统一内力方向后比较,比较结果见表3、表4。

1号梁结果对比 表3

纵向位置	内力类别	计算内力设计值	验算内力设计值	计算/验算
支点	剪力(kN)	549	533.7	1.029
跨中	弯矩(kN·m)	1 684	1 680.7	1.002

5号梁结果对比　　表4

纵向位置	内力类别	计算内力设计值	验算内力设计值	计算/验算
支点	剪力(kN)	497	750.1	0.663
跨中	弯矩(kN·m)	1 422	1 736.3	0.819

比较各梁计算及验算内力值,有较明显规律:(1)对于边梁,内力计算值普遍大于验算值;(2)对于中梁,内力计算值普遍小于验算值。

分析产生上述差异的原因,主要在于两种算法本身的差异。

由于常规计算是按平面杆系结构进行,对于荷载的空间布置效应以荷载横向分配系数形式考虑。但计算过程中,一般未考虑二期恒载(现浇桥面铺装)的横向分布问题。而验算按空间受力状态进行,二期恒载由全桥各片梁分担,与计算的结果相比较,出现边梁恒载内力减小、中梁内力增大的趋势。活载计算中,常规计算方法以若干横向分配系数分值点的方式简化了沿纵桥向内力分配的不均匀性,对比结果表明,这种简化引起的内力差别不大。综合恒、活载因素可以解释为何对于边梁内力计算值普遍大于验算值、而对于中梁内力计算值普遍小于验算值。

2)通用图板式桥梁的计算

用有限元理论进行板式桥梁的受力分析虽然结果比较接近真实情况,但由于三维空间建模存在自由度多,工作量大等局限,而且许多有限元分析程序只能进行应力分析,对混凝土及预应力混凝土桥梁来说,仅靠应力理论分析是很难进行结构设计的。本次标准图的修订工程浩大,计算主要就采用荷载横向分布系数和平面杆系有限元电算相结合的传统计算方法。

3.3　板式桥梁桥面现浇层与结构共同受力研究

在整桥的纵向计算中,桥面现浇层参与结构受力厚度的选取是非常关键的。不同的计算厚度对应的非线性梯度的取值,影响到纵向计算的结果。板式桥梁桥面现浇层与结构的叠合面是整个结构的薄弱面,叠合面的抗剪强度是保证叠合前后浇筑的两部分混凝土形成整体截面而共同工作的关键。经过计算本次通板式桥梁用图设计中在叠合面位置布置了抗剪钢筋。

板式桥梁考虑桥面现浇层受力对比计算分析。由计算结果可以看出,构件考虑5cm现浇层的正截面承载能力极限计算结果比不考虑现浇层的正截面承载能力极限计算结果要高0.5%;

构件考虑5cm现浇层的斜截面抗剪承载力验算结果比不考虑现浇层的斜截面抗剪承载力验算结果要高2.8%;

构件考虑5cm现浇层的短期效应组合并消除结构自重产生的位移比不考虑现浇层的短期效应组合并消除结构自重产生的位移要降低16%;

综上所述,考虑5cm现浇层的作用以后板式桥梁的抗剪、抗弯极限承载能力都得到了不同程度的提高,结构刚度更是大幅度提高,相同荷载下的位移减小了16%。以上结果在实桥的检测中也得到了体现,由此可见充分考虑5cm现浇层与空心板的共同受力是正确、可靠的。

3.4　板式桥梁板端结构受力分析研究

考虑到实际采用的锚固体系为一个立体的结构锚固在混凝土中,受力情况很复杂,与规范规定的情况有较大的差异,因此有必要采用试验和有限元的方法进一步分析板梁锚固端的应力应变情况。

在通用图的编制过程中,对新老标准图的20m预应力混凝土空心板进行构件制作过程中预应力张拉工序下梁的端部应力应变的有限元计算分析。

从图4、图5中显示可以看出,新老标准图端部锚垫板所在的端部区域内的第一主应力主要表现为拉应力。应力计算结果显示出锚垫板附近的应力情况较复杂,变化剧烈。拉应力在靠近锚垫板的区域迅速增大到最大值然后随着距离的增加其值迅速减小。梁端整体处于较低的应力状态,靠近端部主应力较大。

基于以上分析结果,此次新编通用图通过新老通用图的分析对比,同时结合老标准图的板端锚下钢筋的布置,新标准图中综合考虑各种因素,在锚下布置了双层$\phi16$钢筋网。

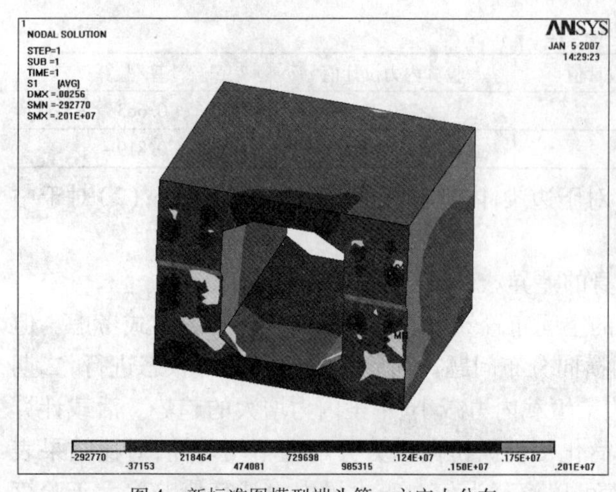

图4 新标准图模型端头第一主应力分布

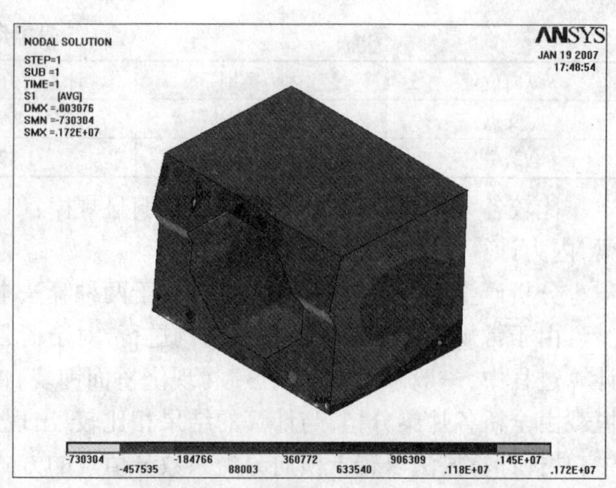

图5 老标准模型端头第一主应力分布

3.5 板式桥梁大悬臂边板防抗撞击研究

1)大悬臂边板防抗撞击国内外研究现状

现代交通运输正向高速化和大吨位方向发展,这对交通安全设施提出了越来越高要求。防撞护栏是确保交通安全的重要设施。迄今为止,国内外对防撞护栏的研究主要集中在护栏本身的研究上。但是,在桥梁上部结构设计中,往往忽视了在横向碰撞力作用下,空心板梁箱体和悬臂部分的结构验算,造成板式桥梁边梁的配筋往往不能满足规范的要求,存在着安全隐患。

通过对大悬臂边板进行具体力学分析,将其应变方程求解整理后得:

$$\varepsilon_x = \frac{1}{E}\left[-2(1+v)xy^2 + \frac{\alpha E_1}{6}x^3 + 0.75E_1x + (G - B + 0.75^2 vE_1 + vB)x + vC \right] \tag{1}$$

$$\varepsilon_y = \frac{1}{E}\left\{ E_1x(y^2 - 0.75^2) - v\left[-(2+v)E_1xy^2 + \frac{\alpha E_1}{6}x^3 + (0.75^2E_1) + G)x + C \right] \right\} \tag{2}$$

$$\varepsilon_z = \frac{1}{E}\left\{ Bx + C - v\left[c - (2+v)E_1xy^2 + \frac{\alpha E_1}{6}x^2 + (G-B)x + E_1x(y^2 - 0.75)^2 \right] \right\} \tag{3}$$

通过计算可知,汽车碰撞时在墙背与大悬臂边板会产生很大的拉应力,远远超出了混凝土的抗拉能力,事实上这部分应力已经由钢筋所承担,所以目前设计中认为纵向钢筋和横向配筋只是作为构造钢筋配置是不合适的。假设墙体为弹性是正确的,在碰撞点和地面的垂线上应力值很大,这与《美国公路桥梁设计规范》抗力与荷载系数计算中所记载的破坏类型吻合。

通过以上分析可知,在发生碰撞时,碰撞点到路面的垂线上会产生较大的应力,即在遭受撞击时首先发生较大变形,造成局部混凝土破碎。纵向断裂发生后,整个墙体的受力状态发生很大的变化,由整体受力变为两部分协同受力,最终破坏形式如图6所示。推导应力函数过程中,假设基本合理。墙体的破裂角近似取为45°。取出隔离体如图7所示。

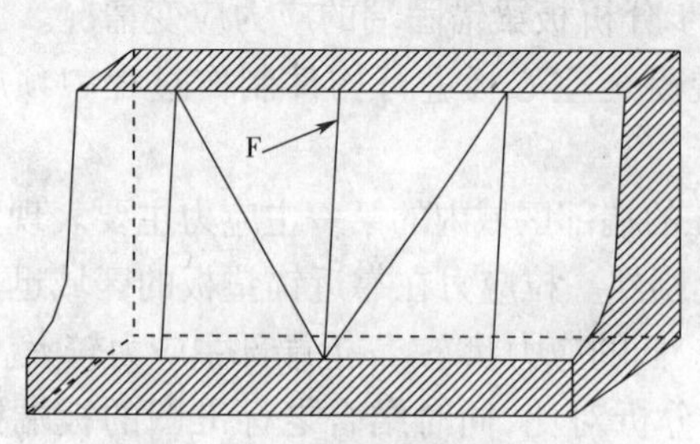

图6 墙体及悬臂板的最终破坏形式

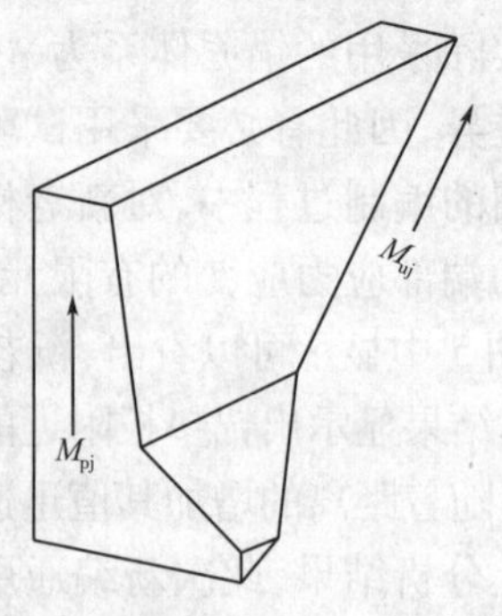

图7 隔离体的反力示意

2）通用图板式桥梁悬臂板防撞配筋布置

依据以上力学分析和混凝土墙体及悬臂板在遭受撞击时的破坏形式，结合实际工程实践经验通用图板式桥梁悬臂板防撞钢筋布置方式如图8所示，其中N4钢筋为悬臂板防撞钢筋。

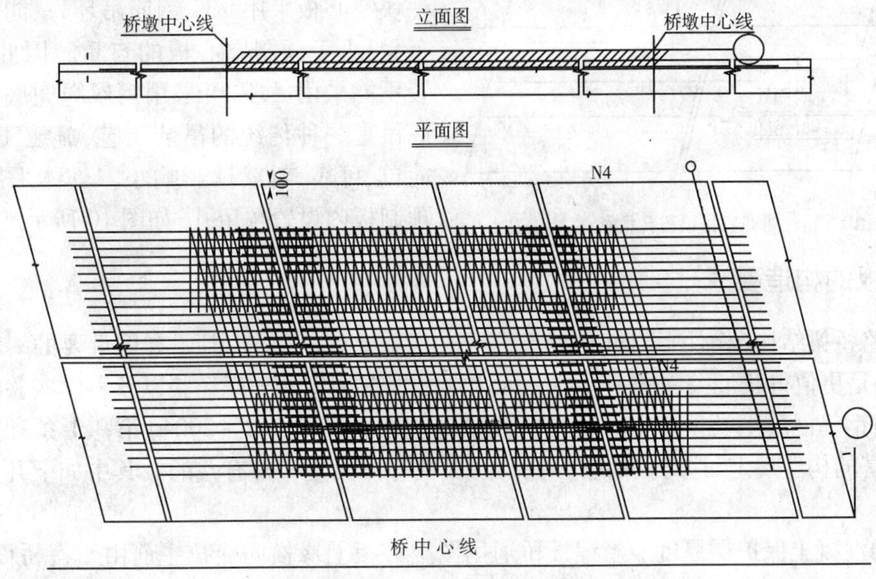

图8　空心板悬臂板防撞钢筋布置图

最后按照新规范要求，进行了空心板悬臂计算和防撞栏杆验算，证明通用图中大悬臂板防撞钢筋布置是可靠的，从而解决了大悬臂边板在受撞击下的安全隐患，并为今后板式桥梁的设计提供了指导性的意见。

3.6　板式桥梁施工工艺研究

1）板式桥梁芯模施工工艺的研究

本项目收集了板梁生产过程中芯模制作价格、周转次数、配套安拆设备、配套辅材、安拆及维修人工、残值回收、混凝土浪费程度、板梁外观质量等方面的大量数据。通过分析比较发现在板式桥梁施工中应用的几种内芯模工艺中，每种工艺都适合于不同的条件。选用不同的芯模形式，对工程成本、质量以及施工操作是否方便都有很大的影响。比如其对成本高低的影响，使用橡胶胶囊、木芯模、钢芯模生产1片板梁的摊销费用分别为637元、486元和267元，差量成本很大。钢芯模在板梁数量较多、观感质量要求较高的中型或大型预制场最为合适。

空心板梁芯模工艺数据比较表钢制内模有如此多优点，为方便施工、节约经费，本项目研究中开发了一种钢制内模，如图9所示。

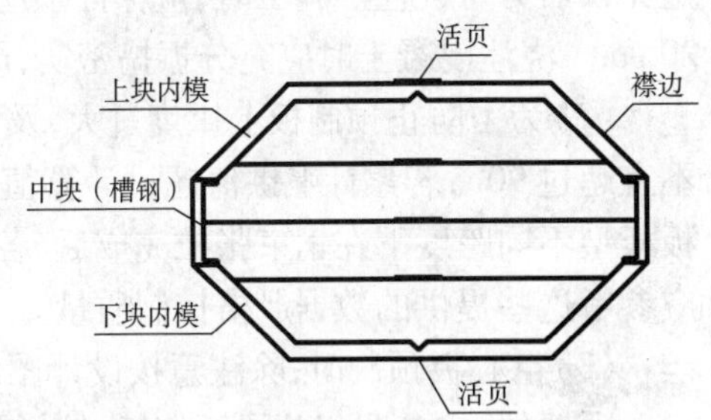

图9　新开发的钢制内模示意图

该内模设计简单，可自行焊接，无需工厂加工。周转次数多，可重复利用。因拆模快，不易变形，无需修补，故一般备一套即可满足需要。内模因自重大，浇注混凝土时内模不上浮，浇出的梁尺寸准确，表面光滑，棱角分明。装模时直接放入，拆模在人力绞车作用下又不费事。本项目开发的钢制内模已应在湖南省岳荣新一级公路第六合同段荣家湾水库中桥为3～16m的空心板桥得到应用，实践证明该内模施工方便，节约成本的同时能更好地保证空心板的施工质量。

2）板式桥梁吊装施工工艺的研究

预制钢筋混凝土空心板吊装时采用的吊环在制作和使用过程中主要是受拉力和反复弯折。因此吊

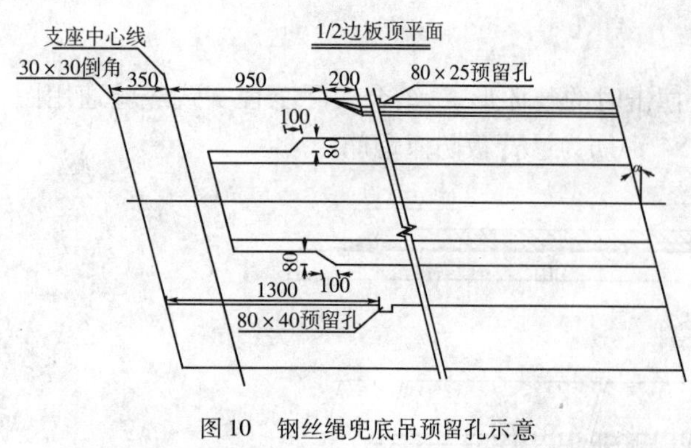

图10　钢丝绳兜底吊预留孔示意

环拉应力设计不能按其设计应力计算，新规范规定，预制构件的吊环必须采用R235钢筋，其拉应力不应大于50Mpa，且最多考虑3个吊环起作用。若一块空心板采用φ32钢筋吊环，只能起吊120kN的重量，小于预制空心板的自重。因此，空心板的吊装不能采用吊环，可采用钢丝绳兜底吊。钢丝绳兜底吊是一种传统的吊装工艺，施工工艺成熟，施工简单、可靠，对梁体影响小。具体采用的办法是在预制板内设置预留孔，如图10所示。

4　空心板的构造要求

在进行公路桥梁结构（构件）设计时，计算分析时很重要的一部分，但还有更重要的一部分是有关构造要求，这或许是更值得我们关注的一部分。因为这是根据多年的工程经验以及科学实验总结出来的。

新版《公路钢筋混凝土及预应力混凝土桥涵设计规范》（JTG D62－2004）第9.1条和第9.2条对板提供了一套丰富的构造规定，这对提高空心板的耐久性等方面是非常有益的。其中如下几点应特别予以注意：

（1）钢筋的混凝土保护层厚度。新编板桥通用图空心板上缘横向受拉主筋由于有桥面铺装的保护，按钢筋最小净距取值，定为2cm，下缘横向受拉主筋净距，由于内腔受外界条件干扰不大，取3cm。

（2）预制空心板顶面应拉毛，锚固端面和铰缝面等新、旧混凝土结合面均应凿毛成凹凸不小于6mm的粗糙面，100mm×100mm面积中不少于1个点，以利于新旧混凝土良好结合。

（3）现浇混凝土连续段处的预制空心板、桥面板内纵向钢筋应保证其搭接长度和焊接质量，以充分利用钢筋的强度。

（4）斜板的钢筋应充分满足《公路钢筋混凝土及预应力混凝土桥涵设计规范》（JTG D62－2004）第9.2.7条的要求，并特别注意钝角部位加强钢筋的布置。

5　空心板桥的施工要求

良好的设计意愿需要通过严格的施工及良好的质量控制管理才能实现。新编板式桥梁通用图在设计说明书中列出了较为详细的施工要点说明，概述如下：

（1）浇注空心板混凝土前应严格检查伸缩缝、泄水管、护栏、支座等附属设施的预埋件是否齐全，确定无误后方可浇注。施工时，应保证预应力束管道及钢筋位置准确，控制混凝土集料最大粒径不得大于20mm。浇注混凝土时应充分振捣密实，严格控制浇注质量。

（2）为了防止预制板上拱度过大，及预制板与桥面现浇层由于龄期差别而产生过大收缩差，存梁期不宜超过90d，若累计上拱值超过计算值，应采取控制措施。新版通用图说明书中提供了各种预制空心板板型不同跨度下在钢束张拉完成后、各存梁期跨中上拱度计算值及二期恒载所产生的下挠值，施工时应参考这些提供的数据严格控制质量。

（3）空心板预制时，除注意按设计图纸预埋钢筋和预埋件外，桥面系、伸缩缝、护栏及其他相关附属构造预埋件，应参照相关图纸施工，护栏预埋钢筋必须预埋在预制空心板结构内。

（4）对于预应力混凝土板桥，预应力的施加工艺也是应该予以充分注意和重视的。预应力束管道的位置必须严格按坐标定位并用定位钢筋固定，定位钢筋与空心板腹板的箍筋点焊连接，严防错位和管道下垂，如果管道与普通钢筋发生碰撞，应保证管道位置不变而适当挪动钢筋位置。浇注前应检查波纹管是否密封，防止浇注混凝土时阻塞管道。预制空心板的预应力钢束必须待空心板浇注后的混凝土立方体强度达到设计混凝土强度等级的85%后，且混凝土龄期不小于7d，方可张拉。施工单位在条件具备时宜适当增加龄期,提高混凝土弹性模量,减小反拱度,预应力钢束采用两端同时张拉,施加预应力应采用张拉力与引伸量双控。当预应力钢束张拉达到设计张拉力时,实际引伸量值与理论引伸量值的误差应控制在6%以内。实际引伸量值应扣除钢束的非弹性变形影响。此外,设计图说明说中对钢束的张拉均提供了其张拉顺序,施工时应严格遵守,张拉完成后,孔道压浆应饱满。

(5)由于吊环吊装较难满足新版规范的要求,本次板桥通用图均采用了设吊孔穿束兜板底加扁担梁的吊装方法吊装预制空心板,该方法施工工艺成熟,施工简单、可靠,对梁体影响小。具体采用的办法是在预制板内设置预留孔,其具体布置如图14所示。桥梁架设若采用架桥机吊装,必须经过验算方可进行,且架桥机的重量宜落在墩台的立柱上。

6　结语

本次通用图的编制工作顺利完成,与领导及各位专家的关心和辛勤工作是分不开的。为加强组织协调,成立了以交通部总工凤懋润、副总王玉、杨盛福等为首的领导小组,以设计大师李守善、廖朝华等为首的审查组和专家组,先后召开了10次全国性的大型学术会议,保证了课题进度,提升了成果水平。

在通用图的编制过程中,通过资料调研、模型试验、实桥检测、实车碰撞和仿真分析等手段对结构型式、受力特征、计算方法、安全性能、施工工艺等进行了全面研究,并结合以上分析研究进行了一系列的技术创新工作,最终编制了一套能满足不同公路等级、斜交角度、结构体系和施工工艺的通用设计图。

参考文献

[1] 中华人民共和国交通部.公路钢筋混凝土及预应力混凝土桥涵设计规范(JTG D62—2004)[S].北京:人民交通出版社,2004.

[2] 鲍卫刚,周泳涛.我国配筋混凝土梁式桥梁的回顾与思考[J].公路,2009,(3).

[3] 李扬海,鲍卫刚,等.公路桥梁结构可靠度与概率极限状态设计[M].北京:人民交通出版社,1997.

[4] 徐光辉,胡明义.公路桥涵设计手册:梁桥(上册)[M].北京:人民交通出版社,1991.

[5] 席振坤.横向铰接斜梁(板)桥实用计算法(第二版)[M].北京:人民交通出版社,1991.

[6] E. C. 汉勃利.桥梁上部结构性能[M].北京:人民交通出版社,1982.

(本文依托的公路桥梁上部结构通用图荣获全国工程勘察设计行业国庆60周年作用显著标准设计项目大奖、2008年度全国优秀工程设计银质奖和2007-2008年度公路交通优秀设计一等奖。)

板式桥梁合理结构形式分析与研究

沈苏平 刘小强 彭 立

摘 要:考虑到板式桥梁应用的广泛性,对各地的原有设计、施工和板式桥梁病害情况进行调研,在此基础上通过结构分析、拟定尺寸并进行优化,使得最终的结构尺寸既在结构上合理,同时又能兼顾到各地设计与施工的实际情况。

关键词:预应力混凝土 空心板 合理 结构

随着交通建设事业的发展,大量的预应力混凝土梁被广泛应用,我国交通行业预应力混凝土空心板标准化设计也经历过了一个从无到有的发展过程。20 世纪 60 年代,主要套用过去苏联的标准规范与标准图。20 世纪 70 年代由交通部组织交通部第二公路勘察设计院编制了装配式后张法预应力混凝土简支梁标准图 JT/GQB－025－75,进入 20 世纪 90 年代,交通部出版了预应力混凝土空心板标准图,预应力混凝土空心板已形成标准化设计,其理论设计及施工方法越来越成熟与完善。

随着设计理论和工程技术的不断发展,桥梁设计理论体系已经由“经验极限状态设计法”发展到“概率极限状态设计法”,为保证交通基础设施建设的可持续发展,满足建设资源节约型、环境友好型社会的要求,桥梁安全性、耐久性、经济性等要求不断提高。鉴于以上情况,原板式桥梁通用图的结构形式已不能满足要求,重新拟定结构尺寸是非常必要的。考虑到通用图应用的广泛性,对各地的原有设计、施工和板式桥梁病害情况进行调研,在此基础上通过结构分析、拟定尺寸并进行优化,使得最终的结构尺寸既在结构上合理,同时又能兼顾到各地设计与施工的实际情况。

1 板式桥梁合理高度的拟定

1.1 各种跨径的板式桥梁板高现状

综合对空心板通用图及相关设计资料的调查结果,发现相同跨径空心板的板高,不同设计院多采用不同值,即使在同一个设计院,不同的时期,其板高也略有变化。以 20m 跨径空心板为例,其梁高由 80cm 至 100cm 不等。

1.2 新规范对板式桥梁设计的影响

(1)《公路钢筋混凝土及预应力混凝土桥涵设计规范》JTJ 023—85(以下称“旧桥规”)与《公路钢筋混凝土及预应力混凝土桥涵设计规范》D60－2004(以下称“新桥规”)的主筋与顶底面净保护层对比(见表 1)。

主筋的混凝土保护层厚度　　表 1

JTJ 023－85 版		D60－2004 版(梁板相同)		
板梁		Ⅰ类环境	Ⅱ类环境	Ⅲ类环境
JTJ 023－85 版		D60－2004 版(梁板相同)		
20mm	30mm	30mm	40mm	45mm

本文曾刊登于《公路》2009 年第 11 期。

可知 D60－2004“新桥规”对保护层厚度的要求有所增加，对 6～10m 跨径的空心板影响较大。

（2）在 04“新桥规”中，计算桥梁结构由温度引起的效应时，梯度温度作用增大。

（3）“新桥规”及新公路汽车荷载等级标准的变化、荷载效应增大。

1.3 板式桥梁板高的分析

新规范中对汽车效应的形式及冲击系数的计算较老规范有较大变化，对结构的作用效应也不同。

通过相关试验数据分析，可知采用公路－I 级汽车荷载计算的空心板跨中弯矩比汽超－20 有所增加，且汽车冲击效应也比老规范大得多。另外，由于空心板顶、底板厚度的取值加大，预制空心板的恒载也增大不少。因此，从安全第一的原则出发，在新通用图中，增加了空心板的截面高度，以保证空心板的安全储备，同时可以增大刚度，减少挠度。10、13、16、20m 预应力混凝土空心板的板高分别为 600mm、700mm、800mm、950mm。

2 顶底板及腹板合理厚度的拟定

预应力空心板梁在预制时，技术人员往往对内腔尺寸重视不够，特别在使用气囊内模时，由于操作不当，气囊变形、上浮等原因，往往会使顶板偏薄，这样在长期车轮作用下就会产生局部破坏而影响使用，甚至发生车轮下陷，造成事故。

老版预应力空心板通用图的顶、底板厚度大都为 10cm。新规范实施后，从结构耐久性方面考虑加大了钢筋的混凝土保护层厚度，具体见表 1。

结合国内多年来板式桥梁的工程经验和多家单位科研成果，本次通用图预应力混凝土空心板顶底板及腹板合理厚度的拟定如下：

2.1 上顶板尺寸拟定

根据“新桥规”第九章的有关规定，上缘横向受拉主筋由于有桥面铺装的保护，按钢筋最小净距取值，定为 2cm，下缘横向受拉主筋净距，由于内腔受外界条件干扰不大，取 3cm。考虑桥梁斜向因素以及钢筋横向净距，上顶板厚度取 12cm。

2.2 下底板尺寸拟定

底板上缘考虑到内腔受外界条件干扰不大，取 3cm，底板横向均配置构造钢筋，保护层厚度取 4cm，考虑桥梁斜向因素以及钢筋横向净距的影响，下底板厚度取 12cm。

2.3 腹板尺寸拟定

经过对腹板裂缝的分析以及综合考虑“新规范”荷载的变化，同时兼顾经济、合理的原则，腹板的厚度也略有提高。

3 空心板合理宽度的拟定

经调研，国内装配式空心板宽度共有 99cm，120cm，124cm，135cm，144cm，148cm 等六种，随着时间的变化，有由窄变宽的趋势。本次通用图空心板宽度的研究考虑以下因素：

3.1 新《公路桥涵设计通用规范》的相关要求

根据《公路桥涵设计通用规范》（JTG D60－2004）4.3.1 的第 6 条规定，为避免单板上横向同时分配到两个车轮荷载，空心板合理的理论宽度应小于 1.3m。这样的结果是在相同的横向分布系数下，实现板宽最大化，提高单板承载力。

3.2 从单辆汽车的横向轮距分析

从载重汽车的横向布置来看，其横向轮距为 1.8m，则空心板合理的宽度应小于 1.8m，这样在相同横向分布系数的情况下，实现板宽最大化，这在概率方面是合理的，在断面经济性上也是合理的。但是如此宽的空心板，其顶板、底板厚度需要增加，内腔的形式及尺寸的选择亦成为问题，自重对运输、吊装亦产生影响，会增加施工的成本，故其经济性会打折扣。

3.3 施工难度和经济性

参考交通部以及有关设计院的通用设计图,综合考虑施工难易程度、模板重复利用率和经济性等因素,本次通用图选定125cm 作为10、13、16、20m 预应力混凝土空心板的宽度。同时,因目前100cm 板宽先张法台座应用较多,为有效利用现有设备,本次通用图也进行了板宽100cm 的10、13、16、20m 预应力空心板的设计作为过渡。

4 板式桥梁合理内腔形式的改进

内模拆模困难一直是各施工单位所关注的。目前,大多数施工单位采用空心充气胶囊。因拆模时气囊在往外拖的过程中,与混凝土有直接摩擦,很容易破损,故周转次数有限,并且在混凝土浇筑过程中,因振动器具的强力振捣,容易使气囊上浮,小则影响几何尺寸,严重时易出现质量事故。如用木模,则在拆模时需派人爬入空心板里面敲掉内撑,因空间过小,无法正常作业,劳动强度太大,况且木模周转次数也有限。

经过研究,本次通用图设计中10、13、16、20m 预应力混凝土空心板采用了带倒角(或承托)箱形空心板,为了实现板式桥梁施工的标准化,模板的通用化,各种跨径空心板倒角大小设置一致。这样使得截面挖空率高,模板重复利用率高,更适合标准化作业。

5 铰缝的构造及病害分析

5.1 铰缝的构造

装配式板式桥梁板块之间必须采用横向连接构造,以保证板块共同承受车辆荷载。常用的横向联接方式有企口混凝土铰连接和钢板焊接连接。实践证明:企口式混凝土铰能保证传递横向剪力,使各块板共同受力。其中漏斗形因其施工方便,共同受力性能较好,在各设计院通用图中采用较多。从目前使用的空心板通用图中,铰缝的主要形式有三种:浅铰缝、中铰缝、深铰缝。

调查表明,目前装配式板桥采用各种铰缝形式均会有不同程度的纵向裂缝出现,如图1所示。裂缝出现的频率与铰缝形式有关,总体上呈现铰缝加深构造连接加强则开裂减少的趋势,其中采用浅铰缝构造的板桥开裂最多,中铰缝和深铰缝构造纵向开裂较少,且实际调查表明开裂主要与填缝材料施工质量太差有关。

图1 某大桥桥面沿铰缝纵向裂缝

5.2 铰缝病害的主要原因分析

空心板产生沿铰缝纵向开裂病害的原因是多方面的,其中主要是空心板桥设计理论方面的理想铰与实际的铰缝构造有差别的原因,其次是施工质量以及运营阶段工作条件恶化的原因。

(1)铰缝实际受力与横向分布计算基本假设差异的原因

铰缝在弹性受力状态为刚接板或介于刚接与铰接间较为符合实际情况。

(2)铰缝钢筋构造的原因

位于铰缝内的钢筋为抗拉无效连接(自我锚固长度不足),同时其形状没有对铰缝与空心板连接面平行,对铰缝本身没有保护作用,铰缝钢筋连接薄弱。

(3)铰缝材料的原因

由于铰缝受力复杂,在荷载作用下,存在反复受力过程,很容易产生疲劳破坏,而设计中采用的混凝土的强度及耐久性不足,没有足够重视新旧混凝土间黏结力的弱化作用。

(4)施工原因分析

①以前桥梁施工为专业队伍,现在多为民工队伍,对结构认识不够重视,施工质量差,工艺水平偏低。

②铰缝钢筋不按设计要求施工:对于深铰缝下层钢筋的搭接绑扎没有符合设计要求。

③铰缝混凝土密实度不够,存在蜂窝。施工铰缝口尺寸偏小,难以振捣。

④板间铰缝结合面没有凿毛,铰缝混凝土与空心板的黏接差。

⑤铰缝施工时底模漏浆,造成空铰。

⑥铰缝混凝土强度未达到要求,过早加载。

(5)运营阶段因素

①超载运输方面的原因

空心板桥横向联系本来就较弱,在超载车辆的长期反复的作用下,其铰缝混凝土破坏的速度大大增加。

②行车轨迹固定的原因

由于重车一般均行驶在靠右侧的行车道上,故导致若干板块直接承受重复的重级荷载的几率大大高于其他板块,在车辆荷载的反复作用下某些预制板铰缝更易发生疲劳破坏。

5.3 铰缝的优化设计

铰缝优化设计的基本思路就是加强横向连接,具体到本次通用图中采取以下措施:

(1)采用深铰缝

采用深铰缝可减少开裂是调研的结果,也是与《公路钢筋混凝土及预应力混凝土桥涵设计规范》D60-2004 的 9.2.9 条的精神相符的。本次通用图均采用 C 类铰缝(深铰缝)。

(2)加强连接钢筋

增加横向相邻两块板之间顶、底部钢筋弯折后焊接,并在铰缝中加设剪刀型竖向钢筋和纵向钢筋。

(3)加强预制板黏结性能

为加强铰缝混凝土与预制梁的黏结性能,要求在空心板预制时,按 1m 一道在预制板的侧模嵌上 500mm 长的 $\phi6$ 钢筋,使其形成 6mm 凸凹不平的粗糙面。

(4)加强桥面现浇层与预制梁的连接

在预制梁内设置伸到桥面现浇层内的剪力钢筋以加强现浇混凝土与预制梁的结合。

(5)铰缝的施工工序改进

从结构受力角度考虑,铰缝与桥面铺装一起浇筑更加合理。因为浇筑铰缝混凝土后再浇筑的桥面铺装时,铰缝已经参与受力,各板间铰缝受力并不均匀,斜交板相差尤其大。所以从尽量减少受力的角度出发,铰缝应与桥面铺装同时浇筑。优化后的铰缝构造见图 2。

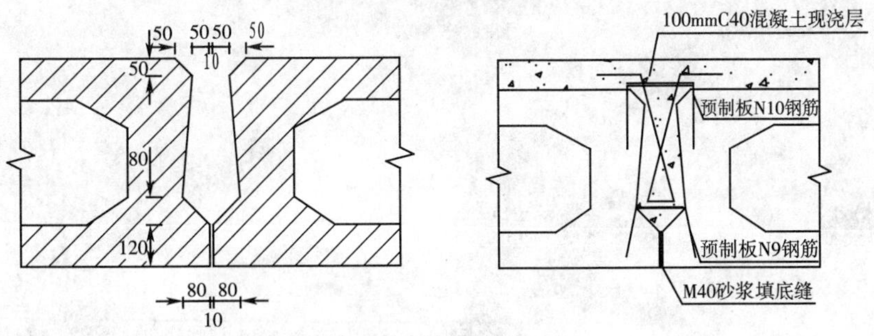

图 2 铰缝及钢筋构造图

6 结语

本文重点分析了板式桥梁合理结构形式。首先从板式桥梁在国内桥梁工程上的应用现状的阐述出发,统计了使用过程中易发生的病害及其特征;然后根据板式桥梁通用图设计过程中的研究成果,结合国内多年来空心板桥的工程经验和科研成果确定了板式桥梁板高、板宽、顶底板及腹板等厚度的合理结构尺寸。最后针对性地对空心板桥典型的纵向开裂问题进行了详细分析，提出了以加大单板承载力、加强铰缝连接构造为核心的优化方案。

参考文献

[1] 徐君．预应力混凝土简支梁桥标准化设计新特点．规划与设计，2000.
[2] 丁加林，王宏兴．桥梁预应力空心板预制及应注意的问题．西北水利发电，2004.
[3] M. Z. Cohn, Z. Lounis. Optimal Design of Structural Concrete Bridge Systems. Journal of Structral Engineering, 1994.
[4] 杨广武．预应力混凝土空心板梁预制中一些问题的探讨．市政技术，2001.
[5] 王砚桐．高等级公路中"单板受力"现象及原因分析．公路交通技术，2004.
[6] 胡肇兹．桥跨结构简化分析——荷载横向分布．北京：人民交通出版社，1996.

（本文依托的《预应力混凝土板式桥梁通用设计图成套技术》荣获 **2008** 年湖南省科技进步二等奖、《预应力混凝土公路桥梁通用设计图成套技术研究》荣获 **2008** 年度中国公路学会科学技术二等奖。）

公路钢筋混凝土圆管涵管身外压荷载标准探讨

谢承安　张作刚

摘　要：本文指出了目前公路行业采用国家标准进行圆管涵管身三点法外压荷载试验的不足之处，通过分析研究和计算，按照公路行业标准并结合我院圆管涵通用图，提出了各种规格圆管涵管节不同填土高度下的三点法外压荷载检验标准值，作为公路项目钢筋混凝土圆管涵成品管的质量评定参考。

关键词：公路　钢筋混凝土圆管涵　外压荷载　标准

1　引言

钢筋混凝土圆管涵由于原材料来源广，制作工艺较简单，造价低廉，集中预制程度高，施工运输方便等独特优点，被广泛应用于公路建设中。随着近年来公路建设特别是高速公路建设迅猛地发展，对公路质量控制要求越来越高，如何有效地控制圆管涵管节在预制过程中的质量成为保证公路施工质量的基本措施。公路行业工程质量检验中对钢筋混凝土圆管涵预制管节目前尚无整管出厂前的荷载检验方法及标准，交通部颁布的公路行业规范《公路工程质量检验评定标准》（JTG F80/1—2004）中，对钢筋混凝土圆管涵预制管节仅规定了材料要求、混凝土强度检验和外观鉴定标准，以达到控制质量的目的，不进行破坏性试验。而在公路施工项目中，许多建设单位为进行成品管的质量评定，要求按照国家标准《混凝土与钢筋混凝土排水管》（GB/T 11836—1999）对预制的圆管涵管节采用三点试验法进行破坏性抽样检验，但由于建筑行业和公路工程行业标准中规定的计算方法的不同，计算指标间不能完全等效，再加上对该标准的适用条件和范围不清楚，直接按照其规定的裂缝荷载及破坏荷载标准进行鉴定是不科学的，因此按照该标准的控制值易产生错误的结论，其结果导致一部分合格管将会标定为不合格，造成大量的浪费。本文旨在对该标准的适用条件和范围进行说明，并通过分析研究，按照公路行业标准并结合我院圆管涵通用图，详细计算出公路行业的各种规格圆管涵管节不同填土高度的三点法外压荷载标准的控制值，作为成品管的质量评定参考，以满足目前公路建设的需要。

2　《混凝土管与钢筋混凝土管》（GB/T 11836—1999）简介

2.1　适用条件和范围：（本文仅指钢筋混凝土排水管，混凝土管略，以下同）

该标准规定了产品分类、技术要求、检验方法、检验规则和标志、包装、运输、储存；适用于离心、悬辊、立式震动成型的钢筋混凝土管；适用于雨水、污水、引水及农田排灌等重力管道的管子。

2.2　管材分类及级别

管材按外压荷载将钢筋混凝土管分为Ⅰ、Ⅱ、Ⅲ三级，俗称为Ⅰ级管、Ⅱ级管、Ⅲ级管。Ⅰ级管设计条件为180°混凝土基础、6m 覆土；Ⅱ级管设计条件为90°土或砂基础、3.5m 覆土；Ⅲ级管设计条件为90°土或砂基础、5.5m 覆土。三极管的管顶地面上活荷载均考虑汽－20 级或地面上堆积物 $10kN/m^2$（取大值）。其规格、外压荷载级别和内水压力分别见表 1。

本文曾刊登于《中外公路》2007 年第 2 期。

钢筋混凝土管规格、外压荷载级别和内水压力 表1

公称内径 D_0 (mm)	有效长度 $L\geqslant$ (mm)	Ⅰ级管				Ⅱ级管				Ⅲ级管			
		壁厚 $t\geqslant$ (mm)	裂缝荷载 (kN/m)	破坏荷载 (kN/m)	内水压力 (MPa)	壁厚 $t\geqslant$ (mm)	裂缝荷载 (kN/m)	破坏荷载 (kN/m)	内水压力 (MPa)	壁厚 $t\geqslant$ (mm)	裂缝荷载 (kN/m)	破坏荷载 (kN/m)	内水压力 (MPa)
200		30	12	18		30	15	23		30	19	29	
300		30	15	23		30	19	29		30	29	44	
400		35(40)	17	26		40	27	41		40	39	59	
500		42(50)	21	32		50	32	48		50	49	74	
600		50(55)	25	38		60	40	60		60	60	90	
700		55(60)	28	42		70	47	71		70	67	100	
800		65(70)	33	50		80	54	81		80	77	115	
900		70(75)	37	56		90	61	92		90	87	130	
1 000		75(85)	40	60		100	69	100		100	94	141	
1 100		85(95)	44	66		110	74	110		110	108	162	
1 200	1 000	90(100)	48	72	0.06	120	81	120	0.10	120	119	179	0.10
1 350		105(115)	55	83		135	90	140		135	134	201	
1 500		115(125)	60	90		150	99	150		150	151	226	
1 650		125(140)	66	99		165	110	170		165	166	249	
1 800		140(150)	72	110		180	120	180		180	183	274	
2 000		155(170)	80	120		200	134	200		200	204	305	
2 200		175(185)	84	130		220	145	220		220	227	340	
2 400		185(200)	90	140		230	152	230		230	250	376	
2 600		220	104	156		235	172	260		235	272	407	
2 800		235	112	168		255	185	280		255	296	445	
3 000		250	120	180		275	198	300		275	317	475	

注:括号内数值为推荐壁厚。

2.3 试验方法及检验原则

该标准除类同于公路行业规范进行混凝土抗压强度、外观质量、尺寸、内水压力检验外,还提出应按 GB/T 16752—1997 中5.4 及附录B 的规定进行三点法外压试验,计算的加荷方式见图1。其中裂缝荷载为试验时产生0.2mm裂缝宽度时的外压荷载,破坏荷载为管子失去承载能力时的外压荷载。

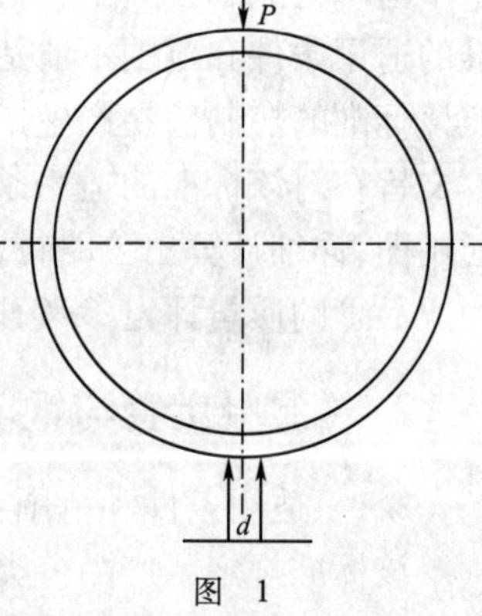

图 1

3 使用该标准存在的问题

在公路建设过程中,许多建设单位提出目前公路上圆管涵预制管节按该标准进行质量控制,并提出按Ⅱ级管的标准进行破坏性试验。经试验后发现按照公路规范进行设计的管节约很难达到该标准合格品的要求,如果按标准要求控制将造成大量管节的报废。针对这个问题,通过进一步比较和研究,我们认为主要原因在于:

3.1 计算方法不同

该标准的确定主要来源于建筑行业的规范。在建筑行业中对于同种类型涵管的荷载和内力计算与公路行业的相关规定却不一样。首先两行业对管节的外部荷载(垂直土压力、侧向土压力、车辆荷载引起的垂直压力和侧向压力以及管节自重等)计算方法不同;其次建筑行业设计规范关于刚性坐垫上圆管涵的内力计算基于管体与坐垫紧密黏合,将管体与坐垫视为整体联合结构的基本假设,根据弹性中心法求解变断面环状拱圈的截面内力;而公路行业设计规范规定的计算方法是忽略管壁环向压力及径向剪力,仅考虑管壁上的弯矩，根据结构力学方法计算各种荷载作用下的弯矩。两行业按规范的计算结果一般建筑设计规范方法计算值为公路设计规范计算值的1.2倍[5]。

3.2 设计条件不同

该标准Ⅱ级管的设计条件规定为90°土或砂基础、3.5m覆土、管顶地面上活荷载均考虑汽－20级或地面上堆积物10KN/m^2（取大值）；而公路行业设计采用的设计条件为180°混凝土基础、管顶填土高度为0.5m～12m，管顶地面上按不同等级公路对应的汽车荷载标准计算。为方便施工公路行业设计时分别采用按0.5m～4m，4m～8m和8m～12m的三种分级。

公路施工中如按Ⅱ级管标准进行三点法外压荷载试验，首先因管基与设计不符，而标准中管基的不同差异很大，如D_0 = 1 000mm时，Ⅰ级管的裂缝荷载为40kN/m、破坏荷载为60kN/m，Ⅱ级管的裂缝荷载为69kN/m、破坏荷载为100kN/m；其次管顶填土高度在标准中是固定值，而公路设计中有三种不同的分级；再者由于标准中管顶地面上的荷载也是固定值，而公路设计中按不同等级公路进行区分。因此在进行公路圆管涵预制管节的破坏性试验中采用Ⅱ级管的标准是不适宜的。同理，完全采用Ⅰ级管的标准也是不适宜的。

4 计算方法探讨

根据以上分析，在公路施工中如对钢筋混凝土圆管涵预制管节进行破坏性试验，就不能完全按照标准规定的外压荷载级别进行检验。但由于目前施工时对大量钢筋混凝土圆管涵管节的质量控制需进行三点法外压荷载试验，因此笔者尝试在满足公路行业规范的前提下，通过计算适当调整外压荷载标准的方法，以解决施工质量控制问题。主要思路如下：

（1）外部荷载按《公路桥涵设计手册—涵洞》的计算方法进行计算：求出控制设计弯矩M_j、裂缝宽度δmax和0.2mm裂缝时截面控制弯矩$M_{0.2}$；其中允许裂缝宽度值按0.2mm计算。

（2）采用[3]、[4]中介绍的弯矩转换系数法：

①三点法试验中两个相对集中力作用下的理论弯矩系数采用0.318

②根据[3]公式(8)求出实用力矩转换系数$K1 = M_j/M_{0.2}$

③根据[3]公式(9)求出裂缝荷载标准$P_c = M_{0.2}/(0.318 * K_1 * r_0)$

④破坏荷载P_p按$1.5P_c$控制

按照以上计算方法求出计算结果如表2。

公路圆管涵管节不同填土高度下的外压荷载标准　　表2

孔径（m）	管壁厚（cm）	计算半径 r_0（cm）	管顶填土厚度（m）	内力组合控制设计 M_j（kN·m）	裂缝宽度验算 δ_{max}（mm）	0.2mm裂缝时截面弯矩 $M_{0.2}$（kN·m）	两个相对集中力作用下的理论弯矩系数	实用力矩转换系数 K_1	裂缝荷载标准 P_c（kN/m）	破坏荷载标准 P_p（kN/m）
1.00	10	55	4	5.277	0.198	5.385	0.318	0.980	32	48
			8	7.609	0.176	8.652		0.879	57	86
			12	10.212	0.187	10.902		0.937	67	101
1.25	12	69	4	7.779	0.193	8.115		0.959	39	59
			8	12.980	0.181	14.340		0.905	73	110
			12	16.647	0.194	17.189		0.968	82	123
1.50	14	82	4	10.796	0.191	11.395		0.947	47	1
			8	20.437	0.191	21.453		0.953	87	131
			12	24.937	0.187	26.732		0.933	110	165

注：设计荷载：汽—超20级；验算荷载：挂车—120。

5 试验结果

某公路对预制涵管厂生产的 D_0 =1 250mm(填土高度为0.5～4m)的涵管在混凝土抗压强度检验合格的情况下,将涵管按外观好、中、差各抽取有代表性的一根管节进行三点法外压荷载试验。试验检测结果如下表3。

表3

孔径(mm)	外观质量	标准Ⅱ级管要求		试验结果	
		裂缝荷载标准 P_c(kN/m)	破坏荷载标准 P_p(kN/m)	裂缝荷载(kN/m)	破坏荷载(kN/m)
1250	好	84	127	50.4	96.7
	中			47.6	98.01
	差			42	78.4

从表中结果反映,如按照《混凝土与钢筋混凝土排水管》(GB/T11836－1999)中标准Ⅱ级管的规定,三根管子的裂缝荷载和破坏荷载均不满足要求,不得复检,本批产品为不合格产品;而根据本文计算分析结果,三根管均符合要求,则本批产品为合格品。与公路行业质量判定结论一致。

6 结语

(1)由于公路施工中钢筋混凝土圆管涵的预制数量大,影响质量的因素较多,按照国家标准进行抽样破坏性试验以控制质量将成为发展趋势,但各行业规范中计算方法及检测方式的不同,易出现不同的结果,有必要进行进一步研究;

(2)由于国内各行业规范的计算方法不同,根据[5]的结论,建议按本办法计算确定的裂缝荷载和破坏荷载提高20%;

(3)在混凝土坐垫上进行涵管施工时,可考虑采用坐浆等措施以提高坐垫与管体接触面的接合程度和坐垫的减载作用。

本文通过对公路圆管涵管身外压荷载标准及计算方法的探讨,希望能对广大公路工作者有所帮助,不当之处还请广大同仁批评指正。

参考文献

[1] 中华人民共和国交通部 JTG F80/1—2004. 公路工程质量检验评定标准. 北京:人民交通出版社,2004.

[2] 中华人民共和国交通部 GB/T 11836—1999. 混凝土与钢筋混凝土排水管. 北京:人民交通出版社,1999.

[3] 在裂缝荷载作用下钢筋混凝土排水管环向受拉钢筋的应力计算及各项强度配筋简化计算方法,混凝土与水泥制品,2001,(2).

[4] 钢筋混凝土排水管实用配筋设计方法.哈尔滨商业大学学报自然科学版,2004,20(6).

[5] 调整公路中钢筋混凝土圆管涵的内力计算探讨. 中南公路工程,2002,27(2).

碳纤维增强塑料在桥梁加固中的应用研究

余进修

摘　要:通过室内试验与理论分析,对碳纤维材料这种桥梁加固补强材料与工艺进行了研究,为危桥加固、桥梁病害的修复提供技术支持。研究结果表明,碳纤维是一种非常有效的桥梁加固材料。

关键词:壁可法　碳纤维材料　桥梁加固补强

在役的混凝土桥梁由于设计时荷载标准低,投入使用后,社会营运荷载急剧升级,累计通过交通量迅速增加,再加上混凝土的时变老化,混凝土桥梁开裂现象已成为危及桥梁结构安全的主要通病之一。因此,寻求一种经济、实用、高效的补强加固材料与工艺技术已成为我们共同的工作目标。碳纤维材料具有优异的物理力学性能,虽然弹性模量与钢材基本相当,但抗拉强度却是普通钢材的十倍多。具有高强高效自重轻、工艺简单施工易、耐久性能强的特征,是一种颇具研究应用价值的桥梁加固用材[1,2]。

1　加固构件试验研究

1.1　材料抗拉强度试验

试验采用了4种碳纤维材料:美国赫式(Hexce1)公司生产的Hex－3R Carbon Wrap 117型碳纤维;北京航天锦达高科技复合材料有限公司生产的350g碳纤维;韩国SK公司生产的200g碳纤维;英国Sigma tex公司生产的200g碳纤维。环氧树脂采用湖南大学新型工程材料研究所研制的学府JN—C碳纤维加固专用环氧树脂系。根据《定向纤维增强塑料拉伸性能和试验方法》(GB 3354—82),试验在量程为10kN的材料试验机上进行,试验时荷载由液压表控制,变形由应变片控制,其量测仪表误差不超过1%,试验机经国家计量部门检定符合标准。测定拉伸弹性模量时,以一定时间间隔施加荷载,记录荷载值和变形值,其加载速度为1～6mm/min。整个试验进行了同批CFRP试件的抗拉试验,其试验结果的平均拉伸强度:Sk1～Sk5均为2 507.6MPa;Hexcel1～Hexcel5均为3 287.2MPa;Sigmatex1～Sigmatex4均为4 069MPa;航天高科1为3 454MPa。通过材料试验发现英国Sigmate公司生产的碳纤维抗拉强度较高,因此选用了这种碳纤维作为构件试验的材料。

1.2　抗弯构件试验

(1)试件设计。试件的截面尺寸$b \times h = 160\text{mm} \times 300\text{mm}$,跨度$l = 2\ 200\text{mm}$,净跨$l_0 = 2\ 000\text{mm}$,纵向受拉钢筋均为$2\phi10$,架立筋为$2\phi6$,纵向钢筋配筋率$\rho S = 1.04\%$。考虑到研究的主要对象为为构件加固后的抗弯性能,为防止因试验梁抗剪能力不足而引起的过早破坏,沿梁长度方向均匀配置$\Phi8$@50箍筋。所有试件的混凝土均按照同一配合比制作,设计的轴心抗压强度为40MPa。

(2)试验量测。本次试验采用反位试验装置,支架用地锚螺栓整体锚固于反力槽座,反力横梁用螺栓固定在支架上充当试件支座。在反力横梁上加装仪器梁来安装百分表以量测梁身挠曲变形。以手动千斤顶为加载设备,通过力分配梁将荷载分传给试件。试验过程中用力传感器和和测力环测定荷载,未加载时试件搁置于支承台座上。试验装置如图1所示。

试验加载规则:

本文曾刊登于《中南公路工程》2005年/6月总第113期。

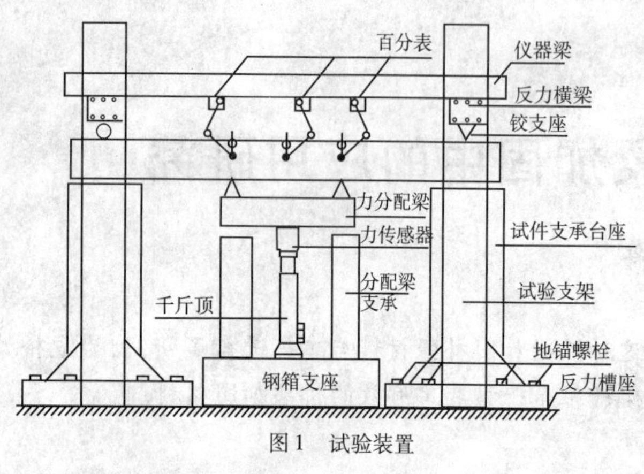

图1 试验装置

在试件开裂前,小于50%试算开裂荷载时以每级2kN进行加载,大于50%试算开裂荷载后以每级1kN进行加载,开裂后以每级2kN进行加载。

在试验过程中进行挠度量测、应变量测及裂缝观察。试件的应变测量包括混凝土梁、钢筋、CFRP 3部分的应变测量,浇捣混凝土梁前沿梁底与梁顶在钢筋上各黏贴2个钢筋应变片,试验前在构件底部纯弯段部分黏贴6个应变片(布满纯弯段),在试验中采用YJR5型静态电阻应变仪对梁的纯弯段进行应变测。

(3)试验结果分析。

①加固对试件极限承载力的影响。由表1中数据可以看出,碳纤维增强塑料显著提高了梁构件的极限承载力,黏贴一层碳纤维增强塑料(CFRP 载面面积为26.7mm^2)的梁构件极限承载力平均提高了25.6%;黏贴两层碳纤维增强塑料(CFRP 载面面积为53.4mm^2)的梁构件极限承载力平均提高了45.9%。由此可以看出,碳纤维增强塑料抗弯加固梁构件在提高极限承载能力方面是非常有效的。但有关资料表明:黏贴层数超过两层以后,其极限承载能力增强的显著性将会有所减弱。

②加固对试件抗裂能力的影响。由表2可以看出,碳纤维增强塑料加固对试件的开裂荷载提高较之对极限承载力的提高要小,黏贴一层碳纤维增强塑料时试件开裂荷载的平均提高率为12%,黏贴2层碳纤维增强塑料时试件开裂荷载的平均提高率为16.6%。这一现象可以从碳纤维增强塑料的材性得到很好的解释:碳纤维增强塑料是一种高强材料,其极限拉伸强度为普通钢材的十几倍以上,而其弹性模量与钢材相当,由于碳纤维增强塑料的用量远远小于钢筋,这就决定了在应变不大的情况下,碳纤维增强塑料发挥的作用较为有限,因此在提高试件开裂的方面不如提高极限承载力那么明显。随着高模量的碳纤维材料的研发和应用,碳纤维加固构件的开裂荷载将有更大的提高。值得指出的是,在试件产生裂缝后,对试件继续加载时,碳纤维增强塑料体现了对加固构件裂缝控制更为显著的特点。对比试件在开裂后随着荷载的增加,裂缝的宽度和高度迅速的增长。而碳纤维加固构件在构件开裂后裂缝开展缓慢,有时在增加荷载后,主裂缝不再扩展,而是在试件底部均匀的形成许多新的细小裂缝。直至加载超过50%极限荷载,裂缝开展呈现加快趋势。

其原因在于虽然碳纤维增强塑料的弹性模量与钢材接近,不能显著提高构件的开裂荷载,但在试件出现裂缝后,虽然碳纤维的整体应变较小,但在出现裂缝的位置,局部的碳纤维应变急剧增加,应力也急剧增大,碳纤维的高强性能得到充分发挥,随着荷载的增加,裂缝在进一步开展时受到碳纤维的抑制,而在碳纤维应力较小的其他位置形成新的细小裂缝。

加固构件极限承载力试验结果分析表　　表1

试件编号	极限承载力平均提高率(%)	标准差
B_4 ~ B_8	25.6	3.0
B_9 ~ B_{14}	45.9	5.1

加固构件开裂荷载试验结果分析表　　表2

试件编号	开裂荷载平均提高率(%)	标准差
B_4 ~ B_8	12.0	5.1
B_9 ~ B_{11}、B_{13}、B_{14}	16.6	5.1

2　加固构件的理论分析

2.1　分析模型

一般受弯构件的弯曲性能可以用平截面假定进行较准确的计算，而我们在研究中发现用碳纤维增强塑料加固的受弯构件在一个较长的标距内仍然符合平截面假定。所以，采用传统的平截面假定对碳纤维增强塑料加固的受弯试件弯曲性能作一分析。对用碳纤维材料进行抗弯加固的钢筋混凝土梁进行分析计算时，作如下假定：

①截面变形符合平截面假定。

②受力钢筋与混凝土之间以及碳纤维与混凝土之间没有层间相对滑移，符合变形协调条件。

③考虑到剪弯段剪切变形的影响，梁的刚度在整个跨度上相等。

④纯弯段任一截面混凝土和钢筋的应变相等，即截面曲率在纯弯段不变。

⑤碳纤维的应力应变关系为：

$$\rho_{pl} = E_{pl}\varepsilon_{pl} \qquad (\varepsilon_{pl} \leqslant \varepsilon_{pl,\mu})$$

式中：$E_{pl} = 2.35 \times 10^5\text{MPa}$，$\varepsilon_{pl,\mu} = \dfrac{4\,200}{E_{pl}} \approx 16\,000\mu\varepsilon$。

⑥钢筋按理想弹塑性材料不考虑其强化部分提高的强度，则其应力应变关系为：

$$\sigma_s = E_s\varepsilon_s(\varepsilon_s \leqslant \varepsilon_y) \qquad \sigma_s = \sigma_y \qquad (\varepsilon_s > \varepsilon_y)$$

式中：σ_y、σ_y——屈服应力与屈服应变。

⑦混凝土采用上升段加——水平段的两段式曲线，其应力应变关系为：

$$\sigma_c = 2\left[\left(\frac{\varepsilon_c}{\varepsilon_0}\right) - \left(\frac{\varepsilon_c}{\varepsilon_0}\right)^2\right] \cdot \sigma_0 \qquad (0 \leqslant \varepsilon_c \leqslant \varepsilon_0, \varepsilon_0 \text{ 取为 } 0.002)$$

$$\sigma_c = \sigma_0 \qquad (\varepsilon_0 \leqslant \varepsilon_c \leqslant \varepsilon_{c,\mu}, \varepsilon_{c,\mu} \text{ 取为 } 0.003\,3)$$

2.2　解析公式

计算采用分级加应变法，以截面受压区边缘混凝土的压应变为已知量，以截面的受压区高度和受拉纵筋的应变为未知量，由截面的内力平衡可以得到有两个未知量的一个相关方程，由平截面假定可以得到有两个未知量的另一方程，联立这2个方程即可求解出未知量。对截面受压区混凝土所受的压应力进行积分，可以得到截面受压区混凝土所受的总压力：

$$F_c = b\sigma_0\left(\frac{\varepsilon_c h_c}{\varepsilon_0} - \frac{\varepsilon_c^2 h_c}{3\varepsilon_0^2}\right) \qquad (\varepsilon_c < \varepsilon_0)$$

$$F_c = b\sigma_0 h_c - b\sigma_0\frac{\varepsilon_0 h_c}{3\varepsilon_c} \qquad (\varepsilon_c > \varepsilon_0)$$

式中：b——梁宽；

σ_0——混凝土最大压应力；

ε_0——混凝土最大压应力对应的压应变；

h_c——混凝土受压区高度。

得到截面受压区混凝土的总压力 F_c 后，根据截面受压区混凝土的总压力 F_c 与钢筋及碳纤维所受的合压力 F_s 相等这一截面内力平衡条件有：

$$\Sigma N = 0 \Rightarrow F_c = F_s \Rightarrow F_c = \varepsilon_s E_s A_s + \varepsilon_{cfrp}E_{cfrp}A_{cfrp} \tag{1}$$

根据平截面假定有：

$$\frac{\varepsilon_c}{\varepsilon_s} = \frac{h_c}{h_0 - h_c} \Rightarrow \varepsilon_s = \frac{h_0 - h_c}{h_c}\varepsilon_c \tag{2}$$

式中：h_0——截面有效高度。

联立方程(1)和方程(2),将受压区边缘混凝土应变分为适当的等级,即可求出碳纤维加固的受弯构件荷载—应变全过程关系。

2.3 理论分析结果与试验结果的对比

理论分析结果与试验结果的对比表明,根据上面的理论可以较好的预测经过碳纤维加固的受弯构件的工作性能。下面仅给出三组试件 B_4、B_5、B_6 的理论分析结果与试验结果的对比(见图2)。从图2可以看出,理论分析结果与试验结果吻合较好,表明以传统平截面假定为基础的力学模型可以较好的预测经过碳纤维布加固的受弯构件的工作性能。

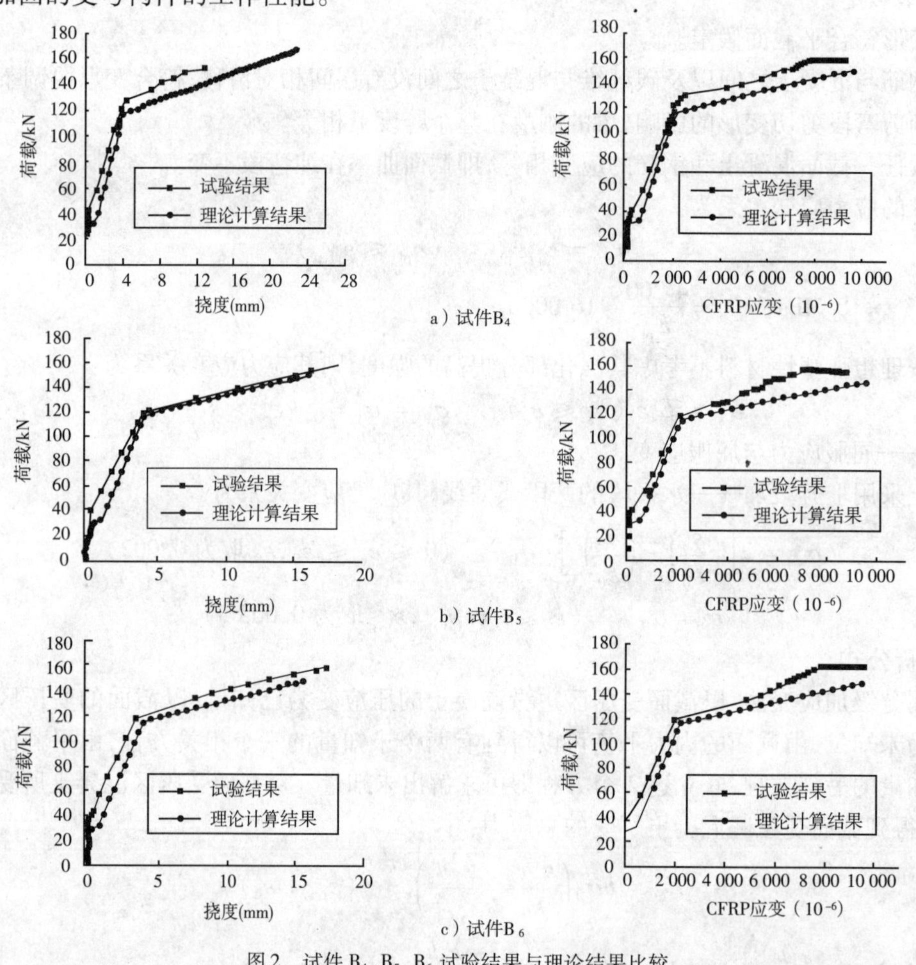

图2 试件 B_4、B_5、B_6 试验结果与理论结果比较

3 结论

通过室内试验和理论分析,对碳纤维材料这种桥梁加固补强方法进行了初步研究,在我省若干座旧桥加固中亦得以应用。在应用的实践中,还对加固补强工艺及检测验收方法进行了必要探讨,其目的在于解决在实际应用中遇到的难题,为危桥加固、桥梁病害的修复及桥梁荷载升级提供技术支持。

参考文献

[1] CECS 25:90 混凝土结构加固技术规范[S].

[2] 万墨林. 混凝土结构加固技术的研究[J]. 施工技术,1994.

[3] 张亮. 碳纤维加固受弯构件的性能研究[J]. 中南公路工程,2004,(1).

[4] 廖陆. 碳纤维复合材料在桥梁加固中的应用[J]. 湖南交通科技,2003,(4).

数字化设计技术的研究与应用

卢卓君　袁国平　范之英

摘　要:数字化设计技术是从计算机辅助绘图(Computer Adied Drawing)发展到计算机辅助设计(Computer Adied Design)的核心技术,是当今CAD的发展方向,数字化技术在桥梁CAD中的应用在我国属于开创性的技术实践,其"面向设计、面向桥梁、面向工程"的先进思想将改变桥梁设计的工作模式,大幅度提升桥梁设计效率和设计质量。本文结合桥梁大师2006软件系统的开发,分析了数字化设计技术的核心内涵和关键技术,并着重介绍了数字化设计技术在桥梁CAD中的应用。

关键词:数字化　特征模型　特征设计　全关联模型　智能化　标准化

1　数字化设计技术是桥梁CAD软件的发展方向

CAD技术是提升桥梁设计水平和效率的关键技术之一。我国在桥梁设计中采用CAD技术始于20世纪70年代中后期,首先是用CAD绘图软件替代了在图板上的手工绘图,实现了图纸的电子化;而后,一些科研所、高校、设计院等开发了不同功能的桥梁自动出图和结构计算软件,初步实现了桥梁主要构件的参数出图和计算。这些软件工具的应用,为我国桥梁设计水平和效率的提高起到了很大的推动作用。但由于这些软件主要是面向桥梁构件的出图和计算,数据输入量大,重复输入很多,模块之间难以实现数据传递,从而导致出错率高、效率较低、适应性差、标准化程度低,难以对桥梁的整个设计提供优化设计、方案比选、变更设计,因此,这些软件大多只能作为桥梁设计的辅助出图或计算工具,难以成为对桥梁设计的全过程进行辅助设计和管理的软件系统。

回顾整个CAD技术和软件的发展过程,CAD技术经历了二维绘图、线框模型+表面模型、实体造型、三维参数化设计、变量化设计几个阶段,从二维绘图到三维参数化设计主要解决了设计对象的几何图形生成问题,90年代出现的变量化设计技术,不仅解决了设计对象的图形问题,还解决了设计对象的实际工程含义的处理问题。变量化设计技术是以设计对象的三维几何信息为基础,融入了设计对象的实际工程意义的描述、装配关系的描述、功能的描述、材料的描述等,因此其设计模型具备了设计对象完整的数字化信息,其功能具备了面向设计对象的实际功能要求的数字化处理,因此,我们也将这一阶段的CAD软件称之为数字化设计系统。目前,变量化设计技术已成为国际上知名品牌CAD系统的核心技术,如CATIA、UG、Pro/E、SolidWork等产品已全部是基于该技术的CAD系统,变量化设计技术已成为CAD产品的行业标准。

相比制造业CAD软件的发展,公路行业的CAD技术应用和软件产品的开发稍显落后,我国目前的公路CAD软件主要还停留在参数化出图和提供专业辅助工具上。其主要原因是因为这些软件采用的软件技术还比较落后,侧重于解决设计对象的图形表示和生成,未能完整的描述工程设计对象的实际意义,因此也不能用工程对象的真实含义去解决工程对象的设计问题。

结合目前CAD技术的发展趋势和我国公路CAD的发展现状,我们认为,以实际工程设计对象建立工程对象的完整数字化模型,提供符合工程要求的数字化处理工具,是解决目前桥梁CAD存在问题的关

本文曾刊登于《公路》2008年第3期。

键,数字化设计技术是桥梁 CAD 软件发展的必然趋势。

2 数字化设计技术的内涵

2.1 数字化设计技术的概念

随着软件技术的发展,计算机处理的已不仅仅是文字或图形,更多的信息如声音、图像、动画等多媒体信息已可以同时处理和管理,而对于一个工程设计对象,要完整描述它也远远不仅仅是它的几何图形,还需要描述它的装配关系、材料特征、功能特征等,这些信息在计算机中可统称为数字信息,我们把用数字信息描述的工程对象称之为对象的数字化模型。有了数字化模型,还必须提供对这些数字信息的处理方法。数字模型加上数字化处理方法,就是数字化设计的基本概念。

面向对象设计技术是 20 世纪 80 年代的一项重大软件技术发展,这项技术应用到 CAD 领域就是特征设计技术(Feature Modeling),所谓特征就是指工程设计对象的数字化信息,因此可以说,特征设计是数字化设计的核心内容。

2.2 工程对象的数字化特征

对不同的应用领域,设计人员面向的设计对象是不同的,因此描述对象所需要的特征信息也是不同的。对于桥梁设计对象,一般应该描述以下工程特征:

(1)几何特征

用于描述设计对象的几何构造信息,一般用三维数据表示。

(2)装配特征

描述各特征之间的几何拓扑关系,组成整个特征模型的装配关系。

(3)功能特征

描述各特征在工程中的实际作用,以形成特征的功能约束。

(4)材料特征

描述特征的材料属性,如混凝土标号、配筋信息等,以形成构件的物理特征,为材料汇总及结构计算提供原始资料。

2.3 工程对象的数字化操作

有了对工程对象的特征化描述,必须提供相应的特征设计工具,通过这些设计工具来实现对特征的定义、修改、删除、查询、管理等操作。常用的特征设计工具有:

(1)特征的参数化设计

参数化设计是数字化设计的基础,通过参数化设计,利用数字模型的几何特征、装配特征、功能特征等,实现对整个特征几何构造的修改,从而完成工程特征的方案设计、变更和图纸出版等。

(2)特征库的维护和使用

形成参数化、标准化的工程特征库,为重复性的工程设计提供大量实践积累下来的设计数据和图纸资料,可极大地提供设计效率,保证设计质量。

(3)基于专业知识的智能化、自动化设计

将专业知识溶入到工程对象中,用专业设计方法来约束工程对象的设计修改,既能使很多的设计自动化、智能化,又能确保设计符合实际工程的要求。

3 数字化技术在桥梁 CAD 中的应用

桥梁设计工作在整个公路建设中占有重要的位置,其工作量大,难度较高,如何保证设计的质量,如何提高设计的效率,是各设计单位迫切希望解决的问题。以往的桥梁 CAD 提供了构件的计算工具和出图工具,减轻了设计人员部分出图计算的工作,但这些软件一般只考虑了构件的成图或计算,不考虑构件之间的装配特征,不记录构件的功能特征、材料特征等,因此不可能实现构件之间的关联设计,不可能实现整座桥、整个工程的优化设计、标准化设计。

针对实际工程的需要，针对以往桥梁CAD软件存在的问题，根据软件技术和CAD技术的发展，我们开发了采用全新思想—数字化设计技术的桥梁CAD系统—桥梁大师2006。该系统建立了实际工程设计对象的完整特征，从而构成了整个桥梁的完整数字化模型，并提供了大量的“即改即现”式交互修改手段，溶入实际工程设计知识，使用户可以方便快捷地完成桥梁的方案设计、变更设计等，并自动完成图纸的出版、工程量的统计等工作。以下介绍的是该系统的核心构架、思想和关键技术。

3.1　基于数字化设计技术的桥梁CAD系统构架

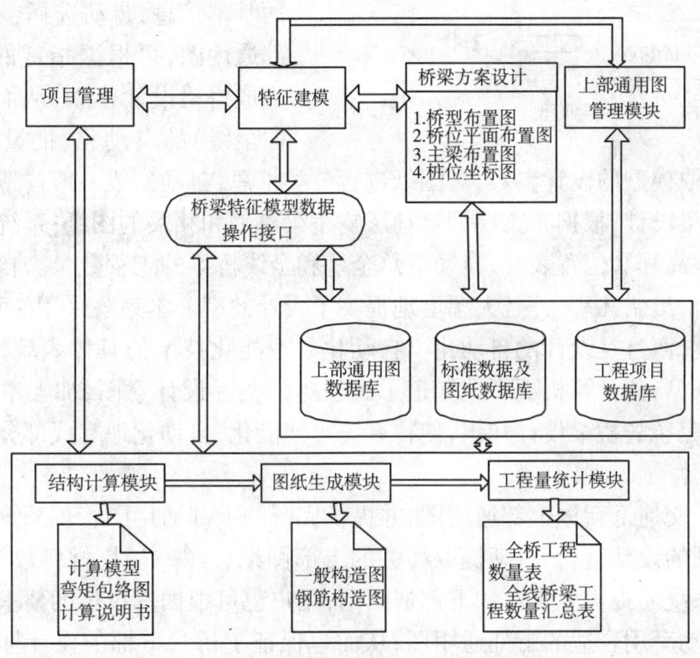

图1　系统结构方案图

系统采用以上构架，其核心是特征建模模块和后台数据库。有了全桥的数字化特征模型及专业数据和知识库，桥梁设计全过程的相关工作就可轻松完成。

3.2　数字化桥梁CAD关键技术

(1)数字化设计技术

采用先进的特征设计技术，以实际的工程对象(如盖梁、墩台、锥坡等)为设计单元，建立整座桥的数字化特征模型，通过特征对象树和特征属性表可方便地完成整座桥梁的详细方案设计，并且提供“即改即现”的交互手段和自动套用标准图的批量化设计手段真正实现面向桥梁、面向工程的数字化设计(见图2)。

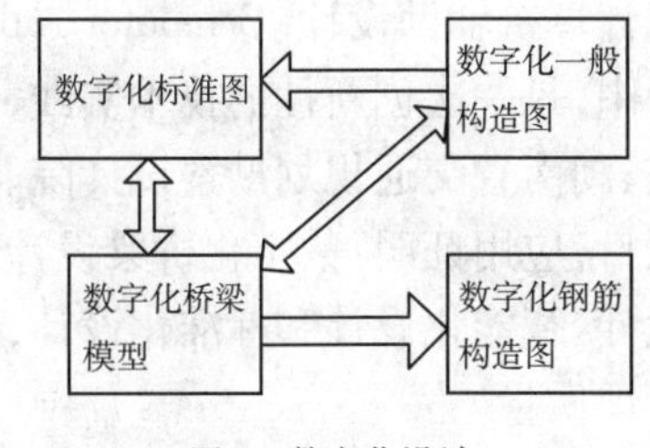

图2　数字化设计

面向工程、面向整个桥梁的设计思路使CAD的应用从图纸的参数化走向了设计的数字化，“即改即现”的交互式设计及套用标准图的设计方法为一座桥及整条线路上桥的批量化设计提供了快捷的设计手段。设计越多，积累越多，设计工作量就会大大减少，设计效率明显提高。

(2)全关联设计技术

以数字化的桥梁模型为基础，全桥的构造数据采用统一的数据模型，不需要重复的数据输入，构造图与桥梁模型的数据完全关联，桥梁模型的变更会自动影响到相关的构造图，大大方便了变更设计，同时桥梁模型完成之后，能自动完成特征点的坐标和高程的计算、设计参数的分类汇总、布梁设计和构造的自动

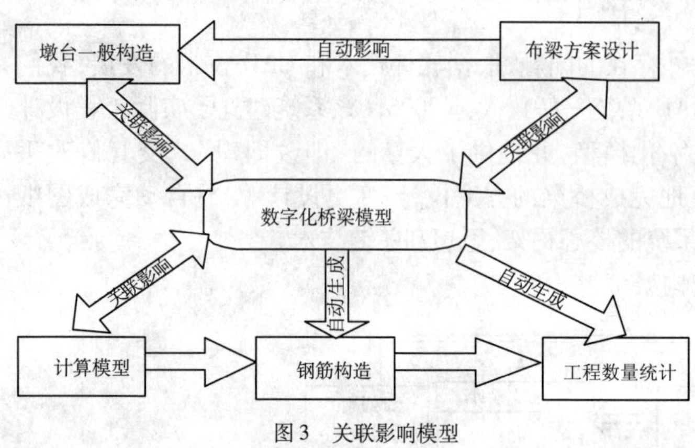

图3 关联影响模型

更新以及全桥的工程量汇总,避免了手工计算和更改,从而保证了更好的设计质量。

(3)智能化设计技术

采用与手工设计相似的流程,通过定制或采用系统自带上部通用图和下部通用图的方式,自动完成全线桥梁的方案设计。系统可导入常用的路线软件形成的路线资料,根据桥梁的基本信息,自动选择合适的上部通用图和下部通用图,再根据指定的工程配置参数,自动生成桥梁设计模型,从而实现了面向工程(面向全线)的自动化、批量化设计。桥梁模型建立后,系统还可自动提取模型的设计参数,对图纸进行分类汇总,自动生成一般构造图、钢筋构造图、桥位平面图等;自动进行布梁设计,根据布梁模型自动影响桥梁模型和相关的图纸;系统还可自动生成桩位坐标表、高程尺寸表、支座高程和位置表等,自动汇总全桥和全线桥梁的工程数量。自动化设计避免了数据的重复输入,大大减少了出错几率,并且大幅度地提高了设计效率。本系统采用的自动化设计技术,不仅仅是图形生成的自动化,而且是设计的自动化。自动化是智能化技术的具体表现,正是由于本系统采用了数字化的桥梁特征模型,让计算机更多地知道了工程师的实际设计意图,加上本系统配备了丰富的专业数据和图纸库,内置完备的桥梁设计知识,使得系统可智能化、自动化地完成部分设计和图纸出版。

(4)标准化设计技术

该系统完全嵌入了交通部新颁上部通用图,并提供完善的上部通用图管理系统。桥梁设计中可自动套用相关的上部通用图的设计资料,自动提取相关的上部图纸、计算资料、材料数量等,从而保证了桥梁上部的设计标准化。系统还提供了丰富的下部通用图,用户也可根据本单位的要求定制自己的下部通用图,桥梁设计中系统自动套用合适的下部通用图,从而也保证了桥梁下部的设计标准化。系统的出图规范符合部颁标准,也可按用户要求定制。图纸的标准化、设计流程的标准化规范了整个设计工作,保证了设计质量,也更利于设计效率的提高。

4 结语

数字化设计技术是当今 CAD 系统的技术核心,是从计算机辅助绘图(Computer Aided Drawing)发展到计算机辅助设计(Computer Aided Design)的关键技术。我们将这一技术应用到公路桥梁计算机辅助设计中,是一次创新性的技术实践,也是符合目前我国实际工程需要的。桥梁大师 2006 在江西省交通设计院、湖南省交通规划勘察设计院、广西省交通规划院等甲级设计院得到了普遍应用,已完成了数十个工程项目,应用证明:数字化桥梁设计思想符合工程的实际需求,采用这一技术真正实现了桥梁设计的关联化设计、智能化设计和标准化设计,从而大大提高了桥梁设计的效率,方便推行桥梁设计的标准化,提升了设计质量。

浅谈隧道环保进洞新理念在常吉高速公路的设计应用

易震宇　钟放平

摘　要:本文探讨了隧道环保进洞设计的主要理念和应用范围,结合笔者在常吉高速公路建设中的设计实践,列举了几种环保进洞的具体设计方案和使用条件,提出了作者的应用观点和思路,具有一定的理论意义和工程适用价值。

关键词:高速公路　隧道　环保设计　应用

常吉高速公路地处山区,线路大量采用隧道方式来避免山体的大开挖和较长距离的展线,达到了节约土地、保护环境的目的。但是隧道建设也存在一定的缺点,其中隧道洞口区域施工往往对自然环境的破坏较大,难以恢复,是个不协调因素,常吉高速公路建设过程中对此展开了研究,在隧道的环保进洞,洞口环境保护方面取得了一定的成果。

1　隧道环保进洞设计理念含义

在发达国家,环保理念已深入人心,同时经济实力雄厚,工程建设各阶段有充分的时间和严格的评价体系,环保设计施工技术是一个全方位的整体概念。而我国是发展中国家,具有独特国情,建设项目一般准备时间短,上马快,工期紧,其环保理念的贯彻主要体现在施工过程和施工方案上采取环保措施,对隧道的环保进洞设计施工技术要求也是一样。

如何具体定义隧道环保进洞设计理念,通过常吉高速公路设计和建设多家单位的探索实践,笔者认为环保进洞设计理念就是根据各隧道洞口的区域具体情况,通过一种连贯的设计和施工思路,寻找到合适的工程措施,达到环保的要求的。主要表现在施工的污水、噪声等得到有效控制,施工人员和构造物的安全得到足够保证,出渣得到的有效堆置,隧道洞口边仰坡高度在可接受的区域内,在隧道开挖轮廓以外无多余的开挖甚至于零开挖,自然环境的破坏被减少到最低程度。

设置明洞或套拱,在其保护下,不多砍一草一木、多动一锹土,实现直接开挖暗洞的施工,这是隧道环保进洞方式的一种具体应用。

2　常吉高速公路隧道环保进洞技术相关因素的设计考虑

就大多数施工而言,只要在隧道进洞期间减少了土石方的开挖,在施工完成后隧道洞门背后基本看不见较大的边仰坡面,即可认为达到了环保进洞的预期目的。但作为土建工程设计人员如何贯彻隧道环保进洞设计理念则需要从多方面着手考虑,常吉高速公路隧道环保进洞设计研究主要表现在以下几个方面。

2.1　隧道平纵线形与地形的协调性考虑

常吉高速公路地处山区,地形复杂多变,确定隧道的平纵位置与多个因素有关:相邻区端的土石方平衡、避开不良地质条件、隧道洞内外的线型一致、自然排水方向、洞内最大纵坡限制及弯道半径限制等。

本文曾刊登于《公路工程》2008年第6期。

隧道平纵线形与地形的协调性的考虑主要是指:选择确定的隧道洞口位置最好与地形等高线正交或基本正交,可能的条件下从山坡的坡面进洞,避开从山谷进洞。

隧道与地形等高线正交,则左右侧进洞前路基边坡开挖高度基本相近,进洞后隧道结构受力均衡,开挖方便;隧道在山坡,高出山脚可以避免水的危害,同时可以保持自然水系的完整。这种前提下,实施环保进洞施工比较容易达到目标。

2.2 隧道洞口区域的地形纵面坡度因素

隧道洞口区域的地形纵面坡度对隧道施工是一个重要的考虑因素。隧道地形纵面坡度大,则确定的隧道暗洞进洞位置明确,在进洞前路基边坡少开挖,甚至零开挖的情况下就有可能可以考虑隧道进洞,此种地形一般地质条件较好,边坡稳定性强,但需要防止突然性崩塌等自然灾害。若地形坡度缓,则隧道需要经过一个较长的路堑区域洞顶才能具有一定厚度的覆盖层,一般情况下其地质不会很好,隧道暗挖成洞困难,需要地表加固处理,出于环保考虑,路堑段可以设置较长的明洞,再在洞顶回填,来恢复自然景观,缺点是工程造价较高。

2.3 隧道洞口区域的地质条件因素

隧道洞口区域的地质条件是隧道施工要考虑的一个关键因素,地质条件好,无论施工单位怎样施工,都不可能出现大问题,要贯彻环保进洞的设计理念就不需要增加太多的工程成本就可能达到目的。但是如果地质差,则要做到环保施工开挖就存在困难,因为在此情况下,隧道的本身结构安全问题是首要考虑的问题,设计中需要采取多种措施如山坡卸载、注浆加固、反压回填等措施来确保隧道结构的安全,此时的环保设计是要综合考虑各种措施,选择对自然破坏小且经济的方案。然而,无论如何巨大的投资从某种意义上来说要消耗大量的资源也是不符合环保理念的。

2.4 隧道施工队伍机具设备与施工经验因素

施工队经验和施工机具也是实施环保进洞的一个控制因素。中、短隧道的施工单位一般会由非隧道专业的施工队施工,其大部分施工队对土石方工程量比较敏感,认为开挖越多,效益越好,喜欢隧道大开挖进洞,对环保进洞方式不感兴趣,环保理念也就无法实施。对于部分实力较强的隧道施工专业队伍,通过分析总结发现采用少开挖土石方的环保施工方案,隧道工程造价可能相对还会高一些,公司的总体效益相对也好一些,对环保进洞持赞同态度,甚至不计条件要求采用环保进洞的施工方案。

3 几种环保进洞的具体设计施工技术

环保进洞施工技术,根据实际情况一般采用套拱法,基本过程如下:先不修明洞,而是确定在拱顶开挖为零的位置为明暗交界桩号,先修筑套拱,完成山体超前加固工程措施,然后采用在套拱的保护下,小型爆破进洞,开始暗洞初期支护施工,然后衬砌台车进场,完成洞外明洞衬砌和洞内暗洞二次衬砌。主要有贴壁套拱法、拱部套拱法和偏压套拱法三种环保进洞施工技术。

3.1 贴壁套拱法(图1、图2)

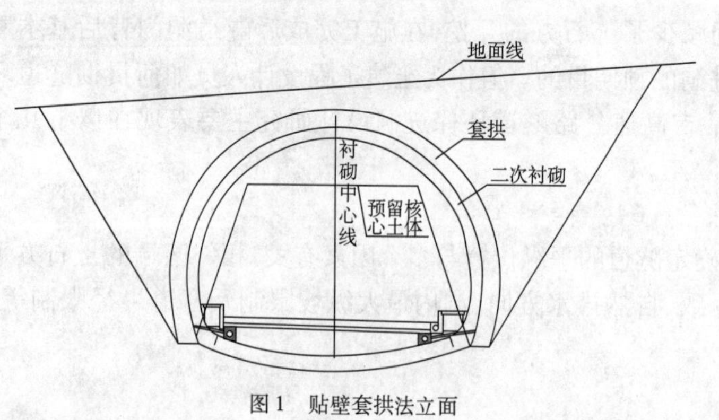

图1 贴壁套拱法立面

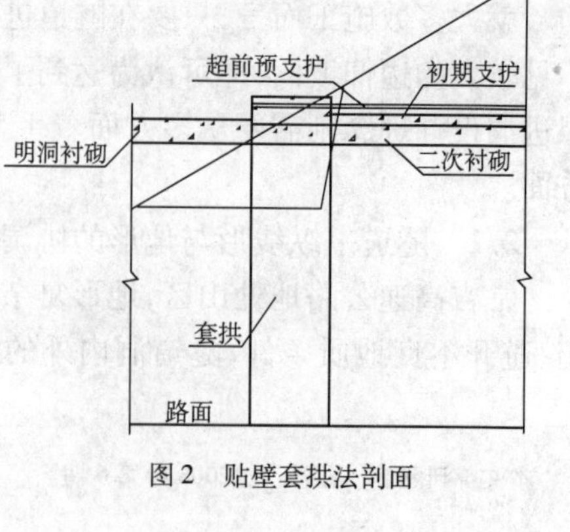

超前预支护
初期支护
明洞衬砌
二次衬砌
套拱
路面

图2 贴壁套拱法剖面

此方案是用得最多的方式，适合于隧道与山体基本正交，且坡面较陡的情况，一般情况下，山体为石质，表层覆盖层较薄。隧道进洞施工前先开挖路堑，临近隧道成洞面前4～5m预留核心土体，两边切槽，施作以型钢或钢筋为骨架的套拱，一般长2m左右，套拱施工一次到位，与成洞面紧贴，如果需考虑暗洞施工前要进行超前预支护，可在套拱对应位置预埋管道，套拱混凝土达到强度后，施工超前预支护，然后开挖上部核心土体，采用上下台阶法进行暗洞开挖和支护。在洞门或明洞施工完成后，隧道区域基本看不见开挖痕迹。

3.2　拱部套拱法（图3、图4）

拱部套拱法适用于两种情况：(1)在平缓的山坡上进洞，地面线虽然高于在隧道顶，但由于其坡度缓，在较长的一段范围内厚度变化不大，若采用贴壁法进洞，则隧道暗洞顶部仍然无法稳定，故可考虑在洞顶覆盖厚度在2～5m范围区段采用暗洞明做法，设置拱部套拱；(2)隧道在通过山间凹地时，当洞顶覆盖层较薄时，采用暗挖法就无法保证安全，若变为明洞，则又会出现较高的边仰坡及其稳定性问题，且无法与两段洞身施工协调，此时拱部套拱就是环保进洞、出洞的有效方式。

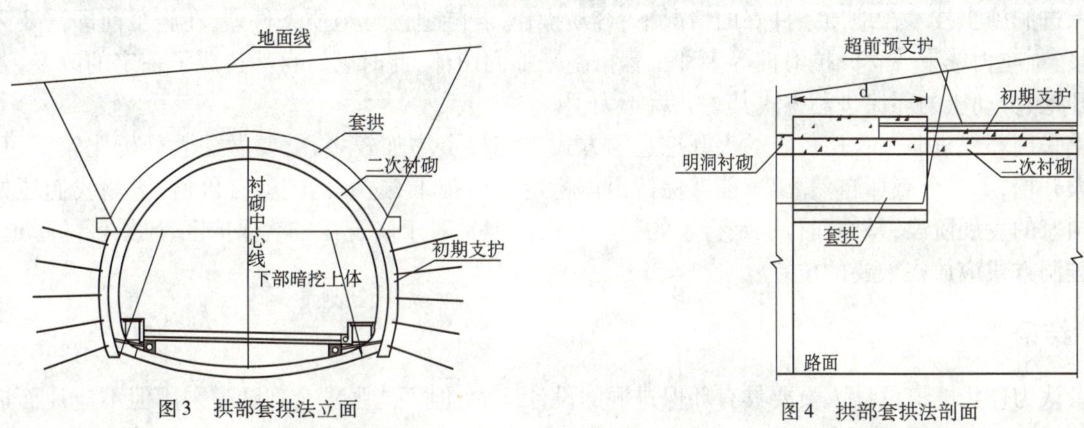

图3　拱部套拱法立面

图4　拱部套拱法剖面

拱部套拱法的施工步骤为：先开挖套拱部位土体，再施工套拱，套拱达到强度后，套拱顶部部分回填。若套拱所接暗洞需设置超前预支护，套拱可分节浇筑，先浇注靠近成洞面一段套拱，然后施工超前预支护，浇筑其他节段。套拱下暗洞施工时则先跳槽开挖施做好初期支护，确保套拱不出现较大的沉降，在地质较差时可以增设初期支护仰拱，以保证安全。当隧道的二次衬砌施工完成后，套拱拱部回填到原地面线，恢复自然状态。

3.3　偏压套拱法（图5、图6）

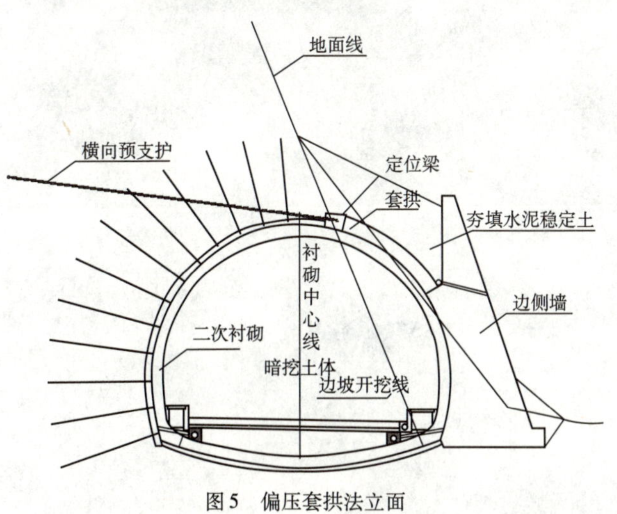

图5　偏压套拱法立面

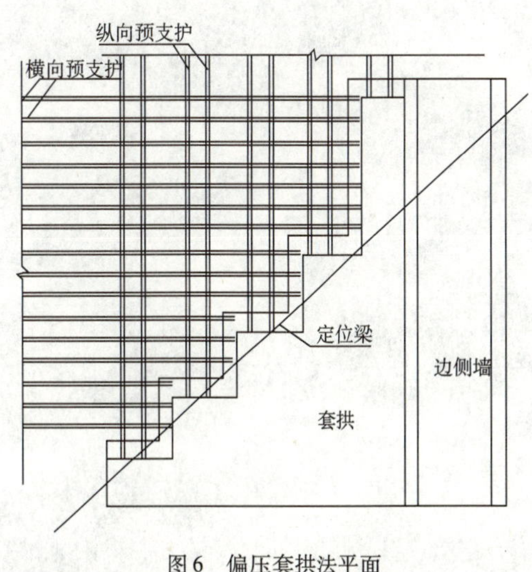

图6　偏压套拱法平面

偏压套拱法是避免偏压高削方的一种有效方式，适用于隧道斜交偏压的陡峻地形。在一些特殊地形时，地表边坡甚至陡于路基边坡，此时削坡会出现一削到顶的情况，许多隧道洞口会出现一侧刚好落基，而另一侧削方边坡有四五十米高的情况，此时考虑偏压套拱法不失为一种环保方案。

偏压套拱法的套拱呈阶梯状，以与山体协调，外侧为抗偏压边侧墙，内侧山体内应根据地质情况设置纵横预支护，其施工步骤为：先开挖和浇筑边侧墙，再阶梯状开挖山坡施工纵横预支护定位梁和预支护，再浇筑套拱，套拱外部分回填。在暗洞施工时先是初期支护与套拱、边侧强墙闭合，形成一个受力环，最后施工二次衬砌，回填到位。

4 环保进洞施工技术应用的思考

上面几种方式，笔者在常吉路上都有较成功的应用，但综合分析下来，发现其工程造价一般增加较多，特别是拱部套拱法和偏压套拱法可能会大幅度增加隧道的长度，由路基变隧道，导致投资大幅上升。其施工工艺相对复杂，技术要求高，施工组织难度大，也是其推广应用的阻力。

环保进洞施工技术在地质条件好的情况下，容易操作，若隧道区域地质条件差，在施工前即需要采取地表注浆、预应力锚束、锚杆、抗滑桩等多种工程措施来加固山体，此时已对自然造成了一定的改变，若再强调少开挖、少动土的环保进洞方式其意义就不大了。

如果采用环保进洞方式比传统的大开挖进洞方式工程投资增加较多，就要做深入分析比较了，只要在避免大开挖，不过分破坏自然环境，能够保持山体稳定的前提下，这种比较就有价值，毕竟我们还处在发展中国家的发展阶段，量力而行也是行事的一个准则。但是对于修筑在自然保护区、风景区的隧道，如何环保进洞方式应放在重要的位置。

5 结语

笔者认为作为隧道设计人员要具有环保进洞的设计理念，但不能强求全部隧道采用但不应片面追求零开挖的进洞方式。隧道环保进洞的方式也是多样的，上面介绍的几种外，希望在工程设计实践中出现得越来越多。

参考文献

[1]杜国运，张加冲．隧道有线进口进洞施工技术．山区高速公路、桥梁、隧道关键技术研讨会论文集，2006.

基于非线性 Mohr – Coulomb 强度准则下的扩孔问题解析

邹金锋　彭建国　张进华　罗　恒　安爱军

摘　要: 将圆孔周围的围岩分为弹性和塑性应力区,考虑土体受力后的剪胀特性,根据 Mohr – Coulomb 非线性强度准则、应力平衡条件、大小变形理论和非关联流动准则,推导出排水情况下土体发生大、小变形时扩孔问题的塑性区应力、应变和位移场解析,并给出大、小变形情况下塑性区半径和极限扩孔压力的非线性解答。与现有理论的计算结果和现场实测结果进行对比结果表明,上述理论具有一定的有效性。通过分析可知,大变形时的塑性应变都要比小变形时的大;随着 m 值的增大,扩孔压力逐渐增大且与 r_p/a_u 为非线性关系;大变形时的扩孔压力要比 Vesic 等人的理论值偏小。

关键词: 剪胀　非线性 Mohr – Coulomb 强度准则　扩孔压力　塑性区半径　大变形　非关联流动准则

1　前言

圆孔扩张理论自 1945 年被 Vesic 提出后,便在岩土工程领域中得到了广泛的应用[1]。许多学者都依据土体的理想线性、弹塑性假定,给出了桩孔周边土体的应力—应变关系的解析解;然而,众多研究者在研究过程中一直未能给出完全的弹塑性解析解。如蒋明镜[2]等学者给出了考虑应变软化土体存在剪胀等因素时的解析解;王晓鸿等在 1999 年所提出的将圆孔周围土体分成弹性区、塑性区和流动区的方法对应变软化土体扩孔问题进行的研究[3];俞茂宏、范文等学者,利用统一强度准则对应变软化土体中圆孔扩张时中主应力对极限扩孔压力的影响进行的研究等[4];除此之外,张季如从能量的角度对高应力状态下粒状土体的应力应变关系、体变、剪应变等因素进行了研究,并从能量的观点对极限扩孔压力提出了一种数值解法[5];作者也针对扩孔问题进行了一系列的理论和工程应用研究,但是并未涉及非线性强度准则的问题[6-10];Collins 和 Yu H. S. 等结合大变形理论所针对剪胀类型的土体和临界状态下的土体的不排水扩孔问题以及初始扩孔半径为零时的扩孔问题进行了研究[11-15];Cao L. F. 在 2001 年提出的在弹性区中土体服从小变形假设,在塑性区中服从大变形和非关联流动准则的假设之上对不排水应变硬化土体在圆孔扩张时的孔隙水压力和有效应力进行预估的研究等[16-17]。总之,目前国内外对本课题的研究主要是基于土体为理想线弹塑性体的假设基础之上,针对应变硬化土体,而且也不能考虑到中主应力对扩孔过程中的影响,至于能够综合考虑到土体的流动准则、非线性强度准则、剪胀等因素的研究比较鲜见。

然而,在实际工程应用中,沉桩、静力触探、压密注浆等大型物体贯入土体之后,土体不但会产生严重的拉裂和剪切,而且贯入物体周围的土体都将进入塑性流动状态并产生大位移和大变形,同时,因岩土介质服从非线性破坏准则,而此时仍然采用以小变形以及线性破坏准则来分析上述土工问题,不但理论上不够完善,其计算结果也会有很大误差[18]。

目前的扩孔理论多是将土体中的破坏准则视为线性的 Mohr – Coulomb 破坏准则,然而在软弱的围岩中,特别是在土中,众多实验表明破坏时的最大主应力和最小主应力的关系是非线性关系,而线性关系是其中的一个特例。如 1966 年 Hobbs[19] 首次提出 Power law 非线性强度准则。在不同的侧限条件下,Santarelli[20](1987)以及 Agar 等(1985)[21] 分别对两种不同的岩石进行三轴实验,根据三轴实验成果发现:破坏时,

本文曾刊登于《土木工程学报》。

屈服面上的最大主应力和侧限压力(小主应力)也是非线性关系。而且非线性理论在工程应用中已经得到了较好的证实,如笔者就利用非线性强度准则对锚杆的极限抗拔力、地基的极限承载力、边坡的稳定性以及隧道的围岩稳定性进行了研究,并得到国内外同行的认可[22-26]。如果能够在扩孔理论中进一步考虑非线性破坏准则的影响将会使其理论更加合理和完善。因此,将非线性破坏准则、剪胀和大小变形以及非关联流动准则等特性一并考虑对扩孔问题进行研究不仅具有重要的理论价值,而且也具有重大的实用价值。

正是基于上述原因,本文将在弹性区中采用弹性小变形理论,在塑性区中采用大应变理论并考虑土体的剪胀特性,土体的屈服准则采用非线性 Mohr - Coulomb 破坏准则并将圆孔周围的土体分为弹性和塑性区两个区域,以便能够解决考虑材料发生大小变形时土体发生剪胀时的塑性区半径和最终扩孔压力的理论解答以及在圆孔周围弹塑性区中应力和位移场的分布规律。从而为分析沉桩、压密注浆、静力触探等发生大变形的土工问题提供一些可供实际工程应用的土体变形和应力分布规律。

2 非线性 Mohr - Coulomb 破坏准则

2.1 线性破坏准则

在岩土工程中常常采用线性 Mohr - Coulomb 强度准则,在这个强度准则中最大主应力和最小主应力的关系是线性关系。其表达式为:

$$\sigma_1 = q_p + M_p\sigma_3 \tag{1}$$

在式(1)中 σ_1 和 σ_3 是破坏时的大小主应力;q_p 和 M_p 是试验常数,它们与岩土体的抗剪强度指标 c、φ 有关,具体表达为:

$$M_p = \frac{1+\sin\varphi}{1-\sin\varphi}$$

$$q_p = \frac{2c\cos\varphi}{1-\sin\varphi} \tag{2}$$

2.2 非线性破坏准则

根据文献[22-26],可知非线性 Mohr - Coulomb 强度准则可用下列表达式描述:

$$\sigma_1 = q_p + M_p\left(\frac{\sigma_3}{q_p}\right)^{\frac{1}{m}} \tag{3}$$

上式可以写为:

$$\sigma_\theta = q_p\left(\frac{\sigma_r - q_p}{M_p}\right)^m \tag{4}$$

式(4)中的 M_p 和 m 是由三轴实验确定的参数,式(4)是在线性 Mohr - Coulomb 强度准则的基础上发展起来的。根据 Santarelli 以及 Agar 等人的成果可知:线性 Mohr - Coulomb 强度准则过高估计岩土屈服时的大主应力。

3 理论推导

3.1 扩孔问题简述

考察具有初始半径为 a_0 的圆孔,被均匀分布的内压力 p 所扩张的问题,如图1所示。当这个压力 p 增加时,围绕着圆孔的区域将逐渐处于塑性状态,这时的塑性区将随着内压力 p 的增大而不断扩张,一直达到最终的扩孔压力值 p_u 为止。这时孔的半径也将达到极限半径 a_u;而围绕着圆孔的塑性区则扩大到了 r_p,而在半径 r_p 以外的土体仍将保持为弹性平衡状态。为了给出岩土材料发生大变形时扩孔问题的解析解,将圆孔周围的土

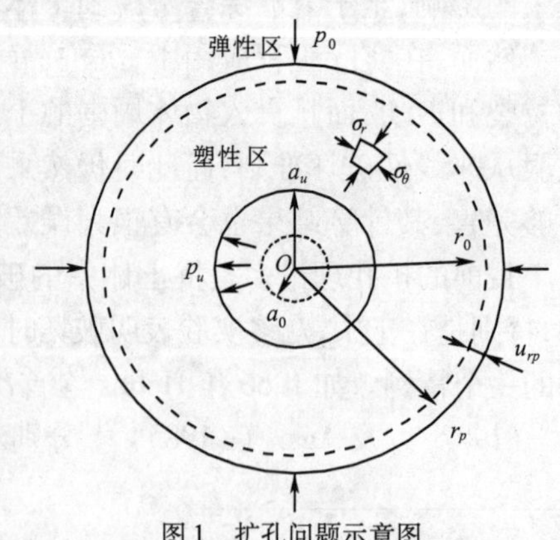

图1 扩孔问题示意图

体应力区分为塑性区和弹性区，即：当 $a_u \leqslant r < r_p$ 时，为塑性区；当 $r \geqslant r_p$ 时，为弹性区。

图 1 中，a_0 为初始扩孔半径；a_u 为最终扩孔半径；r_p 为塑性区半径；p_u 为作用在圆孔壁上的极限扩孔压力；p_0 为作用在无限远处的静止土压力。

3.2 基本假设与问题定义

针对本文所研究的问题，特做如下假设：

(1)将土体视为均匀、各向同性的弹塑性材料，且在施加荷载之前土体中作用有初始的原存应力 p_0；且土体服从统一强度屈服准则。

(2)球孔扩张可以视为球对称问题，而柱孔扩张问题可以视为轴对称问题来处理，也就是当作平面应变问题来处理。

(3)圆孔的初始半径为 a_0，当扩孔压力从 p_0 增大到 p_u 时，其孔半径从 a_0 增至 a_u，与此同时，距离小孔中心距离为 r_0 的土体单元将移动到距离小孔中心为 r 的地方，因此该土体单元的位移为：$w = r_0 - r$。

(4)变形假设：

在塑性区中，径向和环向总应变包括弹性应变和塑性应变两部分：

$$\varepsilon_r = \varepsilon_r^e + \varepsilon_r^p, \varepsilon_\theta = \varepsilon_\theta^e + \varepsilon_\theta^p \tag{5}$$

式中：ε_r、ε_θ——径向和环向总应变；

ε_r^e、ε_θ^e——径向和环向弹性应变；

ε_r^p、ε_θ^p——塑性区内的径向和环向塑性应变。

为了确定塑性区中的位移场，在塑性区采用非关联流动准则，并假设弹性应变相对于塑性应变来说很小，在平面应变条件下，径向应变和环向应变的塑性变形可以写为：

$$h\varepsilon_r^p + k\varepsilon_\theta^p = 0 \tag{6}$$

式中：$h = \dfrac{(1 - \sin\psi)}{(1 + \sin\psi)}$；

ψ——剪胀角；

$k = 1$——柱形扩孔；

$k = 2$——球形扩孔，下同。

在弹性区中采用弹性小变形理论，在塑性区中采用大变形理论。因为在弹性区中土体服从小变形理论，因此由弹性理论可得：

$$\varepsilon_r = \frac{\mathrm{d}u}{\mathrm{d}r}, \varepsilon_\theta = \frac{u}{r} \tag{7}$$

根据大变形理论[6-8,10-17]，则有：

$$\varepsilon_r = -\ln\left(\frac{\mathrm{d}r}{\mathrm{d}r_0}\right), \varepsilon_\theta = -\ln\left(\frac{r}{r_0}\right) \tag{8}$$

式(8)中，r_0 为土体内任意一点的半径，在扩张过程中由初始半径 r_0 扩张到 r。

3.3 弹塑性区中的应力、应变场分布

圆孔扩张理论中的应力平衡微分方程为：

$$\frac{\mathrm{d}\sigma_r}{\mathrm{d}r} + k\frac{\sigma_r - \sigma_\theta}{r} = 0 \tag{9}$$

1)弹性区中的应力场分布

利用虎克定律、边界条件 $\sigma_r\big|_{r=r_p} = \sigma_{rp}$ 和 $\lim\limits_{r\to\infty}\sigma_r = p_0$，可以求得弹性区中的应力场分布：

$$\left.\begin{aligned} \sigma_r &= p_0 + (\sigma_{rp} - p_0)\left(\frac{r_p}{r}\right)^{k+1} \\ \sigma_\theta &= p_0 - \frac{1}{k}(\sigma_{rp} - p_0)\left(\frac{r_p}{r}\right)^{k+1} \end{aligned}\right\} \tag{10}$$

式(10)中,σ_{rp}为 $r=r_p$ 处的径向应力。

弹性区中的径向位移为:

$$u = \frac{1+\upsilon}{E}(\sigma_{rp} - p_0)\frac{r_p}{k}\left(\frac{r_p}{r}\right)^k \tag{11}$$

在弹塑区的交界处,由几何方程可得 $r=r_p$ 处的弹性应变为:

$$\varepsilon_r^e = -k\varepsilon_\theta^e = \frac{(1+\upsilon)}{E}(\sigma_{rp} - p_0) = B_0 \tag{12}$$

联立式(4)、式(10),可得 σ_{rp}的值为:

$$\sigma_{rp} + kq_p\left(\frac{\sigma_{rp} - q_p}{M_p}\right)^m = p_0(1+k) \tag{13}$$

利用式(13)即可求出弹塑性区交界处的极限径向应力的数值解。

2)塑性区中的应力场分布

对式(9)进行积分并式(4)联立,即可求得塑性区中的应力场分布:

$$\int_{\sigma_r}^{\sigma_{rp}} \frac{\mathrm{d}\sigma_r}{\sigma_r - q_p\left(\frac{\sigma_r - q_p}{M_p}\right)^m} + k\ln\frac{r_p}{r} = 0 \tag{14}$$

对上式进行数值积分即可求解出径向应力场。联立式(4)、式(14)可以求得塑性区中应力场的分布解。

3.4 应变场的确定

1)小变形时应变场的确定

由式(5)、式(6)及式(7)可得塑性区内位移协调方程如下:

$$h\frac{\mathrm{d}u}{\mathrm{d}r} + k\frac{u}{r} = -B_0(h-1) \tag{15}$$

解微分方程(15),并根据边界条件:$u|_{r=r_p} = B_0 r_p$,可得塑性区中的位移解为:

$$u = -\frac{h-1}{h+k}rB_0 + \frac{(k+1)h}{(h+k)k}B_0 r_p\left(\frac{r_p}{r}\right)^{\frac{k}{h}} \tag{16}$$

利用式(16)可以求得塑性区中任意半径处的应变场分布为:

$$\begin{cases} \varepsilon_r = -\dfrac{\mathrm{d}u}{\mathrm{d}r} = \dfrac{h-1}{h+k}B_0 + \dfrac{(k+1)}{(h+k)}B_0\left(\dfrac{r_p}{r}\right)^{\frac{k}{h}+1} \\ \varepsilon_\theta = -\dfrac{u}{r} = \dfrac{h-1}{h+k}B_0 - \dfrac{(k+1)h}{(h+k)k}B_0\left(\dfrac{r_p}{r}\right)^{\frac{k}{h}+1} \end{cases} \tag{17}$$

2)大变形时应变场的确定

联立式(5)、式(6)、式(8)可得塑性区内位移协调方程为:

$$h\ln\left(\frac{\mathrm{d}r}{\mathrm{d}r_0}\right) + k\ln\left(\frac{r}{r_0}\right) = -B_0(h-1) \tag{18}$$

解微分方程(18),并根据边界条件:$u|_{r=r_p} = B_0 r_p/k$,则在弹塑性边界上有:

$$e^{\frac{B_0(h-1)}{h}}\left[r^{\frac{k}{h}+1} - (r - u_{r_p})^{\frac{k}{h}+1}\right] = a^{\frac{k}{h}+1} - a_0^{\frac{k}{h}+1} \tag{19}$$

利用泰勒展开式,并忽略掉$\frac{u_{rp}}{r}$的高次项,则式(19)可写为:

$$e^{\frac{B_0(h-1)}{h}}\frac{q_p}{G}\frac{(k+h)}{h(k+1)\sqrt{k+2}}\left(\frac{r_p}{a}\right)^{\frac{k}{h}+1} + \left(\frac{a_0}{a}\right)^{\frac{k}{h}+1} = 1 \tag{20}$$

式中：G——土体的剪切模量。

当 $a_0/a_u \to 0$ 时，则 $r/a_u \to r_p/a_u$。因此，式(20)可以简化为：

$$\left(\frac{r_p}{a_u}\right)^{\frac{k}{h}+1} = \frac{G}{q_p}\frac{h(k+1)\sqrt{k+2}}{(k+h)}e^{\frac{B_0(h-1)}{h}} \tag{21}$$

发生大变形时，解式(18)可得径向应变和环向应变分别为：

$$\begin{cases} \varepsilon_\theta = \dfrac{h}{k+h}\ln\left[1 - \dfrac{q_p}{G}\dfrac{(k+h)}{h(k+1)\sqrt{k+2}}\left(\dfrac{r_p}{r}\right)^{\frac{k}{h}+1}\right] \\ \varepsilon_r = -\dfrac{k}{k+h}\ln\left[1 - \dfrac{q_p}{G}\dfrac{(k+h)}{h(k+1)\sqrt{k+2}}\left(\dfrac{r_p}{r}\right)^{\frac{k}{h}+1}\right] + B_0\dfrac{(h-1)}{h} \end{cases} \tag{22}$$

4　扩孔问题的弹塑性解析

4.1　极限扩张压力的确定

根据边界条件：$\sigma_r|_{r=a_u} = p_u, \sigma_r|_{r=r_p} = \sigma_{rp}$，对式(9)进行积分可得：

$$\int_{p_u}^{\sigma_{rp}} \frac{1}{\sigma_r - q_p\left(\dfrac{\sigma_r - q_p}{M_p}\right)^m} d\sigma_r + k\ln\frac{r_p}{a_u} = 0 \tag{23}$$

当知道 r_p/a_u 的值后，对式(23)进行数值积分即可求解出极限扩孔压力值 p_u。

4.2　塑性区半径的确定

1)小变形时塑性区半径的确定

当时 $a_0 \to 0$，则有 $r \to a_u, u_{au} \to a_u$。所以有：

$$r_p = a_u\left[\frac{k(h+k)+(h-1)kB_0}{(k+1)hB_0}\right]^{\frac{h}{k+h}} \tag{24}$$

2)大变形时塑性区半径的确定

利用式(21)可知塑性区半径为：

$$r_p = a_u\left[\frac{G}{q_p}\frac{h(k+1)\sqrt{k+2}}{(k+h)}e^{\frac{B_0(h-1)}{h}}\right]^{\frac{h}{k+h}} \tag{25}$$

因此，当已知土体的参数(a_u、h、G、k、q_p 等)时，就可以求得最终塑性区半径 r_p 的值。

5　分析与讨论

为了分析非线性破坏准则下所得的理论成果的规律性，本文取如下参数进行计算分析。具体的计算参数如下：$\varphi = 9°$，$p_0 = 100.0\text{kPa}$，$c = 12\text{kPa}$，$m = 1.25$，$a_u = 0.25\text{m}$，$E = 3000\text{kPa}$，$\upsilon = 0.35$。

5.1　塑性区中的变形分析

塑性区中应变与参数 h 和 r_p/r 的关系如图 2 所示。

从图 2 中可以看出：剪胀对应变有较大的影响，因此剪胀对应变的影响是我们在工程中应该把握的重点；球形扩孔时产生的应变要比柱形扩孔时的大，而起随着剪胀系数的增大，其应变反而越小，当剪胀系数大于 2.0 后，其产生的应变很小；在环向应变中，柱形扩孔产生的应变近似与半径的关系近似为线性，而球形的则为非线性关系；而在径向应变中，无论是球形还是柱形扩孔其产生的应变与半径都为非线性关系。

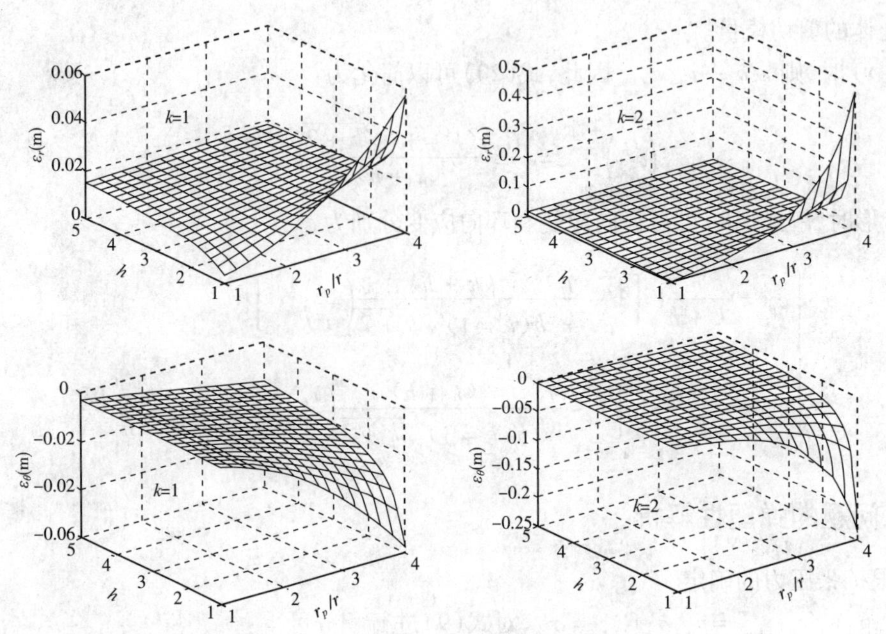

图2　塑性区中应变与参数 h 和 r_p/r 的关系图

5.2　大小变形与 r_p/a_u 的关系

大小变形时 r_p/a_u 随 h 的变化趋势如图3所示。

从图3中可以看出，无论是柱形扩孔还是球形扩孔，大变形时的 r_p/a_u 值要比小变形时的 r_p/a_u 值大，同时，柱形扩孔时的 r_p/a_u 值要比球形扩孔时 r_p/a_u 的值大；而且 r_p/a_u 的值与剪胀系数 h 之间为非线性关系，而且，随着剪胀系数的增大，r_p/a_u 的值就越大。

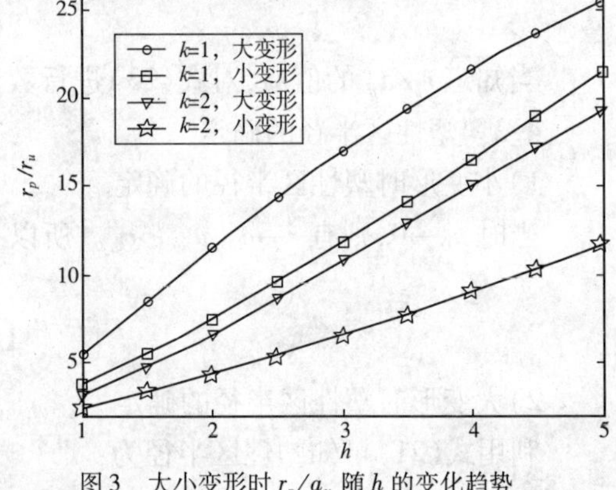

图3　大小变形时 r_p/a_u 随 h 的变化趋势

5.3　极限扩孔压力的分析与讨论

非线性强度准则下，最终扩孔压力随 r_p/a_u 的变化关系如图4所示。

从图4中可以看出，对于柱形和球形扩孔而言，Vesic的理论解都处于本文理论解的范围之中，而且随着 m 值的增大，极限扩孔压力值随着 r_p/a_u 的增大而非线性增大，而且球形扩孔的值要比柱形扩孔值大得多。

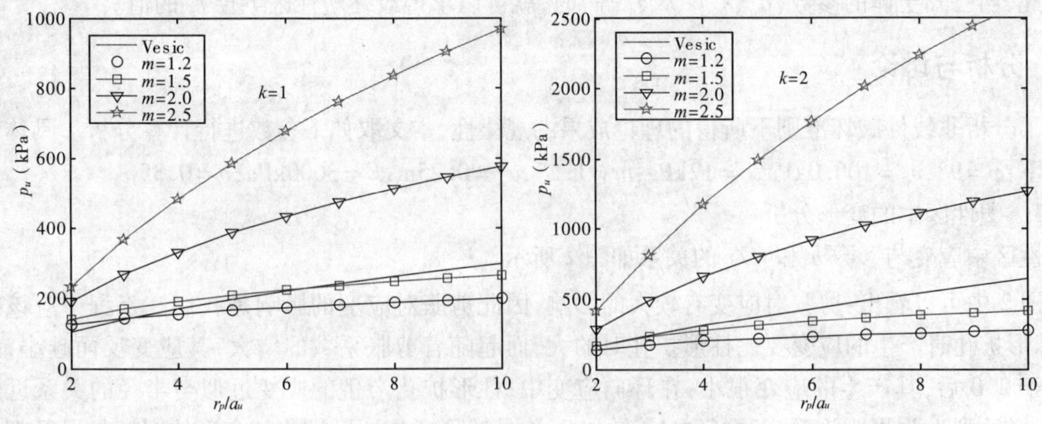

图4　非线性准则下的理论解和Vesic理论解的比较图比

6　算例分析

在 Vesic 理论中[1]:如果忽略体变 Δ 的影响,则该理论所得的柱孔和球孔的极限扩孔压力分别为:

$$\left.\begin{aligned} p_u &= (p_0 + c\cot\varphi)(1+\sin\varphi)\left(\frac{r_p}{a_u}\right)^{\frac{2\sin\varphi}{(1+\sin\varphi)}} - c\cot\varphi \\ p_u &= \frac{3(p_0 + c\cot\varphi)(1+\sin\varphi)}{3-\sin\varphi}\left(\frac{r_p}{a_u}\right)^{\frac{4\sin\varphi}{(1+\sin\varphi)}} - c\cot\varphi \end{aligned}\right\} \tag{26}$$

上式中各参的物理意义同前所述。

6.1　工程实例与分析

取计算参数并利用式(23)的计算结果与 Vesic 传统扩孔理论式(30)的计算结果进行对比,参数取值如下:$\varphi=9°$,$p_0=100.0\text{kPa}$,$c=12\text{kPa}$,$m=1.45$。二者的计算结果如表 1 和表 2 所示。

本文理论与 Vesic 理论计算值比较表($k=1$)　　表 1

r_p/a_u	2	3	4	5	6	7	8	9	10
Vesic's 理论解(kPa)	169.4	197.8	220.0	238.3	254.2	268.3	280.9	292.5	303.1
本文理论解(kPa)	124.6	155.6	179.3	198.4	218.5	228.2	240.3	251.1	260.8
相对误差(%)	-26.4	-21.3	-18.5	-16.8	-14.0	-14.9	-14.5	-14.2	-14.0

本文理论与 Vesic 理论计算值比较表($k=2$)　　表 2

r_p/a_u	2	3	4	5	6	7	8	9	10
Vesic's 理论解(kPa)	236.2	312.7	378.1	436.4	489.4	538.6	584.6	628.0	669.3
本文理论解(kPa)	163.5	233.7	286.6	328.6	362.6	391.4	415.9	437.3	456.3
相对误差(%)	-30.8	-25.3	-24.2	-24.7	-25.9	-27.3	-28.9	-30.4	-31.8

从表 1 和表 2 中可以看出:当 r_p/a_u 越小时,非线性破坏准则下所得的极限扩孔压力值比 Vesic 理论值相差的越大,这是由于线性破坏准则过高地估计了大主应力的结果;对于球形扩孔,其极限扩孔压力值随着 r_p/a_u 的增大是先减小后增大,说明了土体的剪胀特性对扩孔压力的影响。其原因是由于圆孔扩张初期需有较大的扩孔压力克服土体剪胀的影响。随着土体剪胀倾向减小并向剪缩过渡过程中,扩孔压力又由小变大,土体压缩的范围也逐渐增大;而且本文理论值也比 Vesic 的理论结果要小。

6.2　大变形和小变形时极限扩孔压力的对比分析

为了证实最终扩孔压力理论的正确性和可靠性,本文利用式(23)的计算结果与 Vesic 传统扩孔理论式(26)的计算结果进行对比,具体的计算参数如下:$\varphi=9°$,$p_0=100.0\text{kPa}$,$c=12\text{kPa}$,$E=3000\text{kPa}$,$v=0.35$,$a_u=0.25\text{m}$,$h=1.0$,$m=1.45$。二者的计算结果如表 3 所示。

大小变形理论解与 Vesic 理论计算值比较表　　表 3

极限扩孔压力(kPa)	Vesic's 解	大变形解	与 Vesi 解的误差(%)	小变形解	与 Vesi 解的误差(%)
柱形扩孔	214.38	204.67	-4.53	173.36	-19.13
球形扩孔	268.84	263.00	-2.17	211.10	-21.48

7　结语

假设土体在弹性区中服从小变形假设,在塑性区服从大变形,土体强度为非线性 Mohr - Coulomb 强度准则,同时考虑土体的剪胀、大小变形、剪胀和非关联流动准则,通过理论计算和分析并与现场试验结果进行对比,得出以下结论:

(1)推导出考虑了土体的非线性 Mohr - Coulomb 强度准则、剪胀、排水等因素的塑性区半径和扩孔压力在大、小变形情况下的理论解答,同时也获得了弹塑性区中的应力、应变和位移场分布规律;理论计算结果与现场实测结果的较吻合,说明本文理论具有一定的有效性。

(2)非线性 Mohr - Coulomb 强度准则下的理论计算结果与线性 Mohr - Coulomb 强度准则下的理论计算结果偏小,与线性强度准则过高估计大主应力的结论相符。

(3)对于柱形和球形扩孔而言,Vesic 解仅是本文理论解的一个特例。而且随着 m 值的增大,极限扩孔压力值随着 r_p/a_u 的增大而呈现非线性增大的关系越显著,而且球形扩孔的值要比柱形扩孔值大的多。

(4)无论是柱形扩孔还是球形扩孔,大变形时的 r_p/a_u 值要比小变形时的 r_p/a_u 值大,同时,柱形扩孔时的 r_p/a_u 值要比球形扩孔时 r_p/a_u 的值大;而且 r_p/a_u 的值与剪胀系数 h 之间为非线性关系,而且,随着剪胀系数的增大,r_p/a_u 的值就越大。

参考文献

[1] 郑大同. 地基极限承载力的计算[M]. 北京:中国建筑工业出版社,1979.

[2] 蒋明镜. 沈珠江. 考虑剪胀的线性塑性柱形孔扩张问题[J]. 岩石力学与工程学报. 1997,16(6):550-557.

[3] 王晓鸿,王家来,梁发云. 应变塑性岩土材料内扩孔问题解析解. 工程力学. 1999. 5. 71-76.

[4] 范文,俞茂宏,陈立伟,等. 考虑材料剪胀及塑性的有压隧洞弹塑性分析的解析解[J]. 工程力学,2004,23(19):3213-3220.

[5] 张季如. 砂性土内球形孔扩张的能量平衡分析及其应用[J]. 土木工程学报,1994,27(4):37-44.

[6] 邹金锋. 扩孔问题的线性与非线性解析及其工程研究[D]. 中南大学,2007,11.

[7] 邹金锋,李亮,杨小礼,等。压密注浆的能量分析方法[J]. 岩土力学,27(3):475-478.

[8] 邹金锋,李亮,杨小礼,等。土体劈裂灌浆力学机理分析[J]。岩土力学,27(4):625-628.

[9] YANG Xiao - li, ZOU Jin - feng and SUI Zhi - rong. Effect of intermediate principal stress on rock cavity stability[J]. Journal of Central South University of Technology. 2007, 14(S1): 165-169.

[10] YANG Xiao - li, ZOU Jin - feng. Expansion pressure considering effects of large strain and dilation of softening soils[J]. Journal of Central South University of Technology. 2007, 14(S2): 158-162.

[11] Collins IF, Stimpson JR. Similarity solutions for drained and undrained cavity expansions in soils. Geotechnique, 1994, 44(1): 21-34.

[12] Yu H S. Houlsby G T. A large strain analytical solution for cavity contraction in dilatant soil [J]. International Journal for Numerical and Analytical Methods in Geomechanics, 1995, 19 (7):793-811.

[13] Collins IF, Yu HS. Undrained cavity expansions in critical state soils. International Journal for Numerical and Analytical Methods in Geomechanics. 1996, 20:489-516.

[14] Yu H S, Rowe R K. Plasticity solutions for soil behaviour around contracting cavities and tunnels [J]. International Journal for Numerical and Analytical Methods in Geomechanics, 1999, 23(12): 1245-1279.

[15] Yu HS, Carter JP. Rigorous similarity solutions for cavity expansion in cohesive - frictional soils. International J Geomechanics. 2000, 2(2): 233-258.

[16] Cao L F, hang M F. The C I, C. Undrained cavity expansion in modified cam clay I: Theoretical analysis[J]. Geotechique, 2001, 51(4):323-334.

[17] Cao LF, Teh CI, Chang MF. Analysis of undrained cavity expansion in elastic - plastic soils with nonlinear elasticity. International Journal for Numerical and Analytical Methods in Geomechanics, 2002, 26:25-52.

[18] 龚晓南,李向红. 静力压桩挤土效应中的若干力学问题. 工程力学, 2000. 8: 7-12.

[19] Hobbs, D.. A study of the behaviour of broken rock under triaxial compression and its application to mine roadways. International Journal of Rock Mechanics and Mining Science, 1966, 3: 11-43.

[20] Agar, J. G., Morgenstern N. R. & Scott, J. (1985), Shear strength and stress - strain behaviour of Athabasca oil sand at elevated temperatures and pressure. Can. Geotech. J. Vol. 24(1):1-10.

[21] Santarelli, F. (1987), Theoretical and experimental investigation of the stability of the axisymmetric borehole. Ph. D. thesis, University of London, London.

[22] YANG Xiao-li. Unified strength solution for geotechnical structure reinforced by geotextile[J]. Journal of Structural Engineering, 2003, 30(2): 115-118.

[23] YANG Xiao-li, YIN Jian-hua. Slope stability analysis with nonlinear failure criterion [J]. ASCE Journal of Engineering Mechanics, 2004, 130(3): 267-273.

[24] YANG Xiao-li, LI Liang, YIN Jian-hua. Seismic and static stability analysis for rock slopes by a kinematical approach [J]. Geotechnique, 2004, 54(8): 543-549.

[25] YANG Xiao-li, LI Liang, LI Liang. Influence of a nonlinear failure criterion on the bearing capacity of a strip footing resting on rock mass using a lower bound approach. Canadian Geotechnical Journal, 2003, 40: 702-707.

[26] 邹金锋,李亮,杨小礼,等.基于非线性Mohr-Coulomb强度准则下的锚索极限抗拔力研究.岩土工程学报,2007,(1):107-111.

(本文已被EI检索。)

长大隧道火灾与防治设计研究

周 旭 赵明华 刘义虎

摘 要:从国内外隧道火灾的事故分析入手,介绍了国外隧道防灾设施的设置标准,重点讨论了邵怀高速公路雪峰山特长隧道的防灾设计。

关键词:雪峰山隧道 火灾 防灾 消防 设计

1 概述

邵怀高速公路是国家重点建设“五纵七横”国道主干线中上海至瑞丽高速公路的一部分,路线以隧道穿过邵阳市与怀化市交界的雪峰山脉,该隧道左洞长达 7 305m,右洞长达 7 350m,为目前我国最长的高速公路隧道。该隧道的开通可缩短公路里程约 30km,大幅节约运营费用。隧道的最大埋深 850m,覆盖层基本呈人字形——中厚端薄,平面线形以直、圆曲线相结合,纵面线形上坡段为 0.3%,下坡段为 2.0%,具有深、长、地形复杂、考虑因素繁多等特点,其设计成功与否是邵怀高速公路建设的关键。

隧道火灾与防治是长大隧道设计亟须解决的关键问题之一[1,2]。由于隧道属一狭长的筒状封闭结构,在其内发生火灾事故时,人员疏散与消防扑灭均较其他建筑物更为困难,因此严重的火灾事故除造成人员的伤亡、大量的物质毁损外,还常常对隧道设施造成极大破坏。虽然火灾很少使隧道结构完全失效,但因各种设施和衬砌结构的修复,往往需花费较长时间,从而在一定时间内降低隧道的使用效率。

近年来,严重的隧道火灾事故不断发生。如 1979 年 7 月 11 日晚东京至古屋高速公路日本坂隧道(2 045m)火灾事故,共烧毁汽车 173 辆、7 人死亡,1999 年 3 月法国与意大利交界的阿尔卑斯山隧道特大火灾事故死亡 39 人[3],可见火灾事故的危险性之大。

2 隧道火灾事故分析

表 1 为半个世纪以来国内外主要公路隧道火灾事故的实例资料[2-5],分析可得引发火灾事故的主要原因为:

(1)火灾起因多为交通事故和汽车自身起火。

(2)火灾的扩大主要是火灾发生后预报慢、灭火措施不当、车辆的疏导不及时。

3 国外公路隧道防灾设施设置标准

国际上对隧道火灾对策研究很早,除对已有长大隧道(铁路、公路隧道与地下铁道)设有消防、报警和救灾设施系统外,一般还成立了专门的研究机构,深入开展火灾温度对隧道结构影响分析以及火灾烧损检定和修复等研究工作。

日本的公路隧道数量及长度在世界上首屈一指,重大隧道火灾事故也发生较多,其对隧道防火措施极为重视,下面对日本公路隧道防灾设施的设置标准作一简要介绍。

日本于 1972 年成立了由著名专家学者组成的“火灾对策技术委员会”,并在相关研究工作基础上于

本文曾刊登于《中南公路工程》2006 年第 1 期。

1981 年制定出隧道防火设施技术标准，根据隧道的交通量和长度将其划分为五个等级设置相应的防火设施（图 1），五个等级的防火设施配备如表 2 所示[6,7]。

4　雪峰山隧道防灾设计

4.1　消防系统设计

取火灾平均频率为 13.5 次/亿车·公里，按远期交通量（2024 年混合车 9633 辆/天）计算，雪峰山隧道内的火灾频率为 1 次/105 天，火灾次数按同一时间内可能发生 1 次考虑。隧道的耐火等级为一级，所用材料耐火极限（1.5 ~2）h。通风系统选用光滑的不燃材料如石棉一类作内衬。隧道内的灯具、电话箱和灭火器箱体等亦采用不燃材料制成。电缆为阻燃或耐火电缆，各类电气线路均应穿管保护。双孔隧道两孔之间的联络通道采用防火门隔断，并做成甲级防火门，耐火极限 1.2h。灭火措施设计包括灭火器、消火栓、泡沫自动喷淋等灭火系统。

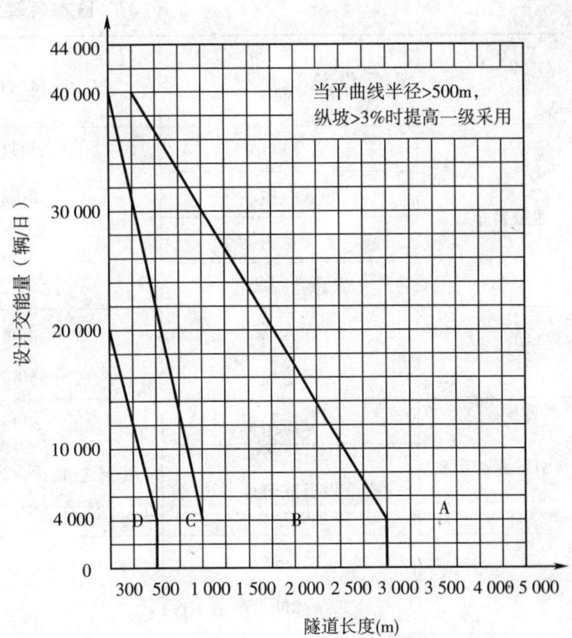

图 1　隧道等级划分

公路隧道火灾事故实例　　表 1

隧道名称	长度（m）	国家	火灾发生时间	火灾概况	事故程度
霍兰特水底公路隧道	2 783	美国	1949.5	载有二氧化碳的大型货车在距洞口 88m 处起火爆炸。火灾烧毁后续的 9 辆汽车使 150m 地段的顶板坍落，造成电气设备的重大损失	伤 66 人
铃鹿公路隧道	246	日本	1967.3	载有 600 个苯乙烯制的冰激积容器的大型货车在进入隧道 31m 处，发动机突然失火，造成停车使后续汽车堵塞，再加上风势使 13 辆汽车烧毁	伤 2 人
日本坂公路隧道	2 045	日本	1979.7	汽车追击事故造成火灾使 173 辆汽车烧毁，隧道部分破损，防灾设施的部分也被破坏。	死亡 7 人
汉堡—莫尔弗雷特公路隧道	243	德国	1968	载有 14t 聚乙烯的货车在隧道内起火，紧急制动造成后续车辆堵塞，烧毁载货车 1 辆	无
瓜达拉马公路隧道	3 345	西班	1975	货车起火，烧毁货车 1 辆	无
维尔森公路隧道	768	荷兰	1978	汽车追击造成碰车，烧毁 2 辆货车、4 辆小汽车	伤 5 人 死亡 5 人
卡乐德卡特公路隧道	不详	美国	1982	1 辆汽车与另 1 辆载有 33000L 燃油的油罐车相撞，造成 2 辆货车、1 辆公共汽车、4 辆小汽车烧毁	伤 2 人 死亡 7 人
圣·哥达公路隧道	16 321	瑞士	1984	载有塑料薄膜的载货车起火，该辆货车被烧毁	无
Phaende 隧道	不详	奥地利	1995.4	隧道车祸并起火	死 3 人
Tauern 隧道	69 000	奥地利	1999.5	发生撞车并起火	死 13 人
Montblance 隧道	11 600	法国/意大利	1999.3	一辆载货汽车起火	死 41 人
圣·哥达公路隧道	16 321	瑞士	1984	两辆货车迎面相撞，爆炸起火	当天 死 41 人

日本各等级隧道的防火设施　　表2

紧急设施		配备原则	隧道等级				
			AA	A	B	C	D
通报警报设备	紧急电话	间隔200m	○	○	○	○	
	按钮式通报装置	50m间距	○	○	○	○	
	火灾检测器		○	△			
	紧急警报装置	距入口0～200	○	○	○	○	
灭火设备	灭火器	50m间距	○	○	○		
	消防栓	50m间距	○	○			
引导避难设备	引导指示板	200m间距	○	○	○		
	排烟设备或避难通道	正洞之间间距250m,正洞与避难通道之间间距350m	○	△			
其他设备	给水栓		○	△			
	无线通信辅助设备或无线再播送设备		○	△			
	或扩声设备		○	△			
	喷水设备		○	△			
	监视装置		○	△			

注:表中"○"表示必须设置;"△"视情况设置。

(1)灭火器灭火系统:隧道内一侧墙上每隔50m设置一个水成膜泡沫灭火箱,箱内设水成膜泡沫灭火器、手提式磷酸铵盐干粉灭火器各一具,用于扑救初起或零星火灾。

(2)消火栓灭火系统:隧道内一侧墙上每隔50m设置一个消火栓箱(SGL24/S65－25),箱内配SNJ65减压稳压消火栓两个、ϕ19水枪两支、快速接扣两副、DN65涤纶衬胶水龙带(25m长)两条、火灾报警按钮一个,并配有自救式消防卷盘。栓口离地面高度宜为1.1,其出水方向宜与设置消火栓的墙面相垂直。

(3)泡沫自动喷淋灭火系统:该系统备用状态时,管道内充满压力水,发生火灾时,输出控制器上的热敏元件(玻璃泡)破裂喷水,水流指示器动作,报警阀开启,同时压力水经过控制阀管道使泡沫液控制阀自动开启。泡沫罐内的AFFF泡沫液通过比例混合器按3%的混合比进入系统管道至泡沫喷头进行灭火,火灾结束时再更换输出控制器。其设计参数为:泡沫喷射强度＝8L/min·m,喷射时间＝10min,保护面积＝200m^2,最不利点泡沫喷出时间≤3min,泡沫液类型为AFFF,泡沫配合比为3%。

设计时将隧道分成若干段防火分区,125m为一段,每两段在隧道横洞中设ZP32/10泡沫/水喷淋装置一座,分别控制4个区的泡沫喷头,每区喷头288只,监控阀、水流指示器、放空阀各一只。在靠近隧道中部的4个区设置末端试验装置以检测不利点处的压力情况。整个隧道共设28座泡沫/水喷淋装置。

压力水管由隧道两段向中间供水,泵房内应设置消防供水泵和稳压泵。每套装置的供水压力应不小于0.5MPa。在靠近泵房的若干区其供水压力较高,应适当增设减压装置。

喷头设置按"中危险级"设置在隧道两边和中间。喷头纵向间距为5.2m,局部5.4m,每6只喷头为一组,每组设置ZSPD50/S型输出控制器。

4.2　消防供水系统设计

(1)水源及供水系统:在隧道进出口设置两套由集水池、加压泵站、蓄水池和供水管网组成的给水系统。拟在进出口附近取山涧溪水,通过滚水坝流入集水池,采用压力过滤器过滤后存于高位蓄水池内,且集水池进出口应设置格栅以防止浮流物阻塞管道。

(2)取水泵房:在集水池附近设置钢筋混凝土结构取水泵房一座,泵房内分别设置0压力过滤器一套、吸水泵2台(一用一备)、潜水电泵1台(用于排除集水坑中积水)、电动葫芦一只(供维修安装用);水泵应包括压力表。消防水泵应保证在火警后5min内开始工作。

(3)蓄水池:蓄水池为钢筋混凝土结构,设有进出水管、放空管、溢流管、水位标尺及通气管,平时由其水位高低控制启动消防水泵供水。火灾发生时通过隧道内消火栓箱人工启动水泵经高位水池向管网供水。蓄水池容量应满足2h火灾延续时间内室内外消防用水总量要求。

(4)供水主干管及管材:供水系统采用枝状管网供水。管网保持常有水状态,一旦发生火灾,即可投入使用。隧道外消防管道采用DN150承插式A级给水铸铁管,青铅封口,管道除锈后刷环氧煤沥青底漆一道及面漆二道进行防腐。系统工作压力0.6MPa。隧道内消防管道采用DN150镀锌钢管,法兰连接(每段12m)。隧道主管道上设置闸阀和伸缩器分段,以利检修维护和热胀冷缩,若某段损坏,停止使用的消火栓不得超过5个。

(5)管道敷设:隧道内管道敷设于一侧管沟内,每隔5m设管支架一处,隧道外管道敷设根据现场情况确定。

(6)水流量:按同时提供2支水枪、2支水成膜泡沫灭火枪及1处室外(或室内)消火栓计算。室外消火栓用水量按10~15L/s计算,每支水枪最小流量5L/s,每支水成膜泡沫灭火枪最小流量0.5L/s,消防供水设计流量26L/s。

(7)供水压力:保证最不利点水成膜泡沫灭火箱处供水压力不小于0.40MPa。

4.3　防灾救援设计

雪峰山隧道防灾救援按两个方案进行比较选择。

方案Ⅰ:不设平行导坑,仅在两平行隧道之间每500m设置一个车行横洞,250m设置一个人行横洞,以及时疏散人流和车流,该方案过程如下:

(1)火灾发生后,立即关闭隧道;

(2)利用进出口转弯车道(或回车坪)疏散隧道外的车辆;

(3)一个隧道发生火灾后,另一隧道暂改为双向交通,组织车流迅速驶离隧道。

该方案造价较省,但当两个隧道同时出现险情时,车流的疏散工作很困难。考虑到两个隧道同时出现险情发生的几率相当小且该方案造价省的综合因素,设计推荐采用该方案。

方案Ⅱ:在两隧道间增加一平行导坑作为服务隧道,其他同方案Ⅰ,其过程如下:

(1)火灾发生后,立即关闭隧道;

(2)利用进出口转弯车道(或回车坪)疏散隧道外的车辆;

(3)一个隧道发生火灾后,组织车流通过横洞到服务隧道迅速驶离隧道,另一个隧道内车辆迅速驶离隧道。

在两隧道间增加一个服务隧道(平导),公路隧道与服务隧道间设置横通道,服务隧道可作为施工时的辅助坑道,对探明地质、疏导地下水有明显的作用,并可减少施工干扰,解决出渣、排水问题,增加工作面,加快工期,又可在运营阶段作为两个隧道的通风道,同时也是避难通道,该方案将使雪峰山隧道的通风防灾等问题得到根本解决,但造价将会增大很多,故未予推荐。

5　结语

本文通过对国内外隧道火灾事故及目前已有研究资料的综合分析,针对邵怀高速公路雪峰山特长隧道具体情况,对长大隧道火灾及防治设计进行了深入探讨,并简要介绍了雪峰山隧道的具体防灾设计方案。

参考文献

[1] 中华人民共和国交通部发布公路隧道设计规范(JTJ 026—90),1990.
[2] 关宝树编译. 国外长大隧道的防灾技术. 隧道译丛,1989:(8),1-8.
[3] 熊火耀. 道路隧道防灾技术. 第四届隧道及地下工程科技动态报告会论文集,成都,1989,164-170.
[4] K. Roeder. Brandschutzan for derungen an Stra Bentunnel. Tunnel. 1982,1.
[5] 辉文. 如何提高隧道的安全2版. 铁路技术市场报. 1999.
[6] 吉田辛信. 道路トンネルの付带设备(3)——防灾设备. トンネルの地下, Vol. 17, No4, 1986, 4, 65-72.
[7]《日本高等级公路设计规范》编译组. 日本高等级公路设计规范——第三册. 日本道路公团,1990.

(本文依托的湖南省邵阳至怀化高速公路荣获2008年度湖南省优秀工程设计一等奖,湖南邵阳至怀化高速公路雪峰山隧道被评为建国六十周年60项公路交通勘察设计经典工程。)

隧道火灾烟气流动的数值模拟

张进华　杨高尚　彭立敏　欧阳心和

摘　要：本文分析了隧道火灾的特点，运用场模拟的方法，利用商业CFD软件PHOENICS3.5对一工程实例进行了数值模拟，研究了不同纵向通风速度下，该公路隧道火灾烟气的浓度场、温度场等的蔓延规律，为研究烟气的流动情况和制订疏散方案提供重要参考依据，并提出了控制火灾、满足火灾救援和人员疏散的有效措施

关键词：隧道火灾　烟气流动　数值模拟

1　引言

隧道是铁路、公路交通运输的重要设施之一，是铁路公路运输的咽喉。随着我国交通运输事业的发展，隧道建设获得了快速增长，公里数不断增加。虽然隧道很少发生火灾，但如果发生火灾对人员生命安全的潜在危险是极大的。隧道火灾具有燃烧状况复杂，火势蔓延快，热烟不易排除，热量集中，散热缓慢，气流温度升高很快等特点。加之隧道内部狭长，两侧封闭的独特结构，车辆及人员疏散困难，一旦发生火灾，人员疏散及火灾扑救困难，涉及范围往往很大，所造成的经济、人员生命损失也就十分惨重。近30年来，世界各地发生的隧道火灾屡见不鲜[1,2]，接连发生的隧道火灾已引起了研究人员的高度注意，并进行了一些试验和模拟计算的研究[3-5]。在模型隧道和废弃隧道进行的大量试验中，获得了许多宝贵的第一手资料[6-8]。研究隧道火灾烟流发展规律，对减少火灾损失、保障人员生命安全、保证隧道的安全运营，具有极其重要的意义。

模型实验难以对火灾烟气的浓度变化进行定量研究，也无法绘制隧道内的温度场，而计算机数值模拟可以弥补以上不足，并具有模拟准确，灵活方便，节约费用等优点，因而受到广泛重视。本文利用商业CFD软件PHOENICS3.5对一工程实例进行了数值模拟，研究了不同纵向通风速度下，该公路隧道火灾烟气的浓度场、温度场的蔓延规律，为研究烟气的流动情况和制订疏散方案提供重要参考依据，并提出了控制火灾、满足火灾救援和人员疏散的有效措施。

2　数值模拟的场分析方法

隧道火灾发生后，由于火灾高温烟气的热作用，周围受影响的区域温度场、密度场发生变化，在重力场作用下诱发对流，此时的火灾烟气流动主要受浮升力和通风的控制。两种影响因素相互影响，发生交互作用，产生出不同的复杂流动情况，它包含着流动、传热、传质和化学反应以及它们之间的相互作用，实际燃烧过程几乎全部是湍流过程。当然物质守恒、能量守恒以及动量平衡等客观世界的基本规律，是流动与传热过程中所必须遵守的，由此而建立起来的连续性方程、能量方程、运动方程再加上状态方程就构成了流动与传热过程的基本方程，基本方程中再加上若干个组分方程就构成了烟气流动及传热传质的控制方程组。在流体与传热问题求解中所需求解的主要变量（浓度及温度等）的控制方程都可以表示成以下通用形式[9,10]：

本文曾刊登于《中南公路工程》2006年第1期。

$$\frac{\partial(\rho\varphi)}{\partial t} + \mathrm{div}(\rho U\varphi) = \mathrm{div}(\Gamma_\varphi \mathrm{grad}\varphi) + S_\varphi \tag{1}$$

式中:φ——通用求解变量;

Γ_φ——广义扩散系数;

S_φ——广义源项。

式(1)也包括了质量守恒方程,只要令 $\varphi=1$,S_φ 为 0 即可。

3 物理模型与计算条件

3.1 物理模型

本次模拟计算的对象是雪峰山特长隧道,该隧道是上瑞高速邵怀段控制性工程,总长约 7km,为国内第二长隧道。由于横通道间距平均为 250m,故人员疏散最长距离为 250m,因此,火灾模拟计算只考虑火源附近及其下游 250m 范围内的烟气发展状况。取隧道长 300m 进行计算,为了方便模拟,对雪峰山隧道进行了模型简化,断面设定为:下面为 10m×2m 的矩形,上部为半径为 5m 的圆。计算区域为 7×10×300m。在火区上游取一隧道横断面作为计算通风入口,设为沿 x 轴正方向,隧道以 3% 的坡度向上(或以 0.1% 向下)倾斜延伸 300m,并取该处断面为出口边界条件。

因为雪峰山隧道为双洞单向行驶,且大、中型客车在交通流量中所占比例较大,乘客较多,所以,本文就以客车为着火源,其最大火源规模即发热功率[11,12]为 20MW,属于中型火灾规模。火源位置设置在正中的轴线上,其尺寸为 4m×2m×2m,位于 $x=20$m 处。模型如图 1、图 2 所示,测点 T_1 为中线拱顶处的测点;T_2 为中线上人体高度处的测点;T_3 为人流集中位置人体高度处的测点。测点的纵向布置:$x=5$,$x=10$,$x=15$(火源上游 5m 处),$x=20$,$x=25$(火源下游 5m 处),$x=30$,$x=40$,$x=60$,$x=90$,$x=120$,$x=145$(火源下游 125m 处),$x=180$,$x=220$,$x=270$(火源下游 250m 处)。

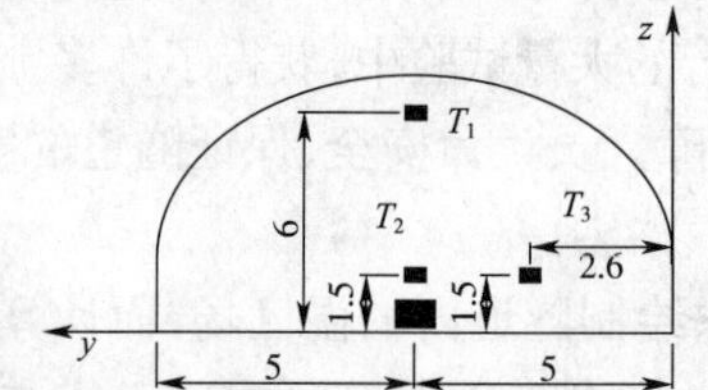

图 1 模型的横断面测点布置图(单位:m)

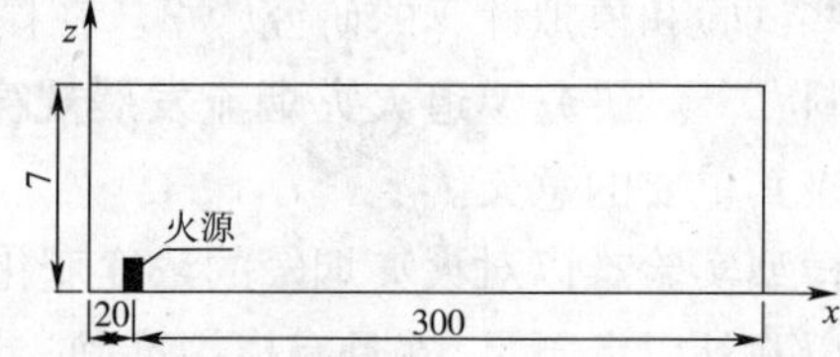

图 2 模型的纵断面图(单位:m)

3.2 计算条件

1)初始条件

火灾发生后,烟气流动为非定常过程,若要进行求解必须给定某一既定的时刻(初始时刻)流场中每一点的流动参数 φ。假定在初始时刻($t=0$)隧道内各处:$P=P_0$,$u=u_0$,$v=0$,$w=0$,$T=18$℃,$C_s=0$。在火源处,$C_s=C_{\mathrm{fire}}=0.1$($C_s$ 为烟雾浓度,因为烟气和 CO 都为标量,都可用扩散方程表示,所以其在隧道中的分布形态相似,取为 0.1,因为在实际火灾中,观测到的烟雾浓度最大为 0.1,所以本文保守地取为 0.1)。

2)边界条件

(1)隧道进口:隧道进口为通风速度,温度 $T=18$℃,烟雾浓度为 0,紊流动能 KE 和紊流耗散率都取为默认值。

(2)隧道壁面:在隧道固体壁面上,速度分量均采用无滑移边界条件,即壁面速度赋为 0,壁面函数采用对数壁面律,粗糙度均取为 0.01,且为了安全考虑,均为绝热,即无热源,也无热量交换。

(3)隧道出口:在隧道出口处边界,使用充分发展条件,即在出口断面上的节点的参数值对于出口边界内侧最临近的节点参数无影响。定义相对压力 $P=0$,温度 $T=18$℃。

3)网格划分和迭代

(1)网格划分:采用均匀网格,将计算区域划分为63 000个控制容积,隧道内环境温度为18℃,初始烟气浓度为0。计算各点温度、烟气浓度等变量的函数值。

(2)迭代:时间采用均步,共60步,每10s一步,内迭代次数为40。

4　模拟工况及计算分析

4.1　模拟工况

本研究对实际隧道的火灾分别进行稳态模拟和瞬态模拟,模拟的工况如下:

(1)稳态模拟的工况:火灾中,火区上游分别进行风速为2.0m/s、2.5m/s、3.0m/s、4.0m/s的通风,火源功率取为常数20MW。

(2)瞬态模拟的工况:$t=0$s时发生火灾,时间为10min,着重讨论了风速为3.0m/s的通风。

4.2　计算分析

1)稳态模拟结果及分析

(1)烟气回流控制研究

雪峰山特长公路隧道采用的通风方式为纵向式,其火灾模式下的通风设计,目的在于利用通风系统成功地控制隧道内火灾烟气流动,阻止回流的产生,及时排除烟气,为人员疏散和消防救援提供安全通道和便利,保证火区上游对乘用人员具有安全性。为此,要用高于临界风速的机械通风气流作用于着火隧道。

图3给出了不同风速下隧道中线上纵断面上的温度分布,图4给出了不同风速下隧道中线上纵断面上的烟雾浓度分布。

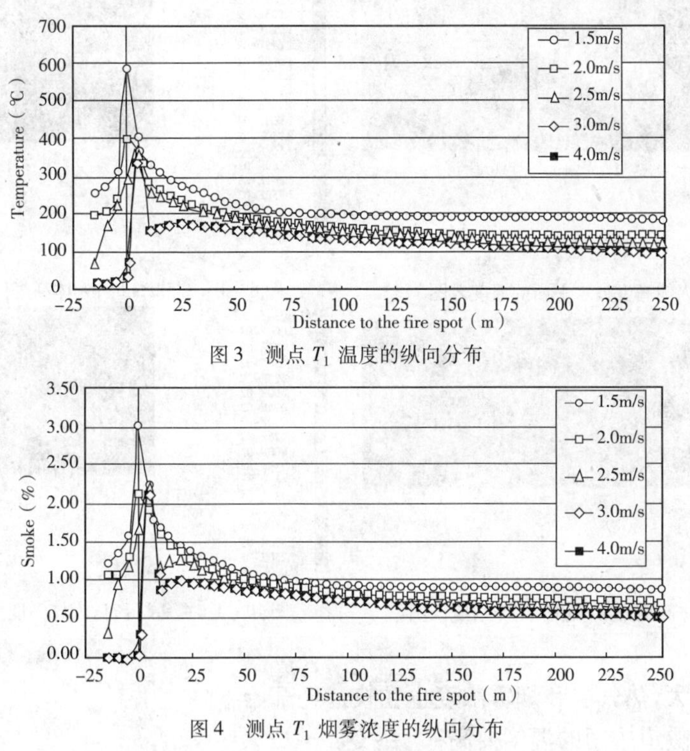

图3　测点T_1温度的纵向分布

图4　测点T_1烟雾浓度的纵向分布

由图3可知:

①温度在隧道内受风速影响很大,风速越小,隧道内的温度越高;

②风速小于3m/s时,火源上游15m范围内温度在100~350℃,说明热气层仍向火灾上游扩散,且通风速度越小,扩散速度越大,上游热气层厚度和长度也越大,不利于上游人员的疏散和消防救援;

③风速为3m/s和4m/s时,火源上游15m范围内温度在18~80℃,热气层只向火灾下游流动。

由图4可知：

①烟雾浓度分布和温度分布相似；

②风速小于3m/s时，烟气有回流现象，且通风速度越小，烟气在浮升力作用下上浮趋势越显著，烟气回流速度越大，上游烟气层厚度和长度也越大，不利于上游人员的疏散和消防救援；通风速度越小，烟气层和热气层在火源下游开始下沉的距离也越短，这对下游的人员疏散极其不利；

③风速为3m/s和4m/s时，烟气层只向火灾下游流动。

所以，建议雪峰山隧道的火灾通风速度应不小于3m/s。

(2)人体高度处水平面的温度、烟雾浓度分布

为了结合消防救援，下图5～图7及图8～10分别给出了人体高度处($Z=1.5$m)水平面的温度和烟雾浓度云图。

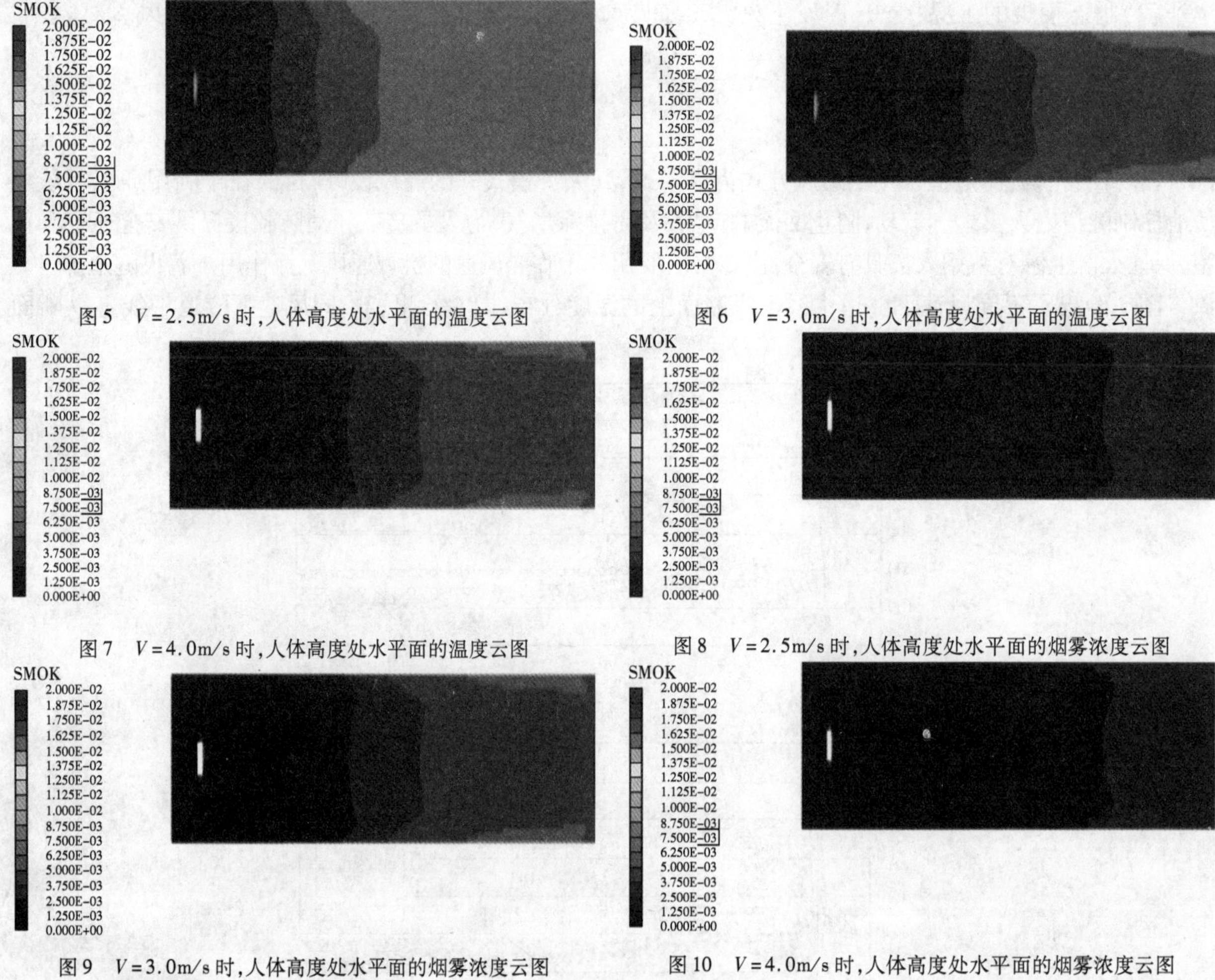

图5 $V=2.5$m/s时，人体高度处水平面的温度云图

图6 $V=3.0$m/s时，人体高度处水平面的温度云图

图7 $V=4.0$m/s时，人体高度处水平面的温度云图

图8 $V=2.5$m/s时，人体高度处水平面的烟雾浓度云图

图9 $V=3.0$m/s时，人体高度处水平面的烟雾浓度云图

图10 $V=4.0$m/s时，人体高度处水平面的烟雾浓度云图

从上图可知：

(1)随着风速的增大，热气层和烟雾浓度也在较远处开始下降；

(2)隧道侧边墙比隧道中间的温度要高；

所以，建议在隧道火源下游附近，人员可沿边墙和隧道中线逃离；在火源下游较远处，人员逃离应沿隧道中线逃离，较安全。

(3)温度、烟雾浓度纵向分布研究。

为了研究温度沿隧道的纵向分布，下面以3m/s时测点T_1、T_2、T_3的温度的模拟值进行说明，如图11所示。

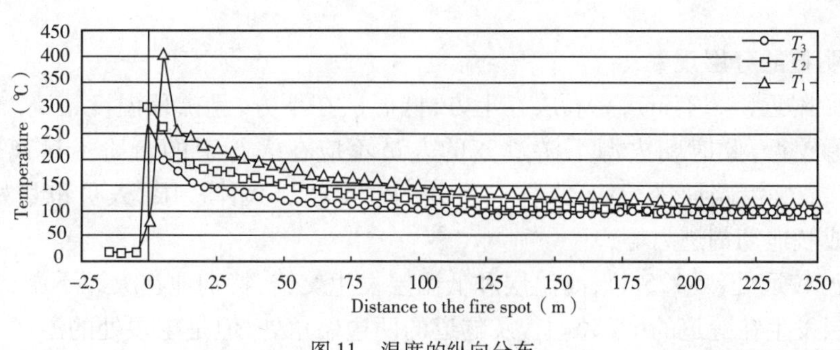

图 11　温度的纵向分布

从图 11 可知：

（1）在火源附近温度的梯度最大，而火源上游的温度基本保持隧道的初始状态，火源下游较远处，温度的梯度接近常数；

（2）最高温度没有发生在火源点上方，而是偏离的下游约 5m，表明火焰被风吹偏了，这样可避免火焰直接烧烤衬砌。

（3）在火源下游附近，拱顶 T_1 测定温度最高，T_2 和 T_3 点次之；但在火源下游较远处，边墙测点 T_3 温度上升，且高于 T_1 和 T_2，这样，在下游进行疏散，沿着隧道中线是有利的。

（4）温度、烟雾浓度横向分布研究

由于烟雾浓度和温度的分布具有相似性，下面仅讨论温度的横向分布。图 12～15 分别给出了火源下游 20m、50m、125m、250m 处的横端面的温度云图。

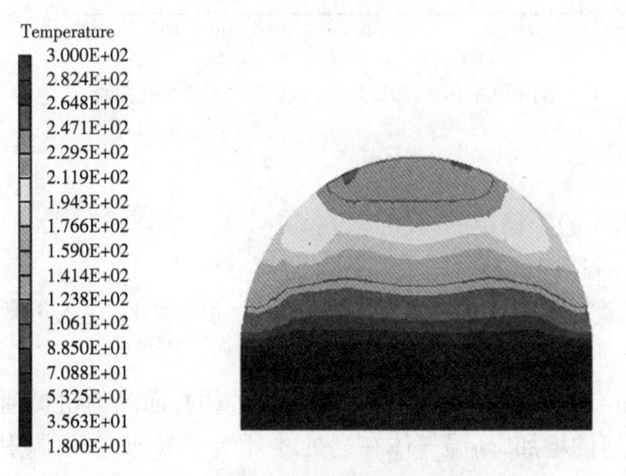

图 12　火源下游 20m 处横断面的温度云图

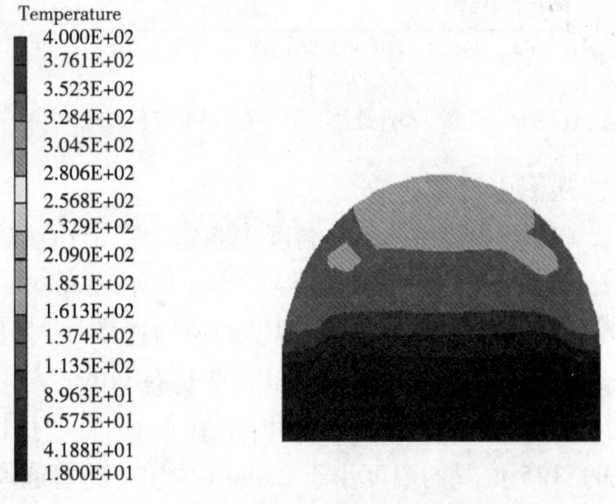

图 13　火源下游 50m 处横断面的温度云图

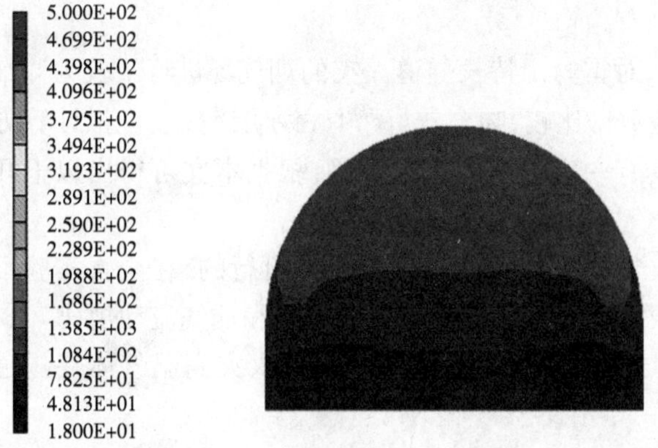

图 14　火源下游 125m 处横断面的温度云图

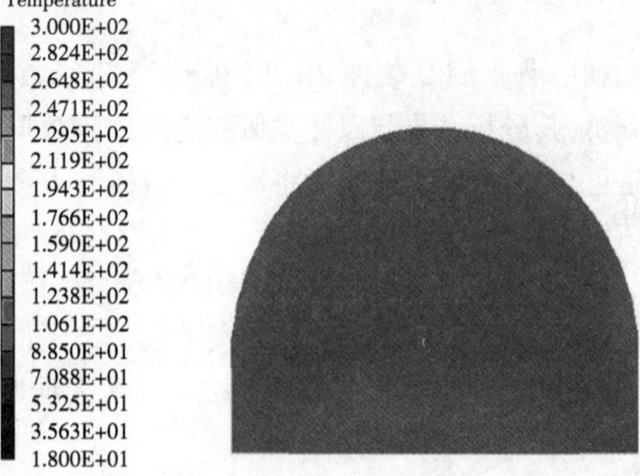

图 15　火源下游 250m 处横断面的温度云图

从图可知：

(1)热气层有明显的分层现象；

(2)在火源下游附近(＜125m)，高温层在上方，低温层在下方，且拱顶温度最高。所以，若火源下游相邻横通道距火源较近，此时朝火源下游逃离的人员不应在人行道的台阶上逃离，因为其比路面高25cm，温度要高些，最好沿路面进行；若人体高度处的温度超过人体极限，人员也最好能降低自己的高度，比如弯腰前进或就地匍匐逃离等；

(3)在火源下游较远处(＞125m)，高温层和低温层发生交错，特别地在火源下游250m处(见图14)，热气层下沉，高温层发生在隧道的中部偏上，及隧道的两边墙角处，但是拱顶处的温度并不是最高。若火源下游相邻横通道距火源较远，此时朝火源下游逃离的人员不应沿隧道两边逃离，最好沿隧道中线进行。

2)动态模拟结果及分析

同样，由于烟雾浓度和温度的分布具有相似性，下面仅研究温度的瞬态分析。图16和图17分别给出了火源下游125m处和火源下游250m处，测点T_3在不同风速下，温度随时间的变化。

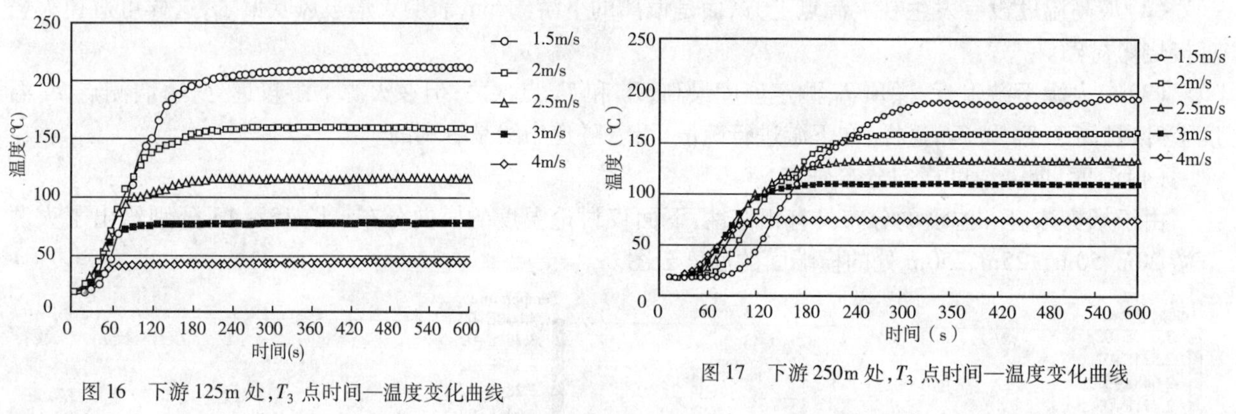

图16 下游125m处，T_3点时间—温度变化曲线

图17 下游250m处，T_3点时间—温度变化曲线

从图中可知：

(1)至少需要6min，温度才能趋于稳定；且风速越大趋于稳定的时间越短；

(2)在开始的1min内温度的变化不大，基本上是隧道内的自然温度；

(3)在1～2min之间，温度的递增速率加大，且随着通风风速的增加而增加，并且随后减小；在人员救援疏散时，前面几分钟对人员疏散是有利的；

(4)对比图16和图17可知，在自然通风时，125m位置的最高温度大于250m位置的，而当为机械通风时，125位置的温度小于250m位置的，随着通风风速的增加，高温气体在远处才开始下沉，而在火源附近热气层仍在上方，这对于火源附近的人员疏散是有利的。

5 结语

利用商业CFD软件PHOENICS 3.5进行数值模拟，对雪峰山特长隧道火灾的烟气场进行了较为详细的分析，其分析结果与以往类似隧道的经验数据和试验数据比较，吻合较好[3-8]，说明该数值模拟计算方法是可行的，总结出的规律将对火灾救援和人员疏散具有一定程度的指导意义，根据本文可得出以下几点结论：

(1)利用商业CFD软件PHOENICS3.5对隧道火灾烟气进行数值模拟分析是可行的，在全真实验不可能进行的情况下，作为一种预测手段得到了许多模型实验中无法得到的重要数据和烟气流动规律。

(2)火源点后风流的温度随距离的增大而减小，到达一定距离后降为常温，即火灾高温气体在隧道中的影响范围是有限的。

(3)同一距离处的温度随着时间的增加，温度不断增加。在火灾发展阶段，烟流温度增加很快，相对于时间的变化率较大。而到火灾稳定阶段,烟流温度相对于时间的变化率很小。

(4)利用3m/s的机械通风,没有出现烟气逆流区,很好抑制了气流的回流,满足火灾通风要求,为上游人员及车辆逃生提供了气流通道。

(5)由于高温处最先出现在边墙,随着时间的推移,向隧道中部蔓延,故朝火源下游较远处的人员疏散应沿着中线逃离;

(6)若对隧道火灾进行动态计算,将可得到烟气从发生到发展的变化规律,为确定人员逃生方式及时间提供理论帮助。

参考文献

[1] 杜建科．铁路隧道的消防安全分析[J]．安全,1998,19(6):1-3.

[2] 戴国平．英法海峡隧道火灾事故剖析及其启示[J]．铁道建筑,2001,(3):6-9.

[3] 曾巧玲,赵城刚,梅志荣．隧道火灾温度场数值模拟和试验研究[J]．铁道学报,1997,19(3):92-98.

[4] Karpov A V,Makarov D V,et a1. Fire in tunnels:three— dimensional numerical simulation and coMParison with the experiment [A]. Proceedings of the 4th Asia—Oceania Symposium on Fire Science and Technology [C]. Tokyo:Waseda University,2000. 565-576.

[5] Vauquelin O,Megret O. Smoke experiments in case of fire in a tunnel[J]. Fire Safety Journal,2002,37(5):525-533.

[6] 闫治国,杨其新.秦岭特长公路隧道火灾温度场分布试验研究[J].地下空间,2003 ,23(2) :191-195.

[7] 曹智明,杨其新.秦岭隧道火灾模式下的通风组织试验方案研究[J].地下空间,2003 ,23(2) :196-199.

[8] 王明年,等.公路隧道火灾温度场的分布规律研究[J].地下空间 2003 .23(3) :317-322.

[9] 帕坦卡 S V,张政译．传热与流体流动的数值计算[M]．北京:科学出版社,1984. 12-19.

[10] 梁栋,周孝清等．室内火灾机械排烟过程烟气运动的数值分析[J]．广州大学学报(自然科学版),2002,1(2):58-60.

[11] Megret O,Vauquelin O. A model to evaluate tunnel fire characteristics [J]. Fire Safety Journal,2000,34(4):391-401.

[12] Lacroix D. The new PLARC report on fife and smoke contro1 in road tunnels [A]. Third International Conference on Safety in Road and Rail Tunnels [C],Nice,France,1998. 185-197.

[13] 曾艳华,何川,关宝树．火灾时隧道内温度场的模拟研究．地下空间,2004.(1)69-71.

[14] 冯炼, 王婉娣,杨其新等．公路隧道火灾模式下烟流的稳态分析 地下空间,2004.(3)359-372.

[15] 徐志胜,周庆,徐彧.运行旅客列车隧道火灾模型实验及数值模拟．铁道学报, 2004(1)124-128.

(本文依托的湖南省邵阳至怀化高速公路荣获2008年度湖南省优秀工程设计一等奖,湖南邵阳至怀化高速公路雪峰山隧道被评为建国六十周年60项公路交通勘察设计经典工程。)

雪峰山隧道横洞专用防火门研究

蒋正华　应之丁　傅立新　徐爱民

摘　要:公路隧道根据防灾和营运时需要,在人行横通道内都有必要设置防火门。提出了一种新型的防火门,并且阐述了其开启方式、结构形式、工作原理。这种全新的结构形式,火灾时能够真正起到防火隔烟的作用。

关键词:人行横洞　防火门　开启　复位　结构形式

近年来,随着交通事业的发展,我国的公路里程不断增加,并朝着西部山区延伸,长、特长隧道不断涌现,位于上瑞国道主干线上的雪峰山隧道就长达7km。隧道越长,隧道内由交通事故引发火灾等重大灾害的概率也在上升,国内外发生过多起隧道内的严重交通事故。所有这些惨重的教训提示着必须加强隧道防灾研究。

世界上各国在总结这些火灾经验教训的基础上对隧道火灾的特点及火灾预防与救援进行了较系统的研究,在隧道所用材料、消防设施、监控设施、诱导标志设置等方面都提出了具体的规定,另外非常重要的方面是比较长的隧道应划分防火分区。风井与隧道之间所有相通的门均应做成甲级防火通道门。相通的孔洞宜用不燃材料堵塞。双孔隧道两孔之间的联络通道应采用防火通道门隔断;设置疏散避难设施,如避难通道、隧道两侧的诱导路、定点急救避难场所等,对于双孔隧道,可把联络通道作为避难设施。

在这些措施里,防火隔断门的设置就特别重要,通过它的防火隔烟,能够将火灾分区,使双孔隧道之间的横通道变成避难所。本文就雪峰山隧道的人行横通道防火门的设计进行探讨。

1　防火通道门简介

防火通道门按开启状态分为常闭式和常开式防火门。

(1)常闭式防火通道门一般由防火通道门扇、门框、闭门器、密封条等组成,双扇或多扇常闭防火通道门还装有顺序器;

(2)常开式防火通道门除具有常闭防火通道门的所有配件外,还得增加防火通道门释放开关。

按开启方式来分,防火通道门有平开式、滑动式、双开式、双向双开式、卷帘门等形式。

按控制方式来分,防火通道门有手动控制形式和自动控制形式。

隧道横通道防火门的作用:

(1)运营时可防止上下行隧道中的气流通过通道引起的回流;

(2)火灾时,防止左右上下行隧道中烟气的相互蔓延;可用来阻断火和烟雾,帮助人员逃生。

隧道内的防火横通道门为了防止运营时上下行隧道中的气流通过通道引起的回流,只能采用常闭防火通道门。

目前,在民用建筑中,对于常闭式防火通道门一般采用木质结构的双开门,通过两个闭门器,能够实现双向开启,且能自动复位。而在隧道内的人行通道中,由于防火横通道门在运营时要承受隧道中的气流气压作用,且门洞的尺寸更大,所以对于门的可靠性和耐久性要求更高。在现有隧道内横通道防火门一般采用卷闸门。虽然隧道内一般设有比较完善的消防安全设施,但火灾时,只有当这些设施都处于正常运行状态,才能发挥预期的灭火作用。火灾发生时,在没有专业人员指导下,如发生电源故障,只能通

本文曾刊登于《中南公路工程》2006年第1期。

过防火通道门的机械开启和关闭来达到逃生和防火的目的。对于目前普遍采用的卷闸门而言，门虽然可以通过电机自动开启和关闭，但在隧道内发生火灾，外线电源一般会被烧断，在此情况下，逃生人员只能非常费力的撬开卷闸门，而且还得在慌乱中寻找工具，这就浪费了非常宝贵的逃生时间，且逃生后，一般会忘记关上防火门，使其起不到防火隔烟的作用。

隧道人行横通道门的具体特点：

(1)常闭式防火门，运营时能承受一定的压力；

(2)在通道两端都能通行，即能够双向开启；

(3)火灾时系统稳定、可靠，且开启后能够自动复位。

2　防火通道门开闭方式设计

人行横通道隧道结构尺寸为2.2m×2.2m，在通道内设置两道门、两道门内外能够双向开启。设计人行横洞防火通道门，首先要确定防火通道门由封闭到打开的过程中的运动方式。在火灾烧毁电源、蓄电池失效、无其他能源的条件下，打开人行隧道防火通道门，必须利用避难人的体能和动作。需要分析灾难时人的本能习惯及体能指标，能引导人完成开启防火通道门、避难及关闭一系列动作，从无意识到有目标的避难。

最佳开启方式是推开式双向防火通道门，但从门的关闭和承受热气压冲击等稳定性考虑是横向移动式防火通道门。结合这两者性能特点提出防火通道门的结构。

从利用避难人的体能的可能性、局限性角度考虑防火通道门的设计。防火通道门的自重和移动阻力较大，应尽量节制打开时所需的动能。故应考虑防火通道门打开时，保持门重心处于同一水平高度位置不变，即应避免提高门的重力势能而消耗体能，使人体力仅克服运动时由门的重力产生的有关运动副关节中的摩擦阻力或阻力矩。经过筛选，最后选择了符合上述条件的以下两种方案：一是转动式，如图1a)所示，二是横向移动式，如图1b)所示。

热气流方向

a）转动式　　b）横向转动式

图1　防火通道门启闭方式

通过比较，决定采用横向移动门，主要理由：

(1)横向移动门在承受热力流压力或冲击时，由上下两条边作为支撑，门的刚度大；

(2)用横向移动门容易密封；

(3)采用横向移动门不必另设锁紧机构；

(4)采用横向移动门打开后可隐蔽在墙壁内不占通道流通空间；

(5)采用横向移动门结构更为简单。

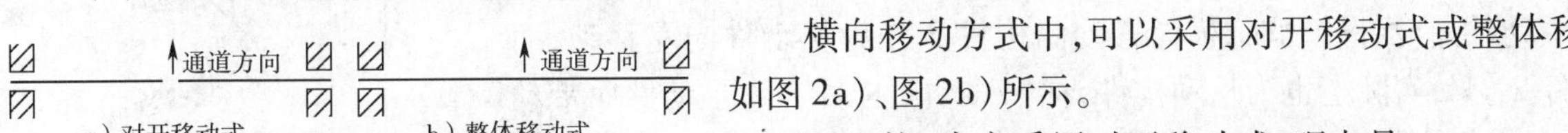

图2　防火门移动方式

横向移动方式中，可以采用对开移动式或整体移动式，如图2a)、图2b)所示。

经比较，决定采用对开移动式，理由是：

(1)如图2所示，当一个避难人打开对开移动式门中的其中一扇门，所需克服的摩擦阻力约是打开整体移动式门的一半，门的总开口为2.2m，打开一半已足以通过一个避难人；

(2)同样是两人同时避难，打开对开式门与打开整体式门相比，前者省力、省时，两人互不干扰且容易通过不致造成拥挤。

3　防火通道门工作原理

3.1　防火通道门驱动力的产生方式

如前所示，打开人行横通道防火门，必须利用避难人群的体力、体能。在采用对开式移动门时，产生

使两扇门打开的驱动力可以有两种方式产生:

(1)避难人直接手握拉手产生驱动力把门拉向左或向右移动,可称为直接驱动法;

(2)通过一个传动机构,让避难人驱动机构的主要构件,由机构的从动件执行防火通道门的把手,实现门的左右移动,可称为间接驱动法。

直接驱动法要求避难人群产生垂直于原避难流动方向的驱动力。这对心急慌张的避难人群来说不易做到,同时也容易造成由向前涌动的人压向横向移动门产生大的摩擦阻力而无法及时开启防火通道门。

如果采用间接驱动法,与直接驱动法相比其优点有:

(1)可以把传动机构主要构件设计为转动的构件门。这样可以利用避难人群向前的动量推动转动门,产生较大的驱动力矩。该转动构件门可称为启动门;

(2)避难人群由避难通道入口处沿通道纵向奔跑而推动启动门转动是自然的、本能的,不必辨别施力方向,推动动作极易做到。若要求避难人停下来辨别施力方向,动作难度就增大;

(3)主动构件转动的启动门,可以阻挡人群直接聚集压向横向防火通道门。因为在设计传动机构时,很容易实现以下要求:即当启动门开启转动不到90°的过程中,横向移动的防火通道门已足够打开,从而避免人群直接聚集到横向防火通道门前和由此造成的压力引起大的移动摩擦阻力。

3.2 传动机构的选择与确定

由上述分析可见必须设计一个传动机构,主动件转动,从动件移动。在机构学中能实现这样的运动转换的机构有很多,主要有:

(1)齿轮机构中的齿轮齿条机构;

(2)凸轮机构中的直动从动杆机构;

(3)平面连杆机构;

(4)链轮与齿形带传动机构。

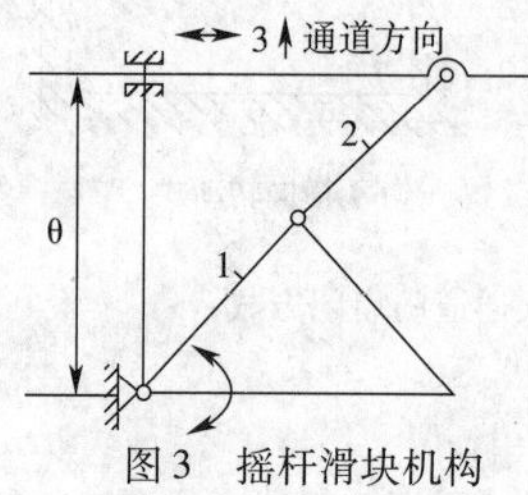

图3 摇杆滑块机构

考虑到传动的距离,机构要尽量简单,动作要可靠,原材料制造加工成本要低,安装、维修要方便,要能防火耐高温等因素,应选择平面连杆机构。而平面连杆机构中又应尽可能采用最简单的四杆机构,而不采用多杆机构,以减少构件数、运动副数,从而减少运动中的摩擦阻力、转动惯量等,能使转动转换为移动的平面四杆机构中有曲柄(摇杆)滑块机构与转动导杆机构。进一步考虑到力的传递、效率、便于对称布置能实现逆向传递运动等诸多因素,采用了如图3所示的偏置的摇杆滑块机构。

采用摇杆滑块机构的原因之一是便于实现对称布置、逆向传递运动。如图4为通道防火通道门的机构图。如图4所示,当人推动启动门构件1,作为主动件逆时针转动时,横向移动门构件3作为从动件向左移动,而此时构件2′、1′,实际上也为从动构件,犹如移动门构件3为主动件而带动构件2′、1′作与构件2′、1′完全对称的轨迹运动。

当另一条隧道发生火灾而避难人群从避难通道另一端逃到这一端出口处时,人们将推动对称布置的另一扇启动门构件1作顺时针移动,由此带动的其他构件的运动与上述过程完全对称。

为了避免避难人推动启动门构件1(或1′),跨过打开的防火通道门构件3的门槛后,与构件2′(或2)、三角形构件1′(或1)发生干涉碰撞。在结构上采用了两个措施:

(1)三角形构件1(或1′)与连杆2(或2′)置于门的上部;

(2)另设置一门形构件 $I(I')$,$I(I')$ 与构件1(或1′)组成复合铰链,把门形构件 $I(I',)$ 的轴空套在与三角形构件1(或1′)固连的轴上,使构件 I

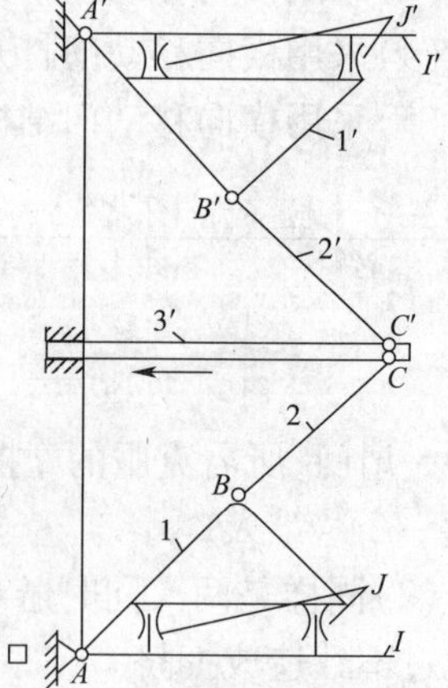

$I(I')$-空套在轴 A 上的门形构件;1(1′)-三角形构件;2(2′)-连杆;3-横向移动避难门;$J(J')$-弹簧夹子、机架

图4 对称布置的摇杆滑块机构

(I')与1(或1')有同一转动中心A(或A')。构件$I(I')$与1(或1')之间用2个弹簧夹子J(或J')相对固定,J(或J')应有适当的夹紧力,当一个人施力推动时可使I与1(或I'与1')逆向分离转动(见图4)。

如图5所示,当避难人直接施力,门形构件I逆时针转动时,实际上它是与三角形构架1一起逆时针转动的,当避难人跨过防火通道门的门槛后,可以很容易的推开迎面而来的处于防火通道门里面的对称机构的门形构件I',此时门形构件I',克服弹簧夹子J'的夹紧力,而脱离构件I'绕轴心A'逆时针转动直至紧贴避难通道的墙壁,这样就并不妨碍避难人流的通过。

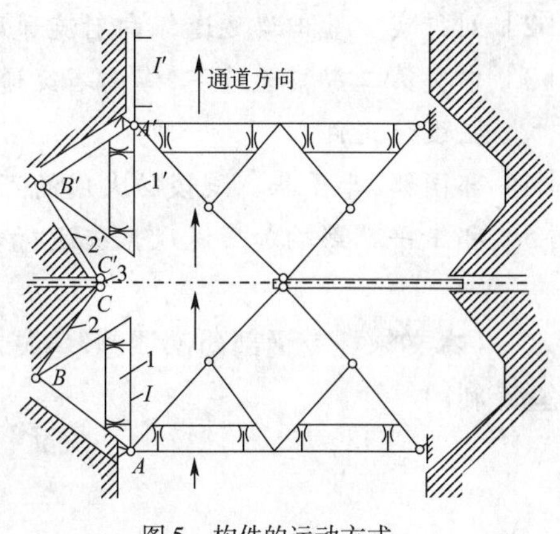

图5　构件的运动方式

当一个隧道有火灾,而避难方向相反时,以上过程完全对称。

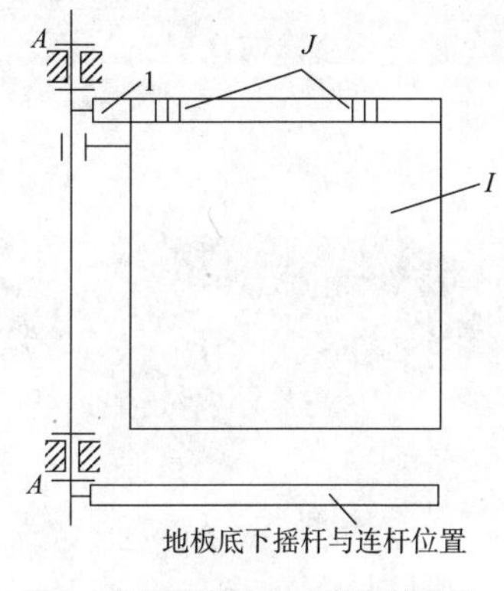

图6　门形构件I与三角形构件1

图4仅表示了左侧机构,右侧机构以避难通道中轴线为对称轴完全对称的布置。原理完全相同。

为了避免避难后横向移动的卡死,在轴A下部即地板底下设置另一三角形构件(摇杆)与连杆以同时牵引防火通道门上下两端,如图6所示。

3.3　防火通道门复原的实现

由于避难现场没有能源,所以防火通道门打开后实现复原所需的能量必须依靠避难人打开门时所做的功转化为势能贮存起来,一般来讲可以转化为弹性势能或者重力势能。在逃生过程当中,门扇的开启高度不大,逃生人员弯腰通过就行。为了方便开启,以及开启、复位过程当中的人员通过,门扇的启闭能量值设计较小,能为一般的逃生人员所承受。这样逃生人员就能够随时启闭防火门,达到逃生的目的。

贮存重力势能简单可靠,不会因发生火灾温度升高而对其有大的影响,设备也不会因此而失效。贮存弹性势能所需弹簧等设备相对复杂,因火灾温度升高弹簧等蓄能装置容易失效,所以本方案采用把人的开门所做的功的一部分转化、贮存为重力势能。

如图7所示,左右两扇防火通道门各装数个滚动车轮。当门打开时,由门顶部与底部两个扣环牵引钢丝绳提升重铁,当避难人通过门槛后,再由重铁的重力牵引钢丝绳把门关紧恢复。为了能使门受力平衡不造成自锁卡死链条,每扇门上下各设置一套重铁钢丝绳牵引机构。图7所示为左边防火通道门复原装置有关构件,右边防火通道门所需复原装置与左边对称设置。

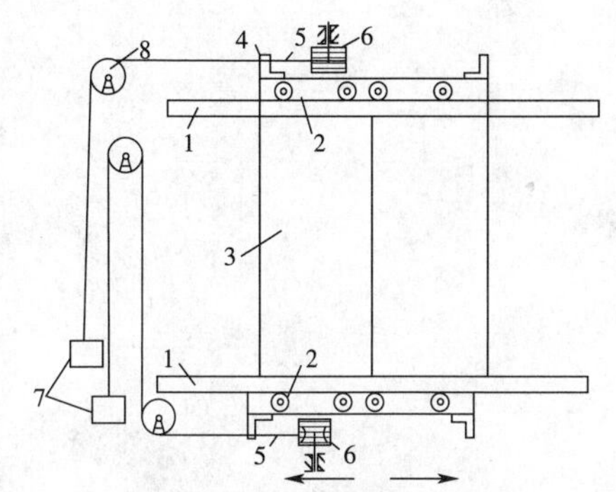

图7　复原装置动作原理

1-导轨;2-滚动轮;3-避难门;4-扣环;5-钢丝绳;6-水平定滑轮;7-重铁;8-铅垂定滑轮

4　结语

文中所述的人行横通道防火门,作为一种新型的防火门,在功能上能满足使用要求,结构形式简单,体系稳定、可靠。避难人员通过时省时省力。其具体细部结构还需经试验来完善。

参考文献

[1] 舒宁,等. 计算流体力学在纵向式公路隧道火灾通风中的仿真. 水动力学研究与进展.

[2] 刘行实．盐田坳隧道纵向射流通风方式的洞口排烟及有关问题．国际隧道研讨会．
[3] 中交第二勘察设计院,湖南省交通规划勘察设计院．雪峰山隧道人行横洞净空图．雪峰山隧道施工图设计文件．
[4] 郭国旗,李乐华．浅谈防火门的可靠关闭．消防科学与技术．
[5] 邱玉平．影响加压送风系统运行效果的因素分析．有色冶金设计与研究．

（本文依托交通部西部课题《雪峰山特长公路隧道成套技术研究》申请了《一种防火通道门》实用新型专利。）

第三篇

水运工程

大源渡航电枢纽总体布置设计探讨

李维娟　周作茂

摘　要:对大源渡枢纽总平面设计方面的成功经验与不足之处进行了探讨。

关键词:大源渡枢纽　总平面设计　探讨

1　工程概况

大源渡航电枢纽是湘江二期(衡阳至株洲182km)千吨级航道建设的龙头工程,是我国内河首批利用世界银行贷款兴建的航运工程之一,也是国家"九五"重点工程。枢纽位于湘江衡阳下游62km,正常挡水位50.0m,死水位47.80m,流量调节库容1.35亿m^3,主体工程由泄水闸、发电站、船闸、交通桥、开关站等部分组成。概算总投资为16.95亿元。

2　自然条件

坝址区为微弯河段,大坝位于河湾的顶部。河流左岸为凸岸,左岸一、二级阶地高程42~53m;右岸为凹岸,河流侵蚀严重,高程为50~52.5m。坝址下游右岸约1.5km处有洣河汇入湘江,洪水时两河水在此顶托严重。坝址处河面宽约600m,主航道偏于右岸侧,并在坝线下800m处急转向左岸侧,与船闸下引航道口门区交汇。坝线上下河床礁石林立,是湘水流域一大险滩。

坝址基岩为前震旦系砂质板岩夹变质砂岩,河床岩面高程35~38m,强风化层厚0~12m,弱风化岩石试验饱和抗压强度为25~40MPa。弱风化岩纯摩擦系数$f'=0.5\sim0.6$,$c=0$,抗剪断系数$f=0.9$,$c=0.5$MPa;强风化岩纯摩擦系数$f'=0.5$,$c=0$,抗剪断系数$f=0.7$,$c=0.3$MPa。

坝址河段年平均流量为1 440m^3/s,相应水位为41.30m;设计流量(50年一遇)为21 700m^3/s,相应水位为55.59m;校核流量(500年一遇)为27 900m^3/s,相应水位为57.86m。

3　枢纽总体布置(图1)

3.1　船闸

千吨级船闸有效尺度为180m×23m×3m(长×宽×槛上水深)。船闸轴线位于左岸阶地靠山边的根部,直线段长1 465m。出直线段后,上游引航道弯向左岸,与库区航道平顺衔接,下游引航道逐渐向左岸拓宽,与口门区航道和外航道相接。船闸坐落于中洲的中部,上、下游副导航墙呈反对称布置,靠船墩布置在上、下游引航道的左侧。上游引航道进口距泄水闸488m,右设鱼嘴导流堤。下游引航道在出口段右侧布置174m长的导流堤,在堤头右侧设两个棱形导流墩,以调顺水流;在出口段

图1　枢纽总体布置图

本文曾刊登于《水运工程》2004年第7期。

以下开挖的外航道左岸建丁坝三座，用以改善流态。跨引航道桥长132.5m，位于上引航道直线段的末端。

3.2　泄水闸

泄水闸轴线与水流方向基本垂直，距下游跨水闸桥轴线17m，跨水闸桥轴线与跨引航道桥轴线的交角为36°23′42″。泄水闸总长531m，由右至左依次布置一孔排2m净宽的污槽和23孔（均为“WES”实用堰）×20m净宽的泄水孔，8孔低堰邻排污槽布置，15孔高堰布置在低堰以左的河床上，闸墩厚均为3m，最大坝高32.5m。挡水工作闸门采用钢结构弧形工作闸门。检修闸门采用叠梁式钢结构平板闸门。低堰设32m长消力池和8m长海漫，池中设有消力墩；高堰设30m长护坦。闸顶设有轨距18m的2000kN启闭门机及其门机轨道梁，紧邻下游轨道梁的上下游布置有油路箱梁和电缆箱梁，电缆箱梁的下游布置跨水闸公路桥，桥长682.5m。弧门液压启闭机房布置在各闸墩的墩顶以下。

3.3　电站

发电站安装4台×30MW贯流式机组。由毗邻泄水闸至右岸依次布置主厂房、户内安装场、端副厂房、右岸平台及户外安装场。主厂房的下游布置尾水副厂房，主变布置在户内安装场的上游，开关站布置在右岸山坳中，进厂公路布置在厂房的下游。在电站进水口前布置固定式拦污栅和清污机、浮式拦污栅门，尾水平台上布置尾水检修门门机。上游进口左侧设长14m的短导墙，下游左侧设34m长的淹没式导墙。

上游沿主厂房边墙、安装场和主变压器场前混凝土墙、右岸检修平台挡土墙，构成电站上游防洪挡水线；下游沿尾水平台（尾水闸门槽上游侧）上的钢筋混凝土墙、进厂公路河侧防洪墙，构成电站厂区下游防洪挡水线；由与电站上下防洪墙连接的4号机左侧山墙构成电站厂区河侧防洪挡水线。

4　总体布置设计探讨

4.1　航运枢纽中船闸的布置要最大限度地满足船舶通航条件

船闸“靠山边台地方案”（实施方案）的关键是中枯水期下游口门区与水流交角几乎达90°，基础处理工作难度较大，征地拆迁多，土石方开挖量大（达220多万立方米），投资较大。为节省投资，曾围绕河边布置船闸的方案做了大量工作，但受地形和水流条件限制，该方案上下游引航道直线段长度均只能达到规范的下限，且下游口门区与水流交角大，口门区与外航道呈“S”形衔接，经扩大航道宽度后，水流条件仅勉强满足规范要求，水域窄，但只能单向航行。船舶进出闸的安全难以保证。如果没有以航运为主的指导思想，则很可能采用“河边船闸方案”。

经深入分析和模型试验反复研究，最终采取在下游口门右侧布置一条172m长高程45.0m的实体导流堤、左侧布置三座丁坝、导流堤头外侧的河床上布置两个棱形导流墩的处理方案，并开挖外航道礁石8万多立方米。虽然“山边船闸方案”投资较多，但彻底解决了船舶安全快捷地过闸问题。

4.2　电站厂房屋顶采用部分活动屋盖

低水头电站厂房采用部分活动屋盖，可大大降低厂房的高度，从而为采用坝顶多功能门机、降低跨水闸公路桥桥面高程创造了条件，因此这种结构形式在国外被普遍采用。大源渡航电枢纽发电厂房采用部分活动屋盖在我国还是首次，实践表明，这种结构形式使坝顶显得简洁、整齐，为总体布置的协调和美观打下了很好的基础。

4.3　多功能起重机—坝顶门机

国内一般水电站工程都是在厂房内安装重型桥吊用于安装和检修发电机设备，另在流道进口处安装电站启闭专用门机，在坝顶设置起重设备。本枢纽将上述三种机械的功能糅合到坝顶门机上，该门机可从左岸移到右岸，施工期间可用于大重件装卸车（船）、安装发电设备、大型构件的吊装、流道进口封堵门的启闭等，运行期间可用于机电设备的检修、流道进口检修门和泄水闸检修门的启闭，还可兼作弧门的备用启门机械，以确保洪水期泄水闸能全部敞开泄洪。坝顶门机一机多用，提高了机械的使用效率，减少了起重机种类及相应的土建设施，节省了工程投资。

4.4　其他布置及处理

(1)泄水闸采用较大的孔口,可减小河道过水断面压缩比,加大净泄流宽度,并能有效减少结构工程量,减小坝前水位壅高和库区淹没,这对平原河流上的低水头电站是适宜的;大孔口采用液压启闭的弧形工作闸门,启闭灵活可靠,便于自动化控制,很适合需频繁启闭的水闸。此外利用"工"字形轨道梁的两侧布置电缆廊道和油路廊道及液压机房布置在闸墩内,使坝顶布置简洁紧凑,美观大方。

(2)类似工程中泄水闸检修门通常是存放在闸墩的前沿顶部。本工程泄水孔较多,叠梁门高度和厚度不一,存放在闸墩顶部将影响整体美观。考虑到坝顶门机外悬臂的有效长度,在右岸门机检修平台上游的空闲地布置一挖入式门库存放叠梁门,有效地解决了检修门的存放问题。门库顶设混凝土盖板并与周围地面高程一致,既保护了检修门,又为坝顶的整齐美观创造了条件。

(3)进厂公路主要是为了解决大、重件的进出厂房而设的,国外采用敞开式厂房结构形式的水电站一般不再设进厂公路,因为大、重件可通过坝顶起重设备进出厂房。本枢纽工程按理也可不设进厂公路,但考虑到施工期的需要及营运期一般设施和外来人员进出的便捷,仍设有进厂公路。

(4)水闸下游侧末端未布置检修门及其相关设施,使用中偶有不便之感。有条件时上下游均宜布置检修设施,以便于堰体的检修。此外,2m 宽的排污槽太窄且紧邻厂房布置,使用效果不是令人十分满意,有条件时宜加宽到 5 ~ 8m。

(5)高低堰分界处的上下游原考虑设置一定长度的导流墩,模型试验中认为上游导流墩对邻近的水闸泄流有影响,建议取消,故在施工图设计中取消了上游导流墩。该闸墩是一、二期工程的分界线,二期施工时河中纵向混凝土围堰紧挨闸墩,致使在拆除纵向混凝土围堰时出现较多麻烦。从兼顾施工的实际需要出发,上游设置一定长度的导流墩是必要的。

5　结语

近三年的运行实践表明,大源渡航电枢纽的总体布置方案是合理的,各主要建筑物的设计是成功的,船舶航行条件是湖南省目前最好的,并取得了较好的发电质量,坝前壅高值也控制在规范允许的范围内。总之,大源渡枢纽工程外观效果令人满意,经济效益十分显著,"以电促航"初见成效,得到了各级有关部门的肯定,总体布置上的一些成功和不足之处可供类似工程借鉴。

(本文依托的湘江航运建设大源渡航电枢纽工程荣获 2001 年度交通部优秀工程设计一等奖、第 10 届国家优秀工程设计铜质奖、2004 年度国家优质工程银质奖。)

长沙港口主枢纽霞凝港区一期工程设计简介

李维娟

摘　要：本文对长沙港霞凝港区一期工程集装箱码头总图、水工结构、装卸工艺、堆场道路结构设计的特点作简要的介绍。

关键词：霞凝港　集装箱　码头　设计

1　工程概况

长沙港霞凝港区是长沙港口主枢纽的中心港区，港区总平面布置图见图1。霞凝港区一期工程设计年吞吐量82×10^4t，其中集装箱35125TEU（含空箱），重件18.9×10^4t，一般件杂货35×10^4t。共建设4个千吨级泊位，其中1个集装箱泊位，1个集装箱兼重件泊位，2个一般件杂货泊位，泊位总长320m，码头陆域纵深约500m。集装箱及集装箱兼重件泊位配轨道式龙门起重机，一般件杂货泊位配台架式起重机，堆场作业配轨道式龙门起重机，水平运输采用集装箱拖挂车，仓库内配叉车，码头水工建筑物为钢筋混凝土框架结构，码头前沿顶部高程36.96m。设计河底标高20.60m。码头后方配套相应的堆场、仓库、空箱场、洗箱场、道路、辅助生产区和办公区，并预留铁路装卸作业线和水铁联运堆场。港区占地面积$21.7\times10^4m^3$，工程总投资1.841亿元。

图1　港区总平面布置图

2　自然条件

2.1　地形地貌

霞凝港区位于长沙市北部的捞霞开发区内，距长沙市区12km，港区毗邻长沙市绕城线、长湘线、京广铁路、长石铁路，地理位置优越，外部集、疏、运条件良好，交通十分便利。

港区所处河段为分汊河段，月亮岛将湘江分为两汊，右汊为主汊，左汊枯水期断流，港区位于右汊（主汊）的右岸。右汊枯水期水面宽约550m，洪水期河面宽约800m，航道略偏右侧。河段岸线微弯，河床稳定，水域条件良好。

2.2　地质

港区工程地质条件良好，地质构造单一，无不良地质构造。地层结构从上至下依次为：可塑～硬塑粉质黏土层，分布于全港区，最大层厚5.8m；稍密～中密砂卵石层，最大层厚10.70m；全风化花岗岩层，厚度为0～8m，呈致密粗砂状，易散；强风化花岗岩层，厚0.8～13m。中风化花岗岩层，厚度为8.5m。地震基本烈度6度。

本文曾刊登于《水运工程》2004年第5期。

2.3　设计水位

本港设计低水位23.20m(P=98%),设计高水位35.40m(P=5%),设计水位差12.2m。

3　设计特点

3.1　总平面布置

为尽量减少码头建成后对水流流态、河床冲淤以及岸坡稳定等的影响,码头前沿线定在距防洪大堤顶面外缘以外40.2m处,与大堤平行布置。

港区陆域纵深定为500m。以往我国内河港口,往往陆域狭窄,陆域纵深一般只有100~200 m,只能满足一般的生产需要。现代港口应具有多种功能,除装卸作业外,还应兼顾物流、仓储等多项功能。为此,结合当地的自然条件,确定陆域范围为500×340 m,按功能分为生产作业区、辅助生产区、生产管理区三个部分。

生产区内由三纵五横道路组成环形通道。主干道路面宽15~18m,次干道路面宽9~12m。

总图布置的特点是按高起点、高标准的现代化港口设计,既考虑了现状的需要,又考虑了集装箱飞速发展的需求,四个泊位水工结构均按专用集装箱泊位的要求设计,堆场面积宽阔、大气,将来集装箱发展到一定程度,只需添置一定的专用设备,而往下游移走件杂货装卸机械,就可成为专用集装箱港区,可满足15万TEU的装卸要求,为港口可持续发展打下了坚实的基础。

3.2　装卸工艺

根据国内外港口的使用效果及经验,集装箱装卸主要采用多用途门机、桥式起重机、轨道式龙门起重机、集装箱装卸桥、台架式门机等机械。

通过对多种机型的性能、造价、使用和维修等情况的充分调研,本港集装箱的装卸船和堆场作业均采用35t—30m轨道式双梁龙门起重机,水平运输采用集装箱拖挂车,仓库作业采用叉车,龙门起重机造价较低(每台约320万元),跨度大,堆码层数多,能充分利用场地面积,较易实现全自动化装卸,它结构简单、稳定性好、操作方便,安全可靠、工作平稳,场地利用率高,能有效地利用空间,使用寿命长,易于维修,电力驱动,污染少。据调查,国内外海港中也开始用该机作为集装箱专用机械,因此,值得大力推广使用。

3.3　水工建筑物

码头水工结构顺水流方向总长320m,宽40.2m,为五跨三层纵横梁系组成的现浇钢筋混凝土框架结构,顶面为先张法预应力混凝土空心简支铰接大板。基础均为钢筋混凝土灌注桩,前5排桩采用1.2m桩径,最后一排桩采用1.0m桩径。框架结构主体纵向轴距为7.4m,横向轴距为7.5m。纵向A轴、E轴顶纵梁兼作35t—30m龙门起重机轨道梁。下游两个泊位的B轴顶纵梁兼做5t－7.5m台架式起重机的轨道梁。前沿设钢筋混凝土系船架和三层系靠船梁,靠船架的迎水面设D1500型橡胶护舷,整个码头设7条伸缩缝,间距为40m。

水工结构的特点:

(1)水工结构全部按集装箱泊位设计荷载标准和工艺要求进行设计。近期分为集装箱兼重件泊位和件杂货泊位,远期将前沿件杂货装卸机械换成集装箱装卸机械后,即可全部作为集装箱专用码头使用。

(2)结构跨度大,纵横向排架间距分别达到7.4m和7.5m。内河框架式结构的集装箱专用千吨级码头,其纵横向排架的间距多在6~7m之间,采用7m以上跨度的很少。

(3)全部采用直桩,并取消桩帽,减少了施工环节,缩短了施工工期,结构也显得简洁流畅。

(4)采用大型预应力空心面板,板厚仅50cm,能承受600kPa的荷载,设计先进,居国内港口工程中先进水平,且空心板安装工期短,施工方便。

(5)靠船梁的栏杆采用复合不锈钢管。即普通钢管外包一层不锈钢,栏杆的耐腐蚀能力高,造价较低。

(6)码头前沿采用现浇封闭式电缆沟。以往多将其悬挂在面板下面,检修更换不便。本工程设封闭式电缆沟后，人可进入沟内作业，检修较便利，同时也加强了前沿上部结构的整体强度。

3.4 港区陆域形成和铺面结构设计

港区陆域面积19.2万m^2，港区陆域填土高度6～9m，设计按高速公路的压实标准进行，运行一年来，未出现大的不均匀沉降，效果良好。

陆域铺面经大量调查研究后，在湖南港口中首次采用预制高强混凝土联锁块铺面结构，该结构适应高填方地基的沉降变形。造价低，维修少，维修方便，利于港区排水，效果十分显著。

4 结语

本工程在建设、设计、监理、施工各方的共同努力下，正在实现质量、投资、工期的预期目标，实践证明本工程的选址、总平面布置、水工结构、装卸工艺的设计是科学合理的，也是成功的。为类似工程设计奠定了基础，为今后类似工程的设计提供了可借鉴经验。

霞凝港区一期工程、港口铁路专线建成后，长沙港可初显内河港口主枢纽、国家对外口岸延伸港、湖南省集装箱重点港口轮廓，具备运输管理、中转换装、装卸储存、中转联运、通信信息、生产、生活服务6大功能，将成为我国内河一流的现代化港口，也将改变长沙港落后面貌，促进长沙水运事业和社会经济发展，减轻市区交通压力、美化城市景点，社会效益和经济效益显著。在长沙的经济建设中发挥重要的作用。

（本文获2006年度湖南省航海学会优秀论文二等奖，依托的长沙港口主枢纽霞凝港区一期工程荣获2005年度湖南省优秀工程设计一等奖。）

长沙港霞凝港区一期工程码头水工建筑物设计

周作茂

摘　要：简要介绍长沙港霞凝港区一期工程码头水工建筑物的方案比选、结构设计、结构特点和设计体会。

关键词：码头　水工　设计

1　工程概况

长沙港是我国内河规划建设的23个港口主枢纽之一。按规划长沙港霞凝港区将分期分批建设约20个各类泊位，成为长沙港口主枢纽的中心港区。

霞凝港区一期工程共建设4个千吨级件杂货泊位，其中一个集装箱泊位、一个集装箱兼重件泊位，两个一般件杂货泊位，工程总投资1.84亿元。设计年吞吐量：集装箱35125TEU（含空箱）；重件18.9万t、一般件杂货35万t。码头陆域纵深约500m，仓库前方为堆场，仓库后方为空箱场、洗箱场、辅助生产区和办公区，并预留有铁路装卸作业线和水铁联运堆场。

2　自然条件

2.1　地理概况

霞凝港区位于长沙市北部开福区的捞霞开发区内，地处湘江右岸；毗邻长沙市绕城线、长湘线、京广铁路和石长铁路，地理位置优越，交通十分便利。

码头所在河段由月亮岛分为左右两汊，右汊为主汊，左汊枯水期断流，码头位于右汊的右岸。右汊枯水河面宽约550m，洪水河面宽约800m，航道偏向右侧，边线距右岸约220m。河道河势稳定，右岸边滩近年略有冲刷，水域条件良好。

2.2　地质概况

据霞凝港一期工程地质详勘和补充勘探报告，水工结构区由上至下揭示为：可塑～硬塑粉质黏土层，厚1.7～5.8m；稍密～中密砂卵石层，厚3～10.7m，；全风花岗岩，厚0～8m，呈致密粗砂状，易散；强风化花岗岩，厚0.8～13.3m，单轴极限抗压强度：上带为3.5MPa，下带为8MPa；中风化花岗岩，揭露厚度8.5m，单轴极限抗压强度为25MPa。港区地震峰值加速度为0.05*g*，地震反应谱特征周期为0.35s，相当于地震基本烈度6度。

2.3　水文概况、设计水位和主要设计高程

长沙水文二站位于霞凝港上游约17km处。据该站1978～1998年水位资料分析并按比降推算，霞凝港多年历史保证率和洪水频率的特征水位（黄海高程，下同）为：

$$H_{P=98\%}=23.20\text{m}\qquad H_{P=95\%}=23.53\text{m}\qquad H_{P=60\%}=25.52\text{m}$$

$$H_{P=5\%}=35.40\text{m}\qquad H_{P=2\%}=35.97\text{m}\qquad H_{P=1\%}=36.37\text{m}$$

按河港码头规范规定：本港设计低水位23.20m（$P=98\%$），设计高水位35.40m（$P=5\%$）。根据水

本文曾刊登于《湖南交通科技》2004年第1期。

下工程量和施工进度要求，确定施工水位为25.52m（$P=60\%$）。但霞凝港区位于长沙市区，水利防洪部门要求该区域近年要达到100年一遇（36.37m），远期要达到200年一遇（36.95m），另加防浪墙的防洪标准，堤顶处的高程不低于37.00m。据此并结合工艺设备布置要求，确定堤顶处高程为37.00m，码头前缘高程为36.96m，并承诺必要时在堤顶处采取临时堆码防浪子堤的措施，达到规定的防洪要求。设计河底标高则为20.60m（按岩石河床考虑）。

3 码头水工结构方案比选

码头所在河段防洪大堤现有标高为36.00m左右，河岸边滩顶高程为26.00～29.00m。鉴于城市的防洪要求，水利部门不允许将实体码头过多的深入河中（实体结构时要求不超过大堤顶以外10～15m），同时担心施工时开挖大堤后破坏了大堤的防渗系统且不能及时恢复，从而威胁城市的防洪安全。

该处的地质为全风化、强～中风化的花岗岩，全风化层厚度约0～8m，表层覆盖的黏土和砂卵石厚度约5～12.8m，如采用打入式钢管桩或钢筋混凝土桩则覆盖层太薄，无法满足嵌固深度要求。

钢筋混凝土灌注桩对此类地基的适应能力强，水位较低时可采用挖孔桩，便于抢枯水多桩同时施工，结合地质情况和我省具有灌注桩施工优势的有利条件，因此基础形式推荐采用钢筋混凝土灌注桩。

码头水工结构比较过框架结构和梁板式结构。梁板式码头具有下部结构施工较快、阻水面积相对较小、对我省而言结构形式较新颖等优点，但因本河段水位变幅较大，结构高度大（港池底以上高度达超过16m），其整体刚度相对比框架码头要小，使用时变位较大，所需桩直径较大等不足。框架式码头则整体刚度大、变位小，更适应内河水位变幅大的码头，但阻水面积相对较大，造价略高。本码头主要是装卸集装箱和重件，从使用安全、结构可靠性、施工经验、水下工程量等方面考虑，设计采用框架式码头结构。

4 钢筋混凝土框架码头

4.1 设计标准

4个千吨级泊位均按集装箱泊位设计。根据码头功能及其重要性和规范规定，码头类别为二类，水工建筑物级别为Ⅱ级；前沿轨道以后区域的设计堆载荷载为60kPa；起重机最大轮压为250kN；正面吊最大轮压为380kN；施工荷载20kPa。

4.2 结构布置

码头水工建筑物顺水流向总长320m，宽40.2m，纵向共分8个结构段，设七道简支式伸缩峰。各结构段均为5跨（纵向）×5跨（横向）×3层纵横梁系组成的现浇钢筋混凝土刚架结构，顶面为先张法预应力钢筋混凝土空心简支铰接大板，基础均为钢筋混凝土灌注桩，前5排桩采用1.20m桩径，最后一排桩采用1.0m桩径。框架结构主体纵向轴距为7.4m，伸缩缝处为3.3m，横向轴距为7.5m。纵向A轴、E轴顶梁兼做35t—30m龙门起重机轨道梁，下游2个泊位的B轴顶梁兼做5t—7.5m台架式起重机的轨道梁。前沿设钢筋混凝土系靠船架和4层系靠船梁，靠船架和靠船梁的迎水面设D1500型橡胶护舷。在每个泊位的中间伸缩缝处设一道钢爬梯。其水工结构总图见图1。

4.3 结构特点

（1）水工结构全部按集装箱码头设计荷载标准和工艺要求进行设计。近期为一个集装箱专用泊位、一个集装箱兼重件泊位、两个件杂货泊位，远期将前沿件杂货装卸机械换成集装箱装卸机械后，即可全部作为集装箱专用码头使用。

（2）结构跨度较大，纵横向排架间距分别达到7.4m河7.5m。内河框架式结构的集装箱专用千吨级码头，其纵横向排架的间距多在6～7m之间，采用7m以上跨度的很少。

（3）灌注桩框架与立柱直接相接，取消了桩帽。桩柱直接相接目前在桥梁中应用较多，我院于20世纪80年代末应用于码头结构中，实际运用情况良好。取消桩帽减少了一道施工环节，减少了阻水面积，有利于加快施工进度和河道行洪，结构也显得简洁流畅。

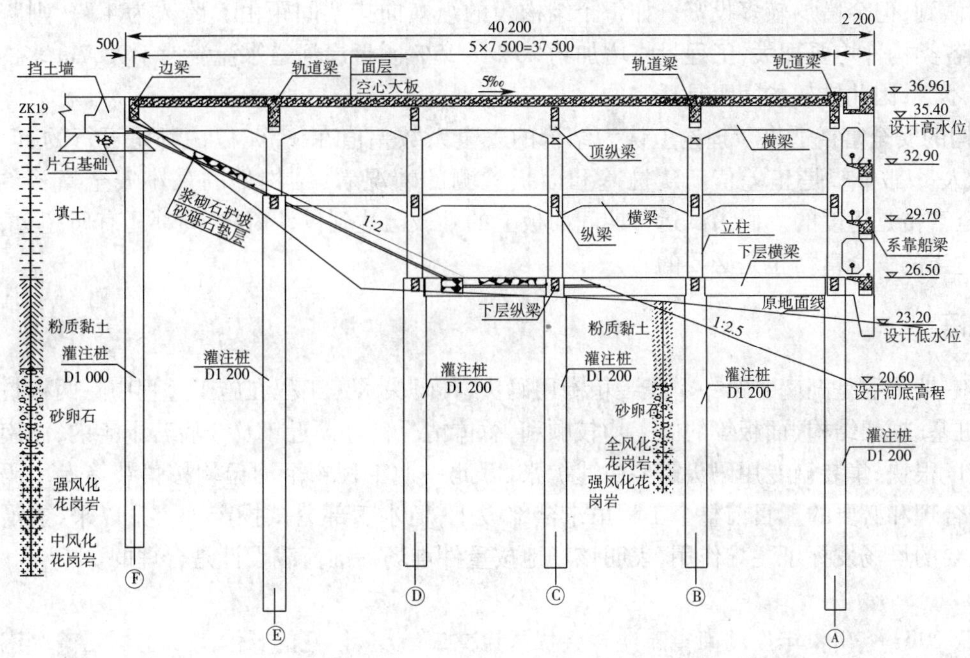

图1 水工结构总图

(4)取消了靠船架象鼻子之间的撑杆。靠船架象鼻子的底部在设计低水位以下,以往的经典做法是在水下的象鼻子之间设一根撑杆,该撑杆多为预制安装结构,十分单薄。我们分析其作用不大,既不能阻止靠船时象鼻子的变位,本身又不能承担船舶的靠泊力,增加了结构的复杂程度和施工的难度。因此,本码头设计中适当加强了象鼻子的强度,取消了水下的撑杆。

(5)采用大型预应力空心面板。C40 先张法预应力混凝土空心大板宽 1.3 ~ 1.5m,长 6.6m,板高 0.5m,嵌于顶层横梁和轨道梁之间,板间相互铰接。降低上部结构高度 0.5m 以上。

(6)靠船梁走道栏杆采用复合不锈钢管。栏杆在干湿交替作用下极易锈蚀,维修量较大,这是港口较普遍的问题。本工程尝试采用复合不锈钢管,即普通钢管外包一层不锈钢,以提高栏杆的耐腐蚀能力。

(7)码头前沿采用现浇封闭式电缆沟。前沿供电电缆较多,以往多将其悬挂于面板下面,检修更换不便。设封闭式电缆沟后,人可进入沟内作业,检修较便利,同时也加强了前沿上部结构的整体强度。

4.4 承载力检测

按规范和设计要求,本码头进行了桩基大应变试验和面板承载力试验。大应变试验表明:桩基的极限承载力为 14 000kN 左右,除以安全系数(一般取 2)后,桩基的容许承载力能满足设计要求的 6 500 ~ 7 000kN,并略有余地。预应力空心面板做了抗弯、抗剪强度和裂缝开展宽度试验,结果表明完全符合设计要求。

5 几点体会

(1)工程地质应准确。施工详勘判断有全风化层深槽,其灌注桩单桩的设计长度达 50m,施工中经补勘予以改正后,单桩桩长减短 20 ~ 30m,节约了投资,施工进度也得以大大加快。

(2)框架码头结构方案合理。本工程泥面以上的结构最大高度达 16.4m,若考虑覆盖层刷深后,结构的最大高度可能达 18m 以上。框架码头多层纵横梁系组成空间刚架结构,可大为增强码头的整体刚度,满足营运要求。

(3)排架间距适宜。有关部门曾要求码头纵横向排架间距进一步加大,以减少桩柱数量。本工程为集装箱和重件码头,码头面堆载较大,7.4m × 7.5m 的间距相对常规做法跨度已加大较多,若再要加大,技术上可以做到，但会增加较多投资。如每个结构段的纵横向排架间距由5跨改为4跨，则跨度将达到9.3m以上，各类构件均要加大，工程量将增加约20%～25%。近岸河道水流流速不大，7m多的间距对水流的影响已不大，因此排架的间距是适宜的。

(4)结构的安全富裕适度。理论上认为结构的安全系数差值在±5%以内都是可行的，但无论是业主或是设计人员都希望是正差值。从桩基和面板检测的情况看，结构件的最小安全富裕约为5%～10%，其安全富裕是适度的。码头试运行期间面板上的堆载已达到设计荷载，局部还有所超过，证明结构是安全的，适当的安全富裕也是必要的。

6 结语

霞凝港一期工程是湖南省第一个集装箱专用码头，其码头水工工程在施工过程中除两根桩出现过问题外，其余桩基、框架结构、面板等的施工均较顺利，总体情况良好。近年及今后若干年内，湖南集装箱运输的发展速度很快，集装箱专用码头需要快速扩张，因此一期工程4个泊位均按集装箱专用码头的要求设计是十分合理和必要的。目前整个工程虽未全部竣工，但水工部分试投产3个月以来，前沿龙门起重机下作为主要的堆场发挥了主导作用，表明该场地按重件堆场标准荷载设计是合理的。

（本文获2003～2004年度湖南省航海学会优秀论文二等奖，依托的长沙港口主枢纽霞凝港区一期工程荣获2005年度湖南省优秀工程设计一等奖。）

岳阳港临湘港区选址探讨

雷路平

摘　要:岳阳临湘市位于长江中游南岸,拥有长江岸线38km,新建临湘港区对临湘市经济发展起着举足轻重的作用,但该河段水下地形稳定性较差,属于长江中下游著名的界牌浅滩河段,泥沙演变复杂,港区选址非常重要,关系到港口建设的成败。

关键词:界牌河段　岳阳港　港区选址

1　港区建设的必要性

临湘市是岳阳市的一个经济大县,是著名的鱼米之乡;工业基础雄厚,拥有采矿业、农药化肥、玻璃、陶瓷、炼油化工等支柱产业;是湖南省长江岸边的矿产大市,矿产资源丰富,特别是白云石、钾长石、石灰石、高岭土、水晶、云母、花岗岩等储量丰富、品位较高、易于开采。其支柱产业形成了附加值并不太高的大宗运量,特别适合并依赖于运价较低、而运输路径也适合的水运。然而临湘尽管地处长江南岸,拥有上起儒溪下至铁山咀的长江黄金水道自然岸线38km,但是从水上运输的货物只能通过上游岳阳市云溪区陆城港区内的沙窝、新港、武钢等码头转运,路途迂回曲折、时而有堵塞,十分不便,经济效益也差。因此,岳阳市"十一五"交通基础设施建设规划中将在临湘河段岸线新辟临湘港区进行港口建设。新建通江达海的岳阳港临湘港区,能发挥长江黄金水道水路运输的优势、实行水陆齐头并进的交通格局,较大优化临湘市交通基础环境,有力地促进临湘市社会经济发展。

2　工可建设规模和标准

《湖南省岳阳港临湘港区工程可行性研究报告》由我院编制。根据工可报告的吞吐量预测分析,临湘港总设计吞吐量为120万t,其中件杂货20万t,散货100万t,新建3 000t级散货斜坡式泊位、件杂货直立泊位各1个,以及相应的库场、道路和生产设施。总征地52亩。设计船型对散货采用3 000t货船,对件杂货采用3 000t驳船,并采用300~2 000t驳船作为兼顾船型。所需港前水域沿水流方向长度为275m,垂直水流方向的宽度为165m。

3　自然条件及河道概况

3.1　自然条件

临湘市气象条件较好,适宜建港。腹地货物利用过境的京珠高速、京广铁路、G107、S201、S301和拟建的临湘—鸭栏防汛公路等联结港口,形成快捷通畅的交通运输网,港口疏运优势十分明显。

临湘境内长江南岸地层,地质构造相对简单,无大的断裂通过。场地基底岩层埋藏深,无土洞、岩溶等不良地质现象,可以选作港口场地。

3.2　河道概况

根据《长江流域综合利用规划简要报告》(1990年修订本),规划将长江中游河道分为上荆江、下荆

本文曾参加2006年湖南省航海学会年会交流。

江、界牌、簰洲、武汉、九江6个重点河段。界牌河段上起杨林山，下至石码头，全长38km，左岸为湖北省洪湖市，右岸为临湘市。其中城陵矶～石码头河道图如图1所示。

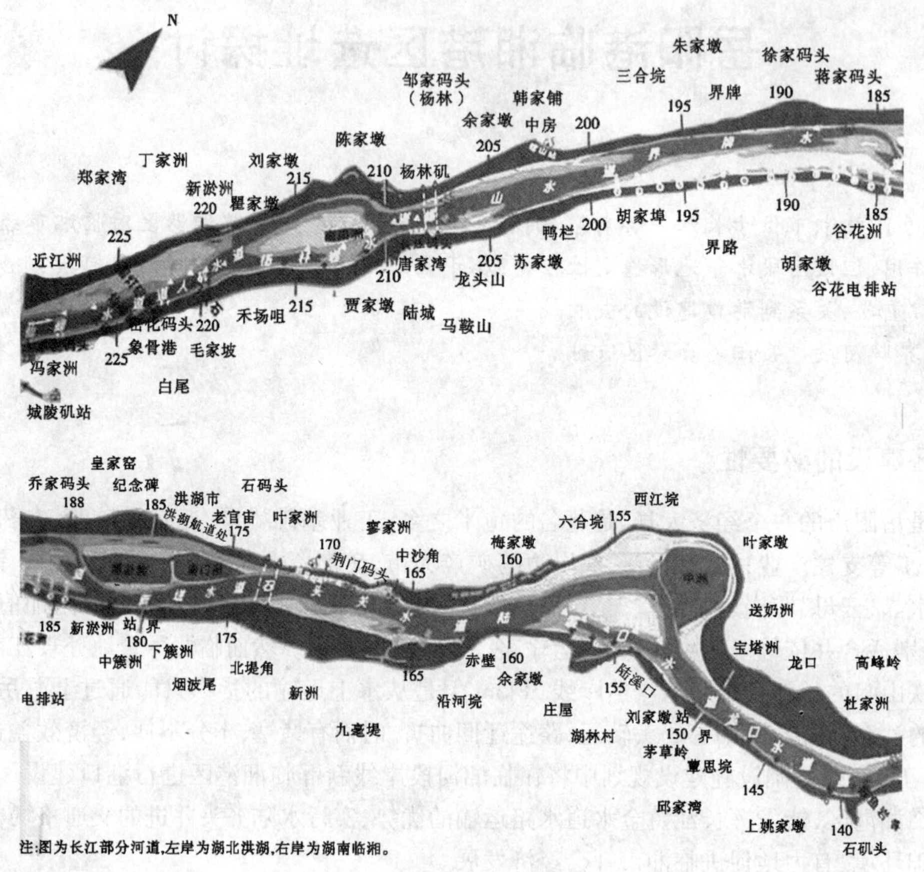

图1　城陵矶～石矶头河道图

（1）临湘市长江岸线范围，上起儒溪下至铁山咀，自然岸线长38km，基本在界牌河段范围内。

（2）城陵矶到螺山30km，属顺直分汊型河段，其中杨林山至螺山10km属界牌河段上段。从上而下有城陵矶、白螺矶～道人矶、杨林山～龙头山（河宽1 050m）、螺山～鸭栏矶节点（河宽1 600m），使河段平面形态呈宽窄相间的藕节状，节点间河床展宽，河心淤成洲滩。

（3）螺山水文站断面：螺山水文站水位测量断面通过鸭栏矶矶头；流量测量中断面位于鸭栏矶矶头以下850m，其上、下游各140m为流量测量上、下断面，按有关规定，水文站测量断面上、下各150m均不得新建河道内建筑物。

（4）螺山下游段的界牌河段：螺山至复粮洲沿程变化不大，左岸为深槽，右岸为边滩，称为上边滩，复粮洲以下河道逐渐展宽并出现江心洲分汊，到新堤附近最大河宽达3 400m（含江心洲），至石码头又收缩为1 070m。本河段主流摆动，两岸遭受冲刷，右岸湖南临湘市江堤尤为剧烈。河道主槽迁徙不定，浅滩变动，枯期碍航严重，常使大型客货轮断航，影响长江航运。

（5）港区附近河道上桥梁及过江管线。距螺山16.45km云溪区境内，在建荆岳长江公路大桥，其通航标准为：通航船舶按3 000t江海轮确定，航道等级为内河Ⅰ－（2）级，通航净高不小于18m，通航净宽单孔单向不小于230m，单孔双向不小于450m。通航航宽较宽裕。对本港区进出船舶航行安全基本上不会产生不利影响。

据调查，临湘境内长江河段近期内不会有新建桥梁和过江管线，下游湖北赤壁市境内按内河Ⅰ级河流上大桥标准新建赤壁长江大桥，对选址无影响。

4 河床演变分析

4.1 城陵矶至螺山段

该段近30km河段有众多节点控制,抗冲能力强。杨林山以上约20km,洞庭湖平顺来水与下荆江斜交,汇流后水流紧贴右岸,故深水临右岸,右岸河滩较为稳定,左岸侧河床逐年淤积,河道均为抗冲性土层,右岸好于左岸。

城陵矶至杨林山河段,公元1861年以后百多年中,两岸岸线有少量变化,但不明显,河道平面位置相对稳定,仅洲滩、汊道有所冲淤。河流深泓偏向右岸,经仙峰、道人矶、杨林岩等水道至新港。仙峰和道人矶水道为中游著名的礁石河段。

杨林山至螺山:该河段中特别是儒溪至鸭栏之间,左右两岸随主流摆动而交替出现边滩、潜洲。

4.2 螺山断面

该断面自1954年以来一直处于不稳定的变动之中。1954~1966年该站的水位—面积曲线呈左移趋势,1966~1976年变动不大,1976年以后左移趋势更加明显,并淤积严重。至1986年淤积最大,最大淤高10m多,主河槽从右侧摆到左侧,摆幅约950m。1998年大水又将整个河槽全部冲深,冲刷了大部分淤积物,最大冲深达17m,主河槽也摆动至右侧,恢复到先前的状态。1998年以后,横断面左槽冲刷,最大冲深约5m,河床中间和右槽淤积,特别是中间河床,在1998年的基础上淤高达10m。

4.3 螺山断面以下的界牌河段

该段河道顺直单一,平均河宽2 200m左右,其右岸鸭栏以下约1 500m始,有一条长10余km的边滩,滩顶中水出露,滩尾下延至谷花洲附近,称为上边滩。该边滩头部在1994年界牌河道整治前常处于消长状态,使该处主流或靠左岸或靠右岸。左岸螺山边滩滩尾位于螺山断面以上附近,自然趋势是展宽淤高,不断下移,使右岸上边滩上段受冲后退。

1994年界牌河道进行了航道整治,与港区选址有关的主要工程内容有在右岸鸭栏矶以下建2~15号共14座丁坝,其中2号丁坝在鸭栏矶头以下约2.4km处,再以下约每1km距离设1道丁坝,以稳定右岸上边滩,缩窄航道。自整治工程实施至今,经历了1995年、1996年和1998年较大、特大洪水。工程整体较为稳定,深泓线摆动范围减小,在控制河势、改善水道航行条件等方面均达到了预期的效果。河道通航条件明显改善,边滩、新淤洲等成型淤积体淤高完整,主航道靠左岸的河道趋向稳定。左岸螺山边滩总的变化趋势仍然是展宽淤高,并不断下移,但变化的速度较整治前大为减小,形状逐渐向窄长方向发展。右岸上边滩越来越稳定。

从近年水下地形测图分析,鸭栏矶以下1.3~2.0km处,河段窄而顺直,向下游逐渐拓宽,码头前沿枯水水深尚不够航深(保证率98%的码头前设计河底高程为10.72m)。但航道部门和船工及当地居民反映,该处近20年来水下地形和枯水水深变化并不太大。再往下约1km为上边滩头部。

5 港区选址

临湘辖区河流岸线范围为长江右岸,上起儒溪下至铁山咀,自然岸线长38km,基本与界牌河段重合。

5.1 儒溪至鸭栏段

该段受儒矶、螺山~鸭栏矶两节点控制,河段中间宽,两端窄,河道冲刷复淤积,主河槽摆动频繁,两岸交替出现边滩、潜洲,且堤内工厂、学校、城镇建筑物较多,陆域狭窄,非常不宜于建港。

5.2 鸭栏矶矶头及以下1 150m河段

该段由于长江水利委员会有“码头离螺山水文站测量断面的距离不得小于150m”的规定,故不得建设港口。

5.3 临湘鸭栏矶2.4km以下河段

临湘鸭栏矶2.4km以下河段河岸再往下,右岸下游数十千米范围内为大边滩,基本没有建港条件。

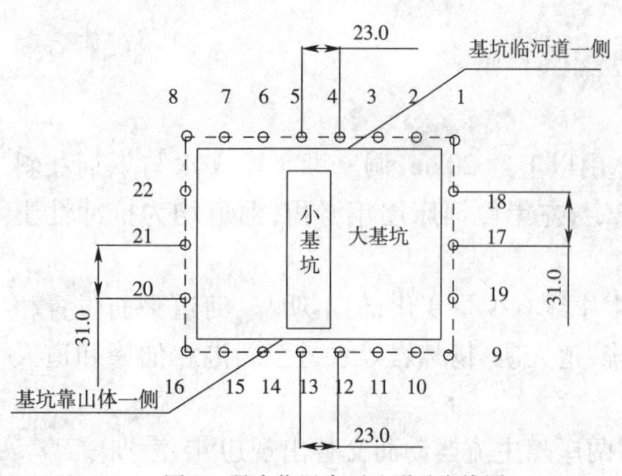

图2 码头位置水下地形及岸线图

5.4 鸭栏矶以下1 300～2 000m

港区选址重点考虑在鸭栏矶以下1 300～2 000m，见图2。河流较窄而顺直，并逐渐展宽。该段主航道在港区对岸。水下地形尚变化不大，码头前枯水水深较浅，船舶进港困难，但靠近上游有水深很大的枯水倒套。近20年来自然状态下，码头前上边滩和对岸螺山边滩均有下移趋势，可使本岸枯水水深逐渐增大，1994年航道整治工程并未根本改变该趋势。

工可考虑从对岸下游向本码头前沿挖进进港航道，并疏浚港池，利用上游倒套作为船舶掉头水域。由于进港航道挖泥平均仅1.5m深，故长江界牌河段1994年整治将主航道固定在左岸的目的，并不会因本工程的进港固航道挖泥而有明显影响。

而经济上参照上游儒溪码头，其进港航道系在河中的沙洲上挖出，稳定条件较本港差得多。从1989年至今，其维护性挖泥据业主调查多年平均为14万元，最高年份为20万元。经计算临湘港区码头亦可承受如此数量级的进港航道和港池的维护性挖泥费用。

该段岸线在港区选址条件受限的条件下，作为港址虽不理想，通过进港航道疏浚维护，却也勉强可行。

5.5 港区选址

综上所述，故港区选址初步定在临湘市儒溪镇鸭栏矶下游1 400m～1 600m。通过新挖进港航道可连接长江I(2)级航道，通过疏浚可满足码头前水深要求，码头前沿和进港航道的维护性挖泥经济上尚可承受；岸线条件尚可；陆域开阔、平坦，纵深大，拆迁很少；场地稳定，地质条件尚可；港区对外交通条件好，可快捷联通高速公路、国道和省道进行货物集疏运；港区供电可就近接引，供水采用自备水源。港址选择符合岳阳交通基础设施规划和临湘市规划，符合岳阳环保要求，满足水利防洪和航道等河道管理部门的要求。

6 结语

由于受自然岸线条件限制，港区选址初步定在临湘市儒溪镇鸭栏矶下游1300～2000m，拟采取开挖进港航道，疏浚码头前沿河床，营运期码头前沿和航道进行维护性疏浚等措施，港址不十分理想，技术上勉强可行。

考虑到界牌河道的复杂性以及三峡大坝蓄水后对长江中下游河道的影响，建议下阶段可考虑对本港区选址范围河段进行水力模型试验工作，为进一步验证该河段作为港区选址的合理性、经济可行性提供依据。

对进港航道和码头前沿疏浚后是否会出现严重的回淤问题，应在下阶段委托有关部门进行“航道条件分析研究”，给出结论性意见，以便最终确定选择该港址是否可行。

参考文献

[1]《长江流域综合利用规划简要报告》(1990年修订本).
[2] 吴作平，曾庆云，段文忠，杨国录. 长江界牌水道整治效果分析. 泥沙研究，2003(3).
[3] 陈晓云，高凯春. 长江中游界牌河段过渡段控制工程数值分析研究. 泥沙研究，2001(3).

(本文获2006年度湖南省航海学会优秀论文二等奖。)

基于目标函数法的基坑降水井群的优化布置

刘志敏　徐云峰　许艳杰

摘　要:经过分析研究,将目标函数法应用于基坑降水井群布置优化设计,通过增加约束条件和控制条件,完善了优化模型,通过工程实例分析,验证了优化模型应用的可行性和有效性。

关键词:基坑　降水井群　优化　目标函数法

基坑降水井群优化方法大体有3种:"大井法"[1]、有限元法和目标函数法。"大井"法用于降水井群优化过于简化,考虑因素简单,且只能计算基坑总涌水量,单井出水量以总涌水量平均处理得到,和基坑工程降水井实际出水量相比出入较大。有限元法也只能计算出基坑总涌水量,单井出水量仍是平均处理。相比之下,只有目标函数法较为理想,因为它既能求得基坑总涌水量,又能求得单井出水量。将它用于基坑降水井群布置优化,不但能够满足基坑降水要求,还便于降水井水泵功率的选择、分配和组合。

1　优化模型

基坑井点降水井群优化设计时,其目标函数是在保证基坑安全施工的前提下,使降水井的数目及总排水量最小。因此,降水井群优化设计数学模型可表述为:在满足约束条件(基坑内控制点水位降深、单井出水量大小)以及控制条件(井半径、最大井深、基坑和降水井周围岩体允许坡降)下,寻求1组设计变量值(如降水井个数、单井最佳出水量和井点间距等),使得目标函数达到最优值(基坑总涌水量最小)。

以前在基于目标函数法的基坑降水井群布置优化模型约束条件中,只考虑控制点水位降深和单井出水量大于0。没有考虑在一定的地质水文条件下,每口降水井均有1个最大出水量上限值。考虑到以前存在的不足之处,我们在建立基坑降水井群优化模型时,以基坑总涌水量最小为目标函数,增加1个约束条件——单井最大出水量能力,同时将降水井最大井深、降水井井径及降水井和基坑周边的渗透坡降临界值作为控制条件。这样,上述问题的数学模型可描述为:

$$Z=\min\sum_{i=1}^{n}q_i$$

约束条件:

$$S_j\leqslant\sum_{i=1}^{n}S_{ji}\quad j=1,2,\cdots,m$$

$$0\leqslant q_i\leqslant q_{\max}(i)\qquad i=1,2,\cdots,n$$

控制条件:

$$h_w(i)\leqslant h_{w\max}(i)\qquad i=1,2,\cdots,n$$

$$0.1\leqslant r_w(i)\qquad i=1,2,\cdots,n$$

$$0\leqslant K_s(k)i_{\max}(k)\leqslant i_{cr}(k)\qquad k=1,2,\cdots,n$$

式中:n——抽水井个数;

m——水位控制点点数;

q_i——第i口拟建排水井出水量,m^3/s;

本文曾刊登于《建井技术》2006年 第27卷 第2期。

S_j——基坑中控制点 j 处的水位降深,m;

S_{ji}——第 i 口井降水对控制点 j 处的水位降深,m;

$q_{\max}(i)$——第 i 口降水井的最大允许抽水量,m^3/s;

$h_w(i)$——第 i 口降水井的井深,m;

$h_{w\max}(i)$——第 i 口降水井的最大井深,m;

$r_w(i)$——第 i 口降水井的成井半径,m;

$i_{cr}(k)$——第 k 口降水井周围岩体的临界水力坡度;

$i_{\max}(k)$——第 k 口降水井四周的最大水力坡度;

K_s——降水井的安全系数。

1.1 优化数学模型约束条件的确定

1)控制点水位降深[2-4]

基坑控制水位降深可由 Dupuit 公式求得,假设渗流区中有 n 口任意排列且相互有干扰的降水井,有 m 个水位控制点,各降水井的抽水量为 $q_i(i=1,2,\cdots,n)$,位于(x_j,y_j)处的观测孔由于各降水井抽水引起的总降深为 S_j。当抽水前的初始水头和边界水头 H 为常数时,根据叠加原理,有:

$$S_j = \sum_i^n S_{ji}$$

控制水位降深根据降水井的类型以及地下水类型的不同而不同。对于潜水完整井群的稳定运动,假定隔水底板是水平的,根据叠加原理,有:

$$H^2 - h_j^2 = (2H - S_j)S_j = \sum_{i=1}^n \frac{q_i}{\pi K}\ln\frac{R_i}{r_{ji}}$$

式中:R_i——第 i 口降水井的影响半径,m;

r_{ji}——抽水井 i 到水位控制点 j 的距离,m;

H——抽水前潜水含水层的初始厚度,m;

h_j——控制点处的潜水含水层厚度,m;

K——含水层的渗透系数,m/d。

对于 n 口降水井,m 个水位控制点而言,模型控制点水位降深约束条件为:

$$\begin{aligned}
H^2 - h_1^2 &= (2H - S_1)S_1 \leqslant \sum_{i=1}^n \frac{q_i}{\pi K}\ln\frac{R_i}{r_{1i}} \\
H^2 - h_2^2 &= (2H - S_2)S_2 \leqslant \sum_{i=1}^n \frac{q_i}{\pi K}\ln\frac{R_i}{r_{2i}} \\
&\vdots \qquad\qquad \vdots \\
H^2 - h_m^2 &= (2H - S_m)S_m \leqslant \sum_{i=1}^n \frac{q_i}{\pi K}\ln\frac{R_i}{r_{mi}}
\end{aligned}$$

对于承压完整井群的稳定流动:同样根据叠加原理,有:

$$S_j = \sum_{i=1}^n \frac{q_i}{2\pi T}\ln\frac{R_i}{r_{ji}}$$

则对于 n 口降水井,m 个水位控制点而言,其约束条件为:

$$\begin{aligned}
S_1 &\leqslant \sum_{i=1}^n \frac{q_i}{2\pi T}\ln\frac{R_i}{r_{1i}} \\
S_2 &\leqslant \sum_{i=1}^n \frac{q_i}{2\pi T}\ln\frac{R_i}{r_{2i}} \\
&\vdots \qquad \vdots
\end{aligned}$$

$$S_m \leqslant \sum_{i=1}^{n} \frac{q_i}{2\pi T} \ln \frac{R_i}{r_{mi}}$$

式中：T——含水层导水系数，$T=KM$，m^2/d（M 为承压含水层平均厚度，m，若为近似的多层含水层时，$M=\sum h_i$，其中 h_i 为各含水层厚度，m）。

对于非完整井，由于地下水向不完整井群的运动是非常复杂的问题，目前还没有像完整井群那样系统的理论解答，主要采用流体力学的镜像法和分段法来解[2]。

2）降水井的最大允许抽水量

基坑降水井的最大允许降水量 $q_{\max}(i)$，在井径相同的条件下，应根据抽水实验得出，在无抽水试验的条件下，亦可根据水文地质条件按经验公式算出。

降水井单井出水量经验公式有多种。单井的最大出水量决定于含水层的允许渗透速度、过滤器长度及直径等，其理论计算最大允许出水量为[5]

$$q = 120\pi r l \sqrt[3]{K}$$

式中：q——单井出水量，m^3/d；

r——过滤器半径，m；

l——过滤器有效工作长度，m。

1.2　数学模型控制条件

1）降水井井深

降水井井深直接影响降水效果，井过浅，达不到降水目的，过深则造成浪费，且易使降水井周围渗透坡降过大，造成渗透破坏。针对完整井而言，降水井点成井深度只能小于等于隔水底板埋深。因此，降水井井底高程应该有一最大限定值。

根据长春市基坑开挖降水实践，对均质含水层总结如下经验公式：

$$h_{w\max} = H_k + C + I r_0 + L_1 + L_2$$

式中：h_w——公式增加为降水井深度，m；

H_k——基坑开挖深度，m；

C——基坑底面以下，土层毛细水上升高度，m；

I——水力坡度，一般取 10%；

r_0——基坑概化等待圆半径，m；

L_1——水位控制器控制长度（包括水泵体长度），一般 1.5～2.0m；

L_2——孔内沉淀部分长度，一般 0.5～1.0m。

除此之外，对于完整降水井，其最大深度还应小于隔水底板埋深，即

$$h_{w\max} \leqslant H_P \qquad i = 1, 2, \cdots, n$$

式中：H_P——隔水底板埋深，m。

因此，基坑降水井井深应满足：

$$h_w(i) \leqslant h_{\max}(i) \qquad i = 1, 2, \cdots, n$$

2）降水井半径

降水井要有足够口径，以保证水泵能顺利安装到设计深度。为了保证成井质量，便于安装机泵，井管的半径应该大于 0.1m。

3）基坑和降水井的渗透坡降

在含水较为丰富的地层中进行基坑施工，尤其是在含水饱和的土层中进行深基坑开挖和几十米深降水井钻掘时，随时都要考虑水压力的存在。为确保施工时基坑和降水井周边土体的稳定，对危险点处（基坑外围和降水井壁）最大渗透坡降进行研究显得十分重要。

对于降水井，需要考虑其底端危险点处岩体的渗透稳定性，因而有：

$$0 \leqslant K_s(k) i_{max}(k) \leqslant i_{cr}(k) \qquad k=1,2,\cdots,n$$

式中：$i_{max}(k)=\dfrac{h'_w(k)}{L(k)}$（式中：$h'_w(k)$ 为第 k 口降水井底内外的水头差，m；$L(k)$ 为第 k 口降水井最短渗径流线长度，m）；$i_{cr}(k)$ 与第 k 口降水井周围土颗粒的比重 G_s 和土的空隙比 e 有关，为：$i_{cr}=\dfrac{G_s-1}{e+1}$。

对于基坑，需验算基底抗隆起安全系数 K_s。只有进行渗流分析，绘制流网，才能得出满意结果。坑底土体抗渗流或管涌安全系数为：

$$K_s=\frac{i_{cr}}{i_{max}}$$

式中：$i_{max}=\dfrac{\frac{h}{N_d}}{a}$；

h ——基坑内外水头差，m；

N_d ——流网中等势线间隔数；

a ——在溢流位置流网单元长度，m；

i_{cr} ——临界水力坡度，其计算与降水井中临界水力坡度计算相同。

基坑安全系数一般要求大于1.5～2.5。坑底土为砂性土、沙质土或黏性土与粉性土中有明显薄层粉砂夹层时取大值。对于降水井而言，由于它是采用钻井方法埋入井管和滤管（处于井管下端）的，因此其安全系数可以略小一些。

1.3 边界条件的处理[2]

模型边界基本上分为补给边界（供水边界）和隔水边界（不透水边界）二类[2]，采用镜像原理将边界附近正在工作的真实的井（实井）映射为该边界另一端的一口虚构的井，称为虚井。虚井应具备下列特征：

（1）虚井和实井的位置对于边界是对称的；

（2）虚井的流量和实井相等；

（3）虚井的性质取决于边界的性质，对于定水头补给边界，虚井的性质和实井相反，即如实井为抽水井，则虚井为注水井。对于隔水边界，虚井的性质和实井相同，即实井为抽水井，则虚井也为抽水井；

（4）虚井的工作时间和实井相同。

把边界影响用虚井代替，把实际上有界渗流区化为虚构无限渗流区，把求解边界附近的单井抽水问题化为求解无限含水层实井和虚井同时抽（注）水问题，但要求仍保持映射前原有边界条件和水流状态。再利用叠加原理，可以求得原问题的解[2]。

1.4 关于模型的几点说明

（1）优化模型不考虑天气原因，即不考虑降雨入渗补给。正常自然降水所形成的地表水由基坑四周通过排水沟和集水井排出，不计入基坑模型的涌水量之中，模型涌水量的计算针对地下水。

（2）对不同渗透系数的岩层，要将渗透系数转化为同一渗透系数，即地下水在均质各向同性的介质中流动。

（3）基坑降水井单井出水量大小受控制点位置、单井最大出水量、降水井所在位置含水层厚度以及控制点处要求的水位降深有关。

2 工程实例

2.1 工程概述

某水利枢纽厂房部分位于河流右岸，右岸电站厂房基础的开挖为一期基坑工程。基坑沿坝轴线方向长为90.0m,沿河流方向长为150.0m,包括两个基坑,即为内基坑(小基坑)和外基坑(大基坑),如图1所示。其中外基坑上游边距坝轴线约60.0m,基坑尺寸(长×宽)为150.0m×100.0m,内基坑设计基底高程为267.0m。工程要求内基坑坑内降水达开挖面以下0.3m,即基坑最深处为19.3m。根据岩土工程地质勘察资料,该水利枢纽工程区地下岩层透水性较强,渗透系数为$10^{-4} \sim 10^{-2}$cm/s;岩层相对完整,断层不发育;相对不透水层埋深较大。

2.2　优化模型

该基坑工程区地下岩层透水性较强,且相对不透水层埋深较大,无法采用完全止水的方法阻水。同时计算显示,只有当帷幕深度大道34m以上时(自纵向围堰顶计),防渗效果才能显现,因此不宜采用悬挂式防渗帷幕。综合考虑以上因素,为了达到既能排出地表水,又能降低地下水位的要求,确定基坑降水采用排水沟和降水井相结合的方案,降水井布置在基坑外。考虑到上、下游预留鼻坎和纵向帷幕外河流补给基坑地下水源,设计井点布置为环形封闭型。

按照基坑降水井群优化模型自变量个数(即降水井个数)由少到多原则,先根据经验拟订,如果计算结果不能满足基坑降水要求,再增加降水井个数。根据该基坑工程降水的地质及水文条件,最后确定布置22口降水井,见图1。根据该基坑的形状和地理位置,在基坑中心位置部位以及小基坑边缘共设25个水位降深控制点,见图2。

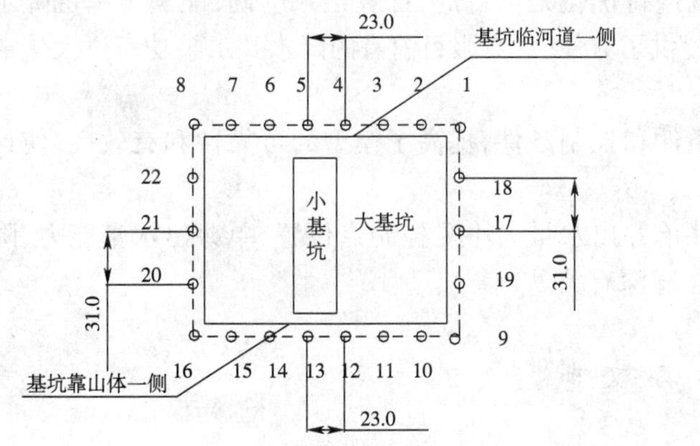

图1　基坑降水井群的布置方案

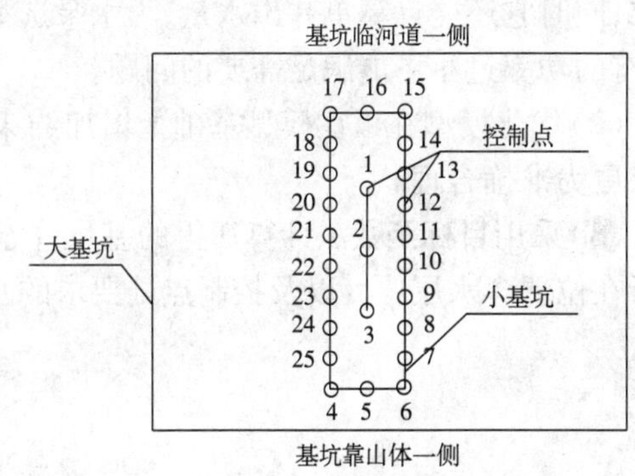

图2　基坑中心控制点位置图

该水利工程基坑降水井群优化模型为:

$$\min f(q) = \min(q_1 + q_2 + \cdots + q_{22})$$

约束条件为:

$$-\left(\sum_{i=1}^{22} \frac{q_i}{\pi K} \ln \frac{R_i}{r_{ji}}\right) \leqslant (S_j - 2H) S_j \qquad j = 1,2,\cdots,25$$

$$0 \leqslant q_i \leqslant q_{\max}(i) \qquad i = 1,2,\cdots,22$$

控制条件为:

$$h_w(i) \leqslant h_{\max}(i) \qquad i = 1,2,\cdots,22$$

$$0.1 \leqslant r_w(i) \qquad i = 1,2,\cdots,22$$

$$0 \leqslant K_s(k) i_{\max}(k) \leqslant i_{cr}(k) \qquad k = 1,2,\cdots,22$$

2.3　计算结果

对上述优化模型进行计算,计算结果如表1所示。

为证明目标函数法对基坑降水井群布置优化设计的有效性,采用有限元法比较计算,两种方法计算方案相同。有限元渗流计算模型离散后,通过工况比较,最终确定采用22口降水井,计算得基坑总排水量(基坑降水井附近所选闭合剖面的排水量)为80 740.0m^3/d,单井出水量平均约为3 670.0m^3/d,计算方案和目标函数法相同,且总涌水量计算结果相当;采用“大井”法优化计算,计算结果采用20口降水井,基坑总涌水量为 92 058.2m^3/d,单井出水量约为 4 602.91m^3/d,经方案校核,采用"大井"法对该基坑工程降水井群优化设计尚未达到基坑降水的要求,这与"大井"法计算过于简化有关。

基坑降水井抽水量计算结果表 表1

降水井标号	抽水量(m^3/d)	降水井标号	抽水量(m^3/d)	降水井标号	抽水量(m^3/d)	降水井标号	抽水量(m^3/d)
1	739.0	7	3 736.4	13	4 438.2	18	3 610.9
2	2 018.2	8	591.0	14	5 270.9	19	5 263.6
3	2 018.2	9	4 898.2	15	5 312.7	20	5 187.3
4	1 645.5	10	4 772.7	16	2 064.5	21	4 514.6
5	1 854.6	11	4 396.4	17	5 187.3	22	3 527.3
6	3 736.4	12	4 689.1				
基坑总的出水量(m^3/d)				79 473.0			

3 结语

(1)运用目标函数法对基坑降水井群的布置进行优化是可行的,计算结果准确,能满足基坑降水的要求;同时它还能计算单井出水量,为水泵选型提供了方便,可克服目前有的降水井水泵功率过大造成浪费,有的功率过小不能满足需要的问题。

(2)优化模型在以往模型基础上增加约束条件和控制条件,提高了模型的可靠性和有效性,使计算结果更为准确合理。

(3)采用目标函数法计算所得的基坑降水井单井出水量大小受控制点位置、单井出水量能力、降水井所在位置含水层厚度以及控制点处要求的水位降深有关。

参 考 文 献

[1] 张宏程. 概化大井计算法在深基坑降水中的应用[J]. 施工技术. 2002,31(1):27.
[2] 薛禹群,朱学愚. 地下水动力学[M]. 地质出版社. 北京,1979:92-244.
[3] 雅·贝尔. 地下水水力学[M]. 北京地质出版社,1985.
[4] 王彩会. 深基坑降水工程优化设计及渗流场与应力场耦合分析[D]. 南京:河海大学硕士学位论文,2001.
[5] 张永波,孙新忠. 基坑降水工程[M]. 北京地震出版社,2000:8-63.

(本文被评为湖南省第12届自然科学三等优秀学术论文。)

第四篇

建筑与景观工程

浅论21世纪初叶中小城市居住环境设计

熊新华

1　引言

我国住房制度改革在新的21世纪到来前夕,步入其实质阶段:福利分房已成为历史,通过提高工资中的住房补贴,让个人从市场找"家"已成为唯一选择。目前我国城镇居民住房自有率已从1979年的16%大幅度提高到58.8%,部分省市超过了60%,而在中小城市则更高些。据有关权威部门公布,我国城镇居民人均居住面积已从1979年3.6m^2提高到1999年12m^2,实现了建设部确定的居住小康目标:到2000年全国城镇居民每户有一套功能基本齐全、设备基本配套的住宅。居住水平的提高,必须要以居住环境质量的改善为标志,这里所说的居住环境包括居住的户内户外环境。因此,在新的21世纪初叶,改善中小城市居住环境质量,创建中小城市美好、宜人的居住环境,探索新的21世纪人类居住区的规划、设计、建设和管理等问题,是我们建设工作者刻不容缓的职责,也是我们建设工作者在新的21世纪初叶所面临的紧迫任务之一。

21世纪是一个高科技迅猛发展的世纪,是信息社会和知识经济的时代,它的经济发展将较少依靠自然资源,越来越多依靠的是知识才库,保护、改善和优化人居环境,以此来尽力补偿工业时代所付出伤害环境的代价,追求新的生态平衡。笔者认为,21世纪初叶中小城市的居住环境设计可以概括为:空间、生态、视觉、文化、人文、智能6个方面的环境设计。本文从上述6个方面的环境设计阐述笔者的一己之见。

2　空间环境

居住区具有充足和良好的空间环境,这是21世纪初叶中小城市居住环境的必备条件。居住空间环境由家庭私密空间(室内)和公共活动空间(室外)构成。整个室内空间环境设计,要体现以客厅为家庭活动中心的原则,合理安排客厅的位置,限制并减少直接开向客厅的门的数量,保证客厅具有稳定的活动空间。每户入口处应设存放空间(室内外过渡空间)。卫生间和厨房须有足够的面积,要有自然采光通风。卫生间应向舒适型发展,洗衣、洗漱、洗浴、便溺等要按功能合理分离与组合,减少使用干扰,大套型住宅应设双卫生间。

居住区公共活动空间的设计,应主要考虑居民交往休闲场地、老人儿童活动场地、绿化地、方便残疾人通行的无障碍设施、居民购物、文体活动、医疗、物业管理设施、配套合理的道路、停车场地和环卫市政设施。如广西南宁新兴苑小区,将每个组团的部分住宅楼底层全部架空,形成了空间视野开阔、景观视线通透的效果,减少了幢与幢之间相对距离的局促感,加上将绿化空间向架空层延伸,使绿化渗透到建筑内部,两者相互融汇,给人以"久居樊篱下,复得返自然"的感受,达到了"苔痕上阶绿,草色入帘青"、"藤萝绕梁转"的乡风情调。值得很好的借鉴。要设置方便而隐蔽的小车停车场地,不占庭院和绿地空间。居住建筑群的基本空间可由组团、邻里单元和院落多种形式构成,住宅楼应以多层和小高层(11~12层)为主,适当设置高层,提高土地利用率,丰富居住区建筑空间环境。

在空间环境设计中,过去的住宅区建设大部分存在为追求经济效益而不顾环境效益的弊病,致使建

本文曾刊登于《中外建筑》2000年第3期。

筑容积率过高。再有,垃圾的收集方式也是困扰住宅区建设的一个难点。住宅内设计垃圾道,由于道壁粗糙和管理不善,成为滋生细菌和异味、环境污染的根源。因此应提倡实行垃圾袋装化和分类收集。

3 生态环境

生态环境是居住区供人们生活的自然环境。在我国自古以来人们就遵守一个重要的哲学思想,即"天人合一",它强调人和自然的关系应紧密相连,不可分割。在进行居住区的生态环境设计时,要充分尊重和爱护自然环境,保护住区自然环境的原有风貌,让建筑结合地形、依附自然。在以往的居住区总体规划时,只将重点放在突出建筑物的布局上,而不是突出生态环境,是先将建筑物和道路排列出来,然后把剩余的部分用作绿化用地。在21世纪的居住环境设计中,则应优先把生态环境设计放在首位,居住区总体规划设计可先考虑良好的生态环境为居住区所利用,再在绿化用地中布置建筑物和道路。保护住区环境的自然风貌,保证住区具有足够的公共绿化用地,可使住区人们的生活更加接近怡人的大自然,诗意地生活在自然环境中,这是东方人对居住环境的理想。绿化环境的质量反映了居住区生态环境质量的优劣,小区绿化为居民户外休闲、室内外观赏提供了绿色空间,同时它还具有释放氧气、杀菌除尘、净化空气、调节空气温湿度、减噪、隔热、防风以及美化环境、创造四季景色美和调节人们心理等综合功能。在生态环境设计中,要充分利用基地的自然地势地貌,采用山水结合、以道路绿化联系各公共绿地和宅旁绿地的方法,使居住区形成点、线、面的绿化系统,要注意在建筑物南侧配置落叶树种,在东西侧进行垂直绿化。推广种植花期长、姿态美的花卉植物。

4 视觉环境

居住区的视觉环境是非常重要的,它体现了人们对整个环境直接的心理感受。衡量一个居住区环境的好坏,首先向人们反映出来的就是视觉环境,它是一个居住区给人产生的第一印象。具有良好视觉环境的居住区,必然使人们产生一种舒适愉悦的心理感受。

居住区视觉环境的设计,通俗说来就是居住区的形象设计,它主要体现在建筑物造型特点、主要出入口处理、集中绿化、庭园、细部小品、装饰材料、色彩、小区标志等方面。在居民对居住环境质量的总感受所包含的诸多因素中,景观和绿化起到的作用最大。在居住区视觉环境设计时,对公共视线密集的地带,要营造一种"平和"、"宽松"的气氛,如设置宽阔的入口广场、大片的集中绿地或相当规模的人工水景,这样能够给观者产生良好的效果。

居住区的视觉环境美,以构成居住区的各要素之间的和谐关系来体现。优秀的规划师建筑师对建筑群体的综合艺术效果和整体景观形象美等大环境的重视,远远超过对建筑个体形象的塑造。居住区上部空间视觉环境设计,要尽量维持建设前的自然地形地势和自然空间特征,让建筑像从基地上自然生长出来那样与周围环境相协调。如深圳金碧苑的住宅楼结合山地地形特点布局,低层和多层住宅楼在前,高层住宅楼在后,前低后高与山形吻合,相得益彰,形成了和谐美的视觉景观。对居住区的环境景观及绿化要进行精心设计,推广种植屋面(屋顶花园),把屋顶和阳台纳入绿化系统,创造立体化、多元化的空间视觉景观。在视觉环境中色彩起着大效果的作用,居住区的建筑色彩宜用温暖的色调,在统一中求变化,要体现亲切、典雅、宁静的居住气氛。实践证明,独特的居住区风貌愈来愈被人们所追求,千篇一律或缺乏特色的居住区被人们所厌弃。

5 文化环境

居住区的文化环境决定居住环境品位和层次的高低,文化的内涵覆盖了整个居住环境要素,未来房地产之间的竞争,从某种意义来说,就是一种居住文化环境的竞争。当然,这并不等于一定要在居住区内设置大量配备齐全的文化设施来表达浓郁的文化气息,而是在居住建筑组群、公建、绿化和小品雕塑等方面要具备高层次和高雅的文化特征,为居住者营造一种文明生活的文化模式,使人心理上的满足达到更高的层次。

居住区是城市构成细胞，它体现了城市的建筑文化传统和居住环境文脉的要素。如：上海康乐小区吸取了里弄建筑的传统居住模式，组团采用主弄、支弄及过街楼的入口，创造了新里弄建筑模式；北京恩济里小区运用以三面围合成院落的布局，构成新四合院形式；苏州桐芳巷小区运用低层建筑布局、粉墙黛瓦这一传统造园手法，充分体现了江南水乡古朴、清新、淡雅的建筑文脉。这些均可作为中小城市在21世纪初叶居住区建设中借鉴的成功经验。

6　人文环境

“以人为本”仍是21世纪初叶中小城市居住环境设计的指导思想，即环境是为人服务的。居住区人文环境设计，就是要以人的需要和生活舒适作为环境设计的首要因素，强调人情和人与自然和谐相处。良好人文环境的居住区，必然是邻里交往和睦融洽、住区活动丰富多彩、老人儿童和残疾人都能得到充分照顾、物业管理周密、安全保卫措施可靠。祥和温馨的居住区的人文环境，是建设社会主义精神文明的基地，使居住者对园区能够产生亲切感、认同感和归属感，满足居住者对美好生活的渴望。

7　智能环境

为适应21世纪信息时代的发展和未来知识经济的综合服务功能需要，21世纪初叶中小城市居住区应进行智能环境设计，为未来发展成为高效能、高可靠、高便捷、高适应性、高舒适性、高服务功能、安全自动化、通信自动化、管理自动化的居住环境奠定良好的基础。由于受经济发展水平和市民消费能力的制约，中小城市居住区的智能环境建设，尚处于示范实验、完善发展阶段。现阶段智能环境重点在安全防范、物业管理和社区服务、信息通信等方面，未来阶段的智能环境主要为建筑设备系统的自动控制和远程控制、太阳能和风能利用研究、分质供水、中水利用、安全警报、节能技术、生态技术、环境效应等。智能化环境使新世纪居住区构成一个信息快速、生活高效和管理先进的居住形态。

8　结语

建筑、人与自然的和谐共生，科学、信息技术与人文的互融共生，这是当前许多中外建筑师展望21世纪建筑发展方向所提出的共识。当今世界特别强调人类居住区的可持续发展，既要满足当代人的需要，又不危及下一代的权利。“用历史的眼光看，我们并不拥有自身所居住的世界，仅仅是从子孙处借得，暂为保管罢了。”作为城市建设的设计工作者，我们要有历史的责任感和使命感，要重视居住环境建设，要研究居住环境设计，要研究人们对良好居住环境的需要。“未来由现在开始缔造，现在从历史中走来，我们总结昨天的经验与教训，剖析今天的问题与机遇，以期21世纪里能够更为自觉地把我们的星球——人类的家园——营建得更加美好宜人。”

汽车客运站设计的历史演变

张 凌 曹文芳

摘 要:本文简单介绍汽车客运站设计历史演变,并阐述了与目前高速公路相适应的特点,新型汽车客运站设计的要求及其内涵。

关键词:高速公路 汽车站 网络 商务

1 概况

随着湖南省近几年来高速公路建设的飞速发展,高速度、高质量的汽车客运发展速度势不可挡;汽车客运在我省客运中以灵活多样成为客运主体之一。

目前,我省高速公路网已初步形成规模,省内地、市级城市之间已基本形成了交叉的高速公路网点。自1993年第一条长潭高速公路建成通车后,湘耒高速、耒宜高速、长益高速、长浏高速、临长高速、潭邵高速、衡枣高速等已经陆续建成通车,省内高速公路里程2003年内已达1200多公里;常张、常吉、邵怀高速都正在施工,衡炎、随岳、邵永高速都已在计划与设计中,到2009年我省高速公路里程可达2200多公里。跨省市的长途客运、货运及省内地市之间的快速、高效、舒适的客运发展与管理机制已逐步与目前的高速公路发展相协调。

与此相适应的汽车客运站自1995年先后新建了长沙东、西、南站、衡阳华欣站、衡阳酃湖站、双峰站、益阳市东站、怀化中心站、岳阳市北站、郴州中心站、浏阳汽车东站等十几个与高速公路相配套的汽车客运站。

2 汽车客运站设计历史演变

随着城乡经济改革开放与逐步深入,经济的市场化,对汽车客运的要求也在不断变化。

(1)在1985年以前,省内主要交通线路,仅为一、二级公路,其路面结构是当时客车低速的主要原因之一,所以建设的汽车站均是单一型站务用房,不考虑驾乘人员的吃、住用房;仅仅保证站务功能用房,如:售票、候车。其形象特征是站房建筑规模小、平面布局单一;人多、拥挤、嘈杂、环境差……这是当年的社会"窗口"留给人们的印象。由于车站无商务用房,因此在使用上很不方便。

(2)十一届三中全会后,随着经济的腾飞,这种低功能、低效益、"单一"型的汽车站管理与设施已不能适应城乡经济发展的需求,更不能适应城市规划的要求,这就使得综合型汽车站的出现成为一种必然。综合型汽车站就是站务用房和商业服务性用房建成一体的车站,它的特点是:

①在保证站务功能的前提下,将车站建筑发展成为:吃、住、购物、乘车一条龙的综合性建筑;

②比单一型站房增加了餐饮与驾乘人员的住宿,改变了单一型的服务性功能;

③建筑形象丰富:造型、层高、外装饰都得到规划部门的重视,成为城市的门户;

④把客运站建成多层或高层以此拓展车站的服务功能,发展多种经营,提高车站经济效益和服务水平。

本文曾刊登于《中外建筑》2005年第1期。

这种“以人为中心”的车站设计基本上满足过往旅客住宿、饮食、购物的要求，如当时的设计的：岳阳市东站、平江中心站、宁乡汽车站、永兴中心站、株洲市客运站、邵阳市汽车南站等，均属中、高层建筑，受到了社会的好评。但因交通枢纽中主要的问题：公路级别没有提高，客运效率仍不能跟上经济发展的需要，客运仍局限于地区的客流集散，行车速度仍受到制约。

(3)高速公路建设为交通客运事业发展提供了平台：

高速公路建设推动了客运事业的迅速发展，高速、快捷、舒适的新型客运，大大缩短了人们地域之间的距离，迅速、及时地传递经济信息，提供高效率地异地交往。同时，新兴的汽车客运给交通管理带来了新的课题：增强管理，改变客运车辆，完善服务等。这就要求相应的、设施现代的新型客运汽车站配套。

3　新型的汽车客运站是现代交通枢纽的必然产物

新型汽车站是城市建设、交通枢纽的需要，它同火车站、轮船码头一样，是一个城市的门户，所以，每个城市建设部门对汽车客运站建设非常重视，有较高的期望；对客运站的造型、层高均有一定的要求；城市中高层房屋的崛起，单一型车站建筑已不能与周围建筑环境和高速公路相协调，高品位、高效率的客运汽车站的建设，应当是都市生活与自然的和谐共存。

3.1　新型汽车站是客运自身发展的需要

为了保证客运班车的直通、快捷和客运服务多样化，站内多功能性的客运科学管理应运而生，尊重自然尊重人，是新型汽车客运站设计原则和基本要求。

3.2　新型汽车客运站设计应注意的问题

1)汽车客运站的总图设计

汽车客运站站点：必须根据城市规划客流量布点，合理布局与结构以利于城市的安全和良好的交通环境；尽量布置在城市和高速公路、国道、省道以及地方道路客源多的地段，充分考虑基本建设与周围环境有机结合起来，体现一个城市的门户；不宜布在高速公路上的服务区、停车场等区域内，因为客运、高速公路管理、运筹均不同。

随着经济活动频繁，人员流动增大，新型汽车客运站建设规模一般较大：客运区、生活区、商务设施、汽车维修、停车区、消防设施等均需按城市规划统一考虑。

客运区：由站前广场、站房、站前广场是站场的三个组成部分。

生活区：一般为二期工程(后勤办公、职工住宅等)。

商务设施：是城市建设的延伸，是构成城市环境的一部分，24 小时的服务：餐饮，旅馆，超市，储蓄，娱乐，健身等。

车站总图布置中关键问题：场地分区明确，线路简捷，场内所标志牌要明确清楚，使进出车辆、旅客集散方便，起到车进站人归点的作用；这是现代汽车客运站服务于城市的重要内容。

2)新型汽车客运站建筑设计

(1)平面设计。车站的心脏部分是：候车、售票、发车、办公等即组成主站房；平面布置中明确功能分区，客流、车流要分道，依照功能流线将以上功能用房依次布置。

目前，汽车客运站已纳入路网控制，即客运中过程的监控、信息平台，均已列入主站房内管理机制。

(2)客运站的立面设计。新型汽车客运站，作为交通行业运行环节中具有功能特性的汽车站建筑：在外部立面形象上，既要体现其功能性特点，又要能充分体现原有地脉特征和城市文化，将其空间类型抽象出来有机地组织到城市规划中去，使之产生新的，具有功能性的建筑环境；提高高品位的城市环境和都市文化生活。

基于上述内涵特征，在设计中，以平和而简单的建筑群体来表达对原城市环境的尊重和协调。在设计中体型组合完整均衡，高低错落比例恰当。如在 2003 年国庆节前投入使用的衡阳市开发区的华欣汽车客运站，以它独特的造型和寓意阐述着设计者对原城市环境的理解。

(3)新型汽车客运站设计中几点体会。

①尊重自然、尊重人;建筑与城市环境有机地结合能较好的提高和延伸都市环境,以利于现代人的生活和工作。

②提高现代化城市高质量的文化品位,以商务为中心;网络是城市经济发展中的信息平台,网络化管理不仅体现在高速公路及其他行业中,同样体现在客运站的设计中。

③随着城市建设与经济的发展,汽车客运站已不是一个大“杂院”,而是一个体现现代城市高品位文化素质的场所。

边界：从对峙到交流
——浅议高速公路服务区场所设计

石东浩

摘　要：作为高速公路的附属设施，服务区处于功能的边界，存在着建设和营运中的矛盾。本文结合具体的项目实例，对由此引发的问题进行了分析，探讨了从人的需求、环境因子等不同层面中搜寻共同性交集，以消除边界对峙的设计策略。

关键词：服务区　人　环境　边界　对峙　交流

高速公路以与外界环境相隔离的方式来实现行车的高效、舒适、安全，其在边界区域的刚性阻隔和断裂，如护栏、挡墙、边沟、高填深挖的边坡面、弃取土场等，表达出对界限外自然节律的排斥。高速公路空间内外对峙，自然环境因此被切割成分离的状态，需要重新调节以维持生态平衡；另一方面，生态平衡的恢复和重生如果没有使用过程中的功能性动力，难以达到满意的效果。

高速公路服务区位于高速公路主线范围之内，是人员歇息与车辆集散的场所，车辆进出、停留、加油、维修、人员餐饮、购物、如厕、休息等功能交织。由于人车流动性大，停留时间不一，需求各异，快慢参差，交通相错，人的行为互不默契，而功能的管理各自为政，因此在服务区环境边界之内，还存在场所功能边界和人行为边界的冲突（图1），需要在设计中有深入细致的研究。

图1　高速公路服务区场景

本文曾刊登于《华中建筑》2009年第3期。

1 场所状态

1.1 环境的人工化特点

1)竖向的断裂

高速公路的建设给沿线生态环境造成巨大的压力。对于服务区而言,由于服务间距、功能规模等要求的规范约束,选址局限很大;由于车辆进出与主线车流分合时的加减速要求,加减速车道坡度、角度必须控制在安全的范围内,这也限定了场地与路线之间的高差范围,因此土石方量的控制很被动。根据笔者对所参与的湖南省邵阳至怀化、怀化至新晃、醴陵至湘潭等高速公路项目的工程量分析,服务区挖填方多在每公顷3万立方米以上。

服务区和高速公路主线上的高填深挖,必然要求在实际用地之外构筑较宽的放坡地段,造成对土地资源的占用过多;施工过程中取用有植被的土壤作基层填料,或者开挖所产生的弃土堆放,会导致植被覆盖降低,破坏土壤结构;且大量取弃土若无有效防护措施而随雨水冲刷,也会造成严重的水土流失。这样在场地“有用”的等高线与环境“无用”的等高线之间形成了一种断裂。

2)平面的戒备

就平面格局而言,服务区完全封闭于环境,不仅人员、车辆和物资进出互不关联,垃圾处理、油污及雨污水排放、边坡防护等也会因管理失控而产生边界纠纷。这一切形成了用地与环境之间的戒备状态。

1.2 人的需求特点

1)驾乘人员的快捷需求

在长时间的动态行驶状态中,驾驶员与乘客均必须服从于车辆空间的限定。乘客不能随意行动,浏览沿路景色时也缺少主动性;而驾驶员在程式化的操作限定下,更要控制头部转动的范围,视线集中在前方车道上,形成所谓的隧道视域,容易身心疲劳。这样一种基于安全和效率需求的格局是忽略或者说压缩其他层次的需求为代价的。

车内狭窄座位空间对个人生理和心理需求有相当的局限,因此进入服务区的驾驶员和乘客,必然趋于快捷方便地满足迫切的个体要求,无暇顾及群体秩序,从而形成私人需求在公共空间中的相互重叠,导致空间中行为分布的不均匀。

驾驶员停放车辆也总是倾向于方便和快捷。当停车场面积不够、天气不好时,更容易引起混乱。

2)工作人员的秩序需求

工作人员需要在一定的管理秩序下控制服务对象的活动,但各功能互不隶属,各部分管理缺乏衔接,难以形成良好的服务序列。比如停车、加油和车辆的进出之间的不协调,很容易形成进出口处的瓶颈,从而增加管理难度,降低服务质量。

3)周边居民的还原需求

对于周边居民而言,高速公路及服务区的出现改变了其日常的出行路线甚至生活模式,加剧了土地、水电等资源的紧张状态,更重要的是机器(汽车)的速度性意味着人不再拥有“慢”的乐趣。这样很容易形成某种对现状不满的还原心态。

2 问题分析

场地与环境相隔离、功能需求与行为分布不协调,导致边界的矛盾。从某种意义上来说,任何空间均存在边界,但是边界的特性(对峙与否、对峙强度等)取决于在信任度判断基础之上的行为模式和秩序状态。

2.1 信任度

在高速公路服务区中,使用者与使用者之间、管理者与使用者之间接触的时间短,这种暂时的群体组合无法提供足够的熟悉的社会信息，使个体之间形成足够大的信息交集。当个体不能清晰预测到对方下一步的行动，来有效把握自身行为时，人之间的信任就会变得较为脆弱，有时甚至引发冲突。

就场地与环境而言，由于场地的刚性需求，造成对环境中水、土、田、便道等资源的破坏，影响周边居民的生产生活，也引起周边居民对管理者的不信任。

2.2　短期行为

在一种脆弱的信任基础上的公共场所，会导致利益存在个体的最大化追求，而责任却可以被共同或他人承担的局面，形成不负责任的短期行为。

2.3　无序状态

不负责任的短期行为，使空间行为分布趋向于不均匀和冲突，造成人车拥堵、对场地的过度使用，增加管理的难度，形成从个人到群体和环境的各层次空间边界的无序状态。无序状态的往复循环，会加剧其间的对立情绪，导致整体需求满足程度的下降，最终危及个人需求的满足。

3　设计策略

在一个功能区域，从中心到边界，混乱会加剧。边界是不同功能交叉的区域，功能所表达的是人的需求，而需求存在于交流之中，因此设计需要从交流出发来进行考虑。

3.1　针对环境边界的整体方案

1）约定俗成——民俗制约的策略——寻找人与历史的契合点

以特殊关系作为信任的载体，一方面，体现人工空间对环境的依附和谦让，另一方面，自然历史人文环境与人的生理心理节律有着天然的关联，如人的衣食居行对太阳光影的依赖、人在寺庙里由风中悬铃的音响所能感受到的幽静氛围，表达出人的生理特点与环境的本能约定。当建筑形态表达出环境的约定时，人会经验性地适应和理解。

湖南怀化至新晃高速公路新晃服务区建成后，成为当地年轻人拍摄结婚照的背景选址。当地人的参与行为说明其空间形态体现出对地域性文化的尊重，当地居民能够从中找到与自身生活相关联的信息，从而形成交流的场景（图2、图3）。

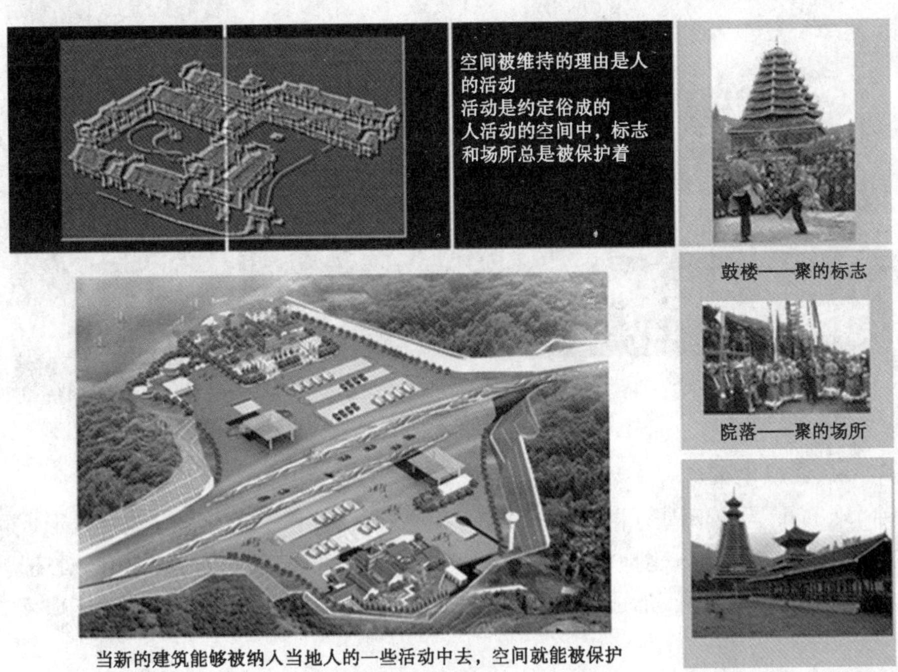

图2　湖南怀新高速公路新晃服务区设计构思

图3　湖南怀新高速公路新晃服务区综合楼

2)适形而止——地形协调的策略——人与自然的互动

建设总是意味着改变，当改变以尽可能谦让的姿态进行时，也会获得环境的宽容，比如高山大川中的古建筑，因势而建，反而比方便地段的建筑物更能长存。充分利用功能对空间尺寸形态的弹性要求，尊重原有环境的存在，是能够诱导使用者的行为约束。越是刚性的边界区域越脏乱，人们就越不注意其卫生和秩序，越易形成短期行为。所以设计者的构思，实际上也会影响使用者对待环境的态度和行为。

湖南常德至张家界高速公路热市服务区地形复杂，场地与公路高差悬殊，如考虑车辆停行和人员进出的方便，当然是平整较宜，但边界生硬，环境破坏大。经方案比选，最终采纳了场地依山就势布置、综合楼跨越主线而建的方案，在环境与功能之间寻求到一种弱边界的协调性(图4、图5)。

图4　湖南常张高速公路热市服务区设计构思

3)聚散有序——景观化策略——环境的兼容

建筑是一种“聚”，聚是处于周边相对“散”的环境中，在聚和散之间应落差以序，形成可以相互呼应的景观空间层次，将环境景观纳入用地中来为服务区中的人所观赏，反而能激发人们对环境的保护意识，这是渲染场所氛围，达成功能诱导、形成行为秩序规范的最经济的方法，同时也是对环境保护的一种最好的管理措施。

宁沪高速公路东庐山服务区主线天桥造型独特，环境山水风景秀丽，设计中前面以绿化衬托天桥的标志性，后面以栈桥延伸到山水间，形成了丰富的景观功能层次，无形中消解了边界在心理上的约束，达成了场地与环境的相互融合(图6)。

图5　湖南常张高速公路热市服务区综合楼

图6　宁沪高速公路东庐山服务区

4)针对功能边界的细节引导——优化行为分布的策略

(1)灵活性。当行为范围的变化突破原有功能区域划分时,功能边界会出现混乱。所以不同区域的界限应具有灵活性,以表达出功能之间的动态协调。例如绿地对美化服务区、创造优雅休息环境有重要作用,且投资相对较少,当停车区饱和时,还可以将部分绿地改建成停车场。因此服务区规划时,可适当扩大绿地面积,随着营运中车流量的变化来调整车坪和绿地用地范围,这样就不致因行为规模和空间尺寸之间的矛盾而造成边界冲突的不可调和。

(2)标志性。标志物通过突出焦点来简明信息秩序,使人一目了然。针对功能要求、当地风土人情、地理风貌和管理区划等特点,设计可以强化主体建筑个性形态和通过小品、色彩、绿化等元素来明确功能层次,形成边界过渡,引导行为轨迹。比如以趣味性的标志吸引人的视线,分散人的等候时间,可以防止行为不合理的集中,形成拥挤而产生对场所和环境的破坏;而绿地中色彩鲜亮的游乐设施也可以将幼儿吸引到安全的地段,避免人车冲突中最危险的环节(图7)。

图7 服务区的标志性

4 结语

高速公路的建设从自然和谐、开发破坏到营运割裂形成边界对峙是一个必然的过程。生态重建不仅仅只是事后的恢复,而应该在设计当中就要预见将要发生的边界状态和特性,研究消解边界对峙的策略,达成生态的重生。

在这个过程中,人工生态是必须的,但需要使其获得自然化的主动性,才能引导环境诸因素的和谐平衡。实践证明,注重空间与环境的交流,将功能与环境结合起来,使环境具有功能的作用,是生态自然化的顺利与否的关键。

参考文献

[1] 郑东军,李炎.生态·功能·形象——高速公路服务区建筑设计探讨.工业建筑,2006(7):105-107.
[2] 万江虹.高速公路服务区的外部环境设计.成都大学学报(自然科学版),2007(2):139-142.
[3] 曹东勃.信任的社会经济学.书屋,2008(1):30-32.

(本文依托的湖南省常德至张家界高速公路交通安全设施、景观绿化、房屋建筑工程设计荣获2009年度湖南省优秀工程设计二等奖。)

对高速公路服务区的探讨

徐　晖

摘　要：就湖南省高速公路服务区的设计与建设，结合《日本高速公路设计要领》，提出了一些看法与建议。

关键词：高速公路　服务区　自然环境　加油站

在高速公路上，汽车要高速、安全地行驶，驾驶员应保持比在低等级公路上更高的意识水平。高速流动的情报信息的刺激，有时将驾驶员诱入无精神、无感觉的境界；再加上公路的单调，可引起驾驶能力的降低。为了解除连续行驶的疲劳和紧张，满足驾驶员生理上的要求，或给汽车加油、加水及维修、检查等，因此休息设施是不可少的。休息设施主要分为服务区与停车区两种，本文重点讨论服务区。

我国高速公路建设起步较晚，自1990年第一条高速公路（沪嘉高速公路）通车，至今才10年，而我省1996年才有第一条高速公路（长潭高速公路）。由于高速公路目前远未形成网络，作为高速公路重要的配套工程——休息设施，在我省也存在由浅到深的认识过程。笔者通过对我省高速公路服务区的多次考察，特提出几点看法，供大家探讨。

1　对自然环境条件的要求

1.1　不同于车内的环境

为要消除驾驶员在连续运行中，神经和局部筋肉所造成的疲劳，改变一下气氛可以说是有效之举。因此，选择的地点，最好能利用地形条件，使其产生与公路的隔离的效果；或使设施与主线有高低差，以便能够用与公路运行时不同的角度眺望。《国外公路》杂志1998年第4期的封面，是国外一条高速公路的服务区，其设计正好体现了上述意图。由于缺乏经验如长潭路的殷家坳服务区，原本有山丘，有绿树，现在一概夷为平地（与主线等高），并大面积浇上了混凝土，大煞风景。笔者认为，地形条件要充分利用，绿化要大力发展，如服务区中的停车场，近期停留车辆不多，可分出一部分先种草植树，待后期交通量增大后再改为停车场。

1.2　风景资源

休息设施希望能够促使驾驶员在感觉到疲劳或困倦之前得到休息，消除潜在的疲劳。因此，选择风景良好的地点修建休息设施，引导驾驶员去休息，是个有效的办法。河、湖、海等有水的地方，风景迷人，是人们特别是旅客所喜爱的，在风景优美的地点，假如没有休息设施，会招致路边停车观景而发生危险。在这种场所，即使有些困难也应当设置休息设施。在这点上，省外的服务区比较注意，比如沈大路的甘泉服务区，因为靠近温泉，不仅高速公路上的车经常在此休息、住宿，甚至沈阳城的居民也有专程坐车到此来休息的。反观我省的，就欠缺一点，像长潭路的殷家坳服务区，如果能与东风水库融为一体，不独风景优美，经济效益与现在也不可同日而语。现在在设计中，我们已注意这一问题。在做常张高速公路的工可时，慈利服务区的设置就与温泉联系在一起。

本文曾刊登于《湖南交通科技》2002年第2期。

2 与其他设施共用的可能性

《日本高速公路设计要领》第四册规定:服务区原则上不应与互通式立交共用,但与出入交通量小的互通式立交共用,规划合理,认为也是可以的。长常路太子庙服务区正是基于这一点而与太子庙互通合并。但笔者仍觉不妥,理由有二:

(1)合并设置,上下服务区的车流与上下互通的车流相交织,标志相互打架,交通紊乱,不利于交通组织。

(2)太子庙互通是汉寿县上下长常高速公路的唯一通道,交通量必定较大,不符合日本规范的规定。

3 服务区的进出口

高速公路上的车辆想到服务设施去休息,即需从高速公路下到服务设施,这与车辆从高速公路下到互通相似。但前者速度变化更大,从主线设计车速变到20km/h甚至0,而后者则从主线设计车速变到互通允许车速(比如60km/h、40km/h)。目前,从高速公路下到互通有三角渐变段及加(减)速车道过渡,从高速公路下到服务设施,则是突然开一个口子,丝毫没有一点过渡,比如长潭高速公路、长常高速公路,进口示意见图1a)。这样不仅不利于车辆进出服务设施,而且增大了事故发生的可能性。因此,可参考互通的加、减速车道,设置必要的过渡段,保证车辆以稳定、舒适的减速度,减速进入服务区(或由服务区平稳、舒适地进入高速公路),进口示意见图1b)。

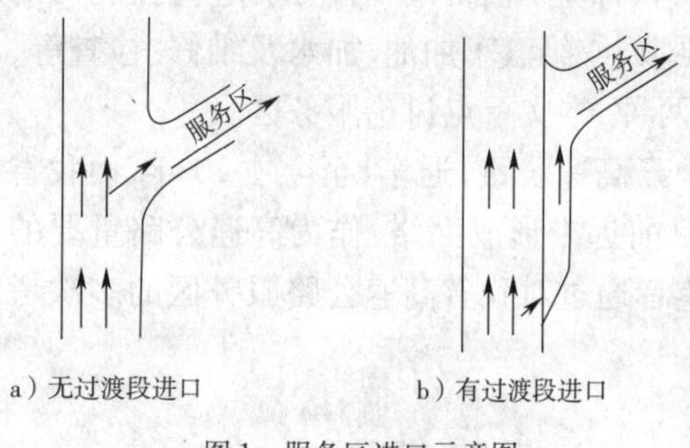

图1 服务区进口示意图

4 加油站

服务区的一个重要功能是加油,因此,各个服务区对加油站的建设比较重视,也做得比较好。最近笔者在长常路太子庙服务区参观时发现一个问题:加油站离高速公路近了一点(加油站天棚至高速公路的目测距离约为5m,加油机至高速公路的距离约为10m)。依据石化销售企业安全管理条例规定:一级加油站其加油机至主要公路的最小距离为10m。严格地讲,长常路的做法虽然取的是极限值,但并没有违规。但笔者认为,高速公路不同于一般的主要公路,其车辆车速很高,一旦在加油站附近出事,撞破护栏,后果就比较严重,因此宜增加加油站至高速公路的安全距离。在这一点,广东广深高速公路服务区里加油站的设置就值得我们借鉴,加油站前的道路是服务区内部道路。

另外,加油站的雨棚高大威猛,醒目异常,这种做法意义不大。虽然石化销售企业安全管理条例要求:"加油站前方要开阔,无阻挡视线的障碍物,使其目标醒目,以便驾驶员从远处就能清晰地看到加油点",但这点应该是针对一般公路而言。因为,在一般公路上,驾驶员往往是看到加油站才知加油站在何处,雨棚变成了一个标志性建筑。在高速公路上就不同,它有一套特殊的标志,上面用图像标明了服务区的主要功能(图像一目了然,并且加油排第一),然后再2km、1km等逐级预告,车辆依据标志、标线的指引,下到服务区再加油,车辆进入服务区前可能根本未看到加油站。基于这点,雨棚也就仅作遮雨之用,不必特殊设计。

5 公共厕所

公共厕所在服务区中是一个比较重要的设施,比加油站用得还频繁,因此,必须建得既醒目又具有一定的容量。这一点我省的服务区未引起重视。结果是高速公路的紧急停车带,甚至公路全线,都全成一个大的露天厕所,极大地影响了高速公路的美观,破坏了高速公路的形象。

不久的将来,高速公路形成网络,车辆可不到终点不下高速公路,因此服务区的作用将越来越大。并且,服务区建设的好坏,直接影响该服务区的经济效益,甚至影响到整条高速公路的经济效益。让我们把服务区建设得更好。

参考文献

[1] 山西省交通科技情报中心站.日本高等级公路技术规范(第四册)[Z].太原:山西省交通科技情报中心站编印,1990.

论乡土景观对现代高速公路景观设计的意义
——衡炎高速公路景观分析

雷正杰

摘　要:本文对沿线乡土景观进行发掘,并论述了解读乡土景观对现代高速公路景观设计的意义。提出充分保护和利用乡土景观是进行现代高速公路景观设计、贯彻"安全、舒适、环保、和谐"公路设计新理念的重要手段;了解乡土景观对现代高速公路景观设计的意义在于理解乡土景观是乡土经验的一种历史记载,帮助设计师用一种新的、非自我的视角,设计高速公路延续的、动态的景观,从一种不自觉的、没有设计师的原始景观和唯设计师的人造景观,走向自觉的为使用者而设计的和谐景观。

关键词:乡土景观　现代高速公路景观设计　和谐景观　回归

1　乡土景观的发掘

衡炎高速公路将湘赣边境井冈山革命老区,国家级旅游景区五岳独秀的衡山、国家级森林公园桃源洞自然保护区、中华民族始祖神农氏安寝之炎帝陵相连通。穿行于绵延不绝的山地丘陵、风景秀丽怡人的水库、树木葱茏的森林公园;独特的地理环境造化出许多千姿百态、雄奇壮美的地形地貌风光以及多样的气候类型和完整的生态环境体系(图1)。路线经衡东、攸县、茶陵,到达目的地炎陵,线路辐射周边腹地井冈山和南岳衡山,该区域有丰富的历史文化,古老的传说,还有具有江南特色的自然景观。公路沿线比较有特色的乡土景观主要表现形式。

图1　田园风光

1.1　低矮丘陵、田园风光

路线(K0+000~K17+900、K29+100~K72+300、K76+600~终点)段基本穿行于低矮丘陵和田园之间,丘陵与丘陵之间的垄中分布着平坦的耕地,两侧为起伏的山丘,位于山丘坡脚两层的楼房、长条的青瓦房掩映在翠绿的松杉林中,构成了一幅闲适、恬静的田园风光。该景观的显著特点是乡村生活的真

本文曾刊登于《中外建筑》2007年第11期。

实写照，它与周围松杉林的宁静典雅、朝气蓬勃的环境相得益彰，映入人们视野的是一片和谐、安宁和悠然自乐的田园牧歌式的生活情景。对于久居喧闹城市的人们将是极富震撼力和吸引力的景观。

1.2 峡谷景观

路线经衡东县四峰山、茶陵县云阳山、到炎陵县湘赣边界的大洋山山区；最大海拔高695m，一般海拔高70～270m，相对高差在20～120m。该路段均为峡谷地形，中间溪流潺潺，两岸地势陡峭（图2），自然植被丰富，山岭青翠、物种多样、一路奇险秀丽，景色迷人！

图2 峡谷风景

1.3 森林景观

路线（K732+200～K76+600）通过隧道穿越被道家视为“可以隐居，可以长生”的神仙福地“小南岳”的云阳山国家森林公园，因线路地处中亚热带季风性湿润气候区，适宜植物生长，因而，沿线植物群落景观结构丰富、层次分明、色彩鲜艳夺目。同时由于长期水流冲刷而形成的溪流，带着哗哗的水声顺着山谷一泻而下，岸边长满树干覆盖着青苔和寄生藤的大树；不远的山头孑然挺立一棵一棵树形优美、红叶满枝的枫香树，好一派壮美古朴的原始生态森林景观（图3、图4）。

图3 云阳山森林景观

图4 公路景观

1.4 公路景观

路线部分路段与省道、县道平行和平交，从快速行驶的高速公路上俯瞰蜿蜒曲折的省道，一排排挺拔整齐的杨树、曲线流畅的公路、公路旁时隐时现的农田、高低起伏的山地丘陵、色彩鲜明的经济林构成一幅幅流动的画轴。

图5 丹霞地貌景观

1.5 独特的丹霞地貌

路线（K90～K102）从山地中穿行，两岸随时可看见由独特的丹霞地貌为主构成的山地景观（图5），当那造型怪异的、色彩斑驳的、千疮百孔的山崖跃入人们的眼帘时，一定会感叹大自然鬼斧神工的杰作。

1.6 河流、水库风光

路线（K25～K50）基本沿洣水往西延伸，时而与洣水擦肩而过、时而又与洣水并驾齐驱、时而一桥飞架跨越洣水，随着洣水的缓缓流淌（图6），高速公路的飞速奔驰，洣水河畔的风光不断发生变化，让人目不暇接、美不胜收；沿途不时闯入眼中的还有满眼碧透、倒影婆娑的水库风光（图7）。

图6　河流、水库风光

图7　宁静的农家菜园

1.7　历史、人文景观

路线地处湘赣边境井冈山革命老区，连通了国家级旅游景区五岳独秀的衡山、国家级森林公园桃源洞自然保护区、革命圣地井冈山和中华民族始祖神农氏安寝之炎帝陵；茶陵的南浦铁犀、秦人古洞、南宋古城墙（图8）；攸县山川秀丽，名胜古迹甚多。攸州八景之一的灵龟峰，现为株洲市佛教协会圣地。始建于唐代的阳升观，历经千年风霜，至今仍香火绵延，钟声不绝。酒埠江风景区被有关专家誉为“西有张家界，东有酒埠江”，区内白龙洞钟乳石千奇百怪，堪称人间奇迹；炎陵县域内让人寻根谒祖的炎帝陵、革命先辈“星火燎原”相关革命活动的历史遗迹和故址、“人间仙境，世外桃源”的国家森林公园桃花洞风景区、“巧对佳话”传诵至今的湘山公园等，均为令人无比神往的历史人文景观。

图8　南宋古城墙

2　乡土景观在公路景观设计中的运用

公路选线过程中，注重乡土景观的保护和利用。尽量减少对地形、地貌的破坏，尽量减少对森林植被的破坏，同时通过景观设计，构建高速公路更合理更优美的环境景观体系。

2.1　路线景观设计

线路K0～K15段，选线时考虑不占用农田，减少山地植被的破坏，保持原有的山地丘陵、田园风光的完整性。因此，路线顺应低矮丘陵山脚的走向布置与山丘坡脚、谷地和垭口，不影响农民的耕作出行。同时通过绿化恢复，可基本保持田园的宁静的特点。同时公路保持一定的标高，植物采用开放通透式配置，为行驶人员提供一个观赏山景和体味田园美景的最佳角度，使这段公路成为开放式的观景廊道。

线路K29段穿越处于大滑坡地段的罗家屋场，森林植被茂盛，古树名木较多，为避让和保护它们，线路在此路段调整线形半径使路线恰好从树群中间的真空地带穿过，从而十分有效地保护了自然景观（图9），同时又能欣赏到浓郁的绿色美景。此路段利用弃土将路基加宽，可使行驶人员做短暂停留观赏美景（图10）。

线路K25～K50段，随着洣水河的蜿蜒曲折，线路时而横跨俯视洣水风景、时而远离遥遥远眺江畔树影、时而并驾齐驱可驻足饱览洣水的秀丽风光、时而擦肩而过让人只能匆匆一瞥，通过多视点、多角度的变化，将迷人的洣水风光展现得淋漓尽致。此路段可在K25+500m～K25+900m线路左侧沿洣水河畔，利用本地石料垒砌成极具地方特色的观景平台。

线路（K90～K102）两岸山峰此起彼伏、高低错落，为保护特殊的地形地貌——丹霞地貌，线路基本上顺

a）自然风光

b）晨光

c）晚霞

图9　洣水自然景观

图10　K29处的自然风光

着峡谷和山地坡脚走线，同时调整线路标高，既保护了自然景观，又能使行驶人员在一定高度，从最佳的角度更好的观摩丹霞地貌形成的独特景观。在K99～K100段线路的两侧山峰中选择视野开阔，施工难度小的一座山峰作为观景平台，采用当地石材修筑登山蹬道和木材修建富有地方特色的休息亭。

2.2　公路绿化景观设计

绿化是高速公路建设的重要组成部分。它能改善道路景观，美化环境。调节气候，延长公路的使用寿命。净化空气，改善大气环境。降低交通噪声。稳固斜坡，防止水土流失，保持路基稳定。诱导视线，防眩遮光，确保行车安全。因此衡炎高速公路的绿化，应围绕"回归自然、拥抱绿色"的主题和"安全、舒适、环保、和谐"的原则来布置和规划高速公路绿化。同时应注意：公路绿化设计重点应放在主线和路基边坡的绿化；色彩基调以绿色、红色和青色为主，图案则主要采用线条流畅、简洁传统装饰图案为主；绿化工程要进行总体规划，体现经济与实用、绿化与美化、近期与远期相结合的原则（图11）。

沿线野生植物资源丰富（图12），在绿化植物品种的选择上要因地制宜，尽量采用适地适树品种，并根据当地的自然地理环境（地形、土质、气象等），结合设计要求及本地区草木的生长情况确定；采用"简单的、淳朴的、自然的"表现手法进行绿化植物的配置，使沿线绿化景观完全与大自然的景观融为一体；绿化施工的最佳工期是雨季到来前，绿化物种的外形、体量和色彩需注意季节的变化，并注意提高绿化植物的管理水平及绿化工程本身的社会效益。因沿线山区保护动物多，应考虑在野生动物出行频率高的地段，设立动物通行天桥，既保护动物免受伤害，又为公路增添一道风景。

互通立交景观设计结合地形的高差变化及立交桥附近预留的绿地进行设计，植物配置以草坪、灌木和草花为主，选择树形优美的乔木作为孤植树，其余树种作为点缀布置，在互通区大环的中心地段，在不影响视距的范围内，设计稳定的树群，可常绿与落叶树相结合，乔木与灌木相搭配，既增加绿量，又形成良好的自然群落景观，自然而壮阔，同时可减少人工抚育管理。

a）杜鹃

b）冬青

图11 不同色彩的植物

a）小金橘

b）红果树

图12 野生植物

隧道景观设计注重洞口形式和进出口的绿化设计。洞口设计主要结合当地的文化和建筑风格进行造型设计，选择洞门结构形态时，还应注意视觉上的相对感及与其他建筑物的主从关系，突现隧道洞口的美学效应。隧道进出口绿化需满足视觉的要求，缓解明暗急剧变化给驾驶员带来的不适感，另外，洞顶和洞侧植被应与山体植被一致，过渡自然，能很好地与周边环境相融合（图13）。

图13 隧道入口效果图

2.3 房建服务设施景观设计

目前国内高速公路服务区的选址与具体设计基本上采用按里程指标控制，沿公路主线两侧基本呈对称方式布置服务区建筑（有时甚至一条高速公路的建筑方案也完全或基本相同）。从而造成服务区直接与高速公路相接受公路交通噪声与汽车废气的污染较大，是一种缺乏“人性关怀”的唯设计师设计思路，尤其是山区高速公路服务区若采用上述选址方式往往还会产生新的大填大挖，既不利于发挥服务区的服务功能，又对环境景观造成较大的破坏和负面影响。衡炎高速公路正是穿行于山地丘陵、河流谷地之间，自然环境优美，因此衡炎路的服务设施选址，应协调公路建设于优美的自然景观的关系，突出体现服务设施的服务主体为“使用者”及周边的居民，将“以人为本”的设计理念贯穿设计的全过程,并结合当地的地理条件、人文景观,将自然景观有机的融入其中。服务区、停车区选择在风景优美,山水俱佳的地方,尽量依山傍水,随坡就势,这样在方便驾驶员停车、加油、休息的同时还可观赏到优美的自然景观。

本次在杨林服务区的选址上充分体现了"以人为本"的设计理念的运用。将杨林服务区定在山地植被丰富,绿意盎然的地段。在服务区的布局上,可以结合服务区的功能特点合理利用自然地形或利用弃土人工设计微地形使服务区于主路之间隔离开来,使服务区的主体建筑和停车场等设施尽量布置在公路视线可及范围之外,利用线形自由灵活的减速、加速车道将服务区与主路连接,于闹中争得一块相对安宁且景观环境优美的服务区。服务区内利用造园手法,将自然景观巧妙的借入服务区,同时利用植物群落和游路的区划,将服务区分成风景各异的绿化空间,使整个服务区山水交融,风景怡人,成为衡炎高速一道靓丽的风景线。

结合沿线居民居住特征,在房建设计中,秉承着"历史传承,和谐创新"的原则,尊重当地地域特征和文脉,在建筑造型上,吸收当地民居建筑(图14)中优秀的,有代表性的建筑元素。通过对建筑的实质的深刻理解和对当地文化的深刻挖掘设计出极富地方特色的建筑。采用当地的建材和现有常规建材为构筑手段,巧妙地驾驭材料的质地、肌理,创造性地美化建筑空间形态、空间序列,精心打造绿色的建筑外环境,采用朴素、简约的建筑风格。通过建筑单体之间的灵活自由的组合,既达到不同功能建筑之间的融合,又通过组合变化产生强烈的空间感。

a)特色居民

b)茶陵民居

图14　民居建筑

3　乡土景观对现代高速公路景观设计的意义

3.1　保护乡土景观有利于现代高速公路的持续发展

衡炎高速公路沿线自然风光秀丽,因此在沿线的景观设计中应树立面向节约资源的设计理念,最大强度地保护和利用现有景观资源、最大可能地避免浪费资源、最大能力地挖掘开发新资源、最大限度地回收利用废弃资源。

衡炎高速线路设计和建设阶段已充分考虑尽量避免破坏自然环境和原有风景,充分保护各种动植物、河流水域、名胜古迹。在特殊路段必要时还适当地修改了设计和施工方案以保全原有风景、甚至是一棵古树(如K29大滑坡处枫香(图15)和古樟的避让和保护利用)。在保护原有风景的同时,作为现代化的生态旅游公路,设计为符合时代的发展要求,衡炎路灵活运用多种元素,构筑旅游公路的特色景观环境,使之成为现代化生态环保的时空走廊。

3.2　发掘乡土景观有利于自然融合与环境协调

衡炎高速公路的景观设计着重考虑公路环境与沿线自然生态、环境相协调的问题,减少人为雕琢和人造景观的痕迹。在考虑平纵、横断面相结合、填切土方平衡的同时，还要充分考虑与自然环境、人文景观相结合，努力做到不仅不破坏自然环境，还能通过对局部地形、物种的调整改善沿线生态环境，不仅考虑到公路线形美观，还考虑到驾乘人员良好的心理和视觉的感受，做到“显山露水”，使衡炎路真正做到源于自然、融入自然、高于自然。从公路建设一开始就应当杜绝乱开挖、乱取土、随意施工、肆意破坏环境的行为；排水和防护工程应当配合景观设计，视线范围内的截水沟可利用植物进行隐性化处理；道路互通范围内的内侧边坡尽量因地制宜、随坡就势、坡度普遍放缓，逐步取消违反人性化的圬工防护工程，采用地被植物替代；道路边沟充分考虑保护农田，沿线服务设施、各种桥涵形式多样风格各异，建议采用本地石材、木材等结构（如木栈道、古城墙等）应充分体现当地特色并与周围自然环境、景观相协调。

图15　K29处古枫香

3.3　利用和营造乡土景观为当地人的生活设计

衡炎路景观设计的主题为“回归自然、拥抱绿色”。围绕这一主题，充分发掘沿线各地域的历史文化、人文景观和自然景观的特征加以利用，由此表现出各自的特色和韵味，适当地进行艺术加工和变化，如构筑物的风格、造型、色彩以及线形的弯曲、起伏等，即使驾驶员在行车途中感受到沿途景观在一片充满生机的绿海中，随着公路的延伸富有节律感、多样性景观、使人心情愉悦达到消除疲劳提高行车安全的目的；同样也为沿线经年累月生活在与自己有着密切关系的公路周边环境中的当地人，提供一个相对熟悉、和谐的景观。

3.4　现代高速公路景观设计创新的灵感源泉

乡土景观是当地人适应地域气候、土地上的自然人文过程的适应的物质形态的表露。利用和回避风的形式、利用和回避太阳光的形式、利用和回避水的形式、利用和回避动物及人流的形式以及多样化的乡土形式所给人的独特体验都为设计具有地域特色的现代高速公路景观提供了不尽的源泉。

一种理想的景观，无论是没有设计师的、基于经验的前科学设计，或是基于科学理论和方法的现代设计，最终都将走向天地、人、神的和谐（俞孔坚，1998，2000）。发掘和利用乡土景观如同掌握最现代的科学和技术一样，都有助于景观设计师的作品离理想景观更近些，与自然环境更贴近、更和谐。

参考文献

[1] 俞孔坚，等. 论乡土景观及其对现代景观的意义. 华中建筑，2005(4)：123 – 126.

（本文获湖南省土木建筑学会2008年度自然科学类优秀论文三等奖。）

第五篇

岩土与测绘工程

深埋特长雪峰山公路隧道工程地质勘察技术研究

王跃飞　李　军　黄　辉　胡惠华　丁国华　吴建宁

摘　要：雪峰山隧道为深埋特长隧道。在该隧道的勘察过程中运用了大量高新技术，并开展了科研工作，对隧道围岩特性、地质构造、地应力场及岩爆、涌水量、围岩稳定性等与隧道设计、施工密切相关的问题均作出了准确的判断和预测。本文论述了一些新的勘察技术及科研成果，这些勘探与评价技术对其他深埋特长隧道有较好的借鉴作用。

关键词：工程地质　勘察技术　高分辨率地震　深部电磁法　岩爆　块体稳定　涌水量

1　引言

雪峰山隧道为上海至瑞丽国道主干线湖南省邵阳至怀化高速公路上最大的控制工程，穿越横亘于湖南省中西部的雪峰山脉。雪峰山隧道为上下行分离的双洞隧道，其中左线隧道长6946km，右线隧道长6956m，最大埋深约840m，已于2006年8月贯通。

2　工程地质概况

2.1　工程地质条件

勘察区属侵蚀深切中山地貌，隧道横穿雪峰山隧道主脉，山顶海拔1300～1350m。东侧山坡整体坡度约22°，西侧山坡整体坡度约27°。主要的溪沟有5条，大致与隧道平行或小角度相交；次级溪沟呈鱼刺状排列在主要溪沟两侧；溪沟深切，谷坡自然坡度35°～55°。

覆盖层主要为亚黏土、碎石土及漂石土，总厚度一般为1～3m，局部厚度较大。基岩以震旦系及元古界硅化砂质板岩、变质砂岩及含砾变质砂岩等硬质岩为主，变质程度较高。构造岩以片理化岩石为主，其次为构造片岩、构造角砾岩、糜棱岩、构造石英岩、碎裂岩等。

勘察区经历了4次大的地质构造运动，分别为雪峰运动、加里东运动、印支运动、燕山运动。燕山运动以后，地壳表现为以上升为主的差异性升降运动。场地地质构造总的来说，有两个大的褶皱、八条具有一定规模的断层、五组主要的节理及多期劈理。

场地内主要的地下水类型有覆盖层中的孔隙水、基岩裂隙水及构造裂隙水三类。微风化及新鲜基岩、构造带（含断层带及褶皱核部）的大部分为微透水层或不透水；全－弱风化基岩及构造带的局部为弱透水，渗透系数为0.010～0.030m/d，局部透水性较好，如F8断层，其渗透系数达0.15～0.30m/d。

2.2　项目特点

雪峰山隧道的工程特点：一是长度大；二是埋深大，最大埋深约840m，整个隧道约50%的地段埋深大于400m。

对工程地质勘察而言，雪峰山隧道具有如下特点及难点：一是由于隧道长，经过多套地层及多个大的地质构造部位，地质情况复杂；二是由于埋深大，查明深部围岩特征难度极大，常规勘探技术难以兼顾勘探深度与勘探精度的要求；三是由于构造应力及自重应力的叠加，可能存在高地应力，可能产生岩爆；四

本文曾刊登于《中国地质灾害与防治学报》2008年第4期。

是由于地质情况复杂,隧道涌水量的预测难度极大。

3 勘察技术与手段

针对雪峰山隧道的特点,在勘探过程中运用了国内外先进的勘探设备与技术,与勘察工作同步开展了“深埋隧道勘探技术研究”。研究内容主要有:复杂山地条件下高分辨率地震勘探技术研究、深部电磁法探测技术的应用研究、岩爆和大变形评价预测研究。

3.1 复杂山地条件下高分辨率地震勘探技术

雪峰山隧道地形起伏大,溪沟切割强烈。地层倾角及断层带普遍较陡,一般大于50°。前期采用常规的地震勘探,没有取得深部的地质信息,以失败告终。

1)理论模型的重新定义

通过研究,重新定义与设计了雪峰山隧道勘探区工程地震反射波法的理论模型。地震反射波法的经典地震学原理与模型如图1a)所示,其中地面边界 I 为水平边界,地下反射界面 R 为水平界面。通常都以此为基本模型,进行工程地震的观测系统设计与施工,资料处理与地质解释。雪峰山隧道的地表及地下地质体界面与经典地震反射波原理模型相差甚远,针对雪峰山隧道的实际情况,重新定义了反射波法模型,如图1b)。将经典模型旋转90°,地表边界与地下反射界面两者仍保持平行,此时分析反射波的入射与反射路径时,直立地面上仍然能接收到来自直立界面的反射波信息,其数学模型与水平状态时相似。由此认识到把握住地面边界与地下反射界面的相对关系,就抓住了地震反射波法的本质。地面边界与地下反射界面的相对关系呈水平或近似水平关系,地震反射法就能成立。对复杂山区地形与地质反射界面之间的关系可归纳为3种类型:平行关系、正向斜交关系、反向斜交关系。针对每种类型均可开发一种地震反射波法观测系统,确定了地面接收边界与地下反射界面的相对关系及模型后,后续资料处理、地质解释均以此模型为基准。

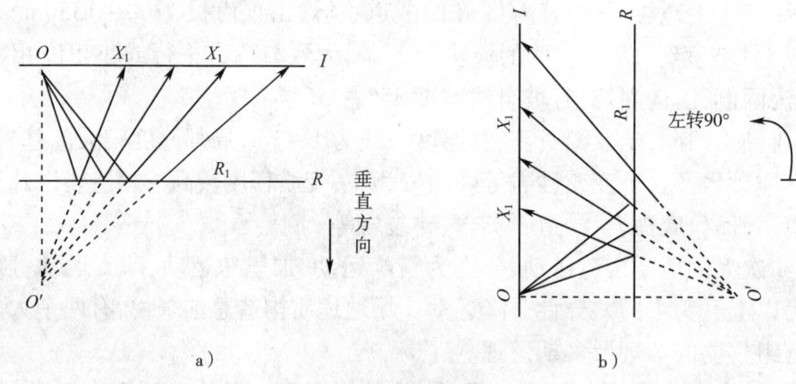

图1 地震反射波射线路径几何模型

2)技术措施的创新与改进

根据雪峰山隧道高坡度地形与高倾角地层的双高特征,基于48道数字地震仪,开发了共排列双向变偏移距宽频激发的高分辨率反射波多次覆盖技术与观测系统。

在震源激发技术方面,经大量试验,最终采用了 ϕ55cm 小孔径、3~4m 井深、250~450g 小药量的井炮震源激发技术,该方法激发的频谱高频分量丰富分辨率高,效果较好。

为提高工作效率,减少重复施工对环境的破坏,采用了地震反射波与折射波法同步勘探技术。在地表边界上找到一个合适的位置布置地表接收系统,调试地震反射波法多次覆盖观测系统与折射波法观测系统,使一次激发,在一张单炮记录上同时获得地震反射波与折射波信息。

在数据处理及解释时,利用先进的FUX人机联作处理平台,进行了工区速度谱分析、静校正处理等。

值得说明的是，在资料解译时，基于新的理论模型，以山体斜坡的趋势面为激发接收的边界条件，向下进行时深转换，不同于常规的以水平面为边界条件的方法。

3.2　深部电磁法勘探技术

在国内首次将 EH－4 电导率成像仪用于隧道的工程地质勘探，取得了较好的效果，较准确地反映了断层的位置、产状及规模。

主要研究成果如下：

详细研究了雪峰山隧道区高频大地电磁信号的规律：一是在 10～100kHz 的频带内，不同区段和时间观测的高频大地电磁信号的电场和磁场规律一致，说明大地电磁信号同低频信号一样是基本稳定可靠的；二是在 10～100kHz 的频带内，有两个突起及两个凹陷，其中突起的电磁信号较强；三是在 10～100kHz 的两端及 60～100kHz 范围内电磁信号整体减弱。

对风、50Hz 工业电流干扰对雪峰山隧道 EH－4 电磁测深高频大地电磁信号的影响也进行了详细研究，并研究了具体的压制技术。

针对雪峰山隧道地质特点，从理论和实际出发，对比了标量和张量测量分析结果，结果反映采用张量测量分析技术更符合雪峰山隧道的实际地质情况。

分析对比了不同空间滤波窗口系数对压制雪峰山隧道数据分散性的作用，结果说明空间滤波窗口系数 $s=0.8$ 的情况下，反演的结果符合实际。

研究表明在压制 EH－4 电磁测深静态效应方面采用 EMAP 技术效果较好。

通过对比分析不同测量电极距的测量结果说明，减小测量电极距的长度能够提高横向分辨率。

3.3　原地应力测量技术

1）水压致裂原地应力测量

水压致裂原地应力测量方法就是利用一对可膨胀的封隔器在选定的测量深度封隔一段钻孔，然后通过泵入流体对该试验段增压，同时利用 X－Y 记录仪记录压力随时间的变化。对实测记录曲线进行分析，得到特征压力参数，再根据相应的理论计算公式，就可得到测点处的最大和最小水平主应力的量值以及岩石的水压致裂抗张强度等岩石力学参数。裂缝方位的测定采用定向印模法。水压致裂法测量结果只能测得垂直于钻孔平面内的最小主应力（*Sh*）的大小与方向，经计算求得最大主应力。故从原理上讲，它只是一种二维应力测量方法。该方法的突出优点是能够测得深部的地应力值。

2）Kaiser 效应测试

Kaiser 效应测试的原理：脆性材料对曾经受过的力具有记忆性。这是因为当这些材料受力时，其中的细微裂纹随应力的增大而不断扩展。在进入非稳定破裂阶段之前，裂纹的扩展与应力水平具有对应性，即应力增大裂纹扩展。然而，这一过程是不可逆的，也就是说当材料中的应力卸除后，裂纹并不能愈合。当其重新受力时，在受力性状相同的条件下，应力水平达到先期受力水平以前，裂纹不扩展，一旦达到或接近先期受力水平，裂纹便开始扩展。裂纹的扩展引起岩石产生声发射，发出微弱的声音。这一现象，最先是由德国学者 J. Kaiser 于 20 世纪 50 年代在金属材料单向拉伸试验中发现的，故称之为 Kaiser 效应。

Kaiser 效应的测试方法：先从钻孔内采取定向的试样，雪峰山隧道试样的定向是根据试样中因物质成分的差异而存在的条带判断，条带的走向依据地层及构造分析成果确定。试验时分别对每组岩芯按 6 个方向，即 X、Y、Z、X45 Y、Y45Z、Z45X 制作试件（以正北方向为 Y 的正方向）。运用程控伺服及低噪声试验机、智能化高灵敏度声发射测试仪和换能器等先进设备进行测试。在加载的同时，同步测定声发射特征参数，由此可获得每个试件的 Kaiser 效应点对应的荷载，然后计算测点应力状态。在已知各方向每个测点应力值的条件下，利用弹性力学的计算公式，可得取样点的三向应力状态，即取样点三个主应力的大小和方位。

3）两种方法的比较

这两种方法,各有优劣,见表1。在实际运用时,这两种方法结合使用,可相互验证,相互补充。

两种方法的比较 表1

方法名称	优点	缺点
水压致裂法测试	1. 测试深度大,特别适用于深孔中量测 2. 测试方法较简单且可连续测试	1. 假定钻孔方向为一个主应力的方向,一般与实际存在差异 2. 只能测定垂直钻孔方向的两个应力值 3. 只适用于完整的脆性岩石
Kaiser 效应测试	1. 可测定三维应力场的大小与方向 2. 测试工作主要在室内进行	1. 必须对试样在野外进行定位,而深孔内岩芯定位困难 2. 测试方法复杂,一般勘察单位不具备条件 3. 测试结果反映的是岩石经历的最大应力

4)初始地应力场特征

在雪峰山隧道各阶段的勘察过程中累计完成水压致裂法原地应力测试67段,Kaiser效应测试19组,经统计分析,发现雪峰山隧道的初始地应力场存在如下规律:

(1)最大主应力方向:各个钻孔内,不同深度的最大主应力方向几乎都是NW向,经统计分析,总体方向为N54.5°W,平均倾角为32.73°。

(2)最大主应力的量级及其变化:最大主应力都有随深度的增加逐渐变大的趋势。实测的最大值为33MPa。

(3)应力分量在隧道走向(N70°W)上的投影σ_x具有随隧道埋深的增加逐渐增高的趋势。

4 主要工程地质问题评价技术

4.1 岩爆预测

岩爆预测采用了"形成演化机制分析与量化评价相结合"的研究思路。

1)初始地应力场研究

运用前述两种地应力的测试方法,基本查明了各孔位处初始地应力的大小与方向。为研究隧道围岩初始地应力场的空间分布规律,运用二维有限元方法,利用前述两种测试方法取得的成果,模拟了雪峰山隧道区岩体应力场的形成演化过程。初始模型假定地面为平面,河谷下切过程用四步由上至下的"开挖"来模拟,"开挖"高程根据区域夷平面调查分析成果确定。通过数值模拟,全过程再现了地应力场的形成演化过程,进而对隧道区高地应力的形成机制和地应力场的分布规律作出了较准确的判断。

2)围岩二次应力场研究

选择了不同应力区(应力平稳带深埋高地应力区、应力平稳带地应力变异区、应力浅表改造带应力增高区)的代表性断面,采用二维有限元数值模拟计算,获得了隧道开挖后硐壁、硐顶、硐底地应力分布曲线图。

3)围岩岩爆力学机制岩石力学试验研究

开展了岩石岩爆倾向性指数和破坏后区破坏形式的试验研究。两项目研究均在TMS815 Teststar程控伺服刚性试验机上进行。

岩爆倾向性指数(Wet)试验获得单轴应力状态下的加卸载应力-应变曲线,从而求得卸载时所释放的弹性应变能和耗损弹性应变能的比值,作为岩爆倾向性指数。共对20件试样进行了此类试验,结果如表2。

单轴压缩下全过程试验是判断岩石在破坏后的破坏形式,可分为两类。Ⅰ型破坏属稳定破坏,岩石在破坏后只有继续作功才能使其破裂继续扩展;Ⅱ型属非稳定破坏型,一旦破坏,不需要外力作功,岩石通过自身应变能释放继续破裂,表现出岩石具有岩爆的性能。共对17件试样进行了此类试验,结果是4

件属Ⅰ型,13 件属Ⅱ型,与岩爆倾向性指数(Wet)试验成果有良好的对比性。

岩爆性能 Wet 判别结果　　表 2

Wet　值	试　样　数　量	岩　爆　性　能
<2	1	不具备发生岩爆的性能
2 ~ 4.9	15	具备发生低 ~ 中烈度岩爆的性能
≥5	4	具备发生高烈度岩爆的性能

4)围岩岩爆预测

通过对隧道区地应力场、岩石力学试验等方面的研究,并借鉴相似工程经验,对雪峰山隧道可能发生岩爆的区段及烈度级别进行了初步预测。在深埋地段、断裂应力分异带、浅表部应力增高带存在高应力区,可能产生岩爆,岩爆等级以Ⅰ级(轻微岩爆)为主,局部可能出现Ⅱ级(中等岩爆)。

4.2　涌水量预测

涌水量的预测一直是个难题,通常预测值与实际涌水量相差几倍,甚至不在一个数量级,从而导致施工中出现安全事故,或者导致大的设计变更等。

1)水文地质参数

获取水文地质参数的方法主要有如下三类:

① 地面调查:水文点的长期观测、用三角堰或流速计测定地表水体或泉水流量、氡气测试;

②孔内试验:抽水试验、压水试验等;

③采金坑道涌水量测量:隧道区存在大量采金坑道,勘察期间对这些坑道的涌水量进行了分段测量。

2)涌水量预测

采用了四种方法对涌水量进行预测(表 3),其中地下水动力学法又采用了两种计算方法,分别是用于非完整井的柯斯嘉科夫公式及非完整潜水双线排列水平坑道位于无限含水层时的非稳定流计算公式。预测结果见表 3。

预测涌水量总表　　表 3

计算方法	预测总涌水量(m^3/d)	计算方法	预测总涌水量(m^3/d)
地下水动力学法	17136/15811	地下水迳流模数法	23325
降水入渗系数法	16419	地质比拟法	15019

多种预测结果虽有差异,但基本上反映了隧道涌水量可能变化的范围。比较而言,地下水属基岩裂隙型,基本符合地下水动力学方法的假设,据其他特长铁路隧道的工程经验,用地下水动力学法预测隧道涌水量较接近实际的涌水量。最终推荐地下水动力学法计算结果供设计参考。

3)涌水量随时间的变化

由于地下水的补给主要是靠大气降水,降水量随季节而变化,涌水量也将随时间的变化而变化。在无补给的情况下,计算表明,开挖后随着时间的增加,涌水量将逐渐减少,特别是在前 90d 内衰减很快。

4.3　围岩稳定性分析

1)优势结构面分析

通过详细的工程地质调查,实测了大量层面、节理面、劈理面的产状,应用 Dips 程序,按地层、构造单元进行了统计分析,从而获得了不同构造部位的优势结构面产状及其组合关系。通过对钻孔岩芯的仔细观测,掌握了各类结构面产状随深度的变化规律,为评价围岩稳定提供了可靠的数据。

2)块体稳定性分析

雪峰山隧道大部分围岩为坚硬岩石,被层面、节理面等结构面切割成各种块体,块体稳定性主要受重力及结构面的组合及其强度控制。基于这一认识，运用 Unwedge 程序对围岩块体进行了稳定性预测。Unwedge 程序是一种分析在坚硬岩体中开挖所形成的块体稳定性的应用分析软件。通过大量计算，得出了如下主要结论：

（1）由于隧道轴线在小范围内变动，轴线变动只影响楔形体的体积，不影响围岩破坏的形式。

（2）不同结构面的组合均反映围岩失稳将主要产生在洞顶，其中张节理具有控制作用。

（3）主要结构面的组合易在洞顶切割形成楔形岩体，产生坍塌，楔形体的体积主要在 $20m^3$ 以内。

5 施工验证情况

（1）对隧道区构造特征的判断非常正确：一是构造格局与勘察成果完全一致，由多条倾向 SE 的断层及两个褶皱组成，证明前人对该区域构造格局（一系列倾向 NW 的断层呈叠瓦状排列）的认识与实际不符；二是隧道所遇到的断层位置与推测的位置相差不大，精度很高。

（2）对围岩类别划分的精度高：一是施工证明围岩岩性、岩层产状、节理特征等均与勘察报告中的认识一致；二是围岩类别的变更比例仅为 11.7% ，在国内外特长隧道中实属罕见。

（3）对隧道涌水量的预测准确：勘察报告预测的总涌水量约为 17 $136m^3/d$，施工期间在隧道口实测的最大涌水量为 18 798 m^3/d，相差约 9.7%。贯通后一年内实测的最大涌水量为 11 000m /d，涌水量变化也符合随时间逐渐衰减的规律。

（4）对岩爆的预测准确：勘察报告中预测本隧道虽然地应力水平较高（与施工中的实测值相符），但以轻微岩爆为主，仅局部可出现中等岩爆。施工中，岩爆现象不典型，只在局部出现片邦现象及新鲜贝壳状断口。实际与预测情况总体相符，只是由于施工中采用了一些预防措施，如短进尺开挖、加强光面爆破、控制药量等，岩爆现象得到了有效预防。

6 结语

（1）施工证明，雪峰山隧道的勘察精度高，对围岩类别、地质构造、围岩稳定性、隧道涌水量、岩爆等多个方面均作出了较准确的判断，为雪峰山隧道施工取得“零死亡”和无塌方事故的奇迹作出了贡献。

（2）复杂山地条件下高分辨率地震勘探技术及基于 EH－4 电导率成像仪开发的深部电磁法勘探技术可广泛应用于其他深埋越岭隧道的勘探。

（3）围岩稳定性分析、岩爆预测、涌水量预测等评价方法对其他特长隧道具有借鉴作用。

参考文献

[1] 王跃飞，龚道平，蔡大江. 复杂山地条件下特长大埋深公路隧道工程地震勘探技术方法[J]. 物探与化探，2007，1：81-85.

[2] 蒋鹂飞，王跃飞，张志龙，等. 邵怀高速初始地应力场研究[J]. 中南公路工程，2006，1：9-15.

[3] 刘义虎，张志龙，付励，等. Unwedge 程序在雪峰山隧道围岩块体稳定性分析中的应用[J]. 中南公路工程，2006，1：31-33.

[4] 秦四清，李造鼎，张倬元，等. 岩石声发射技术概论[M]. 成都：西南交通大学出版社，1993.

（本文依托的湖南省邵阳至怀化高速公路雪峰山隧道荣获 2008 年度全国优秀工程勘察铜质奖和湖南省优秀工程勘察一等奖，雪峰山隧道被评为建国六十周年 60 项公路交通勘察设计经典工程。）

复杂山地条件下特长大埋深公路隧道工程地震勘探技术方法

王跃飞　龚道平　蔡大江

摘　要:通过对复杂山地条件、特长、大埋深的雪峰山公路隧道的工程地震勘探实例,介绍和分析了根据实地情况开发和应用的高分辨率地震震源激发技术,复杂地形、地质构造条件下共排列双向变偏移距高分辨率反射波多次覆盖技术,环保型地震反射波与折射波法野外同步施工技术。

关键词:复杂地形　隧道　高分辨率地震　震源激发　双向变偏移距　同步施工

邵阳至怀化高速公路是国家重点建设的"五纵七横"国道主干线中上海至瑞丽高速公路的一段。

雪峰山隧道横穿雪峰山主脉,为此段高速公路上最大的控制工程,隧道的开通可缩短公路里程约30km。隧道设计为上、下行线双洞组合,长度6.9km,平均埋深450m,最大达850m,山脉最高海拔1320m,地形切割剧烈,植被覆盖茂盛,山体岩石主要为前震旦系深度变质硅化板岩与震旦系变质砂岩,区域地质褶皱与断裂构造发育,地层倾角陡立倾向多变,该隧道具有"特长、埋深大、地形与地层及构造复杂"的特点。工程地震勘察的目的是提供隧道围岩物性参数、稳定性评价及断裂带分布范围。

1　隧道工程地震反射波方法的适用性问题

1.1　地质条件分析

工区的地表不同区段有第四系(Q)地层覆盖,主要为亚黏土,分布在较平缓的地段,为残积、坡积成因,可塑,一般含碎石和角砾,厚度一般为2~3m,但局部厚度较大。其他为碎石、块石土,分布广泛,为坡积、崩积成因。松散,厚度一般为1~3m,成分与附近基岩一致。

地下主要地层为震旦系江口群长滩组(Z_c)、前震旦系芙蓉溪群(P_{tf})及构造岩,主要为变质板岩、砂岩类。由于地下地层地质年代古老历经了多次构造运动,断裂及褶皱构造极为发育,地层陡立。

1.2　经典地震反射波模型及适用性的分析

由于上述原因,地层岩石变质程度很深,后期改造强烈,地形及地层十分复杂,在这种条件下能否应用地震反射波法的经典地震学原理与模型吗?

当地面边界Ⅰ为水平边界,地下反射界面R为水平界面,两界面互为平行,O为震源点,X_i为检波点距,反射波旅行时t的数学模型为$t_i=\sqrt{(X_i^2+4h_i^2)/v}$,此为地震反射波经典原理模型(图1)。通常,都以此为基本模型,进行工程地震的观测系统的设计与施工,资料处理与地质解释。

但是,雪峰山隧道工区的地表与地下地质条件与经典地震反射波原理模型的地表与地下地质条件要求相差甚远,简单地套用经典地震反射波原理模型显然是不妥的,以至于用经典地震反射波原理模型来处理和解释雪峰山隧道工区地震资料存在很大的矛盾和问题。

雪峰山隧道工区的地下地质岩性的变化及断裂带、断层的存在,是客观存在的事实,它必然会造就地下介质的波阻抗差存在。广义地说,这就具备了产生反射波的条件,就可以具备使用地震反射波的方法。关键的问题是如何针对雪峰山隧道工区的地表与地下地质条件,从理论及模型到具体的实施方法要有一

本文曾刊登于《物探与化探》2007年第1期。

个新的思路新的方法去应对。

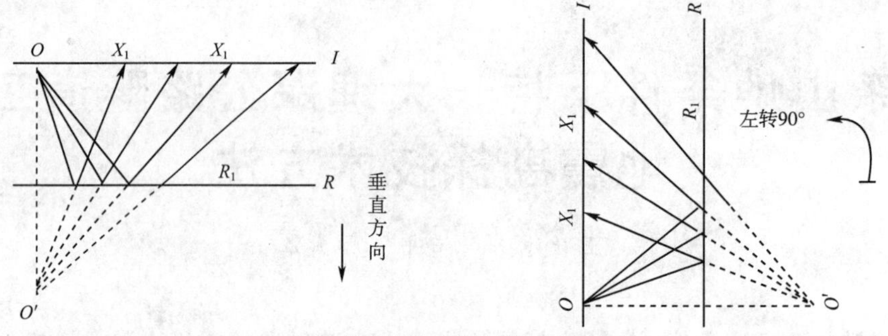

图1 几何地震学反射波射线路径模型

2 理论模型的重新设计与定义方法

针对工区的地表与地下地质条件,需重新定义雪峰山隧道工区的反射波法模型。当把该系统的坐标系左旋90°时,地表边界与地下反射界面两者间仍保持平行,此时分析反射波的入射与反射路径时,直立地面上仍能接收到来自直立界面的反射波信息,其数学模型形式与水平状态时相似,但地面X与深度h的含义各不相同,比如在直立地面地层条件下,深度h变为水平方向的距离。

经过以上分析和研究,认识到把握住地面边界与地下反射界面的相对关系,就抓住了地震反射波法的本质。地面边界与地下反射界面的相对关系呈平行或近似水平关系时,地震反射波法就成立,这是地震反射波法的充要条件。这里要关注的是接收边界与地下地质界面整体关系,而不是单方面的地层或地形因素。经分析雪峰山隧道工区地层倾角和地形坡度都很陡时,分析地面接收边界与地下反射界面的相对关系时,当满足近似平行或有一定夹角条件时,都能有效获得地震反射界面资料。

当然,复杂山区地形与地层之间的关系是难以预测的,但可以把这复杂的关系归纳成3种特殊的类型进行分析(图2),这3种类型为:①平行关系类型(地表接收边界与地下反射界面呈近似平行关系)。②正向斜交关系类型(地表接收边界与地下反射界面呈正向斜交关系)。③反向斜交关系类型(地表接收边界与地下反射界面呈反向斜交关系)。

图2 复杂山区地形与地层之间的关系类型

综合以上3种类型,寻求与开发一种地震反射波法观测系统,能最大限度地涵盖地表接收边界与地下反射界面的3种类型关系。在这里要强调的是地表接收边界十分重要,因为地表激发、接收边界是唯一已知的条件,位于地表边界有人工设定的震源位置和人工设定的接收系统位置,当地表震源激发时所产生的球面波沿着地下介质向四面八方传播纵波和横波,当遇到波阻抗差界面时会产生反射纵波和横波,这些反射波可能有一些要返回地表接收边界,如果人们在地表边界的合适的位置预先布置接收反射波的检波器系统,就能有效地获取地下地质信息。当然,在地表接收边界与地下反射界面呈直立或很大夹角时也不能产生反射波或接收不到反射波信息。这里要强调的是地表激发、接收边界是十分重要的边界,当确定了地面接收边界与地下反射界面的相对关系及模型后,则后续资料处理、地质解释均以此模型为基准。

3　共排列双向变偏移距(扫描)宽频激发的高分辨率反射波多次覆盖技术

雪峰山隧道工区具有高坡度地形与高倾角地层的双高特征，且地表植被发育，施工难度大，既要考虑如何有效地在地表边界上找到一个合适的位置布置地表激发接收观测系统，捕捉到来自地下数百米处的携带地质信息的地震反射波与绕射波信息，还要考虑工程实施的可行性。

经过地震反射波理论模型的计算与现场试验，根据现有的地震装备，我们开发了共排列双向变偏移距宽频激发的高分辨率反射波多次覆盖技术与观测系统。采用可变的偏移距，检波器间距2～4m，4m为主，48道接收，采用双向端点井下炸药激发。

在雪峰山隧道工区，共排列最大偏移距达600多米，最小偏移距为零，井炮震源激发点由一侧+600多米运动到(扫描到)另一侧-600多米激发，如此可最大限度地接收到排列下方可能发生的3种类型的地震反射波资料。为了增强反射波的能量，采用了多次覆盖叠加技术(4～6次)，为了提高检波器的灵敏度，采用3～5个检波器串组合接收，较好地压制随机噪声，提高了信噪比。

4　震源激发技术

通常工程地震勘探的勘察对象深度较浅，使用的激发震源多为人工锤激震源，电火花震源，猎枪震源，坑炮震源等，探测深度难以达到地下数百米深度，如果采用油气和煤田地震勘探方法中的钻井放炮技术，探测深度是可以达到一定的深度，但笨重的设备难以在本工区使用。

为在雪峰山地形条件下选择一种可行的激发震源，使激发的地震波有良好的脉冲特性，做到宽频带，能量强，高分辨率，适合该地区使用，按照激发的地震脉冲视周期 T^* 与炸药量 Q 的关系 $T^*=(KQ)/3$(K 为常数)以及地震波能量、爆炸能量和震源周围介质的耦合条件有关(几何耦合与阻抗耦合)，进行了炸药量、井炮、坑炮等多种激发方式的试验。同时，我们采用适合山区使用的轻便凿岩机钻孔，用 ϕ5cm 小孔径、3～4m 井深、250～450g 小药量填充泥浆水黏土封井激发的井炮震源激发技术，激发的频谱宽高频分量丰富分辨率高，取得了较好的效果。试验表明，深井小药量激发的频谱其频带与能量较坑炮更好(图3)。

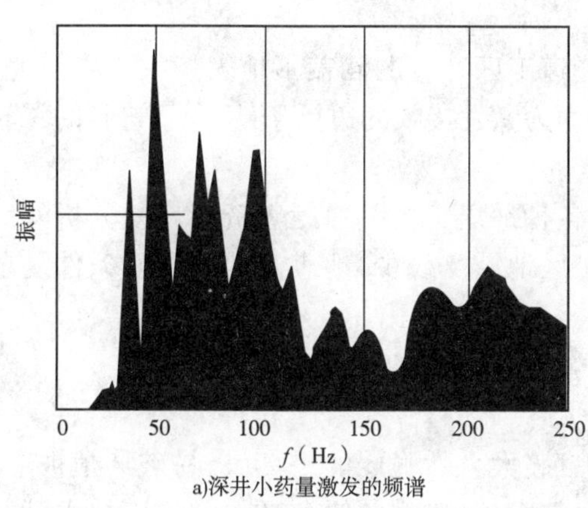

a)深井小药量激发的频谱

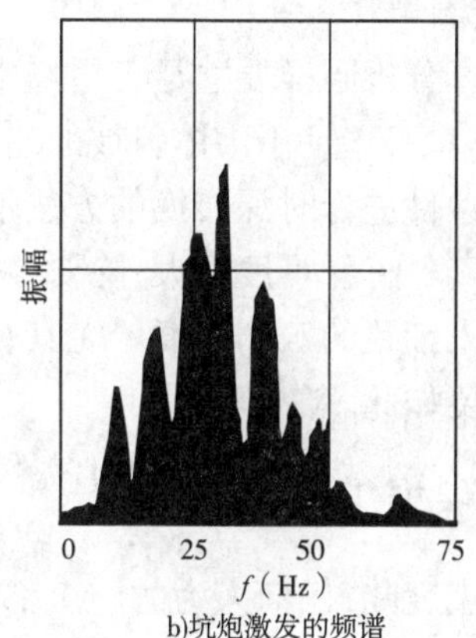

b)坑炮激发的频谱

图3　不同震源激发的频谱

5　地震反射波与折射波法同步勘测技术

雪峰山山区施工环境极为恶劣，钻井、铺线等施工难度大，需事先在茂密的树林里，沿地震测线方向人工砍出通道位置。为提高工作效率，减少重复施工对环境的破坏，采用了地震反射波与折射波法同步勘测技术，每次激发与接收的过程都充分考虑能同时记录到反射波与折射波信息。

折射波法观测系统与反射波法观测系统区别较大，前者采用互换的相遇观测系统消除地形起伏的影响，然后采用追逐观测排列获得折射层的速度、厚度信息。而后者采用多次覆盖观测系统。

所谓同步勘测技术，是在地表边界上找到一个合适的位置布置地表接收系统，调试地震反射波法多次覆盖观测系统与折射波法观测系统，使它们有机地结合为一体，使一次性井炮激发，在一张单炮记录上同时获得地震反射波与折射波信息，获得的单炮原始地震记录，折射波起初起跳干脆，反射波同相轴清晰。

6 数据处理及解释技术

雪峰山隧道工区地震反射波资料，在先进的 FUX 人机联作处理平台上进行处理，处理流程为：预处理→常规处理→解释处理。整个处理参数与流程选择均实施人机联作过程进行优化处理。

6.1 工区速度谱资料分析

当雪峰山隧道工区的第一个速度谱资料出来后，发现它的叠加速度比通常情况下的工程地震勘探资料速度谱高许多。在统计多个速度谱资料后得到进一步明确。通过隧道工区的速度谱资料分析，我们拟合了雪峰山隧道工区的叠加速度曲线。在此基础上统计了大量的叠加速度谱资料和有限的地震纵、横波速度测井资料，拟合了一条雪峰山隧道工区的平均速度曲线，运用这条平均速度曲线对地震反射资料进行偏移及时深的转换。

6.2 静校正处理

地震资料静校正处理，是一个非常重要但又十分繁琐的工作环节。因为雪峰山隧道工区地震反射资料的采集是立足于不同于经典反射波模型，而是采用了特有的涵盖了地表接收边界与地下反射界面 3 种类型关系的理论模型，这样静校正的基准面选择与经典反射波模型的基准面选择有天壤之别。经典反射波法基准面选择为水平基准面，工区的反射波法基准面选择为山体斜坡的趋势面作为静校正基准面。这是重要的区别。

以山体斜坡的趋势面作为静校正基准面，经过静校正处理后的地震反射资料比未进行静校正处理的反射资料有较好的信噪比与分辨率。通过静校正处理后的多次叠加时间剖面段明显比未做静校正处理的资料信噪比要高，波组连续性好。

6.3 地震资料解释

地震资料解释分析同样要立足于雪峰山隧道工区特有的涵盖了地表接收边界与地下反射界面 3 种类型关系的理论模型，立足于山体斜坡的趋势面为激发接收的边界条件，向下进行时深转换，这与常规的以水平面为边界条件进行时深转换的方法不同。

工区的地震资料解释难度很大，除要综合各种地质、物性、速度等资料反复分析外，还要具备较丰富的物探经验及深入细致的工作态度。尤其在工区地震测线少，地表及地下地质条件复杂，又是单条测线居多的情况下更要如此。

7 绿色环保施工技术

雪峰山山区坡度陡，任何人为的施工都会打破大自然脆弱的平衡，极易破坏植被造成表土流失或引起泥石流。雪峰山隧道工区施工中采取的各种技术，是典型的绿色环保型施工技术，所用的震源激发方式较坑炮激发可以最大限度地减少震源对地表植被和表土的破坏，配合地震反射波与折射波法同步勘测技术，避免了 2 次施工对地表植被和表土的破坏。

8 地质成果

雪峰山隧道在羊皮洞工区布置施工的地震主测线 Y1 位置，基本上与开挖的主隧道走向一致，两者相距约 90m，可以利用隧道开挖的地质资料对 Y1 地震测线的地震资料解释成果进行验证和分析。另外，为了调查主隧道进出口端的地质情况与围岩物性，布置的 4 条短测线也可以用于隧道开挖的地质资料对施工的地震资料进行验证和分析。

获得的主要地质成果如下：

(1)地震波的折射波速度资料表明,隧道工区地层速度结构分3层:地表强风化层波速400～800m/s;全强风化层与微风化层界面波速3 500～4 000m/s;基岩波速为4 000～5 500m/s。

(2)由资料统计及分析发现,随着深度增加,岩体纵、横波速度高且稳定。横波速度V_s=2 500～3 500m/s,纵波速度V_p=4 000～5 500m/s,岩体纵、横波比值1.58,数据平稳,岩体完整性较好。这与主要目的层震旦系江口群长滩组(Zc)的钻孔ZK2、ZK6中声波测井测得完整岩石的纵波速度5 000m/s左右完全相符。

(3)隧道断裂破碎带呈条带状分布,在断裂破碎带上发育断面波、断点绕射波、杂乱波及反射波同相轴错断的特征明显。地震勘探解译的大小断层异常达32条。一般具有断面波显示,断点绕射波、反射波组(系)同相轴对比中断明显,同相轴倾向及倾角特征差异明显,局部同相轴缺失等特征。

(4)为了进一步评价地震方法的正确性与成果解释的合理性,将Y1线的地震解释资料成果与开挖的地质资料进行了对比。

Y1地震主测线起始端点ZK97+320到终端ZK99+430间有一段重合,范围从ZK97+320～ZK99+200止。其中Y1测线地震资料共解释出7条大小不等的断层,开挖验证了3条较大断层。它们正好对应Y1测线的较大断层F2、F6、F7,其位置误差在10m内,断裂破碎带及断层的断面波、断点绕射波、杂乱波及反射波同相轴错断特征明显。

3条断层描述情况如下:F2所在的区段砂质板岩ZK97+832～852有一组20m长的层间大断层,断层带内主要为糜棱岩、角砾岩和压碎岩,加上涌水较大,开挖后有明显的应力显现,右顶曾出现2.5m高的坍塌,ZK97+762～795段出现一倒S状褶曲带,褶曲带内有数条小断层,多石英脉;F6所在区段从ZK98+590～758共有11处断层,其中ZK98+736～758较大,水平宽达23m,断层带内主要为碎裂岩夹断层泥,即泥夹石、石夹泥,稳定性差,采取打设超前小导管和钢拱架初期支护前进;F7所在的ZK98+911～931段有一较大断层,水平宽达20m,断层带内主要为碎裂岩夹断层泥,稳定性差。F6断层异常解释与验证断层位置吻合(图4)。

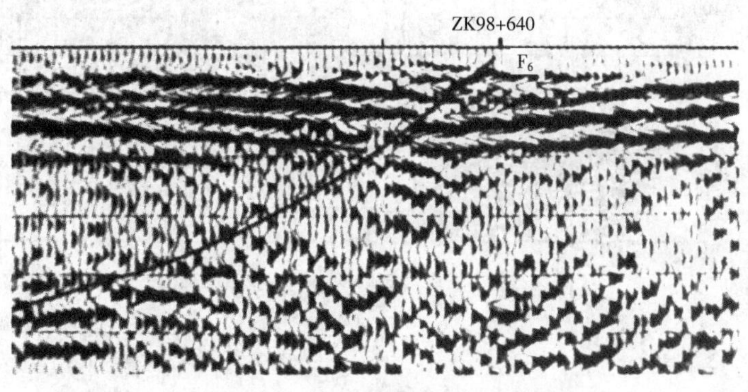

图4　Y1地震测线解释的F6断层异常

对其他4条小断层异常的进一步分析认为:F1、F3、F4、F5可能为地层、节理或裂隙发育带所致。如:F1(测线ZK97+590,开挖无)在地震资料上有异常被解释成断层异常,但开挖的资料没有断层显示,在进一步分析时发现,异常是由地层岩性界面造成的。雪峰山隧道施工地质情况(东口改)验证地质资料提到,这里岩石坚硬,岩石断口有明显的丝绢光泽,该位置应为地层界面异常。

以上资料表明,隧道工区应用的共排列双向变偏移距宽频激发的高分辨率反射波多次覆盖技术是成功的。当断层及断裂破碎带达到一定的规模时,即开挖所认定的断层断裂地质现象,地震资料总能识别出来而不会遗漏。对于小型小规模地震异常要进一步筛选,但要掌握一个度的问题。地震解释的断裂异常可提供给钻探部门进一步验证。

(5)雪峰山隧道进口部位 L11、L12 测线地层速度结构剖面资料(图5~图7)表明,全强风化层速度 V_0 = 630 ~ 840m/s,厚度 10 ~ 18m,微风化层界面速度 3 970 ~4 560m/s,位于 L12 线 210 桩号出现 F31 断层异常,其余位置未见有规模断层。开挖验证表明,F8 断层与隧道斜交,断层宽 25m,纵向影响隧道长 32m。里程为 ZK95 +894 ~926,与原推测在 ZK95 +895 ~930 遇 F8 基本一致。断层带内主要为角砾岩、糜棱岩、碎裂风化岩、石英岩脉等。断层带内的岩层经搓揉较紊乱并有擦痕。岩层基本无自稳能力。应该说开挖的 F8 断层与 L12 地震测线上的 F31 断层是对应的,F31 斜穿隧道。

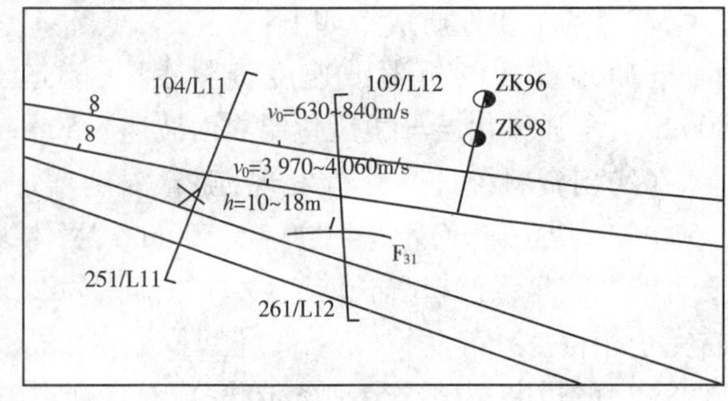

图5　测线位置及断层解释位置

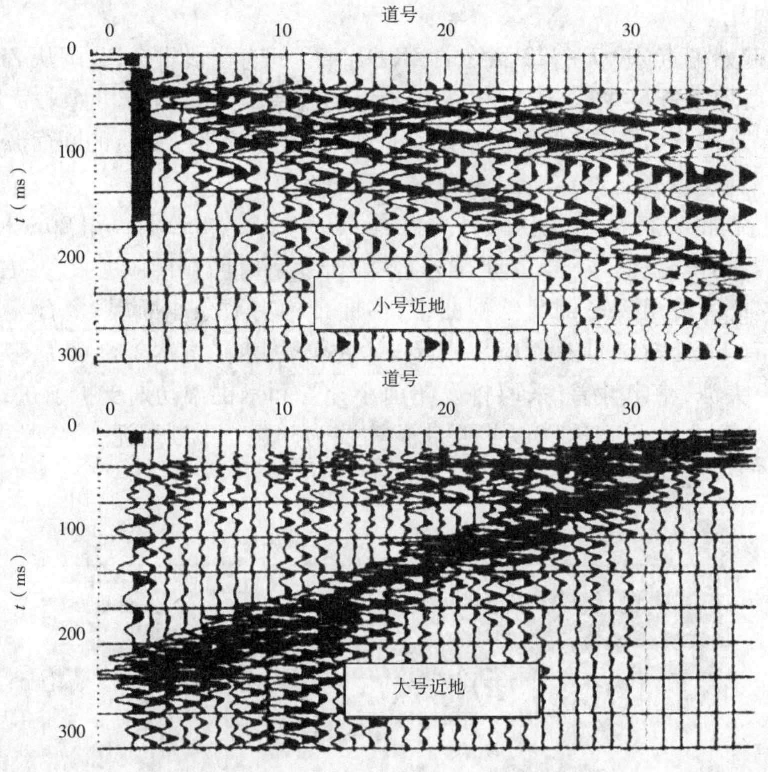

图6　反射波与折射波法同步勘测的原始地震记录

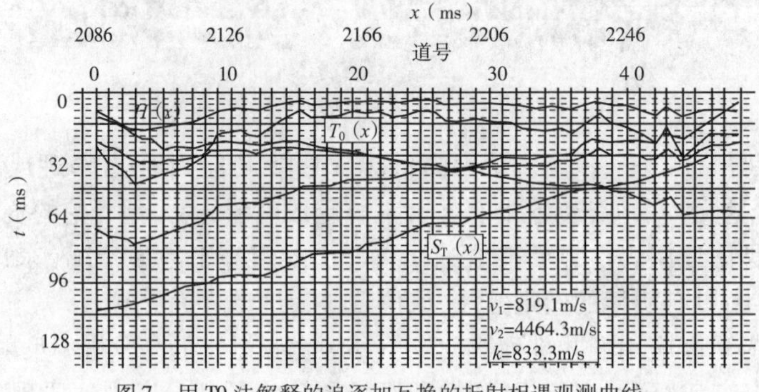

图7　用 T0 法解释的追逐加互换的折射相遇观测曲线

(6)出口部位地震资料解释推断无断层,经开挖证实,结论正确。

9　问题及建议

(1)雪峰山隧道工区高坡度地形与高倾角地层发育使地震物探资料对地下反射界面的空间定位精度存在一定误差,也为今后开展山区地震物探资料的空间偏移方法的研究留下攻关的课题。

(2)在地表接收边界与地下反射界面呈直立或很大夹角时也不能产生反射波或接收不到反射波信息,在这种情况下会有盲区出现。

(3)雪峰山隧道工区高坡度地形与高倾角地层条件下的地震勘探的新方法新思路,为今后在山区应用地震方法开展工程地质勘察奠定了基础,但其试验与实践的工作量较少,还缺少各种情况的地震资料,建议进一步完善在复杂地形条件下的工程地震方法和技术。

参 考 文 献

[1] 王振东. 浅层地震勘探应用技术[M]. 北京:地质出版社,1988.

[2] 王俊茹. 工程与环境地震勘探技术[M]. 北京:地质出版社,2002.

[3] 蔡大江. 浅层地震反射波与折射波法同步勘测应用实例[J]. 工程地质勘察,1996,(1).

(本文依托的《深埋隧道勘察技术研究》获 **2009** 年度中国公路学会科学技术一等奖、湖南省科技进步三等奖,湖南邵阳至怀化高速公路雪峰山隧道被评为建国六十周年 **60** 项公路交通勘察设计经典工程。)

TSP203在雪峰山隧道施工地质超前预报中的应用研究

黄　戳　彭建国　丁国华　陈韶光　龚道平

摘　要:本文介绍了地质超前预报的研究进展和TSP203的工作原理、数据处理、解译技术及其在雪峰山隧道施工地质超前预报中的应用。通过对比分析验证了预报结果的准确性,展示了TSP203探测系统在隧道施工地质超前预报中的广阔前景。

关键词:隧道　TSP203　地质超前预报　数据处理　解译技术

1　前言

目前,世界各国正在进行大规模的基础设施建设,其中包括大量的铁路、公路、引水等隧道(隧洞)建设,不少公路隧道处在复杂岩性、构造、高地应力地区,有些地区甚至被专家称为"地质博物馆"。随着隧道施工技术的提高,对隧道施工期地质超前预报提出了更高的要求。受地质勘察精度、经费等多种条件的限制,设计与实际不符的情况屡有发生,由此造成的隧道洞内塌方、涌水、涌泥、涌砂、岩爆、瓦斯爆炸等灾害异常频繁,给隧道施工造成极大的危害。在隧道施工期间采用各种技术、手段和方法对隧道掌子面前方地质条件(情况)进行及时准确的预报可以提前采取预防措施,避免灾害的发生或在一定程度上减少因灾害造成的损失,保证隧道施工的安全。因此,隧道施工期地质超前预报显示出越来越重要的作用。

1.1　地质超前预报的目的

施工前对地质情况的了解,对于隧道建设有十分重要的作用,通过地质超前预报,及时发现异常情况,预报掌子面前方不良地质体的位置、产状及其围岩结构的完整性与含水的可能性,从而为隧道施工单位优化施工方案提供依据,为预防隧道突水、突泥、突气等可能形成的灾害性事故及时提供信息,使工程单位提前做好施工准备,通过预报,可以了解掌子面前方短距离内的工程地质条件及围岩类别,为施工单位正确选择开挖断面、支护设计参数和施工方法提供依据,所以隧道超前地质预报对于安全科学施工,提高施工效率,缩短施工周期,避免事故损失,具有重大的社会效益和经济效益。

1.2　地质超前预报的内容

地质超前预报包括如下内容:

(1)不良地质预报及灾害地质预报:预报掌子面前方15~100范围内有无突水、突泥、坍塌、有害气体等灾害地质,并查明其范围、规模、性质,提出施工措施意见。

(2)水文地质预报:预报洞内涌水量大小及其变化规律,并评价其对环境地质、水文地质的影响。

(3)断层及其破碎带的预报:主要预报断层的位置、宽度、产状、性质、充填物的状态,是否为充水断层,并判断其稳定性程度,提出施工对策。

(4)围岩类别及其稳定性的预报:预报开挖面前方的围岩类别与设计是否吻合,并判断其稳定性,随时提出修改设计,调整支护类型,确定二次衬砌时间的意见,报专家组审批。

(5)查明并预测隧道内有害气体含量、成分及动态变化。

本文曾刊登于《地质与勘探》2006年第5期。

(6)查明并预测膨胀岩的膨胀力、膨胀量及主要矿物成分,为工程防治提供可靠依据。

1.3　地质超前预报的研究进展

隧道施工期地质超前预报由来已久,国外如英、法、日、德等国家均将此列为隧道工程建设的重要研究内容。在我国,隧道施工期地质超前预报研究始于20世纪50年代末,但真正应用于隧道工程建设(包括其他地下工程)是在70年代,以我国工程地质界老前辈谷德振教授等根据矿巷施工进度和掌子面地质性状作出的矿巷前方将遇到断层并将引发塌方的成功预报为序,开始了我国隧道施工期地质超前预报的研究和应用。

纵观国内外隧道施工期地质超前预报技术方法的发展,基本上经历了下列发展阶段:地质法阶段——超前平行导坑法阶段——超前水平钻孔阶段——超前钻孔声波测井及跨孔声波透射阶段——波反射法阶段。

TSP从20世纪90年代初问世以来,已经在数百项大型工程中应用并取得了全世界的认可。在瑞士的Vereina铁路隧道中,它准确的预测出隧道里程(TM)1430m处存在不稳定的蛇纹岩层;在日本的Gorigamine高速铁路隧道中成功的预测出掌子面前方岩性由坚硬的英安岩过渡到稍软弱的凝灰岩再到软弱的页岩的位置。在韩国的Anmin公路隧道中准确预报出隧道掌子面前方不同于开挖段风化岩层的较坚硬岩层和断层构造的位置。

2　TSP203简介

TSP203超前地质预报系统是专门为隧道和地下工程超前地质预报研制开发的先进设备。该系统实现了从信息采集、数据处理、结果解译的高度智能化。它具有实用范围广,探测时间短,对隧道施工干扰小,探测、解译距离远,分辨率高的优点。其探测距离为250~500m,有效解译距离为150m,最高分辨率达1m,探测空间为三维,软件解释非常方便。

2.1　TSP203的工作原理

TSP203采用了回声测量原理:地震波在指定的震源点(通常在隧道的左边墙或右边墙,大约24个炮点布成一条直线)用小药量激发产生;地震波在岩石中以球面波形式传播;当地震波遇到岩石物性界面(即波阻抗差异界面,例如断层、岩石破碎带和岩性变化等)时,一部分地震信号反射回来,一部分信号折射进入前方介质;反射的地震信号将被高灵敏度的地震检波器接收;反射信号的旅行时间和反射界面的距离成正比,故而能提供一种直接的测量。

TSP203超前地质预报系统的现场布置及测试过程由一系列炮点、两个三维接收传感器(X、Y、Z方向)、接收机及数据处理系统组成(见图1)。

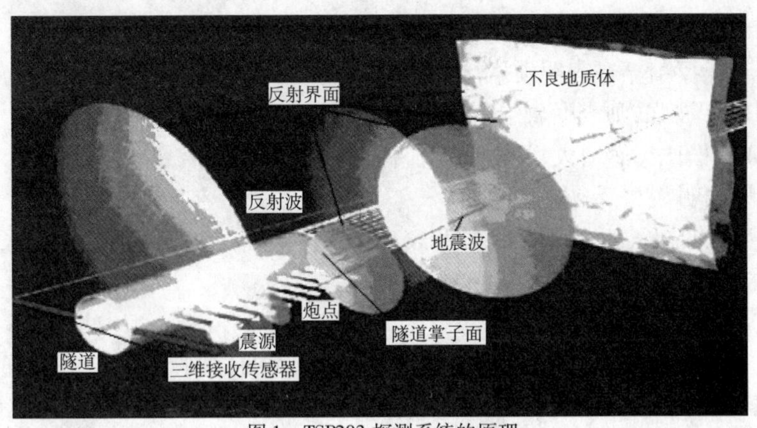

图1　TSP203探测系统的原理

2.2　TSP203的数据处理

TSP203主要由两大部分组成:仪器系统和软件系统。

本次探测采用的仪器系统主要包括:

(1)可卸载的PⅢ笔记本电脑;

(2)记录单元:

①24 位 A/D 转换;

②道数为 1 ~ 12;

③采样间隔为 62.5μs;

④带宽为 8000Hz;

⑤记录长度为 7218 采样点;

⑥动态范围为 120dB;

(3)三分量加速度地震检波器:

①灵敏度为 1000mV/g ±5%;

②频率范围为 0.5 ~ 5000Hz;

③横向灵敏度 >1%;

④工作环境温度 0 ~ 65°。

软件系统采用 MS Windows 作为软件平台,TSPwin 处理及评估软件具有高度智能化,有自动和高级两种处理方式可供选择。其数据处理流程主要包括:

(1)初步选定原始波形(X、Y、Z);

(2)选定波谱分析窗口;

(3)对原始波形进行波谱分析;

(4)进行带通滤波处理:输入波谱图梯形四个顶点横坐标,滤掉其余部分波形图,保留梯形面积的波形图;

(5)调节、选择、捡取初至波;

(6)确定纵横波初至波的位置:尽量手动调直;

(7)将各炮点的资料进行能量平衡;

(8)经 Q 值评价提取反射波:设计时间距离坐标的起始位置;

(9)分离纵、横波:可设计各种波的距离、范围、坐标、尺寸;

(10)波速分析:生成纵、横波的结果显示成像图,红色表示波从软岩到硬岩,蓝色表示波从硬岩到软岩;

(11)深度偏移:从二维速度模型出发将时间断面转换到实际空间,得到深度偏移图;

(12)拾取放射面:根据选择的主要反射界面个数提取反射界面。其流程图见图 2。

2.3 TSP203 的解译准则

TSP203 处理成果的解译遵循下述准则:

(1)波形中间出现正反射振幅表明硬岩层,出现负反射振幅表明软岩层;

(2)若 S 波反射较 P 波强,则表明岩层富含水;

(3)V_p/V_s 增加或泊松比突然增大,常常由于流体的存在而引起;

(4)若 V_p 下降,则表明裂隙或孔隙度增加;

(5)出现较高的反射振幅、较大的反射系数和较小的弹性阻抗,表示反射界面的岩石密度和波速较高。

3 工程应用

雪峰山隧道为上(海)瑞(丽)高速公路邵阳至怀化段最大的控制性工程,是交通部立项的已开工兴建的全国最长的高速公路隧道。该隧道采用上下行分离的双洞隧道,左线隧道全长 6946m,右线隧道全长 6956m。隧道穿过的山体为单脊山峰——中间最高,两端逐渐变低,隧道最大埋深约 850m,约 50% 的地段隧道埋深大于 450m。隧道横穿雪峰山主脉,属侵蚀深切中山地貌,主要沟溪有 5 条,大致与隧道平行或小角度斜交。隧道区有山顶倒转背斜和王公店——锅塘冲复式向斜两个大的褶皱。规模较大的断层共有 8 条,对隧道有影响的共有 5 条,均为逆断层。主要有 5 组节理,其中 4 组与隧道轴线平行或大角

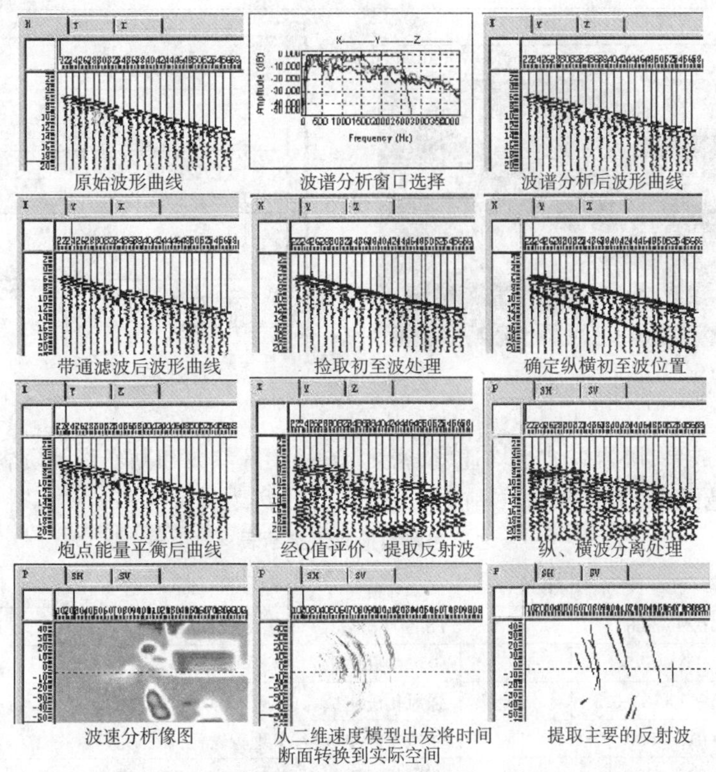

图2　TSP203 探测系统数据处理流程图

度相交的剪节理延伸长度大，另一组与隧道平行或小角度相交的张节理将影响隧道围岩的稳定性。据勘察揭露隧道穿越的地层主要有：亚黏土，碎石、块石土，变质砂岩和砂质板岩。

雪峰山隧道主要采用短期地质超前预报和 TSP203 长期地质超前预报相结合的预报方法。短期地质超前预报又称跟踪预报，它是在长期地质超前预报的基础上进行更加准确的预报，是正确指导施工必须采取的工作步骤，主要采用的手段有：掌子面编录预测法、水平超前钻孔法和地质雷达法。本文主要介绍采用 TSP203 对隧道施工进行长期地质超前预报。根据雪峰山隧道工程施工进展情况，结合前期勘察设计资料和隧道围岩地质条件，我们采用 TSP203 在隧道的左线 ZK96 + 120 ~ ZK96 + 191，右线 YK95 + 929 ~ YK96 + 030 和 YK96 + 035 ~ YK96 + 168 进行了 3 次地质超前预报，其探测结果经数据处理后的示意图显示如图 3 ~ 图 5 所示。

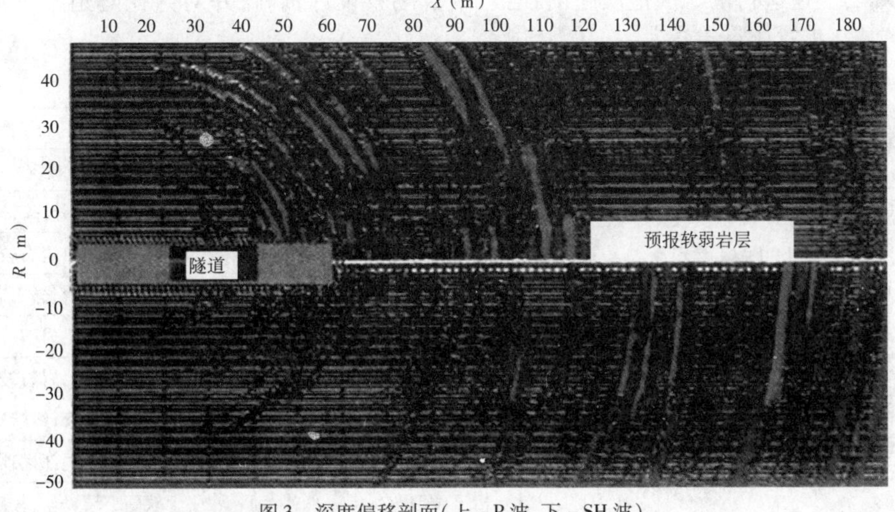

图3　深度偏移剖面（上 - P 波，下 - SH 波）

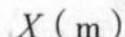
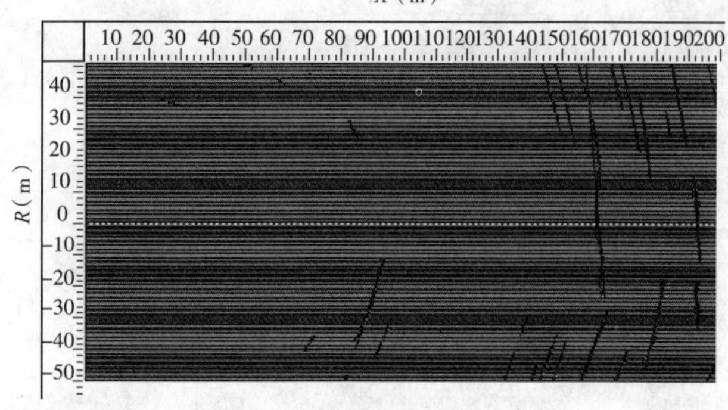

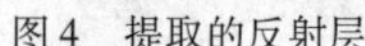
图4　提取的反射层

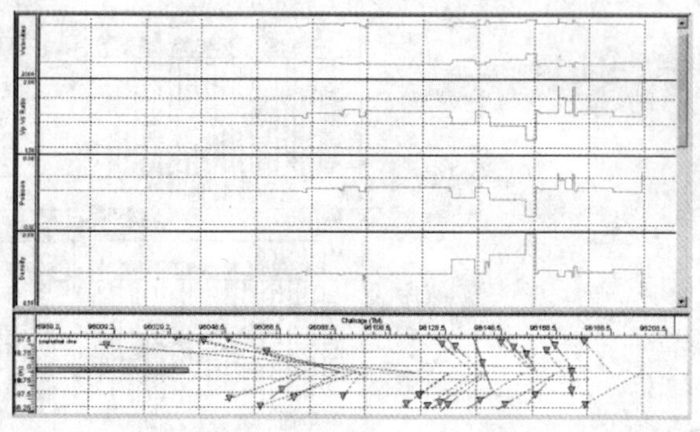
图5　2D 结果显示

根据 TSP203 处理成果，围岩纵波平均速度，密度，泊松比等参数和勘察设计资料以及现场地质调查，掌子面前方一定距离范围内，其综合地质超前预报见表1。

地质超前预报成果推断表　　表1

次数	序号	里程桩号	长度(m)	推断结果	围岩类别
第一次	1	YK95+929~968	39	F8 断层破碎带	Ⅱ
	2	YK95+968~995	27	强风化硅质板岩，节理较发育，较完整	Ⅲ
	3	YK95+995~YK96+015	20	强风化硅质板岩，节理裂隙很发育(密集带)，岩石破碎	Ⅱ
	4	YK96+015~030	15	强风化硅质板岩，节理较发育，岩石完整	Ⅲ
第二次	1	YK96+035~091	56	弱风化硅质板岩，节理发育，岩石较完整	Ⅲ
	2	YK96+091~099	8	弱风化硅质板岩，破碎带发育，含水	Ⅱ
	3	YK96+099~156	57	微风化硅质板岩，岩石坚硬，完整，其中 YK96+130~+139 岩石破碎，含水	Ⅳ
	4	YK96+156~168	12	软硬相间，岩石较破碎	Ⅲ
第三次	1	ZK96+120~151	31	微风化硅化板岩，节理发育，岩石较完整	Ⅳ
	2	ZK96+151~177	26	风化节理裂隙发育，岩石软、破碎，含水	Ⅲ
	3	ZK96+177~184	7	微风化硅化砂质板岩，节理发育，岩石完整	Ⅳ
	4	ZK96+184~191	7	岩石软弱破碎	Ⅱ

4　成果验证

通过对雪峰山隧道进行的3次地质超前预报，结合勘察设计资料，并对开挖隧道掌子面围岩情况进行了跟踪调查，其结果对比见表2。

勘察设计、超前预报、施工情况对比表　　表2

里程桩号	勘察设计		超前预报		施工情况	
	地质概况	岩类	地质概况	岩类	地质概况	岩类
YK95+929~968	强风化砂质板岩，F_8 断层破碎带，岩石破碎，含水性弱	Ⅱ	断层破碎带	Ⅱ	F8 断层破碎带	Ⅱ
YK95+968~995			节理较发育，岩石较完整	Ⅲ	节理较发育，岩石较完整	Ⅲ
YK95+995~015			节理很发育，岩石破碎	Ⅱ	节理很发育，岩石破碎	Ⅱ
YK96+015~030			节理较发育，岩石较完整	Ⅲ	节理较发育，岩石较完整	Ⅲ
YK96+035~091	强风化砂质板岩，节理裂隙发育，岩石破碎，含水较丰富	Ⅲ	节理较发育，岩石较完整	Ⅲ	节理较发育，岩石较完整	Ⅲ
YK96+091~099			破碎带发育，含水	Ⅱ	破碎带发育，线状流水	Ⅱ
YK96+099~156			岩石完整，局部含水	Ⅳ	岩石完整，局部拱顶滴水	Ⅳ
YK96+156~168			软硬相间，岩石较破碎	Ⅲ	软硬夹层，岩石较破碎	Ⅱ

续上表

里程桩号	勘察设计		超前预报		施工情况	
	地质概况	岩类	地质概况	岩类	地质概况	岩类
ZK96+120~151	硅化砂质板岩，中厚层状，硬质岩，节理裂隙发育，含少量砾，局部含水	Ⅳ	节理发育，岩石较完整	Ⅳ	节理发育，岩石较完整	Ⅳ
ZK96+151~177			节理发育，岩石破碎，含水	Ⅲ	岩石破碎，局部拱顶滴水	Ⅲ
ZK96+177~184			节理发育，岩石较完整	Ⅳ	节理发育，岩石较完整	Ⅳ
ZK96+184~191			岩石软弱破碎	Ⅱ	破碎带发育，岩石软弱	Ⅱ

从超前预报与实际施工的地质情况对比分析看，采用TSP203探测系统所得预报结果准确，效果明显。

5　结语

地质超前预报法实际上也是一种地质因素定性分析方法，所不同的是它主要依靠洞室开挖之前的地质勘测资料和超前探测，在地下洞室开挖之前对其安全稳定性进行提早和超前预报，为即将进行的开挖施工技术决策提供依据。该方法是针对地下工程的隐蔽性和预见性的具体特点提出的，具有较大的工程应用价值，应作为地下工程首先开展的安全预报方法。通过对雪峰山隧道进行的掌子面连续跟踪调查，验证其预报结果与施工开挖情况非常吻合。因此，TSP203探测系统是一种很好的对隧道施工进行长期地质超前预报方法。

参考文献

[1] 于宁，朱合华，等．公路隧道施工中的地质灾害及相应措施的分析[J]．地下空间，2003，23(2)：119-123.

[2] 隧道施工开挖工作面前方不良地质预报[R]．地质物探试验研究中心，1995-04.

[3] 隧道施工掌子面前方不良地质地震反射法超前预报研究试验阶段报告[R]．铁道部第一勘测设计院，1990-12.

[4] 弹性波反射法在隧道施工超前预报中的应用[R]．铁道部第一勘测设计院，1997-10.

[5] 何振起．隧道施工掌子面前方不良地质预报[M]．地球物理与中国建设．北京：地质出版社，1997. 34.

[6] 刘志刚，赵勇，等．隧道施工地质工作方法[J]．石家庄铁道学院学报，2000(4).

[7] 刘志刚．隧道地震勘探(TSP)在工程中的应用[J]．铁道建筑技术，2001(5)，1-3.

[8] 李忠．TSP202探测系统在新保纳隧道地质超前预报中的应用研究[J]．地质与勘探，2002(1)：86-89.

[9] Shen H M. Experimetal study of electromagnetic missiles[J]. Proc SPIE，1988，873：339-346.

[10] Amberg Measuring Technique Ltd. Operation Manual 19. 61[M]. June 2001.

[11] Gerd Sattel，et al. Prediction ahead of the Face[J]. Tunnels&Tunneling，April 1996，24-30.

[12] Amberg Measuring Technique Ltd. Softwave Manual 19. 62[M]. June 2001.

（本文依托的湖南省邵阳至怀化高速公路雪峰山隧道荣获2008年度全国优秀工程勘察铜质奖和湖南省优秀工程勘察一等奖，雪峰山隧道被评为建国六十周年60项公路交通勘察设计经典工程。）

湘江大源渡航电枢纽岩土工程勘察与治理综述

吴建宁

摘　要：湖南省衡山大源渡枢纽工程是我国内河首批利用世界银行贷款兴建的航电枢纽工程之一，坝址内地基岩土工程地质和水文地质条件复杂，水工构筑物类型较多，在该项目的岩土工程勘察和治理中，采用了多种勘察和治理措施，该文予以了综合评述。

关键词：船闸　泄水闸　电站　板岩　灌浆　锚杆　地基置换

1　工程概况

大源渡航电枢纽工程是国家“九五”重点工程。大源渡枢纽位于湖南省衡山县城上游12km的湘江干流上，坝区为平原丘陵地带，坝址位于一河湾顶部，河床为不对称箱形河谷，右岸为凹岸，岸坡较陡，左岸地势平坦开阔，发育有Ⅰ、Ⅱ级阶地。枯水期水面宽460m，河床高程34.40～38.50m，水深4m左右。但坝址上游礁石浅滩较多，枢纽建成后其主要功能是将坝址至衡阳62km河道渠化为千吨级航道。因其主要为航运枢纽，所以与其他水利枢纽的工程结构、基础处理方式和方法有较大的差异。

因本闸坝为低水头坝（坝前、后最大水头差为11.2m），据水电部有关规范要求，勘探孔孔深一般均控制在1倍坝高左右，故在本次勘察中重点以查明浅层岩土层的岩土物理力学和水文地质性状，相应的岩土试验及水文地质参数的测试均以控制坝基持力层和基础防渗的要求为准。

1.1　岩土工程地质特征

根据地质勘察资料，坝址内主要构筑物下的基岩均为板溪群泥质或砂质板岩，局部地段夹变质砂岩，坝址区域地质构造属华夏系构造带，构造带走向为40°～50°。

坝址基岩岩石破碎，裂隙发育，强风化层厚0～12m。泄水闸5～16号闸段闸基位于弱风化岩上，右边0～4号及左边17～23号闸段和电站厂房奠基于强风化岩石中。

闸坝区岩层呈单斜构造，其倾向290°～310°，倾角55°～65°；对闸坝和厂房基础的抗滑稳定十分有利。地质调查未发现连续或密集的缓倾角结构面；混凝土闸坝的抗滑稳定控制面是混凝土与岩石接触面。17～18#闸墩之间有一顺河向发育的F_0断层，主断层宽度为7m，紧挨主断层带发育有多条1～3m宽的次生断层。

船闸主体工程主要位于左岸二级阶地上，其第四纪覆盖层厚度和各类岩石风化层的顶底面高程变化较大。基岩均为砂质板岩夹变质砂岩，岩石破碎，节理裂隙发育；上、下闸首和闸室墙的大部分坐落于强风化层上，部分闸室墙奠基于全风化层上。船闸上、下游引航道主要位于一级阶地上，上游引航道覆盖层厚度8～30.3m，下游引航道覆盖层厚度12.5～42.6m；下导航墙和导流坝奠基于强风化带下段或弱风化层。

本枢纽中发育规模大小不等的断层破碎带达26条之多，软弱夹层十分发育，强度较低，故对工程的抗滑稳定和变形均不利，破碎带主要由断层或断层泥组成。岩石挤压破碎成次棱角状或豆荚状，角砾间被粉碎的岩屑和氧化铁重新充填或胶结；受地下水影响，断层泥一般呈软～可塑状；节理裂隙密度大，节

本文曾刊登于《水运工程》2002年第7期。

理面较平整,无甚充填物,少数节理间有方解石和铁、泥质物充填。

因本枢纽平面分布面积较广,地形地貌均有较大差异,岩性、地质构造特征也有较大差异,故分成本(Ⅰ~Ⅴ)个区段进行勘察。

1.2　水文地质特征

根据孔内抽水试验资料,左岸Ⅰ、Ⅱ级阶地中砂砾卵石层的渗透性,随其泥沙质含量的变化而有较大的变化,其渗透系数为:上部黏土(亚黏土)层渗透系数 $k=0.15\sim1.30$m/d,砂卵石层渗透系数上闸首$k=5.5\sim9.5$m/d,下闸首 $k=0.65\sim2.9$m/d。

裂隙潜水:主要赋存于基岩与第四纪覆盖层的接触面附近的基岩裂缝中,因勘察场地内,砂卵石直接覆盖于基岩之上,故该层地下水与上覆孔隙潜水构成一个含水体系,但该层地下水随季节的变化不大,其流量在 $2\sim8\text{m}^3/\text{d}$ 左右。

根据钻孔压水试验资料分析,本坝址区内节理裂缝密集的岩体或断层影响带是地下水的主要通道。

2　地基处理方法

2.1　地基处理设计

本项目中,因各构筑物处地基地质情况差异较大,影响坝基岩体性质的因素各不相同;地基中的断层、软弱破碎带,节理裂隙,严重影响地基的整体性和承载能力,易使地基产生不均匀变形,威胁着上部结构的安全;根据本枢纽工程的特性和地基岩土的特点,基础设计中采用了固结灌浆、帷幕灌浆、置换地基、扩大基础、预应力岩锚、锚杆、基础排水等工程措施。以下介绍几种主要的方法。

1)地基固结灌浆

由于强风化基岩破碎,节理、裂隙发育,为提高基岩的整体性、承载力和防渗能力,对船闸、泄水闸和厂房范围内的强风化地基基岩进行固结灌浆。固结灌浆孔间距一般为 3×3m,孔深 8m,消力池固结灌浆孔间距为 4×4m,孔深 5.5m,均为有盖重灌浆。孔径 76mm,灌浆压力为 0.3~0.5MPa。

2)断层破碎带处理

对规模较小(0.3m 宽以下)的基岩断层破碎带采用地基置换的处理方法,即开挖后回填 C15 混凝土;对规模较大的基岩断层破碎带,采取混凝土塞加固结灌浆的办法进行处理,即按挖深∶破碎带宽 = 1.5∶1的比例挖除断层内表层的软弱带,填混凝土塞或钢筋混凝土塞,塞宽与断层破碎带宽之比为(1~1.5)∶1(破碎带宽小时取小值,大时取大值),在断层范围内进行加密固结灌浆(固结灌浆孔间距为 2×2m),以提高断层处软弱层的强度和防渗能力。

F_0断层及其影响带开挖后发现断层内的岩石已成糜粒状,破碎带宽为 5~7m,两侧影响带岩石挤压剧烈,岩体破碎,宽达十多米。现场测试结果为:17 号闸段 $f=0.42$,$c=0$;18 号闸段 $f=0.38$,$c=0$;断层及其影响带上 $[R]=0.25$MPa。

根据测试结果,进行了多方案的比选和计算分析后,确定 F_0断层及其影响带均采取加宽基础的形式,即 17 号闸段的底板向上、下游各延长 2.5m,厚度向下增加 1m;18 号闸段的底板向上、下游各延长 2.5m,厚度向下增加 2m;17、18 号闸段在原有灌浆帷幕的上游增加一排帷幕灌浆孔,并与原帷幕错开布置,孔深为基底以下 25m,灌浆压力提高到 0.8~1MPa;F_0断层按 1.5m×1.5m 的孔距进行固结灌浆,影响带范围按 2.5m×2.5m 的孔距进行固结灌浆,孔深为基底以下 5m。

3)厂坝交界处边坡处理

厂房与泄水闸 0 号闸段的交界处,两基坑开挖高差达 12m,边坡高而陡,且岩石破碎,电站基坑左侧边坡岩体中强风化层底界向电站一侧倾斜,故该边坡的稳定可能危及电站左侧翼墙的稳定。另因 0 号闸段作用有很大的侧向水压力,为避免贴坡混凝土在侧向水平力作用下与坡面基岩脱开,采用了坡面锚杆的加固措施。泄水闸段范围交错布置 3ϕ32 锚束 6 排,排距 2m,深 10m,锚束的仰角为 55°,锚孔孔径为 d150mm,共 93 束;消力池及其下游范围坡高不大,且无侧向水平力作用,故锚杆采用单根 ϕ25 钢筋,伸入基岩2m，孔距×排距为1.5m×1.5m。锚杆垂直开挖坡面布置，锚孔孔径为76mm。

3　船闸地基设计

据地质钻孔的资料分析，闸室墙基础大部分奠基在强风化砂质板岩中；有一部分奠基于全风化砂质板岩中。在设计中，合理设置沉降缝的位置和间距，使每段墙下的基岩强度尽量一致，衡重式闸室墙的混凝土及钢筋数量均比整体式闸室结构省，虽其地基反力较大（$\sigma_{max}=0.544\text{MPa}<[R]$），但多数仍在地基允许范围内，且分布较均匀，同时衡重式闸墙有施工简便、施工进度快等优点，虽局部闸室墙处软弱夹层地基承载能力$<\sigma_{max}$，采取适当处理措施后，可满足承载力要求，故闸室墙选用衡重式结构形式。并结合地基岩土的特点采取对破碎软弱岩层进行换填及采用整体式基础等相应的地基处理措施方法以提高地基的承载能力或降低基底应力。

综上所述，在本航电枢纽中，因基础类型较多，且地基岩土工程地质及水文地质性状复杂多变，为此，在本项目的岩土工程勘察中，始终围绕本工程中可能采用的基础形式和拟奠基或拟处治的地基岩土的工程地质和水文地质性状，布置相应的勘察和测试工作，通过施工和营运期的检验，本项目所获各岩土物理力学参数及岩土工程处治措施准确、可靠、保证了本项目的顺利建设和营运。

（本文依托的湘江航运建设大源渡航电枢纽工程获**2001**年度交通部优秀工程设计一等奖、第**10**届国家优秀工程设计铜质奖、**2004**年度国家优质工程银质奖。）

洞庭湖地区软土工程地质性状初探

吴建宁

摘　要:文中对洞庭湖区20多项工程的勘察资料进行了分析,并与海相及三角洲相沉积的软土进行了对比,建立了该地区软土物理理学指标间相关的回归方程式,对洞庭湖区软土地基的处治措施进行了分析评价。

关键词:软土性质　相关方程式　地基处治措施

1　概述

湖南因地处洞庭湖之南而得名。而浩瀚无垠的古洞庭湖(又名:云梦泽),在沧海桑田的地壳巨变之中,现已缩小到不足八百里的湖面,这就使得在洞庭湖区一带形成了一套分布广泛,土性较特殊的湖相软土层。本文拟根据我院多年来在洞庭湖地区进行公路及水运工程地质勘察所获资料,对该区域内广布的第四纪松软地层的物理力学性状及其对工程构筑物的影响和地基处理措施作一粗浅的分析和探讨。

对收集到的20余项工程的野外勘探资料分析归纳得知,洞庭湖地区第四纪地层结构主要为以下3种类型,第一种地层结构为:全新世软~流塑状淤泥或淤泥质黏性土,下伏更新世的淤泥质黏性土夹粉细砂和砂砾石;第二种为:全新世软~流塑状淤泥或淤泥质黏性土,下伏更新世的可~硬塑状黏性土和砂砾石;第三种为:全新世可~硬塑状黏性土、下伏软塑状亚黏土或亚砂土,局部为淤泥质黏性土,其下为砂砾石层和基岩。即本地区软土主要由淤泥、淤泥质黏性土、软塑状亚黏土和亚砂土以及松散状粉细砂组成。且本地区更新世地层中的软土厚度较大,局部地段层厚达40余米,而全新世地层中的软土仅分布于地表浅部河湖港湾中的相对静水区域或鱼塘之中,且层厚一般均小于10m。

地下水埋深一般约为2~6m。

2　软土的工程地质性状

从表1可见,本地区两个时代的软土物理指标的变异性均很小(变异系数一般均小于0.3),大部分土体的含水率为35%~45%,孔隙比为0.8~1.2,湿容重为18~19kN/m^3,液限为34%~45%,塑限为22%~30%。在统计分析的各物理指标中,仅液限指数的变异系数较大,一般均大于0.6,据现场资料分析,这可能与本地区软土层中普遍夹有薄层状粉细砂,以及上述两时代地层固结情况不一致有关,使得其稠度状态差异性较大。另从表2中所列各地区土的力学指标分析,土的力学指标变异系数均较大,这可能不仅因沉积时代不同土体固结情况不一,也可能与软土自身结构强度较弱,易受取样、运输和试验等多种扰动影响有关。

本地区软土中原位测试指标为:静力触探所获得的比贯入阻力 p_s=0.2~0.8MPa,从比贯入阻力随深度的变化趋势分析,其 p_s-S 曲线一般呈较平缓的曲线,当软土中夹薄层砂性土时,p_s=1~1.5MPa,p_s-S 曲线呈起伏较剧烈的锯齿状。十字板剪切试验所得的不排水抗剪强度为 C_u=20~60kPa,灵敏度 S_t=1.2~1.8(按Skempton分类,软土为"不灵敏"土类)。标准贯入试验 $N_{63.5}$=2~6击。另据软土中桩

本文曾刊登于《中南公路工程》2004年第2期。

基静载试验资料所得的荷载(p)与沉降(S)资料，并采用 $p/p_u - S/S_u$ 曲线分析，本地区摩擦桩的桩侧摩擦阻力约占单桩总承载力的60%～80%，桩侧极限摩阻力 $\tau_i = 18 \sim 20$kPa。

《公路软土地基路堤设计与施工技术规范》软土的判别标准为：天然含水率 w 接近或大于液限且≥35%，天然孔隙比 $e \geq 1.0$，十字板剪切强度 $C_u < 35$kPa，静力触探总贯入阻力 $p_s < 750$kPa。铁路部门的《铁路工程设计技术手册》推荐的软土界限为：天然含水率 w 接近或大于液限，天然孔隙比 $e \geq 1.0$，压缩模量 $E_s < 4000$kPa，标准贯入击数 $N_{63.5} < 2$，静力触探贯入阻力 $p_s < 700$kPa，不排水强度 $C_u < 35$kPa。对照上述软土的各项物理力学参数，洞庭湖区的软土明显具有较强的地区特性，因此在本地区进行软土地基处治时，应结合土体的物理力学特点采取适当的地基处治措施。

3 关于软土物理力学指标及地基处治措施的讨论

综上所述，并与广东、广西海相或三角洲相软土统计资料对比（见表1、表2。北海为海相沉积，新会为珠江三角洲相沉积，钦州为海湾相沉积），洞庭湖区软土物理力学指标无论其各物理力学参数的算术平均值还是其变异系数，均与表中海相、海湾相和三角洲相地区的软土有较大差异，特别是与海相或三角洲相软土的物理力学指标差异更大，另从上表中所列各项物理力学指标情况与海相和三角洲相软土对比可见洞庭湖区的软土的天然含水率、孔隙比和液限的平均值与海湾相软土较接近，与海相和三角洲相软土的相关指标相差较大，这说明软土的各项物理力学指标与其沉积环境十分相关，既在动水环境中（如海相、三角洲相）沉积的软土，其孔隙比较大，导致其含水率和液限较高，静水环境（如湖相、海湾相）沉积的软土，则孔隙比较低，含水率和液限也相对较低，从压缩系数分析，湖相和海湾相的软土 $a_{1-2} = 0.4 \sim 0.5$MPa 为中～高压缩性土，而海相和三角洲相的软土其 $a_{1-2} = 0.8 \sim 1.7$MPa 为高压缩性土，也进一步说明洞庭湖区软土的结构相对较致密，力学强度较高，故建议在洞庭湖区一带进行工程建设时，在低等级公路中可充分利用本地区软土的这种力学特性，采用反压护道的方法进行路基的设计和施工。据江苏省处理软土地基的经验，选用粉喷桩处理软基时，土层的含水率不宜小于30%，而本地区软土的含水率多为38%～40%，故采用粉喷桩是较为适宜的，且据资料分析，当土体天然含水率 $w = 47\%$ 时，比 $w = 62\%$ 时的水泥土的无侧限抗压强度 q_u 增大约10%，若当 w 值继续增大，则 q_u 值相差更大。在本地区地下水位受洪水影响的工程中，因水位升降较大，以采用水泥搅拌桩较为适宜，而不宜采用灰土桩等利用石灰改良地基的处治措施，因石灰经水浸泡后，将失去其固结土体的作用。由于本地区软土层中普遍夹有多层薄层粉细砂，土层中的这种各向异性构造有利于土中地下水的横向渗流，即对于土层的固结排水以及工程中采取降水措施等处治措施提供了有利条件，如在本地区采用砂桩、排水板等固结方法时可充分利用该特殊的地层结构。洞庭湖区也是湖南省新构造运动较强烈的地区，有些地区地震基本烈度达Ⅶ度，在活断层附近据地震安全性评价结论其抗震设防烈度达Ⅷ度（如岳阳洞庭湖大桥、常德沅水大桥等），故在地震基本烈度较高的地区，应注意因此类地层易产生砂土液化，而对地基力学强度所产生的不利影响。

软土的物理指标 表1

工程地点	指标	天然含水率 w (%)	天然重度 γ (kN/m³)	孔隙比 e_0 (%)	液限 w_L (%)	塑限 w_p (%)	液限指数 I_L
安乡(1) $n=14$	平均值	37.98	18.66	0.996	36.75	27.32	1.45
	变异系数	0.14	0.030	0.11	0.24	0.23	0.65
安乡(2) $n=9$	平均值	39.00	18.57	1.023	37.85	26.40	1.30
	变异系数	0.15	0.032	0.13	0.22	0.22	0.59

续上表

工程地点	指标	天然含水率 w（%）	天然重度 γ（kN/m^3）	孔隙比 e_0（%）	液限 w_L（%）	塑限 w_p（%）	液限指数 I_L
南县 $n=11$	平均值	41.69	18.35	1.096	40.66	27.13	1.25
	变异系数	0.23	0.23	0.22	0.26	0.20	0.63
津市 $n=9$	平均值	39.97	18.44	1.062	39.61	26.25	1.12
	变异系数	0.24	0.20	0.23	0.24	0.20	0.66
岳阳 $n=14$	平均值	39.75	18.61	1.040	39.68	25.21	1.07
	变异系数	0.22	0.17	0.21	0.26	0.26	0.64
北海 $n=14$	平均值	63.16	16.19	1.72	56.09	35.76	1.31
	变异系数	0.15	0.028	0.13	0.12	0.18	0.18
新会 $n=12$	平均值	69.44	15.78	1.86	54.66	32.30	1.61
	变异系数	0.18	0.044	0.16	0.11	0.20	0.25
钦州 $n=10$	平均值	38.86	18.76	1.00	37.60	28.00	1.46
	变异系数	0.15	0.031	0.13	0.26	0.25	0.72

软土的物理指标　　表2

工程地点	指标	压缩系数 α_{1-2}（MPa^{-1}）	内摩擦角 φ（°）	黏聚力 c（kPa）	压缩模量 E_S（MPa）
安乡(1)	平均值	0.44	17°15′	38.08	4.76
	变异系数	0.36	0.61	0.51	0.31
安乡(2)	平均值	0.47	16°00′	32.04	4.28
	变异系数	0.41	0.54	0.54	032
南县	平均值	0.50	15°10′	33.00	4.36
	变异系数	0.53	0.55	0.60	0.45
津市	平均值	0.49	14°40′	34.08	4.27
	变异系数	0.50	0.52	0.56	0.43
岳阳	平均值	0.46	15°09′	35.49	4.57
	变异系数	0.49	0.53	0.63	0.43
北海	平均值	0.80	25°14′	14.50	3.56
	变异系数	0.37	0.64	0.45	0.30
新会	平均值	1.73	21°58′	11.59	2.18
	变异系数	0.61	0.80	0.56	0.64
钦州	平均值	0.44	17°56′	42.22	4.90
	变异系数	0.43	0.62	0.51	0.36

据洞庭湖区某大桥基础沉降变形的资料分析,本地区软土的长期蠕变现象较强烈,该大桥采用摩擦桩奠基于软土层中,大桥建成近10年后,局部桥墩桩基发生沉降,致使桥面产生变形破坏,从此例可见本地区所建工程拟奠基于软土之中时,应考虑软土的长期蠕变所可能产生的沉降变形。

由于我省近几年高等级公路建设逐年增多,而在路线设计中软土物理力学指标的取值是否合理,对路线设计的经济性和合理性是一至关重要的影响因素,而目前我省交通工程建设因受多种因素的制约,在路线勘探中难以采用大型勘探设备,而小型勘探设备对软土的原状土样扰动较大,即土的各项力学性质指标的变异性较大,本文运用数理统计方法,通过对较易取得的物理性质指标与较难得到的力学性质指标间建立回归方程(表3),以推算软土的力学性质指标,为减少勘探中采取原状土样的工作量作一尝试。通过表3分析,土的天然含水率与各力学指标间的相关性较好,当统计样本数增加后,回归预测精度还将提高。由此可见,洞庭湖地区软土的某些物理力学指标之间存在着较好的相关关系,用回归方法建立地区性的经验公式是可行的,并可将此方法所获推算指标应用于高等级公路的初步设计阶段,以提高路线设计的经济性和合理性。

软土的物理力学指标间的关系 表3

回归方程形式	样本数 n	相关系数 γ
$a_{1\sim2}=-0.155+0.016w$	57	0.60
$a_{1\sim2}=-0.632-0.009\gamma$	57	-0.13
$\varphi=-249.52+6.66w$	57	-0.51
$\varphi=5.50+0.515\gamma$	57	-0.22
$C=78.54-1.083w$	57	-0.45
$C=2.08+1.79\gamma$	57	0.28

参考文献

[1] 中华人民共和国交通部. JTJ 017—96 公路软土地基路堤设计与施工技术规范. 北京:人民交通出版社,1996.
[2] 湖南省交通设计院. 岳阳洞庭湖大桥工程地质报告,1996.
[3] 湖南省交通设计院. 北海港新区一期工程地质详细勘察报告,1985.
[4] 湖南省交通设计院. 广东省新会大同大桥工程地质勘察报告,1985.
[5] 湖南省交通设计院. 广西钦州至防城港公路工程地质勘察报告,1993.
[6] 湖南省交通设计院. 津市汪家桥码头工程地质勘察报告,1984.

(本文获湖南省第11届自然科学优秀学术论文三等奖,依托的常德沅水大桥工程地质勘察获国家优秀工程勘察金质奖、岳阳洞庭湖大桥勘察获湖南省优秀工程勘察一等奖。)

风化花岗岩区软土发育特征及治理

吴有林

摘　要：对发育于临湘至长沙高速公路花岗岩区软土的成因、分布、组成、力学特征等进行了分析对比，对软弱土进行了划分，同时对软土及软弱土发育与风化花岗岩的生成关系进行了讨论。对不同成因的软土提出了相关的治理方案。

关键词：软土　风化花岗岩　分布组成成因　治理方案

1　前言

临湘至长沙高速公路（以下简称临长路）为北京至珠海国道主干线湘境北段部分，北起与湖北省交界的临湘县坦渡乡，南至长沙县星沙镇接长沙至湘潭高速公路，是国家和湖南省的重点工程建设项目。临长路全长182.9 km，其中，风化花岗岩路基地段分布区长约40km。并主要分布于第8～10合同段（K117+300～K171+000）。在工程地质勘察过程中发现，风化花岗岩发育地段，软土路基分布广泛，软土区数量多、规模较大。在约40km长的风化花岗岩分布区共发育软土区约120处。风化花岗岩区，一般意义上的软土也较发育，如池塘中发育的塘中淤积成因的流塑状、软塑状淤泥或淤泥质土，冲沟中发育的冲积、洪积成因的流塑状、软塑状及软塑一可塑状黏性土等。特别值得指出的是，风化花岗岩分布区中发育的部分软土和形成于湖泊相、三角洲相等一般意义上的软土在成因、分布、组成及力学性质等方面的特征相比存在明显差异，且其中部分软土呈软塑一可塑状，依《公路软土路基路堤设计与施工技术规范》（JTJ 017—96）[1]表3.1.1中天然含水量、天然孔隙比、十字板剪切强度三项判别指标，仅符合1～2项，其承载力较低，压缩性大，一般不宜直接作为高速公路路基持力层，须根据沉降变形计算结果再确定是否进行加固处理，本文将这类土定为“软弱土”。

2　工程地质概况

临长路第8～10合同段发育的风化花岗岩，为一大型花岗岩侵入体，勘察时未揭露到花岗岩底界。花岗岩侵入体形成于燕山晚期（γ_5^3），具有多期多阶段发育的特点[2]。勘察区花岗岩岩基成分为粗粒黑云母二长花岗岩，岩脉、岩株等花岗岩侵入体的成分主要为细粒白云母花岗岩。花岗岩岩石风化剧烈，全风化层厚度一般较大。大多呈中密～密实含砾砂土状，透水性较好；除部分桥位区外，一般未揭示到弱风化花岗岩。其中K158+500～K164+000间为元古界冷家溪群板岩、片麻岩等夹花岗岩岩株、岩脉等侵入体。花岗岩发育地段，为丘陵地貌，沿线沟谷和山丘纵横交错。山丘平面形态一般呈不规则圆状或带状，山丘与附近冲沟地面相对高差一般为5～20 m。山丘上覆盖层薄，残积土厚度一般小于2 m，全风化花岗岩一般直接出露。冲沟中地势一般较平坦，上覆土层主要为第四系全新统粉土、亚黏土、黏土等，可塑状为主，局部流塑状、软塑状、软塑～可塑状、硬塑状等。冲沟中上覆土层厚度一般为2～5 m，下伏基岩一般为全风化花岗岩。冲沟中的地下水位多为孔隙潜水，主要赋存于全风化花岗岩中，地下水位距地表一般1.00～4.00 m，部分地段地下水具有承压性。冲沟中软土、“软弱土”广泛发育，软土表层一般不

本文曾刊登于《路基工程》2004年第3期。

发育硬壳层。K158 +500 ~ K164 +000 间板岩、片麻岩发育区,软土区发育的数量较少、规模较小。

3 软土发育特征

3.1 软土的成因、分布、组成

从临长路第 8 ~ 10 合同段花岗岩分布区软土发育的特征来看,软土的分布、规模、厚度与软土的成因存在密切的关系。本段软土发育的成因包括三种:塘中淤积成因、冲洪积成因、地下水浸泡成因。局部地段软土成因为上述三种成因中两种的组合。

塘中淤积成因的软土,分布范围与池塘面积有关,长度一般小于 60 m,软土成分为流塑状、软塑状淤泥或淤泥质土,呈灰黑色、黑色,软土厚度一般小于 1m。其下一般为可塑—硬塑状的粉土或亚黏土、黏土等。下伏风化花岗岩含水量较高,但粉土、亚黏土、黏土为相对的隔水层,软土的形成与地下水位的高低无关。软土的分布、规模、厚度与风化花岗岩的分布无关。

冲洪积成因的软土,多形成于冲沟中地势低洼处或古河道中,软土区的分布范围及软土层发育深度与地势或古河道的走向有关,因此,这类成因的软土区一般顺冲沟发育。这类软土区多数独立分布,少数成串珠状,长度一般为 35 ~ 125 m,个别长度 615 m,软土成分为流塑、软塑状及少量软塑 ~ 可塑状亚黏土,一般呈灰色、灰绿色,软土厚度一般小于 3 m,部分厚度 3 ~ 5 m;软土层中偶夹薄层粉细砂,局部夹腐殖质、贝壳等;软土厚度一般自地势低洼处向山坡脚渐变薄。软土层之下大多存在一层可塑一硬塑状的黏性土,可塑 ~ 硬坦状的黏性土之下为透水性好、含水量高的风化花岗岩,地下水位一般也较高;丰富的地下水及较高的地下水位是这些地段软土形成的前提条件。软土发育的冲沟中地下水位一般变化不大,且与附近软土不发育的地段地下水位相似,无承压性。由于风化花岗岩分布区的冲沟中地下水位一般较高,因此,这类软土区的发育与风化花岗岩的发育存在间接关系。

地下水浸泡成因的软土,分布于冲沟中或山坡脚,这类成因的软土区多见地下水沿山坡脚渗出,坡脚常见鼓胀变形;如 K130 +615 ~ +665、K156 +400 ~ +465 等发育软土的地段中,两侧山坡脚均可见长约 10m 的地表鼓胀变形。这类软土区一般分布于两侧为大致呈带状分布山丘中间的冲沟中,长度一般为 50 ~98 m。软土成分为流塑、软塑状及软塑—可塑状的粉土、亚黏土,一般呈灰色、灰黄色,软土厚度一般 3 ~5 m,部分厚度大于 5m。软土组成上的一个重要特征是,软土成分中一般含砂,砂粒含量一般达 15% ~35% ,且常夹薄层粉细砂。这种含砂的粉土及含砂的亚黏土的渗透系数小于全风化花岗岩的渗透系数而大于一般黏性土的渗透系数。软土成分上一般无明显的冲洪积物特征,多为残坡积物或残坡积物与冲洪积物混杂堆积。其下部成分大多与下伏花岗岩较相近,且颗粒组成、颜色等与风化花岗岩间存在渐变关系。软土层之下为全风化花岗岩,软土厚度或埋深与下伏风化花岗岩的岩面起伏及埋深密切相关。岩面附近的全风化花岗岩大多呈稍密砂土状。该类型软土的一个显著特征是,软土厚度没有自冲沟中间向山坡脚变薄的趋势,相反,个别地段(如 K156 +400 ~ +465)软土厚度由冲沟中间向山坡脚渐增厚。软土发育区的地下水位明显高于附近软土不发育的地段,且地下水位由冲沟中间向山坡脚渐变高,地下水赋存于软土层之下的风化花岗岩中,且水量丰富;当软土层上部发育相对隔水的冲洪积黏性土时,冲沟中地下水具承压性,如 K129 +720 ~ +805 软土发育区。因此,这类软土的形成与风化花岗岩的发育存在直接关系。

上述三种成因软土区的分布特征及其与风化花岗岩的成因关系分析见表 1。

风化花岗岩区软土成因、分布分析表 表 1

软土成因	数量(处)	软土类型	软土厚度	与风化花岗岩的成因关系
塘中淤积成因	46	淤泥或淤泥质土	一般 <1m	无关
冲洪积成因	54	黏性土	一般 <3m 部分 3 ~5m	间接相关
地下水浸泡成因	20	黏性土	一般 3 ~5m 部分 >5m	直接相关

3.2　软土、软弱土的判别及其物理力学性质

本次鉴别花岗岩分布区软土的手段主要为:野外土的状态判别、标准贯入试验、荷兰轻便动力触探试验(即 Kunzel 试验)、室内试验等。黏性土的状态分级采用《岩土工程勘察规范》(GB 50021—94)[3]的五级分类体系;即主要依据液性指数 I_L 值确定土的状态。在勘察过程中,部分软土区黏性土的成分及力学特性具有连续渐变的特点,本文将那些状态介于软塑和可塑之间过渡状态的黏性土描述为软塑～可塑状。流塑状及软塑状的淤泥、淤泥质土、黏性土一般符合软土的判别标准,属典型的软土。软塑～可塑状黏性土的物理力学特征界于软土和正常固结土之间,本文称之为"软弱土"(为体现其易变形的特征,建议使用 flexiblesoil 称之)。软弱土一般见于地下水浸泡成因的软土区中,主要分布于一般的软土与风化花岗岩之间。在冲洪积成因的软土区局部也发育软弱土。

软土和软弱土均属欠固结土,具有承载力低、压缩性大、易变形的特点。软土及软弱土的判别方法见表 2。本文之所以将液性指数为 0.65～0.75 的黏性土归入软～可塑状,是因为野外发现,该类土的强度高于一般软塑状的黏性土,但又低于一般可塑状的黏性土;这种软塑～可塑状黏性土强度较低且易被压缩和产生侧向变形。液性指数为 0.65～0.75 的黏性土在一般土的状态分类中,被归入可塑状,但从表 2 中可以看出,根据这类土的标准贯入试验及 Kunzel 试验的成果,其强度较低,容许承载力为 100～140kPa,不排水抗剪强度 20～35kPa,一般不能满足上部荷载对地基的强度及变形要求。

软土及软弱土的判别方法表　　表 2

土的状态	标准贯入试验(杆长校正后击数)	Kunzel 试验(校正后的击数/20cm)	液性指数 I_L
流塑状	<1	<2	>1
软塑状	≥1～<3	≥2～<5	0.75～1.00
软～可塑状(软弱土)	≥3～≤5	≥5～≤7	0.65～0.75

冲洪积成因及地下水浸泡成因的软土、软弱土及其与全风化花岗岩(呈可塑土状)的部分物理力学性质指标列表进行分析对比(见表 3)。由该表可看出,相对于全风化花岗岩来说,除液性指数外,软土和软弱土的大部分指标的分布规律相似,如湿密度均较低,孔隙比、液限、压缩系数均较高。除孔隙比外,在湿密度、液限、压缩系数等指标上,地下水浸泡成因的软弱土与全风化花岗岩较相近,而软土的各项指标与全风化花岗岩相差较大。从而也说明地下水浸泡成因的软弱土与风化花岗岩之间存在密切的关系。

软土、软弱土及全风化花岗岩的部分物理力学性质指标对比表　　表 3

成因	土质类型	样品数量	湿密度($g \cdot cm^{-3}$)	孔隙比 e	液限 w_L(%)	液性指数 I_L	压缩系数(MPa^{-1})
冲洪积	软土	9	1.56～1.79	1.038～1.577	43.5～48.4	0.77～2.15	0.53～1.95
	软弱土	5	1.65～1.79	1.038～1.298	40.8～46.0	0.68～0.74	0.49～1.06
地下水浸泡	软土	6	1.56～1.81	0.843～1.277	25.3～42.5	0.87～1.13	0.65～1.12
	软弱土	5	1.73～1.75	1.009～1.058	34.8～40.1	0.63～0.72	0.49～0.80
全风化花岗岩	非软土	12	1.65～1.93	0.654～0.923	25.3～44.5	0.26～0.72	0.27～0.65

4　软土及软弱土的处理

由于软土或软弱土的分布、规模与其成因存在联系,所以,对软土或软弱土的处理也应该依据其成因的不同,分别采取相应的处理措施。

分布于池塘中的软土一般为塘中淤积成因,其范围一般较小,软土厚度也较薄,对这类软土的处理可采取简单的方法。当池塘分布范围较小时,可采取开挖换填的办法;当池塘分布范围较大时,开挖换填难度相对较大,且不太经济,因此,宜采取抛石挤淤的办法。

冲洪积成因的软土或软弱土，一般分布范围不大，且发育厚度一般较小，一般可采取较简单的办法进行处理。对厚度及埋深小于3m的软土或软弱土，建议开挖换填；对发育厚度为3～5m的软土，可采取小于3m部分予以清除，3～5m的部分采取抛石挤淤。而对发育厚度为3～5m的软弱土，建议采用石灰桩进行加固处理。利用石灰的吸水作用和膨胀挤密作用，并通过离子交换、胶凝作用等，降低地下土的含水量，增加土的强度，从而达到加固地基的目的。在石灰桩与桩间土之间组成石灰桩复合地基，不仅使地基的强度增大，而且因为石灰桩吸水作用在一段时间内会造成加固区域内地下水位的明显降低，所以对开挖施工也很有利[4]。

地下水浸泡成因的软土或软弱土，分布范围一般较大，区域范围内地下水位较高。因此，对该种成因软土的处理，应充分考虑地下水的排泄问题。其中，软土的分布范围一般相对较小，发育厚度一般小于3m，可采用开挖换填的办法处理，但由于软土区内地下水较丰富，建议换填透水性较好的材料。而软弱土发育区，不仅地下水较丰富，地下水位较高，而且由于其与风化花岗岩存在一定的渐变关系，地下水的含量及地下水位与风化花岗岩存在密切联系，因此，软弱土发育区的地下水位一般难以通过简单的办法得以降低。同时，软弱土中含砂并常发育透水砂层，由于石灰吸水膨胀比软土的固结速度快，桩体积的增加将使地基土隆起而不是软土含水量的减少，故不宜采用石灰桩。软弱土厚度小于3m时，建议采用开挖换填的办法处理，换填透水性较好的材料；软弱土的厚度为3～5m或>5m时，目前临长路采用水泥粉体搅拌桩处理，施工完成30天后铺设0.5 m厚的砂砾垫层[5]，从而达到既增加软弱土地基承载力，减少软弱土地基沉降量，又不堵塞地下水的流通路径。水泥粉体搅拌桩加固软土路基的试验研究及应用目前均有一些文献进行过报道[6,7]。

5 软弱土界定的意义

因为软弱土的强度高于一般软土的强度，所以在实际工程勘察设计中，易被忽略，或没有引起足够的重视。然而，软弱土易被压缩和产生侧向变形的特征，容易导致路基的沉降、变形，从而引起路基失稳。因此，软弱土应该引起工程勘察设计人员的充分重视。当然，由于软弱土具有一定的承载力，在上部加载后可使软弱土加快固结作用过程，承载能力提高，故应根据沉降变形计算结果再确定是否进行加固处理。本文的一些看法，仅是作者一点粗浅的认识，不足之处敬请同行专家批评、指正。

参考文献

[1] 交通部第一公路勘察设计院．公路软土地基路堤设计与施工技术规范（JTJ 017—96）．人民交通出版社，1997.

[2] 湖南省地质矿产局、湖南省区域地质志、地质出版社，1988.

[3] 中华人民共和国建设部．岩土工程勘察规范（GB 50021—2001）．中国建筑工业出版社，2002.

[4] 林宗元．岩土工程治理手册．辽宁科学技术出版社，1993.

[5] 傅励．临长高速公路路基处理及防护设计．湖南交通科技，2001，27（2）.

[6] 刘琳，傅鹤林．粉喷桩加固软土地基的应用研究．路基工程，2000（5）.

[7] 李风超，侯卫红．水泥粉喷桩加固软土路基的试验研究．路基工程，2000（2）.

（本文获湖南省第11届自然科学优秀学术论文三等奖。）

红砂岩路用性质的试验研究

刘多文　熊承仁

摘　要:分布在湘耒高速公路沿线的红砂岩具有两种基本结构,即泥状结构和粒状碎屑结构,并富含黏土矿物。在温度变化和干湿循环的条件下,红砂岩具有渐进崩解特性,即红砂岩的结构逐步解体、强度逐步丧失并最终还原为颗粒的松散堆积物,崩解产物简称为红砂土。压实后的红砂土抗剪强度大、抗渗能力强、压缩性低、回弹模量和CBR值较高,具有良好的路用性质。

关键词:红砂岩　渐进崩解　路用性质　试验研究

京珠高速公路湘潭至耒阳段(湘耒高速路)全长168.82km,沿线约68km经过衡阳红层盆地。盆地内广泛分布和出露的泥岩、砂质泥岩、泥质砂岩、砂岩、泥质与砂质页岩等沉积岩类岩石,常因富含铁的氧化物呈红色、深红色、或褐色,而被统称为红砂岩。多数红砂岩易风化,强度低,挖掘或爆破出来后,在自然环境下即可崩解碎裂成土,甚至泥化。由于红砂岩的这种不良性质,用于填筑路堤容易造成路基沉陷,导致路面开裂。在工程量不大的情况下,一般作换土处理。关于该类岩石的路用性能,以往国内外尚缺乏系统的研究。湘耒高速路红砂岩的利用与否,涉及工程造价、环保、工期等一系列的重大问题。工程实际的迫切需要以及“用”与“弃”的激烈争论,导致了首次关于红砂岩路用性质和红砂岩地带路基修筑技术的系统研究。

湘耒高速路沿线分布有3种类型的红砂岩,其中Ⅰ类和Ⅱ类占绝大多数,Ⅲ类较少。

试验研究表明Ⅲ类红砂岩没有浸水崩解的特性,其物理力学性质与普通砂岩无异,施工中可视为普通岩石,作为筑路石料。

Ⅰ类、Ⅱ类红砂岩具有浸水性崩解。特别是在温度变化和干湿循环的影响下,红砂岩的结构解体,强度降低,逐渐退化为松散颗粒堆积物。此种红砂岩崩解物,本文简称为“红砂土”。红砂土的路用性质如何,能否用于修筑高速公路路基,是本文讨论的主要问题。

1　红砂岩的基本特征

1.1　红砂岩的结构特征

若按岩石学分类,可将红砂岩分为两类:一类为碎屑岩,包括泥质砂岩、泥质粉砂岩、泥质细砂岩、粉砂岩、砂岩、砾岩和长石砂岩等;另一类为黏土岩,包括泥岩、页岩、砂质泥岩和砂质页岩等。碎屑岩具有粒状碎屑结构,岩石碎屑含量高达60% ~90% ,碎屑颗粒之间以孔隙式胶结为主,这类岩石强度较高,抗风化能力较强。黏土岩具泥状结构或含粉砂泥状结构,以基底式胶结和泥质接触式胶结为主,有时表现为碳酸盐胶结。岩石碎屑含量低于20% ,一般为5% ~10% 或更低。这类岩石强度低,抗风化能力弱。含砂泥状结构的红砂岩较之典型泥状结构的红砂岩,强度略高、抗风化能力稍强。

1.2　红砂岩的矿物和化学成分特点

碎屑岩中黏土矿物的含量一般约为5% ~10% ,其中高岭石含量为1.7% ~6.0% ,伊利石含量为2.5% ~8.0% ,蒙脱石含量为1.7% ~2.5% 。黏土岩中黏土矿物的含量一般约为15% ~50% ,其中高

本文曾刊登于《中南公路工程》2003年第4期。

岭石含量为7% ~40% ,伊利石含量为5% ~30% ,蒙脱石含量为3% ~10% 。

红砂岩的主要化学成分有9种,其中SiO_2的含量占主要部分,其次为Al_2O_3、CaO及Fe_2O_3等,其余5种化学成分均不超过4%。两种典型结构红砂岩的主要化学成分比例,见表1。

两种典型结构红砂岩的主要化学成分　表1

结构类型	主要化学成分			
	SiO_2	Al_2O_3	CaO	Fe_2O_3
粒状碎屑结构	46.53 ~75.12	11.43 ~16.44	0.11 ~16.7	2.86 ~6.88
泥状结构	23.24 ~64.28	8.00 ~20.78	0.09 ~31.39	2.20 ~10.65

1.3 天然状态红砂岩的物理性质与力学强度指标

天然状态下的红砂岩因性质上的差异,其三相比例指标有一定变化,各类红砂岩物理性质指标的试验平均值,见表2。

各类红砂岩物理性质指标的试验平均值　表2

岩类	天然含水量(%)	天然密度($g \cdot cm^{-3}$)	土粒密度($g \cdot m^{-3}$)	天然干密度($g \cdot cm^{-3}$)	孔隙比	孔隙率(%)	饱和度(%)
Ⅰ类岩	7.87	2.46	2.75	2.28	0.203 6	0.169	98.45
Ⅱ类岩	5.1	2.38	2.72	2.26	0.200 3	0.165 7	72.85
Ⅲ类岩	0.8	2.5	2.76	2.48	0.112 8	0.101 4	19.6

新鲜和未崩解的红砂岩块作强度试验表明,Ⅰ、Ⅱ类岩多属于软质岩石,其单轴极限抗压强度一般小于15MPa,多为4 ~11MPa,但也有的达到18 ~20MPa。Ⅲ类岩除了浸水不崩解外,强度也很高,单轴极限抗压强度可高达60 ~70MPa,民间长期以来用作建筑石料。

2 红砂岩的渐近崩解特性

2.1 红砂岩的渐近崩解性

红砂岩具有渐近崩解特性。在不同的介质环境(水和空气)中,受干湿循环和环境温度变化的影响,红砂岩结构逐步退化,强度逐步丧失并逐近还原为颗粒松散堆积物。

浸没在自然水中,红砂岩发生程度不同的崩解作用,过程的显著性与红砂岩的岩石结构及黏土矿物成分有关。泥状结构的红砂岩较之粒状碎屑结构的红砂岩更容易发生崩解作用,泥状结构的红砂岩以渣状和粒状崩解为主,粒状碎屑结构的红砂岩以块状崩解为主。当红砂岩中的黏土矿物含量以高岭石为主时,崩解碎化过程并不显著,而当红砂岩中含有亲水性强的黏土矿物蒙脱石和伊利石时,则崩解碎化过程十分显著,细颗粒析出量快速增长。

在野外大气环境中,红砂岩发生显著的渐近崩解过程,这个过程伴有气温的自然变化和周期性的干湿循环。加大温度变化的幅度、增加干湿循环的次数可以加快红砂岩渐近崩解过程,促其在工程时间内达到稳定的颗粒级配状态。

2.2 红砂岩的崩解机理

红砂岩发生崩解的主要原因是其中不同程度地含有亲水性黏土矿物蒙脱石和伊利石。尤其是蒙脱石所具有的叠层状矿物结构,层间联结不够牢固,水的极性分子极易在层组间渗入和渗出,导致该黏土矿物的膨胀和收缩。矿物层次的胀缩变化,在宏观上便引起红砂岩的开裂。随着微裂隙网络在红砂岩中由表及里透入性地发展,更多亲水性矿物暴露于环境介质,这使得红砂岩对环境水分的变化更加敏感。亲水性黏土矿物中不断发生的吸水膨胀和失水收缩作用将进一步促使红砂岩破裂碎化,便由此形成红砂岩的渐进崩解过程。

2.3　红砂岩的崩解性分类

为了便于研究和分析，将红砂岩按其强度和崩解特性可划分为如下3种类型：Ⅰ类红砂岩，天然单轴抗压强度小于15MPa，烘干浸水24h，呈现渣状、泥状或粒状崩解；Ⅱ类红砂岩，天然单轴抗压强度小于或略大于15MPa，烘干浸水24h，呈现块状崩解；Ⅲ类红砂岩，天然单轴抗压强度大于15MPa，烘干浸水24h，不崩解（试样未崩解或仅在某些棱角处少量崩解，崩解量小于1%）。

湘耒高速路沿线的红砂岩绝大多数属于Ⅰ类或Ⅱ类，Ⅲ类较少。在同一红砂岩料场中，Ⅰ类岩和Ⅱ类岩可能互相掺杂或成间层分布，甚至还可能夹有个别的Ⅲ类岩颗粒。由于Ⅲ类红砂岩强度高、抗风化能力强，没有浸水崩解的特性，它与普通的岩石没有区别，施工中按普通岩石对待，可作为筑路石料。未特别指称的情况下，下文中提到的红砂岩系指前二类红砂岩。

红砂岩的工程类别与红砂岩的结构类型及沉积岩石学分类有较好的对应关系，一般而言，Ⅰ类红砂岩多为泥状结构和含砂泥状结构的黏土岩，Ⅱ类红砂岩多为粒状碎屑结构的碎屑岩。但这个对应关系不是绝对的，原因在于岩石原位完整性及风化程度对其强度和崩解过程也有明显的影响。

3　红砂岩崩解物的物理力学性质

3.1　红砂岩崩解物的颗粒级配

泥状结构的黏土岩类红砂岩一般易崩解软化；随干湿循环软化时间的增加，颗粒不断碎化，最后呈渣状或泥状；其颗粒级配也在变化。随着暴露的时间和干湿循环的增加，岩块不断崩解碎化，但经过57～60d后（干湿循环为8次）变化即呈稳定状态，即红砂岩崩解经一定时间后不再变化。这与野外实际料场的崩解情况相符。

粒状碎屑结构的红砂岩一般呈块状崩解，崩解后的块状颗粒基本稳定或碎化速度非常缓慢，粒径小于0.5mm的颗粒含量接近为零。

红砂岩的颗粒分析试验结果表明（见表3），红砂岩中的粉粒含量较多，其黏粒含量明显地少于网纹状黏土，红砂岩中的亲水性黏土矿物将阻碍水的渗透，因此红砂岩的渗透性较差。

红砂岩颗粒分析（比重计法）试验平均值　　表3

岩　类	砾粒（%）		砂粒（%）			粉粒（%）		黏粒（%）
	粒　径　(mm)							
	>20	20～2.0	2.0～0.5	0.5～0.25	0.25～0.074	0.074～0.005	0.005～0.002	<0.002
Ⅰ类岩（东风料场）	0	3.8	1.8	3.5	8.1	42.3	25.3	15.2
Ⅱ类岩（712矿料场）	0	0.5	8.8	5.4	12.8	48.1	10.9	13.5
Ⅲ类岩（堰桥料场）	0	0.4	0.8	1.8	8.7	68.6	11.9	7.7
网纹状黏土（黏土粒场）	0	0.4	3.7	3.3	9.4	30.4	9.6	43.2

3.2　红砂土的物理性质和状态指标

1）塑性及稠度指标

13组Ⅰ类岩试样和8组Ⅱ类岩试样的测试结果表明，湿水闷料时间和颗粒的过筛粒径对稠度指标测定值的影响不明显。Ⅰ类和Ⅱ类红砂岩崩解物的液限值和塑性指数都能满足路基填料的要求。红砂岩崩解物塑限和液限的试验平均值，见表4。

各类红砂岩塑限和液限的试验平均值　　表4

测试项目	塑限 w_P（%）	液限 w_L（%）	塑性指数 I_P
Ⅰ类岩	21.5	34.1	13.4
Ⅱ类岩	19.0	30.55	11.55

2)膨胀收缩性质

红砂土的自由膨胀率、击实样体缩率和干燥饱和吸水率试验的平均值,见表5。

各类红砂岩胀缩性和吸水性指标的试验平均值(单位:%)　　表5

测试项目	自由膨胀率	击实样体缩率	干燥饱和吸水率
Ⅰ类岩	41.3	7.45	20.23
Ⅱ类岩	17.75	4.84	13.12
网纹状黏土		8.68	

根据《公路路基设计规范》(JTJ013－95)、《铁路工程岩土分类标准》(征求意见稿)及《岩土工程手册》等的评判指标,表中Ⅰ类岩平均自由膨胀率为41.3%　>40%　,具有膨胀性;Ⅱ类岩为17.8%　<40%,不具有膨胀性。从表中亦可看出红砂岩的击实样体缩率比网纹黏土小,表明经压实后的红砂岩路基收缩率不大,不易干燥开裂。Ⅰ、Ⅱ类红砂岩具有烘干浸水崩解特性,故表中的干燥饱和吸水率较大。

红砂岩浸水膨胀量试验按98击泡水96 h进行,Ⅰ类岩6组试样,Ⅱ类岩8组试样,其试验结果的最大值、最小值和平均值,见表6。Ⅰ类岩的平均膨胀量为2.14%　>2%　,为微膨胀性软岩,Ⅱ类红砂岩为0.29%　<2%　,为非膨胀性岩。

红砂岩浸水膨胀量　　表6

试　件	最大值(%)	最小值(%)	平均值(%)
Ⅰ类红砂岩	3.78	0.81	2.14
Ⅱ类红砂岩	0.86	0.13	0.29

3.3　红砂土的工程力学性质

1)压实指标

各类红砂岩分别按重型击实试验和表面振动仪试验所得的最大干密度,见表7。当相似模比 $M_r = 1$ 时,表面振动仪试验结果分别为2.04和2.098,与标准重型击实试验结果一致。

红砂土的压实性指标　　表7

岩　类	最大干密度($g \cdot cm^{-3}$)		最佳含水率(%)
	表面振动仪试验	标准重型击实试验	
Ⅰ	2.04～0.057 7InMr	2.00～2.09	8.35～11.6
Ⅱ	2.098～0.079InMr	2.06～2.15	8.69～9.60

2)剪切强度

各类红砂岩击实试件的内摩擦角与凝聚力指标,见表8。试验结果表明红砂岩击实试件内摩擦角与内聚力都较大,说明用红砂岩填筑的路堤边坡将比较稳定。

红砂岩击实试件的抗剪强度指标和渗透性指标　　表8

测试项目	内摩擦角	凝聚力(kPa)	渗透系数($cm \cdot s^{-1}$)	天然岩块抗压强度(MPa)
Ⅰ类岩	27°12′	105.4	4.17×10^{-7}	4.43
Ⅱ类岩	26°50′	75.37	3.57×10^{-7}	6.9
网纹黏土	23°16′	129.2	50×10^{-7}	

3)回弹模量

各类红砂岩室内回弹模量试验值,见表9。表中试验数据均采用标准重型击实试件(击数98)测得。根据《公路沥青路面设计规范》(JTJ 014—97),湖南省自然区值划为Ⅳ_5,故Ⅰ、Ⅱ类红砂岩路基的回弹模量均能满足设计值要求($E = 30$MPa)。

各类红砂岩室内回弹模量试验值　　表9

岩类	室内回弹模量(MPa)		
	平均值	最小值	最大值
Ⅰ	72.4	68.92	80.14
Ⅱ	103.93	97.53	107.69

4)加州承载比 CBR

各类红砂岩室内 CBR 试验结果,见表10。其中,Ⅰ类岩为16组数据,Ⅱ类岩为17组数据的统计,且均为标准重型击实试件(击数98)所得的结果。从表10中可以看出,Ⅰ、Ⅱ类红砂岩的室内 CBR 均满足路基填料最小强度的要求(下路床5.0%,下路堤3.0%)。

各类红砂岩室内 CBR 值试验结果　　表10

测试项目	室内 CBR 值(%)		
	平均值	最小值	最大值
Ⅰ类岩	8.25	6.0	11.2
Ⅱ类岩	56.8	40.7	74.1
网纹黏土	21.77	20.16	23.29

Ⅰ、Ⅱ类红砂岩 CBR 值随浸水时间的变化情况,见表11。由表可见,98击Ⅰ类岩和30击Ⅱ类岩随浸水时间增加,CBR 值有所降低;而50击和98击Ⅱ类岩的 CBR 值随浸水时间的增加无明显变化;总体来说,变化不太明显。由此可见,呈块状崩解的Ⅱ类岩水稳定性较好,而Ⅰ类岩的水稳定性较差,若受水的长期浸泡,其强度将变得很低。

红砂岩击实试件室内 CBR 值随浸水时间变化的试验结果　　表11

岩类	试件浸水时间(d)					
	1	2	3	4	7	28
Ⅰ类岩(98击)	9.0	9.85	8.2	7.74	8.8	6.95
Ⅱ类岩(98击)	56.4	53.4	60.3	53.8	50.0	52.0
Ⅱ类岩(30击)	21.8	17.3	16.9	19.1	13.3	14.5
Ⅱ类岩(50击)	34.4	28.3	29.5	30.5	26.8	32.3
网纹黏土	21.73					

5)渗透性指标

红砂岩击实试件渗透性指标(见表8)表明,Ⅰ、Ⅱ类红砂岩渗透性较差,比网纹层黏土要小。室内击实试件含水量沿深度随浸水时间变化的试验研究、模拟路堤中含水量随浸水时间变化的试验研究,以及大浦实体工程试验路两次渗水性试验测试结果,均进一步表明经压实的红砂岩体透水性较差;对压实度达重型击实试验标准90%以上的红砂岩压实体,表面积水一般难以下渗,仅影响表层土体含水量。即红砂岩压实体的防渗性能不弱于一般黏土。但对水稳定性较差的一类红砂岩,在路基表面采取一定的隔水措施很有必要,其可防止表层一定厚度的红砂岩浸水后软化,强度降低,以及产生膨胀变形等不良现象。

6)压缩性指标

各类红砂岩及网纹层黏土的压缩性指标,见表12。由表可见,红砂岩压实试件的压缩性低,接近低压缩性土，但较之网纹层黏土要高；试件初始孔隙比也较之网纹黏土低。其充分表明红砂岩经过正确的碾压，能获得较好的密实度。

红砂岩及网纹黏土的压缩性指标对比　　表12

岩类	压缩模量(MPa)	压缩系数(MPa)	试件含水量(%)	试件湿密度($g \cdot cm^{-3}$)	试件初始孔隙比
Ⅰ	10.75	0.135	14.2	2.145	0.438
Ⅱ	13.65	0.105	12.95	2.20	0.38
网纹黏土	22.0	0.075	17.6	1.95	0.633

4　试验路施工及检验效果

4.1　试验路施工

在湘耒高速路大浦互通匝道实体工程上修筑了长457m、平均宽45m、平均高6m的试验路段。料场开挖主要采用爆破形式。开挖出来的红砂岩就地进行预崩解处理。预崩解时间一般在8～20d左右，Ⅱ类岩所需时间比Ⅰ类岩长，冬天所需时间比夏天长。红砂岩填料的最大粒径一般不超过松铺厚度的2/3，试验路松铺厚度有40cm和50cm两种，对应的最大粒径分别为25cm和30cm。试验路段各种红砂岩填料的最佳含水量约在8.35%～11.6%范围内，碾压前应注意检查填料的含水量是否接近最佳含水量，当含水量不足时，需及时洒水。采用分层填筑、分层碾压的方式填筑路堤。将预崩解过的红砂岩填料运至工点，使用大马力推土机摊铺，然后反复耙压，耙压后粒径仍超过规定尺寸的岩块应人工拣出并解小，再用平地机赶平，当松铺厚度合格后开始碾压。试验路段红砂岩填料的碾压顺序为：先以40t轮式振动压路机初压一遍，用平地机赶平2～3遍，用60t拖式振动压路机振压三遍以上，最后以40t振动压路机终压表面。

考虑到密实的Ⅰ类、Ⅱ类红砂土抗剪强度参数c、φ值与网纹层黏土接近，红砂岩路堤边坡高度与坡度可按正常黏土路基规范设计。红砂岩路堤填筑过程中，大颗粒的岩块常被推滚到边坡上，边坡整修可滞后路基填筑15～30d，待边坡上红砂岩块自然崩解，或用人工洒水促其快速崩解后，进行人工整坡。

采用移植草皮或播撒草籽培育植被的方式防护路堤边坡。由于红砂岩崩解物中，氮、磷、钾养分奇缺，因此在种植草皮或草籽时，应施加足够的肥料来满足植物生长的需要。

4.2　试验路检验效果

现场挖坑测试表明，当填料含水量接近最佳含水量时，通过振动碾压，可使大部分填料泥化，形成密实的不透水结构，其外观平整光滑，类似于碾压合格的黏性土路基。试验路段压实度标准按现行公路路基施工规程执行，经检验每层的压实度都符合要求。浸泡和渗水试验表明压实体内的红砂岩土，即使连续被雨淋和积水浸泡几十天(46d)，也可防止水分渗入。试验路现场回弹模量、CBR检测表明，测试值全部满足设计要求。该试验路段一年多的观察表明，路堤边坡坡面抵抗雨水浸蚀和冲刷的能力较好，边坡稳定，坡面完好，均无明显病害出现。

5　结语

红砂岩遇水崩解软化的特性既是引起红砂岩路基病害的主要原因，又是红砂岩路用性质的基础。室内实验表明，红砂岩的崩解物“红砂土”抗剪强度高、抗渗能力强、压缩性低、CBR高，具有良好的路用性质。试验路施工与经验效果表明，只要施工妥当，Ⅰ、Ⅱ类红砂岩经过预崩解处理后完全可以用作高速公路路基填料。基于室内试验、理论分析以及试验路的施工与检测实践，而提出的红砂岩填筑碾压机理、压实标准以及红砂岩路基病害防止措施等可用于指导工程实践。

本课题提出的红砂岩路基修筑技术，在湘耒高速路的施工中得到推广应用，该路通车以来，至今运营良好,未发生红砂岩路基病害。

参考文献

[1] 湖南省交通规划勘察设计院. 京珠高速公路湘潭至耒阳段红砂岩地带路基修筑技术研究[R],长沙:湖南省交通规划勘察设计院,2001.

[2] 唐大雄,孙素文. 工程岩土学[M]. 北京:地质出版社,1994.

[3] JTJ 033—95 公路路基施工技术规范[S]. 北京:人民交通出版社,1996.

[4] 刘多文,熊承仁. 红砂岩渐进崩解特性的实验研究[J]. 中外公路,2002,22(6),19-22.

[5] SL237－1999 土工试验规程[S].

[6] 董泽福,刘多文,洪金益. 碎屑岩的结构与其工程性质[J]. 中南工业大学学报,1997,28(1).

[7] 湖南省交通规划勘察设计院. 湘潭至耒阳高速公路工程地质资料[R],长沙:湖南省交通规划勘察设计院,1995.

(本文依托的《京珠高速公路湘潭至耒阳段红砂岩地带路基修筑技术研究》获湖南省 **2002** 年度科技进步三等奖、**2003** 年度中国公路学会科学技术三等奖。)

Finite element analysis of triaxial tests of a new composite reinforced soil

Huang Xiangjing Jiang Jianqing

Abstract: Red - sandstone reinforced with hexagonal wire mesh is a new concept of composite reinforced soil. In order to study the mechanical properties of this composite reinforced soil, a series of laboratory triaxial compression tests on specimens reinforced with hexagonal wire mesh were carried out. 3D finite element method was introduced to simulate the triaxial tests. The macro stress - strain relation of the red - sandstone specimens reinforced with hexagonal wire mesh inclusions was reproduced and verified by 3D finite element model. The results indicate: finite element method is a ideal technique to study the mechanical characteristics of composite reinforced materials. The peak strength of red - sandstone are increased by hexagonal wire mesh reinforcements, and the peak shear strength arrives at a larger shear displacement than the plain red-sandstone specimen.

Keywords: Finite element analysis reinforced soil composite material triaxial test simulation

1 INTRODUCTION

In recent years, issues related to the factors affecting the performance of reinforced soil have been addressed by many researches[1-5]. Also, the behavior of reinforced soil structures has been comprehensively studied through field observation of full-scale physical model, laboratory model testing. However, the cost of constructing and monitoring full-scale reinforced structures was quite high. An alternative method such as a numerical "experiment" or simulation by means of appropriate ways such as finite element was essentially required. With the development of computer technology, numerical computational methods were applied abroadly to geotechnical engineering. Especially, the finite element method has been preferred and adopted due to its flexibility and versatility to take care of the variation of the material properties, arbitrary loading configuration and ability to consider displacement at any point within the medium. Basudhar[6] analyzed the behavior of a geotextile-reinforced sand-bed subjected to strip loading using the finite element method. Bergado[7] investigated two full-scale reinforced test embankments using numerical simulation in two-dimensional and three-dimensional explicit finite difference programs, respectively. Sivakumar Babu[8] reported the results of triaxial compression tests on sand reinforced with coir fibers and proposed an approach for considering the effect of random-oriented fibers in numerical analysis. Xiong[9] established the finite element numerical simulation of reinforced cushion by geogrid based on ADINA software. Zhou[10] introduced a saturated porous media model to simulate the soil and reinforcement-soil composite material and established a mathematical model for numerical analysis of structural characteristics of water-saturated geogrid reinforced soil retaining wall. Gao[11] developed a numerical model to simulate and analyzed the failure mechanisms of three full-scale, reinforced and unreinforced slopes under a strip footing. Chen[12] established a finite element numerical model based on the dimensions of a centrifugal test model

本文曾刊登于《第三届 IEEE 智能计算技术与自动化国际会议论文集(2010 年)》。

to simulate the changes of displacements, earth pressures, pore water pressures and tensile forces of reinforcements with time in the soft clay foundation on the reinforced embankment with lime-stabilized soil as backfill under the variable acceleration loadings. Zhang[13] carried out a series of laboratory triaxial compression tests on sand specimens reinforced with H-V orthogonal inclusions and simulated the triaxial tests by particle flow code. Jiang[14] conducted a numerical simulation study of reinforced retaining wall by ANSYS to investigate the influence of seismic load to the behavior of these structures.

The above studies were accomplished mostly using two-dimensional programme, however, the performances of materials and structures can be simulated more reliably in general. Many studies attempted to conduct 3D finite element analyses when investigating the behavior of embankments summarized that the 3D finite element analysis can be used to model the reinforced soil embankment under service loading and at collapse successfully[15-17].

In this study, therefore, the triaxial tests of a new composite reinforced material which consisted of two components, namely weathered red-sandstone and hexagonal wire mesh, were simulated by 3D finite element analysis programme. Numerical simulation results were compared with those obtained from laboratory triaxial compression tests. On the whole, their results are consistent, which shows that the triaxial test of the new composite reinforced material can be simulated by 3D finite element method.

2 DESCRIPTION OF TRIAXIAL TESTS OF THE NEW COMPOSTIE REINFORCED MATERIAL

A standard large-scale triaxial shear apparatus was used for testing specimens of the composite reinforced material. The general test arrangement of the large-scale triaxial tests was shown in Fig. 1.

Fig. 1　General arrangement of large-scale triaxial test system

The weathered red-sandstone used in the composite reinforced material was graded with a maximum particle size of 60 mm, coefficient of curvature (C_c) of 2.99, coefficient of uniformity (C_u) of 19.09, qualification grain size (d_{60}) of 17.18 and effective grain size (d_{10}) of 0.9. The maximum dry unit weights of the soil was

17.3 kN/m^3. The main physical characteristics of the weathered red-sandstone was as follow: 34.5% of liquid limit (w_L), 22.5% of plastic limit (w_p), 18.13% of optimum water content.

The hexagonal wire mesh used in the composite reinforced material composed of some hexagonal meshes which were fabricated from a double twisted steel mesh, which is galvanized and subsequently PVC coated, as shown in Fig. 2.

All specimens were subjected to simply triaxial compression. The specimens had a diameter of 300mm and a height of 600mm. Most of the tests were continued up to a maximum axial strain of 15%. The hexagonal wire mesh reinforcement was placed horizontally in the specimen according to the design height (see Fig. 3).

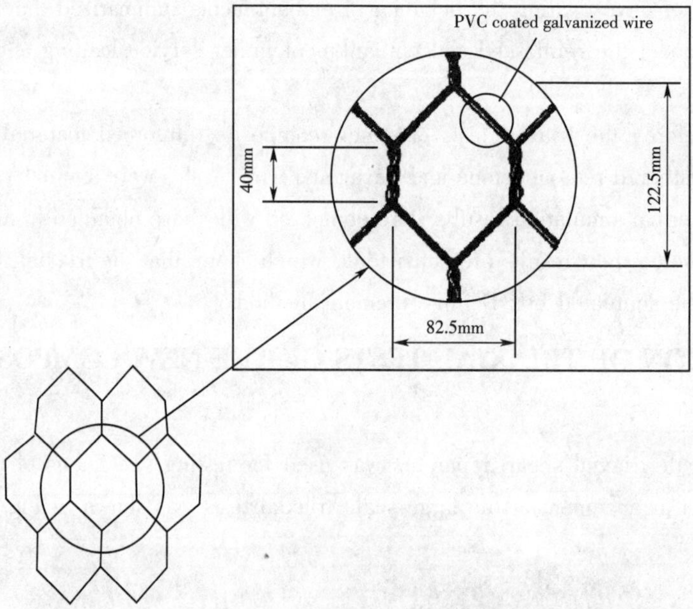

Fig. 2 Standard hexagonal mesh reinforcement

3 3D FINITE ELEMENT NUMERICAL SIMULATION OF THE TRIAXIAL TESTS

3.1 3D Finite Element Mechanical Model for the Composite Material

The behavior of composite reinforced soil depended to a great extent on the soil-reinforcement interaction in addition to the individual property of soil as well as that of the reinforcement. So far, the work mechanism of reinforced soil was studied by many researchers in various aspects[18-20], for example, Under the action of the superimposed load as the soil grains surrounding the reinforcement tend to move downward and outward, tensile stresses are induced in the reinforcement due to friction at its interface and simultaneously compressive force is also induced in the soil. As a result the soil can take more loads and this phenomenon is known as "confining effect".

In this study, the separate mechanical model was considered, to which a interface non-thickness Goodman element was introduced between the red-sandstone element and the hexagonal wire mesh element, and two interaction modes were considered: namely, direct shear and pullout modes. Drucker-Prager model and 3D 8-nodes solid element were used to simulate the red-sandstone behavior. Even though more sophisticated elastic-plastic constitutive models exist, Drucker-Prager model was deemed satisfactory in the present case as the anticipated stress paths were mainly dominated by shear and dilatancy failure when significant load was applied on the soil sample. The red-sandstone properties considered were presented in Table 1. The linear elastic structural shell elements were adopted in the numerical simulation of the hexagonal wire mesh reinforcements. The shell were attached to the numerical grid points of solid red-sandstone solid element by the soil-reinforcement interface. The input parameters of hexagonal reinforcement as the structural shell elements are tabulated in Table 2.

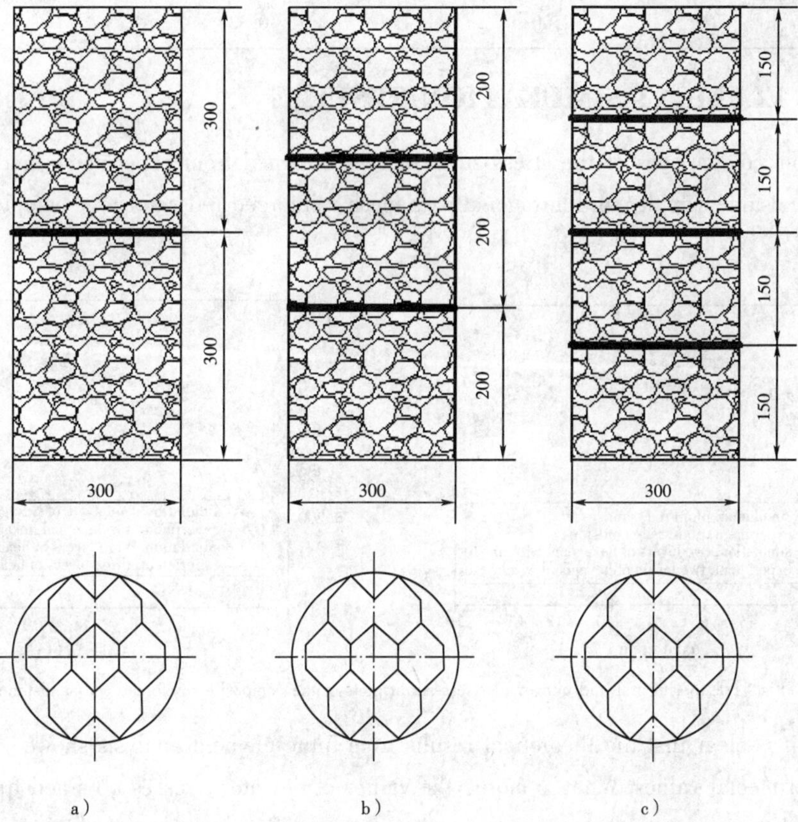

Fig. 3　Layout sketch of hexagonal wire mesh reinforcement (unit: mm)

Selected parameters for red-sandstone Drucker-Prager model　　Table 1

Soil Type	Dry Unit Weight(kN/m^3)	Poisson's Ratio	Friction Angle(degree)	Dilatancy Angle(degree)	Cohesion(kPa)
Red-sandstone	16.9	0.3	30.0	10.0	36.0

3.2　Numerical Model Establish of the Triaxial Specimen

The numerical simulations for the analysis of the hexagonal wire mesh reinforced red-sandstone behavior were performed using finite element analysis software. A sand specimen of 300mm diameter and 600mm height was generated using cylindrical elements, with x- and z-axes located at the base of cylinder and y-axis pointing along the cylinder axis. The triaxial domain was discreted into 1000 zones, organized in a radial pattern. The boundary conditions, applied as displacements are fixed in all directions at top and bottom of the sample. Fig. 4 shows the finite element mesh of the triaxial sample.

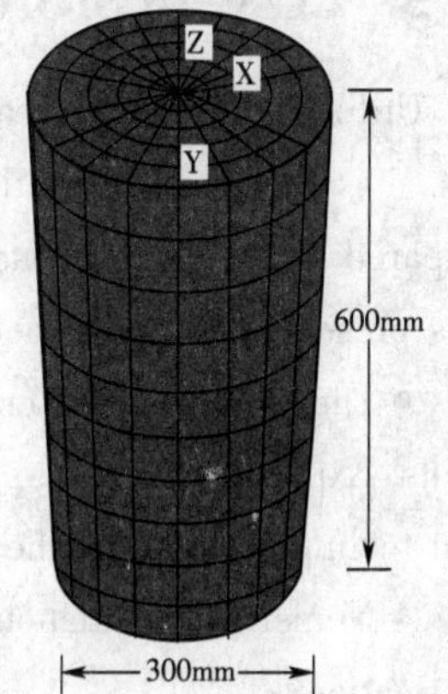

Fig. 4　Finite element mesh of the composite reinforced sample

A uniform velocity of 1×10^{-6} m/step was applied in the y-direction at the top end and a uniform compressive stress was applied in radial direction along the length to simulate triaxial compression of the sample. The unbalanced force of each node was normalized by gravitational force acting on that node. A simulation was considered to have converged when the normalized unbalanced force of every node in the mesh was less than 1×10^{-3}.

Selected parameters for structural shell element Table 2

Reinforcement Type	Density(kg/m^3)	Poisson's Ratio	Thickness(m)
Hexagonal wire mesh	2500	0.33	0.003

4 FINITE ELEMENT SIMULATION RESULTS

Fig. 5 shows the comparisons of the stress-strain curves obtained from experiments and numerical analysis for the plain red-sandstone samples and hexagonal wire mesh reinforced red-sandstone samples at confining pressure of 100 kPa.

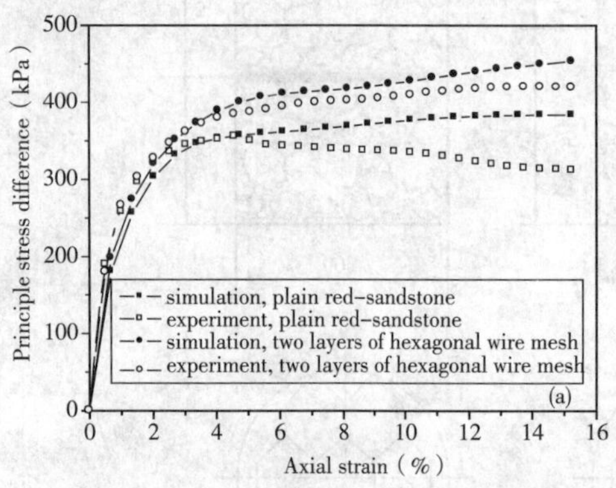

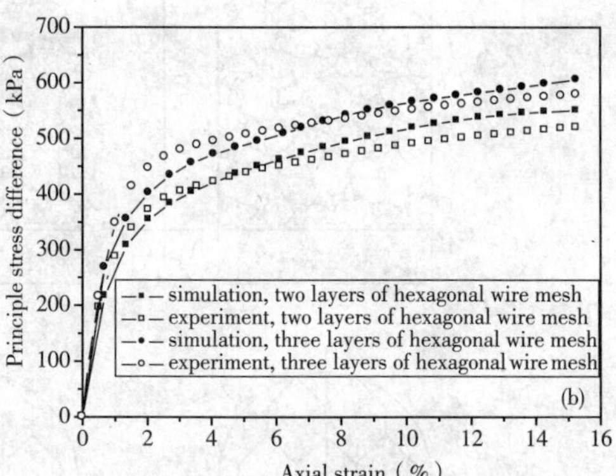

Fig. 5 Experimental and numerical stress-strain plots of the composite reinforced red-sandstone

From Fig. 5, it is clear that the theoretical results from finite element analysis showed in general an agreement with the experimental values. What's more, the values of deviator stresses obtained from numerical analysis are found to be lower than those obtained from laboratory experiments at small axial strain, and to be taller than those of experimental values at relatively high axial strain.

The results indicate that failure deviator stress increases due to addition of hexagonal wire meshes. The incremental rate of deviator stress reduces as strain increases, which is consistent with the observations from laboratory triaxial compression tests.

5 CONCLUSIONS

Utilizing the mechanical and physical properties of the composite reinforced material used in the triaxial tests, its numerical simulations were conducted using 3D finite element programs. The calculated results were compared to the experimental stress-strain curves. Based on the results of numerical simulations and the discussions presented in this paper, the following conclusions can be made.

- The shell element used in this study for simulating the hexagonal wire mesh is found to give satisfactory results. Experimental results are in good agreement with the numerical results. So 3D finite element method is a ideal technique to study the mechanical characteristics of composite reinforced materials.
- Numerical simulation results indicate that presence of reinforcing material in red-sandstone restricts its deformation.
- The peak strength of red-sandstone are increased by hexagonal wire mesh reinforcements. The peak shear strength arrives at a larger shear displacement, and the red-sandstone soil becomes more ductile. As a result, the hexagonal wire mesh reinforced redsandstone granular soil still bear load under large deformation.

References

[1] R. J. Bathurst, T. M. Allen, and D. L. Walters, "Reinforcement loads in geosynthetic walls and the case for a new working stress design method," Geotextiles and Geomembranes. Holand, vol. 23, pp. 287-322, August 2005.

[2] K. Kazimierowicz-Frankowska, "A case study of a geosynthetic reinforced wall with wrap-around facing," Geotextiles and Geomembranes. vol. 23, pp. 107-115, February 2005.

[3] T. Park and S. A Tan, "Enhanced performance of reinforced soil walls by the inclusion of short fiber," Geotextiles and Geomembranes. vol. 23, pp. 348-361, August 2005.

[4] G. D. Skinner and R. K. Rowe, "Design and behaviour of a geosynthetic reinforced retaining wall and bridge abutment on a yielding foundation," Geotextiles and Geomembranes. vol. 23, pp. 235-260, June 2005.

[5] O. Al Hattamleh and B. Muhunthan, "Numerical procedures for deformation calculations in the reinforced soil walls," Geotextiles and Geomembranes. vol. 24, pp. 52-57, February 2006.

[6] P. K. Basudhara, P. M. Dixitb, Ashish Gharpurea, and Kousik Deba, "Finite Element Analysis of Geotextile-reinforced Sand-bed Subjected to Strip Loading," Geotextiles and Geomembranes. vol. 26, pp. 91-99, February 2008.

[7] D. T. Bergadoa and C. Teerawattanasuk, "2D and 3D numerical simulations of reinforced embankments on soft ground," Geotextiles and Geomembranes. vol. 26, pp. 39-55, February 2008.

[8] G. L. Sivakumar Babu, A. K. Vasudevan, S. Haldar, "Numerical simulation of fiber-reinforced sand behavior," Geotextiles and Geomembranes. vol. 26, pp. 181-188, April 2008.

[9] N. Xiong, Y. H. Yang, and G. Liu, "Finite Element Analysis of Reinforced Cushion on Soft Soil Subgrade under Embankment Loading," Journal of Lanzhou Jiaotong University. Lanzhou, vol. 27, pp. 33-36, December 2008.

[10] SH. L. Zhou, ZH. F. Liu, and G. CH. He, "Numerical analysis on structural characteristics of saturated geogrid reinforced soil retaining wall," Journal of Hydraulic Engineering. Beijing, vol. 37, pp. 1015-1021, August 2006.

[11] W. H. Gao, and R. J. Bathurst, "Numerical simulation of failure mechanism for reinforced and unreinforced slopes under strip footing," China Civil Engineering Journal. Beijing, vol. 40, pp. 54-58, June 2006.

[12] J. F. Chen, T. F. Ye, S. B. Yu, and ZH. M. Shi, "Numerical Simulation of Centrifugal Model Test on Reinforced Embankment with Lime-stablized Soil as Backfill on Soft Clay Foundation," Chinese Journal of Rock Mechanics and Engineering. vol. 27, pp. 1939 – 1944, September 2008.

[13] M. X. Zhang, and SH. L. Zhang, "Behaviour of soil reinforced with H-V inclusions by PFC2D," Chinese Journal of Geotechnical Engineering. vol. 30, pp. 625-631, May 2008.

[14] J. Q. Jiang, and Y. SH. Zou, "Numerical Simulation of Reinforced Retaining Walls under Dynamic Loads," Journal of Hunan City University. vol. 15, pp. 12-14, December 2006.

[15] I. M. Smith, and N. Su, "Three-dimensional FE analysis of a nailed soil wall curved in plan," International Journal for Numerical and Analytical Methods in Geomechanics. vol. 21, pp. 583-599, April 1997.

[16] J. Briaud, and Y. Lim, "Tieback walls in sand: numerical simulation and design implications," Journal of Geotechnical and Geoenvironmental Engineering, ASCE. vol. 125, pp. 101-111, February 1999.

[17] G. Auvinet, and J. L. Gonzalez, "Three-dimensional reliability analysis of earth slopes," Computers and Geotechnics. vol. 26, pp. 247-261, April 2000.

[18] T. Yetimoglu, and O. Salbas, "A study on shear strength of sands reinforced with randomly distributed discrete fibers," Geotextiles and Geomembranes. vol. 21, pp. 103-110, February 2003.

[19] Ranjan, Gopal, R. M Vasan, and H. D. Charan, "Behavior of plasticfiber- reinforced sand," Geotextiles and Geomembranes. vol. 13, pp. 555-565, August 1994.

[20] K. Rajagopal, N. R. Krishnaswamy, and G. MadhaviLatha, "Behavior of sand confined with single and multiple geocells," Geotextiles and Geomembranes. vol. 17, pp. 171-184, April 1999.

（本文已被 EI、ISTP 检索。）

干湿循环作用下水对膨胀土路基破坏机理的试验研究

刘义虎　杨果林　黄向京

摘　要：通过8组膨胀土路基模型试验，对广西南友路宁明地段中等膨胀土和湖南常张路慈利地段弱膨胀土，在90%压实度条件和不同排水边界条件下，分别模拟路基在积水、阴天、日照、降雨干湿循环作用下，膨胀土路基的破坏形式、水对膨胀土路基破坏作用机理等，这对膨胀土路基的设计和施工，保护路基、路面和构造物等具有重要的理论和工程实际意义。

关键词：干湿循环　膨胀土路基　水损害作用机理　破坏形式　模型试验

1　概述

膨胀土是在自然地质过程中形成的一种多裂隙并具有显著胀缩性的地质体，是一种黏性土。膨胀土中黏粒成分主要由亲水性矿物组成，具有显著的吸水膨胀、失水收缩并反复胀缩变形的性质。在干湿循环作用下水对膨胀土路基表层土体产生破坏作用，研究表明，只要膨胀土土体内部含水率发生1%的变化，将会引起膨胀土工程性质的显著变化，发生路基滑坍、胀缩变形及失稳等工程事故。为此，研究干湿循环作用下水对膨胀土路基的破坏作用，进而提出避免水损害路基的有效防治措施等，对公路、铁道、房建等具有重要而深远的意义。

2　水对膨胀土路基的破坏作用机理

膨胀土边坡滑坡是膨胀土路基最普遍的变形和失稳现象，也是膨胀土地区最主要的工程地质问题之一。无论是膨胀土自然边坡，还是人工开挖的膨胀土路堑边坡或人工填筑的路堤边坡，滑坡现象都十分普遍，常常形成区域性灾害。

干湿循环作用下膨胀土路基中含水量的改变，使膨胀土强度特性发生变化。膨胀土路基破坏的原因由膨胀土自身的组构及其强度特性所决定，由自然因素所造成。其破坏作用机理为：

膨胀土的湿化性破坏作用机理：湿化是亲水性黏土矿物吸水崩解过程，它的结果是在无约束的情况下块体湿化解体成碎粒状散体，是一个不可逆过程。膨胀土的失水干燥使其吸湿压力提高，大量裂隙、孔隙中充满空气，当干燥膨胀土浸水后，由于吸湿压力的作用，水很快沿裂隙通道渗入，土块内空气被挤压到内部而被压缩。随着外部水浸入量的增加，内部空气压力上升，导致矿物骨架沿最弱面发生破裂而逐渐崩散解体。亲水性矿物和微裂隙的存在是湿化的前提条件，吸湿压力是湿化的动力，它克服胶结联结强度的时间也就反映出膨胀土湿化的难易性。

膨胀土的风化性破坏作用机理：开挖后形成的路堑，出现了新的临空面；新填筑的路堤，若坡面不加保护，也将暴露于大气中。这些坡面，在长期干湿循环作用下，破坏了土体表面的粒间连接，形成风化带。风化带的出现对边坡产生剥落侵蚀，改变了边坡的外形。在干旱季节，坡面出现裂缝，裂隙结构面上强度丧失。而在降雨季节，由于粒间联结减弱，体积膨胀，使坡面成为泥泞状态，大大降低了抗剪强度，使膨胀

本文曾刊登于《中外公路》2006年第3期。

土路基边坡发生失稳等破坏。

地表水径流与侵蚀破坏作用机理:坡面流是指降雨形成的沿坡面向下的薄层水流。坡面流是坡面发育的主要外营力,坡面以降雨径流为主要侵蚀动力,使坡面产生动力侵蚀,通过物质和能量的转换使坡地形态不断发生变化。坡面流滚动波的波谷与坡面交接处,由于坡面流的动能全部转化成势能,加之水层薄,降雨溅蚀作用力影响也大,使该点受侵蚀强而首先形成小侵蚀穴;而后这些串珠状的小侵蚀穴相连而成细沟。目前普遍认为:雨强较大时会产生片流,但因坡面凹凸不平而难以形成大面积的片状水流。大暴雨是产生径流和侵蚀的主要降雨,坡度越大,坡面径流的重力顺坡分力就越大。若不考虑流动摩擦阻力,则径流在坡面以加速度的方式流动,其动能与流量的一次方和流速的二次方成正比。

综上所述,膨胀土具有蒙脱石、伊利石等黏土矿物含量高,亲水性强和强度低等特点,是边坡失稳的内在因素。而外因则是环境平衡的丧失,在边坡开挖成形过程中,上覆土层重量卸除,引起土体结构松弛和应力状态改变,而应力重分布导致软弱结构面剪应力增大;由于干湿循环作用,引起膨胀土路基的湿化。风化破坏作用、地表水的径流和侵蚀破坏作用也是导致膨胀土路基破坏的主要外因。同时,雨水下渗促使结构面强度软化并产生动水压力,致使坡脚部位剪应力超过土体抗剪强度,土体局部破坏,并进而使坡腰受拉而开裂,随后雨水直接渗入裂缝中,两端剪损处浸水软化,开裂和滑动继续向坡顶发展而形成了多级滑坡台阶的牵引式滑坡破坏。

3　干湿循环作用下水对膨胀土路基破坏作用机理模型试验简介

模型箱尺寸为3m(长)×3m(高)×1m(宽)(图1),模型箱两个侧面和一个底面为混凝土墙面;一个3m(长)×3m(高)的有机玻璃观测面;二个临空面:一个顶面,一个3m(高)×1m(宽)为路堤边坡面。有机玻璃观测面:下部为0.6m(高)×3m(宽)×1cm(厚)的竹胶板,上部为2.4m(高)×3m(宽)×1cm(厚)有机玻璃。竖向每隔30cm,横向每隔50cm用钢管作支挡,以防止有机玻璃面发生侧向变形。

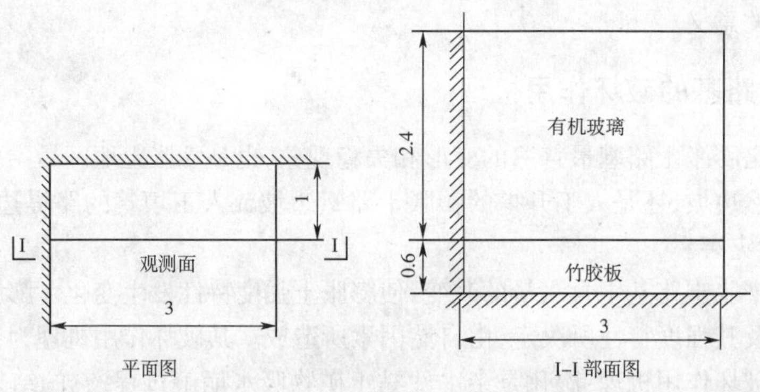

图1　模型箱示意图(单位:m)

分别用湖南常(德)—张(家界)高速公路路慈利地段“弱膨胀土”(第1组~第4组)、广西南(宁)—友(谊关)路宁明地段“中等膨胀土”(第5组~第8组)作为膨胀土路基模型试验填料。膨胀土路基在90%压实度(用单位体积土体的重量来控制路基的压实度,同时用环刀法测试压实度)和不同排水边界条件下(第1组~第4组为模拟排水边界条件;第5组~第8组为模拟不排水边界条件),路堤边坡坡度分别为1:0.75;1:1;1:1.5;1:2时,模拟路基分别在积水(保持坡顶时有积水为准)、阴天(即无降雨、也无日照)、日照(用强光照射模拟,即分别在坡顶、坡面安装共10支各1 000W的碘钨灯模拟日照,灯支架可以沿x、y方向的运动,保证日照均匀。调整灯的安装高度,保持土表面温度为40°左右)、降雨(用10个淋喷头喷出的水模拟降雨。安装淋喷头的支架能沿x、y方向移动,淋喷头自身能作360°的旋转,保证降雨均匀,每日降雨约0.5h,降雨强度约为0.5m^3/0.5h)4个不同(气候)条件下进行干湿循环试验,每个条件试验7d左右,历时1年,通过观察不同膨胀土路基边坡坡度在不同干湿循环条件下的路基表面的破坏来研究膨胀土路基的破坏形式和破坏作用机理。

4　干湿循环作用下水对膨胀土路基破坏作用机理模型试验

4.1　第1组模型试验

1)试验概况

第1组模型试验,填料为常张高速公路慈利东互通段弱膨胀土,模拟路堤边坡坡度为1:0.75,压实度为90%。通过有机玻璃面、坡面和坡顶面观察膨胀土路基的破坏形式。模型箱底的边界条件为排水边界条件,即在箱底先铺一层10cm的砂垫层,再在其上铺一层土工布,土工布上再填筑模拟路堤。

第1阶段为期9d(2003年12月8日~12月16日),模拟在路基坡顶浸水。

第2阶段为期7d(2003年12月17日~12月23日),模拟阴天气候条件。

第3阶段为期7d(2003年12月24日~12月30日),模拟日照。

第4阶段为期7d(2003年12月31日~2004年1月6日),模拟自然降雨。

通过有机玻璃面、顶面和坡面,分别观测4个阶段中,膨胀土路基坡面、顶面的破坏情况。

2)膨胀土路基破坏现象描述

第1阶段,模拟路基坡顶积水9d。2003年12月9日17:00左右,由于支承坡面面板的钢管松动,在膨胀力的作用下使路基坡面靠箱壁一侧土体崩落。12月10日,松开坡面支挡板。从有机玻璃板上可观测到:在$x=2.20$m,$y=1.65$m处,出现一条长为7cm、宽为3cm的垂直裂缝,在$x=2.15$m,$y=1.75$m处出现一条长为8cm、宽为3cm的垂直裂缝。

第2阶段,模拟无降雨、无日照的阴天气候条件7d。2003年12月19日,距坡边缘20cm的坡面出现一横向通长裂缝,坡顶面即出现网裂,坡面水平向外侧膨胀2cm。

第3阶段,模拟日照7d,保持土表面温度为36~42℃。2003年12月24日开始日照时,有大量水蒸气蒸发,坡面、坡顶均出现了细裂缝。12月28日出现宽度为8mm的网裂缝,坡顶裂缝为网裂,坡面裂缝为不规则方形网裂。

第4阶段,模拟自然降水7d,用淋喷头喷出的水模拟降雨。2003年12月31日模拟日照完毕,开始加水前,从有机玻璃上可观测到裂缝深2~3cm,沿坡面共有3条。加水后坡顶面的水沿裂缝向坡面冲刷,在雨滴溅到处,出现局部冲刷情况。坡面已开裂块体表面脱落,顶面有细小土颗粒被水冲刷带走。12月31日9:20坡面降雨30min后,坡面水流呈波浪形,水流冲刷表面颗粒土,使其沿坡面向下滚落。12月31日11:00坡面出现水流沟,通过原有裂缝向下冲刷坡面,形成宽约15cm、深约10cm的坡面沟槽。11:00停止降雨,坡面原有2~3cm深的裂缝消失。坡面沟槽深处为压实时密实度较小的每一层的下部,在坡面上出现从上到下的锯齿形沟槽。2004年1月1日,坡顶膨胀土细颗粒被水带走,中等颗粒土被冲松散,表面径流形成弯曲路径,宽约3~5cm,深约2~3cm,水流沿沟径流。坡面在水滴垂直落下处,局部出现崩落。2004年1月2日8:30~9:30降雨,坡顶边缘冲刷破坏,雨滴首先将膨胀土细颗粒带走→松动→崩落→垮塌→中等颗粒被水带走→出现局部冲刷坑。

4.2　第2组模型试验

1)试验概况

第2组模型试验是在第1组模型试验完成后,对路堤边坡刷坡,刷坡成坡度为1:1的模拟路堤。测点位置与第1组相同。

第1阶段(2004年1月30日~2月5日),模拟在坡顶积水7d。

第2阶段(2004年2月6日~2月12日),模拟阴天气候条件7d。

第3阶段(2004年2月13日~2月19日),模拟日照气候条件7d。

第4阶段(2004年2月20日~2月26日),模拟降雨气候条件7d。

观测4个阶段中,膨胀土路基中坡顶、坡面的破坏情形。

2）膨胀土路基破坏现象描述

第1阶段，坡顶面积水7d。第2阶段，模拟无降雨、无日照的阴天气候条件7d。第3阶段，模拟日照7d，保持土表面温度为36～42℃。2004年2月14日，即日照的第2天，水蒸气进一步蒸发，顶面裂缝加大，坡面出现细微的裂缝。2月15日，即日照的第3天，已无明显的水蒸气蒸发现象，顶面裂缝最大宽度达10mm，深20～30mm，坡面裂缝宽5mm，深20～30mm。2月16日，被灯直接照射到的坡面出现较大裂缝，未直接照射到的地方出现细微裂缝，将坡面的6盏灯上下移动，使照射均匀。2月17日下午，坡面最大裂缝宽达5～6mm，坡顶面最大裂缝宽达10～12mm。到2月19日下午5:00时，坡面最大裂缝7～8mm，最大裂缝间距60～90mm，最大裂缝块间有分布不均匀的中、小块，能拔出长×宽×厚＝(9～6)mm×(6～9)mm×(3～4)mm的膨胀土块。裂缝深度达到66～90mm，坡面壳层厚约30～40mm，深部裂缝间距较大。坡顶面最大裂缝宽10～12mm，最大裂缝间距90～120mm，大裂缝块间有分布不均匀的细裂缝，顶面壳层厚约8～10mm。

第4阶段，模拟自然降雨7d。坡面水流呈波浪形，水流冲刷表面颗粒沿坡面向下滚落。坡面出现水流沟，水通过原有裂缝向下冲刷坡面，坡面沟槽深处为压实时较松的每一层的下部，出现从上到下的锯齿形沟槽。坡顶膨胀土细颗粒被水带走，中等颗粒土被冲松散，水流沿沟径流。坡面在水滴垂直落下处，局部出现崩落。

2004年2月27日第2组试验完毕，坡面被冲刷成台阶状，台阶宽最小值为8cm，共有20级台阶，台阶为填筑层高10cm。

4.3 第3组模型试验

1）模型试验概况

在第2组模型试验完成后，对路堤边坡进行刷坡，刷坡后的坡度为1:1.5。仍采用常张路弱膨胀土，时间从2004年2月29日开始至3月7日结束，降雨历时7d，每天降雨0.5h，降雨量约为0.5m^3。

2）膨胀土路基破坏现象描述

从2004年2月29日8:30开始降雨，在0.25m宽的坡顶先铺一层土工布，用淋喷头向侧端墙壁上洒水，水经土工布后向坡面冲刷，由于喷头可左右、来回移动且能旋转360°，保持水向坡面冲刷均匀。2月29日9:15，冲刷45min后形成4条宽约3～8cm、深约1～2cm的冲沟。冲沟较第2组弯曲，冲沟位置和形状与冲刷时开始形成的冲沟位置与坡面起伏有关。到3月1日，与1:1坡面相比，水流冲刷坡面的破坏明显减小，水流速度较小，冲刷带走细小颗粒，冲沟宽、深加大，深度扩大不如1:1坡度时明显。

在每一分层夯实层的上部，因受夯实功较大，夯实较密实，具有较强的抗冲刷能力；而分层夯实的下部，因夯实时的影响不如上部大，夯实不如上部密实，抗冲刷能力较弱，所以，冲刷大多从每层的下部开始。在坡面从上到下形成锯齿状的冲刷沟。

3月2日，降雨改用淋喷头均匀洒在坡面上，降雨量较大，冲刷宽度加大、冲松、带走土颗粒，但沟深度增大不明显。

3月3日8:15，沟与沟之间的土基本上冲刷完毕，形成台阶状的冲刷面。

3月6日8:10，坡面2/3长度已形成台阶形，台阶宽度10～20cm，高8～12cm。下部1/3仍为锯齿形，尚未冲刷成台阶形，这可能与降雨不到位有关。

4.4 第4组模型试验

1）试验概况

第4组膨胀土室内模型试验是在第3组室内模型试验的基础上，将原来的1:1.5的坡度刷成1:2，而且本组试验只进行了模拟降雨过程，共进行了7d的降雨试验，从2004年3月8日开始至3月15日结束，每天降雨0.5h，降雨量0.5m^3。

2）膨胀土路基破坏现象描述

第4组试验由于坡度比为1:2，比第1、2、3组缓，第1天降雨后发现，明显与前几组不同的是：冲刷沟宽而浅。

3 月 9 日,除滴水位置处外,冲刷沟没有前几组明显,且冲沟的台阶没有前几组明显,锯齿之间的土体冲刷没有前几组严重。

3 月 10 日,锯齿形台阶较宽,齿间土颗粒冲刷没有前几组明显,沟数少且宽。

3 月 11 日,水滴下落高度从 1.5 ~ 3.0m,坡面上部的冲刷较下部明显,上部水在向下流动过程中汇聚集中在下部雨水冲刷沟中向下流,上部台阶与下部台阶间的齿间土尚有一小部分没有被冲走。

3 月 15 日,第 4 组试验结束,能见到明显的 15 级台阶形,这是由于分层装料导致的。

4.5　第 1 ~ 4 组模型试验路基破坏作用小结

(1)当膨胀土路基处于基顶积水期,水向路基渗入,路基含水量增加而产生竖向胀缩变形裂缝或水平侧向变形裂缝。在阴天气候条件下,由于膨胀土路基失水,使坡面、坡顶出现网裂。在日照阶段,有大量水蒸气蒸发,坡面、坡顶均出现裂缝,随着日照时间的增加,裂缝宽度加大。在自然降雨期间,雨水沿裂缝向坡面冲刷,在雨滴溅到处,出现局部蚀穴被冲刷情况;坡面已开裂块体表面脱落,顶面有细小土颗粒被水冲刷带走;坡面水流呈波浪形,水流冲刷表面颗粒土,使其沿坡面向下滚落。坡面出现水流沟,坡面沟槽深处为压实时密实度较小的每一层的下部,在坡面上出现从上到下的锯齿形沟槽。冲刷过程是:雨滴首先将膨胀土细颗粒带走→松动→崩落→垮塌→中等颗粒被水带走→出现局部冲刷坑。

(2)膨胀土路基坡度越缓,冲沟越浅、越宽、越弯曲,水流速度较小,冲刷作用越小。

(3)冲沟位置和形状与冲刷时开始形成的冲沟位置与坡面起伏有关。

(4)在每一分层夯实层的上部,因受夯实功较大,夯实较密实,具有较强的抗冲刷能力;而分层夯实的下部,因夯实时的影响不如上部大,夯实不如上部密实,抗冲刷能力较弱,所以,冲刷大多从每层的下部开始。在坡面从上到下形成锯齿状的冲刷沟。说明冲刷与路基的压实度关系密切。

4.6　第 5 组模型试验

1)试验概况

第 5 组膨胀土路基模型试验,模拟路堤边坡坡度为 1:0.75,路堤压实度为 90%。模型箱底部先铺上一层砂,再铺上一层两布一膜的土工膜,然后在上面填筑路堤,模拟的是不排水边界条件(第 5 组 ~ 第 8 组,均为南友路中等膨胀土作路基填料)。

2004 年 3 月 19 日开始装料,严格按照 90% 的压实度要求填筑路堤,边坡坡度为 1:0.75,到 2004 年 4 月 3 日模拟路堤修筑完毕。从 4 月 5 日开始试验,到 4 月 27 日第 5 组试验结束,历时 23d,其中 4 月 21 日发生了一次小型滑坡,位于边坡顶。

由于本组试验模拟的是不排水边界条件,膨胀土的物理力学性质也不同,此次试验中,水的入渗速度非常缓慢,所以本组试验从第 1 ~ 18d 都只模拟坡顶积水的情况,随后 5d 模拟阴天气候条件情况。

2)路基破坏现象描述

同前面的第 1 组 ~ 4 组试验相比,由于本次试验的膨胀土填料的物理力学性质不同和模拟的是不排水边界条件,所以水入渗速度非常缓慢,加水后的第 6 天水浸入到第 1 个含水量探头的位置。2004 年 4 月 21 日上午 8 点拆坡面挡板时发现,沿坡面向内延伸大约 30cm 处有向下垮落的划痕。

4.7　第 6 组模拟试验

1)试验概况

第 6 组模型试验是在第 5 组试验完成后,把边坡垮落部分除去并刷坡,使边坡坡度成为 1:1。各测点的布置同第 5 组,同时每个测点的竖向胀缩和侧向变形的量测都与第 5 组试验相同,由于在第 5 组试验结束时,水还没有渗透到模拟路堤的底部,所以此次试验从刷坡后,一开始仍然是模拟坡顶积水,直到积水下渗到基底为止。由于在雨水下渗的过程中,尽管坡面有侧向护坡,但仍发生滑坡,所以没有进行模拟阴天、日照、降雨 3 个阶段试验,到积水下渗到坡底后,沿滑坡面削坡后,直接进行第 7 组模型试验。

2)膨胀土路基破坏现象描述

2004 年 4 月 28 日开始第 6 组模型试验,模拟坡顶积水,到 5 月 30 日结束,为期 33d。5 月 17 日在坡顶面距坡顶边缘向下 30cm 处出现数条竖向裂缝,裂缝宽度最大者达到 10mm,距斜坡面向里 25cm 和 50cm 处有裂缝出现,并且基本上形成两条连接起来的滑动面,土体已经有很明显的向下滑动的趋势。

4.8 第 7 组模型试验

1)试验概况

第 7 组模型试验是在第 6 组试验的基础上,把边坡垮落部分除去并刷坡,使其边坡坡度达到 1∶1.5。测点的布置同第 6 组试验;同时每个测点的竖向胀缩和水平侧向变形的量测都与第 5、6 组试验相同,由于在第 5 组和第 6 组试验结束后,水已经渗透到模拟路堤的底部,所以此次试验开始仍然是模拟阴天,日照和降雨冲刷坡面的 3 种情况。

从 2004 年 5 月 31 日 ~6 月 6 日为期 7d,为模拟阴天气候条件。

从 2004 年 6 月 7 日 ~6 月 16 日为期 10d,为模拟日照气候条件。

从 2004 年 6 月 17 日 ~6 月 23 日为期 7d,为模拟降雨气候条件。

2)膨胀土路基破坏现象描述

2004 年 6 月 11 日下午,即日照第 5 天,坡面裂缝最大宽度达到 20mm,坡面被明显的网状裂纹分割成块状。

6 月 17 日开始模拟降雨,降雨前,坡面经过日照后最大裂缝宽度达 20mm,呈网裂状,裂缝间距为 10 ~15cm,在较大的裂缝形成的块体上有缝宽为 5 ~8mm 的中小裂缝。

6 月 17 日 8:10,被雨水冲走的土颗粒顺裂缝向下流,同时裂缝也不断地被冲蚀,棱柱状坡面块体被慢慢地冲蚀,棱角不明显。裂缝由于雨水的冲蚀逐渐加深、加宽。8:20,裂缝下部宽度达 30 ~40mm,深度达 20 ~30mm,裂缝间的块体逐渐变小。被雨水淋蚀的坡面,土颗粒呈松散状,裂缝间的土体逐渐垮落。

6 月 19 日降雨第 3d,模拟降雨前,土体表面有少量的微裂缝,由于雨水的冲蚀淋滤作用,原先裂缝间的土体多被冲蚀成上部大下部小的锥体,坡面上形成了两条明显的蚀沟。

6 月 20 日,原裂缝间的锥体继续被冲蚀,随后逐渐塌落;由于雨滴的击溅作用,土体颗粒非常松散,松散颗粒冲人蚀沟,由雨水带走。

6 月 21 日,早晨降雨前,坡面被冲刷成弯曲状的冲刷沟,沟深约 20 ~25cm,最上面的含水量探头被淋出,与降雨前相比,冲刷沟的形状、大小、深度变化不大,雨水沿冲刷沟流走。

6 月 22 日,雨水冲刷时,细小的颗粒被首先冲走,最后剩下较大的颗粒,呈松散状,土颗粒之间的黏聚力几乎完全丧失,强度很低。

4.9 第 8 组模型试验

1)试验概况

第 8 组模型试验是在第 7 组试验完成的基础上,把边坡垮落部分除去并削坡,使其边坡坡度达到 1∶2。测点的布置同第 5、6、7 组试验;同时每个测点的竖向胀缩和水平侧向变形的量测都与第 5、6、7 组试验相同,此次试验是模拟阴天和降雨水冲刷坡面两种情况。

从 2004 年 6 月 24 日 ~6 月 30 日为期 7d,为模拟阴天气候条件。

从 2004 年 7 月 1 日 ~7 月 7 日为期 7d,为模拟降雨气候条件。

2)膨胀土路基破坏现象描述

2004 年 7 月 1 日,开始降雨,降雨约 25min 后,坡面可见一条冲沟,但尚未从上到下连通,仅在坡面中部约 1/3 坡面长。

7 月 3 日,坡面中部 1/3 坡长,可见 6 级台阶。

由于本组试验模拟的气候条件为阴天—降雨,与第 7 组试验模拟的气候条件阴天—日照—降雨不同,所以降雨时,坡面的冲刷没有第 7 组明显;也由于坡面较第 7 组缓,表现出相对较弱的冲刷情形。

4.10　第 5 ~ 8 组模型试验路基破坏作用小结

(1)与第 1 ~ 4 组试验相比,由于本次试验的膨胀土填料的物理力学性质的不同和模拟的是不排水边界条件,所以水渗入速度非常缓慢,2. 4m 高的膨胀土路基,坡顶积水 47d 后,水才渗到基底。

(2)在积水期间,坡度为 1:0. 75、1:1 的膨胀土路基均发生了滑坡现象。说明中等膨胀土(南友路)的胀缩变形比弱膨胀土(常张路)路基更易产生滑坡失稳破坏。

(3)日照阶段,坡面裂缝最大宽度达到 20mm,坡面被分割成块状,裂缝间距为 10 ~ 15cm。呈网裂状;在较大的裂缝形成的块体上有缝宽为 5 ~ 8mm 的中小裂缝。

(4)降雨阶段,被雨水冲走的膨胀土颗粒顺裂缝向下流,同时裂缝也不断地被冲蚀,坡面的块体呈棱柱状被慢慢冲蚀。裂缝由于雨水的冲蚀逐渐加深、加宽。裂缝下部宽度达到 30 ~ 40mm,深度达到 20 ~ 30mm,裂缝间的块体逐渐变小。被雨水淋蚀的坡面,土颗粒呈松散状,裂缝间的土体逐渐垮落。雨水冲刷时,细小的颗粒被首先冲走,最后剩下较大的颗粒,呈松散状(类似于自然状态下的松散砂),土颗粒之间的黏聚力几乎完全丧失,强度很低。

5　结语

(1)膨胀土路基的破坏是由于湿化、风化及水的冲刷破坏作用等引起的,其破坏与路基填料的膨胀性、黏粒含量、压实度、坡度、渗透性、自然气候条件、排水边界条件等关系密切。

(2)不同干湿循环的循环顺序对膨胀土路基的破坏作用不同。日照将引起水分蒸发及产生裂缝;降雨将产生坡面流的侵蚀及水的径流冲刷破坏。最不利的干湿循环顺序为长期暴晒之后的暴雨,膨胀土路基在暴晒之后出现较大的裂缝,暴雨将沿裂缝产生水的大量入渗和坡面流的侵蚀及水径流的冲刷破坏作用。

(3)在降雨期间,雨水沿裂缝向坡面冲刷,在雨滴溅到处,出现局部蚀穴;坡面已开裂块体表面脱落,顶面有细小土颗粒被水冲刷带走;坡面水流呈波浪形,水流冲刷表面颗粒土,使其沿坡面向下滚落。坡面出现蚀沟,坡面沟槽深处为压实时密实度较小的每一压实层的下部,开始时在坡面上出现从上到下的锯齿形沟槽,随着冲刷的进一步加剧,将出现多级台阶形。冲刷过程是:雨滴首先将膨胀土细颗粒带走→松动→崩落→垮塌→中等颗粒被水带走→出现局部冲刷坑。

(4)膨胀土路基坡度越缓,冲沟越浅、越宽、越弯曲,水流速度较小,冲刷作用越小。

(5)冲沟位置和形状与冲刷开始时形成的冲沟位置与坡面起伏有关。

(6)在每一分层夯实层的上部,因受夯实功较大,夯实较密实,具有较强的抗冲刷能力;而分层夯实的下部,因夯实时的影响不如上部大,夯实不如上部密实,抗冲刷能力较弱,所以,冲刷大多从每层的下部开始。在坡面形成锯齿状的冲刷沟。

(7)南友路膨胀土路基雨水冲刷时,细小的颗粒被首先冲走,最后剩下较大的颗粒,呈松散状(类似于自然状态下的松散砂),土颗粒之间的黏聚力几乎完全丧失,强度很低。

参 考 文 献

[1] 杨果林. 水对膨胀土路基损害作用机理研究[R]. 中南大学科研成果研究报告,2003.

[2] 姚海林. 膨胀土壤标准吸湿含水率及其试验方法[J]. 岩土力学,2004(6).

[3] 王小军,赵中秀,答治华. 膨胀岩的湿化特性及其对堑坡浅层溜坍的影响[J]. 岩土工程学报,1998(6).

[4] 孔官瑞. 膨胀土边坡稳定性试验研究与数值分析[D]. 武汉水利电力大学博士学位论文,1993.

[5] Fredlund D G. Approriate Concepts and Technology for Unsaturated Soils. Can Geotech[J]. 1979,16:121-129.

[6] Fredlund D G, Rahadjo H. Soil Mechanics for Unsaturated Soils. New York: John Wiley&Sons,1993.

[7] 胡世雄．坡度、降雨和土壤条件对坡面流及坡面动力侵蚀过程的影响研究[D]．中国科学院地理研究所博士学位论文,1998.

（本文依托的《膨胀土地区公路建设成套技术》荣获 2009 年度国家科技进步一等奖、《膨胀土地区公路修筑成套技术研究》荣获 2008 年度中国公路学会科学技术特等奖、《膨胀土路基设计、加固与施工技术研究》荣获 2008 年度湖南省科技进步一等奖。）

极限平衡法与有限元强度折减法在边坡加固中的联合应用

龚道平

摘　要：运用极限平衡法及有限元强度折减法对碎石土类边坡进行稳定性分析，确定边坡的潜在滑动面；运用反分析计算边坡达到所要求的安全系数时需要的主动支护力；根据上述计算结果对边坡进行加固设计。

关键词：极限平衡法　有限元强度折减法　反分析

1　引言

湖南省衡阳至炎陵高速公路第十六合同段大面山隧道左洞进口段 K108 +920 ~ K109 +050 段边坡自然坡度 33° ~43°，坡体由碎石土组成，厚度为 5 ~20m，碎石成分为强风化、弱风化板岩，属崩坡积成因。由于坡体上碎石土层厚度大、结构较松散，在地表水的作用下极易产生滑坡和隧道洞顶坍塌，为保证隧道进洞时能顺利开挖，需对该段边坡进行稳定性分析和评价，并提供必要支护措施。为此，作者根据地质勘察资料，运用极限平衡法和有限元强度折减法对该段边坡稳定性进行计算，利用支护力反分析方法，计算边坡加固时不同安全系数条件下的主动支护力，并提出了本边坡的分段支护方案，确保隧道施工的顺利进行。

2　边坡工程地质条件

K108 +910 处为大面山高架桥大里程端桥台，K108 +920 为大面山隧道左洞洞门，进口段隧道洞底设计高程 218.0m。根据地表地质调查及已布 3 个钻孔揭露，K108 +910 ~962 段，自然坡度 31° ~33°，碎石土层厚 19.5 ~27.5m；K108 +962 ~K109 +000 段，自然坡度 36° ~39°，碎石土层厚 16.5 ~19.5m；K109 +000 ~ +024 段，自然坡度 43°，碎石土层厚 10.5 ~16.5m；K109 +024 ~ +038 段，自然坡度 36°，碎石土层厚 0.0 ~10.5m。可见，该段边坡自坡脚至坡顶自然坡度逐渐变陡，碎石土层逐渐变薄。碎石土层呈稍密 ~中密状，碎石成分为板岩，含量约 60%，粉质黏土和角砾充填，基岩为板岩，岩质较硬，岩体较完整。边坡坡体内未揭露统一的地下水位。详细地质条件见图 1。

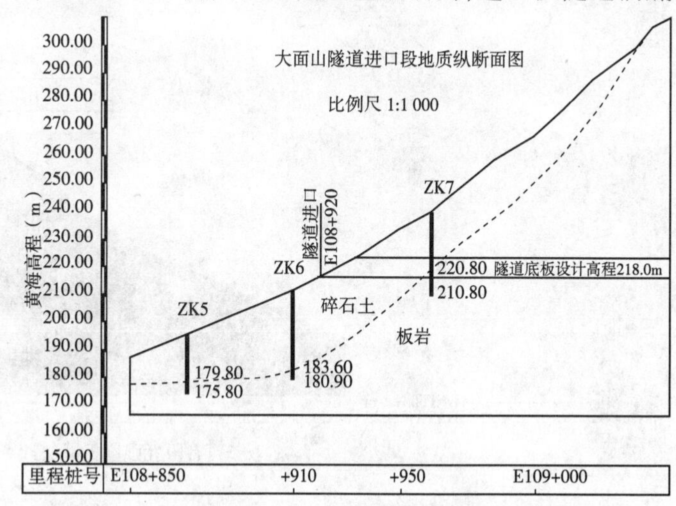

图 1　大面山隧道进口段地质纵断面图

本文曾刊登于《勘察科学技术》2009 年第 2 期。

3 极限平衡法分析

根据以上的地质断面图，运用 slide5.0 边坡软件进行安全系数计算，采用圆弧滑动面搜索，经多次试算，选取安全系数为 1.067 作为边坡的临界稳定状态，此时对应的碎石土层抗剪强度 $c=10\text{kPa}, \varphi=32°$。计算结果见图 2，可见安全系数最小的圆弧面位于该坡体的中上部 K108 +935 ~ K109 +032 段。

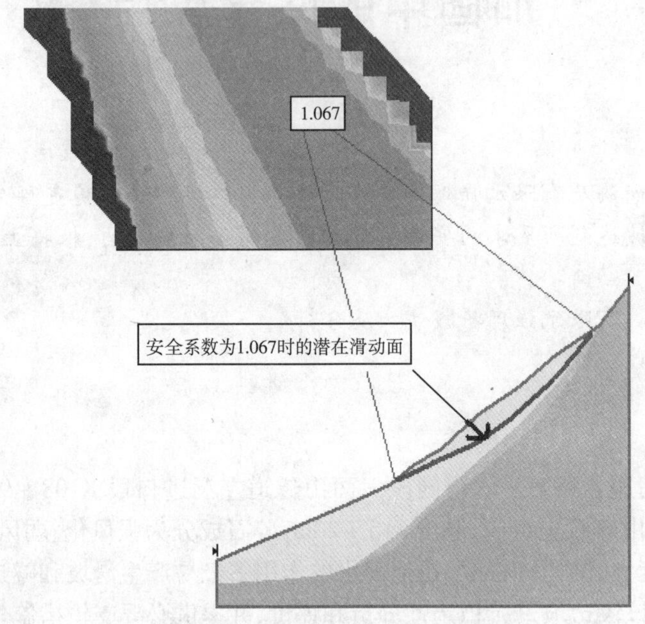

图 2 极限平衡法计算的边坡安全系数

4 有限元强度折减法分析

运用 MIDAS GTS 2.0 对上述边坡进行二维有限元分析，其中强度参数为 $c=10\text{kPa}, \varphi=32°$，计算结果如图 3 所示。连通的塑性区即滑动面分布在 K108 +930 ~ K109 +032 段。

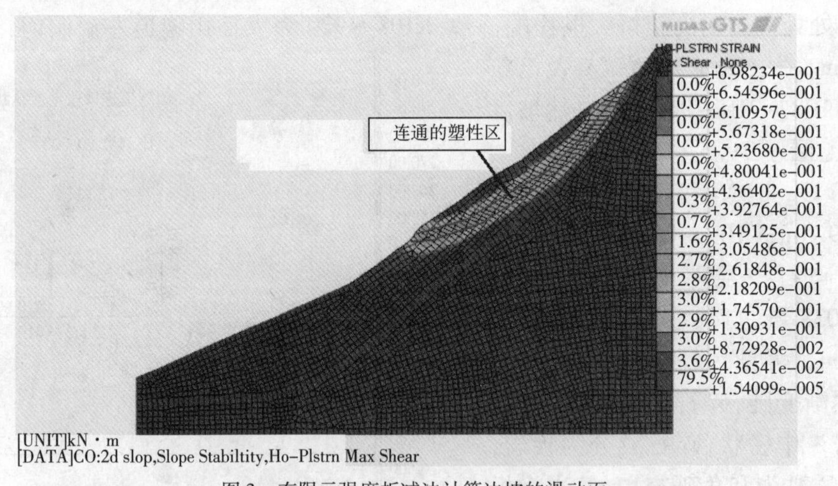

图 3 有限元强度折减法计算边坡的滑动面

5 主动支护力的反分析

通过上述的极限平衡法和有限元强度折减法计算分析可知，两者所确定的潜在滑动面位置基本一致。为了有效地进行边坡加固，采用 Slide 5.0 边坡软件进行主动支护力的反分析。表 1 和图 4 是取不同安全系数情况下所需主动支护力的计算结果。

不同安全系数对应的主动支护力　　表1

安全系数	1.2	1.25	1.30	1.35
主动支护力(kN)	994	1 409	1 819	2 241

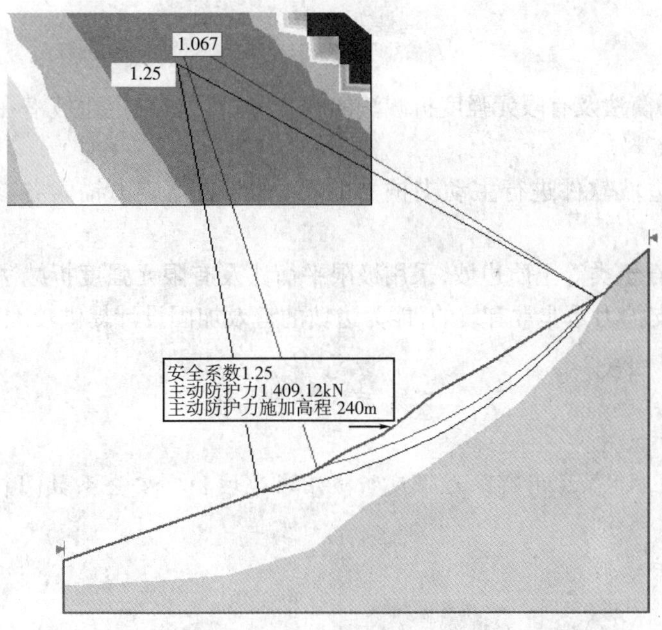

图4　安全系数为1.25时，主动支护力计算结果

6　边坡加固设计

根据上面反分析的计算结果，采用以下方案对本边坡进行加固：K108 +928 ~ K108 +950 段采用热轧无缝钢花管注浆，花管长12m，倾角10°，间距2.5m×2.5m，加强洞门仰坡的稳定性；K108 +950 ~ K108 +980 段，采用格构 + 预应力锚索进行加固，锚索长度25 ~ 28m，间距3m×3m，倾角20°。图5是采用预应力锚索后边坡安全系数计算结果图。加固所用岩石土层物理力学参数表见表2。

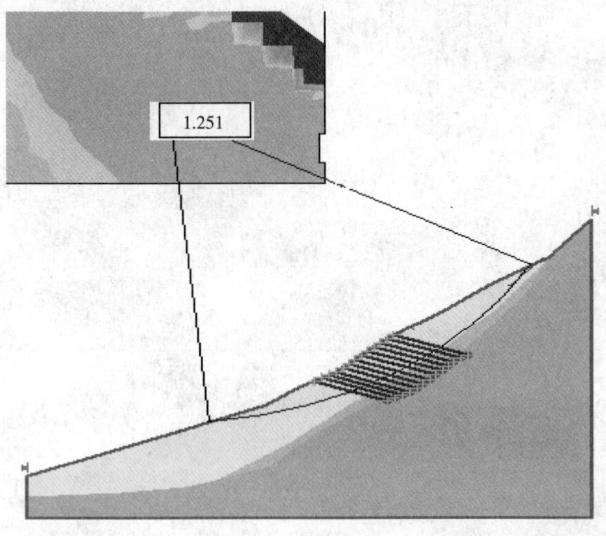

图5　预应力锚索加固后边坡安全系数计算图

边坡加固所用岩土层物理力学参数表　　表2

岩土名称	密度(kg/m^3)	c(kPa)	φ(°)	黏结强度(kPa)
碎石土	1.9	10	32	45
中风化板岩	2.2	100	40	200

7 结语

(1)本文运用极限平衡法及有限元强度折减法的联合分析计算确定边坡潜在滑动面的位置,为加固边坡提供较准确的基础资料。

(2)运用 Slide 5.0 边坡软件进行主动支护力的反分析,为预应力锚索各参数的设计提供了直接依据。

(3)实践证明,对碎石土类等土质边坡,采用极限平衡法及有限元强度折减法确定滑动面位置、反算强度参数及反分析主动支护力是非常有效的,能为边坡的有效加固设计提供较准确的物理力学参数。

参考文献

[1] 赵尚毅,郑颖人,时卫民,等. 用有限元强度折减法求边坡稳定安全系数[J]. 岩土工程学报,2002,24(3):343-347.

[2] MIDAS GTS 2.0 用户手册.

面向土地资源保护的遥感分类辅助选线技术研究

彭　立　孙国庆　张浩平　汤井田

摘　要:高光谱遥感技术为识别、调查敏感土地提供了科学方法,本文利用 ALOS 遥感数据源,结合 GIS 技术,建立高速公路敏感土地分析模型,坚持节约土地资源的理念,综合考虑矿产资源、地质、经济等因素的影响下,进行了贵州省思南至石阡高速公路选线。

关键词:高光谱　高速公路　分类　ALOS　选线

1　引言

我国土地资源不足,已经影响到经济的可持续发展。公路建设在带来巨大经济效益和社会效益的同时,也会对项目所在地区土地资源的利用方式产生深远的影响,面对公路建设大面积占地的需求和西部地区土地资源紧缺的现状,如何有效解决公路占地的供需矛盾,最大限度地保护土地资源,是我国西部交通建设过程中亟待解决的重要的理论和技术问题之一。将高光谱遥感技术引入到西部公路建设敏感土地识别、调查中,缓解我国西部地区公路占地的供需矛盾的,促进区域的可持续发展,具有重要的意义。

利用遥感手段获得公路走廊带敏感价值土地信息的一个重要的中间环节就是遥感分类。遥感图像分类就是把图像中的每一个像元或区域划分为若干类别,即通过对各类地物的光谱特征分析来选择特征参数,将特征空间划分为互不重叠的子空间,然后将影像内各个像元划分到各子空间中去,从而实现分类。

本文以 ALOS 影像为主要数据源,在贵州思南地区进行 ALOS 影像特性和波段组合的实验研究及遥感分类技术研究,为公路选线提供科学依据。

2　研究区数据源及其处理分析

2.1　研究区自然地理概况

思南县位于贵州省东北部的乌江中下游,乌江干流纵贯思南县境,把武陵山脉与大娄山脉分割开来,构成地溶地貌独特的喀斯特地形。境内山川秀丽,气候温和,土地肥沃,县域面积 2230.5m^2,耕地面积 43.38 万亩。

思南气候温和,土地肥沃,物产丰富,是全国优质烟基地、长防林工程和生态农业县,也是贵州省著名的商品粮、商品猪、商品牛和蚕桑基地。矿产资源、水能资源丰富。

根据《贵州省高速公路网规划》,修建思南县至石阡县高速公路,公路走廊带穿过思南县重要的商品粮基地,主要的矿产资源、水能资源分布地带,沿线地形起伏大,地质条件复杂,土地资源珍贵。如何保护好敏感的土地资源是本项目选线主要难题。

遥感技术能快速、准确、及时获取地面土地利用/覆盖信息(图 1、图 2),根据思南至石阡高速公路沿

本文曾刊登于《交通建设与管理》2009 年第 9 期。

线自然地理、地质特点，本项目主要采用 ALOS 数据源，识别、调查路线走廊带敏感土地单元，选择合理的路线方案，实现高速公路建设节约土地资源的理念。

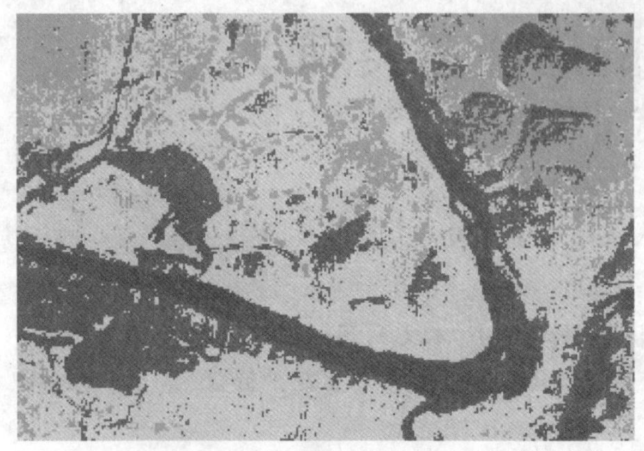

图1　地表土地覆盖与利用图

图2　地表土地覆盖/利用和地形图

2.2　遥感数据及处理

1) ALOS 传感器波段特征分析

ALOS 卫星是日本于2006 年1 月24 日发射的目前世界上先进的地球观测卫星之一，其重访时间为2 天，重复周期为46 天，可广泛应用于测绘、区域地质环境观测、灾害观测等领域。ALOS 卫星有三个传感器，分别为全色遥感立体测绘仪(PRISM)、可见光与近红外辐射计(AVNIR－2)和相控阵型 L 波段合成孔径雷达(PALSAR)。其中 AVNIR－2 多光谱影像的星下点空间分辨率为10m，高于 TM、SPOT24 等多光谱传感器的空间分辨率，主要用于陆地和沿海地区观测，为区域环境监测提供土地覆盖图和土地利用分类图。对 AVNIR－2 多光谱影像进行影像处理可获取较精细的土地覆盖与利用分布图，可为区域土地覆盖与利用分析提供较好的基础空间数据。本项目利用2007～2009 年 ALOS 卫星的 AVNIR－2 多光谱影像来分析思南至石阡高速公路地面土地利用/覆盖信息(图3)。AVNIR－2 传感器观测波谱范围如表1 所示。

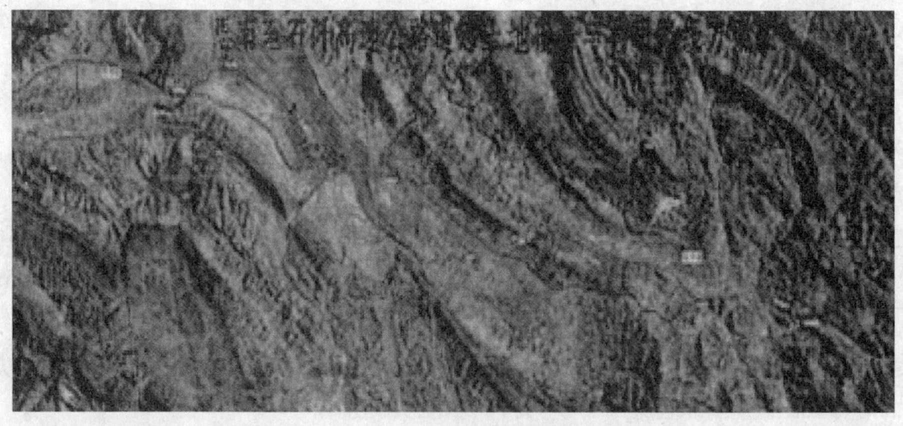

图3　思南至石阡高速公路遥感土地覆盖/利用路线方案图

由表1 可以看出 ALOS 的波段跨越两个区段，第1、2、3 波段处于可见光区，能反映出地表植物色素的不同程度；第4 波段为近红外区，获得强烈的近红外信息，且信息强弱与耕地作物生活力、地表作物叶面积指数等因子相关，对植物叶绿素的差异表现出较强的敏感性；第5 波段是 ALOS 的全色波段，具有较高的空间分辨率，其波段范围跨可见光区。

ALOS 传感器波段特征　　表 1

波段序号	波长范围(μm)	波段名称	地面分辨率(m)	主要应用领域
波段 1	0.42～0.50	蓝色	10	对水体有透射能力,能反射浅水水下特征,可区分土壤和植被、编制森林类型图、区分人造地物
波段 2	0.52～0.60	绿色	10	探测健康植物绿色反射率,可区分植被类型。对水体有一定的透射力
波段 3	0.61～0.69	红色	10	可测量植物绿色素吸收率,并依次进行植物分类,可区分人造地物类型
波段 4	0.76～0.89	近红外	10	测定区分植被类型,绘制水体边界,探测水中生物的含量
波段 5	0.52～0.77	全色	2.5	具有较高的空间分辨率,可用于农林调查和规划、公路、城市规划和较大比例尺专题制图

2)各波段直方图

直方图是影像灰度分布的直观描述,能够反映影像的信息量及分布特征。横坐标表示影像的灰度级变化,纵坐标表示影像中各个灰度级像元数占整幅影像像元数的百分比。ALOS 影像各多光谱波段影像服从或接近于正态分布,其中波段 4 有相对较大的信息量。

3)影像统计特征分析

ALOS 各多光谱波段的标准差作为衡量图像信息量的重要指标,反映了灰度偏离灰度均值的程度,标准差越大,则灰度级分布越分散,图像中所有灰度级出现概率越趋于相等,则包含的信息量越趋于最大。经统计可以看出标准差顺序为:波段 4 > 波段 1 > 波段 3 > 波段 2。

协方差矩阵既能反映各个分量各自取值的离散程度,又能反映不同变量之间的相关密切程度。相关矩阵也反映多维随机变量各个分量两者之间的相关密切程度,主对角线元素是 1,其他元素则是两个变量之间的相关系数—反映两个随机变量之间线性关系的密切程度。经统计 ALOS 的 4 个多光谱波段中,波段 1、2 和 3 间的相关性较显著,但波段 2 和波段 3 间的协方差较小,波段 1 与波段 2、3 间的协方差均较大,说明波段 1 与波段 2、3 在光谱信息上有很强的一致性;第 4 波段与其他波段的相关性都很低,表明波段 4 的信息有很大的独立性,在选择波段时,波段 4 是必选波段。

3　研究区光谱特征分析

波段选择时所选择的波段和波段组合的信息量最大,并且所选的波段和波段组合使得地物类别之间最容易区分。不同的地物有各自不同的光谱响应曲线及变化规律,ALOS 影像上选取典型地物如旱地、水体、用材林、建设用地,其中由于用材林种类较多,光谱差异较大,分别记为用材林 1 和用材林 2。同样,建筑物的屋顶材料不一样,光谱响应也有较大差异,分别记为建设用地 1 和建设用地 2。

在不同的波段上,地物之间的光谱差异不均匀,表明不同波段的解译效果有一定的差别,可以以此为依据对波段组合提供参考,光谱曲线越接近,表明地物区分难度增大。从光谱响应曲线来看用材林 1、建设用地 2、旱地之间可分性较好;经济林与用材林 2 之间、建设用地 1 与池塘之间、道路与河港水域之间可分性较差。总体来说,各地物在波段 3 上表现可分性最好,波段 2、波段 4 次之,波段 1 可分性最差。

4　研究区主要公路用地的影像识别分类试验

4.1　分类系统的确定

根据现行公路用地分类,考虑该地区土地的种类,将该区分为以下几类:①旱地(本区多为岩溶地貌,水田分布较少,暂不划分)、②水体、③用材林(包括针叶林、阔叶林和针阔混交林)、④经济林、⑤牧草地、⑥建设用地(宅基、城镇、公路铁路)⑦荒地。

4.2 训练区的建立及信息提取

根据研究区的遥感影像特征,结合实地验证并参照林相图数据资料,利用ERDAS软件提供的AOI工具在研究区遥感影像上选择训练区。为了保证信息提取的质量以及分类的精度,在整个影像覆盖的范围内选取了150个典型的训练样区,完全涵盖了7个地物类型。

4.3 分类流程与技术路线

通过对各地类训练样区的综合统计数值和光谱响应曲线图(其中NDVI的变化区间为-1~1之间,但为了可以在光谱曲线图中清楚地显示其变化趋势,将NDVI数据进行了夸大处理)的研究,可以发现:①水体在绿波段、短波红外波段以及主成分变换的第一分量中的亮度值明显低于其他地物的辐射亮度;②在不考虑水体的情况下,用材林在红波段和短波红外波段亮度值明显低于其他3种地物,相反其NDVI值与另3种地物相比却较高;③建设用地由于缺乏植被覆盖,NDVI值达到最低水平,而在其他波段,该地类的辐射亮度值明显高于其他地物,尤其以第二波段最为突出;④从光谱响应曲线图来看,旱地和荒地的亮度均值在各波段差异都很小,其中在绿波段差值最大为25个单位,但考虑到样本数据的离散度因素,研究认为利用主成分变换后的第三分量来对2类地物进行分类比较合理;⑤用材林的针叶、阔叶、混交林3类地物的光谱响应曲线比较相似,虽然其亮度均值具有一定的差异,但就统计数据来看,3类地物均方差较大,彼此间相互交错,仅凭单波段很难确定较好的分类阈值。

4.4 分类后处理

本次采用的决策树分类器和监督分类法从技术层面来讲仍属于面向像元的分类。由于是以单个像元作为最小处理单位,因此在分类结果中难免会出现同类别地物缺乏空间连续性的现象和孤岛问题。ENVI软件中提供的类别筛选和集群功能可以很好地处理分类图像中存在的这些问题。考虑到研究区的实际情况,在类别筛选中选择5个像元为最小阈值。

4.5 分类精度的评价

利用ERDAS软件分类模块中的精度评估(Accuracy Asessment)功能,在分类结果中按照一定规则选取260个随机样本,生成混淆矩阵。

从结果来看,此次分类结果比较满意。耕地、水体、宅基、城镇、公路信息被完全提取出来,分类精度达到了90%;用材林中针阔混交林的分类精度较低,只有65%,主要被误分为阔叶林和针叶林;其他几种参与分类地物的用户精度均在83%左右。此次研究总体分类精度达到76.94%。kappa指数为0.8120,作为对比,还采用了最小距离法进行了监督分类。结果显示监督分类法的分类精度为75.53%,kappa系数也仅为0.65。

5 分类结果在高速公路选线上的利用

路线走廊带地表土地覆盖与利用图和地表土地覆盖/利用和地形图,较清晰展示路线走廊带地表土地覆盖与利用情况,规划建设高速公路沿线土地类型一目了然,结合地理信息系统工程,快速识别,统计出敏感土地类型和数量。根据地表土地覆盖/利用和地形图,可清楚识别敏感土地单元及其地貌地形特征,直观判断出路线走向和敏感土地单元的关系,突破常规公路选线的局限,实时、准确、快速地将路线走廊带丰富的地理、地质、人文、环境等信息数字化,实现人机对话,避开敏感土地单元,坚持节约土地资源的理念。

思南至石阡高速公路规划选线,要求高、时间短、自然地理及地质条件复杂,采用常规工作手段,很难按时、保质完成任务,采用遥感技术手段,在没有正常工作周期的条件下,按时、保质完成工作任务。

6 结语

(1)利用遥感技术,通过建立敏感价值土地单元识别模型,快速识别,统计出敏感土地类型和数量,突破常规公路选线的局限，实现公路选项线人机对话，避开敏感土地单元，坚持节约土地资源的理念。为我国高速公路的规划建设中、节约土地资源，具有重要的实际意义。

（2）高光谱遥感技术，其应用可以为公路建设敏感价值土地单元识别模型，结合 GIS 有强大的数据管理、运算以及可视化表达的功能，将为高速公路规划选线阶段，更好地保护土地资源提供强大的技术支持。

参考文献

[1] 江标初，陈映鹰．3S 在土地利用/覆盖变更监测的应用研究．青岛理工大学学报，2006，27(1).

[2] 苏红军，杜培军．高光谱数据特征选择与特征提取研究．遥感技术与应用，2006，21(4).

[3] 肖平，方勇，王旭红．光谱分辨率对地物分辨能力的影响分析．测绘科学，2004，29(7).

（本文依托的湖南省长沙至湘潭高速公路复线为交通运输部科技示范项目。）

公路工程独立高等控制网建立的方法

杨厚波 曾 宏

摘 要:通过对施工中构造物的主要轴线偏移值分析,阐述独立网等级的确定方法。公路工程中主要控制地物需要布设独立高等控制网,这种独立网不同于大坝、枢纽等一般独立控制网,作为线路整体的一部分,需要与路线进行衔接,坐标系统一致,以便在施工过程中保持线路的连续性,本文通过常吉路实例阐述了独立控制建立的方法。

关键词:独立控制物 抵偿坐标系 高程抵偿面 无约束平差 约束平差

公路工程中首级控制网常常采用GPS进行四等控制,为方便施工再利用常规方法进行一级导线的加密,首级控制网往往采用与国家点联测分带换算得到实地任意带坐标系统,以控制整体系统的连接及与已有线路进行衔接,而在线路主要控制地物如特大桥、长隧道等,为便于施工需进行高等控制网的布设,这类控制网内部精度要求较线路首级控制高,这时多采用独立控制网的形式。

1 独立高等控制网等级的确定方法

一般根据控制地物施工放样的最大允许点位相对中误差来确定控制网应达到的精度,最终确定控制网的等级。桥、隧、大坝等都以控制轴线的横向偏移值来确定控制网的相对精度,在控制网方案确定之前,通过精度估算来确认方案的可行性,等级的符合性。下面以隧道横向贯通误差为例阐述确定独立网建立等级的方法:

隧道控制测量主要作用是保证地下相向开挖工作面能正确贯通,它的精度要求,主要取决于隧道贯通的要求、隧道长度与形状、开挖面的数量以及施工方法等,横向贯通误差主要取决于起始方向误差、导线测角与测距误差,下面说明贯通导线测量的横向误差计算公式。

如图1所示,

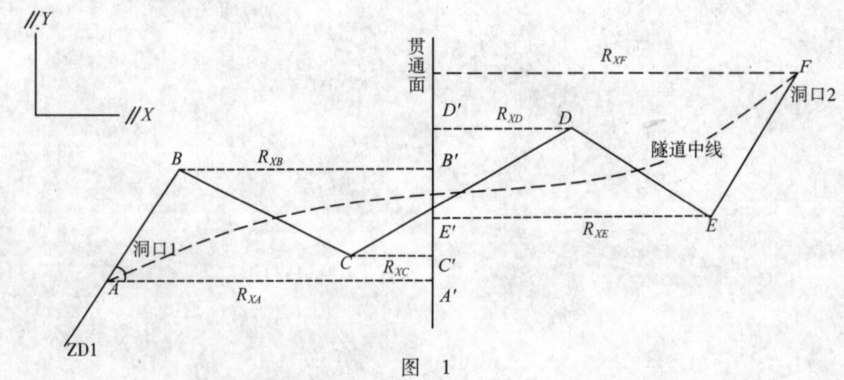

图 1

(1)由起始方向误差而引起的横向贯通误差为:

$$m_{Y\alpha} = \pm\left(\frac{m_{\alpha 1}}{\rho''}R_{XA} + \frac{m_{\alpha 2}}{\rho''}R_{XF}\right)$$

本文曾刊登于《中南公路工程》2004年第4期。

式中：$m_{\alpha1}$、$m_{\alpha2}$——洞口1、洞口2定向边方位误差；

R_{XA}、R_{XF}——已知点A、F（一般纳入独立网中的坐标点）至贯通面的垂直距离。

$$\rho'' = 206\ 265''$$

（2）由导线测角误差而引起的横向贯通误差为：

$$m_{Y\beta} = \pm \frac{m''_\beta}{\rho''} \sqrt{\sum R_X^2}$$

式中：m''_β——导线测角中误差，以秒计；

$\sum R_X^2$——测角的各导线点至贯通面的垂直距离的平方和；

（3）由导线测距误差而引起的横向贯通误差为：

$$m_{Yl} = \pm \frac{m_l}{l} \sqrt{\sum d_Y^2}$$

式中：$\frac{m_l}{l}$——导线边长的相对中误差；

$\sum d_Y^2$——各导线边在贯通面上投影长度平方总和。

综上所述，即得导线测量的总误差在贯通面上所引起的横向中误差为：

$$m = \pm \sqrt{m_{Y\alpha}^2 + m_Y{}^2\beta + m_Y{}^2 l}$$

$$= \pm \sqrt{\left(\frac{m''p}{\rho''}\right)^2 \sum R_X^2 + \left(\frac{m_l}{l}\right)^2 \sum d_Y^2 + \left(\frac{m_{\alpha1}}{\rho''}R_{XA} + \frac{m_{\alpha2}}{\rho''}R_{XF}\right)^2}$$

此式作为贯通横向误差的估算公式。

对长大隧道来说，贯通面的个数将影响控制网等级的确定，贯通面越多，控制网等级要求越低，还应明确的是贯通导线测量使用的仪器等级及测设方法。

（4）为分析隧道贯通控制测量误差对横向贯通误差的影响，采用误差椭圆方式。

设贯通控制测量平差所得的单位权中误差为σ、Q_{XX}、Q_{YY}及Q_{XY}为任意点坐标(X,Y)的权系数。

$$\tan 2\varphi_0 = \frac{2Q_{XY}}{Q_{XX} - Q_{YY}}$$

$$E^2 = \frac{\sigma^2}{2}\{Q_{XX} + Q_{YY} + \sqrt{(Q_{XX} - Q_{YY})^2 + 4Q_{XY}^2}\}$$

$$F^2 = \frac{\sigma^2}{2}\{Q_{XX} + Q_{YY} - \sqrt{(Q_{XX} - Q_{YY})^2 + 4Q_{XY}^2}\}$$

由上三式得到E、F、φ_0等贯通点相对误差椭圆参数。

根据隧道独立高等控制网的设计等级推算贯通控制测量起始方向误差，根据施工开挖面的数量以及测设方法，推算横向贯通误差大小是否满足限差要求。

2　公路独立高等控制网建立及处理方法

一般独立控制网的建立方法，在区域独立网建立中，采用独立坐标系统，这个独立坐标系统不需要与外部区域进行衔接，只要保证内部符合精度即可，而在公路工程控制地物的独立网建立中必须考虑路桥相接、路隧相接等要素。作为路线整体的一部分，对连接路线必须同时满足路线控制的精度要求。

综合考虑路线与控制地物的平面控制建立方法，在路线首级的控制方案确定之时，当同时考虑各主要控制地物高等控制网的建立方案。首级控制网的抵偿坐标系宜使高等控制网区域的投影与高斯改化的改正数为最小，这样能保证在高等控制网建立之时，使之与路线控制衔接较好。具体为首级控制网中央子午线宜选择在主要控制地物附近，高程投影面宜选择在主要控制地物的平均设计高程面上，否则在高等控制网建立之时，将出现与路线衔接误差过大问题。

目前公路工程独立控制网建立的最有效方法是采用GPS方法。控制网的布设通常在控制地物轴线附近选定两首级控制点作为已知方向点,其连接的基线基本平行于轴线以最有效地控制施工时轴线偏离误差,再在两控制点范围内布设成满足施工要求的多边形或三角形,通过同步环、异步环的多时段观测,经固定端点无约束平差处理得到各基线边向量。由于GPS的内符精度很高,反算两端点的基线长,作为控制网的已知边长,并采用两端点作为首级控制的原坐标反算方位作为已知方位,推算另一端点的坐标。这时与原作为首级控制的坐标有一差值,当差值在一定限差内时,采用同一方法固定另一端点进行无约束平差或直接计算坐标得到起端点的另一坐标,将两端点的新旧坐标取平均后,作为最终已知值进行高等网约束平差,得到高级网各点坐标值,然后对两端按导线重新进行路线一级导线平差。

上海至重庆公路通道湖南省常德至吉首高速公路全长224.3km,在勘测设计阶段为满足勘测规范要求及施工放样要求,平面控制采用高斯正形投影抵偿带平面直角坐标系坐标,其分带中央子午线分别为111°20′,110°40′,110°00′,提交的坐标成果距离投影变形不超过25mm/km。

湘西段岩门界隧道全长2.4km,为全段主要控制地物,拟建立三等平面控制网,隧道轴线设计高程200m,此段路线平面首级控制因此采用了$H=200$m的高程抵偿面,以便与隧道接线相互衔接,在首级控制敷设时已将隧道进出口两端设立两对三级GPS点398—G005、G002—L42,作为路线一级导线的附和已知坐标点,在路线控制中必须敷设在隧道进出口,选定基线边基本平行于隧道轴线的398、L42 GPS点作为起始方向点,在隧道顶部采用三角锁布网方法选定了G005、G006、G003、G004、G001、G002构成三等平面控制网,如图2所示。

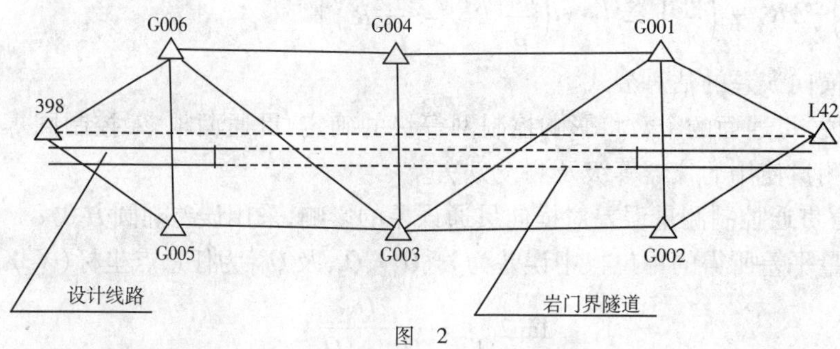

图 2

采用首级控制三级GPS点398、L42作为已知点,反算398—L42方向作为已知方向,按下述方法进行平差计算:

第一步　398原坐标值作为已知坐标对本GPS高等网进行无约束平差得到G006—G001及L42坐标值,反算398至L42的边长,利用398—L42已知方向值,求L42点坐标。

第二步　L42原坐标值作为已知坐标,无约束平差398—L42的边长为已知边长,利用398—L42已知方向值,求398点坐标。

第三步　求398、L42原坐标值与新坐标值的平均值作为最终值。

第四步　利用398、L42最终值进行GPS网约束平差得到G006—G001各点坐标值。

第五步　利用398、G005对隧道入口导线进行重新平差,利用G002、L42对隧道出口导线进行重新平差得到路线上各导线点的坐标最终值。

通过本方法对岩门界隧道高等控制网进行平差,隧道GPS高等网相对精度达1/70万,并与路线导线联测,进出口两端导线精度分别为1/63 800,1/71 900,既满足了隧道施工控制网的要求,又满足了路线控制的要求。

参考文献

[1] 中华人民共和国国家标准. 公路测量规范(GB 50026—93). 北京:中国建筑工业出版社,2000.

吉茶高速公路矮寨悬索特大桥高精度控制监测网

郑立常

摘　要:本文通过对吉茶高速矮寨悬索特大桥所处的特殊地理位置提出吉茶高速矮寨悬索特大桥高精度控制监测网,以确保矮寨特大悬索桥施工放样的顺利进行以及保证其安全运行。

关键词:矮寨悬索特大桥　高精度控制监测网　安全运行

1　前言

吉茶高速公路,是国家规划的长渝(长沙至重庆)高速公路的重要一段,是国家高速公路网规划的重要路段,总投资47亿元。矮寨的特大悬索桥是其控制工程,大桥桥面与谷底落差高达330m,主跨1 146m,居国内同类桥梁之最,它的建成将再次刷新我国悬索桥的技术水平。一桥飞架矮寨公路奇观,将与独特的自然景观相映成彰,为矮寨的旅游盘山公路(图1)增添新的人文景观,进一步提升矮寨的旅游价值品位。公路建成后,东接在建的常吉(常德至吉首)高速公路,西接重庆市拟建的洪安至上官桥高速公路,将成为联系我国东部、中部与西部地区的重要公路运输通道,在国家及我省干线公路网中具有重要的战略地位。

图1　盘山公路

为确保矮寨的特大悬索桥施工的顺利进行以及保证其安全运行,必须建立一套高精度的监测系统。

但是由于矮寨两侧是高耸的悬崖,悬索桥一桥飞架两边,距离较远,高差大,常规方法难以实现测量,水准测量几乎不可能,如何精确测定监测点的三维坐标,精确的测距和测角是本项目的难点所在。

2　首级综合控制网

2.1　控制网的布设

控制点的布设与施测方案根据实际情况进行,考虑到本次控制网需要控制的是矮寨悬索桥及两端的隧道,因此,此次的控制网必须兼顾矮寨悬索桥及两端的隧道放样及监测的需求。综合考虑各项需求,结合实地踏勘情况,施测方案为:两个隧道控制网采用GPS测量进行,并连测两端GPS点;矮寨悬索桥控制网由于控制监测的要求较高,必须进行特殊的分析及设计。首先,从测角来分析,测量控制网的距离都在700m以上,而由于高差大,受大气折射影响等因素影响,测角精度中误差约为2″,从而可轻易计算出在

本文曾刊登于《湖南交通科技》2007年第2期。

700m 距离,测角产生的误差将达到6mm,这对于高精度监测来说,这是远远不够的。而测距精度,经过修正,精度达到1~2mm 是可以达到的。因而矮寨悬索桥首级控制采用了空间三角网结构。

经实地踏勘选点,同时进行网形优化设计,以期以较少的工作量达到预期精度。控制点网形分布图如图2 所示。

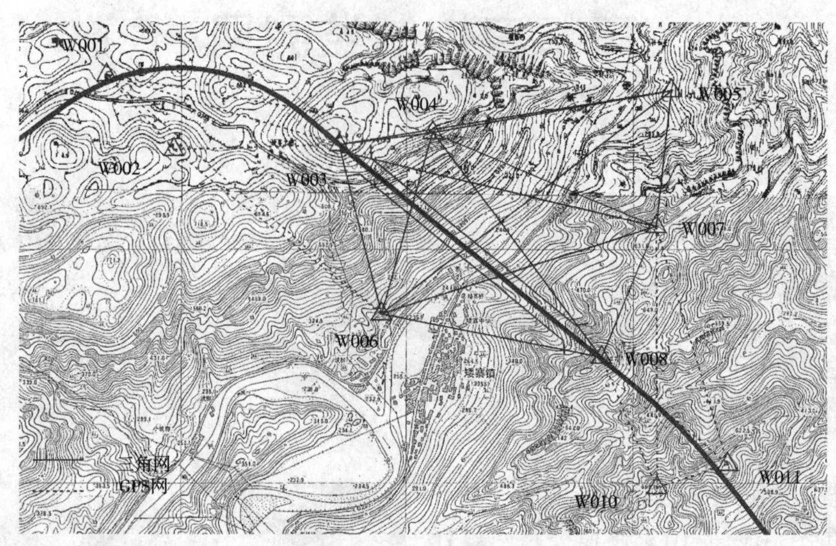

图2　网形分布图

2.2　控制网的施测

控制点埋设完成半个月后,由于此期间下过四场雨,我们认为沉降已到位,随后进行控制网的施测。

首先我们对前后两个隧道进行了 GPS 测量。GPS 测量完成后便着手空间三维网的测量。

我们知道,距测距仪距离测量的精度是建立在测尺频率精度的基础上的,如果能精确地测定全站仪的频率,并进行相应的距离改正这将大大提高测距的精度。借助我院有着多年测量检定的独特技术优势及设备,我们采用了边频同测的方法。

仪器设备包括:

(1)LEICA—TCA2003:测角标准偏差 ±0.5"(水平角,垂直角);

测距标准偏差 $\pm(1\text{mm}+1\text{mm/km}\times D)$;

(2)EFC-6 校频仪;

(3)NAK2+GPM3:每千米往返测高程精度0.3mm。

测量时边长测量采用对向观测,进行边长测量时必须在早、中、晚、上午、下午各个时段各进行观测,取其平均值,以消除大气代表性误差。

对 W005、W006、W003 进行高精度的二等水准测量并联测到国家水准点,由于 W005、W006 两点距离为1.5km,且高差较小测量精度往返测闭合差为0.25mm。W006、W003 两点高差较大,但有一条公路,公路长度为5km,往返测闭合差为0.63mm。测距的数据都为斜距,知道了 W005、W006、W003 三点的高差,从而可得出 A、C、D 三点的平距。综合各项误差项,边长测距误差(平面)最大中误差为1.87mm。

为了与主线坐标的连续,W001、W002 及 W010、W011 连测到原导线上。

2.3　控制网的平差计算

由于本项目的控制网由两个 GPS 控制网及一个空间三维网,网型构成较为复杂;同时项目是在测区控制系统已建立的情况下实施的要保证数据与原坐标系统的统一,因而项目的数据处理问题相当复杂,也是项目的难点所在。

现有的平差软件不能同时处理空间三维网数据和 GPS 数据,而且我们也不能以联测的两个原 GPS

点做约束进行平差，这样会大大降低本项目控制网的精度，达不到施工放样及监测的需要，为此本项目数据处理采用了逐一平差—综合处理—坐标变换的方法：

首先对W001、W002、W003、W004、W006及联测点D017进行以D017为起算点的自由网平差，平差后得到W001、W002、W003、W004、W006平差结果，以W006平面坐标005、W006、W003三点的高程为起算点、W004为起算方向，进行空间三维网网平差，得到W003、W004、W005、W006、W007、W008自由网三维平差结果即坐标变换前成果。

以W003、W004、W006为起算点对W001、W002、W003、W004、W006及联测点D017进行约束平差得到W001、W002、D017坐标变换前成果；并以W007、W008为起算点对W010、W011、W007、W008及联测点D06。

通过约束平差得到W010、W011及联测点D06坐标变换前成果。至此就得到了所有点的第一套中间成果。

第一套成果坐标已经可以满足桥梁及隧道的施工放样，但是其坐标与原坐标系统吻合的不是很好，若不解决，与两端坐标脱钩，将给设计及施工带来不小的麻烦，为此我们在保持整个网精度不便及保持其相对关系不便的情况下，将整个网作为一个整体进行平差，及只对第一套成果坐标进行平移及旋转，与前后两对GPS点进行平差，将误差按距离平差到前后两端的导线中。

D017原坐标减去D017第一套中间成果坐标得到X_1和Y_1。D06原坐标减去D06第一套中间成果坐标得到X_2和Y_2。D017D06原成果方位角减去D017D06坐标第一套中间成果方位角得到旋转角α。将所有点的坐标变换前成果平移X_1、Y_1并以D017原坐标为原点旋转α得到第二套中间成果。计算W001 D017距离d_1，W011D06距离d_2。$X=(X_2-X_1)\times d_1/(d_1+d_2)$；$Y=(Y_2-Y_1)\times d_1/(d_1+d_2)$。将控制网第二套中间成果平移$X$、$Y$得到最终成果。

以W001、W002及W010、W011最终成果及联测GPS点原成果重新进行导线平差。计算结果表明成果满足规范要求。

3　结语

本项目针对公路施工中的的特殊要求，利用院测量检定的独特技术优势及设备，克服了其他勘测方法的限制，创造性地采用了混合网，并采用边频同测的方法进行三维网测量，有效地提高了勘测精度及勘测周期。同时本项目数据处理采用了逐一平差—综合处理—坐标变换的方法，有效地解决了高精度施工控制网与原系统的统一而不降低控制网本身精度。此种方法运用将为公路设计施工带来很大的便利，它的运用将产生良好的社会效应。

（本文依托的湖南省吉首至茶洞高速公路工程测量荣获2009年度国家优秀测绘工程铜奖、湖南省优秀测绘工程一等奖，吉首至茶洞高速公路为交通运输部首批勘察设计典型示范工程。）

基于全站仪 ATR 的隧道围岩收敛测量系统

彭建国　田爱军　张希庆

摘　要：利用全站仪的 ATR(Automatic Target Recognition)功能，使隧道围岩收敛测量自动化，从而提高测量效率。简单地介绍全站仪自动目标识别功能 ATR 的原理与测量精度，结合隧道内实际情况讨论了 ATR 在收敛测量中的一些问题，改进了隧道围岩收敛测量的机载程序和后处理程序，得到了较高的测量精度。

关键词：隧道围岩收敛测量　全站仪　ATR　机载程序　后处理程序

在隧道施工中，围岩变形是围岩应力分布、整体力学形态变化和稳定状态最直接和最可靠的反映，对其进行及时监测和分析预报，是隧道施工中保证施工安全，防止事故发生，合理确定隧道支护的重要工作，是指导新澳法施工的重要依据。传统围岩变形监测方法采用钢尺收敛计和位移计等手工接触量测，易与施工相互干扰，且人为因素对量测精度影响较大，量测质量不稳定，难以满足现代隧道快速、大跨、安全施工的技术要求。

目前，不少型号的全站仪具有智能自主式目标自动识别与跟踪功能，即 Automatic Target Recognition，简称 ATR 功能。全站仪的 ATR 功能使其在地下岩土工程中得到广泛的应用，特别是在隧道围岩变形测量方面开辟了一条新的途径，使监控工作向三维、快速和高度自动化方向发展，从而最大可能地适应现代隧道施工技术和信息反馈设计需要，成为安全分析和施工控制的最可靠依据。

基于全站仪 ATR 功能设计的隧道围岩收敛测量系统包括全站仪机载软件和数据后处理软件。本文叙述了全站仪 ATR 的工作原理、ATR 精度，以及基于 ATR 的机载软件设计原理。

1　全站仪 ATR 工作原理

如同测距仪一样，自动目标识别(ATR)部件以同样的方法被安装在全站仪的望远镜上。在 ATR 激活的状态下测量时，发射二极管(CCD 光源)发射一束红外激光，通过光学部件被同轴投影在望远镜轴上，从物镜口发射出去。望远镜里专用分光镜将反射回来的 ATR 光束与可见光、测距光束分离出来，引导 ATR 光束至 CCD 阵列上，形成光点，由内置 CCD 相机接收，其位置以 CCD 相机的中心作为参考点来精确地确定。CCD 阵列将接收到的光信号转换成相应的影像，通过图像处理算法计算出图像的中心。图像的中心就是棱镜的中心。假如 CCD 相机的中心与望远镜光轴的调整是正确的，则以 ATR 方式测得的水平角和垂直角，可从 CCD 相机上光点的位置直接计算出来(如图 1 所示)。

全站仪 ATR 精密测量包括搜索过程、目标照准过程和测量过程。在对棱镜粗略进行照准之后，ATR 首先检查粗略照准的棱镜是否位于望远镜的视场里面，如果探测不到棱镜，将从头开始搜索过程(即望远镜进行螺旋式的连续运动)。扫描的速度可以选择，以便使被扫描区域里影像之间没有间隙。如果探测到棱镜，望远镜马上停止运动。全站仪驱使望远镜去接近棱镜的中心，计算出十字丝中心与返回图像中心的偏移值，给出改正后的水平和垂直角度读数。偏移值控制全站仪马达又一次驱使望远镜转动，使其更加接近正确的角度值位置，以保证距离测量时获得最高的测距精度。尔后，全站仪

本文曾刊登于《铁道勘察》2007 年第 1 期。

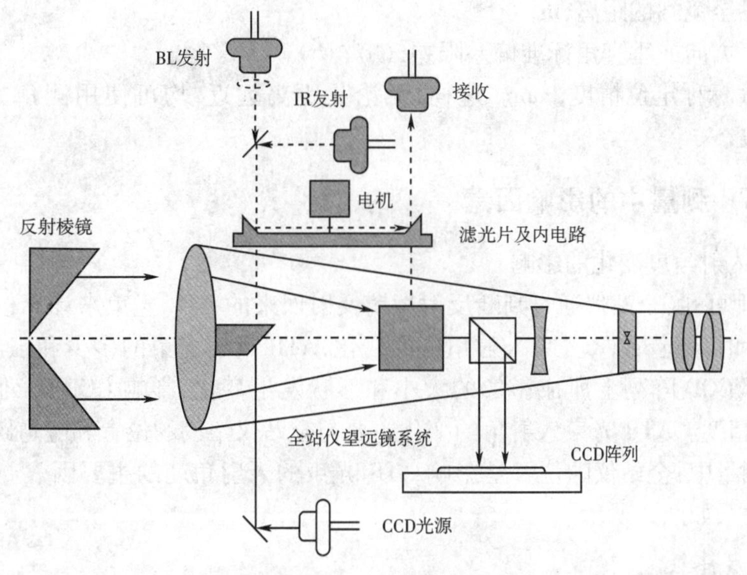

图1 TCA 全站仪望远镜系统

再次测量图像中心对十字丝中心的偏离值,并用来产生最后的水平和垂直角度测量值。其全过程如图2 所示。

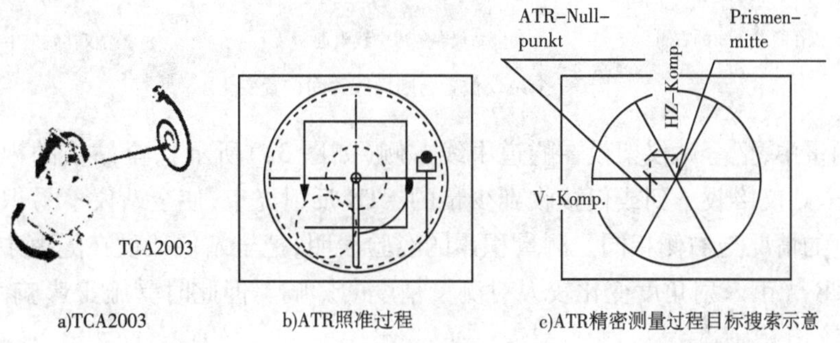

图2 ATR 测量过程

2 全站仪 ATR 的测量精度

ATR 的测量精度可分为内部精度和外部精度。内部精度取决于 CCD 阵列的分辨力、测量时机、测量条件、棱镜的位置和其他因素。在特定时间里,仪器工作在最佳条件下可达到该精度;外部精度就是前面提到的棱镜定位精度,它容易受棱镜型号和环境条件的影响。测量时,由 ATR 自动目标识别来确定棱镜的位置,其精度既取决于它的内部精度,也取决于其外部精度。

通常,我们较难测试 ATR 的内部精度,厂家在用户手册里提供的可度量的指标只有外部精度。因此,我们在测量前所检测的 ATR 精度主要是 ATR 的外部精度。

ATR 的外部精度又分为两部分:①一定距离内是一固定值(如 TCRA1200 系列的全站仪,目标采用 Leica 棱镜,距离 200 m 时,精度是 ±1 mm)。②在此距离外,与仪器本身的测角精度一致(如 TCRA1200,精测方式为“1”)。因此,根据所测距离不同,评价其外部精度的限差也不同。对于限定距离之内,由于无法直接测出棱镜定位的偏移距离,往往通过测角的方法来间接解算。测角限差应为:

$$\alpha_{限} = \frac{m_{\mathrm{d}} \times 10^{-3}}{D} \times 206\ 265$$

式中：D——测站至镜站的距离，m；

$\alpha_{限}$——水平方向或垂直角标准偏差限差，(″)；

m_d——ATR 标称定位精度，mm。这样，无论是距离远近，均可使用测角方法来评价 ATR 的精度。

3 全站仪 ATR 测量中的影响因素

3.1 ATR 光束入射角度变化的影响

由 ATR 测量原理可知，全站仪通过判断反射棱镜反射回来的 ATR 光束来计算棱镜的中心。在测量目标点采用反射膜片时，随着 ATR 光束入射角度的变化，ATR 反射光束的多少和强度就会发生变化，使目标点在全站仪内部 CCD 阵列上所成影像的大小和形状发生变化，影响 CCD 阵列判断反射膜片的中心，进而影响到测量精度。ATR 光束入射角的变化主要与全站仪架设的位置和隧道跨度有关。

隧道围岩收敛测量中，全站仪的位置是影响 ATR 光束的入射角度的主要因素。全站仪架设位置与断面膜片间的位置关系如图 3 所示。

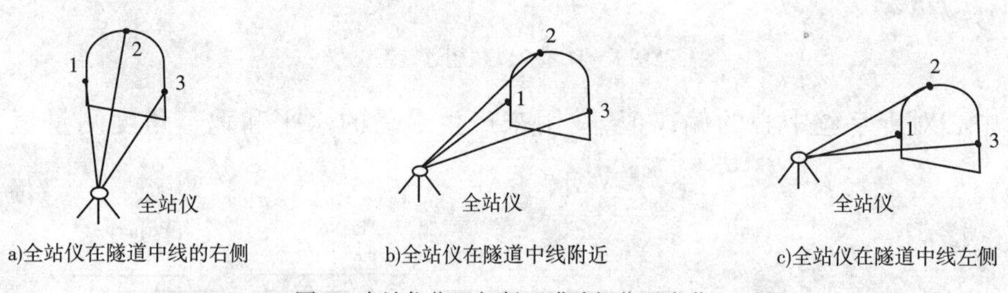

a)全站仪在隧道中线的右侧　b)全站仪在隧道中线附近　c)全站仪在隧道中线左侧

图 3　全站仪位置与断面膜片间位置变化

在隧道收敛测量中，把全站仪架设在隧道中线右侧（如图 3a）所示），全站仪的视准线和 1 号点的夹角较大，可能造成全站仪接收不到或仅接收到少量的 ATR 反射光束，使全站仪不易识别目标或降低 ATR 的测量精度。左侧的情况与右侧相同。测量积累的经验表明，把全站仪架设在隧道中线附近施测效果较好，可以避免因 ATR 光束入射角度变化较大对测量精度的影响。但此时受施工影响大，每一测站不能顺利完成，测量时间较长。

全站仪的位置除受施工干扰外，在不同周期的测量中会发生较大的变化，即第一期测量的位置和以后各个周期的测量中不可能保持在同一个位置。使在不同的观测周期，全站仪判断反射膜片中心会因 ATR 光束的变化而发生变化，有可能造成各个周期观测的目标点不是反射膜片的中心，降低了测量的精度和结果的可靠度，使得数据的处理结果不能真实反映隧道围岩的收敛情况。

3.2 现场测量条件的影响

新奥法施工的隧道和地铁往往采用大管棚预支护、短开挖进尺并及时喷射混凝土做临时支护。一旦混凝土喷射完毕，需要马上进行隧道的围岩收敛测量。这时，因刚刚爆破和喷射混凝土，致使隧道空气中烟尘浓度很大，空气的能见度很低。空气中的烟尘对 ATR 的精度会有较大影响，使全站仪在测量中识别目标困难，影响正常的测量程序。同时，全站仪判断膜片的精度降低，造成测量的数据精度降低。

4 基于全站仪 ATR 的机载围岩收敛测量程序

基于全站仪 ATR 的隧道围岩收敛测量系统是根据全站仪自由设站原理开发的全站仪机载软件。系统自动化程度高，操作简便，界面友好，减少了因手工操作而引起的人为误差。使用该系统操作人员只需给出少量指令，即可自动完成对目标的观测和数据采集，降低了劳动强度，提高了工作效率。系统作业时，可自由设站，无需在隧道中心安置仪器，不干扰施工。系统提供数据及时，可靠性强，能满足隧道变形监测精度要求，适应隧道开挖中恶劣的施工条件。

全站仪围岩收敛测量程序包括五个部分：

1）参数设置

主要用于设置控制测量的一些参数。在这一部分中设置的参数包括：断面里程、测回数、目标点上的采集量、测量结果显示时间、测量模式、限差设置（限差主要有一等、二等、三等、四等以及自定义5个选项）。全站仪在测量过程中根据所设置的测回数、目标点上的采集量，自动按照全圆观测法采集数据。采集过程中，全站仪自动按照所设置的测量限差检测测量数据，如果超限就会提示测量人员进行相应处理。

2）测点学习

主要用于采集测量点的初始值，以便在以后的重复测量中仪器能自动搜寻测点位置。

3）测量

进行围岩收敛测量（包括左右站的测量）。

4）数据查看

查看测量的原始数据以及计算的测点间的距离。

5）数据输出

主要是导出围岩测量所得数据到CF卡上，供后处理程序使用。

5　提高系统精度的解决方法

针对上述在隧道中测量环境对全站仪ATR精度的影响因素，进一步加强了隧道围岩程序的功能，提高了测量精度。经过实验研究，在原有机载程序的基础上增加人工干预模块。当观测条件不好时，全站仪可在人工干预模块控制下采集数据，先通过ATR粗略找到测量目标，然后由人工精确照准。这样，因全站仪位置变化所造成的仪器判断膜片中心的误差和隧道中空气烟尘的影响就能得到消除。

由于ATR在判断膜片中心时存在一定的误差，故全站仪器在同一测点上采集的数据间有可能存在粗差，在数据后处理软件中加强了数据粗差剔除和严密平差的方法。针对测量数据样本容量小的特征，采用了Dixon准则进行粗差剔除处理。Dixon准则是一种无需估算样本均值、残余误差和样本均方值的粗差剔除方法。它根据测量数据，按大小排列后的顺序来判别粗差。该准则判断粗差是从最大抽样值和最小抽样值人手进行的，这样做的目的是为了使判断粗差工作更为直接和有效，因为粗差是最有可能在顺序抽样列的两端存在。一般认为，Dixon准则适用于样本容量为$3 \leqslant n < 30$的粗差剔除。粗差剔除后，根据最小二乘原理，采用间接平差的方法进一步进行严密平差。经粗差剔除和严密平差处理后的数据能够精确反应隧道围岩收敛的情况，正确指导施工。

在隧道内选取了一个已经稳定的隧道断面进行观测，并用改进前后的机载软件和数据后处理软件对观测数据进行处理比较，用经功能加强后的机载软件和后处理软件对同一组测量数据进行处理，可以得到较高的精度。图4是功能改进前后所测量的实验数据，经全站仪隧道围岩变形监测分析系统处理结果的比较。

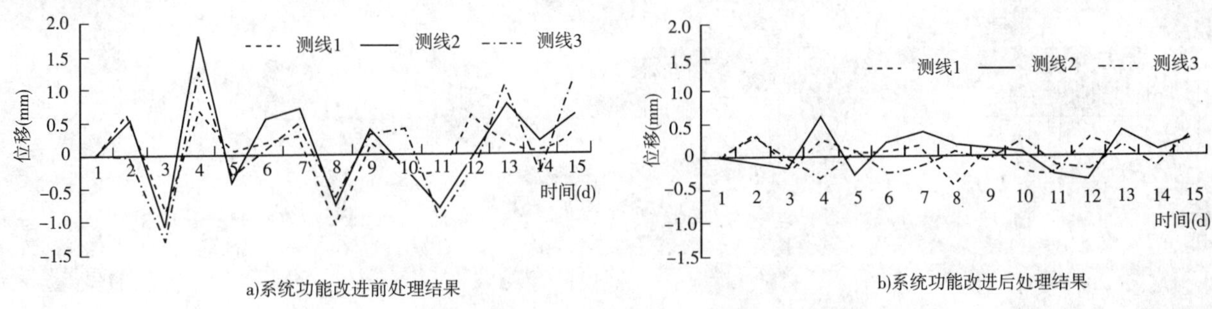

a)系统功能改进前处理结果　　b)系统功能改进后处理结果

图4　功能改进前后所测量的实验数据处理结果的比较

从图4的数据收敛历时曲线图对比来看,经功能改进后,全站仪所测量的数据精度有很大提高,更加符合隧道围岩变形观测的精度要求。

6 结语

数据处理结果显示,全站仪的自动目标识别功能ATR结合反射膜片,在隧道围岩收敛测量中仍有值得研究的一些问题。但经过系统功能改进后,全站仪在隧道施工围岩变形非接触量测系统的应用是可行的。能很好地适应隧道开挖中恶劣的施工条件,达到了及时反馈信息的目的,极大地提高了工作效率,在隧道施工围岩变形监测中有广泛的应用前景。

参考文献

[1] 杨松林,刘维宁,王梦恕,等. 全站仪自由设站围岩变形非接触量测系统的理论及方法研究[J]. 铁道学报,2004,26(3).

[2] 李青岳,陈永奇. 工程测量学[M]. 北京:测绘出版社,1995.

[3] 杨茂兴. 小样本容量测量数据中粗差的剔除[J]. 计量与测试技术,2005,32(1).

[4] 朱顺平,薛 英. ATR的工作原理、校准及检测[J]. 北京测绘,2005(3).

第六篇

管理与综合

工程设计企业“产品”营销的特点

刘晓昌

工程设计企业知识密集,人才济济,产品科技含量高,属于知识型服务行业,其服务过程是知识的生产、传播和使用的服务,知识在服务中实现增值。因此,设计企业的产品与社会流通的一般商品是大不一样的,既不能现场交易,又不能重复生产一模一样的产品。通常表现为顾客或委托方提供一种知识、技术的服务,即对工作、决策和行动有用的判断和建议等,如咨询报告、规划方案、技术资料、设计图纸等。

面对竞争日益激烈的市场环境,工程设计企业要根据自身产品的特殊性,认真分析市场营销的要素及特点,制定切实可行的营销计划,实现企业的营销目标。

1　品牌营销

品牌营销,顾名思义就是利用自己的牌子去推销自己的产品。当然,这种品牌必须是市场上的名牌产品,否则也难以奏效。

1.1　什么是品牌

品牌是一个国家和地区经济实力的象征,是一个民族整体素质的体现。对于设计企业来说,就是自身综合实力和水平的体现以及对外的整体形象。

一个世界名牌产品能够提升一个国家的形象,如美国的波音、麦道飞机,德国的奔驰、宝马汽车,日本的松下、索尼电器等,只要看到这些产品,无疑会想到产品的国家。一个名牌企业能够推动一方经济发展,如海尔、海信、双星等创造了青岛在全国颇具影响的系列产品品牌,支撑着该市的经济腾飞。

1.2　品牌的价值

创立一个好的品牌不是一朝一夕能够成功的,对于设计企业来讲,是经过了几代人的精心打造,跨越历史几十年才在社会上形成的。HNCDI 是一家从事公路、桥梁、隧道、港航等项目勘察、设计、咨询、监理、工程总承包为主要服务的全国甲级综合设计企业,成立 40 多年来,立足本省、服务全国、面向世界,除在本省承接设计任务外,还先后服务于全国 13 个省区和亚、非 9 个国家及地区,赢得了顾客的信赖。特别是在桥梁设计方面颇具名气。凡见到过该公司产品的人,都会有良好的感觉,信誉度很高。为什么?因为在长期的实践中打造了企业的品牌,HNCDI 这个名称已经成为一种无形资产。

品牌作为市场竞争的入场券,它包含了人才优势、质量优势、技术优势和服务水平、信誉度等诸多因素,三言两语难以表达清楚,所以在市场营销中,完全可以说品牌的作用是无价之宝。

2　技术营销

设计企业作为知识密集型服务行业,对自身的专业技术水平要求自然是很高的,“没有金刚钻,不揽瓷器活”。技术水平代表一个企业的势力,市场营销中,顾客是否选择你的产品,技术要求至关重要。

2.1　人才是根本

人的因素是第一位的,知识产品需要有知识的人去生产。只有有了高素质的人才,在高科技发展的今天,才有可能生产出高水平的、代表一个时代的先进产品。市场营销中,企业向社会、向顾客展示自己

本文曾刊登于《中国勘察设计》2003 年第 6 期。

的首先是有一支什么样的专业技术队伍。形成综合评价人才的无形标准是学历、职称、学术水平、业绩、甚至毕业于何名牌院校等。介绍有多少大学生、硕士、博士,感觉水平很高;有多少高工、享受政府特殊津贴的专家,感到势力很强;曾承担了哪些重大项目、现有多少工程在手,感慨业绩很多;有多少项目荣获国家级、省部级奖,感知技术很好;有多少人是某某大学毕业的,感应那所院校是名牌重点,曾出了某某院士、科学家云云。总之,人才是企业市场营销的根本。

2.2 装备是基础

随着高科技的发展,对现代服务业的设计企业来讲,技术装备现代化是进行市场营销,向业主、客户展示自己势力不可忽视的因素。按照菲迪克条款进行工程项目管理的今天,实行招标投标制,作为招标方的客户或委托方,要对设计单位进行考察,除了听汇报以外,关键是亲眼所见到的东西。高耸的设计大厦,典雅现代的装修,宽敞明亮的设计室,配套设计的计算机局域网络,设计人员对计算机的各种操作,一目了然。试验检测室、图纸出版室、技术资料图库等,给大家一种严谨、现代、庄重、气派的感觉。

设备要高、精、尖,如红外测距仪、全站仪、GPS(全球卫星定位系统)、CONTEX 工程扫描仪、彩色绘图仪、投影仪、大型工程复印机、计算机联网运行,设计 CAD 成图率 100%,电子汇报方案,彩色效果图和三维动画显示等,现代化的技术装备会给客户耳目一新的感觉。

2.3 创新是关键

市场营销不但是为了增加产值、提高效益,更重要的是实现企业社会价值的更大化。企业社会价值高、其社会地位就高,可信度也就高。因此,企业要占领市场,技术营销关键是要突出技术创新的优势。

假如要设计一座公路桥梁,各种现成的桥型很多,如果只图省事、追求产值,那么从桥型图库中调出来筛选一个就行了,这对于一般的中小型桥梁也许是可以的,但对大型、特大型桥梁是绝对不行的,技术创新就在这里体现。要根据城市、农村的不同地域;山区、丘陵的不同地形;当地民俗风情和桥梁的使用价值等综合因素来考虑,一般应是既坚固耐用、又新颖美观。新颖就是与众不同,要通过技术创新和技术进步,开展科技攻关和采用新结构、新技术、新工艺、新材料,使设计有所创新,有些即使造价稍高一点也是值得的。作为业主或客户来说,他们投资某一个项目,也是有充分考虑的,既要对社会有所贡献,也要体现领导者的业绩。对于一些标志性建筑,它还必须反映和审美追求一个时代的科技水平。如 HNCDI 精心设计的岳阳洞庭湖大桥,全长 10 000 余米,其中主桥 5 200 多米,在全国首创使用三塔斜拉先进技术的纪录,成为国内同类最长的公路桥而享誉全国,获得省优秀勘察、优秀设计和科技成果三个一等奖,并获得国家设计金奖和国家科技进步奖。这个标志性的建筑已成为一道特别亮丽的风景,正像当地人们所说的一样:“古有岳阳楼,今有洞庭桥”。

由此可见,技术领先是设计企业赖以生存和发展的条件,也是市场营销的关键要素。

3 质量营销

市场经济从一定意义上讲是法制经济,也是竞争经济,游戏规则就是公开公平公正竞争,优胜劣汰。设计企业的市场营销,就是要寻找客户,承接任务,有了高质量的“产品”,才有知名度,也才可能扩大市场的份额。

3.1 强化质量意识

设计是工程产品的灵魂和生命,设计质量的好坏则是直接影响“工程产品”优劣的主要因素。因为设计的成果是产品的蓝图,设计的概算是产品的投资控制,设计水平的高低决定产品功能的大小、效益的高低,具体说决定了工程产品方案优劣、工期长短、施工难易、投资多少以及环境、美观等方面的效果。而设计“产品”是要人去做的,所以首先是设计人员要树立良好的质量意识,遵循“百年大计、质量第一”的方针,教育员工要有强烈的事业心和责任感,在个人、企业的利益与质量发生矛盾的时候,要无条件地服从质量第一的原则。据设计企业数据分析,在质量问题中 80% 的问题是质量意识问题,是认真不认真的问题,如资料收集不全、方案考虑不细、工作深度不够等。

3.2　严格产品质量

设计市场营销活动是指从事勘察设计的委托、承接任务及相关服务的行为。因此，企业要严格要求自己，精益求精，一丝不苟，按法律、法规、强制性标准和规范，创造一个又一个精品工程，那才会有源源不断的客户。

设计是工程产品质量的龙头，要有高质量的产品，首先要有高质量的勘察设计，深入现场踏勘，加强原始资料收集和成果资料审核的管理，设计文件要达到应有的深度，设计方案要进行比选，不迎合或迁就不合理的要求，维护设计的公正性和独立性。要建立健全质量保证体系，全面推行ISO9001国际质量体系标准，完善内部质量监督制度，确保设计"产品"的全过程质量。如果质量低劣并造成损失，给社会造成极坏影响，设计企业也就砸了自己的饭碗。讲求质量，才有营销，企业才会兴旺发达。

3.3　服务客户讲诚信

质量是诚信的基础，而诚信则是市场交易的基石。设计企业如果没有良好的信誉，对客户失去吸引力，就会失去市场竞争的优势，加大市场的风险和成本，阻碍企业与客户迈向正常的经济往来，使企业"产品"设计与客户交往不能正常进行。没有客户，经济效益也是一句空话，从这点上讲，诚信也是效益。

服务客户对设计企业来说极为重要，因此要把施工服务作为设计的最后一道工序来抓，抽调骨干力量充当设计代表，参与客户对项目的全过程管理和服务，随时反馈信息，及时做好设计变更，以赢得客户的信赖。

一个质量过得硬的产品，则是一座历史的丰碑，千古流芳，永远得到人们的称颂。河北赵州桥历经沧桑1300多年，被誉为："坦于箭直千人过，驿使驰驱万国通"，成为我国古代文明的象征。这是以高质量为基础的过硬产品，可以说设计产品是在创造历史、创造文明。

4　信息营销

信息是继物质、能源之后被人类发现和利用的又一重要战略资源，20世纪90年代以来，信息技术迅猛发展，信息高速公路、计算机互联网络几乎覆盖全世界，不仅家中办公、网上教育、网上交易和交流成为现实的可能，而且网上谈心、网上弈棋、恋爱等已经成为时尚。

4.1　利用信息技术整合企业资源

随着信息技术的应用日益广泛，信息量日益扩增，信息化已经越来越成为一个国家或地区乃至一个企业现代化水平和整体实力的重要标志。信息化基础建设就是要建立高速度、大容量、互通的有线和无线多媒体通信网，实现数字化、宽带化、智能化、综合化，形成天地一体。设计企业要首先在单位内部建立并有效运行局域网、广域网和互联网，整合企业各项资源或生产要素，如各种图库、资料库、图书、档案项目管理、人才库等，达到资源和要素最佳组合，对内资源共享，对外沟通联系，提高设计水平和效率以及企业管理水平。

4.2　利用信息网络进行营销

信息化是当今世界经济和社会发展的大趋势，是带动工业化、推进现代化的关键环节。设计企业作为高增值服务业，由于人才、技术、设备等方面的优势，在利用信息进行市场营销上应该走在前列。利用信息技术沟通联系，拓展市场营销，就是要利用信息网络，宣传自己企业的品牌、技术、规模、势力及整体形象，公开推销自己的"产品"，使企业成为客户在市场的选择对象。并且要利用信息网络收集资料，整理分析，了解市场动态，知晓客户需求，从而掌握产品营销的主动权，使自己的企业立于不败之地。

5　关系营销

在E·麦卡锡60年代提出4P营销组合（产品、价格、地点、促销）之后，菲利普·科特勒根据百事可乐公司的营销发展提出了营销6P，改称为大营销。大营销中涉及的公共关系技能，在市场营销学中被广泛称为"关系营销"。设计企业虽然是以提供知识、技术等服务的行业，但关系营销同样十分重要。关系营销是以建立、维护、促进、改善、调整“关系”为核心，给传统的营销观念注入了新的理念。这种“关系”主要是指设计企业与客户或委托方、竞争者和员工之间的关系，其目的是创建一个和谐的营销环境，达到一定的营销目标。

5.1 企业与客户的关系

在市场经济的条件下，企业与客户的关系，菲利普·科特勒认为有5种关系类型：基本型、被动型、负责型、能动型、伙伴型，应该说最后面三种类型更有利于设计企业与客户的关系。如何保持和发展与客户的关系呢？

1）提供客户满意的产品

产品是联系设计企业与客户的核心，客户对企业的忠诚来源于对产品的满意度。因此，企业承担设计任务与客户或委托方签订勘察设计合同后，在符合国家现行的文件编制办法及有关批准规范的前提下，一定要尽最大努力满足客户的合同要求，这是市场营销的一个关键要素。除此之外，客户要求的不仅是物质产品本身，还包括与产品联系在一起的质量、企业的信誉、名声、品牌等综合内容。在众多的同类企业中，客户选择了某一企业，是由于客户对这一品牌企业的偏爱，从而使企业与客户关系更加紧密。

2）健全服务体系

随着市场竞争的加剧，客户对产品的售后服务要求越来越高，设计企业若能为客户提供优质、高效的服务，就可与之保持长久的良好关系。设计后续服务及阶段技术交底工作，在项目施工过程中，派代表现场指导和配合，对设计方案的完善、修改或变更提供快速优质服务。对已完成的项目要进行回访，征求意见，总结成形“产品”的优缺点，以达到斯托贝克·格鲁斯提出的服务模型的结果：“服务质量的提高将推动顾客满意度的成长；顾客满意的成长会增加企业与顾客的关系强度；关系强度的增加会延长企业与顾客的关系寿命；关系寿命的延长会带来顾客关系获利率的增长”。

3）提升与客户的关系

要保持和提升企业与客户的关系，可采取一些措施，如对长期有设计业务往来且承担任务到达一定数量的客户可给予一些优惠；通过定期回访，征求客户对产品“售”后的意见，并了解有无新的需求，以加强与客户的关系；有效地运用数据库所储存的顾客资料，进行科学化、系统化管理，从而达到提高顾客的满意度和实现产品的再“销售”目的。

5.2 企业与竞争者的关系

在设计市场，同行之间的品牌竞争、质量竞争、技术竞争、服务竞争日益激烈。中国有句俗话：“同行是冤家”，同行把商场比作战场，这种竞争结果只能是两败俱伤。事实上，竞争者予以合作可使合作各方获得更多的利益。设计企业与同行的关系营销就是在保证双赢局面的情况下，从团队的角度来理解和运作设计企业与客户之间的关系。双方在确保获得足够利润和自身价值需求与实现的同时，提高对客户满意的承诺。其目的是设计企业同行，以协作、双赢、沟通为基点来加强对“产品”营销渠道的控制力，为客户提供更具价值的全方位服务，最终确保整体营销战略目标的实现。竞争者合作是多种多样的，可以是共同投标联合拿出一个设计方案，也可通过组建企业集团，获得强强联合的优势，还可将优势互补，最终使合作各方获得比合作前更多的优势和利益。

5.3 企业与员工的关系

在当今市场经济条件下，设计企业与员工不仅是合同雇佣关系，更重要的是伙伴关系，除给他们提供物质上的利益外，还应给他们提供内部营销服务，把他们当顾客一样关心。一是结合设计企业的发展战略，根据不同岗位特点，对员工进行有效培训，特别注意他们人格及价值观的取向；二是建立有助于促使员工努力留住客户的奖励制度，调动员工积极性，强化所期望的员工行为，这样可以促使企业与客户更有效地长期沟通关系，稳定企业的客户群，以提高企业经济效益；三是注意采取各种激励方式，发挥员工潜能，如危机激励、行为激励、物质激励、精神激励等，要求他们解放思想，勇于挑战，企业有困难能得到支持，提高企业的经营能力，使其出现“1+1>2”的整合体扩大能力。

工程设计企业作为一个知识、智力、技术密集型服务业，其“产品”有其特殊性，因此，在当前日益激烈的市场竞争中，一定要根据自身的优势和特点，以其品牌营销、技术营销、质量营销、信息营销和关系营销等，面对机遇与挑战，制订企业切实可行的营销计划，创造一个和谐的营销环境，保持巩固和增加扩大设计企业的顾客群，提高设计企业“产品”的市场占有份额，以实现预定的营销战略目标，最终获得更多的优势和利益，求得设计企业的生存与更大发展。

（本文被《中国公路勘察设计》2003 年第 8 期转载，并收入光明日报出版社 2004 年 2 月出版的《当代工商管理理论与实践》一书。）

浅谈国企落实“三重一大”制度的意义及对策

罗　宁

摘　要:落实“三重一大”集体决策制度,是新时期加强企业领导人员党风廉政建设的新要求,是深入学习实践科学发展观的需要。本文阐述了国有企业落实“三重一大”制度的重要意义、目前还存在的主要问题以及解决问题的对策。

关键词:落实　“三重一大”制度　意义　对策

2009年7月,中共中央办公厅、国务院办公厅联合发布了《国有企业领导人员廉洁从业若干规定》,为完善国有资产监管体制,深化国有企业改革,增强企业核心竞争力,促进企业健康发展提供坚强的制度保证。在《国有企业领导人员廉洁从业若干规定》明确指出:国有企业领导人员应当切实维护国家与出资人利益,不得违反决策原则和程序决定企业生产经营的重大决策、重要人事任免、重大项目安排及大额度资金运作事项。由此可见,“三重一大”即:重大问题决策、重要干部任免、重要建设项目安排、大额资金使用。其所涵盖的内容是国有企业生产经营中的重要核心问题,是干部职工普遍关心和关注的热点、焦点、难点问题,也是国有企业党风廉政建设的工作重点之一。

落实“三重一大”集体决策制度,对国有企业领导人员规范用权行为、减少经营决策失误、从源头上防治腐败现象的发生,具有三个方面的重要意义。

一是落实“三重一大”制度,是促进国有企业科学发展的需要。“三重一大”事项是企业发展的“根”,根深才能枝繁叶茂。重大决策决定的是企业发展的方向和战略,重要干部任免决定的是企业决策的执行力度,重要项目安排决定的企业长远发展的基础,大额资金使用决定的是企业经营活动运行的命脉。“三重一大”问题解决好了,企业发展就有了“续航”的动能,就能在激烈的竞争环境中屹立不倒。

二是落实“三重一大”制度,是国有资产保值增值的需要。“三重一大”的核心在于“重”和“大”。尤其对于大型国有企业而言,“重”、“大”代表的资产往往是千万甚至于以亿来计。近几年,不断发生类似古井贡酒股份有限公司董事长王效金贪污受贿数百万,导致国有资产流失上千万元等触目惊心的案件,其实,这些案件的发生,除了领导干部个人因素外,客观上是由于国有企业领导干部个人权力过大,不能严格执行“三重一大”集体决策制度所致。只有严格执行“三重一大”集体决策制度,实行集体决策、科学决策、民主决策,才能确保国有资产的保值增值。

三是落实“三重一大”制度,是促进领导干部廉洁从业的需要。《国有企业领导人员廉洁从业若干规定》第四条第一款规定,国有企业领导人员“不得违反决策原则和程序决定企业生产经营的重大决策、重要人事任免、重大项目安排和大额度运作事项”。可见,“三重一大”集体决策制度面向的是国有企业领导班子,是决策层。国有企业领导干部,尤其是“一把手”掌握着大量的资源和权力,容易在思想和行为上出现一些偏差,更是某些人腐蚀、拉拢的重点,仅靠领导干部的自我约束显然是不够的,必须建立一套完善的监督制约机制作为保障,保护国有企业利益不受损害,保护领导干部不出问题。

随着市场经济体制的建立和国有企业改革的深入,国有企业在落实“三重一大”集体决策制度上虽然积累了一些经验,形成了一些制度和办法,但国有企业监督机制涉及的问题错综复杂,存在一些不可忽

本文曾刊登于《企业论坛》2009年第5期。

略的问题,主要有以下三个方面:

一是监督缺位。国有企业领导班子成员是企业权力的掌控者、制度的制定者,尤其是少数企业的"一把手",他们的决定往往是字字珠玑,说一不二,同级或下级是绝对的服从,主管部门无法及时掌握情况,出现了"上级不易监督、同级不愿监督、下级不敢监督"的现象。

二是制度缺失。虽然党中央一再强调"三重一大"事项必须经过集体研究决定,但具体到工作中,有的国有企业未制订完整的落实"三重一大"集体决策制度实施办法,对"三重一大"事项或是认认真真走过场,走形式,或是仓促拍板,在情况不明、局势不清的情况下通过,造成了国有资产的大量流失。

三是教育缺乏。有的国有企业存在着领导干部教育不到位现象,给下面讲得多,自己学得少;热衷于参加社会活动,不愿意参加集体学习;甚至有的领导借故不参加组织生活。长时间的教育缺乏使领导干部思想逐渐"滑坡",认识不清、定位不准、私欲膨胀,对"三重一大"集体决策制度更谈不上严格执行。

探讨以上落实"三重一大"制度方面存在三个主要问题的原因,主要是以下几点:

一是"官本位"思想根深蒂固。少数国企领导干部对自己定位是"官"而不是"管",错误地认为手中掌握的权力是自己拥有的,从而造成思想和行为上的落差,只要监督不力、控制减弱,私欲膨胀随即上涨。

二是"三重一大"界定不明。目前国企"三重一大"制度在具体实施过程中,过于原则化,对"三重一大"界定不是很清楚,采取"一刀切"的方法来确定"三重一大"的界限,不符合实际情况。

三是缺乏对"三重一大"事项的责任追究。少数国有企业"三重一大"制度流于形式,对于因违反"三重一大"制度,造成国有资产严重流失的人员,不能及时进行处理,出现"失之于宽,失之于软"的现象。

针对存在的以上问题,为使"三重一大"制度落到实处,发挥其应有的作用,应采取以下对策:

一是加强宣传教育,提高思想认识,打牢落实"三重一大"制度基础。"三重一大"制度执行得好坏,关系到领导班子的凝聚力和战斗力,关系到改革和发展是否能够顺利进行。国企领导班子在思想上要对"三重一大"制度给予高度重视,加强学习,提高认识,打牢思想基础,在部署工作时突出强调"三重一大",在推进工作时重点研究"三重一大",在考核检查工作特别关注"三重一大"。

二是订立规矩,确立落实"三重一大"制度的"标尺准绳"。无规矩,不成方圆。国有企业应当从加强"三重一大"制度建设入手,建立健全"三重一大"制度体系,形成用制度管人,用制度管事,用制度管物的良好局面,使"三重一大"事项有"标尺准绳",筑起反腐倡廉新堤坝。

三是规范程序,把握落实"三重一大"制度的"关键环节"。规范决策程序是落实"三重一大"制度的重要环节,也是关键所在。国有企业应当对属于"三重一大"事项在决策前,经过必要的民主程序,广泛听取各方面的意见,做到民主决策、科学决策,使决策符合企业长远发展和职工的合法权益;在决策中,严格遵守议事规则,严格按照预定议题进行,不临时动议或表决事项,特别是不能临时动议重大议题或重要人事任免事项,对于带有实质性的有争议事项,如无时限要求则推迟议决,重新调研,待意见成熟后,再提交会议决定。对投资决策、产权交易、资本运营、财务管理、物资采购、工程项目等企业经营管理的关键环节和突出问题,实行票决制。对"三重一大"事项决策的情况,包括决策参与人、决策事项、决策过程、决策结论等,也应以会议通知、记录、纪要、决定等形式留下文字性资料,并存档备查。

四是搞好监督,建立落实"三重一大"制度的"保障体系"。为确保"三重一大"集体决策制度的贯彻落实,国有企业应当在事前、事中和事后三个环节明确监督重点和监督程序,强化对"三重一大"实施过程的有效监督。

胡锦涛总书记在十七届中央纪委二次全会上提出,当前和今后一个时期反腐倡廉建设要注意把握和体现"改革创新、惩防并举、统筹推进、重在建设"的基本要求。国有企业落实好"三重一大"集体决策制度既是党的事业的需要,也是企业自身的现实需要,国企要将其作为大事抓紧抓好,把企业带入科学发展的快车道。

参考文献

[1] 国有企业领导人员廉洁从业若干规定. 北京:中国方正出版社,2009.
[2] 中共中央关于加强党的建设几个重大问题的决定. 北京:人民出版社,1994.

(本文入选《湖南省惩治和预防腐败体系建设理论调研成果选编》,并获"深入学习实践科学发展观,扎实推进惩治和预防腐败体系建设"理论征文二等奖。)

试论勘察设计企业在两型社会建设中的独特作用

马　慧

摘　要：阐述了两型社会的内涵，分析了建设两型社会的必要性，论述了勘察设计企业在两型社会建设中应发挥的独特作用。

关键词：勘察设计企业　两型社会　交通建设

党的十七大报告指出："坚持节约资源和保护环境的基本国策，关系人民群众切身利益和中华民族生存发展。必须把建设资源节约型、环境友好型社会放在工业化、现代化发展战略的突出位置，落实到每个单位、每个家庭"。2007 年 12 月，国家批准武汉城市圈和长株潭城市群作为"全国资源节约型和环境友好型社会建设综合配套改革试验区"。川渝城市群、武汉城市群、长株潭城市群被视为继长三角地区、环渤海地区、珠三角地区之后的我国第四经济增长极。"两型社会"建设成为湖南全省各级党委政府和各界群众关注的焦点，作为勘察设计企业，因为其自身的智力密集型企业和技术服务的特点，应该发挥在建设两型社会中发挥独特作用。

1　两型社会的内涵

所谓两型社会是指在社会生产、建设、流通和消费各个领域，在经济和社会发展各个方面，切实保护和合理利用各种资源，提高资源利用率，以尽可能少的资源消耗，获得最大的经济效益和社会效益，实现人与自然和谐发展、经济社会可持续发展。建设"两型"社会不是一般意义上的保护资源、节约资源，而是应坚持生产发展、生活富裕、生态良好的文明发展道路，实现速度和结构质量效益相统一、经济发展与人口资源环境相协调，使人民在良好生态环境中生产生活，实现经济社会永续发展。建设"两型"社会是一项庞大的系统工程，涉及生产、消费、流通等领域，涉及发展战略选择、观念更新、制度变革等因素。培育节约能源资源和保护生态环境的思维理念、产业结构、增长方式、消费模式，需要政府、企业、居民、非政府组织等行为主体的积极作为与协作，需要各领域相关政策的支持和制度保障。

2　建设两型社会的必要性

中央之所以在现阶段提出来要建设两型社会，主要原因在于我国经济增长方式基本上仍属于粗放型，资源消耗浪费大、污染重的问题还没有从根本上转变。未来 15 ~ 20 年，我国仍将处在工业化和城镇化加快发展阶段，资源环境压力日益加大，我们不可能模仿发达国家走"先粗放后集约"、"先污染后治理"的发展老路，必须加快"两型社会"建设。否则，资源难以为继，环境难以承受。

2.1　节约资源是人类社会发展的现实需要

资源是人类社会生存与发展的最基本的物质基础，人类社会的每一重大进步和变革，都是紧紧伴随着对资源的认识和开发利用的变化而变化。资源包括自然资源和社会资源两大类，自然资源是指人类可以利用的自然生成的物质与能量，包括土地资源、生物资源、水资源、气候资源、矿产资源、海洋资源、空间

本文曾刊登于《湖南交通科技》2009 年第 35 卷第 2 期。

资源等。在一定的时间和空间范围内，自然资源的数量是有限的，并不是取之不尽，用之不竭的。煤炭、石油、天然气，是耗竭性资源和不可更新资源。

从资源利用效率来看，我们仍然处于粗放型增长阶段。从资源消耗角度看，我国的消费增长速度惊人。而我国资源储量、产量和出口量均居世界首位的钨、稀土、锑和锡等优势矿种，因为滥采乱挖和过度出口，绝对储量已下降了1/3～1/2。伴随着资源大量消耗、经济快速发展的同时，中国经济发展的“环境瓶颈”制约日益明显，仅以水污染为例。目前，中国每年向江、河、湖和地下水排放的污水已达640亿吨，占中国总水资源量的2.3%，已远远超过自净能力的极限，已经十分严重的水污染将更加严重。况且我国的水污染集中在我国水资源量3/4的水域，所以形式更严峻。

2.2 建设生态文明是人类社会历史发展的必由之路

人类文明的发展经历了原始文明、农业文明和工业文明三个阶段。生态文明是人类社会高度发展进化的一个新阶段，是工业文明之后的高级文明形态，本质特征是人与自然和谐相处的文明形态。生态文明是社会文明与支撑文明的环境高度和谐的文明。

胡锦涛总书记在党的十七大报告中强调，要建设生态文明，基本形成节约能源资源和保护环境的产业结构、增长方式、消费模式。这是对我国人口剧增、资源短缺、环境恶化的严峻形势进行检省后的一种明智选择。这是人类社会历史发展的必然选择，是工业文明自身演进，自我超越的必然结果，也是实现经济社会可持续发展的必由之路。

生态文明是一个系统的概念，包含人与自然的关系、人与人、人与社会的关系，核心是统筹人与自然和谐发展。它体现了科学发展观的本质要求，目标是在开拓一种全新的科学发展方式和全新的经济社会形态，它意味并预示着发展方式、生产方式、生活方式以及人文理念的一次革命。我们应当贯彻落实科学发展观，从我国基本国情出发，把建设资源节约型、环境友好型社会放在工业化、现代化发展战略的突出位置。

2.3 建设两型社会是人类社会发展的必然选择

人类社会经历了农业文明时代和工业文明时代。在农业文明时代，由于人口的不断增长，低下的劳动生产率难以满足人类对食物的需求，引发了大规模的毁林开荒、捕猎动物、过度放牧等活动，人类对自然界的破坏也随之加剧，地球表面裸露出一片片黄色的土地，导致水土流失、土质沙化、动植物种群遭到破坏、生态失衡。工业革命在推动社会进步的同时，也使得天空黑烟弥漫，地上污水四溢，开山和采矿使地球“伤痕累累”，耕地和森林不断萎缩，沙漠化和土地侵蚀日益严重，洁净的淡水越来越短缺，生物物种急剧灭绝，这是人类对生物圈的第二次冲击。20世纪以来，随着经济社会的不断发展和科学技术的不断进步，人类对自然环境的改造力度和影响程度也越来越大，为了追求经济的快速增长和物质产品的极大丰富，人类加大了对资源的开发力度。

从20世纪60年代开始，人类对自然与自然环境关系的反思和认识迅速升温。建立资源节约、环境友好型的社会已成为全球共同的愿望。1972年，联合国发表了《人类环境宣言》，郑重声明只有一个地球，人类在开发利用环境的同时，也承担着维护地球的义务；90年代以后，以《里约热内卢环境与发展宣言》、《二十一世纪议程》、《气候变化国际公约》和《生物多样性公约》为代表的一系列具有里程碑意义的纲领性文件和国际公约的问世，标志着实现人与自然和谐发展，建立资源节约、环境友好型的社会已成为全球共同的愿望。

3 勘察设计企业应该在两型社会建设中发挥以下几个方面的独特作用

建设资源节约型、环境友好型社会的发展战略对我们的勘察设计工作提出了更高更紧迫的要求。要求我们勘察设计企业要增强责任感和使命感，转变设计思想，在保证“技术先进可靠、经济合理适度、施工方便可行、使用安全耐久、人文景观协调”的同时，将节约投资、节能、节地、节水和环境保护作为设计突出的重点，积极引导正确的设计理念。多年来，我院实施品牌战略，坚持“追求卓越设计，打造精品工程，竭诚服务客户,共创美好未来”的企业宗旨,通过精心设计、精心创作,设计出质量优良、经久耐用、经济合理的公路作品,在两型社会建设中发挥了积极的作用。

3.1　不断优化方案设计,降低工程造价,发挥设计在建设节约型社会中的关键作用

工程建设过程包括项目决策、项目设计和项目实施三大阶段。投资控制、节约资金的关键在决策和设计阶段,而在项目作出投资决策后,其关键就在于设计。据研究分析,设计费一般只相当于建设工程全寿命费用的1%以下,但正是这少于1%的费用对投资的影响却高达75%以上,所以说设计方案直接影响投资。

公路路线方案是公路设计的灵魂,方案优化设计对整个工程建设的投资、工期、质量都起到至关重要的作用,在设计时除充分考虑路线长度、工程量、投资等因素外,还从全面、协调、可持续发展的角度综合考虑节水、省地、环保、安全、人文等制约因素,不断进行优化设计,通过优化设计有效控制投资,节约资金,提高工程质量。

长沙至湘潭高速公路从预可至开始至招标文件就是设计方案不断优化的过程,我们从工程量、占用耕地、拆迁安置、环境保护、路网的发展与城市的配合、路线长度等方面进行综合考虑,从众多的比较方案中选择了4段共38.93km进行了详细研究,占全线总里程的76%,通过方案比选,不仅使路线方案更为合理,而且大幅度降低了造价,如采用路线走马家河然后再与湘潭连接的方案,不仅降低后续工程造价1亿多元,而且有利于湘潭的城市建设。

长沙至常德高速公路全长154.59km,1999年建成通车。长沙至益阳高速公路经过工可、初设阶段对路线方案做了大量细致的优化比选工作,推荐出一条线形比较好、里程比较短和占田比较少的路线方案,经施工图进一步优化,完善平纵组合,降低工程量,最终使长沙至益阳的新线里程比老路里程缩短了24km,行驶时间缩短一半,基本体现了安全、快速舒适的设计宗旨。

益阳至常德高速公路狠抓了方案的比选,从众多的比较方案中选择了三段进行详细研究,如太子庙路段,根据工可意见,路线从开发区以北穿过;在初步设计中,详细收集、调查了有关工程资料、规划资料后,经研究同意线位再向北(清水坝水库)移,尽量不占用开发区用地为宜;施工图设计中,根据初步设计审查意见,该路段整体线位向南平移了100~300m不等,这样有利于避开居民密集点、减少路基对清水坝水库的影响,同时整体线型更为流畅,缩短了公路里程,降低了工程造价。

交通部典型示范工程吉首至茶洞高速公路,我们充分利用有利的地形条件,在矮寨桥设计中采用悬索桥方案,从而避免工可报告中长达10km的隧道,在工程投资减少3.2亿元的同时,还可以缩短路线长度12km(缩短18%),使长期运营费用每年减少1亿元,每年还可以减少管理养护成本5 000万元,同时公路的安全保障性能、环境景观效果、服务社会能力等均大幅提升,确保了车辆行驶的安全性,而且避免了原隧道方案带来的修建管理复杂、建设和管理养护费用昂贵、社会资源和能源消耗巨大、行车舒适度和安全性差、隧道产生的大量废方和废气严重污染环境等一系列难题,将成为我国桥梁设计史上的一座里程碑,也将为湘西增添又一奇观。

3.2　树立科学发展观,优化设计理念,坚持和谐型设计,发挥设计在建设两型社会中的引导作用

改革开放以来我国公路建设取得了令世人瞩目的成绩。但是由于建设速度加快、设计周期不足以及设计理念陈旧等原因,我国公路勘察设计暴露出一些问题,与公路建设的巨大成就形成鲜明的反差。较突出的是设计理念不能适应社会进步和时代发展的要求,考虑工程本身、专业内部要求较多,从全社会、人与自然的和谐、环境保护角度考虑较少,环保意识、服务意识、安全意识、资源忧患意识不足,对自然尊重不够,工程大挖大填现象比较突出;其次是“用心”设计不够,设计“制作”多于“创作”、“粗放”多于“精细”,致使有特点有特色的设计少。2004年9月,全国公路勘察设计工作会议提出了“六个坚持,六个树立”的公路勘察设计新理念。其核心是围绕科学发展观的要求,通过“灵活设计”和“创作设计”实现“安全”、“环境优美”、“节约资源”、“质量优良”、“系统最优”的目标。

通过多年高速公路设计经验的积累,我们认为设计理念的提高对设计水平和设计质量的提高有至关

重要的意义,因此,一直把提升设计理念放在突出的位置,不断地引导勘察设计人员增强环保意识、服务意识、安全意识、资源忧患意识,从人与自然和谐、公路与自然的和谐、环境保护的角度来组织设计,进行和谐型设计,适应社会进步和时代发展的要求,充分发挥勘察设计在建设资源节约型、环境友好型社会中的先导作用,切实逐步实现交通文明与生态文明的协调发展,努力提高固定资产投资的经济效益、社会效益和环境效益。近几年来,我院设计的湘耒高速公路获得我国最高政府性环保奖——"国家环境保护百佳工程",临长高速公路、常张高速公路分获首届和第二届国家环境友好工程奖。

吉首至茶洞高速公路是长沙至重庆公路通道的一段,该项目已列入交通运输部公路勘察设计典型示范工程,为将吉茶高速公路设计成一条可持续发展的、具有"安全、环保、舒适、和谐"崭新理念的高速公路,我们摒弃了以往首先统一设计原则、设计界面和各专业设计要求的做法,而是强调提前踏勘、各专业共同识别项目的出行需求、安全需求及保护自然环境、保存社会价值等方面的需求,通过一次次大范围、多专业的现场踏勘,让大家能在自然的、地理的、历史的、文化的冲击中锤炼吉首至茶洞高速公路的设计方案。通过集体踏勘,我们在外业勘察进场之前编制完成了《路线工程地质选线专题报告》、《矮寨桥工程地质选址专题报告》等一系列专题分析报告,提炼出"古道·边城·新高速"的设计主题和"和谐型设计"的总体思想,确定了"热爱生命、尊重自然、珍惜资源"的总体目标和"和谐型设计"的7项具体要求,大胆提出了"环保绿线"计划,从强调绿化到崇尚自然,使公路与地形保持和谐一致,路线更加贴近自然,最大限度的保护公路周边的自然环境。吉茶高速公路共需征用土地375hm^2,经分析计算,通过实施环保绿线计划,其中约74hm^2土地可以采取措施得到更好地保护,尽可能保持原生态景观,同时也为排水沟、截水沟处于视线之外创造了条件。

公路建设必然影响环境,尤其是高速公路建设,其选线不当会破坏沿线生态环境,防护不当会造成水土流失,公路带状自然延伸会破坏路域自然风貌,造成环境损失等,因此,高速公路从设计阶段就要做好环境影响评价,进行环境保护设计,使公路设计与环境和谐统一。北京至珠海国道主干线湘潭至耒阳高速公路,全长168.84km,总投资42亿元人民币,属"九五"期重点基础建设工程项目。2003年该项目荣获"国家环境保护百佳工程",我院"绿色环保生态公路"的代表作品。湘耒高速公路沿线旅游资源十分丰富,在设计中,我们综合考虑沿线的经济发展水平、自然地理条件、地形地貌特征等诸多要素,主线随着地形变化,做到路基填挖基本平衡,尽量少破坏自然环境,全线排水进行了综合设计,保持了原有灌溉系统、泄洪的畅通,防止了水土流失;对全线的路基边坡、中央分隔带、互通式立交、取弃土区,探索出了一条独特的环境保护措施,两旁护坡宛若天成,座座天桥匠心独运,全路俨然成为一条风景优美的"绿色画廊",实现了"安全、环保、舒适、和谐"的设计目标,2004年又荣获国家优秀设计金奖及第四届詹天佑土木工程奖。

京珠国道主干线临湘至长沙高速公路全长182km,从1992年开始预可到2002年建成通车,历时10年,是我院设计人员精心创作的一部"作品",是我省已建成通车高速公路中标准最高、里程最长、投资最大的项目。它投入环境保护的建设资金约1.8亿元,应用多种绿化新技术,对全线的社会环境、生态环境、声环境、大气环境与水环境均建立了适时监测系统均进行数据采集,设计一整套相适用的环境保护措施和景观开发措施,使沿线绿色覆盖率接近100%,带来了显著的环境效益。同时以改善高速公路沿线生态环境、建设速生经济林、尽快为经济建设提供工业用材、为农民增加收入作为设计的指导思想,在主线两侧红线外建成30m宽速生经济林,体现了生态环保设计的理念,可增加林木蓄积至少12.76万立方米,增长毛竹若8万根,按市场可比原则,其理论价值达2 000多万元。

3.3 坚持依靠科技创新优化工程设计,提高生态效益和资源的利用率,发挥设计在建设两型社会中的智力支撑作用

"十五"、"十一五"时期是我省高速公路发展最快的时期,也是出科技成果最多的时期。为优化高速公路的设计,改善交通环境,提高资源利用效益,我们坚持走科技含量高、经济效益好、资源消耗低、环境污染少的发展道路,充分利用全球定位系统和地理信息系统及计算机辅助设计技术,及时解决了设计中

遇到的难题,还结合项目进行科研攻关。从2000年开始,我院每年都要争取数个部省级科研项目,西部课题更是我院争取的重点,近5年我院接手的西部课题项目便达到了2 000多万元。研究了公路特大桥梁、斜弯坡桥、长大隧道、特殊路基、深层地探、大跨钢管混凝土技术及高速公路山区的分离式路基及环保技术等,有效地利用资源,也推动了技术进步。不仅如此,我院还将科技创新与项目紧密结合起来,"完成一个项目,创新一项设计,留下一个精品"已成为我院的共识。在近五年我院获得的勘察设计创新78项奖中,有许多是对关键技术和核心技术的突破。

湘潭至耒阳高速公路在设计时,我们发现该路线要通过近100km的红砂岩地带,涉及的红砂岩有1429.93万m^3。据初步估算,若采用弃土借土的方案,要增加工程造价4亿元,我院在这种严峻的形式下提出了"京珠高速公路湘潭至耒阳段红砂岩地带路基修筑技术研究"课题,成功地解决了泥质砂岩、砂质泥岩、泥质页岩的路基开挖与路基填筑的稳定性难题,减少工程投资约4.7亿元,少占农田12 638亩,少砍伐森林2 518亩。该课题荣获"中国公路学会科学技术奖三等奖",到现在为止,本课题的研究成果已成功地用于湖南省境内具有红砂岩的各条高速公路中,状况良好,其经济效益、社会效益和环保效益十分显著。

临湘至长沙高速公路通过合理选用技术指标,精心构思设计方案,积极开展科学研究,大胆运用"四新"技术,针对沿线70km的全风化花岗岩路基的动态特性及稳定性进行研究,解决了路堑开挖与路堤填筑的稳定性难题,避免了远距离借土和大量弃土占用耕地,减少工程投资约5.1亿元,少占农田近8 125亩,少砍伐森林1 360亩。临长高速公路全线采用改性沥青,提高沥青路面抗车辙及抗滑能力,实现了湖南高速公路沥青路面零的突破。通过大量的科学试验和专题研究,全面提升了资源的利用率,提高了投资效益和社会效益,2005年被评为全国优秀铜质奖和第五届詹天佑土木工程。

邵怀高速公路雪峰山隧道长近7km,最大埋深达850m,隧道穿越的地质条件复杂,修建需要解决的问题很多。"雪峰山特长公路隧道关键技术研究"将较好地解决防灾、通风、照明、消防等设计技术问题,预计将节约15%左右隧道建设成本,产生近亿元的经济效益。

结合常德至张家界高速公路建设进行的"岩溶地区建筑环境保护研究"项目的实施减少了地质灾害的可能性,节省了公路的维护费用;景观绿化设计中本地物种的选择,节约工程投资约50万元,也提高了各种植物的成活率。各种环境保护措施的实施,有利于环境的恢复,产生的巨大的生态效益。

四川雅安至泸沽高速公路在2007年的交通部工作会议上明确为全国首个科技示范项目,我们在设计中结合项目进行了10余项科研课题研究,主要有连续纵坡、石棉尾矿筑路材料、高地震区隧道桥梁抗震、湿地保护、螺旋隧道通风等研究,着力解决新技术难题。2008年"我省攻克一批勘察设计世界性难题,湖南省交通规划勘察设计院创造的'双螺旋隧道'设计在四川山区高速公路建设中成功应用"被评为湖南十大科技新闻。

近5年来我院科技获奖项目共有20余项,"岳阳洞庭湖大桥关键技术研究"获省科技进步一等奖、国家科技进步二等奖;"岩溶地区公路修筑成套技术研究"获国家科技进步二等奖、中国公路学会科技进步特等奖和贵州省科技进步一等奖;《膨胀土路基设计、加固与施工技术研究》获湖南省科技进步一等奖;《预应力混凝土公路板式桥梁通用图成套技术研究》获省科技进步二等奖;"京珠高速公路湘潭至耒阳段红砂岩地带路基修筑技术研究"、"高速公路地面数字模型与航测遥感技术研究"、"潭邵高速公路膨胀土改良技术研究"和《GPS实时动态测量新技术在高速公路工程测量中的应用研究》课题获得湖南省科技进步三等奖;《工程开挖引起的地表移动与变形模型及监测技术研究》课题获得中国测绘学会科技进步三等奖。

3.4 坚持可持续发展观的设计理念,加强对自然资源的保护,推动资源能源的节约,发挥设计在建设两型社会中的保障作用

自然资源是人类赖以生存的物质基础,高速公路的修建必然对自然资源造成一定程度的破坏,但在设计中我们尊重自然、尊重地区特性,始终坚持"不破坏就是最大的保护"的理念,坚持最大限度地保护、

最小限度的破坏、最强力度的恢复，使工程建设顺应自然、融入自然。全面掌握自然资源分布情况，选定路线方案时考虑绕避自然资源丰富的地带，将公路建设对其影响降低到最小。

促进土地资源的集约和合理利用是设计人员义不容辞的责任。公路工程是线性工程，规模大，对土地资源有很强的依赖性，公路建设决不能以浪费土地、破坏资源环境为代价。我们在吉首至茶洞高速公路设计中坚持节约用地，严格保护耕地，最大限度地保护自然，充分利用地形，避免大填大切，合理取土弃土，少占农田，多占荒地，尽量避开密集的、保持完整的村寨与景区；在纵面设计上通过农田的地段尽量压低路基设计标高和进行路堤防护，对大填大切地段进行细致的路线方案优化，尽时减少填切高度，并采用桥隧方案比较，进行技术论证，减少用地面积。减少有用资源的浪费及征地拆迁数量。通过实施环保绿色计划，在共需征地 375hm^2 中约 74hm^2 土地中可以采取措施得到更好的保护。还利用隧道弃渣填筑路基 30.76m^3，充分考虑填挖平衡及对弃土的利用，利用弃土改地造田，使资源达到循环利用。

在常德至吉首高速公路设计时，我们做到了千方百计节约每一寸土地，精打细算用好每一寸土地。如沅陵县因五强溪水库移民超过 10 万人，常吉高速公路经过马家坪地段，为五强溪水库的主要移民区，人均耕地面积不足 0.3 亩，为了少占耕地，少拆迁房屋，我们选取了占用农田最少的路线方案，并在路堤两侧增设挡土墙，有效地保护了耕地资源，减少了对当地居民生活的影响。

山区高速公路尤其要重视对矿产资源的保护，必须进行详细的调查工作，查明沿线所有矿产资源的分布。常吉高速公路避开了沿线最大的矿区，我院设计过程中做了大量的路线方案的比选，最后选定了完全对矿产没有影任何影响的路线方案，但却因此增加了一座长达 3.7km 长的岩门界隧道。

我省水资源丰富，河溪密布，水网交错，既是当地群众的饮用水源，也是一种景观资源。我们在进行路线方案设计时，首先采用的是绕避措施，尽量避免选取沿河线，尽量保留水体周围原有植被。无法绕避时，也是多选取桥梁通过，尽可能减少对周边水体的影响。在水资源保护区采取集中排水、清浊分流，设置沉淀池、隔油池，防止桥面油污漏至水中污染水资源；在陡坡或深沟地段，设置急流井和消力井，避免排水沟或边沟出口下游的山体、自然植被、水道和农田受到冲刷。

总之，建设两型社会是现实的需要，是建设和谐社会的必然选择，是我国持续健康快速发展的必由之路，我们要使节约资源成为一种社会责任，环境保护成为一种社会公德，自主创新成为一种社会追求。作为勘察设计企业，应该肩负起社会责任，在建设两型社会中率先发挥作用，为建设两型社会做出应有的贡献。

现代企业员工激励方式分析

刘晓昌

激励,从狭义上讲就是激发、鼓励之义;从广义上讲则是指运用各种有效方式激发人的热情,启动人的积极性、主动性,发挥人的创造精神和潜能,使其致力于组织所期望的目标。在当今知识经济、信息经济的时代,高科技迅猛发展,对现代企业员工提出了更高的要求。同时,在实行社会主义市场经济条件下,企业竞争更加激烈。因此,对员工采取各种激励方式,调动他们的积极性,激发他们的创造性,这是企业党组织和经营管理者必须运用的思想政治工作和管理的重要手段,也是企业建设与发展的关键所在。

1 行政激励

行政激励具有鲜明的法规性、权威性、永久性和严肃性的特点。在我国,行政激励行为具有悠久的历史,相传在夏王朝时期,激励行为就应用于军事,到了春秋战国时期,作为安邦治国重要手段的激励措施,逐步走上了规范化的轨道。

1.1 奖罚分明

我国古代的兵家著作早就系统而又全面地阐述了奖惩观,在《孙子兵法》"计"篇中说要"赏罚孰明",意即将帅要奖惩分明。在企业,员工通过自己的努力工作,总希望得到公司的认可,以体现自身的价值。因此,要结合年度考核,对那些业绩突出、被评定为优秀者,进行嘉奖、记功或授予先进工作者称号,给予充分肯定。相反,对违规违纪的员工,按照严格的程序和规定,根据《职工奖惩条例》给予警告、记过、开除等处罚,并在公司范围内公布于众。这种以组织名义所进行对员工的激励手段有着十分重大的影响,甚至终生难忘。

1.2 升降得当

升降激励是通过对员工岗位和待遇的升降来激励人的进取精神。在建立现代企业制度中,这种升降措施是经常使用的,也是企业内部管理中,员工能进能出、管理人员能上能下的一项重要措施。升降必须坚持任人唯贤、德才兼备、唯能是用、升降得当,这是企业兴旺发达的重要保证。提拔一个,鼓舞一片;撤换一个,教育一片,才能起到激励作用。反之,选错一个,就会冷落一片;换错一人,就会寒心一片,不仅起不到激励作用,还会起到相反的效果。因此,对于那些表现好、技术过硬、具有较好组织才能的员工,要及时提拔到管理岗位,使其发挥更大的作用。对那些工作好,技术拔尖的员工,要破格晋升专业技术职务,使其发挥更好的专业特长。对劳动态度好、劳动技能强的员工,要及时调换行政或技术岗位,做到人尽其才。对那些不能胜任自己岗位的员工,要及时调换或转岗分流,或中止和解除劳动合同。做到能者上、平者让、庸者下。

1.3 日常评价到位

经常对员工的行为作出是非评价,进行表扬与批评、赞许与制止,这是一种日常激励的方法,也是从日常的具体事情上对员工的行为进行规范,起到潜移默化的作用。对员工的日常是非评价,一般是对直接部属或员工在一定的空间内进行的,其方式无非是语言表达和形体示意。用文字宣传好人好事、批评不良行为;口头告诉员工的是与非、对与错、可行与不行、赞扬与反对;目光示意把激励信息告诉对方,使

本文曾刊登于《交通企业管理》2002 年第 11 期。

被管理者心领神会、明确意图;利用面部的笑与怒表情,更形象、更生动地传达激励信息,反映思想感情,为对方所接受;甚至通过握手接触、拍拍肩膀、点头示意、手势动作等,都能有效地传递领导者或管理者的是非评价,具有十分重要的日常激励作用。

2 物质激励

现代管理学认为,物质是人生存的第一需求。物质激励一般是以货币或实物形式对员工良好行为的奖励方式,或者是对不良行为处罚的手段。虽然是一种古老的激励手段,但具有较强的生命力,它能激发人的精神状态,调动员工的积极性,在现代及今后相当长的历史时期内将继续发挥独特的作用。

2.1 岗位绩效薪酬

在当今社会生活中,劳动依然是人们借以谋生的手段。在企业,员工劳动的基本动因,仍是为了谋求一定的劳动报酬。因此,在企业制定合理的薪金制,也是吸引人才和稳定合格员工的必要前提。薪金制的确定,可从多方面着手:一是以员工的学历、职称、服务年限等确定基础工资,体现对人力资源的基本评价,保障员工的基本生活水平;二是以员工岗位的劳动强度、责任轻重、复杂程度、技术要求确定岗位工资,体现工作岗位的价值,保障员工相应的报酬;三是对员工的工作能力、技术水平、工作成绩考核确定绩效工资,按业绩支付报酬,体现多劳多得的分配原则。此外季度、年度,企业还可根据经营情况和经济效益,按照员工的不同岗位和表现,发放数额不等的奖金;甚至还可实行项目工资、课题工资、技术岗位津贴、科技成果转化提成及入股分红等,激励他们努力工作,创造经济价值。

2.2 优厚的福利待遇

福利作为对员工履行劳动义务的一种物质补偿,具有很强的吸引力和激励作用。企业首先要解决好员工的社会福利,如建立社会养老保险、医疗保险、失业保险、住房公积金等社会保障体系,以解除员工的后顾之忧。其次是集体福利,如发放生活补贴、交通费、困难补助、冬季取暖费、夏季防暑费、重大节日发放生活物资等,使员工感到集体的温暖。再次是个人福利,建立职工年度带薪休假制度;组织员工外出旅游、优秀员工出国培训;让员工持股分红,既增加收入,又增强了主人翁责任感;对管理、技术骨干给予股份期权,留住人才,保证企业的长远发展。甚至对有重大贡献的员工,可提供住房、小汽车等实物,到一定的服务年限,产权归已,以此拴住员工的心来留住人,长久地为企业作贡献。

2.3 非报酬性福利的吸引

社会生活,每个人都离不开一定的物质需求和物质利益,这不仅是维持生存的基本条件,也是员工个人在各方面发展的重要前提。员工对于企业的福利设施是特别注重的。首先他要看企业的工作条件和环境是否舒适,办公大楼宽敞明亮,外形高大气派,办公室内设施齐全、装备现代等,即使薪水稍低,员工也会乐意,因为他每天出入于一个心旷神怡的地方,有一种愉悦的满意感和内心的自豪感。其次是生活条件,如独立空间的公寓;干净赏心的餐厅免费或优惠提供服务;齐全的娱乐室、图书馆、体育设施等。使员工生活在一个无忧无虑的企业,他就会一心扑在工作上。这些比起条件稍差的一些企业,实际上是一种非报酬的福利,它对员工具有很大的吸引力和激励作用。

3 精神激励

马克思主义哲学认为,精神在一定的条件下,具有强大的反作用。以调整精神的量与质的精神激励,是一种“不花钱”的有效激励手段,作为企业的用人战略原则,应该重视员工的精神对行为的统率、支配作用。在人际关系交往中,并非都在进行“物质传递”,更多的还是进行“精神传递”,包括感情传递、思想传递、信息传递等。在特定情况下,精神激励不但可以弥补物质激励的不足,而且可以成为长期起作用的重要激励因素。

3.1 舆论宣传的激励

舆论在西方国家称之为公众意见,舆论激励是造成一种扬善抑恶的舆论氛围,对员工提供一种导向,同时也施加一种无形压力，并使压力转化为激励积极性的动力，使激励对象产生一种荣辱感。舆论形成的功能与员工个人行为有密切的关系，对群体也有示范和典型的意义。通过文件通报、报刊、会议、广播电视及墙报、网络等宣传媒介，对员工的先进事迹进行表扬，以榜样的示范作用来激励其他员工的积极性，也会起到潜在的激发鼓励作用；对不良行为进行批评，以典型警示其他员工。从而达到弘扬正气、抵制歪风的目的，形成你追我赶、奋发向上的良好气氛。

3.2　高层次的荣誉激励

荣誉激励是一种高层次的激励方式，在社会现实中使用十分普遍。现代企业以知识型员工为主，大都是专业技术人才，有知识、有能力，具有强烈的自尊心和虚荣心，他们最担心自己的才能得不到发挥，在事业上没有成就，希望得到组织的理解和尊重。因此，对于取得突出业绩的员工，组织上可以授予其先进工作者、劳动模范、青年岗位能手、“三八”红旗手、科技英才等荣誉称号。这对获得荣誉的员工来说，是其高级精神需要的满足，也是一种巨大的鞭策，将起到长久的作用，对整个群体的激励更是难以估量。如果对一个群体授予于荣誉称号，会增强全体员工的荣誉感和奋斗感，集合更大的群体力量，达成群体的高功能，同样会对其他群体产生激励作用。

3.3　参与决策的激励

据心理学家研究，如果一个企业的领导者能够创造一个和谐的民主氛围，给予员工参与决策和管理的机会，那么这个企业的生产、工作、员工情绪、内部团结都会处于最佳状态。作为现代企业，更要用尊重人、理解人、关心人、培养人的原则，采取各种形式，创造有利条件，为员工参与民主管理提供一个良好的氛围，使其焕发出更大的工作热情。不管是决定问题，还是向员工布置工作，都要有良好的民主作风。多讨论、多商量，启发员工的思想闸门，使其开动脑筋，出主意、想办法，充分发表他们自己的见解。一方面可以弥补企业领导者智慧的不足；另一方面共同决定的问题里面包含了员工的正确意见，执行起来会更加自觉；同时也增强了员工对领导者的亲切感，员工感到心情舒畅，积极性得到有效的发挥。

3.4　情感的激励

人非草木，孰能无情，情感为人类所独具，在企业的员工中起着巨大的作用。员工的任何认识和行动都是在一定的情感推动下完成的，积极的情感可以焕发出惊人的力量去克服困难，相反则会大大妨碍工作的进行。情感是对员工一种最直接的激励因素。企业党组织和经营管理者是做人的工作的，必须用自己的感情去打动下级或员工的感情。如关键时刻一句提醒，紧张工作之余一声问候，遇到困难一份关怀，身体有病亲切慰问等，看似平常，却可谓“随风潜入夜，润物细无声”。情感激励形式多样，思想上帮助，使员工心情愉快；工作上支持，使员工干劲倍增，生活上关心，使员工解除忧虑。总之，企业管理者要尊重、信任和关怀员工，建立起良好的人际关系，把对员工的情感直接与他们的生理和心理需要有机地联系，达到情感上的沟通，力求他们的愿望现实化，使其情绪始终保持在稳定的愉悦、兴奋状态之中，以促进工作效率的提高。

4　知识激励

在工业经济时代，资源、设备和劳动力成为财富的主要源泉，资金成为企业的生命线，资本在竞争中取得垄断地位。现在情况完全变了，威力无比的知识力量正发挥越来越重要的作用。知识竞争时代来临，员工脑袋里的知识，成了企业最重要的生财利器。所以，造就知识型员工，更应该根据他们自身的知识、技术、智力等特点，依据他们的工作业绩，除物质、精神激励外，还应采取必要的知识激励手段，为企业提供强大的智力支持，以发挥更大的效益。

4.1　培训深造增才干

在当今科技飞速发展的时代，知识型员工即使是博士生，其知识更新也应该与时俱进，否则就会落伍，就会因知识老化、信息闭塞而陷入苦闷之中，逐渐失去继续开拓进取的勇气和信心。为此，企业要特别注重员工的继续教育，建立专项的教育培训基金，采取多种形式对员工进行培训提高。短期脱产或半脱产到院校进修;鼓励员工自学成才,适当予以奖励;与科研院校联合走"产学研"相结合的道路;派遣骨干到国外学习考察,吸收国际上先进技术;参加各种学术交流、知识讲座,增加与各类专家、学者的接触等。及时向员工"灌注"知识动力、"充电加油",不但是一种知识激励,也是企业用人实践的一条重要原则。

4.2 提供学习的"食粮"

在现代社会生产力的构成中,科学技术处于关键的地位,科学技术的发展水平成为企业竞争力的主要标志。知识员工的劳动是脑力和体力结合的劳动,具有复杂性、综合性、创造性、探索性,如果得不到必要的知识更新,得不到可靠的新信息、新情报,创造能力就会明显衰退。因此,企业要成为学习型的企业,员工要成为知识型的员工,就必须提供他们知识的来源,即学习的"食粮"。如订阅与业务、技术有关的学术刊物、专业杂志;建立单位局域网,做到资源信息共享;开通网络,广泛猎取外界各方面的信息;建立单位专门的科技情报系统和科技图书资料室;及时提供有关文件、资料、信息等,不断给他们补充"营养",满足其知识更新的需要,激励他们的创造、探索,促进"第一生产力"的发展。

4.3 智力成果的肯定

马克思说过:"劳动生产力是随着科学技术的不断进步而不断发展"。知识人才是先进生产力的开拓者。在现代企业,掌握现代科学技术、提供先进能力的主要力量是知识型员工。他们最大的愿望是实现自己的人生价值,在事业上有所作为,能为社会作出贡献。据此,企业应该对他们的工作成果及时申报科技进步奖、科学发明奖等各种奖项,申报国家专利、破格申报专业技术职务、享受政府特殊津贴等。同时单位要把他们的优秀者作为专业学术带头人、专家,实行科研课题优先;对发表的学术论文和获奖成果给予奖励,甚至重奖,肯定他们的劳动成果,充分发挥他们的聪明才知。

综上所述,没有动力,世界上的一切事物的运动都将停止。同样,在企业的建设与发展中,对员工不采取各种有效的激励方式、灌注新的动力,其积极性和创造性也很难经久不衰。激励作为企业管理中的一种职能和思想政治工作的重要手段,就是为了满足员工生理的心理的愿望、兴趣、情感的需要,通过多种方式的激励,激发人的动机,挖掘人的潜能,使之充满内在的活力,朝着组织所期待的目标前进。

(本文评为2005年湖南省交通系统思想政治工作研究成果优秀论文一等奖,并被中国人才科学研究院和中国科学发展杂志社评为国家重点人才创新学术科研成果特等奖。)

浅谈如何界定交通建设领域的商业贿赂

罗　宁　陈　游

摘　要:伴随着市场经济的发展,商业贿赂已经成为经济活动中严重危害正当竞争的行为。目前对商业贿赂界定存在贿赂主体和犯罪构成不明确,导致宣传教育和监督不到位,交通建设领域同样存在类似现象,本文结合行业的特征,对商业贿赂做一点粗浅探析,提出解决问题的几点浅见。以期共同探讨交通建设健康发展之道。

关键词:交通建设　商业贿赂

1　引言

贿赂是一种十分古老而普遍的社会现象。人类社会进入私有制的阶级社会以后,一些人为了达到政治、经济目的或谋取其他利益,就开始向国家官员官吏贿赂。早在我国古代奴隶社会的西周时期就有贪污贿赂的记载。《尚书·吕刑》中所谓"五过之疵"中的"惟货",即指官吏接受贿赂。《汉书·刑法志》中也有"吏坐受赇枉法"的记载,《说文》释:赇,以财物枉法相谢也。"可以说,贿赂这种腐败现象源远流长,伴随着人类文明的发展而发展,渗透在生活的每个角落。在现代社会中,随着市场经济发展的不断深入,市场竞争的日益加剧,商业贿赂的存在及其蔓延,已成为影响经济社会正常运行的一大"公害"。为此,中纪委六次全会后,反商业贿赂开始高调亮相,商业贿赂一词成为2006年的政治关键词,治理商业贿赂的中央文件也不断出现,在各个领域中掀起了治理商业贿赂的风暴,交通建设领域也成为反商业贿赂的重点。

本文试着从商业贿赂的概念入手,阐述商业贿赂在交通建设领域中的构成要件和表现形式,并对商业贿赂在法律界定上存在的纰漏进行浅显分析,简要探索如何界定商业贿赂,以期对构建交通建设市场防治商业贿赂的长效机制,保障交通事业的健康发展方面做一点点贡献。

2　商业贿赂的概念

"商业贿赂"是法律上的一个术语,法学界对此术语主要有以下几种比较有代表性的观点。商业贿赂行为是指经营者在市场交易过程中,通过给付财物或其他利益等手段,收买、利诱对交易有决定权或决定性影响的人以获取交易机会或竞争优势的行为。这是对商业贿赂的广义理解。而相对狭窄的定义方式有以下几种。

我国《反不正当竞争法》第8条对商业贿赂行为作了禁止性的规定,即"经营者不得采用财物或其他手段进行贿赂以销售或者购买商品,在账外暗中给予对方单位或者个人回扣的,以行贿论处;对方单位或者个人在账外暗中收受回扣的,以受贿论处。经营者销售或者购买商品,可以以明示方式给对方折扣,可以给中间人佣金。经营者给对方折扣,给中间人佣金的,必须如实入账。接收折扣、佣金的经营者必须如实入账。"

1996年,国家工商行政管理局发布的《关于禁止商业贿赂行为的暂行规定》第2条对商业贿赂作出

本文曾刊登于《企业家天地》2009年第6期。

了明确定义,即"是指经营者为销售或者购买商品而采用财物或者其他手段贿赂对方单位或者个人的行为"。

我国《刑法》对商业贿赂的规定集中体现在刑法分则第385条:"国家工作人员利用职务上的便利,索取他人财物的,或者非法收受他人财物的,为他人谋取利益的,是受贿罪。国家工作人员在经济往来中,违反国定规定,收受各种各义的回扣、手续费,归个人所有的,以受贿罪论处。"而2007年《刑法修正案(六)》中对商业贿赂罪作了更加明确具体的规定。"公司、企业或者其他单位的工作人员利用职务上的便利,索取他人财物或者非法收受他人财物,为他人谋取利益,数额较大的,处五年以下有期徒刑或者拘役;数额巨大的,处五年以上有期徒刑,可以并处没收财产。"、"公司、企业或者其他单位的工作人员在经济往来中,利用职务上的便利,违反国家规定,收受各种名义的回扣、手续费,归个人所有的,依照前款的规定处罚。"、"国有公司、企业或者其他国有单位中从事公务的人员和国有公司、企业或者其他国有单位委派到非国有公司、企业以及其他单位从事公务的人员有前两款行为的,依照本法第三百八十五条、第三百八十六条的规定定罪处罚。"《刑法修正案(六)》第八条将刑法第一百六十四条第一款修改为:"为谋取不正当利益,给予公司、企业或者其他单位的工作人员以财物,数额较大的,处三年以下有期徒刑或者拘役;数额巨大的,处三年以上十年以下有期徒刑,并处罚金。"可见,我国法律对商业贿赂的犯罪过程主要是规定在金钱方面,是一个数额犯。

商业贿赂行为不仅是中国特有的经济产物,世界各国社会中都存在着这种现象,特别是经济较发达国家。因此,各国立法中都有对商业贿赂行为进行定义,如美国、德国等。

美国《布莱克法律词典》将商业贿赂定义为"贿赂的一种形式,指竞争者通过秘密收买交易对方的雇员或代理人的方式,获取优于其竞争对手的竞争优势。"

德国1906年《反不正当竞争法》第12条规定,"在商业交易中,以竞争为目的,向商业企业的职员或受托人提供、允诺或给予某种利益,以使其在采购商品或服务时以不正当方式优待自己或某个第三人"。

奥地利《反不正当竞争法》第10条规定,"禁止为获取商品或者服务供应上的优势,通过不正当的行为向企业的雇员或者代理人提供、允诺或者给予礼品或者其他利益(行贿)。"

从上述我国以及其他国家对商业贿赂的概念的比较研究来看,商业贿赂有广义和狭义之分。按照最广义的理解,商业贿赂应当包括一切经营者为了获得交易机会而采取物质和非物质的利益手段收买交易对方、对方工作人员和对对方的决策有决定性影响的第三方的行为。而狭义的理解则仅包括经营者为了获得交易机会而收买交易对方人员的行为。我国《反不正当竞争法》第8条采取的是一条中间路线,因为这一定义没有包括对第三方的贿赂。所谓第三方是指对交易对方决策有决定性影响的人,这种影响力可能是由于交易对方处于第三方的行政管理权力之下,也可能来自于他们之间的信赖关系或其他利益制约关系。

但落实到交通建设领域,是否应该对其领域产生的商业贿赂行为进行更深一层次的界定呢?答案是肯定的。因为准确界定商业贿赂的行为界限是治理商业贿赂的前提,交通建设领域作为治理商业贿赂的重点,更是要界定清楚商业贿赂的行为界限。所谓行为不能认定亦即无法规范,对一个行为如果无法确定其性质,我们就无法对其进行治理,这是一个不言自明的道理,正所谓"名不正而言不顺,言不顺则事不成,事不成则礼乐不兴,礼不兴则罚不中,罚不中则民无所措手足也"。因此,交通建设领域的商业贿赂如何从法理上予以界定是一个非常重要的理论课题,值得探究。商业贿赂行为在交通领域具有其固有的特性,但是在其行为表现方面还是其法律后果方面却有其共性。在界定交通建设领域商业贿赂过程中,我们既要看到交通行业的特性,也要看到商业贿赂行为的共性,既要以现有的法律法规为基准标尺来对其衡量评判,又要综合考虑其所在行业的特点进行具体的分析判定。

3 交通建设领域商业贿赂的界定

要界定交通建设领域商业贿赂行为,首先进行以下必要的理论预设。

第一,我们要了解什么是交通建设市场及其构成。交通建设市场顾名思义就是由相应的市场主体组成的从事交通建设项目的市场。我们在此主要阐述交通建设市场的主体。我国交通建设市场的主体在《公路建设市场管理办法》中是这样规定的:"公路建设市场主体是指公路建设的从业单位和从业人员。从业单位是指从事公路建设的项目法人,项目建设管理单位,咨询、勘察、设计、施工、监理、试验检测单位,提供相关服务的社会中介机构以及设备和材料的供应单位。从业人员是指从事公路建设活动的人员。"《公路建设市场管理办法》中对公路建设市场主体的认定同样也是适合交通建设市场主体的,因此,可以认定交通建设市场主体是指交通建设的从业单位和从业人员。

其次,在第二点中我们分析过商业贿赂是指一切经营者为了获得交易机会而采取物质和非物质的利益手段收买交易对方、对方工作人员和对对方的决策有决定性影响的第三方的行为。交通运输部李盛霖部长在治理交通建设领域商业贿赂电视电话会议上的讲话上也提到:"对交通工程建设领域而言,商业贿赂是指在交通工程建设中,经营从业者为销售或者购买与交通工程有关的商品、提供或者接受与交通工程有关的服务而采用给予对方单位或者个人财物或者其他利益的行为。"

根据以上分析我们可以得出以下结论:交通建设市场中的商业贿赂是指交通建设的从业单位排斥其他从事交通建设的竞争对手,为使自己在从事交通工程项目的管理、咨询、勘察、设计、施工、监理、试验检测、设备材料采购等业务活动中获得利益,而采取的向有权单位与其及其职员或其代理人提供或许诺提供某种利益,从而实现自己不当利益的不正当竞争行为。这种不正当竞争行为严重的损害了国家对交通领域的监督管理秩序,也严重损害了不特定主体的公平竞争权利,阻碍了国民经济发展。

对于一个行为是否构成商业贿赂,法律上一般采用构成要件说,即某项行为如果满足了商业贿赂主体要件合格,又有明确的商业贿赂目的,并且该项行为还违反了我国法律法规的规定,我们就可以认定该项行为是一种商业贿赂行为。因此,要界定清楚交通建设领域商业贿赂行为,还必须要了解一下其所构成的各种要件。

4　交通建设领域商业贿赂的构成要件

商业贿赂表现在交通建设领域中,其构成满足以下要件:

4.1　主体要件:行贿人与受贿人

行贿人和受贿人是商业贿赂的主体。在交通建设领域中,作为商业贿赂的行贿人是指经营交通建设的从业单位和从业人员。从业单位包括从事交通建设的项目法人、项目建设管理单位、咨询、勘察、设计、施工、监理、试验检测单位、提供相关服务的社会中介机构以及设备和材料的供应单位。从业人员是指从事公路建设活动的人员。

作为商业贿赂受贿人主要有:①与行贿人发生交易关系并作为交易关系主体的对方单位和个人。例如,甲施工单位为了承包某条高速公路某个标段的建设项目,向该条路的项目建设管理单位——乙项目管理公司赠送一部轿车。此时合同的主体是甲施工单位和乙项目管理公司,受贿人是合同的主体之一乙项目管理公司。②受贿人是对方单位的个人,包括法人的法定代表人、其他经济组织的代表人和法人或其他经济组织的代理人。例如:甲施工单位在承包某条高速公路某个标段的建设过程中,为了达到对土石方的填挖量进行工程量变更,向乙项目管理公司工程计量人员和丙监理单位的监理处长等人赠送一部移动电话。此时受贿人不是合同的主体,而是合同一方当事人的代理人。③有关单位或个人,也就是上述单位、个人以外的第三方。例如:甲施工单位在不具备某项工程招投标资质而又想取得该项工程时,赠送给乙项目管理公司主管部门丁领导一幢住房,以让其向乙项目管理公司施加压力,促其取得该项工程。此时,主管部门丁领导虽然不是交易关系的当事人,但甲施工单位向其行贿同样可以达到成交的目的,此时仍可以构成商业贿赂行为,即法律上所规定的"斡旋贿赂"。

4.2　目的要件

作为交通建设领域中的商业贿赂,存在的目的是为提供或获取工程建设劳务,即为达到商业目的通过贿赂手段,获取优于其他经营者的竞争地位。这一特征将商业贿赂与其他贿赂进行了区别。如果经营者虽然有非法行为但并不是为了争取市场交易机会,谋取不当利益则不构成商业贿赂。如交通建设的从业单位和从业人员违反交通建设市场中必须严格执行的行业强制性标准,各类技术规范及规程的要求,为了规避有关管理机构的处罚措施,向其行贿并不能构成商业贿赂,因为它没有满足目的是争取市场交易机会这一构成要件。当然这种行为也是违法的,应受到相关法律的制裁但它不构成商业贿赂。

5 交通建设领域商业贿赂的表现方式

当然一项行为存在必然会有其存在的表现形式,交通建设领域内的商业贿赂也不例外。交通建设领域内商业贿赂的形态纷繁多样,变化多端。概括起来主要有财物和其他手段两大类。其中:财物手段主要包括金钱贿赂、回扣、大额的让利,以宣传费、赞助费、科研费、劳务费、咨询费、广告费或佣金的名义给付金钱、报销各种费用、赠送财物或高档礼品等;其他手段主要包括提供国内外旅游、考察、宴会、安装电话、电脑,包租手机、提供居室装修、提供住房使用权等。以上行为具体而言主要有:

5.1 回扣

回扣是一种很古老的经济行为。作为一种市场经营手段,回扣在19世纪一些资本主义国家就有出现。国外不少国家对回扣是禁止的,但大多数国家鉴于国际惯例,对回扣采取允许并限制的办法。

美国的竞争法律,对回扣采取区别对待的办法。对以回扣形式搞价格歧视的行为列为禁止范围,对劳务性质的回扣则另当别论。美国反托拉斯法对回扣性质的认定是价格歧视、压价竞争行为,而不是我国《反不正当竞争法》规定的商业贿赂性质。其规范办法是限制加管理。善意的劳务性回扣不在禁止之列。

德国的反对限制竞争法对回扣作了允许限制的规定。根据德国《反对限制竞争法》的规定:回扣卡特尔(即供货合同中关于回扣条款的约定或决议)是可以得到批准的。但该回扣必须表现出真正的劳务价值,而且不会造成对不同阶段经济贸易产生不合理的、不同的待遇,或是对同一阶段的顾客采取不同的待遇。此外,德国还在有关经济法律中,明确规定回扣若是劳务补偿性质可以列入经济合同之中:“若回扣是对所付劳务的真正补偿,并不会导致从事经济合同的企业的不公平对待或歧视顾客,则这种回扣应不受限制允许回扣公开写入经济合同中。”

可见,世界各国对回扣行为不是一律禁止的。他们的法律规范原则是:有限制的允许,在允许的基础上予以规范和管理。

在我国现阶段经济生活中,无论是商业流通领域,还是交通建设领域,商业贿赂的主要表现形式依然是回扣。根据我国目前的法律规定,“在账外暗中给予对方单位或者个人回扣的,以行贿论处;对方单位或者个人在账外暗中收受回扣的,以受贿论处。”我国法律将回扣的实质要件规定为“账外暗中”是非常准确的。“账外暗中”实际上是不可分割的重叠性用语,其实质含义归根结底是是否在依法设立的反映其生产经营活动或者行政事业经费收支的财务账上按照财务会计制度规定明确如实记载。任何“不记入财务账、转入其他财务账或者做假账等”行为都没有真实反映出双方的交易关系。

关于这个问题,有学者认为回扣只是商业贿赂的一种表现形式。回扣的要件“账外暗中”并不是所有商业贿赂行为都必须满足的。即使某种行为不构成回扣,也可能构成其他形式的商业贿赂。而且我国法律也没有对回扣行为给予特殊的制定。因此,认为“将回扣与一般商业贿赂行为区别开来也就没有任何实际意义,将回扣删除也不影响该条规定的操作性。”

针对这一观点,个人认为保留回扣的规定具有非常大的现实意义,原因在于,目前我国对于商业贿赂的立法还不完善,对于商业贿赂行为的认定还存在相当多的争议点。回扣是现实生活中最常见的商业贿赂方式,绝大多数的商业贿赂都采取了回扣的方式。此外,回扣行为简单易认,方便执法机关据以对违法行为进行处罚。如果删除“回扣”概念,执法机关不得不就每一个具体的情况考察整个商业贿赂概念。因此,应当在立法中保留对回扣的规定。2005年11月8日的《反不正当竞争法》修订稿也保留了对回扣的规定，直接将给“对方单位或者个人的回扣”认定为违法行为。

5.2　附赠

从近几年的交通建设领域商业贿赂案件来看，以附赠作为促销手段推销其劳务的现象越来越普遍，附赠的花样越来越多，许多附赠行为实质上是一种变相的商业贿赂。在现行法律法规未对附赠行为作出规定的情况下，国家工商行政管理局颁布的《关于禁止商业贿赂行为的暂行规定》将附赠纳入到商业贿赂的范畴，其第8条对附赠做了如下规定：“经营者在商品交易中不得向对方单位或者其个人附赠现金或者物品。但按照商业惯例赠送小额广告礼品的除外。违反前款规定的，视为商业贿赂行为。”

5.3　其他表现形式

商业贿赂的手段既可以是财物，也可以是财物以外的其他手段。财物，即指金钱和实物，包括经营者为销售或购买商品，假借促销费、宣传费、赞助费、科研费、劳务费、咨询费、佣金等名义，或者以报销各种费用等方式，给付对方单位或个人的财物。其他手段，则是指除财物以外的诸如提供国内外各种名义的旅游、提供豪华招待、子女升学出国、提干，甚至资助对方喜好的慈善事业以及提供性服务等手段，就其实质而言，它们是一种间接物质利益。

当然，并非只要给付或接受对方提供的财物或其他非财物的间接性物质利益，就构成商业贿赂行为。一般惯例中的提供优惠，如赠送小礼品，一定的价格优惠，一般性接待开支均是允许的，但必须在一定的幅度之内。我国相关的法律法规格均未对此额度做出明确具体的规定。这有待于以后的立法中加以完善。

6　界定交通建设领域商业贿赂存在的问题及解决方法

通过以上分析，我们不难发现，无论是在立法层面，还是执法方面，交通建设领域商业贿赂还存在以下几个方面的问题，主要有：

6.1　对主体界定不清楚

我国《反不正当竞争法》第8条规定，即“经营者不得采用财物或其他手段进行贿赂以销售或者购买商品，在账外暗中给予对方单位或者个人回扣的，以受贿论处。”，此定义中没有包括对第三方的贿赂。虽在《刑法修正案（六）》中将商业贿赂罪的主体扩大到公司、企业以外的其他单位的工作人员，但仍未明确规定第三方贿赂，也未对“斡旋贿赂”的主体进行明确界定。如：在交通建设领域中，相关中介机构——评标机构、工程造价公司介入工程项目招投标，影响了招投标的公平公正，容易产生商业贿赂，但在法律上却没有明确对其进行界定，这显然是不利于对商业贿赂犯罪的认定，使有关人员钻了法律的漏洞，逃脱了法律的制裁。

6.2　对表现形式界定不明确

如前所述，我国的法律法规对商业贿赂的表现形式界定也不是很明确。如：对回扣的界定仅在《反不正当竞争法》第8条做了规定，但其“账外暗中”并没有明确的界定清楚；对附赠的规定也没有出现在法律中，只是在部门规定中予以了规定；对包括提供性服务等财物以外的贿赂手段，我国法律法规以及相关的司法解释也没有明确而具体的界定，使得治理商业贿赂的相关人员无法准确对其进行法律上的判定。

6.3　对量刑尺度界定不清楚

商业贿赂是一种经济型犯罪，这种犯罪主要规定在我国《刑法》中，而我国《刑法》中的犯罪构成具有封闭性特点，使得商业贿赂犯罪的认定也出现了一定程度的真空地带，用法规无法识别，留给法官较大的自由裁量权。刑法规定商业行贿、受贿罪的犯罪构成钱币数额是5 000元，或情节严重，没有规定财物或其他方式的行贿、受贿，对财物的估算也没有具体规定。法律规定较为模糊，缺乏可操作性，如所收受财物的估价随着市场价格的变化而变化，量刑就会不同。而“法无明文规定不为罪”是我国刑法的基本原则之一，法不禁止即为自由。因此给受贿、行贿者较大的犯罪活动空间，也给了法官过多的自由裁量权，不利于对商业贿赂的认定，期待立法上的完善。

6.4 执法部门较混杂

从执法的角度来说,长期以来治理商业贿赂行为的部门有纪检监察部门、工商行政、公安部门、检察机关、反贪污贿赂机关还有行业内的管理部门等,执法部门混杂,存在多头管理,管理不力的现象,使一些涉案企业也因此轻易逃避了法律的制裁,这种局面显然难以胜任打击商业贿赂的需要。

针对以上现实情况,笔者提出解决问题的几点浅见:

1)进行反商业贿赂专门立法

立法方面,目前,有很高的呼声主张我国应当制定统一的《反商业贿赂法》。从我国商业贿赂的现实情况来看,我国确实有必要制定一部专门的《反商业贿赂》法。首先,目前我国商业贿赂的立法仅依靠《刑法》中的有关规定和《反不正当竞争法》第8条以及国家工商行政管理总局1996年制订的《关于禁止商业贿赂行为的暂行规定》。《刑法》上仅对商业贿赂的量刑进行了规定。《反不正当竞争法》是简单的原则性规定,难以应付实际执法中的出现各种问题。《关于禁止商业贿赂行为的暂行规定》则只是部门规章,层级过低,效力不高,对于应付我国严重的商业贿赂现象来说确实有些势单力薄。因此,制定一部专门的《反商业贿赂法》对商业贿赂进行全面的界定,协调各个行政机关对治理商业贿赂的协作机制,或者设立专门的反商业贿赂的执法机构对于我国治理商业贿赂是非常必要的,对保障国民经济的健康持续发展有着非常重要的现实意义。

2)完善遏制商业贿赂的规章制度

专门的《反商业贿赂法》固然可以更好地治理我国严重的商业贿赂现象,但是短期之内制定一部法规并实行,这是不现实的。要达到治理此现象的目的,也可以通过完善现有的法律、规章来完善我国的反商业贿赂立法。比如说:完善现行的《反不正当竞争法》,扩大受贿人的范围,使其包括那些对交易对方有决定性影响力的第三方;完善对商业贿赂表现形式的具体认定,以明确通过商业贿赂表现形式开展的这些行为的法律界定和惩处尺度。同时交通建设领域中,行业也需不断完善和创新相关的法律法规,从制度机制上防患于未然,使企图行贿者无孔可入。如:制订由投资人直接负责招投标的制度,有利于强化控制建设成本的责任感;实行重点工程项目代建制,将建设成本直接与代建单位的利益挂钩,有利于增强代建单位在招投标工作中的责任感,加强工程施工管理;取消中标后允许工程设计变更的条款,要求投标人将工程设计变更的因素直接计入投标报价;立法禁止出借或出卖企业资质,一经发现,根据情节降低企业资质或吊销企业资质等。

7 结语

商业贿赂伴随整个政治经济发展的进程,可谓“历史悠久”。在社会经济高度发展的今天,已经成为市场经济肌体的一个毒瘤。整治商业贿赂,健全市场经济,已经成为社会的普遍共识。交通领域作为整个国民经济领域的一个重要成员,在反商业贿赂的战斗中无疑是主力军。但是,立足实际国情,具体情况具体分析,无论从我国的立法层面来看,还是从司法层面探究,反商业贿赂的机制是不太完善的,力量薄弱,无法应对当今社会经济的发展。这无疑加重了在交通领域反商业贿赂任务的艰巨性。本文正是从这个目的出发,对商业贿赂行为结合行业特征做一点粗浅的探究,提出浅见,为行业的健康发展尽一点绵薄之力。相信在胡锦涛主席提出的依法治国的法治理念大前提下,贯彻落实依法治国的思想,提高执法队伍的执法能力,不断建立健全行业制度,加强规范行业行为,在反商业贿赂的斗争中我们必有作为。

(本文获湖南省交通系统纪检监察调研论文一等奖,交通运输部纪检监察调研论文三等奖。)

初探 X—Y 理论管理模式的思想基础及实践

颜晓嘉

摘　要:现代企业(或公司),以人力资源管理(或控制)中对人的本性的假定为前提,有人以 X 理论为基础强调企业管理要注重“恶性管理”,也有人以 Y 理论为基础,提出在企业管理中要“以人为本”实行“柔性管理”。本文通过对 X—Y 理论的思想基础及实践的浅析,认为在现代企业管理中以 X—Y 理论为基础的“恶性管理”或“柔性管理”模式可以并存,关键是行之有效,从而更“和谐”的实现企业管理目标。

关键词:X 理论　Y 理论　企业管理模式

1　X—Y 理论

现代管理理论的发展过程中始终有两个目标并存:管理如何更加科学化与管理如何更富人性化。在追求这两个目标的过程中,X 理论和 Y 理论是两种典型的互为极端的理论。现代企业管理理论中,人力资源控制理论假设决定企业的全部特征,X—Y 理论便是建立在下述两种截然相反的假定条件之上,反映两种不同的管理思维方式或实践模式的理论。

X 理论,是传统的“胡萝卜加大棒”式的管理思维方式,它建立在“群众是平庸的”假设基础上。麦格雷戈指出:X 理论的前提是:①一般的人,天性就是好逸恶劳,而且只要他们能够做到,就设法逃避工作;②绝大多数的人都必须用强迫、控制、指挥并用处罚、威胁等手段,使他们用适当的努力去实现组织的目标;③一般的人,情愿受人指导,希望避免担负责任,相对地缺乏进取心,而把个人的安全看得最重要。该理论假定人性本恶,生性懒惰,厌恶工作,必须使用权威手段去推动他们付出足够的努力去完成给定的工作目标。以 X 理论为基础而构造的组织、制度等管理机制,有人称之为“恶性管理”。

Y 理论,是站在 X 理论对立面的另一个极端,它的假设基础是:人想干活,并不懒惰,他们需要工作,人们都热衷于发挥自己的才能和创造性。Y 理论的前提是:①工作中消耗的体力和脑力,正如游戏或休息一样是自然的;②外力的控制和处罚的威胁都有不是促使人们为组织目标做出努力的唯一手段,人们在为承诺的目标的服务中,将会实行自我指导和控制;③承担目标的程度,是与他们的成绩相联系的报酬大小成比例的;④在适当的条件下,一般人不仅可以学会接受任务,而且也会寻求承担组织任务;⑤在解决种种组织问题时,大多数人而不是少数人具有运用相对而言的高度想象力、机智和创造的能力。作为“恶性管理”的反面,有人称之为“柔性管理”。

2　X—Y 理论的思想基础

通过 X—Y 理论的基本假定、主要观点的了解,可以看到它们思维轨迹分歧的关键是对“人之初”的一般界定,即在对人性本源的理解和把握上,两种理论各走极端,把人的本性一般地定义为“恶”或“善”。要论证两者命题的正确性,古今中外无论是生物学、心理学、哲学或者其他任何科学都没有不能得出一个令人满意的结果。但是,我们可以从“人的本性是什么”这个命题出发,探讨 X—Y 理论的思想基础,并通过追寻两种理论的实践来发现它们对于现代经济发展的积极的推动作用。

本文曾刊登于《湖南行政学院学报》2009 年第 6 期。

人性是什么？人性是由社会属性和自然属性组成的。社会属性是指通过社会生活的体验、社会环境的影响所形成的，是后天属性；而自然属性则是与生俱来的本能或本性，是先天属性。X—Y 理论的思想基础就是在人性的自然属性的定性上有完全不同的认定，X 理论者认为“人性本恶”，Y 理论者认为“人性本善”。

在中国传统的思想文化中，“人之初，性本善”的理念根深蒂固，至今在中国思想文化领域中有着重要的影响，并支配着许多人的思维方式和一言一行。《告之上》关于孟子的“性善论”有许多记载。例如：“人性之善也，犹水之就下也。人无有不善，水无有不下。今夫水，搏而跃之，可使过颡，激而行之，可使在山。是岂水之性哉？其势则然也。人之可使为不善，其性亦犹也。”其大意是：人性的善良，就好像是水都会往低处流一样。人没有不善良的，水没有不往低处流的。就说水，要是拍打让它涌起来，水花就可以高过头，要是冲激起来奔流，可以扬水上山。这难道是水的本性吗？这是外界条件使它这样的。人也可以让他不善良，问题的性质也正像这个道理。又如：“恻隐之心，人皆有之；羞恶之心，人皆有之；恭敬之心人皆有之；是非之心，人皆有之。”等等。孟子的“性善论”的中心思想可以概括为三层意思：第一，从人的天生素质来看，其本性是善的。第二，仁义礼智，人所共有，“四心”是人之所以为人的根本标志。第三，既然人性本善，那么为什么有人为善，有人为恶呢？孟子认为，这完全取决于人们对其本心的探索或放弃，取决于外部的条件对其影响。

与孟子“性善论”相对立的是荀子的“性恶论”。荀子提出：“人之性恶，其善者伪也。”意思是说，人的本性是恶性的，而善良则是人为的。荀子“性恶论”的主要观点有：第一，人生来就有好利疾恶、耳目之欲等自然属性。第二，恶劣的人性要靠必要的礼义教化，才能使之弃恶从善。第三，人性是天生的，也学不到，做也做不来，而礼义法度是后天制定的，经过学习就可以得到，经过人为就能够成功。第四，人的本性来源于他的自然素质，而人的素质本来就是“好利”、“疾恶”、“有欲”的，所谓善只不过是对自然素质的引导，而不是对它的背离。第五，人饿了就要吃饭，冷了就要穿衣，累了就要休息，此乃人之常情，即人的本性。就像后辈让长辈先吃，甘心为长辈吃苦受累，虽然符合礼仪，却是违反人之本性的，只有经过后天教育才能做到。

在西方思想文化中，也存在“人性本善”和“人性本恶”两种相悖的理论。

莎士比亚说：“如果丧失天良，即使用钢盔铁甲包装起来，也是赤身裸体的”。康德主张，人不分聪明才智、贫富美丑都具有理性，他说：“这个世界唯有两样东西能让我们的心灵感到震撼，一是我们头顶上灿烂的星空，一是我们内心崇高的道德法则”。空想社会主义者圣西门等人认为：“人性是善良的，上帝创造人类，并没有给人类罪恶痛苦，人类罪恶痛苦，都是恶社会造成的”。麦格雷戈本人也认为人是可以信赖的，人是希望把事情做好的，人是有想象力和足智多谋的；人们的“这些行为（指人好逸恶劳——本人注）并不是人类天性的必然结果，工业组织的本质、管理哲学、政治和实践才是造成这些行为的原因”。这些思想家们认为“人性本善”。

但是，马基雅维里、弗洛伊德等人，却都主张“人性本恶”之说。

马基雅维里在《君主论》中说：“因为一个人如果在一切事情上都有想发誓以善良维持，那么，他则身于许多不善良的人当中定会遭到毁灭。”“因为关于人类，一般地可以这样说：他们是忘恩负义、善于变心的，是伪君子、冒牌货，是逃避危难，追逐利益的……因此，君主如果完全依赖人们的说话而缺乏其他准备的话，他就要灭亡”。弗洛伊德在《自我与本我》中提出的“人格三部结构（本我、自我和超我）说”中谈到：本我（或伊我、原我、它我、私我、潜我、兽我）是最原始的无意识的心理结构，它是由遗传的本能和欲望构成的，而无意识的欲望状态，包括原始的冲动、破坏欲、毁灭欲、性欲与死的本能以及在“自我”层次不能实现被压抑下来的那部分意念和欲望。亚当·斯密的《国富论》指出：经济现象是基于利己主义目的的人们的活动所产生的，人们在经济行为中，追求的完全是私人的利益，并通过人们追求私人的利益来实现社会利益。斯密曾经这样描述人们之间的相互关系：“人类几乎随时随地都需要同胞的帮助，但只想依赖他人的恩惠，那是不行的”，“他如果能够刺激他们的利己心，使他们有利于他，并告诉他们，为他做事对他们自己也有利,他要达到目的就容易多了"。黑格尔曾说道:"人们以为当他们说人性本善时是说出了一种伟大的思想,但他们忘记了。当他们说人性本恶时,他们是说出了一种伟大得多的思想"。

"人性本恶",那么,在对人的组织、管理及发挥其作用时,必须具有严格的"清规戒律",并以绝对的权威来实现组织的工作目标。——这就是X理论的思想基础。

"人性本善",那么,在对人的组织、管理及发挥其作用时,主要的是通过理解、沟通、忠诚、相互信任和利益的一致性来共同达到组织和个人目标。——这就是Y理论的思想基础。

3　X—Y理论的实践

按照X理论观点,在企业管理中必须采取严格的控制、强制的方式;按照Y理论观点,在企业管理中需要创造一个能多方面满足人们需要的环境,使人们的智慧、能力得以充分的发挥,以更好地实现组织和个人的目标。

在麦格雷戈的X理论产生之前,就有了"恶性管理"实践的典范:"泰罗制"的实践。19世纪末20世纪初,美国人泰罗创造了"科学管理理论",而与此相应的一系列管理制度、规范和要求我们称之为"泰罗制"。"科学管理理论"比较系统地探讨了经济管理问题,目的是在解决如何提高企业的劳动生产率问题。它在严格的科学试验的基础上,通过所谓标准的操作方法的实施,提出了工作定额原理和标准化原理,与之相适应,还提倡推行一种有差别的、刺激性的计件工资制度。"科学管理理论"把人定位在"经济人"这个基本认识上,认为人在本质上是追求经济利益和物质利益的。在实践上制定出严格的操作方法和工作流程,训练所谓的"一流员工",即:在体力上能胜任工作,而为了多挣钱又愿意拼命工作的人。要求工人严格地按照管理人员的要求去工作,管理人员要求干什么,工人就必须干什么。泰罗在1911年出版的《科学管理原理》中曾这样描述过一个搬运生铁的工人按照管理人的要求去做时的情形:工人"要完全按照这个人(管理人员)的吩咐,从早到晚地干活。当他叫你捡起一块生铁走动时,你就捡起来走你的;当他叫你休息时,你就坐下来。你一天就这么干。还有,不许你回嘴。"在"科学管理"的词典里根本没有"个人主动性"和"想象力"的词,其最明显的后果就是它使测量、标准、规范、制度变成了冷漠无情的衡量一切的基础。在那个时代,美国有许多企业把"泰罗制"发挥得"淋漓尽致",如福特汽车公司等。1914年,福特公司1.3万名工人,生产了260 720万辆汽车,其他同行业的企业则以66 350万名工人,生产了286 770万辆汽车。福特公司的汽车产量占全行业总产量的47.62%,占其他同行业企业全部产量的92.86%。福特公司这样的高效率完全出自于其严格的"泰罗式"的管理体制。泰罗制与X理论虽然产生于不同的年代(前者先于后者),但是,它们在思想基础和实践上是一脉相承的。X理论的批判者们认为"科学管理理论"忽视了人的社会属性方面,把人当成了机器或是机器的附属物,使得人需要像机器一样按照管理人员的命令去工作。在当时就有人批评福特公司将工人变成不用大脑的机器,厂方以操纵生产线的速度来奴役工人。而福特则以较远大的眼光来看待这些问题,他说:"我听到时下一般人说,我们把工作变得毫无技术可言,其实不然,福特公司在设计、管理、工具制造等方面引进更好的技术,使得没有技术的工作也能够分享这些技术的成果。"

20世纪50年代初,麦格雷戈运用Y理论,在美国帮助设计了P&G佐治亚州工厂,该工厂实行团体的自我管理,其业绩很快超过了P&G的其他工厂。从而证明了Y理论在实践中的可行性。而在现代社会把Y理论付诸于实践的优秀企业莫不属于美国惠普一类的公司。惠普公司的经营管理之道的精髓就是Y理论的指导思想。最能体现这一思想的是惠普公司的创办人威廉·休利特的一段名言,即:"这是由一种信念衍生出来的政策和行动,这种信念是:相信任何人都愿意努力地工作,并能创造性地工作,只要赋予他们适宜的环境,他们一定能成功。"这和麦格雷戈的Y理论如出一辙。惠普公司的管理是"柔性"的"人性化管理"(管理学中"人性管理"的观点,是以麦格雷戈的Y理论和马斯洛的需求层次理论为依据的):

1)走动式管理

这是一种不拘形式的惠普管理方式,它是指通过随意交流或正式会谈从而与员工及其工作保持密切联系。通过这种方式了解员工所关心的问题和观点,体现了对员工的信任和尊重。在走动式管理下,经理经常在自己的部门中走动,或者能够出现在随意的讨论中,或者通过举办茶话会、交流午餐及办公室走道里的交谈等等方式,加强上下级及员工之间在公司中的横向联络。

2)目标管理

公司各级员工根据本部门和其他部门的工作要求,制定出各自具体的努力目标,从而据此实现公司的经营目标。为此他们十分强调相互配合、部门协调,达到工作的一体化。

3)开放式管理

其核心是确保管理人员或一般员工不会因提出问题而给自己招致不利的后果。信任和诚实是开放式管理最重要的内容。

4)公开交流

其核心内容是坚信如果提供给员工以适当和手段、培训和信息,他们将尽最大努力为企业作贡献。惠普公司之所以成为最受美国人仰慕的公司之一,主要的源于以上其独特的经营理念和管理方式。惠普公司成功的管理模式,有力地阐明了Y理论在实践中的巨大作用。

其实在很早以前,就有人比较和证实了X—Y理论在实践中的作用。美国的乔伊·洛尔施(Joy Lorsch)和约翰·莫尔斯(John Morse)就曾选定了两个工厂和两个研究所进行X—Y理论的试验,亚克龙工厂和卡美研究所为X理论的试验对象,实施严密的组织和督促管理;哈特福工厂与史托克顿研究所Y理论的试验对象,实施宽松的组织和参与管理,并以诱导和鼓励为主;前提是工厂的任务易测定,研究所的任务不易测定。结果:在X理论管理模式下,亚克龙工厂的效率高,卡美研究所效率低;在Y理论管理模式下,哈特福工厂效率低,史托克顿研究所效率高。这表明X—Y理论的两种不同的思维方式,对人的本性、需求不同的理解,从而由此构造出不同的组织管理机制都能够创造出成果高效率,也可能没有高效率。

4 结语

人的思想本源应该是多元化的,故无论是在理论上还是实践上,对人的研究和管理也应该是多元化的。曾被马克思誉之为"英国唯物主义和整个现代实验科学的真正始祖"的弗兰西斯·培根认为:"在人性中既有天然向善的倾向,也有天然向恶的倾向"。所以,在现代企业中,X—Y理论的两种不同的思想观念和由此产生的管理方式——"恶性管理"或"柔性管理",完全可以"中庸",它们可以并存于同一企业的实践中,关键是怎样的侧重或是并举才能"扬善弃恶"或"刚柔相济",从而更有效的、更"和谐"的实现企业管理的目标。

参考文献

[1] 道格拉斯·麦格雷戈. 企业的人事方面,1960.
[2] 周多三,陈传明,鲁明泓. 管理学——原理与方法. 上海:复旦大学出版社,1996.
[3] 孙剑峰,张伟. 全球500强. 北京:中国对外翻译出版公司,1999.